2023年度中国煤炭经济研究文选

中国煤炭经济研究会 编

应急管理出版社

·北京·

图书在版编目（CIP）数据

2023年度中国煤炭经济研究文选 / 中国煤炭经济研究会编. -- 北京：应急管理出版社，2024. -- ISBN 978-7-5237-0625-1

Ⅰ. F426.21-53

中国国家版本馆CIP数据核字第20249FC688号

2023年度中国煤炭经济研究文选

编　　者	中国煤炭经济研究会
责任编辑	李景辉
责任校对	李新荣
封面设计	安德馨
出版发行	应急管理出版社（北京市朝阳区芍药居35号　100029）
电　　话	010-84657898（总编室）　010-84657880（读者服务部）
网　　址	www.cciph.com.cn
印　　刷	北京盛通印刷股份有限公司
经　　销	全国新华书店
开　　本	787mm×1092mm 1/16　印张 30 3/4　字数 739千字
版　　次	2024年7月第1版　2024年7月第1次印刷
社内编号	20240194　　　　　定价　298.00元

版权所有　违者必究

本书如有缺页、倒页、脱页等质量问题，本社负责调换，电话:010-84657880

前　言

2024年，是我国深化供给侧结构性改革，煤炭行业化解过剩产能实现高质量发展的关键之年。面对新时代煤炭行业发展的新挑战、新机遇、新要求，我们要认真学习领会党的二十大精神，以习近平新时代中国特色社会主义思想为指导，贯彻落实新发展理念，深入研究煤炭工业发展中的深层次矛盾和问题，以供给侧结构性改革为主线，推动煤炭经济发展质量变革、效率变革、动力变革，加快产业结构调整和转型升级，努力创新建设现代化煤炭经济体系。

中国煤炭经济研究会（以下简称煤经会）自成立以来，始终坚持理论联系实际、实事求是的工作方针，紧紧围绕不同时期煤炭经济发展的中心任务，坚持服务宗旨，加强政策研究和重大课题研究，着力提升建言献策水平，充分反映煤炭企业诉求，积极为煤炭经济发展营造良好的运营环境。开展煤炭经济论文征集活动，编辑出版优秀论文集，已成为煤经会培育与发现煤炭经济研究人才、专家队伍的重要途径和工作交流平台。作为一项服务会员的精品活动，煤经会每年围绕行业改革发展主题，组织开展煤炭经济论文征集活动。2023年，我们共收到论文1500余篇，这些论文比较全面地总结了煤炭行业当前阶段改革发展的现状和取得的成果。征集的论文具有以下特点：一是内容丰富，涵盖面广，涉及煤炭企业改革发展、产业升级、社会责任、财务管理、风控审计等十多个方面。二是突出企业深化改革、调整产业结构、增强科技创新、促进企业转型升级等重点主题。三是突出加强企业管理、增强风险管控、提升经济效益、提高市场竞争力等煤炭经济研究内容。四是突出以问题为导向，避免空谈虚论，理论联系实际，对指导煤炭企业改革发展具体工作具有针对性、实用性和可操作性。

我们从2023年度获奖论文中精选59篇，编辑形成《2023年度中国煤炭经济研究文选》（以下简称《文选》）。《文选》主要围绕煤炭工业转型升级、精益化管理、社会责任、财务审计等内容，探索煤炭工业发展中的重要经济行为和经济现象，具有较高的理论价值和现实意义，可为煤炭企业经营管理、财务及审计等工作人员提供参考。

《文选》编辑过程中，得到了广大会员单位的大力支持，在此表示衷心感谢。由于编辑时间仓促，书中难免存在疏漏和不当之处，敬请批评指正，并恳请广大读者提出宝贵意见和建议。

编 者

2024 年 6 月

目 录

发展战略篇

新形势下深化蒙煤进口实施路径分析与探索 …………………………………………… 3
新情境下煤基综合能源企业发展战略规划的研究与应用 ………………………………… 8
中国碳市场与能源市场间风险溢出效应 ………………………………………………… 18
"两个联营+"产业转型发展特征及实现路径研究 ……………………………………… 28
煤电博弈视角下的华能煤炭供应链联盟创新研究 ……………………………………… 33
山东能源集团煤炭行业常态与非常态问题研究及应对 ………………………………… 40
新时期能源企业创建世界一流企业战略研究 …………………………………………… 53
AI赋能的选煤管控平台探索研究 ………………………………………………………… 63
加快采煤塌陷区常态化综合治理 推动矿区社会经济生态环境持续提升 …………… 73
煤炭企业孵化高新技术企业的高质量发展效应研究
　　——以河南省正龙煤业有限公司为例 ……………………………………………… 86
大型化工企业销售贸易一体化运营管理变革 …………………………………………… 95
煤化工企业绿色低碳转型发展路径及战略研究 ………………………………………… 104
智慧化矿山建设现状与发展探讨 ………………………………………………………… 111

经济管理篇

基于供应链优化的动力煤储备机制探索研究 …………………………………………… 127
能源企业环境、社会和治理（ESG）数字化创新实践 ………………………………… 133
数字化转型驱动的能源企业管理变革及关键技术应用研究 …………………………… 140
"双碳"目标下神东的责任和转型路径研究 …………………………………………… 145
煤炭企业劳动定额标准化管理研究 ……………………………………………………… 152
新时代能源国企企业家精神的培育路径探析 …………………………………………… 160
数字化背景下的煤炭供应链体系建设研究 ……………………………………………… 169
国有企业党的领导融入公司治理"五位一体"路径的研究与实践 …………………… 181
论修租共享模块与智慧化库管之间的关系 ……………………………………………… 186
浅谈精细化绩效目标考核体系在矿山生产经营工作中的应用 ………………………… 191
露天矿复垦区光伏发电项目的设计及综合效益评估 …………………………………… 196
关于建立炼焦煤煤质评价体系指导采购的研究 ………………………………………… 207
基于平衡计分卡视角下煤炭企业绩效管理指标设置优化研究 ………………………… 215

"精益管理"赋能煤炭多经企业高质量发展 ………………………………………… 225
煤炭供应链中的交互问题及区块链解决架构研究 …………………………………… 233
煤矿企业合规管理研究 ……………………………………………………………… 239
科学管理供方，塑造供应链竞争优势 ………………………………………………… 246
国有煤炭企业的绩效管理创新思考 …………………………………………………… 251
"双基四柱"现代企业治理体系的创新实践 ………………………………………… 262
进口炼焦煤对国内市场的影响分析及对策建议 ……………………………………… 271
煤炭企业契约化成本管理模式的构建与应用 ………………………………………… 278
国有煤炭企业"四位一体"精细化管理模式的探索与实施 ………………………… 287
基于胜任力的人力资源管理在国有煤炭企业的应用研究 …………………………… 298
"神南一张图"班组管理模式的探索与实践 ………………………………………… 306
陕北煤炭产业链发展现状及优化路径研究 …………………………………………… 313
煤矿井下水资源绿色高效开发利用的经济社会效益研究 …………………………… 323
企业外部环境对煤炭产品市场定价机制的扭曲及对策研究 ………………………… 330
新形势下国有企业亏损治理体系的构建——以 JN 集团为例 ……………………… 342

财务会计和内部审计篇

新时期煤矿企业财务管理水平提高方法探析 ………………………………………… 353
S 上市公司 EVA 绩效评价体系研究 ………………………………………………… 359
"双碳"目标下环境会计信息披露质量对我国煤炭行业价值影响研究 …………… 366
加强煤炭企业财务队伍建设研究 …………………………………………………… 380
煤炭企业提升内部审计质量研究——以经营绩效审计为例 ………………………… 385
探索研究型审计　规范境外企业运营管理 …………………………………………… 391

综　合　篇

发达国家统一市场建设经验对我国煤炭统一大市场建设启示 ……………………… 401
构建现代化煤炭产业体系　推进煤炭经济高质量发展 ……………………………… 407
煤炭营销企业数字化转型发展创新研究 ……………………………………………… 412
脚踏实地走好高质量发展之路 ……………………………………………………… 418
新时代国有煤炭企业青年队伍建设"四航工程"的探索与实践 …………………… 423
创新实施"琢玉工程"十年规划　加速优秀年轻干部培养选拔 …………………… 429
煤矿生产系统"避峰填谷"分时用电管控机制研究及实践 ………………………… 438
以党建"三基"+安全"三基"赋能矿井高质量发展的探索与实践 ……………… 447
基于 5M1E 在煤矿洗煤精益生产管理的应用研究 ………………………………… 455
做实深度融合　彰显品牌活力　以"源动力"党建引领企业高质量发展 ………… 464
"多维度"党建模式推动国企高质量发展的应用研究 ……………………………… 473
弘扬新时代特别能战斗精神　推动矿井高质量发展 ………………………………… 480

发展战略篇

新形势下深化蒙煤进口实施路径分析与探索

刘 斌，杨 磊，尚 进

（国家能源投资集团有限责任公司）

摘要："双碳"目标下，新旧能源体系转化必然要经历过渡阶段，统筹用好国际国内"两个市场、两种资源"，充分发挥进口煤对能源供需补充调节作用具有重要意义。蒙煤以其煤种稀缺、运输距离短等特点，供应国内市场有着广泛的市场基础和战略意义。据此，为探索进口蒙煤的发展前景，本文就进口煤发挥的重要作用、中长期跨度上进口蒙煤的必要性和当前制约进口蒙煤规模扩大的主要因素等方面进行了分析论证，并对下一步深化对蒙煤贸易合作提出了实施路径和政策建议。

关键词：能源合作；蒙煤进口；煤炭贸易

一、引言

能源是经济社会发展的重要物质基础，能源安全对国家繁荣发展、人民生活改善、社会长治久安至关重要。近年来，全球能源市场环境深刻演变，新冠疫情和俄乌冲突导致能源供需格局深刻调整，能源安全日益受到全球主要国家的高度重视。2014 年，习近平总书记提出"四个革命、一个合作"能源安全新战略，为我国能源发展指明方向；2020 年，习近平总书记提出"双碳"目标，进一步对能源体系重塑明确了发展边界。未来相当长一段时间，着力推动能源生产和消费方式根本性变革，优化调整能源结构，加快构建清洁低碳、安全高效的新型能源系统成为首要任务。在新旧能源体系转化的过渡阶段，统筹用好国际国内"两个市场、两种资源"，充分发挥进口煤对能源供需调节作用，对稳定能源供应、平衡供需矛盾具有重要的战略性意义。其中，蒙煤由于其煤种煤质、辐射范围、价格成本等特点，有其他国家进口煤炭无法替代的独特优势，对补充我国煤炭市场和北方大部地区煤炭供应具有重要意义，加强中蒙煤炭贸易有利于"一带一路"倡议的深入实施，有利于推动煤炭产业转型发展。

二、进口煤为保障我国能源供给发挥了重要作用

（一）进口煤有效补充了国内煤炭供应

2009 年以来，随着我国经济持续高速增长，能源需求大幅增加，能源供需形势日趋紧张，受国内煤炭供需结构影响和产能结构调整，我国煤炭进口量逐年增加，尤其是实施供给侧结构性改革以来，国内煤炭供应缺口呈现逐年扩大的趋势，我国进口煤炭增长并稳定在 3 亿吨左右，保持世界第一大煤炭进口国地位，进口煤有效弥补了国内部分地区的煤炭供应缺口，支撑了经济社会发展和基本民生用能需求。

（二）进口煤改善了我国的煤炭结构

虽然我国煤炭产量基数大，但相当比例的煤炭硫分和灰分含量偏高，整体平均热值处于偏低水平。据中电联统计，近年来我国内贸下水煤平均热值仅为 4900 大卡左右。我国进口煤来源国以印尼、澳大利亚、蒙古国、俄罗斯为主，印尼煤具备低灰低硫、热值范围广的特点，澳煤、蒙煤以其高热值的优势，通过与低热值的内贸煤合理掺烧，较好满足了华东、东南沿海地区和北方地区燃煤电厂用煤需求，在兼顾环保排放和经济效益的同时，既优化了国内煤炭供需结构，又缓解了西煤东运、北煤南运运输压力，还降低了电厂用煤成本。

（三）进口煤能有效发挥发电机组技术优势

煤电是我国的主力电源，在未来相当长的一段时间，煤电的基础性支撑性电源作用无可替代。2021 年以来，煤炭价格历史性上涨叠加"双碳"目标下能耗双控压力倒逼，燃煤发电厂等煤炭消费企业加快实施技术创新，燃煤技术升级、设备改造、燃料掺烧等多手段并用，已经积累了丰富的混烧、配烧进口煤经验技术，大幅提升了燃煤使用效率，环保水平达到世界先进水平，发电成本明显降低。特别是沿海经济发达地区的发电企业，投资改造设备或新建机组均建立在大比例掺烧进口煤的基础上，进口煤的使用有效推动了煤电机组保持行业先进水平。

三、中长期跨度上进口蒙煤的必要性分析

蒙古国因其地理位置毗邻我国，与资源外送大省内蒙古自治区有多个贸易口岸，进口蒙古煤炭具备天然的上游区位优势，供应北方市场运输距离最短，能够充分发挥现有煤运通道运输能力。同时，蒙古国煤炭资源储备丰富，生产的焦煤硫分低热值高，是我国日益稀缺的优质焦煤品种，能够有效弥补我国焦煤市场缺口，在"一带一路""双碳"背景下，深化中蒙合作符合国家发展大局，扩大蒙煤进口恰逢其时。

（一）"双碳"目标下煤炭供需匹配的结构性需要

"双碳"目标下，未来钢铁、化工等高耗能产业发展将受到一定约束，用煤需求总量将逐步萎缩，在此趋势下，焦煤大幅新增产能的可能性较小，优质焦煤品种将日益稀缺，焦煤价格有持续攀升的可能，从而推高钢材等重要工业产品价格，增加社会发展成本。得益于蒙古国丰富的资源和较短的运输距离，加上我国几乎是蒙煤唯一的出口市场，决定了我国具备低价进口优质蒙煤的可能，在既不扩大国内煤炭产能又能低成本弥补国内用煤缺口的条件下，进口蒙煤是优先选项。

（二）焦煤市场存在的明显资源短板

当前，我国优质焦煤的产量难以满足市场需要。虽然我国煤炭储量丰富，但炼焦煤储量仅占煤炭查明储量的 20% 左右，特别是优质炼焦煤更为稀缺，勘探发现我国焦煤产量大幅增加的潜力很小。2021 年以来，为保障能源安全，国家大力推行增产增供政策，新增煤炭产能加快释放，但主要以动力煤为主，炼焦煤产能增量不大，后续进一步增加产能的空间十分有限，优质焦煤将长期存在缺口。

（三）积极服务"一带一路"倡议的需要

蒙古国作为"一带一路"沿线的首个贸易国家，深化对蒙贸易合作对稳定并巩固"一带一路"具有重要示范效应。自 2013 年习近平总书记提出"一带一路"倡议以来，

我国对蒙贸易合作不断丰富，煤炭作为最主要的贸易领域，除了单一煤炭资源进出口合作以外，辐射带动了关联的煤炭运输、煤炭开采、煤炭领域直接投资等多种形式的合作，中蒙经济联系日益加强，互补关系日益稳定。稳步扩大蒙煤进口，深化以煤炭为纽带的对蒙合作，对巩固"一带一路"良好发展态势具有重要作用。

四、制约进口蒙煤规模扩大的主要因素

从总体和结构上、宏观和具体上看，稳定并有序扩大蒙煤进口有其重要意义，但是在地缘、政治、经济等现实状态下，长期保持一定规模的蒙煤进口还存在诸多限制因素。

（一）地缘政治风险传导至经贸合作领域

俄乌冲突背景下，地缘摩擦加剧，地缘政治面临更加复杂难预料的形势，国际贸易格局的主导因素逐渐由市场化因素转变为地缘因素。一部分国家认为经济贸易密切联系与保障国家安全之间存在矛盾，合作进程和空间受到更多的政治考量影响，开展广泛而深入的中蒙煤炭领域合作存在较多阻力。同时，中美两国众多经贸领域的竞争态势日益加剧，包括蒙古在内的其他国家选择合作方时将面临多方面压力。在地缘政治博弈日渐升级的大背景下，企业资金安全风险和经营风险增加，进口和投资的积极性受到抑制。

（二）现有贸易政策法规有待进一步完善和稳定

开展跨境贸易离不开健全的法律法规和制度保障。蒙古国方面法律制度建设起步晚，且大多照搬苏联经验，并不完全符合本国社会发展需求，比如，蒙古能源贸易管理方面还缺少实施过程中的法律约束机制和监管细则，解决贸易纠纷时存在缺少法律法规支撑的情况。同时，蒙古国现行的法律法规执行力度较弱且效力不足，部分煤炭出口商出现违规行为时官方监管并不到位，导致煤炭领域腐败、毁约问题多发。2023年初，受腐败问题影响，蒙古国实施电子交易所销售煤炭的新政策，以边境价代替坑口价销售，销售价格大幅提升，此外，销售结算政策的随意变化还极大增加了用户的投资合作风险。

（三）蒙方运输等配套基础设施建设严重滞后

物流运输是进口蒙煤的关键环节，从当前的运输体系看，蒙古国方面的运输能力和效率相对较低，基础设施建设亟待加快完善。目前，蒙古国境内主要以公路为主要运输方式，且大部分为草原公路或土路，已建成铁路里程数不足2万公里。中蒙跨境运输衔接还不完善，虽然两国之间有10余个贸易口岸，但是运输对接体系还难以满足贸易需要，双方运输效率极不均衡。比如，蒙古国塔本陶勒盖煤矿是世界上最大的焦煤矿之一，距与我国甘其毛都口岸相对应的蒙古国南戈壁省嘎顺苏海图口岸不足300公里，是蒙古煤炭进口最近的"陆路口岸"，连接甘其毛都口岸的国家能源集团所属的甘泉铁路已建成10余年，但蒙方连接嘎顺苏海图口岸的南向铁路2022年才通车，中间相差十年，而且双方轨道标准不同，铁路无法直连，必须经换装站换装，极大限制通关效率，与持续增长的煤炭贸易需求不匹配。

五、深化并拓展蒙煤进口的实施路径

扩大并稳定蒙煤进口涉及煤炭上下游产业链供应链体系的构建、国与国之间经贸合作关系的稳定、资产资金监管的规范等多重系统的协调完善，是一项复杂的系统工程。当前制约扩大蒙煤进口的主要问题既有我方的也有蒙方的,应以我为主,在积极补齐我方短板的基

础上,采取有力措施引导促进蒙方加快改善合作路径,巩固扩大中长期稳定合作的基础。

(一) 加快推进中蒙煤炭贸易基础设施建设

针对当前跨境煤炭运输体系不完善的突出矛盾,应多管齐下推进跨境铁路互联互通。率先推动条件成熟的项目加快建设,我方境内铁路要倒排工期,按进度计划稳步推进,对其他项目形成预期带动效应。跨境铁路部分成立专项协调组,在土地、施工图设计、招投标等方面予以重点盯控,考虑到蒙古国内企业投资能力相对较低,建议政府层面主导,推动中方企业参股蒙方煤炭贸易供应链建设,加快标准统一的中蒙跨境铁路及相关车站、换装站建设,减少互联互通障碍。在与蒙方保持高层沟通的基础上,建立由国家主管部门牵头,重点企业参与的沟通对接机制,推动加快蒙方煤炭运输基础设施建设进程。

(二) 与蒙方全面加强合作促进煤炭贸易发展

近年来,蒙古国推行"新复兴政策",主要包括口岸复兴、能源复兴、工业复兴等六个方面,深化与我方贸易合作势在必行。与蒙古国方面开展全方位经贸合作,以煤炭贸易为基础,积极参与蒙方煤炭资源开发建设,提升资源掌控能力,探索推进在蒙方境内布局煤电一体化项目,提升蒙方能源市场占比,充分利用中蒙边境地带风光资源富集的优势,研究论证沿中蒙边境线整体建设中蒙跨境"风、光、火、储"综合能源基地项目,深化双方能源领域合作,通过加强能源领域全面合作,促进带动蒙煤进口贸易量稳步提升。

(三) 合理把握蒙煤进口风险节奏

借鉴现有贸易经验,多措并举降低贸易风险,防止"单兵冒进"。在铁路运输体系尚未完全建立的现阶段,多元化建立相对稳定的汽运车队,保障运输稳定性和经济性,巩固蒙煤市场地位。充分利用企业自有口岸仓库、选煤厂及用户等优势,与矿方形成合作绑定关系,扩大供给侧市场份额。积极开发终端客户,为规模提升做大做强需求基本盘。探索构建"煤炭贸易+综合服务"合作框架,加强信息渠道建设,根据蒙方政策及市场环境及时采取措施,合理把握进口节奏,有效降低风险。

六、政策措施与建议

2014 年,习近平总书记访问蒙古国时强调,希望中蒙双方在互相尊重政治道路、独立主权和领土完整的基础上,实现更好合作,推动双方经济共同发展。2022 年,习近平总书记会见来访的蒙古国总统时强调,中方愿同蒙方扩大经贸、能源矿业、互联互通等重点领域合作。2022 年,时任国务院总理李克强在与蒙古国总理视频会晤时强调,中国有丰富的煤炭资源,仍然希望开展多元化的能源合作,乐见两国扩大煤炭贸易规模,实现互利共赢。可见,中蒙煤炭领域合作前景广阔,积极扩大蒙煤进口规模符合国家意志,应在政策层面予以支持保障。

(一) 加强进口煤政策层面支持保障力度

建立在尊重、平等、开放、共享基础上的经济全球化是大势所趋。应充分认识进口煤对国内能源供需的重要调节补充作用,坚持统筹用好"两种市场、两种资源",进一步加强进口煤市场监督管理,合理设置煤炭进口商准入机制,优胜劣汰提高进口煤炭市场主体质量,促进市场主体向具备产业链控制能力的大型企业集中,减少无序竞争,规范进口煤市场秩序,将超大规模消费市场的优势转化为对进口煤市场的影响力和话语权,进一步稳定资源供应渠道,降低企业用能成本,助力经济社会平稳高质量发展。

（二）推动中蒙跨境贸易服务规范化便利化

当前，多个贸易口岸汽车运输排队通关现象仍然普遍，建议研究提高通关能力的办法与措施，增加通关手续办理窗口，简化通关办理手续和流程，压缩通关时间，提高通关效率。推动国内企业打通跨境直接采购煤炭渠道，减少中间服务环节，降低流通成本，延续稳定进口蒙煤优惠税率政策，推动进口蒙煤规模扩大。加强政府与政府之间和政府与企业之间的对接与服务，完善相关法规制度，规范商务标准流程，推动煤炭进口企业、物流企业和生产企业构建稳定友好的合作关系，增强两国政治互信和企业互信。

（三）健全企业走出去体制机制

鼓励国内具备条件的煤炭企业走出去，积极服务"一带一路"倡议，在人员、资产安全方面给予政策保障。企业层面应赋予海外业务更多决策权，灵活制定海外业务激励考核体系，提升开拓市场的积极性和竞争力。制定完善国际化经营风险评价方法，建立海外项目运作风险管理体系，提高企业决策的科学性和准确性，提前识别和化解重大风险，避免重大经济损失。做好国际化人才队伍的培养和建设，制度化开展人才培训和选拔使用，打造复合型高素质人才团队，适应国际化竞争需要。

七、结语

中蒙跨国能源合作是一项互利互补的战略选择，既符合国内构建新发展格局的内在要求，也符合全球经贸合作发展大势。煤炭作为重要能源品种，对煤炭的多元化清洁高效供应和利用进行持续探索突破，有利于提升国家能源综合保障水平。深化中蒙煤炭领域合作，有助于为开展国际化能源合作及其他领域合作积累经验，有助于促进经济外循环，有助于推动我国全球经济影响力的不断提升。

参 考 文 献

[1] 史治斌，朱超，鲁金涛．"一带一路"倡议背景下煤炭国际合作探索［J］．煤炭工程，2017，49（11）：156-159.

[2] 阿丽娜．促进中蒙能源贸易互补性发展研究［D］．哈尔滨：哈尔滨工业大学，2019.

[3] 赵红霞，邹思源．中国煤炭进口的问题及优化建议［J］．国际商务，2023（1）：45-47.

[4] 蔡苏文．新形势下蒙中煤炭国际贸易发展研究［D］．青岛：青岛科技大学，2019.

[5] 叶春．用好国际国内两个市场发挥进口煤能源供应保障作用［J］．中国电力企业管理，2020（5）：62-63.

[6] 孟凡良，张同功．"一带一路"倡议对我国煤炭进出口的影响分析［J］．中外能源，2022，27（4）：8-14.

[7] 陈茜．新时代我国煤炭行业开展全方位国际合作的策略研究［J］．煤炭经济研究，2021，41（3）：56-60.

[8] 孙旭东，张蕾新，张博．碳中和背景下我国煤炭行业的发展与转型研究［J］．中国矿业，2021，30（2）：1-6.

新情境下煤基综合能源企业发展战略规划的研究与应用

路世忠

(中国神华能源股份有限公司)

摘要：进入"十四五"，煤基综合能源企业面临着绿色低碳转型发展的重大战略选择。通过分析煤基综合能源企业的管理实际，基于业务领先模型 BLM（Business Leadership Model）重构了新情境下的拓展应用模型 C-BLM（Coal Business Leadership Model），研究了 C-BLM 中的多重约束性组成要素，分析了国内煤炭行业的市场竞争趋势，建立了煤基综合能源企业低碳转型发展的结构性指标构成，提出了煤基综合能源企业的碳减排组合策略、能源科技自立自强工程以及相对应的企业管理变革计划。C-BLM 为高碳能源企业的发展战略规划研究与应用提供了建设性的思路和建议。

关键词：煤基综合能源企业；发展战略规划；业务领先模型；绿色低碳发展

一、问题的提出

2020 年 9 月，习近平主席在第七十五届联合国大会上宣布了中国 2030 年实现碳达峰、2060 年实现碳中和的重大承诺。我国"十四五"规划明确提出将大力推进绿色低碳发展模式，推动能源"双控"向碳排放总量和强度"双控"转变。"双碳"目标的提出，势必会对国内高碳能源企业的未来发展产生重大而深远的影响，如何科学制定、有效实施发展战略规划已成为引领高碳能源企业绿色低碳转型发展的首要任务。"十四五"时期是高碳能源企业谋划实施绿色低碳转型发展的关键窗口期，开展新情境下煤基综合能源企业发展战略规划的研究和实践应用，具有特别重要的现实意义。

二、研究前提与认知

绿色低碳转型是煤基综合能源企业本质安全发展的内在要求。煤基综合能源企业稳妥有序建设清洁、低碳、安全、高效的能源供给，不断减少对煤炭等化石能源的依赖，大力发展可再生能源，实现企业发展与碳排放之间的深度解耦，才能最大限度保障煤企的本质安全和长远发展，从而为国家建立能源安全供应体系贡献力量。

绿色低碳转型属于企业发展范畴，不能归于碳减排、环保问题。煤基综合能源企业要深刻认识绿色低碳转型发展的内涵，不能将低碳发展简单等同于碳减排，也不能将碳排放单纯归于环保问题，避免碳减排运动化、形式化。处理好企业发展和碳减排之间的关系，实现在企业发展中促进绿色低碳转型，在绿色低碳转型中实现更大发展。

绿色低碳转型发展是一项宏大的系统性长期工程。煤基综合能源企业需要秉持战略思维和系统观念，将绿色低碳发展目标及具体行动融入长期发展战略规划，从项目建设、投资安排、资本运作、技术创新、组织管理等方面，统筹安排、有序推进各项工作，坚持全方位、全过程做好企业绿色低碳转型发展。科技创新和管理变革是绿色低碳转型发展的推动力。在低碳能源逐步替代传统能源的过程中，煤基综合能源企业作为具有市场行为的经济体，要紧跟低碳技术发展趋势，适时实施科技创新应用，适当开展前瞻性低碳技术研发；以管理变革和科学决策作保障，把握好成本投入的恰当时机，在有效降碳的同时实现企业经济指标的持续增长。

三、理论模型的构建及分析

（一）规划理论模型研究

人们对区域经济发展、全球城市创建、国土空间管理等不同领域的战略规划，做了大量的、富有成效的研究与应用。在战略规划理论方法中，BLM（Business Leadership Model）日益引起了学术界和企业界的关注。耿家宁将 BLM 模型应用于贸易流通型企业的战略重组研究，武亚军等提出的业务领先模型 HW-BLM 框架对转型发展经济中有一定规模的追求持续发展的民营企业或追求业务领先的中国高科技企业具有重大借鉴意义和应用价值。BLM 模型在包括华为、新奥等在内的企业界得到了较为广泛而深入的实际应用，并取得了很好的效果。

BLM 是 IBM 联合哈佛大学建立的一套从战略规划设计到战略执行设计的科学体系，主要用于制定发展战略规划。发展战略是由对现状和期待之间差距的不满意激发的，包括但不限于业绩的差距、品牌影响力的差距、市场份额的差距等。BLM 战略设计模块由战略意图、市场洞察、创新焦点、业务设计等部分组成，市场洞察包括宏观环境洞察、行业市场洞察、竞争对手洞察和客户需求洞察；战略执行模块由关键任务、组织绩效、文化氛围、人才队伍等部分组成。

（二）煤基综合能源企业 BLM 的重构

煤基综合能源企业是以煤炭采洗为基础，包括煤电、煤化工、煤炭运输等在内的集团型企业，其生产经营风险无时不有、无处不在。由于多年来实施一体化运营管理模式，在面临外部形势的剧烈变化时，煤基综合能源企业展现出了强大的抗风险能力，取得了长足的进步，为企业发展奠定了坚实的经济基础。这个阶段煤基综合能源企业的快速发展是贯彻一体化运营战略的成功案例。

煤基综合能源企业作为典型的化石能源行业，从"十四五"开始面临新的发展战略选择。这种以煤为主类型企业的营收、利润等经济指标的增长同时伴随着碳排放的同步增加，两者之间存在着内在的强耦合关系。在国家严格控制煤炭消费增长、建立碳排放控制机制的新阶段，绿色低碳转型已成为"高碳"煤基综合能源企业亟须关注的重大发展战略选择。

BLM 模型为企业制定战略规划提供了科学的方法论，但煤基综合能源企业具有鲜明的特点，需要重构 BLM 模型，引入模型新组成要素，重构后的 BLM 模型定义为 C-BLM（Coal Business Leadership Model），如图 1 所示。

1. 引入多重约束性要素

考虑煤基综合能源企业的管理实际、社会责任等，C-BLM 模型中引入碳排控制、能源保供等约束性要素。

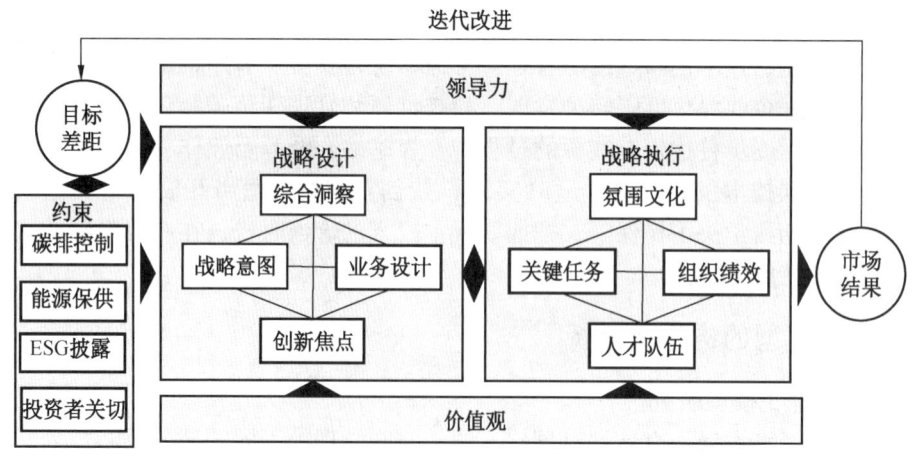

图 1 煤基综合能源上市企业 C-BLM 模型

如何破解企业发展和碳排放之间的强耦合关系，实施绿色低碳转型发展，是煤基综合能源企业实现本质安全可持续发展必须解决的问题。这一事关战略选择问题的提出，是由煤基综合能源企业的高碳现状和低碳发展之间的差距引发的。"十四五"期间，煤基综合能源企业面临着绿色低碳转型发展的现实需要，即企业经济指标的增长要逐步体现为低碳能源的发展上，传统煤炭能源生产在企业经营中的占比相应降低；需要建立统筹低碳能源和传统能源发展的结构性经济指标，传统能源为低碳能源发展提供动力，低碳能源为传统能源升级贡献智慧。煤基综合能源企业往往是国有企业，必须同时承担起包括能源保供、安全发展、环境保护等社会责任。如果还是上市企业，还需要引入 ESG 披露、资本投资者关切等约束性要素，权衡资本市场投资者、行业主管部门等利益相关者之间的关系。

2. 拓展市场洞察

C-BLM 拓展市场洞察包括一系列洞察及与之有相关关系的综合洞察。综合洞察一般从宏观环境、行业市场、客户需求和竞争对手等多个维度分析，通过 SWTO 方法最终找到机会并进行破局。综合洞察，要做到对宏观政策环境、市场趋势、客户需求、竞争态势的综合分析。综合洞察的全面性、准确性、前瞻性，取决于企业对整体形势的理解水平和敏锐程度。

（三）C-BLM 约束性组成要素分析

煤基综合能源上市企业必须充分分析碳排控制、社会责任、ESG 披露、资本投资者关切等多重约束，以制定出适合新发展情境和符合企业实际的科学、合理的发展战略规划。

1. "双碳"政策攸关煤炭行业长远发展

在经历新冠疫情的重大考验后，国内经济总体趋势向好，但煤炭行业却面临着来自各方面的新的压力。国家及有关部委先后发布了《关于完整准确全面贯彻新发展理念做好碳达峰碳中和工作的意见》《2030 年前碳达峰行动方案》《关于推进中央企业高质量发展做好碳达峰碳中和工作的指导意见》等一系列重大政策性文件，明确自"十四五"起要严格控制煤炭消费增长，大力发展可再生能源。

对我国而言，煤炭是化石能源消费的主体，煤炭燃烧产生的二氧化碳占我国二氧化碳排放总量的70%以上，因此严格控制煤炭消费增长成为国家中长期能源结构转型的重点。在一系列"双碳"相关重大政策影响下，国内将会逐步进入"去煤化"时代，煤基综合能源企业的发展空间进一步受到压缩，面临着前所未有的生产经营压力。

2. 能源保供影响煤炭行业转型发展

近年来国际市场能源价格大幅上涨，国内电力、煤炭供需持续偏紧，给正常经济社会运行和居民日常生活带来严重影响。按照党中央、国务院部署，国内煤企相应采取一系列措施加强能源供应保障，承担起经济和社会运行的重要社会责任。2021年国资委出台了能源供应保障考核奖惩办法，把保供作为当年企业考核的主要指标，实行"一票否决"，进一步推动能源企业担当履责，为能源保供多作贡献。办法明确要求央企要统筹能源安全保障、绿色转型发展和生产经营安全，以更加有力有效措施提升能源安全稳定保障能力，切实发挥好中央企业顶梁柱主力军作用。

从国内经济增长趋势来看，以煤炭、火电为主体的能源安全保供会成为煤基综合能源企业以后较长一段时期内的重要任务，这将会对煤炭企业的低碳转型发展产生一定的阶段性影响。煤基综合能源企业需要统筹自身发展和社会履责，制定出合理的发展战略规划。

3. 资本市场加速能源行业发展分化

"双碳"背景下，资本市场扮演着行业"加速器"的重要角色。低碳经济作为新兴的经济模式和消费模式，在资本市场拥有巨大的投资机会。投资者会更加关注煤炭企业的未来发展是否适应能源行业低碳发展的大势。可以预测到在资本市场将会有越来越多的投资者重点关注气电、核电、风电、光伏发电、新能源汽车等行业领域。

为响应全球应对气候变化的《巴黎协定》，来自全球16个国家的超过275家大型资产管理机构，成立了"机构投资者应对气候变化组织"，并提出了一个与《巴黎协定》一致的、未来可能不断升级的"净零碳排放投资框架"，参与这一组织的机构所管理的资产规模已经达到35万亿美元。全球范围金融与投资界遵守应对气候变化的倡议，可能会对国内金融与投资界形成示范效应。

煤基综合能源上市企业因其固有的高碳属性，如果不能规划实施绿色低碳转型发展，在资本市场的影响势必会日渐式微，对企业的长远发展极其不利。煤基综合能源上市企业的绿色低碳转型发展，是面对现实必须做出的重大战略选择。

4. ESG披露倒逼煤炭行业转型发展

ESG（Environment，Social and Governance）最早由联合国环境规划署于1992年提出，此后中国证监会于2018年发布的《上市公司治理准则》修订版，首次明确要求上市公司对环境、社会责任及公司治理相关方面的信息及时予以披露。2021年11月联交所发布《气候变化信息披露指引》，要求上市公司依照TCFD要求披露气候变化相关信息。有研究表明ESG表现对企业投资效率具有显著的正向作用。ESG披露机制能够有效促进企业外部性行为的减少；良好的ESG表现可以进一步提升企业投资效率，同时也会吸引机构投资者的关注，促使产生更加积极的投资行为。但部分全球大型资产管理机构在实际ESG投资中会将煤炭行业剔除。

煤炭是国内长期能源供给的主力军，ESG披露的倒逼机制会对煤基综合能源企业的生产运营，尤其是低碳转型发展初期阶段的煤企形成一定的约束和压力。

四、国内煤炭行业的市场竞争

（一）煤炭市场规模逐步缩小

据权威研究认为，2025年中国能源消费需求为55亿~56亿吨标准煤。其中，煤炭、石油、天然气、非化石能源消费需求分别为28亿~29亿吨标准煤、11亿吨标准煤、6亿吨标准煤、10亿吨标准煤，分别占能源消费总量的50%~52%、20%、11%、18%。

"双碳"情境下，中国能源消费结构将进一步优化，煤炭占比由2007年最高的72.5%降至2018年的59%，2025年将进一步降到50%~52%；非化石能源占比则由2018年的14.3%增加至2025年的18%。随着国内非化石能源的快速发展，煤炭的消费总量虽呈现增长趋势，但增长速度会明显降低，煤炭市场规模相对会不断缩小。

（二）煤企竞争压力相对加大

自国家能源投资集团合并重组后，山东能源与兖矿集团联合重组成立新山东能源集团，中煤能源兼并重组国投、保利和中铁等企业的煤矿板块，山西省战略重组成立晋能控股集团和山西焦煤集团，甘肃省、贵州省、辽宁省分别重组成立甘肃能源化工投资集团、盘江煤电集团、辽宁省能源集团。战略性重组后，除国家能源集团外，晋能控股集团、山东能源集团、中煤能源集团等4家企业煤炭产量超过2亿吨，陕西煤业化工集团、山西焦煤集团等2家企业产量超过1亿吨，煤炭行业集中度大幅提升。

根据波特五力分析模型（图2），随着国家绿色低碳发展战略的不断推进，煤企潜在的威胁主要来自以下方面：一是现有煤炭企业间的竞争加剧。新生的超级煤炭集团的出现，无疑会减弱头部煤企在国内煤炭市场的话语权。二是供方和买方的议价能力增强。近些年来，煤炭企业的营业成本不断增加，煤炭产能相对过剩，煤企已经度过黄金时期，基本进入买方市场。三是光伏等替代品的快速发展。光伏等新能源技术进步带来成本下降，目前光伏成本仅是前些年的10%，大力发展光伏发电等可再生能源会成为替代化石能源、实现碳减排的重要力量。

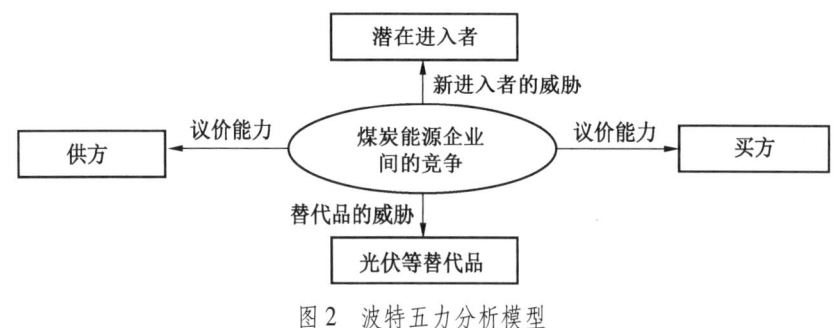

图2 波特五力分析模型

国内各大煤企在做好煤基产业的同时，纷纷规划绿色低碳转型发展之路。煤炭市场竞争总体呈现愈加严峻之势，同时冲破低碳能源市场壁垒的压力巨大。

（三）技术发展对煤企提出更高要求

煤矿企业向"安全、高效、绿色、智能"方向发展，5G技术得到进一步应用；强化薄煤层、深部煤层高效智能开采等关键核心技术攻关，突破复杂条件高效开采、快速掘进难题,加快露天煤矿半连续、连续采煤工艺应用,实现向技术要效率。煤电企业基本实现超低甚至近零排放,新建机组原则均为超超临界大容量机组,生产工艺改进,度电煤耗不断降低。煤化工产业向高端化、多元化、低碳化发展,煤基特种燃料、可降解材料、碳素新材料得到研发和示范应用,源头减碳、过程减碳正在深入实施。新工艺、新技术、新装备的创新应用,使得煤企的生产运营投入进一步加大。

五、低碳发展规划的指标构成

企业的发展质量可以通过完善的指标体系充分反映出来,指标包括经济指标、技术进步指标等。对煤基综合能源企业来讲,需要构建新的结构性指标、健全指标体系,以衡量煤企"十四五"乃至未来阶段的低碳转型发展水平。

为准确反映煤基综合能源企业的低碳发展水平,构建以下指标:

$$\mu=\omega_1/(\omega_1+\omega_2)$$

其中 ω_1 代表低碳经济指标,ω_2 代表其他经济指标,($\omega_1+\omega_2$)代表煤企的总经济指标。经济指标可以包括营业收入、利润总额、净利润、净资产等。从上式可以看出 μ 值越大,代表企业的低碳发展水平越高,煤基综合能源企业的转型发展就越成功。

煤企的低碳发展水平可以从两方面来实现:①($\omega_1+\omega_2$)保持一定比率的增长。②ω_1 对 ω_2 保持增长相对领先优势,即在($\omega_1+\omega_2$)持续增长的情况下,要求 ω_1 的增量必须高于 ω_2 的增量。

低碳发展指标可以作为煤基综合能源企业低碳转型发展水平的硬性考量,可赋予"一票否决权",以规避煤基综合能源企业潜在的"漂绿"行为。不同行业类型的企业可以根据实际情况设定各自的标准,但煤基综合能源企业应高于社会整体平均程度,为助力国家实现碳中和目标争取更大的主动权。

六、碳减排实施的组合策略

煤基综合能源企业的碳减排是一项巨大的系统性工程,是为了企业实现更好更长远的发展。煤企自主碳减排可从降碳、替碳、用碳、封碳、汇碳、固碳等方面来谋划。封碳存在经济可行性考量,用碳需要突破一系列关键技术瓶颈,汇碳是长期的辅助绿色手段,固碳未来会受到一定程度的限制。综合分析,通过发展可再生能源实现替碳、实施节能提效实现降碳等是煤基综合能源企业自主碳减排的主要方向。

煤企碳减排实施可采取以下组合策略(图3):一是风光水等可再生能源的深度开发利用和与储能的一体化实施;二是传统煤炭相关产业的节能降耗;三是低碳零碳负碳相关技术的推广应用;四是充分介入碳排放权交易市场。

煤基综合能源企业应该利用自有资源或获取外部资源,重点发展矿区厂区特色光伏,推进风电水电氢能开发。采取并购或参股优质可再生能源企业等策略,运用资本手段加速低碳能源发展布局。

煤矿企业需要持续优化煤炭开采工艺技术,改进优化洗选工艺,持续推动煤炭采选系统节能改造,实施生产和辅助环节低碳零碳能源替代,重点加强电动车辆、纯电自卸矿卡、氢能重卡等新能源车辆的示范和应用。煤电企业要严格淘汰关停落后煤电产能,实施存量煤电"三改联动",推动"火电+"综合能源产业发展,实现火电机组电、热、冷、气、水、固废等产品多联供，推广余热、余压梯级利用，打造"多联产柔性电厂""园区电厂"。煤化工企业大力推广实施煤化工能量梯级利用、余热回收等节能技术，采用先进节能装备，提高能源利用效率；推进煤化工和可再生能源发电、制氢等的耦合发展，实现源头减碳、过程减碳。

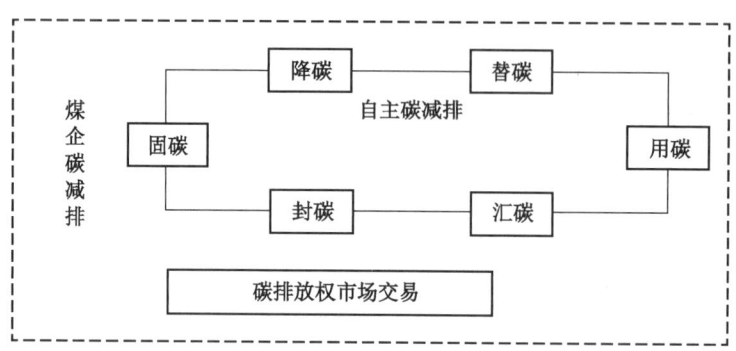

图 3　煤企碳减排实施策略

加快开展低碳零碳负碳技术的示范应用。启动 CCS/CCUS 相关科技研发专项和工程项目示范建设，结合关键的能耗、捕集率、吸收剂消耗等指标，研究低能耗、低吸收剂损耗和高稳定性的耦合控制方法，以及通过模块化降低捕集系统成本的技术路径及潜力，形成适用于燃煤电厂、大型煤化工项目的规模化 CCUS 系统优化与集成方案。

全国统一的碳排放权交易市场已于 2021 年 7 月正式启动，给煤电企业提供了一定的生产灵活空间。煤电企业应提前开展碳交易市场运营机制的研究，基于企业客观实际，找准落脚点，探索出行之有效的最小化交易成本和充分规避交易风险的应对策略组合。充分利用好碳排放权市场交易，将会给煤电企业在"十四五"及以后的低碳发展赢得时间和主动，从而利于煤炭综合能源企业碳减排工程的有效实施。

七、低碳能源科技的自立自强

绿色低碳相关技术的研发应用，决定煤基综合能源企业低碳转型发展的深度。煤企应规划实施低碳能源科技的自立自强工程，加大低碳相关技术的研发力度，加速推进低碳技术的创新应用，积极推动战略新兴产业技术的研发应用。

（一）加快开展低碳零碳负碳技术研发推广和转化

加大智能绿色开采、清洁高效发电、综合低碳转化等煤炭全流程的清洁高效开发与利用技术攻关，推进煤炭全过程技改创新和节能提效，着力加大环保型、智能型、集约型技术研发。

利用天然气、焦炉尾气富含氢的特点，降低原料的高碳属性，探索现代煤化工与传统煤化工及生物质的耦合利用；开发以甲醇、石脑油、合成气等大宗低碳中间原料制取高端产品的新型低碳化工工艺；探索与新能源、氢能产业的深度融合，实现产业深度脱碳。

（二）推进氢能储能等战略新兴产业技术研发应用

以股权投资等方式加强与国内外技术领先的企业和科研机构合作，加速研发新能源制氢、制氧等新型技术，推动示范项目落地，"以用促发"助力氢能产业布局。

加快储能关键技术创新突破。在掌握国际领先储能技术的基础上，加快推进新一代储能材料与装备产业发展。探索"新能源+储能"示范应用。开展地方性储能需求研究，进行容量配置和功率配置分析、经济性分析，防止储能资源错配。

八、煤炭综合能源企业的管理变革

（一）公司治理建设

坚持党对国有煤炭综合能源企业的领导；构建科学的决策管理体系和机制，建立符合上市公司监管要求的现代企业制度；坚持合规运行，高效组织召开董事会、监事会和股东大会。贯彻上交所对上市公司的分类监管要求，逐步落实公司信息披露职责分工，推进重大信息内部报告等工作制度有效执行，畅通信息传导机制。

（二）人才队伍建设

大力培养能带领企业低碳转型发展的战略型经营管理人才，推动煤炭、火电等相关专业富余人员向新能源板块转型调整，在新能源项目的开发、建设、运营、管理实践中培养锻炼低碳能源人才。建立基于"胜任素质能力模型"，注重实绩、程序规范的选人用人机制；建立注重品德、能力和业绩的综合考核评价机制；建立吸引人、留住人、用好人，能有效激发人才创新活力的长效激励机制；建立多方位、立体化，能有效推动人才横向、纵向流动的人才流动退出机制。

（三）风险内控管理

落实"强内控、防风险、促合规"要求，强化上市公司治理底线要求，推进风险管理、合规管理要求嵌入业务流程；加强重要岗位授权管理和权力制衡，不断优化内部控制体系。

聚焦关键业务、改革重点领域、资本运营重要环节以及境外资产监管，强化重大风险全过程管控；健全完善重大风险识别、评估和报告机制，规范业务流程，提升风险管控能力；完善制度风险审核机制，提高风险源头管控的效率效果；探索建立风险预警体系，切实提高风险防控能力。

（四）ESG 治理

进一步完善 ESG 管理机制及手段。制定 ESG 总体及相关专项管理制度，制定环境细化定量发展目标，完善 ESG 指标体系；全面对标 MSCI 和 CDP 标准，提升企业在全球范围内对 ESG 标准的参与度。积极参与国家统一碳市场建设，开展碳排放交易。

九、结论与建议

（一）结论

C-BLM 重构业务领先模型，应用于煤基综合能源企业的发展战略规划，拓展引入碳排控制、能源保供、ESG 披露、资本投资者关切等多重约束性组成要素，深入分析了新情境下煤炭行业市场的竞争发展趋势，建立了低碳发展规划的指标构成，提出了煤基综合能源企业的碳减排组合策略、科技自立自强工程和管理变革计划。

研究表明，煤基综合能源企业应继续坚持煤电运化一体化运营，进一步提升风险管控的能力和水平；同时充分利用企业的资源优势、资金优势、品牌优势，坚定实施绿色低碳转型的长期发展战略，持续推进企业的本质安全发展。

作为世界上最大的煤炭综合能源上市企业，公司于2020年底制定了"十四五"发展战略规划，确定了一体化运营和绿色低碳转型发展的建设目标、项目安排、投资计划以及与之相适应的管理变革计划。2022年根据国家的"双碳"系列政策等，修订了公司"十四五"发展战略规划，强化了公司绿色低碳转型的主动性发展，成果获得中国煤炭工业协会规划评选一等奖，未来还将通过滚动规划不断对公司的长期发展战略规划进行完善。

（二）建议

基于C-BLM的发展战略规划应用研究，对高碳能源企业的绿色低碳转型发展提供了建设性的思路，具有积极的借鉴意义。

1. 用心谋划企业的本质安全长远发展

煤基综合能源企业具有鲜明的高碳特征，现实面临着绿色低碳转型发展的迫切需要。"十四五"是高碳能源企业绿色低碳转型发展规划的关键时期。不同的煤企应紧密结合自身实际，基于科学的实践方法论，作出正确的战略选择，确定合理的长期发展规划。

2. 需要运用科学的战略规划实践方法论

对处于新发展格局、新情境下的高碳能源企业，首要需要创新应用成熟的、科学的实践方法论来规划企业的未来发展。在贯彻落实企业战略规划的过程中，验证其科学性、前瞻性、合理性，根据新的国家宏观政策、经济发展趋势等进行适当调整，完成企业战略规划的闭环管理。

3. 绿色低碳转型发展规划需要相应的组织管理变革

高碳能源企业落实绿色低碳转型发展规划，是长期的整体性、系统性工程，需要进行相对应的组织管理变革，才能更好地将发展战略规划落实落细，企业的绿色低碳转型发展才能最终实施成功。

参 考 文 献

[1] 胡学龙. 编制区域性经济与社会发展战略规划的方法论 [J]. 预测，1988（5）：1-3.

[2] 徐振强. 全球城市理论溯源与创建全球城市的战略规划方法学初探 [J]. 住宅产业，2015（4）：50-56.

[3] 谷玮，王梦婧. 统筹发展与安全战略下的国土空间规划：范式、学理和实践逻辑的反思与回应. 中国土地科学，2022（6）：11-20.

[4] 耿家宁. PD公司基于业务领先模型的战略规划研究 [D]. 武汉：华中科技大学，2019.

[5] 武亚军，郭珍. 转型发展经济中的业务领先模型——HW-BLM框架及应用前瞻 [J]. 经济科学，2020（2）：116-129.

[6] 王京刚，谢雄. 华为BLM战略管理思想精髓：华为的战略 [M]. 北京：华文出版社，2020.

[7] 中金公司研究部，中金公司研究院. 碳中和经济学：新约束下的宏观与行业趋势 [M]. 北京：中信出版集团，2021.

[8] 王蓉. 企业ESG表现与非效率投资水平研究 [J]. 企业经济，2022（6）：

89-100

[9] 谢和平, 吴立新, 郑德志. 2025年中国能源消费及煤炭需求预测[J]. 煤炭学报, 2019（7）：1949-1960.

[10] 宋锋华. "双碳"目标下企业"漂绿"行为的典型风险与治理思路[J]. 企业经济, 2022（3）：5-12.

中国碳市场与能源市场间风险溢出效应

黄为勇[1]，王放[2]，王莹[2]

（1. 国能数智科技开发（北京）有限公司；2. 国家能源集团宁夏煤业有限责任公司）

摘要：本文以碳市场与能源市场间风险溢出为研究对象，系统地梳理其定价机制及溢出影响。通过DY溢出指数模型，探究中国的碳市场与能源市场之间价格波动的联动关系以及市场间存在的溢出时变性，并对碳市场与能源市场价格波动的风险控制提供建议。

关键词：数字化；煤炭供应链；煤炭供应链体系

一、引言

第一次工业革命以来，能源作为工业文明的动力，对国内发展和国际形势具有举足轻重的重大意义。19世纪60年代后期，第二次工业革命带动了工业产能和技术的高速发展，作为主要动力能源的化石燃料，引发了温室效应进而影响了人类生态环境，对人类经济社会可持续发展造成重大影响。

碳交易市场借鉴了20世纪90年代减少硫污染的总量管制与交易监管方式。企业可在碳市场，购买或卖出一定数量碳排放权的信用额度，碳信用和碳交易是由政府授权的，目的是逐步减少碳排放总量，减轻其对气候变化的影响。

1992年，在联合国环境与发展大会上，各国签署了《联合国气候变化框架公约》（以下简称"公约"），并明确规定发达国家应向发展中国家提供减排的技术支持以及率先承担减排任务。该公约是国际社会签约国家最多、涉及范围最广泛、影响力最大的国际气候公约，约200个国家成为其缔约国，但缔约国承担的减排义务并不受法律约束，成为应对气候变暖的国际合作的一个基本框架。1997年，在公约第三次会议上，各国签署了《京都议定书》，建立了具有约束性、灵活的碳排放量总量控制和碳排放配额市场交易，用于控制二氧化碳等温室气体排放。碳排放资源作为稀缺资源，因此具有获得价值与交易价值。目前，欧盟的碳交易市场是迄今为止规模最大、交易额最多的碳市场。2000年，欧盟为了治理温室气体，发布了《关于温室气体绿皮书》，确定了二氧化碳排放权的交易。2003年，欧盟下发《排放权交易指令》，率先于2005年建立碳排放交易体系（EUETS），要求11000个高能耗、高排放行业企业强制减排，覆盖欧洲二氧化碳排放量的46%。

2005年至2007年间，EUETS根据各企业的历史排放量对碳排放配额进行划分，拿出5%的碳排放配额进行拍卖，根据历史排放量划分排放配额，将95%的配额免费发放给企业，对于违规排放企业予以40欧元/吨的罚款；2008—2012年，免费发放给企业配额降至排放总量的90%，拍卖配额提升至总量的10%，超额排放惩罚金额提高到100欧元/吨。

2013—2020年，二氧化碳排放总量降至1990年的80%，其中50%配额用于拍卖。据《2020年度全球碳市场进展报告》，截至2020年底，世界形成21个碳市场，覆盖全球二氧化碳排放份额的16%。2020年后，《巴黎协定》成为全球减排总纲领。

截至2022年3月，世界银行的碳定价仪表板重点介绍了已实施或计划实施的65项碳定价举措，这些举措涵盖了45个国家管辖区和34个国家以下管辖区。到2021年，这些举措将覆盖116.5亿吨二氧化碳，占全球温室气体排放量的21.5%。除EUETS外，CA-CAT（美国加州碳排放体系）、CCX（芝加哥气候交易所）、RGGI（区域温室气体行动计划）等国际碳市场，也为中国碳市场管理制度的建立提供了借鉴。

碳排放过量对生态环境造成严重威胁。中国高度重视碳排放带来的生态环境问题，积极参与全球气候治理体系建设。碳市场被认为是控制全球碳排放的有效政策手段，对能源供给结构及需求结构产生广泛而深远的影响。中国作为碳排放大国，较早地签订了《京都议定书》。据统计，碳排放总量中国约占世界的1/3，位居世界首位。不断布局并建立健全全国性碳市场，促使中国国民经济增长逐步摆脱高能耗、高污染、高耗资的增长模式，对国际碳排放治理具有重要意义。

2011年起，国家发改委发布《关于开展碳排放权交易试点工作的通知》，在北京、天津、上海、重庆、武汉、广东、深圳等9个省市，陆续开展碳排放权交易试点工作，采取挂牌协议和大宗协议两种形式进行线上交易。2017年12月，国家发展改革委进一步发布《全国碳排放权交易市场建设方案（电力行业）》，建立全国性碳排放交易体系。2020年9月22日，在第七十五届联合国大会上，国家主席习近平向世界庄严承诺，将力争于2030年实现碳达峰，努力争取2060年前实现碳中和，单位GDP碳排放下降40%~50%。根据中国环境交易所数据，截至2020年底，交易试点累计交易量4.45亿吨（四川碳市场不具有碳配额交易），成交金额超过102亿元。

碳市场是碳减排的市场化手段，碳价格是衡量碳市场的有效介质。碳市场价格呈非正态分布，具有尖峰、厚尾等典型金融时间序列特征，并与能源市场存在关联性。两者间风险效应溢出机制在于：能源市场的价格波动可通过工业二氧化碳排放量的变化，进而影响碳价格。当碳市场价格变动影响工业产业成本时，企业则大概率会通过调整能源消费、优化节能减排技术，进而影响能源市场。

此外，国家政策、宏观经济、产业结构、大型突发事件等，都会对碳市场及能源市场间风险溢出产生显著影响。政策因素主要通过限制和引导碳排放总量、跨期跨区域流动等，市场因素主要包括能源需求、宏观经济情况等，进而影响碳市场和能源市场间风险溢出。2019年底暴发的新冠疫情，是波及世界的大型突发事件，降低了国际市场的能源需求，导致能源价格下跌，进而严重影响碳市场价格。

综上所述，在全球一体化背景下，碳市场与能源市场价格风险溢出，易引起跨国家、跨市场、跨行业的系统性风险。加强相关研究，有利于优化资源配置、稳定价格及管控系统性风险。因此，有效识别、测算和控制能源市场与碳市场间风险溢出效应，是本文研究的核心问题。如何识别、量化并控制碳市场与能源市场间风险溢出效应，是本文研究的核心问题。本文希望对研究中国规范碳市场交易体系，建立合理的价格稳定机制，完善两者间风险识别、测量、防范和管控机制，增强碳市场对能源消费结构的调节作用提供些许借鉴。

应用前景方面，系统性内部或外部事件、非系统性事件均可导致行业间出现大幅波动，形成系统性风险。因此，有效地识别与控制碳市场与能源市场间风险溢出效应，对市场的参与者具有重要意义。对于政策制定者而言，有利于避免或缓解相关影响因素造成碳市场与能源市场价格大幅波动，进而控制行业内及行业间系统性风险。对投资者而言，有利于稳定投资组合收益，对在特定条件下做出最优投资决策，具有一定指导意义。对于高耗能企业而言，有利于企业经营人员判断能源及碳价格走势，稳定企业发展。

二、碳市场相关文献综述

温室气体排放作为全球性环境问题，碳排放交易市场通过"总量控制"和"配额交易"，通过市场化手段限制碳排放。国内外学者的大量研究集中在碳市场运行机制、碳市场风险的形成原理、影响作用机制、风险识别及控制体系等问题。

乔森等通过对北京、广东、湖北和上海四个碳市场试点，将滚动窗口技术与 DY 溢出指数相结合，分析了中国碳市场与能源市场间时变性双向溢出效应。发现两者之间的溢出效应具有显著的时间变异性和双向不对称性。不同碳试点市场对能源市场的时变溢出效应具有区域异质性。北京和上海碳市场的波动溢出效应主要是原油期货市场，广东碳市场主要是新能源市场，湖北碳市场主要来自原油和电力市场。其研究成果有助于防范碳市场和能源市场之间潜在的风险外溢，从而促进中国统一碳市场的建立和能源市场系统性金融风险的防范。

MehmetBalcilaretal 采用马尔可夫动态模型、向量自回归模型，验证了能源市场与碳市场间风险溢出具有显著的波动性和时变性。期货市场对控制现货市场风险具有关联性，这对国家制定政策和投资具有显著意义。

王宇冬采用 Diebold 和 Yilmaz 模型，利用预测误差的方差，构建溢出指数。发现碳市场与能源市场间收益率和波动率序列存在不对称性。在 WTI 原油、布伦特原油和天然气三大能源市场中，WTI 原油市场对碳市场的溢出效应最强，天然气对碳市场的溢出效应也较为突出；采用滚动窗口技术，检测溢出效应的时变特性。结果表明，重大政策会直接导致溢出指数发生较大变化。

研究投资者在投资过程中须根据碳市场影响因素及作用机制，判断碳金融市场的价格走势、影响机制及风险转移措施等。

中国从顶层设计角度，规范金融机构通过建立健全金融市场及金融产品，推动提升碳市场抗风险能力，以及市场间风险的识别、评估及管控。2021 年，中国人民银行发布《金融机构环境信息披露指南》，规定了信息披露、风险管理流程等金融标准化。

综上所述，国内外文献多集中于较为成熟的欧盟碳市场。中国多数相关学者多集中于研究碳价格影响因素、碳金融定价机制以及全国性碳市场、碳金融市场构建等问题，对碳市场与能源市场的内部及外部系统性风险溢出的相关研究仍有不足。现有研究成果多集中于通过建立模型，定性地分析碳市场与能源市场间关联性。有鉴于此，系统地探究中国碳市场与能源市场间存在的联动性、时变性，并提出风险溢出的识别、测量方法与风险控制建议，具有较强的理论与实践价值。

首先，研究选题方面，以中国碳市场风险溢出效应为研究选题，进行相对系统的研究。国内外学者对碳市场研究成果多聚焦于欧盟，对中国碳交易市场的研究成果较少。在对中国碳市场溢出效应研究时,学者们多研究是否存在不同市场间的溢出效应。有鉴于此,系统地探究中国碳市场与能源市场间存在的动态特征以及联动关系,价格波动时变性,具有一定的创新性。其次,本文将采用溢出指数模型,评估两者间风险的总溢出、方向性溢出、净溢出等,进而定性及定量地判断其关联性及时变性,丰富了两者间风险溢出的研究方法。第三,研究角度方面,本文着重从碳金融角度,提供风险控制建议。由于中国碳市场形成较晚,与之相应地,碳金融发展相对滞后。本文从进一步建立健全碳金融市场角度,对碳市场与能源市场间风险管控提供建议。

溢出效应的作用机制为市场完全开放情况下,信息能够充分流动,当一个市场受到外部冲击时,其波动不仅仅会对自身后续价格产生影响,同时也会很快通过各种渠道传递到其他市场中,对其他市场的价格波动造成影响。

目前,波动溢出假设主要有"热扩散假设"和"流星雨假设"。热扩散假设认为单个市场的价格波动仅对未来价格产生影响,而流星雨假设则认为市场波动会传递给其他市场。

本文以碳市场与能源市场间风险溢出为研究对象,系统地梳理其定价机制及溢出影响。通过 DY 溢出指数模型,探究中国碳市场与能源市场间价格波动的联动性、市场间溢出的时变性,并对市场的价格波动风险控制提供建议。

三、实证模型

近年来,关于碳市场波动溢出效应的研究得到了学术界和业界的广泛关注与运用。本研究将运用溢出指数模型研究方法,对碳市场与能源市场间风险溢出效应进行实证研究。首先对溢出指数相关理论模型进行简单汇总,如下:

$$x_t = \sum_{i=1}^{p} \phi_i x_{t-i} + \varepsilon_t \tag{1}$$

Diebold 和 Yilmaz(2012)如果 x_t 为满足平稳性的 N 维变量,并且服从向量自回归方程

$$x_t = \sum_{i=1}^{\infty} A_i \varepsilon_{t-1} \tag{2}$$

其中,ε_t 为独立同分布且服从均值为 0、方差矩阵为 $\sum$ 的 N 维向量。进而可将上述向量自回归(AR)形式转化成移动平均(MA)形式。

当 $i<0$ 时,A_i 为 N 维单位矩阵,i 为其他取值时 A_i 满足上述递归方程。在此基础上将给定预测期限 h 下的预测标准误进行分解,便能够计算出各变量对预测标准误的贡献程度。

为了避免模型中 Cholesky 分解导致残差项正交化受变量次序影响,DieboldandYilmaz 采取了广义误差分解方法,预测误差的方差贡献将被重新整理,其公式如下:

$$\theta_{ij}(H) = \delta_{ij} \frac{\sum_{h=0}^{\varphi-1} \left(e'_i A_h \sum e_j \right)^2}{\sum_{h=0}^{\varphi-1} e'_i A_h \sum A'_h e_j} \tag{3}$$

其中,$\sum$ 为预测误差向量 ε_t 的方差矩阵,δ_{ij} 为第 j 个方程误差项的标准差。而 e_i 为 N 维向量,第 i 个元素为 1,其他元素均为 0。由于在广义误差分解方法下,所有变量对方程的贡献度加总并不一定等于 1,即为了让不同 $\theta_{ij}(H)$ 可比,需要对 $\theta_{ij}(H)$ 进行标准化,采

取以下方式：

$$\tilde{\theta}_{ij}(H) = \frac{\theta_{ij}(H)}{\sum_{j=1}^{N} \theta_{ij}(H)} \quad (4)$$

其中 N 为变量的总维度。进而通过计算得到的标准化 $\tilde{\theta}_{ij}(H)$ 满足下列等式：

$$\sum_{j=1}^{N} \tilde{\theta}(H) = 1 \quad (5)$$

$$\sum_{i,j=1}^{N} \tilde{\theta}(H) = N \quad (6)$$

$\tilde{\theta}_{ij}(H)$ 的定义为方差贡献，其数值为变量 j 对变量 i 总预测误差方差的贡献值，取值在 0 至 1 之间。当 $\tilde{\theta}_{ij}(H)$ 取值越高，反映变量 j 对变量 i 总预测误差方差施加了较为显著的影响。进一步，通过对 $\tilde{\theta}_{ij}(H)$ 进行加总，可以构建出核心指标总溢出指数。

总溢出指数衡量的是行业间相互溢出的效应对总预测误差方差的解释力度，反映的是市场传染效应的程度。当总溢出指数比较高时，说明变量间相互溢出效应较大，各变量相互的联系相对紧密。总溢出指数 $S(H)$ 通过加总除 $i=j$ 以外所有的 $\tilde{\theta}_{ij}(H)$ 并除以总维度 N 得到。总溢出指数 $S(H)$ 是平均指标，反映变量间平均联动水平。而通过上述公式，可以得到反映单一变量对其他变量溢出效应的指标以及反映单一变量受其他变量溢出效应的指标。

四、实证结果及分析

（一）数据样本

碳市场与能源市场间的风险溢出，主要表现为收益率和波动率的风险溢出。结合中国的能源消费结构及价格指数的可获得性，本文选择上海、北京、广东和湖北这四个具有代表性的碳市场作为研究对象，从 wind、Choice 选取中国能源消费结构中占比较大的煤炭、原油、天然气以及液化气的价格指数。

就收益率而言，各碳市场收益率相差较大，深圳碳市场的收益率均值最高，其均值是湖北碳市场的 50 余倍。就波动率而言，深圳碳市场的波动率均值最高，具有高收益高风险特征。从偏度和峰度可以看出，碳市场的收益率和波动率序列均为尖峰厚尾的右偏分布。

（二）实证结果与分析

1. 收益率溢出效应

风险静态溢出效应：收益率的方向性溢出及净溢出。就收益率溢出方向性而言，北京、上海、广东和湖北的碳市场具有非对称性。北京、上海、广东、湖北的对外溢出指数分别为 23.10%、5.10%、8.40%、13.10%；北京、上海、广东、湖北的接收溢出指数分别为 8.7%、21.60%、11.60%、6.40%。可见，北京和湖北的净溢出指数为正值，为收益率溢出的净输出方，具有较强的碳市场定价能力和风险溢出效力；上海和广东的净溢出值为负值，收益影响力不足，上海的影响力最小。

2. 能源市场对碳市场的风险溢出（煤炭、石油、天然气）

由于中国碳市场处于早期，各区域碳价和成交量仍有一定差距。分析其原因，是由于区域间经济与社会发展水平、自然资源储备及能源消费结构具有较大差异。因而，未形成真正意义上的国内统一碳市场、碳交易机制尚不健全，风险预警和控制能力还较为有限。其中，区域碳市场价格波动而言，广东、深圳碳市场价格波动较大，湖北碳市场价格波动较小。

本文实证研究基于碳市场定价机制及价格影响机制，采用向量自回归模型，定性及定量研究碳市场与能源市场间风险溢出效应。并采取滚动窗口技术，直观推演了溢出效应的时变性、非对称性动态特征。最后，通过实证结果的稳定性检测，进一步验证了碳市场与能源市场间的关联性。研究表明，能源市场与不同区域试点碳市场间，均存在关联性，但存在显著敏感性、非对称性区域差异性。能源间对同一区域试点碳市场，影响幅度亦存在差异。

通过需求侧及供给侧影响因素的研究，区域差异性及能源作用差异性源于区域经济发展水平、产业结构、能源储量等。

五、碳市场与能源市场间风险溢出的控制策略与建议

（一）加快建设全国统一碳市场

EUETS 是世界较早成立、机制体制最成熟的碳市场。2011 年起，中国陆续启动了碳排放权交易试点工作，建立了区域性碳市场。2017 年 12 月，国家发改委正式启动建立全国性碳排放交易体系。

1. 统筹国家政策引导，发挥市场核心调节作用

解决温室气体问题，需要国家政府发挥政策引导。以碳市场为核心，稳定碳市场价格、统筹应对环境问题与国家经济社会发展。政府发挥着政策引导、行政服务和市场监管等功能，预防和控制碳市场风险的形成和溢出效应。

国家气候变化领导小组牵头，国家发改委对碳市场进行全面部署和统筹管理，从国情出发、借鉴 EUETS 等国际社会普遍认可和实践的运行机制及管理经验，确立中国碳市场建设方案及阶段目标。

2011 年 10 月，中国批准在北京、天津、上海、重庆、广东、湖北、深圳等 7 省市开展碳排放权交易试点工作。中国在碳市场试点管理经验基础上，发展改革委于 2017 年印发《全国碳排放权交易市场建设方案（发电行业）》，全面部署建立全国性碳市场。

2018 年 5 月，碳市场统筹管理职能自发展改革委转至生态环境部。2020 年，生态环境部相继出台《碳排放权交易管理办法》《2019—2020 年全国碳排放权交易配额总量设定与分配实施方案（发电行业）》，重点完善抵消机制、参与门槛、配额分配方法、注册登记系统和处罚规则等碳市场基础设施及运行机制。

2021 年，生态环境部发布《碳排放权交易管理办法》《碳排放权交易管理暂行条例》，进一步明确配额分配方法、配额收入管理等交易监督管理体系。

2021 年 7 月 16 日，全国碳排放权交易市场开启上线交易，上海碳市场负责交易系统建设，武汉碳市场负责登记结算系统建设，建立了全国碳市场的技术配套服务。首个履约周期纳入发电行业重点排放单位 2162 家，覆盖碳排放量约 45 亿吨，成为全球覆盖碳排量最大的碳市场。首个履约周期运行 114 个交易日，交易配额成交量 1.79 亿吨，累计成交额 76.61 亿元。

2. 完善市场运行机制，加大监管与执法力度

中国碳市场先后经历启蒙阶段、试点阶段与建设阶段，以国家政策为导向、以市场为核心，基本形成了碳市场配额总量设置及无偿配额分配方案，配额拍卖、抵消、存储及借贷等调节机制，信息公开及信用评价制度，MRV风险评估体系，行业监管体系及违法违规惩罚制度等，全国性碳市场已启动运行。但运行机制及技术规范的应用中，仍存在一定问题。

国际碳市场初始无偿配额分配原则为祖父原则和基准原则。祖父原则是基于企业历史排放量分配碳配额，短期内有利于稳定企业生产成本，有利于企业稳定、降低推广阻力。但在该原则下，容易形成"枪打出头鸟"，不利于激发企业节能减排技术创新及应用的积极性，进而影响企业长期可持续发展，且影响碳配额分配的公平性。

基准法则基于行业碳排放标杆水平，依据企业的实际排放量进行分配。以碳排放强度作为行业基准值，某行业的碳排放量代表某一生产水平的单位活动碳排放量水平，并用来作为碳交易中的配额初始分配参考指标，适用于生产流程及产品样式规模标准化的行业。区域试点免费碳分配结合祖父原则和基准原则，另采取其他奖励约束机制，体现分配效率及公平性。

中国已建立全国性碳数据报送系统、统一的市场准入原则及注册制度、碳交易及结算系统等，但碳市场参与度和活跃性仍不足、区域差异明显。截至2021年6月，中国碳市场区域试点完成碳交易总计超24130万吨，其中湖北和广东碳市场最为活跃，交易总量分别约占32%及31%。中国碳市场交易总额约为58.66亿元。

已基本搭建统一的行业标准及监管体系，但相关立法与执法待加强和补充。中国碳市场相关法律体系约束力及强制力、执法行动依据及执法人员有待进一步完善，以规范碳市场的合规性。相关部门应进一步厘清并建立公平、有效率的全国性碳市场，以防止风险的产生及溢出。

3. 激发碳市场三大工具活力，提高预防和应对碳市场风险能力

金融部门金融产品多样性及交易活跃性，有利于碳市场价格发现机制、碳价格稳定机制，以及提高碳资产管理水平等，进而提高和应对碳市场风险能力。

碳定价工具目前覆盖了全球20%以上的温室气体排放，到2021年底产生530亿美元的收入，这意味着收入较上年增长17%。全世界每年总共向大气中排放500亿吨二氧化碳，自1990年以来，年排放量增加了40%。

1）理顺多级碳市场，加强碳资产流动性

（1）一级市场（即现货市场）。

规范碳资产一级市场，理顺全国性碳配额交易市场、发挥碳减排项目的调节功能，协调经济发展与生态环境保护的关系。碳交易基础资产主要包括碳配额交易及减排项目。

目前，国际影响最大的减排项目为核证减排量（CER）。中国结合国情，在CDM基础上，建立中国核证减排量（Chinese Certified Emission Reduction，CCER）。

为了更好地稳定碳价格，中国通过统一的回购剩余配额，推广CCER，建立调节市场碳配额供需关系的抵消机制，防范碳市场风险的形成和溢出。企业碳资产管理较好的企业，通过CDM自愿减排量注册备案，可获得CCER认证用于市场交易，进而在保障碳排放总量情况下，放大企业的碳排放灵活性。

CCER 抵消机制是最主要的生态补偿机制之一。各区域试点可用于 CCER 抵消机制的比例不超过 10%，2021 年纳入全国碳市场的覆盖排放量约为 40 亿吨，按照 CCER 可抵消配额比例 5% 测算，CCER 的年需求约为 2 亿吨。CCER 定价为配额价格的 30% 至 40%，中国目前碳排放配额价格为 50~60 元/吨，CCER 可为企业带来 15~24 元/吨的收益。

（2）二级市场。

碳市场二级市场包括碳现货、碳期货、碳期权、碳掉期、碳指数交易产品、碳资产证券化为主的场内市场，及场外碳掉期、碳远期、场外碳期权为主的场外交易市场。

盘活碳现货和期货市场，有利于推动碳金融市场流动性，为投资者建立投资组合对冲价格波动风险，实现套期保值。

碳期货有利于缓解碳市场信息不对称引发的市场风险。碳排企业可通过碳期权，在存在配额缺口情况下，于看账期前锁定成本；在存在碳配额富余情况下，于看跌期前锁定收益。碳远期是碳市场最常见、最成熟的金融产品，可以通过提前锁定碳成本或收益，进而稳定生产成本或收益，降低投资不确定性、控制投资风险。利率波动对金融市场影响较大，碳排企业或投资者可通过碳掉期，降低利率风险的影响。

2）发挥碳融资服务与支持服务市场，增强企业融资能力

碳融资服务市场包括碳质押、碳回购、碳托管等融资产品。中国碳融资参与主体、金融产品有限，流动性相对不足，影响了企业碳资产融资能力和融资渠道的灵活性。

以碳指数、碳保险为主的碳市场支持工具，有利于提高投资者对碳市场价格研判及投资担保，是碳市场增信的重要手段。

企业受到收入效应和替代效应影响，刺激企业加大节能减排技术创新，或采取低碳新能源替代高碳能源利用；此外，企业可通过购买 CCER，保障企业能源排放量，有利于控制碳排放引发的温室气体问题，调节环境保护和经济社会发展。

（二）提高碳市场风险识别、风险评估、风险控制的能力

碳市场主要以碳排放数据核算、报告与核查制度为基础，获取并核查数据，进行碳配额分配、清缴和处罚等，也是国家和企业主体提高资产管理能力的政策手段。2013 年，国家对重点碳排放企业实行数据报送与核查工作，行业包括发电行业、石化行业等。

1. 提高风险识别能力，完善风险预警体系

中国是最大的发展中国家，作为《京都议定书》签约国，为应对国际气候问题，中国积极做出"3060"减排承诺，展现了负责任的国际大国形象。就此，中国成立了专门机构并制定了纲领性指导文件。

提高风险识别和预警能力须尽快从碳市场顶层设计上，理顺全国统一的碳市场，兼顾区域多样性需求、碳配额分配制度的公平性和效率性，建立健全碳交易机制及抵消机制，理顺配额存储及跨期流动机制，提高碳市场调节能力，完善多层次监管机制，切实执行惩罚机制，强化信息披露机制，健全企业信用评价体系，进而实现全流程风险管理，降低碳市场价格及交易的不确定性，有效地规避和控制因信息不对称形成的系统性风险。

为平衡碳排放配额分配的公平性及效率性，中国建立健全碳交易市场，一方面控制碳排放总量，通过碳交易实现区域和行业间流动性。并通过价格传导路径，刺激企业增强碳资产管理能力、提高能源利用效率，进而控制生产成本。从能源供给侧和需求侧——双向刺激工商业高排放企业提高能源利用效率、替代能源供给侧行业发展、能源需求侧结构转

型。通过定性及定量分析系统性风险识别，进而建立健全系统性碳市场风险预警体系，可以有效地预判和制定风险控制方案，预防和化解部分行业间风险溢出效应。

2. 健全风险评估机制，加强风险评估能力

EUETS为降低信息缺失及不对称、操作风险及信用风险对碳市场波动的影响，建立了相对完善的风险评估机制。美国环保署（EPA）碳排放总量控制与碳交易方案的其中一个关键要素就是持续监测关键参数，获取和报告准确的排放数据。

风险评估机制主要包括碳排放监测、报告和核查系统（Monitoring Reporting Verfication，MRV），碳金融市场交易日志机制（EUTransaction Log，EUTL），以及信息披露项目（Carbon Information Disclosure Project，CDP）等。

欧盟建立MRV系统，对企业碳排放量进行全面的独立性、规范性统计并出具标准化核查报告，使企业和国家可以相对准确地掌握碳排放量，为企业提高碳资产管理能力提供数据支撑，是国家及欧盟制定NAP、对碳排放企业进行监督及执法和NAP执行情况效果评价的主要数据来源。

EUTL机制要求碳金融市场主体建立并维护碳金融产品交易记录，最大限度地降低扰乱碳金融市场的非法套利空间。CDP为专业的碳金融市场配套服务系统，为市场主体掌握市场信息、制定交易策略等提供辅助服务，是EUETS碳金融市场应用最广的商业配套服务项目。

中国已建立相对统一的碳排放计量标准和核算算法，量化评价企业的碳排放量及碳减排量，提高碳资产管理能力，需要大量的基础数据及可量化、可执行、标准化的测算评估体系。2014年，国家发改委发布的《国家应对气候变化规划（2014—2020年）》，提出符合中国体制国情的MRV系统，建立统一的核算技术标准及碳排放管理信息系统，从而量化碳排放量，提高国家和企业碳排放数据的准确性。

国家发布《企业温室气体排放报告核查指南（试行）》和《企业温室气体排放核算方法与报告指南 发电设施》，通过建立标准化的监测体系和报告机制，由企业提供多维度数据，进而进行数据收集和处理。

国家认可的专业机构复核企业提供数据的准确性，进而为国家碳市场政策的制定和效果评估、碳配额分配和碳市场监管，为企业碳排放评估及碳资产管理提供客观报告，也为碳风险定量分析提供数据依据。

3. 发挥多层次市场主体积极性，深化风险控制能力

宏观经济政策对碳市场具有较强的调节作用。国家优化碳总量控制与配额分配政策顶层设计，通过政策引导，推动形成全国性碳市场，健全信用评级系统，建立多层次风险监管机构及核查制度，加大相关立法及执法力度，进而将可能导致碳市场失灵的诱因控制在监管范围内，降低碳市场系统性风险及非系统风险的可能性，增强应对风险的弹性和控制力。

中国应进一步发挥碳市场的自身调节作用，提高碳配额的流动性，进而预防和控制市场风险的产生和影响。注重免费碳配额发放的公平性，增强用于拍卖的碳配额以提高其利用效率，进一步开发及发挥CCER等碳资产调节工具，激发企业通过技术创新来提高能源利用效率，推动非化石能源企业及行业发展。

碳排放企业尤其是传统的高耗能企业，应主动投入低碳减排技术创新和设备更新换代，提高能源利用效率，加快能源需求结构转型。碳排放企业面对碳价提升，短期内将造成生产成本上升、企业市场竞争力降低。但从长期看，企业在收入效应及替代效应的刺激下，应主动提高碳资产控制能力，加快能源需求侧转型。

活跃碳市场专业配套服务机构。如碳计量服务机构、碳信用评级机构、碳金融服务机构等，有利于健全碳市场主体活动的规范性、专业性，降低碳市场的信息不对称性，为有效控制碳排放量，提升市场主体的碳资产管理能力，借助碳金融服务机构活跃碳市场，通过货币政策助力能源结构调整，拓宽低碳市场主体的投融资渠道，通过向国际碳市场学习管理经验及先进的节能减排技术，提高国际碳定价话语权等。

活跃碳金融市场对有效控制碳市场风险溢出具有显著影响。碳市场作为新兴的金融市场，国家及私营金融机构应加大力度向市场投放碳金融期权、期货及碳衍生品，如碳债券、碳基金、碳掉期，进而提供对冲、保值、投资金融工具，进而规避利率等带来的短期及远期非系统性风险，将化石能源消耗量控制在环境可承受范围内，推广发展低碳能源，实现发展方式的绿色转型。碳市场投资者通过掌握风险预警体系、风险评估系统等信息，优化资产配置，稳定资产组合收益，减低向碳市场释放风险信号，进而稳定碳价格，实现风险化解和风险控制。

（三）调整能源供需结构转型升级

能源市场与碳市场间存在价格关联性。煤炭、石油、天然气是中国主要能源，其价格变动将直接作用于碳市场。随着中国碳排放监管加强和碳价格上涨，将刺激企业转向清洁能源，形成能源替代效应。碳市场通过经济学方法调节全球碳排放，其边际效应在于促进全球低碳经济转型。在收入效应及替代效应的作用下，刺激企业通过调整能源消费结构、技术创新升级等方式来实现降低碳排放的目标。

中国可加强与国际碳市场合作和接轨，理清风险影响因素。通过大数据信息，建立合理的风险预警体系，预警并预防碳市场与能源市场间风险溢出。这将有利于中国树立负责任的大国形象，推动健全全球气候变暖问题的应对机制。

参 考 文 献

[1] 王文举，李峰．我国统一碳市场中的省际间配额分配问题研究 [J]．求是学刊，2015，42（2）：44-51+181.

[2] 杨军，赵永斌，丛建辉．全国统一碳市场碳配额的总量设定与分配——基于碳交易三大特性的再审视 [J]．天津社会科学，2017，216（5）：110-114.

"两个联营+"产业转型发展特征及实现路径研究

李乾瑞

(中煤财务有限责任公司)

摘要：在"双碳"目标背景下，能源企业转型升级势在必行。在国家政策支持下，中煤集团立足产业现状及发展趋势，提出"两个联营+"的发展思路，是推动煤炭与新能源产业协同发展、保障国家能源安全的有效途径。为此，本文围绕"两个联营+"发展思路，对产业联营发展特点、主要优势及实现路径开展了研究分析，并针对性提出相关政策建议。本文研究表明，能源产业联营具有能源供给多元化、优势互补和可持续发展的特点，对于国家战略、产业升级和企业经营具有较强发展优势，具体实现路径大致为自建型联营、资本型联营和合同型联营三种。此外，本文从国家政策支持、中央企业先行先试、加大金融服务力度和建设优秀人才队伍四个方面提出政策建议，推动"两个联营+"产业快速发展。

关键词："双碳"目标；"两个联营+"；产业转型；实现路径

一、引言

在"双碳"目标加速推进的大背景下，能耗双控管理更加严格，预计到2025年，我国单位国内生产总值能源消耗和二氧化碳排放将分别下降13.5%、18%，能耗双控将使得化石能源环境成本越来越高，能源结构低碳化，逐步建成清洁低碳、安全高效的多元化能源供给体系已是我国能源发展的确定性方向。煤炭作为我国能源消费的主体，其开发利用过程中产生的碳排放是我国碳排放的主要来源之一。为此，加快推进煤炭清洁高效利用，减碳降碳，推动实现清洁低碳转型，已成为当前煤炭行业转型发展的中心任务和主攻方向。对于煤炭能源企业而言，加快推进产业绿色低碳转型势在必行。

中煤集团作为大型能源中央企业，积极响应国家能源绿色低碳转型发展战略，完整、准确、全面贯彻新发展理念，围绕"存量提效、增量转型"总体思路，立足自有资源优势，积极拓展新能源产业，率先提出了"两个联营+"的发展规划和思路，即煤炭与煤电联营、煤电与可再生能源联营、新能源与煤化工联营的发展思路。"两个联营+"的产业转型思路，符合国家鼓励煤电企业和新能源企业开展实质性联营的发展方向，其核心内涵是坚持"保障安全、清洁转型、利益共享"的原则，在保障能源电力安全稳定供给的基础上，推动煤炭、煤电、煤化工与可再生能源联营。将大型风电光伏基地作为重点，以其周边清洁高效先进节能煤电、煤矿、煤化工为支撑，大力推进新能源供给消纳体系建设，推动实现能源清洁低碳转型。此举不仅有利于提升煤炭、煤化工、电力企业抵御市场风险的能力，更大范围优化资源配置，延伸产业链和价值链，而且是推动煤炭、煤化工、电力产业协同发展的有效途径，是有效解决"能源不可能三角"难题，实现传统煤炭能源企业转型发展的重要路径。

为了更好推动"两个联营+"发展战略的实施和落地，本文围绕"两个联营+"发展战略，对产业联营发展特点、主要优势及实现路径开展了研究分析，并针对性提出相关政策建议，以期为实践提供指导和借鉴。

二、产业联营发展特点

（一）能源供给结构多元化

传统能源企业的能源供给结构较为单一，企业经营受市场影响较大，企业整体抗风险能力较弱，特别是在当前国际形势复杂多变，不确定性因素明显增加，单一的能源供给结构所面临的挑战更为严峻，能源企业转型发展势在必行。"两个联营+"的发展思路，使得煤炭产业链条得到延伸和发展，传统能源企业的供给结构正由单一供应向多元化能源供应发展，传统能源企业将转变成拥有包括煤炭、煤电、风、光等多种能源资源的综合能源企业。例如煤炭与煤电联营、煤电与新能源联营，延伸了煤炭企业的产业链，使得能源供应结构朝着多元化的方向发展。此举不仅提升了企业抵御市场风险和适应外部环境变化的能力，而且可以有效降低运营成本，极大发挥产业一体化优势，提升企业运营能力和综合实力。

（二）能源结构优势互补更加凸显

我国能源禀赋为"富煤、贫油、少气"，数据显示，2010—2022年煤炭在我国一次能源消费结构中的比重从69.2%降至56.2%，天然气、水电、核电、风电等清洁能源消费占能源消费总量的比重从2011年的13%上升到2022年的25.9%。从数据看，目前煤炭消费占比仍过半，短期内煤炭作为我国能源的主体地位不会发生根本性改变。但长期而言，煤炭消费占比逐步下降，新能源发电比重逐步提升并替代传统火电的趋势是明确的。因此，产业联营发展，传统火电的功能定位将发生改变，将从电量供应主体逐步向调频、备用以及容量服务提供者转变，弥补目前以风电、水电、核电为代表的新能源在满足用电需求的灵活性、稳定性和储能调峰经济性等方面的不足，实现优势互补。传统能源与新能源形成的优势互补将推动产业融合发展。

（三）能源供给实现安全持续发展

传统能源企业在低碳绿色转型的背景下，粗放的能源供给已无法满足当前高质量发展的需要，但新能源由于电力供应稳定性差和储能经济性等问题成为限制发展的瓶颈，保障能源供应安全与实现绿色低碳发展成为能源发展的现实问题。"两个联营+"的产业转型思路，顺应了我国能源生产和消费革命的发展方向，有效解决了现有能源结构中煤炭、煤电和可再生能源融合度低，以及资源配置效率难以得到有效释放的难题，有助于平衡能源安全、清洁、经济三者之间的关系。"两个联营+"不仅可以确保在能源安全稳定供应的前提下，实现能源结构调整平稳过渡，稳妥有序建成清洁低碳安全高效的能源供应体系，而且也有助于推进"双碳"目标的实现和能源供给安全持续发展，真正实现能源领域深度脱碳和本质安全。

三、产业联营的主要优势

"两个联营+"的能源产业转型思路，是在"双碳"目标深入推进下，传统煤炭能源企业面临低碳转型，新能源产业因储能等技术瓶颈无法持续稳定保障电力供应的背景下应运而生的。"两个联营+"的发展思路，不仅有利于传统能源企业转型升级，实现高质量发展，而且也有助于平衡传统煤电与新能源协调发展，推动能源转型升级，落实国家能源安全战略。"两个联营+"的发展优势主要集中体现在以下三方面：

（一）国家战略层面

实现"双碳"目标与保障国家能源安全的平衡发展。一是"两个联营+"的发展思路，有助于推动传统煤炭能源企业转型升级，由清洁低碳的新能源绿电置换传统煤电，实现减碳降碳，稳妥有序形成清洁低碳、安全高效的多元化能源供给体系，助力推动碳达峰、碳中和；二是有利于形成稳定的电力供应保障模式，助力形成新型电力系统，提升国家能源安全保障能力，实现能源领域深度脱碳和本质安全，真正将能源的饭碗端在自己手里。

（二）产业发展层面

优化能源产业结构，助力传统能源与新能源协同发展。一是"两个联营+"的发展思路，有助于延伸产业链，提升产业价值创造。如新能源与煤化工联营，中煤集团正在尝试通过风、光等新能源制备绿氢，绿氢与传统煤化工进行耦合发展，不仅提升甲醇产量，而且可以制备生产绿氨等新产品，推动产业链向中下游延伸和拓展，发挥产业一体化优势，不断提升产业价值创造。二是有助于推动传统能源与新能源产业协同发展和优势互补，如煤电与新能源联营，可充分发挥煤电调节和兜底作用，弥补新能源电力供应不稳定的短板，也规避了新能源储能经济性的问题，助力提升新能源消纳水平，推动产业多元化融合发展，实现能源产业绿色低碳发展。

（三）企业经营层面

推动能源企业转型升级，实现高质量发展。一是"两个联营+"的发展思路，有助于将产业间的协同，转化为企业内部一体化发展，有利于降低企业生产成本，提高企业整体收益水平。同时，生产计划也更为科学高效，企业管理效率将得到大幅提升。二是产业联营发展后，有利于内部更好平衡新能源发电与煤电收益，建立利益共享机制，更好实现协同发展。例如，煤电与新能源联营发展，新能源发电收益要与煤电兜底调峰进行一体化考量，通过平衡内部收益，推动联营产业健康高效发展。

四、产业联营实现路径

基于上述分析，"两个联营+"的发展思路，对于国家战略、产业升级和企业经营具有较强发展优势，有助于推动能源企业实现转型发展，增强核心竞争力。虽然大的发展方向已明确，但在具体实践中，如何实现"两个联营+"发展思路顺利落地实施仍是个新课题。本文根据实践中常采用的方式方法，大致总结为以下三种实现路径：

（一）自建型联营

自建型联营主要是指通过一体化开发的模式，在自建大型风电光伏项目的基础上，配套建设煤电一体化或煤化工项目，形成大型工业产业园区。目前，这些项目主要集中在我国新疆、内蒙古的沙漠、戈壁、荒漠等地区。在该模式下，最大的优势是由一个企业法人单位进行管理，进行统一财务会计核算，内部形成一体化的管理体制机制，联营效果最强。此外，也有煤炭企业通过成立专业新能源子公司进行项目自建，在企业集团内部形成由同一法人主体控股、报表合并核算的联营模式。自建型联营项目一般投资金额巨大，且需要投入大量的资本金，对外融资金额较大，企业外债负担较大，且项目审批流程较为复杂，建设工期和投资收回时限均较长。此方式较适合资金实力雄厚、项目建设经验丰富的大型能源企业。

（二）资本型联营

主要通过资本运作的方式，如股权转让、托管、收购、兼并、风险投资、资产重组等方式，实现产业间一体化发展。该模式下，相较第一种模式，投资成本较低，实现周期较短，可以通过资本运作，扩大企业规模及市场占有率产生规模效应，同时参与双方企业的经营管理，实现利益共享，但采用此方式难点主要是资本运作是较为专业和复杂的工作，涉及股权、资产评估、债务处置等多个环节，一方面要加强资本运营团队的建设，积累资本运作的经营，另一方面要加强项目前期调研、资产评估等各个环节，以确保联营后企业得到较好的发展。

（三）合同型联营

合同型联营主要是指煤炭企业与电力企业、煤电企业与新能源企业通过签订长期合作协议，以合同契约的形式，形成产业间的联营发展。此联营模式操作简单便捷，合作更为灵活，但由于双方是独立核算的企业主体，联营双方受市场环境影响较大，沟通协调成本较高，联营的紧密程度较前两种要偏弱，产业间协同难度较大，较难形成长期稳定的产业联营链条。

五、政策建议

"两个联营+"发展战略，是推动煤炭产业和新能源产业协同发展，助力实现"双碳"目标，保障国家能源安全的有效途径。本文在对"两个联营+"的产业发展特点、主要优势及具体实现路径进行系统梳理、总结分析的基础上，结合实际工作中遇到的问题，提出如下四点政策建议。

（一）国家相关部门尽快出台"两个联营+"具体指导意见

通过上文分析，"两个联营+"的发展思路可以引导能源产业供给结构由单一供应向多元化的方向发展，且煤电、新能源发电具有较强的优势互补特征，能源产业间的协同发展有利于推动在实现"双碳"目标的前提下，保障国家能源安全，真正实现"能源的饭碗必须端在自己手里"。因此，能源联营具有多元化、优势互补和可持续的发展特点。为此，建议国家相关部门进一步明确出台相关产业联营的指导意见，并在资源配置、相关手续办理、上网电价、信贷资金支持等方面给予相应政策支持，以加快推进"两个联营+"相关产业的发展。

（二）优先选取资金、技术实力雄厚的中央企业在"两个联营+"工作中开展试点工作，发挥示范引领效应

"两个联营+"的发展思路，特别是煤电与新能源的联营，对于整个能源行业都是从未有过的尝试，具体的方案设计需要在实践中不断完善，属于"摸着石头过河"。因此，建议在国家政策的支持下，优先选择具备条件，且资金、技术实力雄厚的中央企业作为"两个联营+"的先行试点，开展煤电与新能源、新能源与煤化工的联营示范项目，具体可以采取对"风光火储"多能互补等联营示范项目进行一体化审批，在煤电、新能源方面

配置相应指标等专项举措，推动建成一批示范联营项目。同时，要加强经验推广，通过试点示范项目在实践中不断总结和完善具体工作中可能涉及的协同体制、电价形成机制、一体化调度等环节，形成模式化的联营方案，以点带面，广泛推广。此举不仅为产业协同发展蹚出一条成熟的路子，而且也充分发挥了中央企业主力军的作用，为产业转型发展发挥示范引领作用。

（三）积极发挥金融服务实体的优势，为"两个联营+"提供资金保障

"两个联营+"发展思路的实现路径，离不开资本运作和金融支持。一是要积极争取将"两个联营+"纳入国家政策性金融、能源保供范围，在授信额度、资金成本、期限上争取优惠政策，同时加大绿色债券、低碳减排支持工具、绿色产业基金等绿色金融的支持力度；二是要加大与投行的合作力度，充分发挥其资本运作优势，必要时可以成立资本运营公司，为企业集团产业战略部署、投资并购、资本运作等重点工作提供系统金融解决方案；三是要充分发挥集团内部财务公司的金融服务优势。财务公司作为集团内非银行金融机构，是连接实体经济与金融的桥梁和纽带，要充分发挥其熟悉集团产业和国家金融政策的优势，在大型项目融资中发挥其与同业银行合作的优势，丰富融资产品，探索火电+新能源捆绑式融资，以低成本信贷资金保障项目建设需要。

（四）创新管理机制，建设优秀人才队伍，为"两个联营+"提供智力支持

"两个联营+"的发展思路，本质上实现了产业间的融合发展，是产业链、价值链的升级换代。产业发展的新需求，对人才队伍的建设提出更高的要求。对于传统能源企业，单一产业人才队伍已无法满足产业融合发展的需要，亟须补充新能源、电力等各领域人才智库。因此，建议企业要加快创新管理体制，研究建立与市场化经营相匹配的选人用人和工资决定机制、股权多元化、激励多元化机制，引进和培养新业态领域涉及的专业人才、技能大师、行业专家、领军人才，营造人尽其才的良好氛围，为"两个联营+"产业转型发展背景下的企业发展提供有力人才保障。

煤电博弈视角下的华能煤炭供应链联盟创新研究

孔建明，赵良凯，贾 超

（华能煤业有限公司）

摘要：煤炭价格波动会引起煤电博弈，而煤电博弈的结果最终会导致煤炭企业和火力发电企业均不能长期、稳定、连续生产。但是由于建设机缘，绝大多数能源企业依靠自身无法建立长期、稳定、高效的煤电产业链从而规避煤电博弈。华能煤业销售分公司通过适合的伙伴选择、复合型的组织架构建设、信息共享平台和机制以及科学公平的利益分配模式，与其他煤炭供应链合作共赢、取长补短，逐步建立虚拟的华能煤炭供应链联盟，并通过华能煤业销售分公司在联盟中的领导力塑造，掌控和领导该联盟的健康发展，最终实现华能煤电产业链的构建和稳定运转。

关键词：煤电博弈；煤炭供应链联盟；煤电产业链

煤炭企业和火力发电企业处于煤炭供需的两端，每一次煤炭市场价格的波动都会引起煤炭企业和火力发电企业的动态博弈，而动态博弈的结果最终导致煤炭企业和火力发电企业均不能长期、稳定、连续生产。因此，构建稳定的煤电产业链，成为众多能源企业的梦想和追求。但是，由于发展机缘的限制，目前，国内只有国家能源集团建成并运转了完整的煤电产业链且成果斐然，大多数能源企业要么缺煤，要么缺电，要么缺运力。面对众多能源企业均有短板的现状，基于煤电博弈视角，能源企业如何补缺共赢，进行煤炭供应链联盟的创新研究与实践则有着非常重要的现实意义。

一、背景

华能集团公司是经国务院批准成立的国有重要骨干能源企业，是我国电力工业的一面旗帜，集团公司遵循"电为核心，煤为基础"的方针，主营火电、风电、水电及其他清洁能源等多元化电力供应业务，同时涉足煤炭生产、交通运输及金融服务等其他业务。集团公司共拥有80多家火电厂，分布于全国24个省份，分布相对分散。

华能集团公司拥有三个煤炭基地，分别位于蒙东、内蒙古鄂尔多斯、陇东（包含陕西三个煤矿）三个地区。其中，蒙东地区的煤矿主要服务于华能内蒙古东部以及我国东北地区的火电厂；内蒙古鄂尔多斯地区的煤矿主要服务于华能北方电力公司；陇东（含陕西3个煤矿）地区的煤矿目前仅能服务省内和邻省的华能火电厂。

华能煤业公司是华能集团公司的下属企业，主要负责陇东（含陕西3个煤矿）地区的煤炭生产、运输、仓储和销售业务。华能煤业销售分公司是华能煤业的运销平台。

面对煤炭生产基地相对集中，而需要服务的集团内部火电厂却几乎遍布全国但华能集团公司自身没有也不可能自建重载铁路的现状，基于煤电博弈视角，与其他煤炭供应链合作共赢、取长补短，逐步建立华能煤炭供应链联盟，为构建华能煤电产业链提供有力支撑，成为华能煤业销售分公司的一种必然选择。

二、煤电博弈视角下，华能煤炭供应链联盟建设研究

煤炭企业与发电企业是煤电供需的两端，其中对于火力发电企业来说，燃料成本占据发电成本的80%左右，因此煤炭价格的波动会引起煤炭和电力企业利润的此消彼长，进而该两类企业长期处于供需的动态博弈之中。当煤炭供大于求时煤炭企业需要减产甚至关停，供不应求时煤炭企业可能盲目生产，容易出现生产安全事故。双方欠缺稳定经营的环境，煤电一体化是解决问题的非常有效的方法，目前国家能源集团在这方面做出了非常成功的尝试，主要是得益于其同时具备强大的煤炭、电力、铁路运输产业，但国内具备此条件的企业较少。

对于煤业公司这样缺少强力的铁路运输企业如何建立自己的煤炭产业链？如何克服煤炭博弈？华能煤业公司计划通过建立煤炭供应链联盟，整合联盟成员的煤炭供应链资源，从而和国家能源集团一样形成华能集团公司的煤电一体化产业链。

（一）华能煤炭供应链联盟设计与建设

煤炭供应链包括煤炭的生产、运输、仓储、销售等环节。华能煤炭供应链联盟是由多条煤炭供应链组成的虚拟组织，要保证每个成员满意，必须建设一个高质量的联盟。联盟的设计与建设主要包括成员选择、组织结构建立、规范运行机制等。

1. 华能煤炭供应链联盟成员选择

供应链联盟成败的前提取决于合适的合作伙伴，合作伙伴的选择必须具有一定的科学性、系统性。华能煤炭供应链联盟成员的选择我们主要从是否具有高度的相容性、足够的胜任能力、长期的稳定性三方面考虑，确保各参与企业能取长补短。

1）高度的相容性

相容性是组建煤炭供应链联盟的首要条件，主要体现在供应链之间具有差异化且优势互补，这样才能有较高的协同性。

煤炭供应链联盟企业之间自身的核心资源是对方需要的，满足建立联盟的动机，这就要求参与煤炭供应链构建的煤炭企业对对方的资源是有需求的。集团公司煤炭产业的产能主要集中在陇东地区，而集团火电产业遍布全国24个省份，因此我们尽可能将系统内最近的能源集团作为首选合作对象。

2）足够的胜任能力

足够的胜任能力意味着联盟的其他成员必须具备较强的核心能力，其核心能力与煤业公司现有供应链形成优势互补。华能煤业公司拥有较高的煤炭生产能力，且集团公司有大量的电煤需求。同时华能煤业公司在仓储、运输、销售等方面均存在短板，这就要求参与联盟的成员需在煤炭的生产、运输、仓储、销售等方面具有一定的优势。华能煤业公司在对伙伴评估时，应将对方的煤炭生产区域和煤种差异、仓储布局区域、运输能力辐射区域和销售辐射区域等纳入选择评估指标。

3）长期的稳定性

煤电博弈下，煤炭企业和火力发电企业均存在着不稳定因素，我们通过建立煤炭供应链联盟，与成员之间形成长期、稳定的供需关系，这对双方均为有益，可以降低交易成

本、运输成本、销售成本。因此华能煤业销售分公司需要寻找长期、稳定的合作伙伴，在寻找伙伴时尽可能选择管理能力强、具有可靠信誉、稳定交付能力等特点的伙伴，并与其建立长期稳定合作关系，双方积极寻求协同发展机会，共同拓展市场空间，使双方能够长期共赢、共同成长。

2. 华能煤炭供应链联盟组织建设模式

一套适用的合作模式是华能煤炭供应链联盟成功的基础，目前主流的供应链组织模式有放射型模式、平等型模式、集团型模式。放射型模式是针对比较封闭的供应链体系下建立的垂直领域的联盟，该联盟一般拥有一个主导企业，以及若干固定成员，容易发展成"一家独大"。平等型模式中没有主要领导者，即所有参与者均为平等合作，多数应用于基于某一特定市场机会采用，缺乏稳定性。集团型模式是在平等型模式的基础上，成员共同出资建立一个法人企业，拥有一套相对独立的协调机制，对联盟资源统一调配及管理，一般适用于母子公司和集团企业，多个企业之间较难实行。

华能煤炭供应链联盟使用上述任何组织模式，均存在一些不足之处，因此经综合评估，华能煤业公司构建煤炭供应联盟时融合上述三种模式的特点，采用创新的"复合型"组织模式。首先，为保证供应链联盟稳定运行，联盟成员必须平等合作，才能保证成员之间的凝聚力；其次，我们构建煤炭供应联盟初衷是为华能煤电产业链服务，因此华能煤业公司（销售分公司）需要对联盟有足够的掌控力，并非"一家独大"，而是通过自身领导力的建设使成员认可我们，达到对供应链联盟的整体掌控。

3. 华能煤炭供应链联盟运行机制

煤炭企业是既竞争又合作的关系，建立供应链联盟是为了提高联盟成员的整体效益和竞争力。建立了煤炭企业供应链后，需要设计科学高效的运行机制作为保障，才能实现供应链联盟的优势富集效应。通过对集团自身及市场分析，华能煤业公司在煤炭供应链联盟运行中应用了以下几种机制。

1）供应链联盟的内部保护优先机制

华能煤炭供应链联盟是华能煤业的供应链与其他集团的供应链之间形成的"链—链"联盟，因此在链条的生产、运输、仓储及销售环节可以按照内部优先原则进行交易，减少了交易成本、运输成本、结算成本和财务成本等，保证各自利益最优。

华能集团公司火电厂数量多，拥有庞大的煤炭需求，同时自身也拥有一定的煤炭资源，通过建立煤炭供应链联盟，各联盟成员之间可以根据客户需求内部就近适配，降低交易成本、保护内部优先机制、共享销售资源，达到联盟利益最大化。

2）供应链核心资源置换机制

联盟之间供应链核心资源置换分别可以体现在煤炭资源置换、运输资源置换、仓储资源置换、客户资源置换等方面。

华能煤业产煤种类多，其中不乏高附加值煤种，将煤炭分类，精准提供给不同用户可大幅提高煤炭企业的利润。通过煤炭置换，成员可将便于运输适合发电的煤炭精准输送到发电企业，将利润空间大适合其他行业的煤通过"粗粮细作""合理配比"等方式提供给需求单位，增大了供应链联盟成员之间煤炭资源流通灵活性的同时提高了成员的市场适应能力。

3）供应链信息共享机制

在煤炭供应链联盟中，各类信息资源共享是供应链最大的优势之一，成员通过供应链中的信息资源，可以及时调整自身的生产及经营战略，从而使企业经营更加高效，提升了自身的核心竞争力。此外，通过供应链上的信息共享，成员之间更容易建立融洽的合作关系，成员更容易实现利益最大化，通过信息共享机制，企业的发展也将更加强劲。华能煤业销售分公司应利用自己的资源优势及影响力，主动建设煤炭供应链信息平台，不断整合信息资源，如通过自身调查研究可以深入了解华能电煤需求，预测电煤需求甚至更大区域内的煤炭价格走势，将收集到的信息资源与联盟成员共享，起到带头作用，最终实现煤炭供应链联盟的优势富集效应。

（二）建立科学、合理的华能煤炭供应链联盟利益分配模式

构建华能煤炭供应链联盟并非易事，保障华能煤炭供应链联盟长期稳定、高效运行更加困难。为了保障华能煤炭供应链联盟稳定运行，华能煤业销售分公司通过对以往供应链联盟各种文献资料查询以及案例研究分析发现，合理公正的利益分配是影响供应链联盟稳定性的最关键因素之一。因此，华能煤业销售分公司保证联盟成员遵循供应链联盟的基本原则，并且按照基本原则对华能煤炭供应链联盟利益分配模式进行科学设计，最终建立科学、公正的华能煤炭供应链联盟利益分配模式，让联盟成员的利益达到最优。

1. 建立华能煤炭供应链联盟利益分配的基本原则

为了能够保障华能煤炭供应链联盟的长期稳定运行以及联盟成员之间能够高效合作，通过借鉴国内外供应链联盟的利益分配原则，华能煤业销售分公司对华能煤炭供应链联盟利益分配的基本原则的设计如下：

1）利益共享，互利共赢

利益共享、互利共赢是华能煤炭供应链联盟电煤合作企业利益分配需要遵循的最基本原则。华能煤炭供应链联盟是一个利益联盟，煤炭企业参与华能煤炭供应链联盟的主要目的就是获取更多的利益，同时，博弈论表明，合作伙伴加入联盟后获得的生产机会要大于等于加入合作联盟前获得的生产机会，所有联盟成员都应本着互利共赢的原则共享这个整体创造的价值和机会，这样才可能形成华能煤炭供应链联盟成员间的共赢关系。

2）公平合理，科学分配

华能煤炭供应链联盟的所获利益来自所有联盟成员的贡献和协同合作，因此要求在利益分配过程中遵循公平合理原则，不论华能煤炭供应链联盟整体获利多少，都要在各联盟成员之中根据供应链联盟贡献程度、风险大小、资源投入比例等多方情况综合考虑进行公平分配。这有利于提高联盟成员的合作积极性，降低联盟内部的投机行为，增加联盟的总体效益。同时，还要兼顾科学分配原则，供应链联盟利益分配必须按照科学的方法和正规流程进行。

3）利益与风险挂钩原则

华能煤炭供应链联盟不同成员风险分担的差异对整个供应链的利益分配有很大的影响。华能煤炭供应链是一个庞大的系统，具有复杂性和风险性，各联盟成员在华能煤炭供应链联盟中由于供应链内地位和职责差别等原因，承担风险的程度不同，所获风险补偿也应存在差别。对于华能煤炭供应链核心成员，技术、市场环境的不确定，使得他们更有可能承担风险，而边缘利益相关者则更少承担风险。

4）信息公开透明原则

华能煤炭供应链联盟的利益分配是每个利益相关者都会参与的活动，关乎每位成员的

切身利益，此过程要按数据指标、分配方法等多个环节进行。即从制定方案到实施再到结束，这整个过程都要保证是在各成员能够充分获得信息的条件下进行，保证信息公开透明，不能出现信息隐藏甚至暗箱操作的问题。在联盟成员之间，如果出现信息不透明，就会造成联盟的离心离德、分崩离析。

2. 建立华能煤炭供应链联盟利益分配模式

供应链联盟的利益分配模式通常分为三种：产出分享模式、固定支付模式、混合模式。产出分享模式实际是一种共享利益和共同承担风险的利益分配模式，参与供应链联盟合作的成员企业从最终供应链联盟总收益中按照特定的利益分配比例系数获得自己的一份收益。固定支付模式是最为接近市场的一种利益分配模式。华能煤业销售分公司作为华能煤炭供应链联盟的主导企业，依据供应链联盟中的其他相关成员所承担的任务和风险的不同，按照原先商量好的价格或酬金从最终的供应链联盟的总收益中支付给成员企业固定的报酬，这种支付是比较灵活的，可以分期支付，也可以一次性的支付。华能煤业销售分公司作为华能煤炭供应链联盟的主导企业，享有供应链联盟各成员企业合作所创造的全部剩余利润，但同时也承担了煤炭供应链联盟的全部风险。

综上所述，华能煤业销售分公司作为华能煤炭供应链联盟的主导者，既根据供应链联盟各成员的共享从合作的总利润中支付给各成员固定的报酬，同时供应链联盟各成员企业从总的利润中按照一定的比例取得剩余。产出分享模式和固定支付模式实际上均看成混合模式的特别例子，因此对供应链联盟利益分配的模式往往采用混合模式。

华能煤业销售分公司通过建立科学、公平的华能煤炭供应链联盟利益分配模式，能够保障华能煤炭供应链联盟的长期稳定运行，联盟成员之间能够高效合作。

（三）华能煤业销售分公司在供应链联盟中的领导力塑造

华能煤业销售分公司构建华能煤炭供应链联盟的初衷是保障华能煤电产业链的长期、稳定、高效运行。要践行初衷，就必须实现华能煤炭供应链联盟的长期、稳定运行。而华能煤炭供应链联盟的长期、稳定运行则必须完成两个基本条件，一是必须重视联盟成员的协同发展与合理诉求，第二是实现华能煤业销售分公司对联盟的控制与领导。

华能煤炭供应链联盟作为一个虚拟组织，华能煤业销售分公司无法也不可能强制实现对联盟的控制与领导。只能通过塑造自身在联盟中的领导力，寻求联盟成员的价值认同，从而掌控联盟发展方向，保障华能煤电产业链的长期、稳定、高效运行，最终实现华能煤业与联盟成员的利润最大化、效益最大化。

领导力塑造作为控制与领导联盟的一个关键节点，主要通过构建华能煤炭供应链联盟文化、为联盟成员建立高效公平的沟通协作模式、带动联盟成员协同发展三个方面进行塑造。

1. 构建华能煤炭供应链联盟文化

华能煤炭供应链联盟作为一个虚拟组织，无法使用企业的内部管理方法。一般来说，虚拟组织内部欠缺相应的约束制度与流程，尽管有契约，但在具体的合作细节上缺乏权力制约与职责限定，联盟内部的高效运行更多依赖于联盟成员间的合作与认同，而实现合作认同的最好方式是进行文化建设、无为而治。

组织文化作为组织成员共同的价值观念和行为规范，是组织内部独特的价值观、团体意识、工作方式等的总和，包括组织成员在共同合作过程中形成的思想观念、行为准则以及处事态度。联盟文化作为组织文化的一种，可以在思想上统一联盟成员价值观，激发联盟成员联合，加强联盟管理。

华能煤业销售分公司围绕推动华能煤电产业链长期、稳定、高效运行，实现华能煤业与联盟成员利益最大化这一初衷，协同联盟成员建设长期合作、共商共赢的华能煤炭供应链联盟文化体系。联盟成员互为利益共同体，平等参与协商联盟发展的相关事宜，在相互信任和依赖的基础上，通过取长补缺，实现共同价值大于单个企业价值之和的增值效果，逐渐形成相互依存、共同进步、注重长期发展的理念，强化联盟的向心力和凝聚力。

2. 建立高效公平的沟通协作模式

供应链联盟是链与链的联盟，每个链条都包含了煤炭生产、运输、仓储、销售以及销售客户等诸多环节，联盟的协议容易达成，但具体的合作细节需要通过高效的协同作业方式来辅助完成。

如前文所述，华能煤业销售分公司组织建立了联盟信息平台，面向联盟成员开放，便利联盟成员之间的信息传递、交换、更新与协调整合工作，提高信息沟通效率。

开放的信息共享平台为联盟成员提供了高效、公平、尊重的沟通环境与工具，而高效、公平的沟通协作模式的建立也不可或缺。高效、公平沟通协作模式的建立可以有效提升联盟成员间的沟通协作效率，协调推动联盟成员之间沟通交流与积极共享，减少成员之间的隔阂与分歧，强化信任度与合作关系。同时，有助于解决当前虚拟组织中成员忠诚周期缩短、组织黏性降低的问题，从而降低华能煤炭供应链联盟建设发展中的不确定性与风险，最终保障联盟成员之间持续稳定合作关系。

3. 带动合作伙伴协同发展

华能煤业销售分公司在协调自身发展的基础上，积极带动联盟成员协同发展。由于掌握华能电煤市场需求变化的精准资料，面对市场变化，华能煤业销售分公司经过研究、分析，便能够快速做出反应。公司将上述信息通过信息平台和高效公平的沟通协作模式共享给联盟成员，实现市场资源信息共享，帮助联盟成员及时洞察市场变化，增强应对市场风险的能力，为华能煤炭供应链联盟成员带来更多的价值创造和价值增值。

同时，通过与华能煤炭供应链联盟相关企业的深度合作，华能煤业销售分公司采取提供经营指导、管理咨询与合作激励等方式，借助教育培训来传播先进做法和经验，促进联盟内部的学习交流，实现联盟成员共同成长，加强联盟成员之间的信任，帮助联盟成员在煤炭淡季稳定生产，旺季提高利润，提升联盟成员在煤炭市场的综合竞争力。

综上所述，华能煤业销售分公司协同联盟成员共同构筑长期合作、共商共建的联盟文化，形成联盟内部的共有意识、共有信念和共有价值；积极主动营造公平和谐的沟通交流氛围，基于共享信息平台，建设高效平等的协作模式，消除联盟成员间的隔阂；通过共享市场资源、带动联盟成员协同发展。通过以上三个方面增强联盟成员对华能煤业销售分公司的认同，提升华能煤业销售分公司在联盟中的领导力，从而实现华能煤业销售分公司对华能煤炭供应链联盟的控制与领导，最终为华能煤业与联盟成员带来价值创造和价值增值。

三、结论

华能煤业销售分公司通过选择适合的煤炭供应链合作伙伴、适用的合作模式、高效的运行机制、科学合理的利润分配模式逐步设计、搭建了华能煤炭供应链联盟，并通过自身领导力的塑造掌控和领导了该联盟。华能煤炭供应链联盟通过为联盟成员建立虚拟、稳定的煤电产业链，在保障华能煤电产业链长期、稳定、高效发展的同时，实现了联盟成员的价值创造、价值增值。最后，希望我们的探索和实践，能为中国能源企业的健康发展提供一些有益的参考和帮助。

参 考 文 献

［1］于梦琦．基于煤电纵向一体化视角的 GN 集团合并 D 集团并购绩效研究［D］．北京：北京交通大学，2020．

［2］周幸窈．基于产业链视角的煤电联营协同机制研究［D］．北京：中国矿业大学（北京），2021．

［3］刘安松．企业虚拟供应链构建及管理研究［D］．天津：天津理工大学，2010．

［4］孙凯迪．农副产品物流企业联盟构建及利益分配问题研究［D］．北京：北京交通大学，2016．

［5］李巍巍．电煤供应链协调的不确定性及协调机制探析［J］．煤炭经济研究，2017，37（1）：20-27．

［6］王乐．大型能源集团供应链协同管理信息平台建设研究［J］．煤炭经济研究，2019，39（7）：79-83．

［7］高新勤，原欣，朱斌斌，等．基于合作博弈的制造联盟利益分配方法［J］．计算机集成制造系统，2018，24（10）：2575-2583．

［8］黎枫，李广霞．基于收益共享契约的多级煤炭供应链利益分配研究［J］．煤炭经济研究，2018，38（12）：28-38．

［9］周业付．大数据农产品供应链联盟创新体系构建及利益分配研究［J］．统计与决策，2019，35（23）：47-50．

［10］张维迎．博弈论与信息经济学［M］．上海：上海人民出版社，1996．

［11］钟世臣．浅议供应链核心企业文化领导力［J］．中国市场，2014（10）：75-77．

［12］王可迪，涂维加，霍宝锋．供应链领导力：文献综述与研究展望［J］．外国经济与管理，2022，44（6）：110-134．

山东能源集团煤炭行业常态与非常态问题研究及应对

尹东风，李丑小，郑 鑫

（山东能源集团有限公司）

摘要：自2021年以来受多重因素影响，中国及全球煤炭价格进入"非常态"超级繁荣周期，与同时期国内宏观经济不振和下游产业普遍亏损形成鲜明对比。本文从煤炭行业发展周期与经济周期相互影响的角度，系统分析行业发展现状与趋势，指出了煤炭行业"常态"和"非常态"的主要特征，客观总结了山东能源集团以往应对煤炭"常态"的得失，详细分析了煤炭"非常态"的原因、表现及应对策略，意图找准影响"两态"的关键因素，把握行业发展常态（基本面）与非常态（变化端），进而靶向应对、精准施策，推动山东能源集团绿色低碳转型和高质量发展，助力清洁能源供应商与世界一流企业建设。

关键词：山东能源；煤炭行业；发展趋势研究

山东能源集团（以下简称能源集团）作为以煤为主的传统能源企业，煤炭产业贡献了九成以上的利润，是企业生存之本、发展之基、财富之源。无论过去还是现在，煤炭产业都深刻影响着能源集团发展、密切关系着能源集团命运，未来一个时期同样如此。面对绿色低碳转型大势和动态变化的煤炭市场，系统分析行业发展现状与趋势，把握行业发展常态（基本面）与非常态（变化端），找准影响"两态"的关键因素，进而靶向应对、精准施策，必将推动企业绿色低碳转型和高质量发展，助力清洁能源供应商与世界一流企业建设。

一、煤炭行业"常态"与"非常态"界定

煤炭是我国主体能源和重要化工原料。从新中国成立至2022年底，我国累计煤炭产量近千亿吨，煤炭为我国提供约70%的能源，支撑了国民经济生产总值年均9%的增长。可以说，煤炭行业潮起潮落与经济社会发展同频共振，已成为煤炭行业"常态"。而在当今百年未有之大变局中，多重不确定因素导致煤炭行业与经济发展呈现不同趋势的"非常态"。

（一）煤炭行业发展"常态"

伴随经济周期轮动、政策调控、能源结构调整、科技进步等因素变化，煤炭行业在遵循自身发展规律基础上，整体保持与经济社会发展同周期、同方向、同节奏等常态化运行状态。主要有以下表现：

（1）行业周期性较明显。煤炭消费变动趋势基本上代表了经济周期波动性对能源消费

影响。煤炭属于重资产行业，固定成本占比较高，产能和煤矿服务年限较长，每年流入流出行业的经济流量相对于行业存量占比较低，周期性较强。但随着行业集中度不断提升，煤炭企业周期性会明显减弱。煤炭价格伴随经济周期波动，并一定程度上滞后于经济周期，是经济的后验指标。

（2）宏观调控可控在控。煤炭行业是政策主导型的半充分市场化行业，政策调控内容涉及煤炭行业历年发展目标、煤炭开采安全性建设、煤炭清洁与智能化利用、煤炭价格调控等方面，对煤炭一定时期发展和供需关系起着主导作用。在国家宏观调控下，供需总体基本平衡，市场价格窄幅波动。

（3）顺应行业发展趋势。在原煤产量占能源生产结构主导优势、石油及天然气对外依存度逐年走高背景下，推进煤炭产业整体转型升级，尤其是加大力度发展煤炭洁净转化产业等符合战略性新兴产业导向，有利于在"固本培源"层面上保障国家能源安全。在推动碳达峰碳中和（以下简称"双碳"）战略进程中，煤炭产业必然经历自我革命、转型提质、升级发展的过程。

（二）煤炭行业发展"非常态"

受国际热钱投向转变、新冠疫情、地缘冲突、气候异常、逆全球化等因素叠加影响，煤炭消费与经济波动呈现不一致性，煤炭消费增长率与经济周期相背离，逆周期发展现象明显。主要有以下表现：

（1）供需严重失衡。能源"政治化""武器化"，全球能源危机爆发，能源供应紧张加剧，能源价格提升，全球能源格局重塑。国内供需错配，煤炭对能源体系安全运转的"托底保供"作用凸显。

（2）价格大幅波动。2021年下半年以来，能源危机导致煤炭整体供应紧张，供需缺口持续扩大，造成煤炭价格超预期上涨，保持高位震荡，甚至完全脱离供需基本面。价格大幅上涨引发的市场主体惜售、囤积等不理性行为，进一步加大特定时段、特定地区供需失衡，增强煤炭价格上行动力。

（3）能源转型受阻。在全球能源危机背景下，能源安全取代结构调整成为能源领域首要任务。煤炭行业既面临降碳压力又承担能源安全保供责任，部分国家重启煤电或推迟退煤计划，煤炭需求快速攀升，煤炭消费量占能源消费总量比重由降转升。

二、煤炭行业"常态"分析

（一）煤炭行业发展阶段

新中国成立70多年来，随着政策导向和发展变化，我国煤炭行业历经多个发展阶段。

第一阶段（1949—1980年）：计划经济"统配期"，煤炭产能产量稳步提高。国家提高煤炭生产能力和效率，其间完全实行计划经济定价。到1957年，全国煤炭产业净增生产能力2536万吨，煤炭产量增加到2.4亿吨。到1960年，受"大跃进"浮夸风和大炼钢影响，全国煤炭产量增加到近4亿吨。到1977年，国家逐步加强国有煤矿机械化开采，全国原煤产量迅速增加到5.5亿吨。

第二阶段（1981—2001年）：深化改革"调整期"，煤炭行业进行市场化改革。国家对煤炭价格进行改革，实行"双轨制"。煤炭产业飞速发展，煤矿采掘技术水平和机械化大幅提高，国有重点煤矿机械化率达到72%。1993年，国家取消除电力用煤以外的所有商品煤价格管制，煤炭企业开始向市场经济过渡，同年国家将国有煤炭企业管理权下放地方。2001年，国家取消煤矿建设直接投资，煤炭企业自此完全成为经营投资主体。

第三阶段（2002—2012年）：黄金十年"发展期"，煤炭行业实现快速发展。2002年后，我国经济进入快速发展时期，煤炭需求大幅增加，尤其是电力用煤需求不断增高。2008年金融危机后，政府推出"四万亿"财政刺激政策，GDP增速恢复，煤炭需求进入旺盛期。随着煤炭行业资源整合推进，进入集中化投资、集约化开发时代，煤炭价格呈上行趋势，煤炭产能加速释放，煤炭行业步入快速发展阶段。

第四阶段（2013—2020年）：结构调整"优化期"，供给侧结构性改革和去产能。经济逐步由高速发展向中高速的高质量发展转变，煤炭实行"基础价+浮动价"的中长协与市场价并行的价格"双轨制"。煤炭行业在历经黄金十年后迎来供求关系转折点，行业景气度进入偏低区间。政府出台多项政策引导煤炭行业自上而下去产能，并通过供给侧改革持续优化产业布局与产能结构。新冠疫情冲击下需求疲弱，煤炭消费减少，安全环保政策趋严，煤炭行业景气度进一步下行。

第五阶段（2021年以来），低碳转型"波动期"，落实"双碳"目标与安全保供并存。"双碳"目标的提出使煤炭行业处于产能被控减、发展被封禁的"风口"，也因此导致拉闸限电、供应紧张等问题。国家立足以煤为基的资源禀赋，提出"实事求是、循序渐进"指导方针，纠正"运动式"减碳、一刀切等激进措施，推动煤炭清洁高效利用，煤炭行业重新看到希望和曙光，煤炭重新担当起主体能源和"压舱石"作用。

（二）关键影响因素分析

1. 行业政策—政策主导

煤炭产业属于综合性产业，产业链条较长，涉及行业较多，生产指导、价格调控等政策较为复杂。改革开放前，煤炭行业处于计划经济体制下，政策因素对行业影响很大，国家政策主导煤炭生产；改革开放后，煤炭产业由计划运行向市场化运行转变，但国家对煤矿建设实行严格的审批调控政策，产能控制政策依然不少。我国煤炭价格定价机制受政策影响较大，大致经历计划经济定价、价格双轨制、市场价、"基础价+浮动价"的中长协与市场价并行的价格双轨制等四个阶段。可以说，很大程度上国家政策主导着煤炭行业发展。

2. 供需关系——经济引导

1）需求角度

当经济处于上升阶段时，经济发展促使煤炭需求趋增。经济萧条时期，国家为推动经济能够快速进入复苏阶段，大力投资基础建设，从而带动诸如电力热力生产、有色金属冶炼、石油加工等高耗能行业发展，这类行业发展导致煤炭、钢铁、石油等能源需求增加。我国电力大部分依靠煤炭发电，这增加了煤炭需求，提升了煤炭价格和煤炭企业利润。当经济处于下行通道时，生产缓慢，投资活动骤减，部分行业发展出现停滞、产品滞销，企业利润急剧下降甚至破产。煤炭企业很难转产，造成产能过剩，再加上同行竞争，市场空间不断受到挤压，严重影响企业利润。

2）供给角度

在经济上升阶段，煤炭需求增长促进煤炭供给增加。由于煤矿建设周期较长，经济上升期将出现供不应求的现象，促使煤炭价格上升。在经济下降阶段，煤炭产能过剩、供过于求,这将导致煤炭价格下降,企业出现亏损。

3) 周期角度

煤炭产业与经济增长呈前向关联效应,生产总值增长率基本超前国民经济增长1~3年,但部分时段周期波动滞后于经济增长率1~3年,波动幅度大幅放大。根据图1,不同时期煤炭产业发展与经济增长数量相关性特征有所不同,但煤炭产业发展明显与经济发展规律高度相关,且在特定时期煤炭产业周期波动幅度较经济周期波动幅度有所放大。

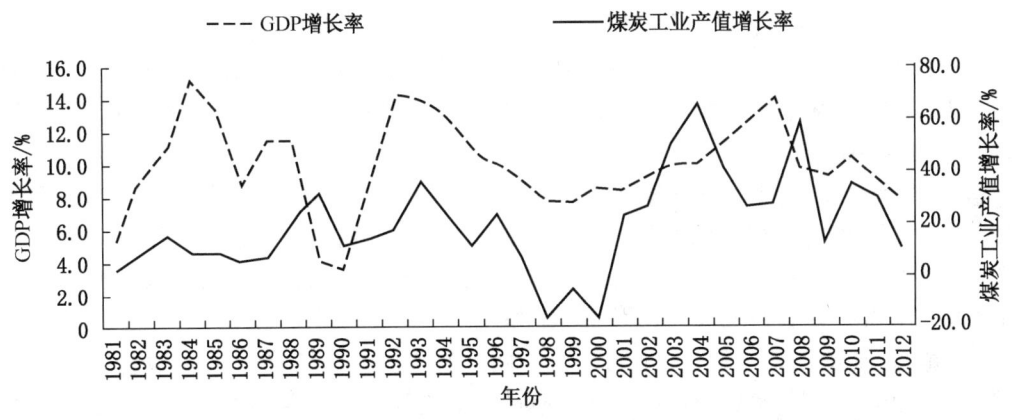

图1 GDP增长率与煤炭工业产值增长率关系

3. 消费结构——结构引导

从煤炭消费和生产结构看,煤炭需求主要分布于电力、建材、冶金及化工等高耗能工业。其中,火电耗煤占到煤炭需求50%以上,火电发电量与煤炭总消费量的波动规律极其相似,如图2所示。从经验数据看,电力行业等重点耗煤行业发展与煤炭需求高度相关,直接制约着煤炭行业周期性波动。

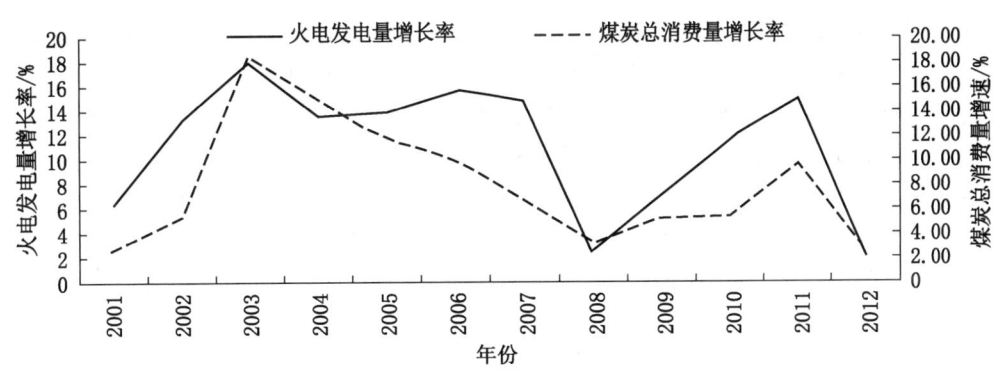

图2 火电发电量增长率与煤炭总消费量增长率关系

(三)能源集团应对"常态"的经验教训

1. 经验弥足珍贵,煤炭产业实现跨越式发展

(1) 主动顺应经济发展周期。尊重经济发展和市场规律,审时度势做出战略决策。例如，在20世纪90年代末期提出"以煤为本，煤与非煤并重"战略、"黄金十年"积极走出去规模化发展、"寒冬时期"强调"瘦身健体"等。主动顺应经济发展周期进行产业投资及策略调整，较好把握发展节奏与投资强度，呈现出很强的资源适配性，为企业持续发展奠定坚实基础。

（2）外部开发成效显著。外部开发从无到有、布局从分散到集约、经济从小到大、支撑从弱到强，逐步拓展到22个省（区）和12个国家（地区），实现由省内区域性煤炭企业向国际化能源集团华丽转身。省外境外煤炭产量占集团产量的72%，省外化工产品占集团产量的61%，省外发电量占集团的65.18%，省外境外企业营业收入占集团的46%，利润总额占比65%，年末资产总额占比52%，相当于再造一个山东能源。外部资源开发的成功成为能源集团破解省内资源不足难题、实现企业可持续发展并始终保持行业竞争力与影响力的重要因素。

（3）生产方式变革推动质效提升。在煤炭产业稳定发展阶段，将科技进步作为生产方式变革调整核心动力，积极推动互联网、大数据、人工智能、5G等新一代信息技术与煤炭产业深度融合，从机械化换人到自动化减人再到智能化无人，从高效采煤到快速掘进再到精准治灾，始终走在行业前列，引领行业发展。

（4）内涵发展提升行业竞争能力。在不同发展阶段，坚持将4S、精益管理等先进管理理念引入企业，创新提出内部市场化、质量标准化等一批务实有效、具有行业影响力和持久生命力的企业管理模式，有力助推企业管理提效、资产提质。

（5）区域联合重组推动集约发展。进入21世纪10年代以来，原7家省属煤炭企业先后经历两轮整合重组。特别是2020年原兖矿集团与原山东能源集团联合重组以来，新的山东能源集团以有利于国有资本保值增值和国有企业做优做强为出发点，稳妥有序实施跨产业、跨区域、跨公司优化整合，大力推进资源整合、力量融合、功能聚合，有效破解很多大型煤炭企业无力破解的"改而不深、整而不合"困局，变"物理整合"为"化学融合"，联合重组的叠加效应不断释放，世界500强排名大幅跃升，品牌知名度、社会影响力进一步提升。

（6）以煤为基延链补链有成效。面对传统能源行业发展瓶颈，以"转型"破题，向"改革"发力，依托煤、优化煤、延伸煤、超越煤。坚持大型化、园区化、高端化、终端化发展方向，实施煤化工产业转型升级专项行动，以油品、甲醇、醋酸、尿素为主线拓展下游产品链，延伸产业链条，提高产品附加值，着力培育高端化工产业集群。以国家电力产业政策为导向，紧紧抓住"外电入鲁"和煤电升级改造机遇，发挥煤炭资源优势，加快煤电项目开发建设、推动热电联产创效、整合优质煤电项目，为做强做大煤电一体化产业链提供强力支撑。同时，加快布局海陆风电、光伏太阳能、生物质能等新兴绿色能源，呈现出"晚发先至"良好发展态势，逐步实现由煤炭企业向能源集团跨越。

2. 教训异常惨痛，启迪煤炭行业未来稳健发展

在长期发展过程中，包括能源集团各权属企业在内的国内煤炭企业，也陷入过多种发展误区，带来投资失误、资源错配等一系列问题和巨大负面冲击，一些曾经风光无限的优势企业甚至沦为"僵尸"企业，教训惨痛而深刻。

（1）过于狂热，盲目投资圈地买矿。一是不顾自身负债能力，盲目融资。煤炭"黄金十年"，经济周期处于上行阶段，国家加强固定资产投资，拥有国企背景的能源集团在获取银行贷款较民营企业更具优势，在产业规模快速扩张的同时资产负债规模同步增加，为热潮过后"寒冬时期"埋下隐患。二是头脑过热决策随意，盲目买矿。全国性抢矿导致头脑发热，在不做详细尽职调查、不明矿井资源禀赋情况下，仅凭对方或第三方机构提供的资料就拍板买矿，导致高价买矿甚至个别矿井投产即停产关井，造成国有资产严重流失，同时滋生了腐败犯罪等问题。

（2）战略失误，盲目发展非煤产业。缺乏长远战略眼光和产业发展规划，盲目追逐市场热点，投资主体混乱，造成过剩产业、低端产业遍地开花。特别在21世纪初煤炭企业尚未从寒冬期完全走出来的特定阶段，为对冲煤炭行业亏损、安置分流员工，陷入"饥不择食"误区，想当然地投资了一大批与煤炭产业关联度不高、协同效应不足、人才技术支撑乏力、规模小散弱的非煤项目。时至今日，个别企业历史形成的高投入、高负债、低产出、低效益发展方式仍未彻底解决。历史教训证明，发展非煤产业须防止两个错误倾向：一方面防止过度多元化。煤炭产业大类上属于能源领域，煤炭企业发展优势植根于能源产业，发展非煤基产业应紧密围绕能源及其加工利用做文章。另一方面防止产业雷同化。煤炭企业实施"煤基与非煤基并重"战略，应尽量避免发展煤基产业时不约而同进入煤电、煤电化、煤电铝、煤电建材等产业，从而造成过度竞争，应尽最大努力在产业、区域、产品、客户等方面形成差异化发展优势。

（3）底线失守，各类事件影响深远。煤矿重产量效益、轻安全管理的现象在行业发展各个时期均不同程度存在，或在市场好时超能力生产、超强度开采，或在市场差时减少安全生产投入，安全意识、安全管理能力与企业发展不匹配，发生数起"惊天动地"、影响行业发展的生产安全事故。

（4）改革不深，历史遗留问题较多。随着供给侧改革、国企改革深入推进，在"去产能"关闭矿井、"三供一业"社会职能移交等方面仍有不少遗留问题、历史积案，这些问题涉及多样化主体、多层次关系、多方面动因，涉及政策、体制、制度、文化等多种因素，给稳定工作带来很多新难题，如果处置不及时、不到位，就有可能引发"爆点"，影响企业稳定大局。

（5）管理失序，"大企业病"日益凸显。曾经一段时期，煤炭企业管理层级多、链条长，体制不顺、机制不活，用人多、效率低，整而不合、合而不同等"大企业病"严重制约企业高质量发展，有的问题至今依然不同程度存在。

三、煤炭行业"非常态"分析

煤炭行业"非常态"，主要有三大鲜明特征：第一，发展呈逆经济周期性。第二，地缘政治、逆全球化、极端气候等变量因素增加，影响发展的确定性。第三，持续时间较短，影响因素一旦衰弱或消失，会引起明显反弹。

（一）本次"非常态"起因

2021年下半年以来，在结构性（2016年开始的供给侧改革去产能叠加资本开支长时间不足）、周期性（应对疫情的流动性宽松共振带来的需求强劲增长）和扰动性（俄乌冲突带来的欧洲能源产运扰动）三大因素驱动下，供需严重紧张，煤价快速上升，中国及全球煤炭价格进入"非常态"超级繁荣周期，与同时期国内宏观经济不振和下游产业普遍亏损形成鲜明对比。

1. 世界变局百年未遇，全球能源格局重构

（1）世纪疫情及俄乌冲突对经济增长带来冲击。新冠疫情对全球供给和需求带来冲击，严重制约生产和供给方所必需的劳动、资本、原材料等要素正常流动和基本投入，大中小企业几乎同时被迫中断生产和经营活动，影响惯性至今依然突出。俄乌冲突导致能源类大宗商品价格飙升，再次放大供应链瓶颈、通胀严重等问题，全球经济增长进一步放缓。

（2）国际能源格局变化更加复杂。俄乌冲突加速全球能源结构转型，引发能源供应链重塑。全球能源需求体系分裂，形成以中国、印度为主的"用俄罗斯能源"和美欧为主的"去俄罗斯能源"体系。权威机构预测，全球能源消费重心将从发达国家向亚洲地区转移，逐步形成"两带"（俄—中东—中亚、北美出口带）和"三中心"（亚、欧、北美）能源供需格局。

（3）全球煤炭市场由冷转热、需求旺盛。在全球能源市场供应偏紧形势下，将增加对煤炭能源的消费依赖，未来煤炭需求将缓慢恢复并开始反弹。据国际能源署（IEA）《煤炭2022》显示，2022年全球煤炭消费量达到80亿吨，创历史新高，并且将在之后几年内保持高位运行。

（4）能源低碳转型短期受阻、长期受益。从短期看，煤电反弹肯定会扰乱部分国家低碳转型节奏，推迟向绿色能源转型进程。但从长期看，地缘政治冲突带来的负面影响更加坚定欧洲各国发展清洁能源、加快绿色转型决心，推动其加速发展替代能源和可再生能源、氢能等部署，加快实现多能互补的能源发展格局，直至实现真正的能源独立。

2. 国内政策层层加码，供给能力严重削弱

（1）供给侧改革压减产能影响。2016年国务院出台《关于煤炭行业化解过剩产能实现脱困发展的意见》，引导煤炭行业淘汰过剩产能、优化产能结构。截至2020年底，全国累计退出煤矿5500处左右，剩余煤矿数量4700处左右，退出落后煤炭产能10亿吨/年以上。

煤炭新增端已基本锁死，国家2017—2019年共批复约4.5亿吨煤矿产能，其中多为原有证照不齐煤矿的补批。2020—2022年5月，新批建设煤矿产能9820万吨，剔除未批先建煤矿后规模合计8560万吨，远低于2017—2019年的规模，占全国煤炭年消费量比重仅为约2%，综合煤矿4~5年建设周期和中东部地区资源枯竭煤矿退出，可预测2023年后新投产煤矿增量将迅速下降，行业供给将于2025年前后达峰。根据中国煤炭工业协会预计，至"十四五"末，全国煤炭矿井将进一步缩减至4000处左右，较2020年下降14.8%。

（2）"双碳"目标引发运动式减碳。在国家"双碳"目标指引下，部分地区在设计实施路径时"碳冲锋"和用煤"一刀切"两种极端情况同时存在，没有考虑产业基础、资源禀赋等实际情况，盲目摒弃煤电、上马新能源项目，既抑制煤炭稳定供应，损害煤炭及下游产业可持续发展，不利于保障国家能源安全，也不利于新能源技术和产业有序推进。

（3）安全事故区域"一刀切"停产。近年来"一矿事故、整区停产"的硬性要求，对煤矿正常生产经营和区域稳价保供造成较大影响。虽然当前国家发改委已明令禁止，但在"三大主产地"安全管控仍趋严、增产速度较缓慢的现状下，煤炭生产企业面临的保安全与保供应矛盾仍较突出。

3. 煤炭市场因素叠加，供需失衡问题显现

（1）产能加速西移，供需格局错配。我国能源资源和用能需求逆向分布特征显著，能源生产重心不断西移，消费重心固守东部经济繁荣区域，远距离调配运输不畅诱发局部能源紧缺时有发生。

（2）勘探投资减弱，影响资源接续。受生态环境"三条红线"、煤炭"寒冬时期"、供给侧改革去产能等影响，煤炭等地质勘探前景堪忧。2020 年全国地质勘查投入仅 161.6 亿元，相比于历史最高时期 2012 年的 510.14 亿元，降幅达 68.32%，地质勘查投入连续下滑严重影响煤炭等矿产资源接续。

（3）区域政策保护，限制煤炭贸易。受发展地方经济、促进就业惯性思维影响，区域能源政策地方保护主义色彩浓郁，尤其在煤炭、油气等化石能源资源富集城市，以资源换发展、能源就地转化等矿产资源开发审批门槛仍普遍存在，限制下游产业均衡发展。全国煤炭交易平台交易量明显不足，与地方交易平台对接不畅，交易信息发布不全面、信息渠道不畅通，跨区域能源交易、流动运输畅通性不足，无法通过统一交易打破地方保护和市场分割，已成为制约煤炭资源充分交易的堵点。

（4）国际煤价倒挂，进口持续收缩。2021 年下半年以来，国际煤价持续走高，叠加俄乌冲突等因素，煤价大幅上涨，已由年初平均 270 元/吨上涨到年末的 2100 元/吨以上。反观国内，在国家调控下今年动力煤长协价基本稳定在 720 元/吨左右。国际煤价高企、煤价倒挂，严重降低贸易商煤炭进口意愿，2022 年我国煤炭进口量同比下降 9.2%，东南部沿海地区煤炭供应趋紧。

（5）季节气候影响，供应缺口剧增。2021 年底的严寒以及 2022 年夏季的高温天气均在不同程度上对欧洲能源安全产生负面影响，主要表现为能源供应不足、能源需求增加以及能源保障体系缺乏弹性。同时我国一些地方也出现"拉闸限电"和局部区域高温缺电等情形，造成局部区域供需严重失衡。

（二）本次"非常态"能源集团主要做法

"非常态"时期，能源集团作为省属重点骨干企业和能源产业的国有资本投资公司，既承担增产保供稳价的社会责任，也肩负加快绿色低碳转型和高质量发展的职责使命。

（1）主动担当能源保障重任，保供应增储备。一是保供应稳价格。认真落实"确保发电供热用煤需要、守住民生用煤底线"要求，坚持讲政治、顾大局，不计成本、不惜代价，不计利益得失，采取停售市场煤、减少原煤入洗、缓发炼焦煤、调集省外资源等措施，全力保电煤、保长协、稳价格。2021—2022 年，累计供应省内外电煤近 4500 万吨，让利 200 多亿元。二是拓渠道增储备。以省内矿井生产和省外矿井调入为渠道统筹资源，以矿井煤场和日照港、运河港、鲁北基地为节点，全力推进 8 个煤炭储备项目建设，提前完成 1290 万吨煤炭储备能力项目建设，初步建立起多元、合理、灵活的煤炭储备体系，煤炭供应保障能力大幅提高，为全省经济社会平稳运行提供有力支撑。

（2）充分把握市场有利时机，增投资谋发展。一是抓核增扩增量。把握国家核增产能政策"窗口期"，省内抓好智能化水平高、安全生产有保障、储量丰富、煤质优良的矿井恢复正常能力生产，省外 14 处煤矿纳入国家和地方保供增产名单。重点围绕陕、蒙、新基地煤矿项目，完成 10 处矿井产能核增，预计释放产能 3260 万吨。新上海一号矿实现合法生产，长城三、五、六矿获得采矿许可证，长城二矿、杨家坪矿完成项目核准。二是增投资保电力。以自身经济实力推动项目建设，以项目建设带动经济增长，2021—2022年，累计完成投资近630亿元。积极响应国家号召，聚力推动"两个联营"，持续加大煤电、新能源投资力度，计划"十四五"期间煤电产业规划投资100亿元，新能源产业规划投资700亿元，合计投资总额达800亿元，占山东省内规划投资1410亿元的56.7%，为全省电力供给提供重要保障。

（3）积极推动产业优化升级，提效能转动能。一是持续优化提效能。抓住影响矿井生产布局的关键环节，加强技术攻关，积极采用先进工艺组织生产，实行精采细采。通过补充勘探、优化设计、变更工艺等多种方式扩大经济可采储量。针对冲击地压影响的核减产能、"一井两面三刀"开采布局制约，从技术、管理突破入手，最大限度释放矿井创效产能。实施全面成本管理，加大生产、采购、销售、管理等成本管控力度，提高效益水平。二是智能驱动转动能。深入推进智能矿井建设，利用能源集团技术研发平台，开展对智能快速掘进、复杂条件智能综采、连续化辅助运输、煤矿机器人、重大危险源智能感知与预警等技术与装备研究。以数字化、网络化、智能化为方向，构建实时、透明的采、掘、机、运、通、洗选等数据链条，实现煤矿智能化和大数据深度融合。推进固定岗位无人值守和危险岗位机器人作业，精简井下作业人员，高危作业、隐蔽隐患场所实现自动化、智能化和远程监控。充分发挥先进工艺和技术动能，补足煤炭产量缺口。

（三）本次"非常态"趋于结束

煤价是反映煤炭市场行情最直观的晴雨表。今年以来，随着国内煤炭供给能力的持续提高，以及需求增速的逐渐稳定，我国煤炭供需偏紧格局得到了明显改善，煤炭价格中枢随之下移，且极差大幅收窄，价格稳定性增强。

2022年5500K动力煤现货价格最高值为3月3日的1621元/吨，最低值为1月5日的809元/吨，极差为812元/吨。2023年1—5月份，5500K动力煤价格最高值1220元/吨（1月11日），最低值为725元/吨（5月31日），极差为495元/吨，且2023年最高值偏低于2022年的400元/吨，煤价中枢处于下移态势，已接近甚至低于长协综合价格。究其原因，有以下几点：

（1）"非常态"注定不可长期持续，煤价开始理性回调。一直以来，煤炭作为国民经济发展支柱行业，在国家能源安全战略中始终发挥兜底保障作用，需从经济社会发展全局考虑自身发展。2022年，石油和天然气开采业利润总额比上年增长1.1倍，煤炭开采和洗选业增长44.3%，而石油、煤炭及其他燃料加工业下降82.8%，火电、钢铁等下游企业大面积亏损，原料端挤占产业链市场整体利润比例过高。在保供稳价大背景下，煤炭企业势必让出部分潜力利润，为国民经济稳定发展做出贡献。因此，无论从政策导向还是市场表现看，价格回落都在由下游终端向上游生产端扩散，逐步让原料端利润回归合理空间，让渡部分利润到下游产业链，保障整个产业链稳定。

（2）国际影响因素弱化，国际市场弱势运行。此前由于担心受地缘冲突及恶劣天气等因素影响而出现国际动力煤供应不足情况，欧洲和东北亚地区终端用户大量采购动力煤，而消耗速度不及预期，导致目前煤炭库存均较为充足。同时，由于天然气价格处于低位，也抑制了终端对煤炭的采购需求。国际动力煤市场整体弱势运行，欧洲、南非、澳大利亚和印尼煤价均在下行，国际海运价格下降明显。

（3）保供稳价政策持续发力，供需关系出现逆转。一是稳价保供政策效果明显。2022

年，北港 5500K 长协电煤月度均价为 721.6 元/吨，仅比 2021 年提高 73.6 元/吨，大幅低于当年现货动力煤平均价格水平。在进口煤同比下降 3000 多万吨情况下，国内生产原煤 45 亿吨，同比增长 9%，市场供需面逐步走向宽松。二是新增产能持续释放。2022 年，各省区提出核增煤炭产能 3 亿吨，完成核增手续办理 2.5 亿吨。2023 年，为保障能源供应的安全稳定，政策方向继续要求增产保供，主产区优质产能进入释放窗口期。1—4 月份，我国原煤产量 15.27 亿吨，同比增长 4.8%，其中，占全国产量 80% 以上的晋陕蒙新四省区原煤产量合计 10.94 亿吨，同比增量 7300 多万吨，增幅 6.25%。三是进口煤炭激增。随着煤炭关税为零政策的延长以及澳洲煤进口禁令的解除，我国煤炭进口出现井喷式增量。1—4 月份，我国煤炭进口 1.42 亿吨，同比增长 88.8%，其中，二、三月份同比增幅均在 150% 以上。四是存煤水平显著提高。由于下游需求增速低于供应增速，且有长协和进口的双重到厂保障，而高耗能企业淡季停产、减产、错峰等，导致非电及电煤需求均低于市场预期，因此，在高效保供作业下，社会库存出现了持续性的累积。截至 5 月底，环渤海秦唐沧港口合计库存增至 2952 万吨，创历史新高；沿海八省电厂库存向上突破 3600 万吨，刷新有记录以来的最高水平；沿海和内河煤炭库存 7300 多万吨，处于历史高位水平。五是经济复苏尚需时日。近三年来，新冠疫情防控重创世界和我国经济运行基础。当前，国内经济内生动力还不强、需求仍然不足，煤炭下游行业依然普遍亏损，推动高质量发展仍需要克服不少困难挑战。

（四）当前应对措施的相关建议

对于煤炭企业而言，当前的高收益难以掩盖对未来可能遭遇不确定性的担忧，绝不能被短期市场高潮冲昏头脑，必须辩证认识煤炭产业短期形势和长远趋势，正确处理好能源安全保障和绿色低碳转型关系，抢抓战略机遇期，为低碳转型积累资本。

1. 紧盯政策窗口，快速释放产能

中央经济工作会议和全国"两会"均提出"加强重要能源、矿产资源国内勘探开发和增储上产"。国家《扩大内需战略纲要》强调加强能源基础设施建设。优化煤炭产运结构，推进煤矿智能化、绿色化发展，优化建设蒙西、蒙东、陕北、山西、新疆五大煤炭供应保障基地，提高煤炭铁路运输能力。《2023 年能源工作指导意见》指出"有序推进煤矿先进产能核准建设，推动在建煤矿尽快投产达产，增强煤炭增产保供能力。"能源集团肩负山东省能源"一保障两优化"主体责任，主要基地布局与国家战略意图高度一致，应紧盯政策窗口期，充分用足用好用活政策，加快现有煤炭项目建设、手续办理和依法合规生产，以增量对冲减量，保障煤炭主业可持续、高质量发展。

2. 建立弹性产能，满足保供需求

煤炭生产刚性强，虽有 10% 到 20% 的弹性，但长期满负荷甚至超负荷生产，极易造成采掘比失调、矿井接续失衡以及其他一系列事故隐患，引发生产安全事故。同时，煤炭因其自燃属性不易像石油一样长期存放，当前煤炭资源开发和供给模式仍不能满足市场对煤炭的弹性需求。《2023 年能源工作指导意见》指出"以常态能源供应有弹性应对需求超预期增长"。为解决新能源因安全可靠程度低、负荷波动幅度大而带来的能源安全稳定供给问题，提高煤电系统灵活性，迫切需要创新煤炭产能管理和煤矿生产管理体制机制，建立煤矿弹性产能和弹性生产机制，提高煤炭安全稳定供应和应急供应保障能力。

（1）研究"安全足量、灵活可靠"弹性产能管理。综合考虑煤矿资源条件、现代化程度、煤层煤质特点、安全生产形势等因素，对现有煤矿实施科学评估分类，研究煤矿弹性产能评估办法，设立煤炭产能弹性释放（收缩）阈值和等级，推动煤矿产能由刚性管理转为弹性管理。同时，超前研究煤炭需求趋势，有序调整产品结构、区域结构。

（2）研究"以增补欠、以减让盈"弹性生产机制。根据外部市场需求变化，通过生产系统改造升级实现生产能力动态调整，对生产、运输、仓储等环节进行自动优化调节，保障煤炭安全、高效、稳定、柔性供给。

（3）推动煤炭弹性产能和煤矿弹性生产试点示范。支持资源条件好、安全有保障、环境友好型的煤矿开展煤矿弹性生产试点示范，总结经验，逐渐扩大煤矿弹性生产范围，完善煤炭弹性产能和煤矿弹性生产管理体制机制。

3. 坚持市场导向，舞好营销龙头

当前，煤炭市场形势发生变化，由卖方市场转为买方市场，必须坚持以市场定营销，因时而变，随机应变。

（1）精准研判市场形势。关键是把握三种形势。一是宏观形势，动态掌握投资、消费、进出口等宏观经济数据变化信息；二是行业形势，密切关注国际国内煤价、库存、产量等行情；三是下游形势，及时收集钢焦、电化、建材等产能变化情况，尤其是工艺改进等信息，时刻保持高度的市场敏锐性。

（2）科学制定营销策略。关键是坚持三个导向。一是"价本利"导向。主动由"量本利"分析向"价本利"分析转变，努力找到价格和销量之间最佳平衡点，做到价涨份额不丢、量增价格不跌。二是客户导向。坚持让利不让市场，实施差异化、定制化销售策略，根据市场需求，及时调整产品结构，引导产品向高附加值、高收益方向优化，有效提升精煤兑现率，确保市场份额不丢、高价位区域份额不减，全力做好精煤提价增收创效。稳定大客户，强化宝武系、中信系等大型钢铁企业战略合作力度，确保兑现率不低于70%。三是质量导向。牢固树立"保煤质就是保市场、抓煤质就是抓效益"理念，深化"三零"工程建设，提升煤炭产品质量，塑造"山能煤"品牌。研究高硫煤清洁利用和脱硫降硫技术，开拓高硫煤市场。

（3）加大协同协调力度。关键是加强三个协同。一是产销协同。坚持以销定产、以销保产，实现销售综合效益最大化。树立市场永远在变理念，发挥品牌联盟优势，把握市场节奏，引导价格预期，努力稳住价格、提高兑现率。统筹量、质、价、款各要素，衔接产、运、销、储、供各环节，确保市场占有率，实现产销平衡。二是市场协同。统筹省内外各区域、各品种煤炭资源，合理平衡长协、重点和市场客户预算份额以及产量、销量和储备量"三量"关系。在稳定长协煤炭供应基础上，积极拓展营贸协同业务，开展资源互换和市场互换协同业务。加大与政府协调力度，做好储备煤轮换工作。三是行业协同。发挥山东省煤炭运销协会会长单位优势，团结省内煤炭企业，加强战略同盟、对话交流，积极引领区域煤炭价格走势，努力实现省内煤价格平稳有序调整，防范市场无序竞争，实现区域市场同频共振，扩大华东地区市场话语权。顺时顺势调整战略用户价格，发挥战略用户价格对市场煤价格引领和支撑作用。

4. 弥补历史欠账，解决遗留问题

过去一个时期，煤炭企业普遍存在"黄金十年盲目投、低谷时期没钱投、双碳预期不愿投"现象，能源集团多数企业也面临历史欠账多、财务负担重、智能建设投入大等问题。遗留问题、历史难题，早晚都必须解决。在业绩向好、现金流相对充沛时，更应着力解决过去想解决而没钱去解决的问题。

（1）补齐安全投入欠账。受前几年煤炭经济困难影响，有的权属企业安全投入不足，设备设施老化严重，重大灾害治理不及时，采掘接续紧张，安全基础弱化，会带来安全风险和事故隐患，这些欠账至今仍未能有效补齐。今天的安全投入就是明天的安全保障，今天的安全欠账就是明天的事故隐患。应充分利用当前煤价较高、盈利能力较强、资金比较充裕的有利时机，加大安全投入、装备投入和升级换代，改造升级一批先进适用装备，推动智能矿井建设；按规定足额提取和使用安全生产费用，统筹技术、管理和治理工程等综合措施，提升重大灾害防治成效。

（2）补齐科研投入欠账。通常而言，工业企业研发投入约为营业收入的3.5%，而能源集团目前研发投入仅为营业收入的2.13%。应借鉴标杆企业先进做法，牢固树立"投入科技就是投入经济、投入创新就是投入发展"理念，持续加大研发投入，创新产学研合作模式，建立"揭榜挂帅"、研发费用包干机制，创新股权、期权、分红等激励方式，真正让研发资金有保障、成果转化有载体、科研人员有实惠。

（3）补齐人员欠账。"双碳"背景下倒逼能源集团转型发展，迫切需要一大批高端、高科技、高技能人才强力支撑。目前，能源集团人员结构亟待优化，员工学历偏低，高中及以下占比达到60%，后勤服务和机关人员占在册在岗人员近三分之一，存在总量大、成本高与高学历、高技能、一线缺员的结构性矛盾。应利用当前规模实力优势，放大品牌效应，积极实施人才兴企战略，加大优秀年轻人才、高技术技能人才、高端人才培养引进力度，关注重视新能源、新材料和物流贸易、金融投资等产业专业人才，为转型升级奠定坚实基础。

5. 增强忧患意识，防范各类风险

成功背后有隐忧，平静背后有暗流。形势越好越要居安思危，增强忧患意识，避免头脑发热，确保企业稳健发展。

（1）防范投资风险。无数事例证明，决策失准必然带来投资失当，进而连锁带来资源失配、结构失衡、发展失速、质量失效等一系列关系企业未来发展的大问题。一要抑制投资冲动。形势好转，部分单位投资欲望强烈，特别是一些老矿业集团面临较大转产转移转型压力，急于谋求产业接续而"病急乱投医"。必须保持理性、科学决策，避免犯投资"多动症""盲动症"等错误。二要把控投资方向。围绕主业或关联产业谋划投资，不搞政绩工程，不投小、乱、散的低端产业，审慎对待政府绑架式投资。三要控制投资规模。既要坚持稳健第一，做到投资规模与企业自身承受能力相匹配，又要坚持节约优先，防范项目功能过剩，将投资额严格控制在概算范围内。四要控制投资节奏。适时根据政策变化、市场变化等变量因素，该加快加快，该放缓放缓，该停下停下。特别是相配套的项目更要注意，尽量做到主体项目与配套项目投资节奏相匹配，防止出现"建成早，形成闲置浪费""建成晚，影响相配套项目运营"两种突出的失配现象。

（2）防范资金风险。实践证明，在激烈市场竞争中能存活下来的企业，不一定是盈利能力最强的企业，但一定是资金链始终安全可控的企业。从能源集团来看，除煤炭板块外，电力、高端装备制造板块的偿债能力、现金流状况都很弱，资金风险隐患比较大。特别是当前"两金"占用和预付款明显增加，使得财务风险和管理成本提高，直接影响企业经济效益。对此，必须始终坚持"现金为王"理念，形势好时，加强逆周期调节，优化资金配置和结构，充分利用资金存贷差、时间差、空间差，控制总量、调节存量，提高使用效益，降低资产负债和"两金"占用。形势差时，既要摸清家底子，全面清查存量资产、盘活闲置资产、清理无效资产，实现资产利用效率最大化，还要捂紧钱袋子，加快货款回收和资金周转，确保资金风险始终安全可控。

（3）防范经营风险。严控成本是抵御经营风险、提升盈利能力的有效方式。不论煤炭市场形势如何，企业都应该持之以恒地练好内功、加强管理，以最小成本投入换取最大收入产出。坚持勤俭办企，始终树立"过紧日子"思想，把成本管控摆在更加突出位置，抓在经常、形成常态。坚持管理兴企，扎实推动"管理提效、资产提质"，深度推进"两化"融合，提升生产经营效率和规范性。坚持依法治企，把依法合规作为谋事办事基本前提，用制度管人，按程序办事，合规则运转。

（4）防范安全风险。形势好时抓安全，不能葬送大好局面；形势差时抓安全，不能把企业推向深渊。无论何时都必须真正把安全生产放到重于一切、先于一切、高于一切、决定一切的位置，坚持以安定产、以安促产，推动人智强安、技高固安、环优育安，努力实现"少人则安、无人则安"，将职工从危险区域、危险时段、危险岗位解放出来，提高作业效率、降低作业强度、改善作业环境，切实增强职工幸福感、获得感、安全感。

新时期能源企业创建世界一流企业战略研究

徐西超,尹东风,韩 嘉

(山东能源集团有限公司)

摘要:国有企业是我国经济发展的稳定器,新时期面对复杂的国内外环境,我国经济发展不确定性增加,亟需国有企业持续做强做优做大,加速成为世界一流企业,更好发挥优化资源配置和稳定经济发展作用。山东能源集团承担"保障全省能源安全,优化能源布局,优化能源结构"主体责任,以建设全球清洁能源供应商和世界一流企业为愿景,持续优化企业治理结构,厚植实体产业根基,聚力能源产业转型,主动借力资本市场,稳步拓展国际市场,以创新驱动企业高质量发展,打造具有价值创造力、品牌影响力、创新引领力、综合治理力、全球竞争力"五力"特征的世界一流企业,为能源产业绿色低碳高质量发展贡献"山能力量"。

关键词:国有企业;世界一流;实践经验

一、国有企业培育世界一流企业背景和意义

国有企业处于关系国家安全、国民经济命脉、国计民生的重要行业和关键领域,是中国特色社会主义的重要物质基础和政治基础。经过多年探索实践,国有企业总体实现跨越式发展,涌现出一批具有全球影响力的大型企业,在政策、市场驱动下一批国有企业正加速迈入世界一流企业行列。

1. 党中央高度重视国有企业支柱作用,对加快世界一流企业建设提出明确要求

党的十八大以来,党中央高度重视国有企业改革发展,习近平总书记多次发表重要讲话并对世界一流企业建设提出明确要求。2013年,在党的十八届三中全会上提出,"发挥国有经济主导作用,不断增强国有经济活力、控制力、影响力";2014年,在中央经济工作会议上提出,"坚定不移把国企做强做优做大,不断增强国有经济活力、控制力、影响力、抗风险能力";2016年,在全国国有企业党建工作会议上指出,"坚定不移把国有企业做强做优做大,不断增强活力、控制力、影响力、国际竞争力和抗风险能力";2017年,在党的十九大报告首次提出"深化国有企业改革,发展混合所有制经济,培育具有全球竞争力的世界一流企业";2022年,在党的二十大报告提出,"推动国有资本和国有企业做强做优做大,提升企业核心竞争力"。习近平总书记对国有企业"三力""四力""五力"到"世界一流企业""核心竞争力"要求,直指"建设什么样的国有企业"这一终极问题,明确国有企业在承担保障国民经济发展使命责任下,坚持做强做优做大前进方向,最终达到建设"世界一流企业"、提升"核心竞争力"的目标。

2. 国家和我省支持政策频繁加力,建设世界一流企业标准和方向逐步清晰

2013年3月,国务院国资委下发《做强做优中央企业、培育具有国际竞争力的世界

一流企业要素指引》；2019年1月，11家中央企业成为世界一流示范企业，国务院国资委提出世界一流企业"三个三"标准；2020年12月，国务院国资委要求中央企业开展对标世界一流管理提升行动；2022年2月，中央全面深化改革委员会审议通过《关于加快建设世界一流企业的指导意见》，提出世界一流企业"产品卓越、品牌卓著、创新领先、治理现代"16字标准，明确世界一流企业建设将实施创建示范、管理提升、价值创造和品牌引领四大专项行动；2023年2月，启动创建世界一流示范企业、专精特新示范企业"双示范"行动，示范企业增加到28家；2023年3月，启动价值创造行动，中央企业世界一流企业创建行动渐次推进。

2021年8月，山东省委、省政府印发《"十四五"省属国资国企改革发展规划》《推进国有企业培育发展世界一流企业工作规划》，提出到2025年打造5家左右世界一流企业目标；2022年6月，印发《关于国有企业创新驱动高质量发展的十条意见》，将"加快建设世界一流企业"放在首位，提出在省属企业开展全面对标一流质效提升工程，到2025年打造5家左右世界一流企业、15家左右行业一流企业、100家左右专精特新企业和单项冠军企业。

对于建设世界一流企业下阶段工作重点，从2022年7月中央企业负责人研讨班和2023年3月国有企业开展对标世界一流企业价值创造行动动员会精神分析，三个关键词不可忽视：发展实体、分类推进、瞄准短板。政策将引导企业聚焦主业发展实体经济，"一企一策"把控对标重点、节奏、力度，重点解决自主创新、品牌价值和影响力等短板弱项，注重长期价值培养，促进企业从数量、规模型向质量、效益型转变，建设一批规模效益领先的一流企业。将对标世界一流与价值创造相结合，通过价值创造推动国有企业高质量发展根基更加强固、转型升级动能更加充沛、战略支撑作用更加凸显、长期价值实现能力更加强劲、为经济社会发展贡献更大。

3. 落实"三新一高"战略部署，亟须世界一流企业助力经济绿色低碳转型和高质量发展

当前，我国已进入立足新发展阶段、贯彻新发展理念、构建新发展格局、推进高质量发展阶段，加快建设世界一流企业不仅是应有之义，更是基于国际国内宏观经济形势和我国企业发展现状作出的战略主动选择。当今世界百年未有之大变局加速演进，新一轮科技革命和产业变革深入发展，全球产业链、供应链、价值链加速重构，建设世界一流企业既有良好机遇也面临诸多困难和挑战。

以山东省为例，作为全国能耗和高排放工业第一大省，产业格局以高耗能行业为主，环保压力大、产业层级低、产业链不完善等痛点明显。2020年全省一次能源消费量41800万吨标准煤，其中煤炭消费占比67%，石油占比14%，天然气占比6%，新能源占比14%。2022年9月，国务院印发《关于支持山东深化新旧动能转换推动绿色低碳高质量发展的意见》，赋予山东省绿色低碳高质量发展先行区使命，经济转型发展、产业升级、产业链延伸需求迫切。可以预见，"十四五"期间全省电力需求仍将增长，能源自给率将持续下降，绿色低碳高质量发展面临巨大挑战。基于现状，省委、省政府充分发挥国有企业稳定经济核心作用，在《"十四五"省属国资国企改革发展规划》中将山东能源集团有限公司（以下简称山能集团）等5家省属国企作为建设世界一流企业重点培育企业，要求省属重点国企聚焦主责主业，提高核心竞争力，助力全省能源产业绿色低碳高质量发展。作为我省规模当量最大能源企业和能源产业的国有资本投资公司,山能集团既肩负着保障山东能源安全、优化能源布局、优化能源结构"一保障两优化"的主体责任,也承担着服务国家"双碳"目标大局、引领全省高质量发展的历史使命,建设世界一流企业对企业高质量发展和山东省能源绿色低碳转型意义重大而深远。

二、山能集团建设世界一流企业的实践基础

(一)山能集团建设世界一流企业概述

山能集团聚焦"打造清洁能源供应商和世界一流企业"愿景,坚定践行绿色低碳高质量发展路径,以全面对标为抓手,探索开展世界一流企业创建工作。制度建设方面,先后制定下发《关于开展对标世界一流管理提升行动的指导意见》《关于开展全面对标一流质效提升工程实现高质量发展的指导意见》等文件,分层次、分主体构建"5+2"全面对标指标体系,如图1所示。效益指标方面,2021年联合重组以来,山能集团管理创新成效集中显现,"两增三降三提升"活动累计创效284亿元,其中资金创效25亿元、税务创效32.3亿元、存量资产变现90亿元、清回逾期款项23.2亿元,年化总资产报酬率11.1%、净资产收益率21.2%,均处于行业优秀水平。2022年,资产总额突破9500亿元,营业收入8270亿元。仅从营业收入和规模体量来看,已接近世界一流企业水平。获得荣誉方面,位居中国企业500强第23位、世界500强排名第69位、中国品牌价值榜能源化工领域第6位、山东企业首位;被国务院国资委评为"国有企业公司治理示范企业"和"国有重点企业管理标杆创建行动标杆企业";被国家知识产权局评为"国家知识产权示范企业",山东首家国资科创基地落户山能集团;兖矿能源进入中国上市公司百强,市值突破2200亿元,上榜福布斯2022中国ESG50,荣获第七届中国工业大奖;新风光公司入围国务院国资委世界一流专精特新示范企业;兖矿鲁南化工和新风光公司获得第八届山东省省长质量奖。

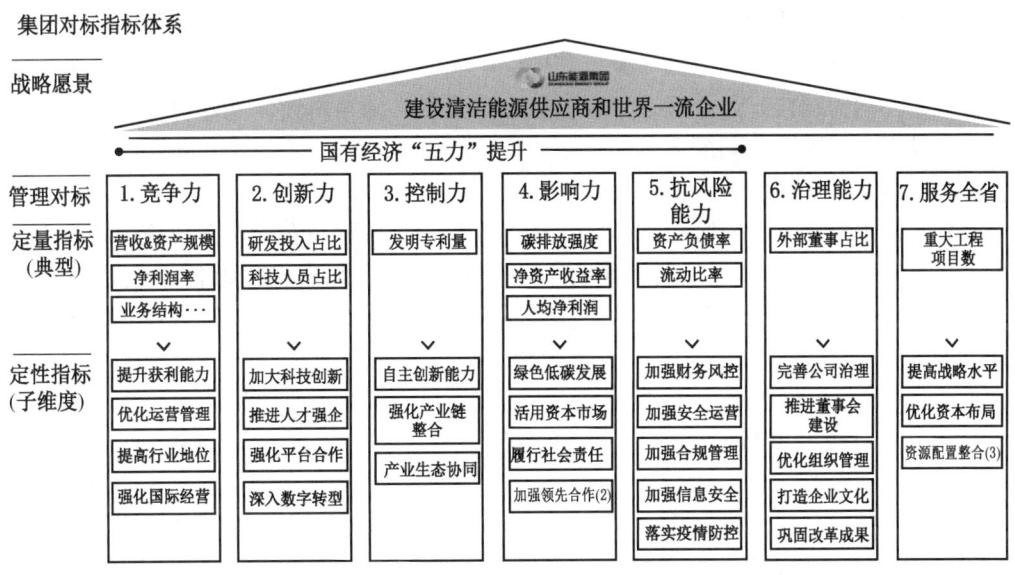

图1 山能集团世界一流企业对标指标体系

（二）山能集团建设世界一流企业比较优势

1. 核心产业全面领先

当前国内能源消费现状决定了煤炭主体能源地位短期内不可撼动，山能集团以煤起家，在煤炭开采、矿井建设、安全管理方面领先优势明显，核心竞争力突出。拥有矿井101处，核定年产能3.4亿吨，产量居全国第三、全球第五；综采放顶煤、一次采全、全充填开采、沿空留巷工艺等开采技术全球领先；智能采掘工作面达到130个，7米超大采智能综放工作面为世界首套，可日产原煤8万吨，煤炭安全生产水平保持行业领先。

2. 管理创新提质增效

以"创新、精益、融合"为内生动力，以效率效益提升为目标，立足自身、博采众长打造企业管理"山能模式"。实施业财融合，建成省属企业首个业财一体化管控平台；加快数字化转型，自主研发"智矿云网"数字化平台，推动云鼎科技、齐鲁云商等信息技术公司上市；深化产业整合，推行"产业+区域"管控，深化"六大协同"，建立"六精六提"市场化精益化融合管理体系，提高资源配置效率。2022年"六大协同"规模3056亿元、创效54亿元，精益降本提质增效51亿元。

3. 科技创新成果显著

坚持创新驱动发展战略，以煤为基、多元发展，煤炭技术接续有力，化工技术大型可持续，装备技术高端智能。自主研发矿用高可靠5G专网系统、井下TDS智能选矸系统、7米/8.2米/10米超大采高综采液压支架、50000 kN液压支架试验台等多项全球首台套技术、装备；建成全国首套煤间接液化制油装置和国家重大科技专项"4000吨级超大型水煤浆气化技术示范装置"，智能仓储系统等4个软件产品成为山东省首版次高端软件产品，400余项科技成果获得国家级和省部级奖励。

4. 产融结合支持保障

把握时代脉搏，由产到融，以股权为纽带，借力金融资本，助力高质量发展。拥有财务公司、期货、保险、基金、租赁等多门类金融业务，直接融资额超过350亿元。资产证券化率超60%，形成多平台、多产业、多层次上市格局，拥有主板上市公司6家、科创板上市公司1家、新三板挂牌公司3家，其中兖矿能源为国内能源行业唯一一家4地上市公司，新风光公司为国内省属企业首家科创板上市公司。兖煤澳洲成立兖煤保险公司，是全球第一家设立自营保险公司的主营煤炭企业。

5. 公司治理特色鲜明

充分发挥国有资本投资公司"四个主体"功能定位，通过公司治理实施股权管理，聚焦董事会战略、投资、人力资源、财务、重大风险"五大管控"职能，立足"根本大法—基本规章—实施细则"三个层次，构建具有山能特色的"1+4+N"现代企业公司治理体系。近三年，完成企业混改50户，混改量居山东省管企业第一名，兖矿国际焦化、盛隆化工、新风光公司、海南智慧物流、东华科技等成为国企混改典型。

6. 国际化运营行业领先

积极响应"一带一路"倡议，主动融入新发展格局，增强全球资源整合能力。在澳洲建设大型煤炭基地，成为澳大利亚最大专营煤炭生产商；兖煤澳洲先后实施8次重大并购，2022年利润总额突破300亿元；在北美拥有6个钾矿采矿权，在南美获得厄瓜多尔520平方公里金属矿采矿权。境外企业分布在12个国家（地区），实现资本、资源、技术、人才全球化配置，为能源企业国际化投资、运营提供良好示范。

7. 品牌创建亮点突出

高度重视品牌建设，用高品质、优信誉取信客户，历经市场淘洗，培育出一批优秀企业和品牌。目前，拥有"链主"企业 2 家、省新材料领军企业 5 家、专精特新企业 5 家、瞪羚企业 4 家、隐形冠军 3 家，主要产品达到国内领先水平，在细分市场形成广泛影响力。以此为基础，煤炭领域整合冶炼精煤、喷吹用煤、洗动力煤等系列煤炭产品，打造"山能煤"品牌；化工新材料领域，醋酸、甲醇、聚甲醛、山东玻纤、"鲁方"管材、泰星阻燃剂等产品被评为山东省名牌产品。

8. 社会责任坚定践行

牢记国之大者，主动担当作为，在服务能源安全、助力经济发展、促进就业民生中彰显社会责任。2021—2022 年，累计供应省内外电煤近 4500 万吨，让利 200 多亿元。加强煤炭储备能力建设，加快推进 15 个重点项目。坚持闻令而行、科学施救，高效完成省内外多起抢险救援任务。全面落实"六稳六保"要求，近三年招聘高校毕业生 6000 余人。2022 年，实现社会贡献总额 1370 亿元，上缴税金 520 亿元，获评"山东社会责任企业"。

（三）山能集团建设世界一流企业差距分析

1. 综合实力有待提升

大而不强、大而不优问题突出，效率效益指标差距较大，对比壳牌、道达尔、必和必拓等公司，人均净利润不足国际一流能源企业的 1/10、全球领先矿业企业的 2/5；资产负债率达到 67%，整体资产质量亟须改善。"六大产业"呈"倒三角"结构，现代化产业体系建设还不能完全适应"双碳"目标下能源转型要求。煤炭、电力、化工等传统产业结构优化主要依赖"自下而上"提报，缺少集团视角的统一系统布局；装备制造、新能源新材料、现代物流贸易等新兴产业核心技术储备不足、产业规模较小，支撑战略转型的进程缓慢。

2. 创新引领动力不足

科技研发对集团战略承接效果不充分，科技规划动态调整能力需持续强化。2022 年，拥有发明专利数量 917 件，仅为壳牌的 5.5%、道达尔的 11.2%、英国石油的 24.2%、国家能源的 36.2%，知识产权创造、布局、保护、运营能力，前瞻性、前沿性、引领行业变革关键核心技术、"卡脖子"技术及国家级重大科研成果谋划、布局和储备有较大差距。现场生产技术管理型、单一应用型人才多，复合型人才少，研究型人才不足。高价值专利挖掘转化力度不足，与市场开拓衔接性不够。核心技术转化为技术标准的力度不足，标准引领作用亟待增强。

3. 管控治理仍需规范

对照现代企业制度要求，科学的战略管理体系尚未形成；对标华润集团、中国宝武等先进企业，存在战略编制拆解后执行力度有限、战略与实施"两张皮"、战略执行过程与战略设计偏离问题。权属公司现代企业治理机制仍不规范，外部董事作用发挥不够充分。整体学历结构、技能结构不佳，60% 以上人员从事煤炭生产及相关业务，煤炭人员冗余与新兴业务关键岗位缺员问题并存，高级复合型人才严重缺乏，大学及以上人员占比仅为 16.6%，高级技师及以上占比仅为 0.99%。

4. 品牌文化影响力弱

由于联合重组时间较短，对比中粮集团、宝武集团等标杆企业，山能集团在企业文化与品牌融合、企业文化沉淀及渗透、员工对企业文化认同、企业文化落实载体等方面需进一步规范。品牌文化、品牌知名度仅限于行业和地区，统一的山东能源品牌形象和企业文化尚未形成，品牌和企业文化传播处于起步阶段。与自身规模当量、历史积淀、社会贡献等相比，社会对山东能源集团的感知度和认同感相对偏低。

5. 风险防控仍有差距

全面风险管理方面，内控、合规、风险三道防线的事中风险管控与事后审计环节控制亟待加强。产业协同方面，2022年贸易营收占比74%，电力、化工、高端装备制造、新能源新材料业务营收占比较小，营收比例失衡，应对新型能源体系的产业发展逻辑尚不清晰，构建新型产业生态圈促进转型发展的协同效应无法有效发挥，由大宗商品向终端市场下沉的产业链条尚不完备，需超前防范和抵御新型能源体系带来的煤炭价格跌落和大宗商品价格波动带来的业绩波动风险。

三、山能集团建设世界一流企业的路径、措施

根据习近平总书记加快建设世界一流企业"16字"标准要求，结合上级有关要求和企业改革发展实际，对山能集团建设世界一流企业愿景定位、思路目标、基本路径等进行系统规划。

（一）关于建设世界一流企业愿景定位

1. 建设愿景

加快建设具有价值创造力、品牌影响力、创新引领力、综合治理力、全球竞争力的世界一流企业。

（1）具有价值创造力，就是着眼给消费者带来更丰富获得感、更厚重幸福感和更精彩生活感，为市场提供高质量产品，打造品质卓越的产品服务；

（2）具有品牌影响力，就是致力于品牌价值和独特魅力，强化以知名度、满意度、认可度、美誉度为特征的卓著品牌建设，培育山东能源的世界名片；

（3）具有创新引领力，就是深入实施创新驱动发展战略，打造科技研发和人才高地，推动企业在技术创新、管理创新、商业模式创新等方面持续领先；

（4）具有综合治理力，就是建立健全现代公司治理体系，完善中国特色现代企业制度，在中国式现代化实践中推动管理思维、经营方式、治理能力现代化；

（5）具有全球竞争力，就是充分利用国内、国际两个市场、两种资源，主动融入双循环发展格局，增强面向全球的资源配置和整合能力，形成核心竞争力。

2. 战略定位

牢记中国式现代化国企使命，履行"一保障两优化"主体责任，以山东建设绿色低碳高质量发展先行区为动力，以建设全球清洁能源供应商为引领，努力成为山东省能源保障和能源转型的担当者、中国能源创新和能源革命的推动者、世界绿色低碳现代能源体系建设的示范者，加快建设具有"五力"特征的世界一流企业。

山东省能源保障和能源转型的担当者，坚定不移践行"一保障两优化"主体责任，着眼增储保供和转型发展，全力保障山东能源安全，推动新旧动能功能转换，促进绿色低碳

转型和高质量发展；

中国能源创新和能源革命的推动者，主动服务"四个革命、一个合作"能源安全新战略，担当"双碳"背景下创新驱动和变革转型主力军，以自身绿色低碳高质量发展的实际行动助力能源行业行稳致远；

世界绿色低碳现代能源体系建设的示范者，着眼构建清洁低碳、安全高效的现代能源体系，发挥国际化建设和上市公司平台优势，打造全球绿色低碳产业生态圈，为世界能源产业可持续发展贡献山能智慧。

（二）建设世界一流企业思路目标

1. 总体思路

全面贯彻习近平新时代中国特色社会主义思想和党的二十大精神，深入落实国务院和省委、省政府一流企业建设部署要求，以对标评价为先导，以示范创建为牵引，以管理提升为抓手，以改革创新为动力，以价值创造为根本，以党建领航为保障，统筹谋划，把握重点，系统推进，确保加快建设世界一流企业工作取得实效。

以对标评价为先导，加强顶层设计，聚焦"一利五率"等关键指标，开展对标世界一流企业研究，构建完善体现"十六字"标准的指标评价体系，分析短板差距，明确建设目标，部署重点任务。

以示范创建为牵引，遴选一批基础条件较好、主营业务突出、竞争优势明显的权属企业，深化世界一流示范企业创建行动，加强培育、动态指导，及时总结推广经验做法，发挥典型引领、示范带动作用。

以管理提升为抓手，开展对标世界一流管理提升行动，聚焦战略、组织、运营、财务、科技、风险、人力资源、信息化等重点领域，推行精益管理举措，力争形成一批标杆企业、项目和模式，营造比学赶超氛围。

以改革创新为动力，加快建设中国特色现代企业制度，优化管控体系，构建"三能"机制，完善产权制度，推进数字化转型。推动创新链、产业链、人才链深度融合，打造科技创新示范企业，提升核心竞争能力。

以价值创造为根本，聚焦效率效益、创新驱动、国家战略落实、治理效能提升、可持续发展、共享共建六大领域，用好提升核心竞争力和增强核心功能两个途径，以价值创造为关键抓手，扎实推动企业高质量发展。

以党建领航为保障，落实新时代党的建设总要求，开展思想政治建设、基层特色品牌、干部队伍素质、党风廉政建设提升行动，构筑良好政治生态，以高质量党建引领和保障企业高质量发展。

2. 阶段目标

结合山能集团发展战略规划和"双碳"行动方案，建设世界一流企业总体分三个阶段，并设置阶段性目标。

1）融合开拓期（2023—2025年）

到2025年，产业、区域、机构、资源、文化"五大整合"全面完成，产业链条充分拓展，资本运营体系初步搭建，精益管理深化加强，一体化智能管控平台基本建成，发展质量全面提升，"一利五率"指标持续优化，"一流山能"雏形初显。

2）重塑超越期（2026—2030年）

到 2030 年，战略引领的发展模式、以电力为核心的新型能源体系、统一高效的集团管控体系全面建成，凝聚山能使命价值的品牌文化受到广泛认可，资本运营灵活高效，创新能力行业领先，绿色低碳转型发展走在全国前列，"山能系"企业覆盖境内外多个资本市场，"一流山能"基本建成。

3）蝶变优化期（2031—2035 年）

到 2035 年，战略引领、公司治理、创新驱动、品牌文化、资源配置全球领先，核心竞争力全面提升，"一流山能"持续优化。

（三）建设世界一流企业基本路径

1. 坚持战略活企，培育动力变革能力

改变以往战略管理单纯强调战略规划和决策模式，更加重视战略执行和战略控制，构建由战略、规划、执行、控制、监管、反馈等环节构成的闭环管理系统。建立发展型战略管理体系，形成战略引领的动态变革能力，实现短期与长期、过去与未来、稳定与变革、利用与探索的平衡发展。发挥世界一流引领作用，逐渐丰富世界一流企业内涵，形成具有山能特色的世界一流企业理论体系和发展路径。

2. 坚持科学治企，培育价值创造能力

全力推进质效提升工程、价值创造行动，深化业财融合，持续推进精益管理、财务管理、全面预算管理、全面风险管控，切实提质增效稳增长，提高资产回报水平。加强管控体系建设，以扁平化、高效化管控模式为基础，健全集团三级管控体系，加快智能一体化管控平台建设，在构建公司治理体系上形成有世界影响力的实践成果。

3. 坚持人才强企，培育智企兴企能力

大力弘扬企业家精神，开展企业家培育行动，着力打造对党忠诚、勇于创新、治企有方、兴企有为、清正廉洁的国有企业领导人员队伍。深化实施三项制度改革，用好管理、技术、技能"三通道"晋升体系。打造人才聚集高地，围绕新能源、新材料、电力技术、工业智能化、投资金融重点领域需求全球招募人才，柔性引进一批院士、领军专家，尽快形成全球领先、充满活力的人才生态圈。

4. 坚持安全护企，培育系统防范能力

承担"一保障两优化"主体责任，以全球资源整合、资源获取、开发利用能力保障山东能源安全。树牢本质安全理念，严抓安全生产，确保安全保供。构建大安全格局，建立企业、法律、国资三线穿透到底的合规运营监管模式，产业布局坚持能源供应链、产业链、资金链安全和效率效益并重，降低运营风险，打造系统安全的全球标杆，切实让系统安全理念成为山能集团立身之本和走出去的靓丽名片。

5. 坚持科技兴企，培育创新策源能力

树牢"科技是第一生产力"思想，创新科技研发机制，整合优化内部创新资源，深化与国内外科研院所合作，推动创新要素聚集，用好八个国家级研发平台和多个省级研发平台，制定优化升级方案，推动现有研发平台提档升级。加快核心技术研发，主动研发新一代能源核心装备，重视新能源、新材料、绿色低碳技术研究；探索科技与资本市场合作方式，尝试引入政府引导基金、风险投资基金、绿色债券等，降低新技术开发成本，提高技术转化效率。

6. 坚持转型塑企，培育绿色发展能力

全面落实国家"双碳"目标，积极稳妥推动行动方案落地实施，进一步塑造企业核心竞争优势。矢志引领传统能源企业绿色转型，加快构建以电力为核心的新型能源体系。集聚发展要素，迭代发展模式，打造清洁能源产业链、创新链、服务链。有序实施清洁能源发展、能源资源节约、碳排放治理、碳资产管理、低碳科技创新、生态造林增汇"六大工程"，全面创建绿色低碳发展示范企业。

（四）建设世界一流企业重点举措

1. 加快提升发展质效，增强建设世界一流企业实力

一是突出质量第一、效益优先，构建以"利润总额、资产负债率、净资产收益率、研发投入强度、全员劳动生产率、营业现金比率"为核心的高质量发展对标指标体系，以指标体系为牵引，定期开展二级公司效能评级，进行质效诊断、评级定类。二是转换发展方式，健全投融资管理制度，构建"产业+资本"双轮驱动发展新格局，注重资本流动和收益收缴，完善内控管理体系，确保有质量、有效益、有效率、有资金流的增长。三是做好存量资产、增量资产两篇"文章"，借助市场化方式，坚定推进存量资产盘活、优化、变现；把握发展窗口期，聚焦新能源、新材料、优质矿产资源、高端装备等领域，聚力延链、补链、强链，形成链网结合的高效协同增量发展态势。四是加快数字化转型，完成在线业务系统全面整合，构建横向一体的"山能智脑"业务平台，有效发挥数据资源要素作用，将"人等事"的被动工作机制转化为"事寻人"的主动牵引机制，以流程标准化促进管理提效。

2. 加快提升创新驱动能力，厚植建设世界一流企业根基

以创新驱动发展战略为引领，以创新为第一驱动力，深化制度创新、管理创新、技术创新，提高主动应对市场和环境变化动态能力。一是针对新发展阶段开展组织创新研究，实现产权管理、组织结构、运行机制持续优化。二是广泛学习借鉴外部标杆企业治企管企典型做法，总结推广集团内部先进管理经验，以管理创新助推效率提升。三是建立更加高效的技术创新体系，完善技术创新奖励机制，充分激发研发人员创新活力，尽快在氢能核心装备、新材料品类、新型电力技术等方面取得突破，搭建以电力为核心的能源技术体系，支撑绿色转型发展。

3. 加快提升现代企业治理能力，强化建设世界一流企业保障

持续深化改革，着力构建扁平化、高效化管控模式，打造透明、规范、高效的治理结构和治理机制。一是以国有资本投资公司走深做实为方向，落实"总部—二级公司—业务经营企业"职责定位，总部机关管战略、定方向，实现"管企业"向"管资本"变革；二级公司管经营、定目标，明确产业集团、区域公司定位，理清纵向到底的产业线和横向覆盖的资源线，形成"资源线主建、产业线主战"的发展格局；三级单位管生产、保效益，实现从生产单位向价值创造主体转变。二是持续优化公司治理，妥善处理所有者、经营者关系，理顺决策、执行、监督主体权责；完善治理机制，重视风险管控、激励约束及子公司治理机制，科学对待、系统处理两权分离问题。三是高质量发布年度ESG报告，推动ESG治理水平与国际接轨，完善员工参与机制，保护投资者利益，注重环境保护，树立具有社会责任感的企业形象。

4. 加快提升协同联动能力，形成建设世界一流企业格局

主动融入区域经济社会发展大局，结合现有"六大产业"，着力打造"一核心三基地五平台"区域布局，以省外、境外资源开发反哺省内本部基地发展。山东本部，发挥多元产业协同、集团总部战略引领优势，建成推动新旧动能转换、引领高质量发展的战略核心基地；陕甘蒙、澳洲、新疆基地，发挥煤电煤化联动发展、区域资源统筹运营优势，建成行业领先、助力山东能源结构优化的产业支撑保障基地；济南、青岛、上海、海南、境外平台，发挥物流、贸易、金融、科技等资源集聚优势，建成模式领先、合作开放的创新集聚平台。同时，加快以煤为主的供能方式向以电力为核心新型能源系统供能转变，推动煤炭清洁高效利用、煤炭与新能源优化组合、煤电化热协同发展、煤化工等产业高端集群发展，实现高碳能源低碳化、清洁能源规模化、综合能源智慧化。

5. 加快提升国际化运营水平，拓展建设世界一流企业空间

合规运营兖煤澳洲，科学组织煤炭资源开采，以产能升级改造和兼并重组为核心，扩大煤炭产能；风光新能源产业发展与矿区生态修复结合，打造澳洲亿吨级煤炭和新能源产业基地，稳定国际获利水平。合理开发已有资源，根据国际政治形势和集团发展实际，适时开发加拿大、厄瓜多尔、委内瑞拉等国有色金属矿产。积极融入"一带一路"，发挥国内唯一国际化运营煤炭企业优势，把握新发展机遇，加强在"一带一路"沿线国家战略布局，寻找能源、化工、新材料、物贸等产业投资机会，灵活开展资本和产业投资，以干代练培养国际化产业投资、运营团队，培育新的盈利点和增长极，不断提高全球竞争力。

6. 加快提升品牌价值和影响力，塑造建设世界一流企业声誉

制定品牌建设管理意见，加快创建一批管理科学、贡献突出、价值领先的卓著品牌。挖掘品牌亮点，全面掌握集团品牌现状，持续收集内部优秀品牌案例，讲好品牌故事，主动参与中国品牌影响力排名、"好品山东"等评选，做优品牌宣传。规范品牌管理，建立品牌管理体系，制定品牌管理制度，明确品牌培育、形象维护流程，动态完善品牌目录，形成品牌一体化发展态势。明确品牌战略，结合企业愿景，明确品牌定位，综合全球趋势、行业特点、自身需求、内外使命等多维度擘画山东能源"从何而来""因何而强""奔何而去""靠何而立"品牌形象，切实将山能集团核心竞争力外化为品牌竞争力。

7. 加快提升党建引领力和文化软实力，夯实建设一流企业政治保障

按照"两个一以贯之"要求，坚持党对国有企业的领导与企业经营管理体制结合，深化双向进入、交叉任职的领导体制，落实重大事项党委前置制度，持续深化"双入双创"党建工作模式，确保全面嵌入、深度融入，务实创新、增盈创效。坚持不懈推进党风廉政建设和反腐倡廉工作，扎实开展"靠企吃企"问题专项整治，营造风清气正的干事创业环境。推动集团战略与企业文化有机结合，彰显企业文化无形精神力量，建设团结实干、勇于担当的领导班子，敢干事、能干事、会干事的干部队伍，业务精湛、素质过硬的员工队伍。

AI 赋能的选煤管控平台探索研究

陈小霞，李毅伟

（山东能源枣庄矿业（集团）有限责任公司煤炭洗选加工中心）

摘要：针对当前选煤技术面临的主要问题，一是选煤物联网传统架构有待加强；二是选煤知识库建设尚需完善；三是选煤设备健康管理智能化有待加强；四是选煤工艺环节智能化有待提升。本研究以选煤厂实际应用需求为导向，以物联网、选煤大数据为研究对象，以人工智能为手段，重点关注数据泛在感知、设备智能管理、数据融合分析三个重要基础，开展了选煤物联网的"云-边-端"协同架构设计、跨平台异构智能选煤算法仓库构建、基于小样本学习的选煤设备健康管理技术、基于多元数据融合的 AI 赋能选煤四项研究内容，研究成果可有效提高选煤管理工作的规范化、科学化和智能化水平，提升企业核心竞争力，具有典型示范作用。

关键词：物联网；算法仓库；设备健康管理；多元数据融合

一、选题背景

（一）研究的必要性

煤炭作为我国的主要能源，在工业生产中占有着至关重要的作用。虽然近几年随着世界各国对环境要求标准的提高以及国家对能源政策的调整，煤炭市场的"黄金期"已过去，但其在相当长的一段时间内，仍然是我国最主要的能源，继续为我国的工业和经济发展提供动力。

当前因煤炭衍生的选煤工业中，大部分选煤厂通过一系列技术革新，已完成分布式控制系统的构建，设备控制可进行集中、就地、检修三种控制操作方式的切换，实现生产系统逆煤流开车、顺煤流停车。选煤厂都配有工业电视监控和语音广播功能，可以实时反映洗煤生产线上的设备运行状况，初步完成了洗煤厂信息化管理建设。但选煤工业因其入选煤质不同，造成了工艺设计复杂、设备选型多样、部分生产信息采集要求特殊及难度大的情况，这加大了选煤厂自动控制难度。而随着经济从传统模式向可持续发展模式转变，迫于供求关系逆转、环保压力等社会因素，选煤工业也受到较大的市场冲击，为适应当前形势，煤炭行业大力发展洗选工艺，提高原煤入洗比例，走煤炭综合利用、能源清洁生产的道路。而随着技术水平的提高、新选煤设备的研发、选煤工艺的不断完善，传统的控制系统也随之发生着变化，尤其是计算机微处理技术、自动控制技术、通信网络以及现场传感器仪表技术的迅猛发展，对选煤厂的自动化控制水平提出更高的要求。

近年来，枣矿集团选煤专业围绕智能选煤在重介智能分选、浮选自动化、煤泥水平衡、生产集中控制、智能巡检、智能润滑、专家决策支持、远程停送电、磅房无人值守等方面进行了不同程度的有益探索，形成了具有枣矿特色的智能选煤生产控制管理系统，为选煤行业智能选煤发展提供了枣矿智慧，但较国家对绿色矿山、智能化矿山建设的要求仍有一定差距。

（二）目的和意义

项目提出开展 AI 赋能的选煤智能管控平台构建及应用研究，构建管控一体化智能生产平台。平台以构建数字化工厂为基础，利用物联网技术、大数据分析技术、整体可视技术，结合信号处理、推理预测、仿真及多媒体技术等加强信息管理和服务，并掌控生产流程、提高生产过程中的可控性、减少生产线上人工干预、即时正确地采集生产线数据，以及合理地管理生产进度等。

依据矿区自动化发展现状水平，建设智能化洗煤厂应在原有生产自动控制系统的基础上，结合信息化和自动化，将信息化融入企业生产管理的全过程，分单元、分系统地逐步实现选煤生产过程控制所需要的智能化功能，提高设备的单机智能化水平，建设以网络为支撑，以信息化管理为核心，以信息技术为手段的集成应用系统。采用现代的互联网技术、通信技术、计算机技术、大数据分析管理技术，结合行业专家库知识，实现生产和管理的集成化，实现生产数据的智能分析，实现生产系统的智能调整，最后实现各控制单元、子系统的对接整合，从而实现构建智能化选煤厂的目的。

AI 赋能的选煤智能管控平台，以硬件建设为纬度线，以软件建设为经度线，对现场大量的生产数据进行采集与分析，着眼于大系统的标准化和相关数据的大集成，着眼于对数据的分析利用以及对生产的反馈调控。利用人工智能技术以及选煤领域专家知识库，实现生产的分析与决策支持，实现在线数据的分析与利用，实现标准化、精细化管理，建立行业信息化标准等，实现管控一体化，稳定产品质量、提高精煤产率、节能降耗，建成以信息化分析为支撑的自动化控制平台。

二、研究现状

国外智能化选煤厂建设侧重于智能装备的研发应用和核心生产环节的智能化，而国内智能化选煤厂建设侧重于管理的智能化，选煤厂核心环节（煤炭分选）的智能化还处于探索阶段，务实性较差。另外，国内外选煤厂的管理机制和管理理念不同，国外选煤厂大多实行扁平化的现代企业管理模式，自动化程度较高，用人少。此外，国外选煤厂实行专业化管理，设备检修维护、后勤服务等社会化，依据最大产率和最大效益的原则，以用户为中心组织生产，经济效益突出。

（一）国外选煤厂现状

国外选煤厂机械设备的自动化已经达到了比较先进的程度，部分选煤厂已经实现了全厂自动化，集中控制水平很高。操作人员在中央控制室可以全程监控全厂设备的运行状况，并控制单个设备和系统的启停。目前，英国有 2 座选煤厂实现了全厂设备自动控制，全厂设备运转只需 1 人监控。美国某选煤厂每班只有 2 名现场工作人员。澳大利亚某选煤厂单班生产控制与维护仅由 4 名工程师来完成。日本某选煤厂年设计产能 150 万吨，全厂定员 14 人，完成设备运行、维护、生产组织等全部工作内容。国外设备单机智能化技术已经很成熟，通过在单机设备制造过程中增加各类传感器来满足设备单机自动化、智能化需求。德国某选煤厂使用放射同位素比重传感器来监测跳汰机床层比重，这种传感器精度较高,能精确控制跳汰机的分选工作。日本某选煤厂使用计算机集成的双射线密度计作为跳汰机床层监控传感器,精确地实现了排料自动控制。另外,国外选煤厂装车系统自动化技术发展较快,不少发达国家已经实现了全自动无人值守自动化装车。

(二)国内选煤厂现状

在国内,神华神东洗选中心上湾选煤厂、山东能源临矿鲁西煤矿选煤厂、山西怀仁联顺玺达柴沟煤业有限公司选煤厂、山西西山晋兴能源有限责任公司斜沟煤矿选煤厂、陕煤集团陕北矿业张家峁公司选煤厂、山东能源枣矿集团高庄煤业公司选煤厂等在智能化探索方面走在了前列。

上湾选煤厂智能化升级始于2014年,采用"以我为主,利用社会各方面技术力量"的方式,与国内相关高校、制造商、软件开发商等多家单位合作进行智能化选煤厂建设,取得了一定的成效。在实现智能化选煤厂基础建设的同时,重点推动了智能分选、智能加药、自动装车、超粒度识别、智能配电管理、智能决策、设备智能诊断与管理、人员定位及智能照明等。升级后,生产效率提升了5%;每天减少了1小时设备运行时间,可节电10%;生产岗位人员由原来的13人/班减少到6人/班。高庄煤业公司选煤厂是山东能源枣矿集团智能化选煤厂建设的试点单位,其智能化建设包括设备故障在线诊断系统、可视化视频随动调度系统、数据在线检测计量系统、智能配电管理系统、密度跟踪控制系统、旋流器压力自平衡系统、压滤机联机自动化系统、煤泥水自平衡系统、设备自动润滑系统、煤质数据管理平台及移动端智能巡检系统等。

鲁西煤矿选煤厂从实际出发,以核心选煤业务为切入点,集中力量研发出了一些性能可靠的智能装备,完成了设备及系统的智能化升级改造,并且构建了一套三维可视化智能巡检系统。在此基础上,利用先进的信息化手段,建设了信息显示和报警系统、絮凝剂自动添加系统、辅助检修系统、快灰检测系统、压滤机自动清理系统、振动筛智能监测系统和智能卫生冲洗系统等。在收集历史生产数据和总结实践经验基础上,形成迭代学习式的智能化专家系统,为智能决策打下基础。

自2012年以来,柴沟煤业有限公司选煤厂进行了多次自动化提升和智能化改造,全部设备实现了高度自动化,自主研发了智能化选煤厂管理软件,将现场管理经验和大数据进行深度融合,建立了一套完整的智能化选煤管控体系,特别是在设备在线监测和智能化管理方面较为突出,管理水平显著提升。该选煤厂应用现代企业管理理念,实行扁平化管理方式,全厂共60人,其中生产运行人员7人/班,是国内少有的高效选煤厂之一。

斜沟煤矿选煤厂从2016年开始探索智能化升级改造,主要包括全厂自动化升级改造、设备在线监控、分选密度智能调节、粗煤泥分选机智能化、压滤机智能控制、智能鼓风管理等。目前,比较成熟的技术包括加药智能控制技术和压滤机智能控制技术。

张家峁公司选煤厂从2017年开始智能化升级改造,主要包括3D展示、设备在线监测、智能视频安全监控系统、絮凝剂自动加药系统及带式输送机自动调速系统等。

(三)存在的问题

目前,选煤厂智能化建设进程正逐渐稳步推进,但是,在选煤厂智能化建设过程中依旧存在诸多问题亟须解决。

1. 选煤物联网双层架构的可靠性有待优化

现在的物联网架构，计算集中于设备端或云端，需要在计算的实时可靠性和处理复杂场景之间作出取舍，随着深度学习等复杂模型的广泛应用，该问题尤为凸显。

2. 选煤知识库建设尚需完善

一些选煤环节应用了智能算法，但算法部署分散，共享与复用能力不足，影响了生产效率的提高及智能化选煤厂建设进程。

3. 选煤设备管理智能化有待加强

很多选煤厂安装了大量的温度、振动等感知传感器，收集到了海量数据，形成了各种图表。但是，由于分析软件不成熟、不开放，只输出了少量能够应用到现场的实用信息，不能有效评价设备运行状况、自动推出维护计划，不能实现设备的自适应功能，更不能达到设备智能管理的目的。

4. 选煤工艺环节智能化有待提升

选煤是一个专业性较强的行业，目前，智能选煤装备国产率较低，国外品牌占据主导地位。国内只有一些小型的选煤装备制造商、软件开发商及个别院校的教授在研究智能化选煤装备和软件。由于投入不足、研究力量分散、各专业研究不协同，各自为政，导致选煤装备、软件的质量较差，性能达不到现场智能化应用需求。

三、研究内容

（一）研究思路与框架

以选煤厂实际应用需求为导向，围绕着"目标-基础-技术-核心"四个层次，在确立了 AI 赋能选煤厂智能化建设目标，重点关注数据协同计算、设备智能管理、异构算法仓库构建三个重要基础，开展了选煤物联网的"云-边-端"协同架构设计、跨平台异构智能选煤算法仓库构建、基于小样本学习的选煤设备健康管理技术、基于多元数据融合的 AI 赋能选煤四项重要研究内容。研究思路与框架如图 1 所示。

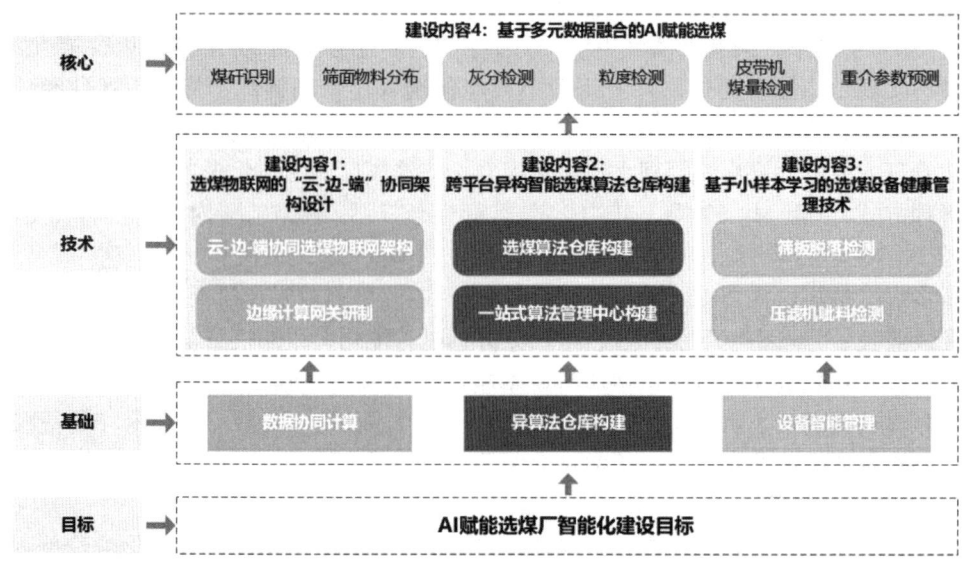

图 1 研究思路与框架

（二）研究方法与关键技术

1. 选煤物联网的"云-边-端"协同架构设计

传统的选煤物联网主要采用如下两种架构：

（1）云端计算架构。该种架构下，终端仅负责数据采集，计算和处理集中于云端，计算能力强，适用于各种复杂场景的处理，但计算的实时性、可靠性差，网络故障等问题会导致各种隐患。

（2）终端计算架构。数据感知和计算均集中于终端，云端主要进行处理结果的展示，该架构的计算实时性、可靠性强，但受终端硬件性能的影响，更新维护困难，难以处理复杂场景应用。

为兼顾实时性、可靠性与复杂场景的计算优势，研究构建了"云-边-端"协同的选煤物联网计算架构。云端构建大数据池，并在此基础上进行算法训练与模型迭代，并可随时向边端进行部署更新；边端负责算法的具体执行；终端负责数据采集。

该架构综合利用了云端和边端的优势，既保证了系统的实时性与可靠性，又便于进行算法模型的更新和优化，适用于各种复杂场景。"云-边-端"协同选煤物联网架构如图2所示。

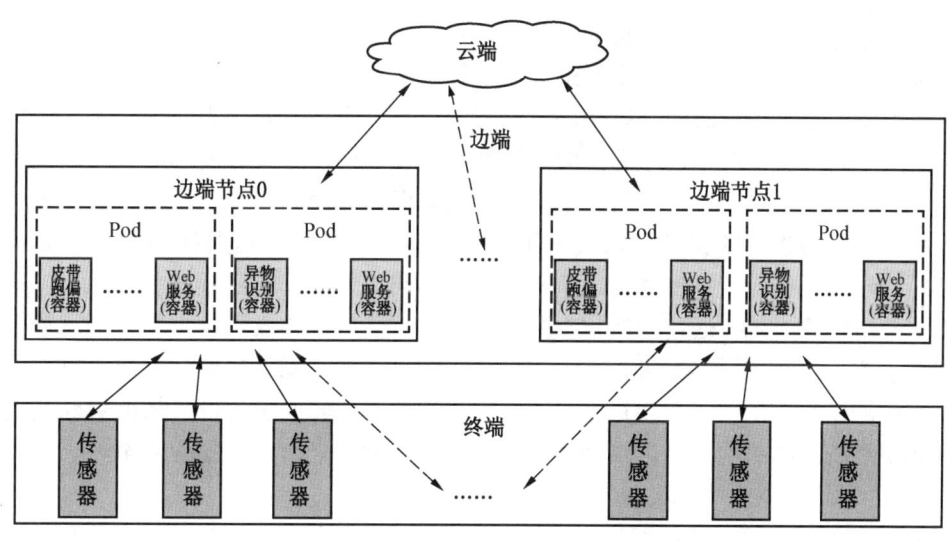

图2 "云-边-端"协同选煤物联网架构图

具体到边缘计算网络，基于华为的KudeEdge边缘计算框架，基于"云原生"架构研发了选煤物联网的边缘计算网关。网关通过Modbus等协议对设备进行管控，云端将算法模型以轻量级服务型容器的形式封装，下发至边端计算网关执行。

2. 跨平台异构智能选煤算法仓库构建

数据融合对选煤厂涉及的多类物联网数据采集设备进行统一管理，包括自建设备、接入设备等，平台将多种数据接入方式整合，提供多协议适配、多模态接入、统一存储，将前端设备采集的监测数据存入云平台，为上层应用系统提供数据支撑，可满足多种物联网设备通信的接入需求。

选煤算法和模型常常是通过不同语言实现的,甚至算法的设计架构和运行环境等也不尽相同。为了支持异构的选煤算法,项目构建了面向异构算法的选煤知识库,可将 CPU、GPU 算力资源进行池化,进行按需调度管理,最大化利用硬件资源,为现有资源进行高效便捷地进行赋能。提供成熟的视频分析、工业应用等基础能力服务,为业务应用提供标准的程序接口、开发包,供业务场景快速实时调用及集成。同时,支持用户完成对 AI 服务进行管理,收集训练数据、数据集标注、模型训练、模型部署的全流程一站式服务中心,具备用户管理、服务管理、资源管理、模型训练、模型管理、资源调度等功能模块,为选煤各个工序和环节智能化进行高效便捷的算法赋能。整体逻辑架构从下至上由基础设施层、数据资源层、平台支撑层、业务应用层构成。整个架构集中体现为以基础设施层和数据资源层为依托,以平台支撑层为核心,全面为各部门用户提供集约化的精准 AI 业务应用服务。

3. 基于小样本学习的选煤设备健康智能管理技术

选煤厂是技术密集、资产密集型企业,生产自动化水平较高,对资产管理和设备可靠性要求较高,如何有效保障生产设备的正常运转,降低维护成本,如何及时了解并对设备的健康状况做出诊断,一直是选煤厂设备管理研究的话题。但是,现有的深度学习等智能算法需要大数据的支持,然而,选煤设备故障存在样本稀缺特性,这使得传统设备健康诊断模型无法有效学习故障的本质特征,常常导致模型过拟合现象严重。针对上述问题,我们研究提出了基于小样本学习技术对选煤设备健康状况进行管理。

在一般的机器学习算法的训练和测试过程中,每次模型输入仅为一个样本,输出为样本的标签。本研究实现的小样本算法的训练和测试样本构建方式有所不同,每次模型输入两个样本,输出指示两个样本是否属于同类。具体而言,训练或测试过程中,首先随机选择一个样本,然后再选取相同类别或者不同类别的样本,基于这两样本构成一对输入样本,若两样本为同类时,该模型输出标签为 0;不同类别时,模型输出标签为 1。这种训练和测试样本构建方式,通过原始样本两两组合,将会有平方级别样本用于训练模型,本质上增加了模型的有效样本数量,一定程度上缓解小样本环境下模型过拟合问题。

在实际的落地应用中,本项目以枣矿选煤厂中两个比较典型的设备故障诊断问题实现了基于元学习的压滤机呲料检测预警和基于小样本数据增强的筛板脱落检测。

1)基于元学习的压滤机呲料检测预警系统

(1)检测环境设置。通过对压滤机周边布置多台摄像机分别对压滤机可能呲料、渗液的外表面进行了视频采样。针对选煤压滤机呲料检测问题,提出了基于元学习的压滤机呲料检测方法。基于机器视觉技术,搭建了图 3 所示的检测环境,具体包括 3 台相机,1 台负责识别压滤机上方情况,其余 2 台负责识别高压时压滤机两侧的情况。

(2)元学习任务的准备。原始数据集的图像划分为呲料、渗液、正常三类,将原始数据集按照一定比例划分为训练数据集与测试数据集,分别在两个数据集上构造三分类任务训练与测试任务。每个任务拥有自己的支持数据集(用于训练元任务)与查询数据集(用于测试元任务)。支持数据集与查询数据集都是通过从训练集或测试集采样的方式获得的。

(3)检测预警模型的构建。通过 ANIL(Almost No Inner Loop)技术,建立了基于元学习的压滤机呲料检测预警系统,设计了基于人工神经网络的模型骨干。代替以样本为单位的学习和训练，元学习以任务为单位进行学习和训练，实际上是学习了一个可以快速适应新任务的初始化参数，使得元学习模型可以在小样本环境下快速地收敛，提高了小样本环境下模型的性能。

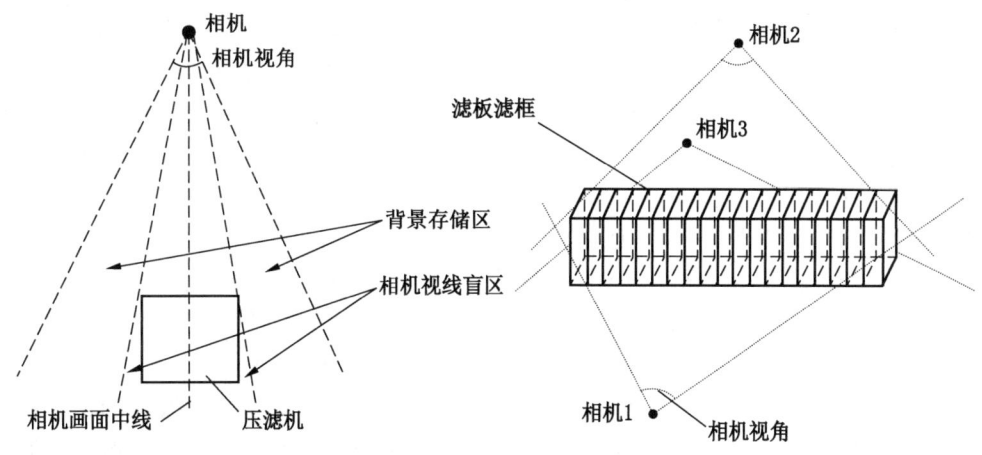

图 3　压滤机吡料检测环境设置

2）基于度量学习振动筛异常振动分析

（1）检测环境设置。在振动筛筛板掉落检测方面，利用 RFID 标签的信号强度和相位信息，实现筛板掉落检测。检测环境如图 4 所示，每个筛板嵌入有源抗干扰 RFID 标签；筛箱四周布置阅读器天线，为提高定位精度，确保每个标签能被至少 3 个阅读器覆盖到。

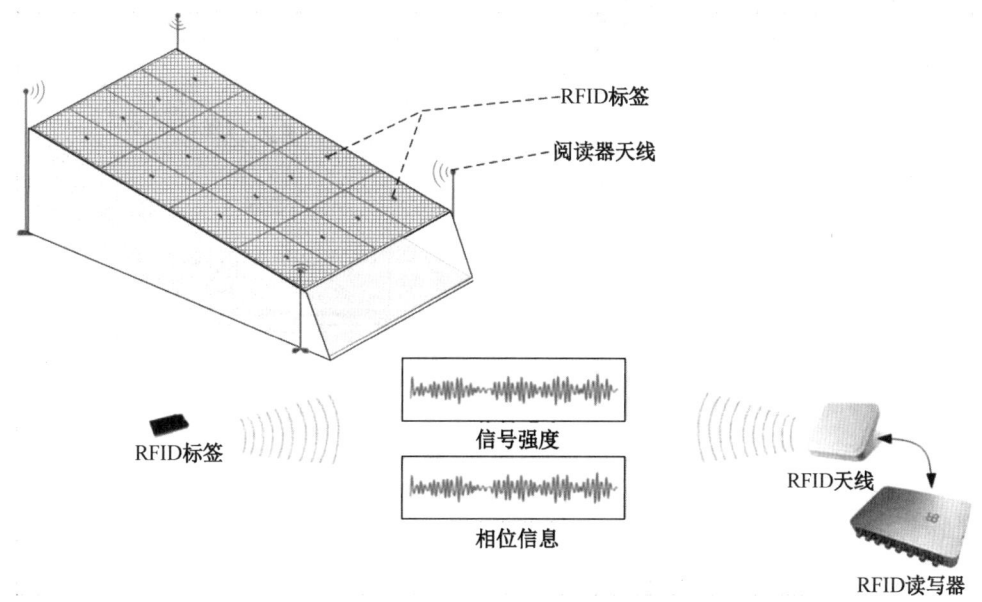

图 4　振动筛异常振动检测环境示意图

（2）数据增强方法。鉴于筛板掉落样本较少，提出了基于多重小波数据增强的筛板脱落检测方案。使用 32 种不同的小波基函数进行原始数据进行小波包分解，小波包将信号强度和相位信息信号进行分解，分别形成特征图，作为检测模型的输入，由此实现数据增强，从数据的角度解决小样本问题带来的挑战。

（3）模型设计。研究运用多种措施降低模型参数量缓解小样本过拟合问题：首先，基于孪生神经网络构建检测模型，两个孪生网络分支通过共享参数降低参数量；其次，通过无参数化的预定义距离函数替代传统距离度量函数，进一步降低参数量；最后，通过对比两个样本距离，替代样本特征到类别的映射，简化模型学习过程。最终筛板掉落异常识别准确率达到了 90.3%。

4. 基于数据融合分析的 AI 赋能选煤应用技术

由于单模态、单视角数据往往不能反映真实的数据分布，导致模型产生偏见。研究采用机器视觉技术，结合声音振动、传感器、设备状态、业务过程等多模态选煤大数据，提出基于多元数据融合实现 AI 赋能选煤的具体应用，包括煤矸识别等。

在煤矸识别问题上，不同光谱条件下煤和矸石所呈现出来的图像是不同的，而且煤和矸石的密度有不同的特征。因此，研究提出了基于多频谱图像与三维点云数据融合的煤矸识别方法。实验环境如图 5 所示，图像采集系统由 3 台成像系统构成，包括太赫兹相机 1 台，多光谱相机 1 台（红外、可见光），3D 点云相机 1 台。

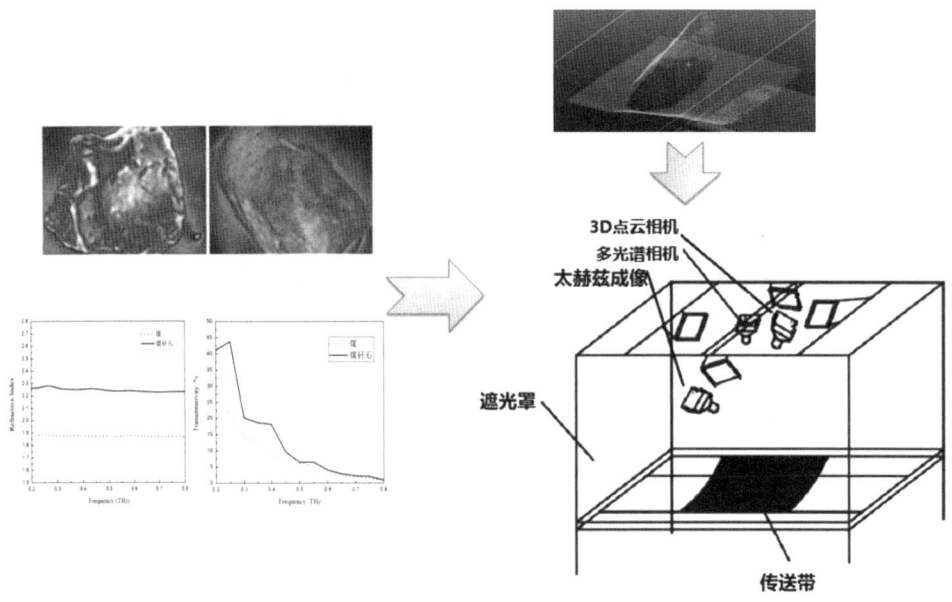

图 5 煤矸识别实验环境

在煤矸识别算法模型方面，鉴于 YOLO5 在目标识别方面的优异表现，构建了基于 YOLO 框架的煤矸识别模型：以多频谱图像（太赫兹、红外、可见光）为输入，以煤矸类型及位置坐标为输出；在上述 YOLO 模型的基础上，借助 3D 相机估算物料体积，进而计算物料密度，进一步提高煤矸识别准确率，实验环境下，煤矸识别率达到了 97.78%。

四、总结及展望

研究通过构建"云-边-端"系统感知的选煤物联网平台，在此基础上建立多模态选煤大数据平台，将各系统、各设备采集的数据汇入数据进行集中和融合，对海量选煤数据进行分析和挖掘，形成基于数据驱动的算法和选煤知识库，以支持选煤设备健康管理和选煤复杂应用场景的AI赋能技术，形成具有一定自主性的感知、学习、分析、决策、通信与协调控制能力，动态地适应生产环境的变化，以期实现选煤厂效益最大化。

1. 选煤物联网平台构建

降低了运行成本,将整个选煤管理流程集中到一起,能够大幅度地降低企业的负担和成本;改善了运行模式,能够提供设备性能和人员的实时信息,以帮助简化和改进业务流程和工作流程,通过捕获物联网数据并将其与其他内部、外部来源的数据进行整合,促进了诸如预测性维护业务改进工作;提高了生产效率,为部署新的工业物联网应用软件打好了基础,利用这些软件来进行新产品的设计、研发与生产,将有助于推动企业创新和提高生产效率。

2. 多模态选煤大数据的融合与知识库构建

根据历史经验情况建立系统知识库，调用知识库的有关知识对设备运行实际工况数据进行计算、分析，并进行相应的处理，给出相应的解决方案，并在诊断的过程中不断学习完善扩充知识库，不断加强诊断能力，为公司领导及有关技术人员提供适合管理需要的生产实时信息及辅助决策信息，为设备的健康运行提供有力的保障，从而降低企业经营成本，提高企业的核心竞争力，社会经济效益和经济效益显著。

3. 选煤设备健康智能管理

通过设备健康智能管理技术，并能精确地掌握现场设备运行状况，保证了维修人员及时准确地找到故障位置并合理进行处理，减少了误判或无用的劳动量，在提高检修工作效率的同时，大大降低了安全风险和员工的劳动强度，万吨事故台时降低至0.05小时，吨煤电耗降低了1.2度，入洗原煤按照900万吨计算，全年可节约电费864万元，获得巨大经济效益的同时，也获得很好的社会效益。

4. AI赋能选煤应用

选煤生产环节和工艺的智能化，对大量数据进行收集、挖掘、分析，通过大数据的支撑，高效开展精细化管理，对进一步提升选煤厂的经济效益有着巨大的潜力，通过引入AI技术，实现了选煤流程的智能控制，精煤回收率提高了0.5%，按照年入洗原煤900万吨，精煤价格2000元/吨，年可创效9000万元。目前智能化选煤厂建设在各矿业集团都已经开展，为此带来的运行效率的提升、效益提升、运行成本的降低有目共睹，选煤厂通过智能化建设提升经济效益，起到非常好的示范引领作用。

综合以上，人工智能技术在选煤厂的应用必然是未来的发展趋势，如何合理利用人工智能技术实现选煤厂的整体优化，本研究给出了论述与参考方案，相信相关项目的实施会极大程度改善当前生产状况，使得选煤厂取得进一步的发展。

参 考 文 献

[1] 董永胜,陈为高,侯佃平. 智能化选煤厂研究与建议[J]. 工矿自动化,2021,47(1):26-31.

［2］陈晓晶．基于"云-边-端"协同的煤矿火灾智能化防控体系建设［J］．煤炭科学技术，2022，50（12）：136-143．

［3］黎琦，张涛允．能源互联网多源数据融合技术研究［J］．电气传动，2022，52（15）：68-73．

［4］吕天根，洪日昌，何军．多模态引导的局部特征选择小样本学习方法［J］．软件学报，2023，34（5）：2068-2082．

［5］郑施航，陆金桂．基于YOLOv3的煤矸识别系统［J］．煤矿机械，2023，44（5）：187-189．

加快采煤塌陷区常态化综合治理推动矿区社会经济生态环境持续提升

韩永胜，许家高，王孝森

（山东能源枣庄矿业（集团）有限责任公司综合服务中心（压煤搬迁办公室））

摘要： 煤炭工业作为枣矿集团的主体业务，为集团营收和矿区当地经济发展作出了重要贡献，但随着矿产资源的持续开发，地面塌陷、地裂缝、地形地貌景观破坏等问题日益突出，不断产生的采煤塌陷造成了土地资源受损，严重影响土壤质量和居民生活，破坏经济生态环境，影响社会稳定，极易造成地企工农关系产生纠纷，制约着当地居民的正常生产生活和经济社会高质量发展。

采煤塌陷区治理有利于缓解人地矛盾，提升采煤塌陷区经济水平，提升采煤塌陷区公共服务质量，改善采煤塌陷区生态环境。本文从采煤塌陷地治理典型煤矿企业——枣矿集团入手，综合运用文献分析法、实地调查法及多因素评价法，全面介绍了塌陷地的界定、治理模式和治理技术，重点分析在采煤塌陷区治理各模式中企业最关心的投资估算和效益，可以纵向提升采煤塌陷地治理研究深度，丰富采煤塌陷地治理研究的内容，为采煤塌陷地治理微观层面研究提供借鉴。

关键词： 塌陷地治理；治理模式、技术；投资估算；效益分析

山东能源枣庄矿业（集团）有限责任公司（以下简称"枣矿集团"）源于1878年创办的"中兴矿局"。中兴矿局1899年改制为"中兴公司"，是中国第一家官督商办的民族股份制企业。在此基础上，1956年成立枣庄矿务局，1998年改制为枣庄矿业（集团）有限责任公司，2011年成为山东能源集团的权属企业。2020年7月，原兖矿集团与原山东能源集团联合重组，枣矿集团成为新山东能源集团权属企业。

煤炭工业作为枣矿集团的主体业务，为集团营收和矿区当地经济发展作出了重要贡献，但随着矿产资源的持续开发，地面塌陷、地裂缝、地形地貌景观破坏等问题突出，不断产生的采煤塌陷造成了土地资源受损，严重影响土壤质量和居民生活，破坏经济生态环境，影响社会稳定，特别是有的矿井停产后，产生的塌陷地治理或补偿遗留问题，极易造成地企工农关系产生纠纷，制约着当地居民的正常生产生活和经济社会高质量发展。

采煤塌陷地治理有利于缓解人地矛盾，提升采煤塌陷区经济水平，提升采煤塌陷区公共服务质量，改善采煤塌陷区生态环境。我国多层次多方面地对采煤塌陷地治理提出了要求，提供了政策支持和资金保障。在对采煤塌陷地治理研究方面，国内相关专家学者已经进行过大量的研究，研究方向主要在相关政策、治理方式、技术手段方面，在研究对象方面多为典型采煤塌陷地级市或者县级层面，以大型煤矿国有企业为对象的研究较少。本文从采煤塌陷地治理典型煤矿企业——枣矿集团入手，综合运用文献分析法、实地调查法及

多因素评价法,全面介绍了塌陷地的界定、治理模式和治理技术,重点分析在采煤塌陷地治理的各种模式中企业最关心的投资估算和效益分析,可以纵向提升采煤塌陷地治理研究深度,丰富采煤塌陷地治理研究的内容,为采煤塌陷地治理微观层面研究提供借鉴。

一、枣矿集团基本情况

近年来,枣矿集团以习近平新时代中国特色社会主义思想为指导,积极践行"绿水青山就是金山银山"绿色发展理念,认真贯彻落实省委省政府采煤塌陷综合治理工作部署,积极开展采煤塌陷综合治理,在推进农业复垦、产业开发、生态修复等综合治理过程中悉心探索、勇于实践,打造了以生态环境保护为重点,以绿色矿山建设为载体,以科技创新为支撑的矿区采煤塌陷生态环境修复新模式,推动了矿区经济社会生态和谐健康发展。

(一)行政区划

枣矿集团下属 11 对矿井行政区划分属滕州市和微山县。

滕州市隶属山东省枣庄市,地处东经 116°49′~117°24′、北纬 34°50′~35°17′之间。东与枣庄市山亭区毗邻,南与枣庄市薛城区交界,西与滕州市微山县相连,北和济宁市邹城市接壤。

微山县隶属山东省济宁市,地处东经 116°34′~117°24′、北纬 34°26′~35°20′之间。东与枣庄市薛城区毗邻,南与古徐州市铜山区交界,西与徐州市沛县相连,北和枣庄市滕州市接壤。

(二)自然状况

1. 地形地貌

滕州市地处鲁中南山区的西南麓延伸地带,属黄淮冲积平原的一部分。地势从东北向西南倾斜,依次为低山、丘陵、平原、滨湖。海拔最高点 596.6 m(东郭镇莲青山),海拔最低点 33.5 m(滨湖镇湖东村),市驻地海拔 65.4 m。低山丘陵区面积 454 km²,占全市总面积的 30.5%;平原区面积 914 km²,占全市总面积的 61.6%;滨湖区面积约 117 km²,占全市总面积的 7.9%。滕州地层在全国属华北地区型,在山东属鲁西地层分区的泰安地层小区与济宁地层小区,地质构造以褶皱和断裂为主。

微山县地势北高南低,中间为湖泊,平均海拔 36.5 m。最高点九峪山主峰,海拔 325 m;最低点微山湖底,海拔 30 m。平原 373 km²,大部分在湖东,小部分在湖西。低山丘陵 95 km²,分布在微山岛、郗山。山地主要分布在两城镇,为泰沂山脉余脉(即凫山山脉西端),东西走向,长 10 km,面积 50.23 km²。

2. 气候条件

滕州市地处暖温带半湿润地区南部,季风型大陆性气候明显。四季分明,雨量充沛,光照充足。年均日照 2383 小时,年平均气温 13.6 ℃,年平均地温 16.3 ℃。最热月为 7 月,平均气温 26.9 ℃;最冷月为 1 月,平均气温 -1.8 ℃。全年平均年降水量 773.1 mm,年降水量最高为 1245.8 mm(1964 年),最低为 388.9 mm(1981 年)。年平均降水日为 81.8 天,平均降雪日为 7 天。年平均风速 2.8 m/s,主导风向为东南风,频率为 12%。

微山县属暖温带季风大陆性气候,四季分明。春季境内多西南大风,雨水稀少,空气干燥,常发生春旱。夏季温度高,湿度大,常形成大范围降雨,有时出现大风、暴雨、冰雹天气。秋季秋高气爽，有时也出现阴雨连绵天气。冬季境内常有偏北大风，天气干燥寒冷，雨雪稀少。1991—2005年，年平均降水量782.2 mm，最多为1239.6 mm（2003年），最少467.3 mm（1997年），年际差为772.3 mm，夏季最多占60%，冬季最少占10%。县属暖温带季风性大陆性气候，年均气温13.7 ℃，极端最高气温40.5 ℃，最低气温-22.3 ℃。年均降水量79.7 mm。无霜期年均205天。

（三）社会经济条件

滕州市作为山东省人口最多的县级市，近年来瞄准争当全省县域经济发展排头兵的目标定位，大力实施全域城镇化、工业集群化、服务业专业化、农业现代化、镇域特色化五大发展战略，经济社会持续健康快速发展。2020年，全市地区生产总值753.05亿元，按可比价格计算，比上年增长1%。工业生产继续回升，企业效益逐步改善。2020年，全市29个在统大类行业中有16个行业增加值增速同比增长，增长面为55.2%。

微山县近年来全力推进新旧动能转换，实现了经济社会平稳较快增长，经济总量持续扩大。2020年全县实现地区生产总值388.84亿元，"十三五"以来年均增长5.3%，三次产业结构调整为14.7∶33.1∶52.2。工业实力明显增强，全年实现规模以上工业总产值149.9亿元。交通基础设施建设取得历史性突破，城市品质不断提升，营商环境显著提升，人民生活水平显著提高，城乡居民人均可支配收入达到2.6万元，其中城镇居民人均可支配收入3.4万元，农村居民人均可支配收入1.8万元。

（四）煤矿生产及分布情况

枣矿集团地处"山东南大门""铁道游击队故乡"——枣庄市，是一个具有百年开采历史的老矿区，前身为中国近代三大煤矿之一的中兴煤矿，1956年成立枣庄矿务局，1998年改制为枣庄矿业（集团）有限责任公司，是集煤炭生产、加工、机械制造、化工、发电、建筑建材、铁路运输、医疗、教学等一体的大型企业集团。矿区东西长约100 km，南北宽约50 km，横跨枣庄、济宁两地，涉及滕南、滕北煤田。枣矿集团历来以生产优质煤炭而闻名，主要生产肥煤、气煤、焦煤，品种有冶炼精煤、洗混煤、洗末煤、混煤及水煤浆等，具有低灰、低硫、发热量高、黏结性强等特点。

枣矿集团矿井井田面积约358.30 km²，有7~8层可采煤层，累计平均厚度14.6 m，企业设计煤炭产能约两千万吨/年。本规划采煤塌陷涉及煤矿11座。其中，枣庄市境内5座，为柴里煤矿、蒋庄煤矿、田陈煤矿、滨湖煤矿、滕东煤矿；济宁市境内6座，为付村煤矿、高庄煤矿、新安煤矿、七五煤矿、岱庄煤矿、三河口煤矿。11座在产煤矿保有资源储量约15.2亿t，除滕东煤矿2021年后停产外，其余各矿井均正常生产（表1）。

表1 枣矿集团煤炭资源开采现状统计表

序号	煤矿名称	井田面积/km²	投产时间	设计生产能力/万t	所属地市	生产状态
1	柴里煤矿	29.33	1964年10月	240	枣庄市	在产
2	蒋庄煤矿	36.46	1989年6月	275	枣庄市	在产
3	田陈煤矿	48.05	1989年12月	170	枣庄市	在产
4	高庄煤矿	33.15	1997年10月	300	济宁市	在产
5	付村煤矿	23.48	1998年8月	270	济宁市	在产

表1（续）

序号	煤矿名称	井田面积/km²	投产时间	设计生产能力/万t	所属地市	生产状态
6	新安煤矿	52.40	2002年1月	350	济宁市	在产
7	滨湖煤矿	44.02	2005年5月	110	枣庄市	在产
8	三河口煤矿	10.32	1994年1月	70	济宁市	在产
9	滕东煤矿	27.05	2009年9月	45	枣庄市	停产
10	七五煤矿	46.19	1979年1月	100	济宁市	在产
11	岱庄煤矿	7.85	1982年6月	70	济宁市	在产
合计		358.30		2000		

二、采煤塌陷地情况

（一）采煤塌陷地界定

1. 采煤塌陷地

枣矿集团采煤塌陷地以南四湖的湖东堤为界，堤西为湖区采煤塌陷地，堤东为陆地采煤塌陷地，由于湖区内采煤塌陷地可自然修复，治理范围不涉及湖区内采煤塌陷地。

1）现状采煤塌陷地确定标准

根据《山东省采煤塌陷地认定指导意见》（鲁煤搬迁〔2017〕18号）和《关于济宁市采煤塌陷地治理工作委员会办公室采煤塌陷地认定问题有关情况的批复》（鲁煤综治〔2017〕7号）关于采煤塌陷地的认定标准，采煤塌陷地是指采煤沉陷区内因地下煤炭开采导致减产和绝产的农用地以及受影响的建设用地和未利用地。

2）预测采煤塌陷地确定标准

按照《山东省采煤塌陷地认定指导意见》（鲁煤搬迁〔2017〕18号）、《关于济宁市采煤塌陷地治理工作委员会办公室采煤塌陷地认定问题有关情况的批复》（鲁煤综治〔2017〕7号）有关规定，结合枣矿集团塌陷地实际情况，滨湖煤矿、新安煤矿、高庄煤矿、付村煤矿以下沉100mm线为采煤塌陷地边界，剩余6座煤矿企业以下沉300mm线为采煤塌陷地边界。

2. 历史遗留采煤塌陷地

依据《山东省采煤塌陷地综合治理工作方案》（鲁政办发〔2015〕180号）规定：1999年1月1日之前采煤塌陷损毁的土地和已征收的采煤塌陷地为历史遗留采煤塌陷地（全部计入塌陷地范围），治理责任主体为地方政府；之后因采煤活动产生的塌陷地认定为新增采煤塌陷地，治理责任主体为采煤企业。

3. 损毁程度分级

枣矿集团各矿所在地滕州市和微山县的煤炭开采区以平原地貌为主，农业种植以旱作为主，采煤塌陷损毁程度主要依据下沉值、积水情况、地下潜水位深度综合确定，可将枣矿集团采煤塌陷损毁程度划分为轻度塌陷、中度塌陷、重度塌陷三种类型。

1）轻度塌陷

煤炭开采后地表沉降幅度小于1.0m（含），或潜水位埋深大于80cm（含），地表不出现积水。房屋设施、道路、农田水利基础设施等建（构）筑物受到较小的损毁或无损毁。

2）中度塌陷

煤炭开采后地表沉降幅度 1.0~3.0 m（含），或潜水位埋深小于 80 cm，或地表出现季节性积水。房屋设施、道路、农田水利基础设施等建筑物、构筑物遭到严重损毁。

3）重度塌陷

煤炭开采后地表沉降幅度大于 3.0 m，或地表出现永久性积水区域。房屋设施、道路、农田水利设施等建（构）筑物遭到彻底损毁。

4. 采煤塌陷地带来的影响

采煤塌陷影响土壤质量和居民生活。土壤分析物理性指标包括土壤的质地、土壤的体积质量（容重）、土壤的孔隙度、土壤的含水量、渗透率等。塌陷区土壤体积质量比非塌陷区要低。塌陷时间越长，土壤体积质量越小。塌陷区的土壤含水量在不同时间点上和不同时空位置上均低于非塌陷区。对比塌陷地与非塌陷地土壤养分，存在明显差异。采煤塌陷导致居民住宅出现开裂，甚至成为危房，在塌陷严重地区，耕地已经基本失去耕种价值，导致当地农民成为失地农民，面临着生存和再就业的压力。此外，还会对当地道路、桥梁等基础设施造成不同程度的破坏。在山区地理环境下，还会诱发山体滑坡、地震、河流改道等灾害，严重影响居民的居住和生产条件。

破坏经济生态环境，影响社会稳定。采煤塌陷会导致矿区采煤难度增加，增加采煤成本，甚至会造成矿区采煤量减少甚至煤矿关闭现象的发生，对以煤炭资源为支柱产业的城市来说，对经济冲击是巨大的。采煤塌陷导致耕地减产、绝产，影响了当地经济，严重的会导致农民失去了耕地，当失去耕地的农民达到一定数量后，会产生社会不安定因素。由于采煤塌陷，导致地表下沉，使地貌发生改变，形成积水地、沼泽地等，严重影响地上作物、植被的生长，造成地上作物减产甚至绝产，以及动物数量、种类的减少和改变，微生物的消失，严重破坏当地的生态环境。

（二）采煤塌陷地数据获取及枣矿集团现状

1. 采煤塌陷地数据获取方法

结合济宁市和枣庄市 2022 年国土变更调查成果，以土地利用现状图和 2022 年影像图为基础，将外业获得的数据和遥感影像解译的矢量数据与土地利用现状数据库套合，统计分析出采煤塌陷的现状数据。

1）编制工作底图

根据煤矿分布情况，收集涉及采煤塌陷的土地利用现状图、当年遥感影像图作为外业调查工作底图，了解塌陷地所在位置和范围，确定调查图斑，设计外业调查路线。

2）外业调查

利用已经编制好的工作底图，以矿井为单位，对各个塌陷地块类型进行调绘，确定各调查地块的塌陷地类型。

3）资料收集

收集资料主要有：各煤矿采掘工程平面图与生产规划图；各矿矿山地质环境保护与土地复垦方案；各矿采煤塌陷地补偿协议书；自然资源和规划局已有备案的塌陷地治理资料。

4）内业处理

整理外业数据，根据外业调查表、工作底图和外业采集数据，将调查塌陷地范围线进行矢量化，并在图上标注塌陷类型和塌陷地块名称等。

塌陷地数据库处理在土地利用现状调查数据库中提取图层，将矢量化的各类型塌陷范围线加到提取的图层上，并在数据原有地类图斑的基础上增加新的属性内容，用于标注采煤塌陷地，利用矢量化后的范围线，在土地利用现状数据库中统计各个类型的用地面积、界线范围内土地利用现状分类等。

将矢量化和新标注的塌陷范围与当年土地利用变更调查数据中的地类、行政信息图层进行叠加，得出各煤矿各分行政区域、分程度、分地类塌陷分布及面积。

2. 采煤塌陷地稳沉情况

塌陷地稳沉时间计算方法：从地下工作面开采使地表产生移动变形，到最终形成稳定的沉陷盆地，这一过程是渐进且相对缓慢的。工作面回采时，上覆岩层垮落不会立即波及地表，地表的移动变形是在工作面推进一定距离后才发生的。随着采煤工作面的推进，在上覆岩层中依次形成冒落带、裂隙带、弯曲下沉带，并传递到地表，使地表产生移动变形。地表受开采影响的点，从下沉开始至结束（新稳定）有一个时间过程，这一过程与工作面开采速度、开采深度和开采厚度等一系列因素有关，并且随深度的增加地表移动持续时间增长。

无实测资料时，地表移动的延续时间（T）可根据下式计算：

$$T = 2.5 \times H_0 \; (d)$$

式中，H_0 表示工作面平均采深，m。根据各矿采掘工程平面图及采掘规划接续图，可判读并统计出各工作面的开采深度，由此可以推测其地表稳沉所需的时间。

3. 枣矿集团采煤塌陷地现状

截至 2022 年底，枣矿集团采煤塌陷地总面积为 98720 亩，稳沉采煤塌陷地面积为 72519 亩，已治理塌陷地面积 78008 亩，治理项目 65 个，累计投入治理资金约 93593 万元，稳沉采煤塌陷地治理率超过 100%。

已治理项目多采用传统的土地复垦模式治理，以恢复耕地为主，削高填低，挖深垫浅，并适当开挖了部分养殖鱼塘。部分地块由当地村民自行整理，不影响耕种。部分地块建设了光伏电站，以特色产业模式进行治理。总体来看，枣矿集团采煤塌陷地治理项目的实施取得了较好的经济、社会和生态效益。

三、治理模式与技术

（一）治理模式确定的依据

治理模式确定的依据有如下几个。

1. 自然条件

地形坡度、土壤、水资源情况是影响治理模式的因素之一，枣矿集团矿区所处区域地形地貌以平原为主，地表水系较多，地下潜水位较高。

2. 区域发展情况

矿井所处区域属于人口稠密区，同时靠近南四湖，是传统的农业种植区，土地主要用途为农业种植。

3. 塌陷地的分布、破坏形态及破坏程度

塌陷地破坏程度分为轻度塌陷、中度塌陷、重度塌陷，轻度塌陷不易积水、重度塌陷区积水严重。轻度塌陷以恢复耕作为主，中度塌陷兼具恢复耕地、湿地，重度塌陷以规划生态湿地为主。

4. 公众参与并与其他规划相结合

充分听取各矿山企业及矿区居民的意见，结合矿区群众意愿，同时与城市规划、生态规划、水利规划等相结合。

（二）采煤塌陷地治理模式

结合枣矿集团各煤矿实际情况，规划采用传统农业复垦、生态农业和生态治理等作为规划期采煤塌陷地治理的主要模式。

1. 传统农业复垦模式

通过土地平整、充填复垦等将采煤塌陷地恢复为耕地，用以发展传统农业，包括种植粮食作物、经济作物、设施农业等。该模式适用于塌陷程度不大，地表未发生较大改变，土壤理化性质变化不大的塌陷区域。该模式可有效补充耕地数量，缓解矿区日益突出的人地矛盾、工农矛盾，减轻企业补偿压力，提高土地利用效益，增加农民收入。

2. 生态农业治理模式

生态农业治理模式是指采用挖深垫浅的方法，对塌陷较深的区域运用挖掘机械或泥浆泵继续挖深，使其形成适合放养鱼虾的渔业养殖区，周围修建饲养区，同时将挖出的土方垫在塌陷较浅的区域，用来耕种农作物或者种植林木，形成一个以食物链为衔接的小型生态系统。这种模式把采煤塌陷地由单纯的种植型农业变成种养结合的生态农业，经济效益和生态效益兼顾。主要适用于距城镇城区位置较远、塌陷深度较浅、积水面较小或季节性积水区。

3. 生态治理模式

对于大面积的常年积水塌陷地，恢复耕地难度较大，结合区域发展需求、生态保护要求和地理位置优势，通过水系连通、景观设计和植物修复等技术手段，可建设生态湿地或平原水库，使其成为水质优良、景观优美、功能多样的湿地生态系统，达到采煤塌陷地综合治理和生态环境改善的目的。

4. 基础设施提升治理模式

基础设施提升治理模式主要以提升基础设施建设为主，利用土地平整对农田中零星的田块进行归并，对不符合灌溉要求的田块进行平整；利用灌溉与排水建设田间灌溉、排水设施和桥涵建筑物等，打造可持续发挥效益的高标准基本农田；对田间道路进行优化、系统化，达到方便生产、交通便捷、晴雨通畅的要求；通过农田林网工程（防风林、护路林、水土保持林）、堤岸防护工程、沟道治理工程、坡面（田坎）防护工程等保护农田生态环境。

（三）采煤塌陷地治理技术

1. 土地平整技术

土地平整技术又称划方平整技术，主要是消除附加坡度、地表裂缝以及波浪状下沉等破坏特征对土地利用的影响。具体来说，土地平整技术是对地表不积水或局部季节性积水的轻度塌陷区域，通过剥离上层土的方式，降低地势较高之处的地表高度，并将剥离土层填充至地势低洼之处，使其与周围地面基本持平，同时配套建设灌排、道路、电力等基础设施，做到旱能浇、涝能排，使之成为高标准农田。

2. 挖深垫浅技术

挖深垫浅技术是将造地与挖塘相结合，即用挖掘机械（挖掘机、推土机等）将沉陷深的区域继续挖深，形成水塘，取出的土方充填至沉陷浅的区域形成陆地，达到水陆并举的利用目标。挖深垫浅治理技术主要对季节性积水或局部长年积水的中度塌陷区，在塌陷较深的地块取土，降低地势，确保长期积水，形成鱼池等水面，所取泥土覆填在下沉较浅地块，抬升地势，建成耕地，或因势建成台田，总体形成上粮下渔的治理格局。

3. 生态治理技术

适用于常年积水的重度采煤塌陷地的治理，主要是采取围湖造岸、植树种草，形成较稳定的湿地生态系统，在此基础上综合发展种植、养殖、加工、旅游等，形成生态农业、生态湿地、生态渔业、旅游观光的综合利用体系。

4. 清淤回填技术

适用于沿河沿湖采煤塌陷地的治理，主要是结合河道、航道清淤工程，利用湖泥、河泥充填至采煤塌陷地，将其抬高到设计高程，恢复土地的利用价值。该技术既可解决河湖淤积的问题，又可解决治理塌陷地充填物不足的问题，经济效益高，生态效益明显。

5. 预治理技术

在充分考虑地下开采与地表整治措施的耦合的前提下，在地表稳沉前选择合适的时机，制定科学的治理方案，提前对即将塌陷或正在塌陷的土地进行治理，使其在治理后持续保持可利用价值。具体说，就是在地表破坏发生之前或已发生但未稳沉之前，采取剥离表土、提前充填抬高地表，然后回覆表土，使其稳沉后地表标高与周边基本一致。

（四）采煤塌陷地治理质量控制

根据《采煤塌陷地治理规范》（DB37/T 4312—2021）要求，采煤塌陷地治理质量控制分为农用地、建设用地和人工湿地。

四、投资估算与效益分析

枣矿集团作为国有大型煤炭企业，在肩负着创造社会效益的同时，还要创造经济效益，保证国有资产保值、增值。短期来看，采煤塌陷地治理增加了企业成本投入，长期来看，通过治理使塌陷区大量损毁土地变成了国家要求的标准农田，恢复了生产能力和使用价值，改善了生产条件，有效提升了土地收益，实现农村农民增产增收，推动了区域经济高质量发展。同时，治理后的塌陷地通过移交给当地政府后，就会停止青苗补偿，减少了企业每年对塌陷地青苗补偿的投入，随着时间的推移，将会慢慢去掉企业在青苗补偿投入的资金，减少了企业运营成本。

（一）投资估算依据

投资估算主要依据如下文件相关要求：

（1）《土地复垦条例》（国务院令第592号）；

（2）《山东省土地整治条例》（山东省人民代表大会常务委员会公告107号）；

（3）《土地整治项目规划设计规范》（TD/T 1012—2016）；

（4）《土地整治项目工程量计算规则》（TD/T 1039—2013）；

(5)《土地复垦质量控制标准》(TD/T 1036—2013);
(6)《山东省土地整治工程建设标准》(GT 01—2016);
(7)《山东省土地开发整理项目预算定额标准》(鲁财综〔2014〕65号);
(8)《山东省采煤塌陷地治理工程建设标准(试行)》(2018年);
(9)《关于进一步明确全面推开营改增试点后我省土地整治项目预算定额标准过渡规定》的通知(鲁财综〔2016〕49号);
(10)《国土资源部办公厅关于印发土地整治工程营业税改征增值税计价依据调整过渡实施方案的通知》(国土资厅发〔2017〕19号);
(11)《财政部、税务总局关于调整增值税税率的通知》(财税〔2018〕32号);
(12)《财政部、税务总局、海关总署关于深化增值税改革有关政策的公告》(财政部、税务总局、海关总署公告2019年第39号);
(13)微山县、滕州市当地现行市场材料价格。

(二)投资估算原则

投资估算是拟建项目前期可行性研究的重要内容,是经济社会效益评价的基础,是项目决策的重要依据。估算质量如何将决定着项目能否纳入投资建设计划。因此,在计算投资估算时应符合以下原则:

(1)实事求是的原则;
(2)深入开展调查研究,掌握一手资料;
(3)合理利用资源,效益最高的原则。

市场经济环境中,利用有限经费,有限的资源,尽可能满足需要。

(三)治理模式资金估算

各治理模式的成本主要以已有的治理项目和矿山地质环境保护与土地复垦方案为例,结合不同治理模式所需要的工程措施,综合估算每个治理模式的资金需求情况,估算结果见表2。

表2 治理模式费用估算表

序号	治理模式	费用/(元·亩$^{-1}$)
1	农业复垦模式	21533
2	生态农业模式	23133
3	生态治理模式	19000
4	基础设施提升治理模式	9200

1. 传统农业复垦模式

治理工程包括表土剥离回填、土地平整、水利工程、道路工程、农田防护林及水土保持、坑塘绿化等。

表土剥离回填工程:治理区土地的设计标高以采煤塌陷区周边相同用地的平均地面标高为标准,按照《土地复垦标准》中对治理区土地表土层厚度的规定为0.5~1.3 m,结合项目区塌陷程度,本次预算采用0.8 m。传统农业治理区,不进行挖深垫浅,预计土方量为 533 m³/亩。表土剥离回填单价为 20 元/m³ 左右（该单价为 2022 年上半年微山县市场的统筹价格，包含运输费、原土费、装卸费和碾压费等直接费以及利润、税金、材料价差和间接费等其他费用，后期以此为基础每年上浮 5%～10%），取表土剥离回填工程费用 10667 元/亩。

土地平整工程：土地平整参照土方挖填费用 16 元/m³（该单价为 2022 年上半年微山县市场的统筹价格，包含运输费、原土费、装卸费和碾压费等直接费，以及利润、税金、材料价差和间接费等其他费用，后期以此为基础每年上浮 5%～10%），土方量 533 m³/公顷，平均土地平整工程费用为 8533 元/亩。

水利工程：包括修筑水利设施费用（如桥、涵、闸、管线、站等）和灌排工程费用，各级排水沟、灌溉渠道及配套建设的桥、涵、闸、站等水工建筑，根据项目区地形和现有水利设施进行灌排水系统统一布置。一般情况下，平原区泵站建设投资一般为 100 m 左右浅井，费用为 200 元/亩，渠系投资费用为 400 元/亩。渡槽、倒虹吸和桥的投资约为 400 元/公顷，则水利工程平均费用 1000 元/亩。

道路工程：道路工程费用指治理区道路的修整费用，道路工程分为田间道（6 m 宽混凝土路面）和生产路（4.5 m 宽泥结碎石路面），根据《土地开发整理项目规划设计规范》，一般情况下，田间道密度为 0.6 m/亩左右，生产路密度为 3～4 m/亩，则道路工程平均费用约为 733 元/亩。

农田防护林网及水土保持工程：主要指防护林的建设费用，平原地区农田防护林地占农用地的比率为 10% 左右，林木类型应该根据当地的气候特征选择。选择林木类型为杨树，根据当地情况，间距一般为 3 m×3 m，农田防护林网及水土保持工程平均费用为 600 元/亩。

综上，传统农业复垦模式平均治理费用为 21533 元/亩。

2. 生态农业治理模式

治理工程包括表土剥离回填、土地平整及坑塘开挖、护坡工程、水利工程、道路工程、农田防护林及水土保持工程、坑塘绿化工程等。

表土剥离回填：同传统农业费用，表土剥离回填工程平均 10667 元/公顷。

土地平整及坑塘开挖工程：土地平整参照土方挖填费用 16 元/m³，土方量 533 m³/亩，取土地平整及坑塘开挖工程平均费用为 8533 元/亩。

护坡工程：坑塘岸堤护坡一般投资为 1000 元/亩。

水利工程：同传统农业费用，平均费用为 1000 元/亩。

道路工程：同传统农业费用，平均费用为 733 元/亩。

农田防护林网及水土保持工程：同传统农业费用，平均费用为 600 元/亩。

坑塘绿化工程：绿化平均费用约为 600 元/亩。

综上，生态农业治理模式平均治理费用为 23133 元/亩。

3. 生态治理模式

生态治理模式主要包括的工程有植被重建、人工湖建设工程、道路工程、护坡工程、基础设施建设、道路工程、绿化工程。

植被重建工程：平均费用约为 4000 元/亩。

人工湖建设工程：平均费用约为 4000 元/亩。

道路工程：平均费用约为 2000 元/亩。

护坡工程：平均费用约为 1000 元/亩。

基础设施建设：平均费用约为 4000 元/亩。

绿化工程：平均费用约为 4000 元/亩。

综上，生态治理模式平均治理费用为 19000 元/亩。

4. 基础设施提升治理模式

基础设施提升治理工程包括土方开挖、护坡工程、道路工程、水利及配套工程、绿化工程。

土方开挖：预计平均投资约 3000 元/亩。

护坡工程：建设投资 1200 元/亩。

水利及配套工程：沟渠及水闸等配套平均投资价格为 2000 元/亩。

道路工程：建设投资为 1000 元/亩。

绿化工程：绿化投资约为 2000 元/亩。

综上，基础设施提升治理模式治理资金为 9200 元/亩。

（四）治理项目投资估算

枣矿集团及所属煤矿依法履行采煤塌陷地治理义务，以 2022 年采煤塌陷地为基数，还需治理塌陷地面积为 20711 亩，按每亩治理费用最高的生态农业模式治理（23133 元/亩）预计需要资金 47910.76 万元。

截至 2022 年底，枣矿集团采煤塌陷地面积为 98719 亩，已治理塌陷地面积 78008 亩，已移交塌陷地面积为 24777 亩，剩余未移交塌陷地面积为 53231 亩，预计剩余塌陷地移交总费用约 112000 万元。

枣矿集团各矿井 2022 年因采煤塌陷地造成的青苗补偿为 14829 万元，所有矿井建矿以来因采煤塌陷地造成的青苗补偿累计费用为 177990 万元。

由上述数据短期来看，塌陷地治理和移交需投入大量资金，但移交后可以停止每年的青苗补偿费用也是相当可观，随着时间的推移，10~15 年后，当治理和移交的总费用与青苗补偿的累计费用持平，枣矿集团将会因采煤塌陷地治理减少了企业成本投入，获得可观的经济效益。

（五）效益分析

1. 社会效益

1）是当前执行最严格耕地保护制度、深入落实国家粮食安全战略背景下切实保护耕地和扛稳粮食安全重任的重要措施

通过采煤塌陷地治理可以恢复大量有效耕地，尤其是未稳沉塌陷地动态治理相较于传统治理进一步提高了土地复垦率，结合土壤改良措施、生态修复技术、配套设施工程等，提高了采煤塌陷区土壤质量和农业生产条件，有效保障了耕地数量和质量，以及区域粮食安全。同时，耕地是广大农村地区群众生存的根本，采煤塌陷区耕地的恢复，保住了农民生存之本，保障了其切身权益,解决了后顾之忧,促进了社会和谐稳定,推动了矿地融合发展。

2）成为新旧动能转换背景下助推煤炭行业转型升级和区域创新发展的新动能

在传统土地复垦的基础上因地制宜引入、发展多元产业，实现塌陷区从传统农业向多元化产业发展，促进了区域产业结构优化调整；通过将采煤塌陷地综合治理与全域土地综合整治、自然保护区建设、城镇低效用地再开发、农村存量建设用地利用、矿业绿色转型

有机融合，全面助力生态文明建设、行业转型升级，形成资源共享、要素互补、产业互动的良性治理机制。

3）是全面推进城镇化高质量发展的有力体现

通过采煤塌陷地农业复垦、生态治理和产业发展，提高了农业生产条件，改善了农村生态环境，融合发展了多元化产业，解决了过去塌陷区居民失地失业后生活难以为继的难题，促进了农村劳动力转移就业和农民增收，提升了矿区居民的幸福感和获得感，加快了农业现代化建设，优化调整了农业生产力布局，推动了城乡融合发展，拓展了城市发展空间，解决城市发展土地瓶颈制约问题，实现生态宜居城市建设、土地集约利用与土地增值的目标，助推区域高质量发展。

2. 生态效益

1）显著优化了农田生态系统

通过实施土地平整、水利工程、道路工程、农田防护林、水源涵养等工程措施，减少或避免了由采煤塌陷引起的水土流失，改善了水土环境质量，增强了农田生态系统对旱涝、风沙等自然灾害以及病虫害抵御能力，提升了土地生产力，形成了更有利于农业生产的农田生态系统。

2）有效促进了区域生态平衡

通过采煤塌陷地综合治理，将有效提高矿区植被覆盖率，显著改善水土环境，进一步丰富生物群落，促进区域内、区域间物质与能量相互流动，生态系统达到新的高度的平衡。尤为重要的是对重度塌陷区的生态化修复治理，可形成结构协调、功能完善、具有良好自我维持功能的采煤塌陷型新生湿地生态系统，有效促进了区域生态平衡。

3）提升了生态产品供给能力

通过综合治理构建的生态农业、林网植被、新生湿地，实现了生态系统的物质供给、调节服务等功能，并因地制宜地发展了多元化的生态产业，实现了生态产品供给的增加和生态载体的溢价，为其他地区探索形成多元化生态产品价值实现路径提供了有益借鉴。

3. 经济效益

对于当地政府和居民来说，通过采煤塌陷地综合治理使塌陷区大量损毁土地恢复了生产能力和使用价值，改善了生产条件，有效提升了土地收益。通过生态农业的引入发展及加工、销售等环节的配套改善，优化了产业结构，促进了农村劳动力转移就业，实现农民增产增收，推动区域经济高质量发展。

对于企业来说，枣矿集团各矿井 2022 年因采煤塌陷地造成的青苗补偿为 14829 万元，所有矿井建矿以来因采煤塌陷地造成的青苗补偿累计费用为 177990 万元。

枣矿集团截至 2022 年所有塌陷地的移交费用约 112000 万元，但移交后可以停止每年的青苗补偿费用相当可观，随着时间的推移，10~15 年，当治理和移交的总费用与青苗补偿的累计费用相等后，枣矿集团将会因采煤塌陷地治理减少了企业成本投入，获得可观的经济效益。

五、保障措施

（一）组织保障

山东能源枣庄矿业（集团）有限责任公司成立采煤塌陷地治理领导小组，负责各煤矿采煤塌陷地治理工作的正常实施及日常监督,细化分解年度治理任务并落实到项目,保障规划的顺利实施。认真履行职责,加强内部协调配合,做好政策衔接,加大资金争取,及时组织研究解决规划实施过程中的重大问题,共同推进规划实施。接受省、市、县各级自然资源行政主管部门对塌陷地综合治理进行的监督、检查和指导。

(二)实施保障

促进土地规模化经营;治理项目的实施,严格选择有资质、有实力、有信誉的勘察、设计、监理和施工单位承担,保证恢复治理工程的数量与质量。

积极采用新理论、新工艺、新方法、新技术,提高工作效率和经济效益。注重技术手段在决策过程中的运用。

(三)资金保障

遵循"谁破坏,谁治理"的原则,由枣矿集团及各煤矿负责筹措采煤塌陷地治理工作中需投入的资金(主要为矿山环境恢复治理基金、按煤炭销售收入的 3.5% 提取的发展准备金)。同时积极争取申请国家、省级专项投资,坚持"谁复垦,谁收益"的原则,引导社会资金投入采煤塌陷地治理,提高采煤塌陷地治理的经济效益、社会效益和生态效益。

督促各煤矿制定好采煤塌陷地治理工程施工设计方案,严格勘察、设计和施工管理。工程建设实行规范化管理,做到精心组织、精心施工。对资金单独设账,封闭运行,专款专用。任何部门和个人不得挪用、串用、挤占塌陷地治理资金,并建立资金使用检查和监督制度。

(四)监管保障

枣矿集团采煤塌陷地治理规划由济宁市微山县自然资源和规划局、枣庄市滕州市自然资源局分别监管各自辖区内的实施情况。自然资源局建立采煤塌陷地治理工作方案实施监管专职机构,具体建立健全管理负责制,制定详细的施工方案,建立质量监测及验收等工作程序。

规划经上级批准后,枣矿集团主动与辖区内县级自然资源局取得联系并密切合作,接受其监督和检查,接受社会对规划实施情况的监督,以确保采煤塌陷地治理规划的实施。

(五)宣传保障

融合多种媒体渠道,加强规划的公示与宣传,提高公众参与度、认知度。充分听取公众意见,进一步增强规划的公开性、透明度、民主化,推动规划顺利实施。鼓励和引导公众参与规划实施工作的监督,发挥广泛的社会监督作用。

对涉及当地居民切身利益的规划内容,应组织居民参与,广泛听取公众和土地权利人的意见,并取得相关权利人同意,切实保障相关权利人切身利益。

综上所述,采煤塌陷地治理深度契合当前国家发展的新形势,是一项利国利民利企的优良工程,本文作者系统地介绍了采煤塌陷地的形成、数据统计、治理模式、治理技术,以及产生的社会效益、生态效益和经济效益,非常有助于推进矿区生态文明建设与高质量发展。

煤炭企业孵化高新技术企业的高质量发展效应研究

——以河南省正龙煤业有限公司为例

崔展伟，高 冰，高 茜

（河南能源永煤公司城郊煤矿）

摘要：煤炭企业孵化高新技术企业不仅能够提高企业技术创新能力，也能促进煤炭企业的高质量发展。文章以河南省正龙煤业有限公司孵化高新技术企业为例，分析了该企业为孵化高新技术企业采取的行之有效的措施，这些措施提高了企业的创新能力，促使企业向数字化和智能化转型，实现了煤炭智能、高效、安全、绿色开采。孵化高新技术企业的过程，不仅解决了煤炭生产过程中面临的技术难题，也促进了煤炭企业创新、安全、绿色、智能高效的高质量发展，为其他拟通过孵化高新技术企业推动企业高质量发展的煤炭企业提供了宝贵的经验，具有较好的示范作用。

关键词：煤炭企业；高新技术企业；高质量发展

一、引言

目前，我国经济已由高速增长阶段转向高质量发展阶段，高质量发展成为新时代我国经济发展的新方向，是新时代中国经济发展的战略需要。高质量发展的根本在于创新，高质量发展的目的是实现国家经济绿色开放智能高效。

煤炭作为我国的主体能源，是国家能源安全的压舱石和稳定器。党的二十大报告指出，要"深入推进能源革命，加强煤炭清洁高效利用"。为推动煤炭行业科技创新发展，煤炭工业协会制定《煤炭工业"十四五"科技发展指导意见》，指出创新是煤炭行业高质量发展的根本动力，煤炭行业必须主动适应现代化科技的发展趋势，加快实现煤炭行业安全绿色智能高效开采，引领煤炭行业高质量发展。

孵化高新技术企业，提升企业自主创新能力，是落实建设创新型国家的重要举措，也是推动煤炭产业转型和实现煤炭企业高质量发展的重要途径。高新技术企业认定政策为煤炭企业高质量发展提供了动力支持。申请高新技术企业可以享受企业所得税的优惠政策，可以帮助企业获得更多的项目和金融支持。申请高新技术企业可以实现传统煤炭行业向现代化煤业转型，引领煤炭智能开采的发展方向，提高企业自主研发能力，实现绿色高效开采，从而推动煤炭企业高质量发展。

二、高新技术企业认定条件和煤炭企业高质量发展基本要求

（一）高新技术企业的认定条件

高新技术企业是指在国家重点支持的高新技术领域内，持续进行研究开发与技术成果

转化，形成企业核心自主知识产权，并以此为基础开展经营活动，在中国境内（不包括港、澳、台地区）注册的企业。认定为高新技术企业须同时满足以下条件：

（1）企业申请认定时须注册成立1年以上；

（2）企业通过自主研发、受让、受赠、并购等方式，获得对其主要产品（服务）在技术上发挥核心支持作用的知识产权的所有权；

（3）对企业主要产品（服务）发挥核心支持作用的技术属于《国家重点支持的高新技术领域》规定的范围；

（4）企业从事研发和相关技术创新活动的科技人员占企业当年职工总数的比例不低于10%；

（5）企业近3个会计年度（实际经营期不满3年的按实际经营时间计算）的研究开发费用总额占同期销售收入总额的比例应达到相应要求；

（6）近1年高新技术产品（服务）收入占企业同期总收入的比例不低于60%；

（7）企业创新能力评价应达到相应要求；

（8）企业申请认定前1年内未发生重大安全、重大质量事故或严重环境违法行为。

（二）煤炭企业高质量发展的基本要求

煤炭企业高质量发展是指以科技创新为发展动力，以安全生产、智能高效开采、绿色发展为方向，具体要求如下。

1. 安全生产是煤炭企业实现高质量发展的先决条件

煤炭企业安全发展就是要坚守安全第一的原则，为煤矿开采过程提供全方位的安全保障，预防煤矿重特大事故，争取做到煤矿生产实现"零伤亡"，保护员工的生命健康，实现企业安全生产。

2. 科技创新是煤炭企业实现高质量发展的必由之路

煤炭企业创新发展要求企业加快构建创新发展平台，积极整合资源，促进企业技术升级，完善企业创新激励机制，激发企业创新活力，推进煤炭企业从劳动密集型向技术密集型转型升级。

3. 智能化建设是煤炭企业实现高质量发展的重要支撑

煤炭企业智能高效发展就是要使煤炭企业充分利用信息技术，优化煤炭开采流程，保证煤炭资源合理高效使用，提高资源利用率，推动煤矿数字化和智能化生产，提高煤矿生产效率，打造智慧矿山。

4. 绿色发展是煤炭企业实现高质量发展的目标要求

煤炭企业绿色发展就是实现煤矿全生产周期的清洁低碳，提高煤炭回采率，减少煤炭消耗和粉尘等污染物排放，实现煤炭的清洁高效利用。

三、孵化高新技术企业推动煤炭企业高质量发展的主要做法

河南省正龙煤业有限公司（简称"正龙煤业"）是以城郊煤矿为主体成立的法人企业，城郊煤矿是永煤集团开发建设的第三对大型矿井，于1999年底开工建设，2003年竣工投产。

下面以正龙煤业孵化高新技术企业为例，分析正龙煤业孵化高新技术企业推动煤炭企业高质量发展的具体做法（图1）。

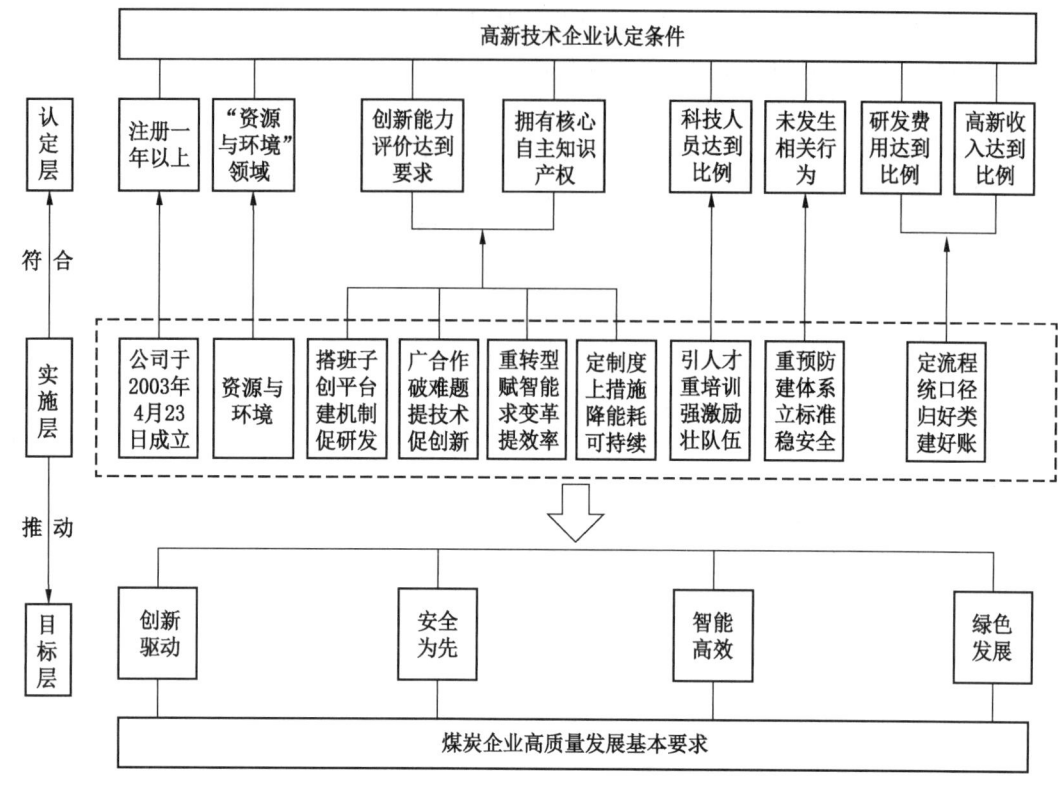

图 1 孵化高新技术企业推动正龙煤业高质量发展的路径

（一）搭班子，创平台，建机制，促研发

1. 成立技术委员会

为保障科技工作的顺利开展，正龙煤业成立了技术委员会，成员由矿领导、生产经营业务科室负责人等组成，是企业科技创新体系建设发展与管理的决策机构。

2. 创立职工创新工作室研发平台

为解决生产难题、推动技术创新以及培养高技能人才，正龙煤业按照运行管理室、研发交流室、课题攻关室、荣誉成果室、培训学习室和实操培训基地"五室一基地"的构建模式创建职工创新工作室，下设采掘组、机运组、通防组、地测组、智能及自动化组 5 个专业小组，覆盖全矿各个主要专业系统。

3. 建立科技攻关"揭榜挂帅"产学研合作机制

为激发企业创新活力，正龙煤业建立科技攻关"揭榜挂帅"产学研合作机制，该机制以开放式创新的形式，与其他企业、学校、研究所等机构进行合作，最大程度地调动社会各界智力潜能，对产学研项目通过发榜、揭榜、中榜、挂帅等方式，让能者上、智者上，组织科研力量开展"卡脖子"关键核心技术难题攻关，以最快的速度找到切实可行的解决方案。

（二）引人才，重培训，强激励，壮队伍

1. 提供优惠政策积极引进人才

按照"计划从紧、结构从优、精准补缺"的原则，从全国知名院校引进对口专业人

才，对于双一流建设高校大学毕业生执行安家费政策；对井下岗位和地面岗位设置见习期保底薪酬政策；为双一流和主体专业大学生家属安排就业岗位。

2. 重视员工创新能力培养与培训

搭建职工技能竞赛成长平台和"学习强企"教考系统，加强员工创新能力培养与培训，努力营造全员学技能、提素质浓厚氛围，为矿井选拔和储备更多的优秀技能人才。

3. 设立科技成果收购奖励制度

为了激发员工的创新活力，正龙煤业专门设立了科技成果收购奖励制度，奖励的类别包括技术革新、管理创新、四新推广、优秀设计、五小成果、QC成果、专有技术等。员工申报的所有科技成果，符合收购条件的都采取收购奖励方式，根据经济形势，每季度收购一次，不仅提高了职工的创新热情，也能为企业带来实际的创新成果。

（三）定流程，统口径，归好类，建好账

1. 研发费用归集

为落实国家企业技术创新政策，切实享受国家税收优惠，正龙煤业积极开展研发费用的归集管理工作，确保研发费用准确、科学入账，进一步提升企业技术创新、财税管理水平。结合正龙煤业的实际情况，费用归集资料审核实行各科室联动机制，运用环环相扣的审核模式，确保费用归集的高质量。研发费用的归集流程如图2所示。

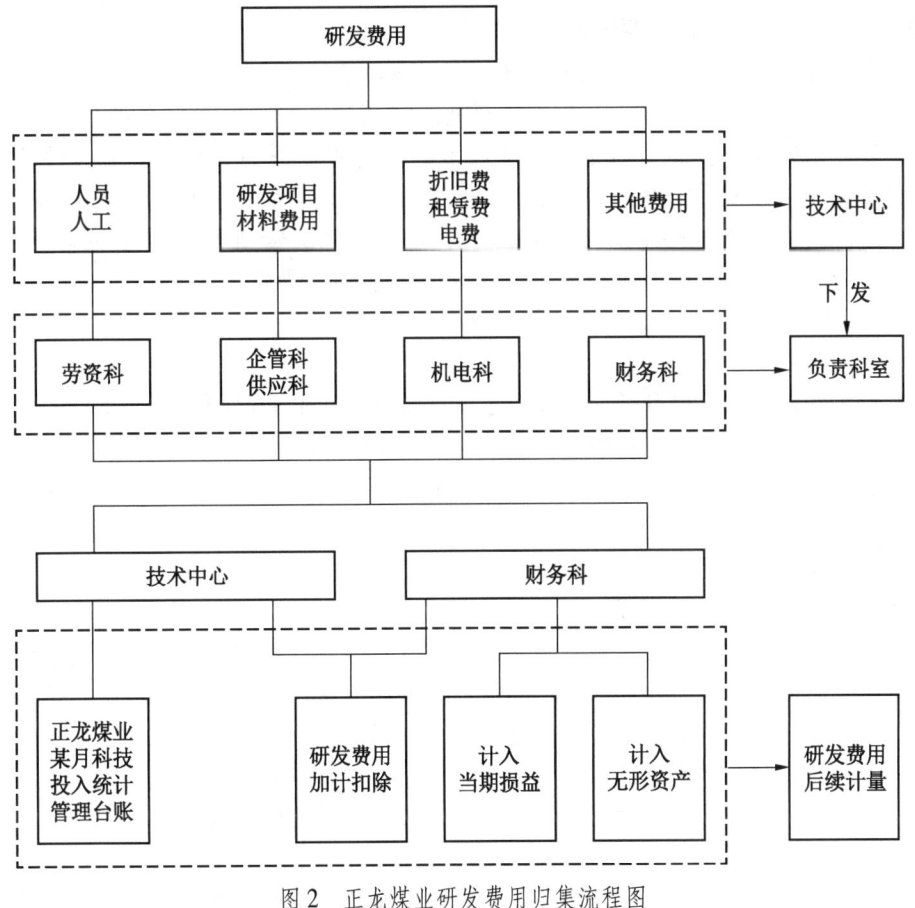

图2　正龙煤业研发费用归集流程图

2. 高新收入确认

正龙煤业收入类别及构成如图3所示，首先，明确所销售产品的类别属于主营业务产品还是其他业务产品。其次，其他业务产品进一步划分出煤炭副产品和其他产品或服务。最后，将收入划分至主营业务收入和其他业务收入进行核算。

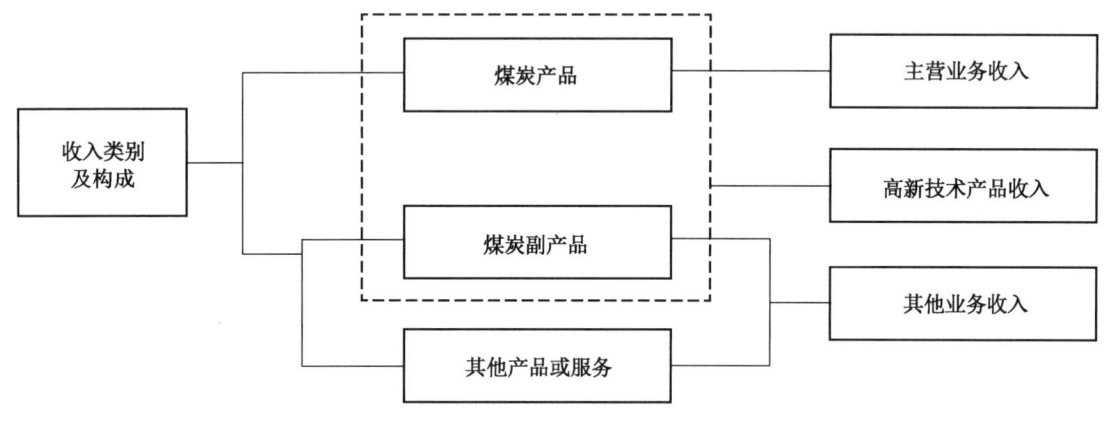

图3 正龙煤业收入类别及构成

（四）广合作，破难题，提技术，促创新

1. 广泛开展产学研合作，解决高质量发展的拦路虎

随着矿山服务年限的增加，正龙煤业面临产能瓶颈、安全生产以及可持续发展问题，阻碍企业高质量发展。在此背景下，正龙煤业广泛寻求产学研合作，分别与中国矿业大学、河南理工大学徐州中矿大传动与自动有限公司、郑州慧矿智能科技有限公司等单位合作，通过广泛合作，企业取得了27项成果，其中获省部级奖项10项，在破除产能瓶颈、强化高效安全生产、促进可持续开采方面真真切切地解决问题。

2. 大力研发提升开采技术，以创新驱动高质量发展

近三年来，正龙煤业依托完善的研发制度，强大的研发团队，开放的创新平台，通过研究开发自主知识产权，提升了全矿技术水平，推动了企业向高新技术企业转型，以创新驱动高质量发展。截至目前，正龙煤业拥有自主知识产权专利17项，其中符合高新技术企业认定的Ⅰ类专利2项、Ⅱ类专利15项，所有专利均属于高新技术企业认定条件所规定的范围领域。

（五）重转型，赋智能，求变革，提效率

1. 开发经营管理数字化系统

正龙煤业与中矿微星软件股份有限公司合作开发经营管理数字化系统，通过经营管理数字化系统把矿内各单位和管理环节之间的经济来往关系，借助经济杠杆、价值规律、自我调控，合理配置内部资源，使各主体之间全面形成货币形式的服务链、责任链、价值链和结算链。经营管理数字化系统的应用扩大了正龙煤业材料管理范围，实现了成本精确核算。人均吨煤成本、人均主要材料消耗量稳步下降，成本管理取得显著成效。

2. 开发煤矿融合通信系统

正龙煤业与震有科技签署合作协议，布局符合城郊煤矿特征的融合通信系统。融合通

信系统采用多业务融合的设计方式，实现与应急视频监控系统、应急语音系统、辅助决策系统和智能单兵系统等系统对接，集固话、无线、视频、数据于一体，可实现多媒体调度、视频监控、视频回传、会议管理、即时通信等强大功能。

（六）建制度，定措施，降能耗，可持续

1. 建立低碳节能制度

正龙煤业认真践行"保护环境就是保护生产力、改善环境就是发展生产力"等绿色发展理念，坚持环保"零容忍"态度，成立了节能领导小组，建立了专职节能机构，制定并完善了一系列低碳节能制度，严格环保工作责任追究，强化环保措施落实，做好环境综合治理工作，实现矿区净化、绿化、美化，推动环保达标。

2. 制定低碳节能措施

矿井水余热利用。2017年7月31日，正龙煤业锅炉改造工程施工，采用"供暖期裕东电厂供热+非供暖期水源热泵"替代燃煤锅炉，该工程已于2017年11月4日完工。其中非供暖期水源热泵机组通过提取矿井水热能对职工洗浴用水加热，所产生的热水能完全满足职工洗浴需求。

矿井水清洁高效深化处理系统。正龙煤业使用矿井水清洁高效深化处理系统，增加提升泵从原水池抽水，加药后进入至高效旋流多级净化设备；设备出水后进入纤维束过滤设备，出水由泵送至清水池，用于职工洗浴、卫生、绿化、供暖系统、生活杂用水配水等用途。原有斜板沉淀池排泥、高效旋流多级净化设备排泥进去污泥池；污泥池用泵提升到现有污泥脱水系统。

（七）重预防，建体系，立标准，稳安全

1. 建立以"012345"为核心的主动预防信息管理体系

安全生产是煤炭企业最大的经济效益，为进一步提升企业安全管理水平，提高工作效率，预防煤矿事故的发生，正龙煤业建立了"012345"主动预防型安全管理体系。通过该体系，矿井管理人员可以实时掌握煤矿生产的安全状况，预防事故的发生。

"零理念"是指城郊煤矿坚持零事故、零违规、零失误、零盲区等理念。"一号工程"要求各科室各区队要把安全作为政治上、组织上、管理上、责任上、投入上和技术上的"一号工程"落实。深化基层建设和基础建设的"双基"建设，对基层单位实施"双基"考核，正职对副职、副职对科室、系统对区队、区队对班组、班组对员工考核，并对考核结果进行排名、与各单位安全工资挂钩。建立健全三项机制：以安全业绩为导向的用人机制、以安全效果为导向的奖惩机制和以动态达标为导向的考核机制，以正向激励为主，激发干部职工增强安全意识。完善科技支撑体系、职工培训体系、安全评价体系和应急救援体系四大体系，为生产提供强有力的安全保障。推进矿井自主、系统自控、区队自治、班组自理、员工自律的五自管理体系。

2. 制定"四位一体"岗位标准化作业流程

长期以来，煤炭企业安全工作的重点都放在重特大事故防控治理上，如瓦斯治理、水灾害治理等，并逐渐形成了较为完善的防控治理体系。但是对于未造成人员死亡或者重伤，但对人员健康造成影响，被定性为轻伤级别的事故（以下简称"零碎"事故），仍然没有一套普遍适用的防治措施。因此，正龙煤业城郊煤矿针对上述难题，总结出了防止"零碎"事故的管理模式，提出"四位一体"岗位标准化作业流程，即"危险预知、安全

确认、安全站位、流程作业"。

四、孵化高新技术企业推动煤炭企业高质量发展的效果

正龙煤业通过孵化高新技术企业，经过近几年不断的探索和实践，企业的创新能力大幅提升，数字化和智能化融合实现了煤矿智能高效开采，保障了矿井安全稳定，推动了煤矿绿色发展。

（一）人财并举创新升级

1. 人才引进，成果显著

正龙煤业通过优化人才引进政策，吸纳了大量高质量后备人才，目前创新研发人员达到418人，其中具有本科或硕士研究生学历的有156人，占比为37.32%；近三年引进的研发创新人员中50%是本科或研究生学历，优化了企业创新人员结构，扩充了企业的研发团队。

2. "揭榜挂帅"，立竿见影

通过"揭榜挂帅"，鼓励开放创新，积极开发产学研项目，调动市场创新活力。迄今为止，正龙煤业已经和中国矿业大学、河南理工大学和煤炭设计院等多个大学和研究所合作开展多项产学研项目，帮助企业攻破了多项难题，比如针对建筑物下压煤，提出了超高水材料充填开采技术；针对瓦斯治理难题，使用定向多分支长钻孔区域瓦斯抽采技术开采；针对水治理困难，研究出高承压太灰水动态引流疏降关键技术，保障了煤矿安全开采。

3. 创新投入，产出丰硕

正龙煤业近三年研发费用占销售收入的比例一直维持在3%以上，为其实现高水平科技自立自强奠定了坚实基础，也为其孵化高新技术企业提供了强大的支持力。此外，正龙煤业近三年的专利授权总数达到19项，创新能力得到显著提升。

4. 技术创新，降本增效

采用"110工法"切顶卸压自成巷技术，累计留巷5100 m，新技术每个工作面可以少掘一条巷道，掘进成本按12276元/m计算，掘巷总费用可以减少1792万元；使用高承压太灰水动态引流疏降关键技术后，按照煤矿年产量近400万t煤计算，整体吨煤成本下降约14元/t，每年可以因疏水降压而节省约5600万元水治理成本；使用瓦斯治理技术，可以提前3个月结束回采，有效防止掘进期间瓦斯超限，比没有采用瓦斯治理技术之前每天可以多生产约2000 t煤。

（二）数智融合提质增效

1. 煤炭生产实现智能化开采

正龙煤业城郊煤矿建设了智能化采煤工作面，设备具有一键启停、记忆截割、故障诊断与信息推送、数据采集分析等功能；推动采煤工作面"520"建设目标的实现，即前期生产5人，中期生产2人，后期生产无人化，设备操作全部在地面完成。同时，矿井全面实现了13个变电所、4个排水泵房、3个给煤机等设备系统的无人值守，通过远程监控、无人值守方式运行，累计减少岗位工246人；使用矿井提升智能化控制系统，实现智能监控、电控系统监控、装卸载监控、液压制动监控、给煤机监控等，真正实现主井无人值守，达到进一步减员增效的目的。

2. 经营管理实现数字化转型

通过构建涵盖物资管理和设备维护的经营管理数字化系统，减少了材料浪费，设备故障率下降40%，年节省直接生产成本1080万元，提高了对项目成本的管控水平，实现了业务各环节一体化管理和高效运营。

（三）安全管理精细到位

1. 制定安全标准，取得显著成果

"四位一体"岗位标准化作业流程为正龙煤业城郊煤矿构筑了一道"知、防、管、控"相结合的安全"防火墙"，保障了矿井安全生产，提升了工作效率，有效预防了零碎事故的发生，促进了企业安全可持续发展。该作业流程不仅提高了煤炭生产效率，使煤炭产量每年增加约13.8万t，也降低了员工培训成本，使培养一名成熟技术工人的培训时间由4个月缩减到2个月，每年节省培训成本约1200万元。

2. 管控生产环节，保证安全开采

正龙煤业城郊煤矿搭建了安全生产智慧管控平台，设置智能管控、智能监控、智能分析等五大模块，含32个子模块，1147个子菜单，覆盖各专业、各环节业务范围。不仅具有数据查询、分类、汇总功能，还可以进行对比分析，目前系统月度数据量达21.5万条，月度操作数43万次，形成煤矿设计、地质测量、调度、流程等主要安全生产环节的管控。同时城郊煤矿还运用大数据分析模型，对安全生产经营信息进行综合展示、关联分析、探索挖掘、概括推理，发现其中蕴含的知识规则和演化模型，动态量化安全生产经营状况，预判预警未来发展趋势，实现安全生产经营的动态诊断，保障了煤炭生产过程的安全。

3. 增强安全意识，三违次数减少

正龙煤业城郊煤矿采用融合通信系统，能够实时监督员工的行为，是矿井安全开采的强有力保障。通过该系统的使用，规范了员工井下作业流程，有效避免了"三违"和不安全行为的发生。"三违"和不安全行为次数显著下降，实现了连续7000余天的安全生产。

（四）绿色低碳贯穿全程

1. 煤炭开采前，进行技术论证，采用绿色开采技术

正龙煤业城郊煤矿将超高水材料充填开采与膏体充填在技术、用料、成本等方面进行比较，实现超高水充填材料在城郊煤矿充填面的成功应用，为城郊煤矿解放建筑下压覆的煤炭资源开采提供了有效的技术方法，也为类似条件下的其他煤矿实施采空区充填提供了新途径与新方法，具有显著的社会效益。

2. 煤炭开采中，矿井水重复利用，减少地下水使用

正龙煤业选煤厂每年入洗原煤量350万t左右，由于原煤水分较商品煤水平低1.5%~2.3%，每年需消耗用水47250~72450 m^3，这些用水全部来源于矿井水，减少了地下水使用。与此同时，洗煤产生的废水再被输送至选煤厂继续使用，选矿废水中精矿通过浮选机收集，尾矿通过浓缩池收集，精矿和尾矿均使用压滤机脱水，压滤机滤液再作为洗煤用水，返回洗煤厂继续使用。此外，一部分矿井水从井下排往地面经过深度处理系统处理后排至开控水务，送至其他用水量较大的单位，不对外环境排放。通过洗选闭路循环和深度处理系统，达到矿井水100%重复利用，做到矿井水零排放，促进企业绿色健康发展。

3. 煤炭开采后，注重复垦和生态恢复

正龙煤业坚持"生态恢复，保护为主"的原则，配合当地政府在采煤沉陷区打造了国家 4A 级旅游景区——日月湖景区，将煤炭开采后无法进行耕种的沉陷区变成旅游景点，不仅妥善处理了煤炭开采后的遗留问题，也具有较高的社会示范效应。

参 考 文 献

［1］高蕊．煤矿高质量发展建设动态优化研究［J］．中国煤炭，2021，47（6）：7-12．

［2］刘峰，曹文君，张建明，等．我国煤炭工业科技创新进展及"十四五"发展方向［J］．煤炭学报，2021，46（1）：1-15．

［3］芮素生．抓住机遇，深化改革，不断推进煤炭科研事业的发展［J］．煤炭科学技术，1993（6）：2-7．

［4］许玲玲，杨筝，刘放．高新技术企业认定、税收优惠与企业技术创新——市场化水平的调节作用［J］．管理评论，2021，33（2）：130-141．

［5］袁亮．我国煤炭主体能源安全高质量发展的理论技术思考［J］．中国科学院院刊，2023，38（1）：11-22．

［6］康红普，王国法，王双明，等．煤炭行业高质量发展研究［J］．中国工程科学，2021，23（5）：130-138．

［7］肖宇，彭子龙，何京东，等．科技创新助力构建国家能源新体系［J］．中国科学院院刊，2019，34（4）：385-391．

大型化工企业销售贸易一体化运营管理变革

陈 光

(河南能源化工集团化工新材料有限公司)

摘要： 近年来，在国内外经济复苏乏力、整体下行的大形势下，集团公司化工板块生产经营困难，陷入持续亏损状态。为打赢扭亏脱困攻坚战，集团公司持续深化改革创新，整合化工板块资源，统筹企业战略谋划和产业发展规划，加快调整经营结构，优化商业模式，成立平台公司，推动产业转型升级，实现"实体+贸易"对接有机融合，打造产品经营竞争新优势，提高企业整体盈利能力。化工新材料公司以集团公司总体部署为指引，重塑产业机制体制，健全规章制度，规范工作流程，强化风险防范，大力推进市场化经营改革，激发动力释放活力，提高效率效益。围绕优质服务，优化产业布局，拓展市场空间，打造多元支撑的发展新格局。优化发展战略，做强基础业务，拓宽经营范围，加快国际化经营步伐，更好发挥贸易对产业的带动作用，实现增量增益。同时，利用河南能源大宗交易平台等信息技术手段，推动业务模式创新，实现阳光销售和增值增效。通过销售贸易一体化运营管理变革，化工板块品牌效应持续提升，盈利空间有效拓展，发展后劲不断积蓄，新动能加速蓄势聚力，有力夯实了企业高质量发展根基。

关键词： 转型；一体化运营；模式；变革

随着化工在我国现代化建设中的作用愈来愈重要，国内外化工产业转型发展日新月异，内生出巨大的贸易需求，助推了国际贸易朝更加平衡、自由的方向发展。同时高端化工产业快速崛起为贸易的发展提供了发展机遇，市场驱动力巨大。政府相继出台相关政策，为贸易高质量发展提供了良好的环境。化工新材料公司抢抓市场机遇期，按照集团公司总体部署，优化整合化工板块资源，从体制机制改革入手，重点发挥专业化管理优势，全面放权赋能，激发基层动能活力。

一、实施销售贸易一体化运营管理的背景

（一）推动贸易高质量发展是党中央作出的重大决策部署

"十四五"规划和2035年远景目标纲要强调，"立足国内大循环，协同推进强大国内市场和贸易强国建设，形成全球资源要素强大引力场，促进内需和外需、进口和出口、引进外资和对外投资协调发展，加快培育参与国际合作和竞争新优势"。中央经济工作会议也提出"扩大高水平开放，多措并举稳定外贸，保障产业链供应链稳定，加大吸引外资力度"的要求。面对世纪疫情、大国竞争与博弈、单边主义和保护主义抬头等挑战，我国经济发展面临需求收缩、供给冲击、预期转弱三重压力，进一步推动贸易高质量发展成为在新发展阶段贯彻新发展理念、构建新发展格局的关键一环，对推动经济高质量发展、更好

满足人民美好生活需要具有重要意义。

（二）企业转型发展的迫切需要

近两年来，受全球经济增长放缓、化工行业新增产能集中释放、地缘政治及疫情等多种因素影响，国内化工行业整体利润呈现下滑趋势。目前国内化工市场竞争激烈、趋于白热化，传统的经营模式和手段已然失效，多数化工企业经营效益持续变差，甚至一些龙头化工企业也开始出现了亏损。特别是2022年下半年以来，在高成本、弱需求的供需环境下，化工市场形势急剧下滑，煤化工产品价格大幅度下跌，有些产品价格腰斩，有些下降20%~30%，最少的降幅也在10%以上，致使部分煤化工装置被迫长期停产，化工板块生产经营压力陡增。化工新材料公司要想在逆境中求生存、在困境中谋发展，就必须持续深化改革创新，倒逼自身转型升级，抓住政策机遇和市场机遇，加快调整经营结构、优化商业模式，推动传统生产经营模式向现代信息流、物流、商流、资金流等物贸服务方向转变，促进销售贸易一体化运营，加大对自主经营品牌的培养，打造新的经济效益增长点，助力化工板块扭亏脱困高质量发展。

（三）企业经营体制机制变革的必然

对照"创新、协调、绿色、开放、共享"的新发展理念，化工板块的管控模式、管理体制还不尽合理、机制活力明显不足、产品结构亟须优化、扭亏脱困压力巨大。化工板块专业化管理的职责明确、权责边界理清等方面仍需做大量深入细致的调研和改革工作。目前主要问题多集中体现在以下几个方面：

一是观念和机制落后。目前化工板块业务运营机制方面仍处于以"管"为主、"服务"为辅的初级水平，行政命令式管理还广泛存在，同时业务信息化管理水平偏低，人员工作精力在内部运行环节占用较高。

二是激励政策过于保守。目前化工板块仍采用计划考核奖惩的传统激励机制，对业务人员创造价值的奖励力度较小且兑现不及时，"隔靴搔痒"的激励机制难以有效激发团队开拓市场追求利润的积极性。

三是品牌效应整体不强。化工板块所辖化工园区（企业）众多，分布在河南省内的不同地市区县，各自独立经营着旗下产品，产品种类不仅繁多，且各自相应的销售渠道和市场区域彼此重叠，相互竞争、抢夺市场，不仅影响集团公司的整体效益，还损害了企业的品牌形象。

四是员工综合能力不强、素质不高。细分领域和高附加值产品市场往往对营销人员的综合能力提出更高的要求，除具备基本的市场营销理论与实务能力之外，对相关的生产工艺、技术服务、售后服务以及与下游客户共同优化产业布局、改进产品性能等方面都有较强的要求，目前能适应相关要求的营销员工较少。

五是高端产品开发不足。化工板块生产的化工产品分布于三条产业链：一是乙二醇-PET聚酯产业链；二是甲醇-二甲醚-醋酸-BDO-PBT-POM醇醚产业链；三是尿素-三聚氰胺化肥产业链，产业链充分利用了原料资源，扩充延伸至纺织、塑料等不同行业，实现了一定规模效益和产业链优势，但链条结构整体仍较为单一、产品低端，高端产品占比较少。

二、实施销售贸易一体化运营管理变革的主要做法

化工新材料公司认真贯彻落实河南能源化工产业"四个一批"战略举措，关闭整改出

清退出一批、技改扩能增盈脱困一批、合资合作共同发展一批、科技成果转化建设一批，着力提升园区竞争力和产品竞争力，依托现有产业基础，统筹企业战略谋划和产业发展规划，不断优化产业布局，加快推进转型升级，实现产业发展与区域经济的深度融合，打造全国最大、品种最全、具有强大竞争力的生物降解材料和高端新材料产业集群，积极推进产业向"一带一路"沿线资源丰富国家和地区有序发展，矢志打造国际一流的综合性化工产业集团，助力中原崛起和黄河流域高质量发展，为国民经济和社会发展作出积极贡献。

（一）确立销售贸易一体化运营管理的总体目标

为坚决打赢集团公司改革脱困攻坚战，实现改革发展增盈提效。集团公司优化整合化工板块资源，以加强管理体系和管理能力建设为主线，围绕化工板块产业发展，按照多元化经营的思路，加大市场开发力度，不断优化上下游网络体系，积极构建市场化机制，力求做强做优外购外销、物流运输、铁路专用线等主流贸易板块，并积极拓展新领域，积极探索新途径，积极尝试新模式，努力构建销售主业突出、贸易多业务并存且生命力旺盛、良性发展的大格局，打造企业核心竞争力，提升企业美誉度，提高企业整体盈利能力。同时，利用河南能源大宗交易平台等信息技术手段，推动业务模式创新，实现增值增效。

一是发挥市场引领、导向作用，依托各化工板块所属园区（企业）的原料采购、化工产品、技术服务等资源市场，加强内部统筹协调，外部联合强企，扩大贸易品种，拓宽贸易渠道，打造现代销售贸易平台，最终实现向社会要效益的转变。

二是创新发展，延伸服务链。利用开展销售贸易便利条件，深入上下游企业，摸清上下游产品链条、生产工艺、流程，紧盯装置运行情况，在提供销售贸易优质服务的基础上，拓展技术增值服务，打造新的利润增长点。

"十四五"期间，化工板块将加快转变经济发展方式，在产品销售的基础上，扎实推进现代物流贸易产业发展，以获取利润为目标，强化风险管控，筑牢安全防线，切实做到商流、物流、资金流、信息流"四流合一"，力争2025年贸易利润达到2250万元。

（二）重塑产业体制机制，打造销售贸易一体化服务平台

1. 成立平台公司

根据化工板块改革发展需要，充分发挥协同效应，激发动力活力，实现化工企业改革脱困、提质增效和高质量发展，化工新材料公司进一步理顺化工业务管理关系，在濮阳国龙物流有限公司化工贸易业务的基础上，将产品销售、化工贸易两部分业务有机整合，形成一体化运营的组织结构，组建了河南能源化工集团化工销售有限公司（以下简称"化工销售公司"）。

2. 设置内部机构

为进一步加强组织管理，本着有利于业务开展和精干高效的原则，设置办事机构，配备必要的工作人员。设立总经理1人，经理层若干人，负责公司的生产经营管理工作，组织实施执行董事的决议。下设管理部室4个，化工集销业务部室3个，产品出口及国际贸易部门1个，贸易业务部室3个，现场对接服务派出机构4个，在册干部职工共计108人。具体组织结构调整目标如下（图1）：

（1）设置管理部室4个，分别为综合管理部、风险控制部、运营管理部、财务管理部；

（2）设置化工集销业务部室3个，分别为乙二醇业务部、醇醚业务部、聚酯业务部；

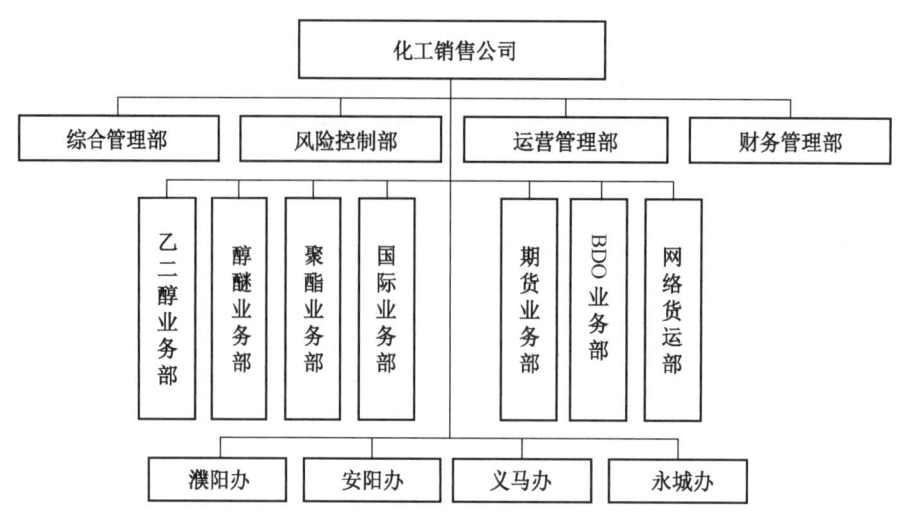

图 1　公司具体组织结构调整图

（3）设置产品出口及国际贸易部门 1 个；

（4）设置贸易业务部室 3 个，分别为期货业务部、BDO 业务部、网络货运部；

（5）设置现场对接服务派出机构 4 个，分别为驻濮阳、安阳、义马、永城园区办事处。

3. 建立了化工产品集中销售的工作体制

为充分发挥集团公司规模优势，提高市场话语权、产品和市场竞争力，本着"条块协同、专业化"管理的原则，在化工板块首次建立了"管理共享、业务集中、立体衔接"的集中销售工作体制。化工销售公司按照"委托销售制"的模式，对化工板块生产的甲醇、尿素、二甲醚、醋酸、1,4-丁二醇（BDO）、聚对苯二甲酸乙二醇酯（PET）、聚对苯二甲酸丁二醇酯（PBT）、三聚氰胺及聚甲醛等 10 种化工产品实施集中销售管理。产销衔接采用管理层轮值、联合开展业务、现场办公服务等多层次立体化模式。

4. 建立销售贸易一体化工作的运营机制

按照"服务业务，强化管理"的要求，进一步增强规矩意识，明晰管理职责，化工销售公司不断完善有关业务制度管理体系。建立了化工产品集中销售"1+N"管理制度体系，涵盖合同管理、价格管理、调运管理、商务纠纷等多个管理规范；按照与劳动力市场基本适应、与企业经济效益和销售业绩挂钩的"一适应，两挂钩"总体思路，建立健全化工产品销售人员的薪酬体系和符合化工业务的考核激励机制。先后制定下发了《价格管理办法》《贸易管理办法》《资金管理办法》《客户资信管理办法》等 26 项管理制度，形成了风险防控管理制度体系，做到了"管理有制度，操作有规范，考核有标准"，以管理的正规化、专业化推动业务的规范化运行，在稳固销售、拓展贸易的同时，真正能够做到资金、法务、廉政"零"事故。

（三）优化管控模式，提高管理质量

1. 产权结构

十四五期间，化工销售公司将持续推进股权多元化改革，充分发挥公司在国内、国际贸易业务渠道建设方面的优势，拟以增资入股的方式吸引1至2家民营资本战略投资者，推进混合所有制改革，并通过设立合伙制企业（职工持股平台）实施核心骨干员工持股，股权结构初步预期为集团公司内部国有股40%，社会资本持股40%，员工持股20%。通过资本结构改革和治理结构优化，降低国有资本在企业代理、监督环节的成本，促使企业管理者充分发挥"企业家才能"，实现人力资源资本化，有效调动核心员工积极性，将公司打造成为新型的具有较强市场竞争力的化工产品物流贸易企业。

2. 市场化经营

深化国有企业市场化经营机制改革，建立员工能进能出、干部能上能下、收入能升能降的管理制度，在企业内部形成"能者上、庸者下、劣者汰"用人导向，为企业的发展奠定坚实的人才保障。一是树立市场思维，强化市场意识。不断强化全体员工岗位靠竞争、管理人员上下靠业绩、收入分配多少靠贡献的市场化理念，激发全体干部职工的内生动力和活力。二是全面推进任期制和契约化管理。重要岗位人员的任期为3年，企业与之签订个性化目标责任书，根据业绩完成情况及合规履职情况到期续聘、解聘职务或中止任期。三是精准激励原则，突出效益导向。建立贸易利润分成和销售增效分享为主的增量激励收入机制，激发干部职工敏锐把握市场机遇，向市场要效益追求增值。四是建立全员考核评价体系，强化考核结果刚性兑现。所有人员实行"一人一书（目标责任书）"量化考核，与薪酬待遇、岗位晋升等直接挂钩，凝聚员工的认同感和归属感，充分调动大家的工作积极性和创造性。

3. 风险防控

健全管控制度体系。强化资金、货物风险防范，建立部门联审和贸易办公会两级审核机制，构建全过程、全方位、全员的风险预警与防控体系，科学设置监控预警指标，及时掌握、分析风险变化趋势，实现对风险的动态管理和有效管控。

（1）管控好决策风险。严格落实"三重一大"决策制度，规范法人治理结构，有效防范决策风险。

（2）管控好资金风险。建立应收账款终身负责制，加大货款回收和清欠力度，确保产品卖得出、资金收得回；拓宽融资渠道、优化融资结构、降低融资成本，为企业正常运转提供资金保障。

（3）管控好客户资信风险。开展尽职调查、信用评级、客户授信等业务，对客户信用进行动态管理，并建立客户资信体系和信用评价机制，以及用户白名单和黑名单制度，切实做好源头防范工作。

（4）管控好合同风险。加强合同风险预警管控，大力推进合同文本标准化、审核流程规范化、评估风险常态化，同时健全完善合同履行跟踪监督机制，做到合同签订事前预防、合同履行事中监控、合同违约事后补救的全过程管控，确保企业安全生产经营形势保持平稳。

（5）管控好安全环保风险。积极配合化工板块园区（企业）做好安全环保宣传教育，扎实推进各项隐患排查整治，实现安全环保零事故。

（6）全面风控，强化监管。运用审计、法律、巡察、督查等手段，着重对合同、价格、财务、采购和销售等重点领域关键环节进行监督，及时发现和消除隐患。

4. 交易平台

根据河南省《关于加快平台经济健康发展的实施意见》加快实施数字化转型战略，推动平台经济发展的要求，集团公司建立了河南能源大宗商品交易平台（以下简称"交易平台"）。化工销售公司先行先试，积极推进化工产品线上交易工作。坚持"长约+现货，现货走线上，线上走竞拍"的销售模式，积极发挥线上平台的价格发现功能，实现阳光销售、高效快捷。同时结合市场实际，坚持"错峰竞拍与集中竞拍"相结合，"批量竞拍与定向竞拍"相结合，把握销售节奏，准确研判市场，努力实现产品"卖得出、卖得好"。

（四）优化产业布局，开拓市场空间

根据自身产业特点，围绕优质服务，加快结构调整，优化产业布局，积极抢抓发展机遇，拓展市场空间，打造多元支撑的发展新格局，全力以赴稳住化工板块生产经营、实现更大发展。

1. 产品销售业务

一是加强市场走访调研，发挥服务作用，解难题、办实事，稳定住市场、维护好客户。二是强化产销衔接，算账生产、算账销售，优化调整产品结构，指导服务生产经营。三是调整客户结构，提高终端或直供客户占比。重点是加强对直供客户的服务和政策支持，形成良好稳定的供需关系，增强企业对市场波动的抗压能力。根据行业特征、产品特点，结合实际，将各产品终端客户占比提升至60%~80%及以上。四是优化产品质量，满足不同客户需求，拓宽销售渠道，向中高端市场拓展，逐步增加高端产品或高端行业的供应比例。五是提升增值服务能力。转变观念、提高认识，从产品销售转向技术服务销售。充分利用化工板块人员、技术优势，帮助指导、解决下游客户生产技术难题，提升企业服务效益。六是加强资金管理，确保货款回收率达到100%。

2. 传统贸易业务

充分发挥集销贸易平台信息资源及客户资源优势，不断提升把握市场走势能力，针对季节特征明显、市场波动频繁、价格起伏较大的产品特点，与化工板块内的园区（企业）做好联合，高效利用仓库、罐区的存储能力，打好空间差、时间差，低吸高抛开展"淡储旺销"贸易工作，追求企业经济效益最大化。

3. 期货贸易业务

一是依托厂库资质开展仓单业务。主要有三种模式，第一种模式是代理注册仓单，实现自有产品预售，厂库收取相关费用，最终按约定价格回购仓单，以贸易形式实现产品销售；第二种模式是厂库加贸易商模式，即厂库与贸易商合作，利用贸易商资金、库存及市场优势，以贸易商贸易需求为基础，通过厂库为其实现库存科学管理，稳定合理利润；第三种模式是下游企业加贸易商模式，即下游企业通过厂库与贸易商达成合作，发挥贸易商资金、库存优势，为下游企业锁定更加有利的采购成本，合理管理库存。二是开展期货加工厂经营，提前锁定利润。利用自身对产业链上下游的科学、合理、准确的分析判断，通过期货市场锁定原料端及预售端，选择加工企业实现期货加工厂模式经营。

4. 代理服务业务

一是大力推进全国1,4-丁二醇（BDO）企业在河南能源大宗商品交易平台的集中销售。二是在现有与山东沃兰、森大木业、安徽中元、大化环保等中小企业原材料代购合作的基础上，加强行业上下游信息共享，建立提升互信，对主要同行和核心下游企业授信，

提升产业链融合度。同时，加强上下游技术交流，促成产品结构调整、质量提升及降本增效。拓展增值服务，上下游联手共同开拓新产品、新技术和新需求。打造高层论坛，加强行业联合，引领产业链协同发展。

5. 网络货运业务

利用集团公司资源整合能力强、品牌效应广、网络效应明显等优势，依托互联网手段和组织模式创新，开展网络货运服务。以集团公司化工板块的内部物流运输需求整合为起点，逐步向外部市场辐射，按照"线上资源合理配置、线下物流高效运行"的工作目标，形成新的发展点。

（五）优化发展战略，推进国际化经营

充分利用国家"一带一路"和"四路协同"战略开放机遇，融入"双循环"新发展格局，大力推进国际贸易发展。采取"产品+贸易"营销模式，开拓化工产品进出口贸易渠道。利用尿素、三聚氰胺、1,4-丁二醇（BDO）、醋酸的出口渠道，着眼"买国内卖国外"，重点开发日韩、东南亚、俄罗斯和中亚等市场。以中东和拉美的合成氨、乙二醇和甲醇作为切入点，依托湛江港、连云港开展合成氨进口贸易，辐射华南、华东市场；依托张家港、太仓港开展乙二醇进口贸易，辐射华东市场。努力打造进出口贸易一体化，开创进出口贸易工作新局面，充分挖掘潜力，力争增量增益。

（1）陆上丝绸之路国际贸易。充分利用国家"一带一路"倡议机遇和"中欧班列"运输条件，积极拓展国际贸易。重点开发欧洲和中亚等市场，实现出口 PET 产品常态化。

（2）海上丝绸之路国际贸易。进口着眼于做好贸易布局，分品类构建通过湛江港到华南西南、通过连云港到华东两大市场，选取太仓港或张家港港库租赁，"仓库前移"站稳脚跟，夯实长足发展的基础。主要方向合成氨进口贸易、甲醇进口贸易、乙二醇进口贸易。

（3）空中丝绸之路国际贸易。充分利用国家赋予河南的先行先试政策，通过河南国家级航空港、跨境电商综试区等开放平台的作用以及河南在区位、交通、市场、政策等潜在优势融合升华为集团全方位的综合竞争优势，努力开发高附加值产品的进出口贸易，实现国际贸易高质量发展。

（4）网上丝绸之路国际贸易。借力中国国际进口博览会、广交会、国际服贸展、中国（河南）国际投资贸易洽谈会、全球跨境电子商务大会以及部分专业展会等国内外高端平台，拓展国际"朋友圈"，推动线上开展产品销售和国际贸易，打造"卖出去"和"买进来"网上大通道。

（5）主动融入"双循环"贸易新发展格局。为了实现国际贸易可持续发展，更优水平参与全球国际贸易，取得内外双循环的良性互动，企业将积极融入双循环发展新格局，保持国内循环、国际循环的紧密融合与相互促进，从进口合成氨、甲醇和乙二醇等基础化工原材料入手，补上目前国际贸易进口短板，不断优化国际贸易结构。

三、销售贸易一体化运营管理变革的实施成效

2022 年化工板块营业收入同比增长 8.99%，产销率 100%，货款回收率 100%。行业对标增效 1.38 亿元，同比增长 0.86 亿元，增长率 165%；进销存增效 925.79 万元；线上竞价成交 61 万吨，成交额 17.47 亿元，实现溢价收入 1110 万元。

（一）销售创效业绩提升

聚焦中心工作，强化订单、物流、责任人"三落实"，研究市场动态，把握销售节奏，做好两个服务，做到日保周、周保月、月保年，较好地完成了销售各项任务，保障了化工板块的安全稳定生产。

稳定桐昆、恒逸、新凤鸣、晓星化工等战略合作用户，打造上下游一体化生态链，提升市场竞合关系。乙二醇长约保持在90%以上，BDO长约占比稳定在85%。通过发挥长协"压舱石"作用，减少市场变动对于销售的影响，在市场困难的情况下，有效降低库存，确保园区生产经营安全稳定。

以"稳定存量，挖潜增量"为目标，在稳定现有渠道的同时，积极拓展直供用户、周边区域和高端市场，加大产地销，实现产品保值增值。乙二醇产品开发了潍坊华宝、江苏德赛、洛阳炼化等12家近距离、高价客户，周边市场销量占比达到70%~80%，节省运费50~120元/吨，累计增效350余万元。

按照"长约稳市场，现货增效益"的策略，结合市场变化，不断提高现货销量占比。在市场下行期间，小批量多批次常态化开展现货销售，不仅缓解市场下行压力，支撑市场价格，降低企业库存，弱化市场风险，同时还储备了东营浩帆、河南辰叶、杰士美等现货用户，切实提高应对市场风险的能力。

经营管理成效显著。持续加强内部管理，切实提升发展质量和效益。用足用好国家利企政策，累计取得退税资金2404万元，办理政府奖励资金205万元，为企业高质量发展增添活力。

（二）贸易质量明显提升

以推动贸易创效提升为主题，把创新国内贸易与突破国际贸易相结合，相互补充、相互支撑，积极构建国内国外贸易双轮驱动、双循环发展新格局，切实提升贸易质量和水平。全年完成贸易收入38.92亿元，完成全年计划的150%；贸易利润4792万元，完成全年计划的192%。其中，国际贸易利润2641万元，同比增加413%；出口创汇8403万美元，同比增加210%。

1. 国内贸易

甲醇成功入围河南顺达供应商和中石化中原乙烯长约供应商，全年实现利润约130万元。创新贸易模式，把贸易销售引入线上交易平台，采购延长石油、蓝山屯河、五恒化学、陕西陕化等外部企业BDO线上销售4800吨，创效55万元；1.5万吨仓单回购甲醇通过线上销售，增效45万元。

2. 国际贸易

抓住俄乌战争影响，国内外合成氨市场价格"倒挂"有利时机，租用湛江港合成氨储罐，积极实施内外贸"双循环"战略，全年累计出口合成氨10.62万吨，占全国合成氨出口总量的88%；实现合成氨内贸1.5万吨，打通了合成氨跨境贸易和国内分销两个市场，促进内外贸资源优势互补，协调发展。全年合成氨贸易收入5.38亿元，贸易利润2462万元，创汇7662万美元。

（三）平台影响力持续提升

化工销售公司依托行业协会，积极发挥行业引领作用，先后组织、参加了5场BDO行业会议，反复探讨稳定市场方案，提出"限产保价"和"集中交易"的策略，大力推进全国 BDO 现货集中销售。前后有新疆屯河、新疆美克、新疆国泰、内蒙东源、宁夏五恒、陕西陕化、陕西国融等国内 9 家主要 BDO 生产厂家在河南能源大宗商品交易平台进行竞拍，参与企业占全国 BDO 企业的 60%，带动 BDO 价格止跌上涨 4350 元/吨。BDO 现货集中线上销售后，价格科学透明，可信度较高，并被卓创、安迅思等第三方咨询公司作为主要采价依据，成为行业报价的重要基础数据，实现了第三方咨询公司从贸易商取价为主向平台取价为主的转变。随着集中交易的覆盖面持续增大，平台影响力持续提升，对市场稳价挺价，提升化工板块效益，引领行业健康发展起到积极作用。

（四）人员综合能力素质显著提升

化工产品销售队伍中的业务人员均是从化工板块所属生产单位的优秀化工销售队伍中经过多次选拔确定的，队伍中党员干部居多，整体政治素养高，且部分人员拥有多年基层和生产一线工作经历，大专以上学历占 92%，平均年龄 36 岁，属于年轻、高效的优秀队伍。同时还拥有一支高水平的管理队伍，在业务运行、风险管控、价格管理等方面均有科学的管理制度、先进的管理经验，为化工板块整体稳定、高效运行奠定了强有力的基础。

参 考 文 献

[1] 陈飞泉. 治理风险与合规：统一治理框架下的风险管理、内部控制和合规管理[M]. 北京：中国经济出版社，2021.

[2] 安毅. 期货市场学[M]. 北京：清华大学出版社，2020.

[3] 朱长征，朱云桦. 网络货运平台[M]. 北京：清华大学出版社，2022.

煤化工企业绿色低碳转型发展路径及战略研究

周常行，曹 敏，刘志辉

（河南省煤气（集团）有限责任公司技术中心）

摘要：现代煤化工是煤炭清洁高效利用的重要途径，也是实现煤化工行业绿色低碳高质量发展的必然结果。在"碳中和""绿色发展"背景下，煤化工的高碳属性和污染物排放问题制约了行业可持续发展，绿色低碳发展模式是推动煤炭工业转型升级的需要，符合发展绿色经济、建设美丽中国的时代要求，也是推动大型煤化工技术和装备自主化的必然选择。在选择绿色低碳转型发展路径上，提出了开发低碳节能技术、加强关联产业耦合、落实碳排放边界管理、推动行业绿色循环发展等措施。针对当前煤化工产业绿色低碳转型发展面临的一系列共性问题，以 H 企业为例，利用 SWOT 分析方法分析了企业发展的各种要素，提出了以 SO 策略为主、兼顾 WO 策略的绿色低碳转型发展战略。

关键词：绿色；低碳；现代煤化工；发展路径；战略研究

一、引言

能源安全是国家总体安全的重要组成部分，也是稳定国民经济的重要支配力量。美国能源部提出的"煤炭 FIRST"政策（Flexible、Innovation、Resilient、Small、Transformative）认为"煤炭是一种丰富、用得起、有适应力和可靠的能源，通过创新手段，未来几十年将继续成为美国能源供给的重要组成部分"。我国的煤炭蕴藏量丰富，煤炭在国家能源序列中发挥着"稳定器"和"压舱石"的作用，未来相当长一段时间以煤炭为主的能源生产和消费特征不会改变。

2022 年 3 月 22 日，韩正副总理在主持召开的煤炭清洁高效利用工作专题座谈会上强调："要坚持从国情实际出发，推进煤炭清洁高效利用，切实发挥煤炭的兜底作用；要深刻认识推进煤炭清洁高效利用是实现碳达峰碳中和目标的重要途径，要统筹做好煤炭清洁高效利用这篇大文章。"发展以煤化工为基础的煤炭清洁利用技术，可以将煤炭转化成 90%以上的燃料油和化工产品，实现煤从燃料向产品的质的蜕变。

不同于传统煤化工行业主要生产焦化品、化肥、PVC 等初级化工产品，现代煤化工主要是以煤炭为基础原料，以气化为龙头，利用煤中有机质所包含的碳、氢，通过化学重排、重整技术，生产出特定的化学品。新型煤化工技术主要包括煤制油、煤制烯烃、煤制甲醇、煤制乙二醇、煤制天然气等多种化工产品，本质上是一种煤与化深度融合的工业化生产技术。随着"双碳"目标、"绿色发展"等政策出台，现代煤化工企业要妥善解决要发展和护环境的突出矛盾，研究分析当前产业转型存在的问题，积极探索可行的绿色低碳转型发展路径，为煤化工企业制定战略发展规划提供路线参考。

二、绿色低碳转型是煤化工行业可持续发展的必由之路

(一) 现代煤化工产业推动煤炭工业转型升级

根据国务院《2030年前碳达峰行动方案》文件指示,我国未来严格项目准入,严控新增炼油和传统煤化工生产能力,稳妥有序发展现代煤化工。经过多年的发展,我国已经形成较为完备的现代煤化工技术体系,在百万吨煤炭直接液化、煤制多种类油品、煤制多牌号聚烯烃等领域取得重大突破,一些技术已经达到甚至超过国际先进水平。目前,我国已建成包括鄂尔多斯、榆林、宁东、准东等在内4个现代煤化工产业基地,在山西、河南、淮南等地散状分布煤化工产业园,初步形成了园区化、基地化的产业格局。多数煤化工项目背靠煤炭主产区,主动关联煤炭转化的上下游,积极与石化、煤电等行业联动,有效推动了当地煤炭工业转型发展。2022年我国现代煤化工行业经济数据见表1,煤制油、煤(甲醇)制烯烃、煤制气、煤(合成气)制乙二醇产能分别达到823万吨/年、1772万吨/年、61.25亿方/年、1083万吨/年。除了煤制乙二醇开工率不足外,其他三种现代煤化工产能利用率都在89%以上,其中煤制天然气产能利用率达到了100.6%。总体上,上述四种煤化工产品年产量同比增长率为5.1%~38.4%,反映出当前现代煤化工产品的产能和产量已经初具规模,行业整体正处在不断扩大生产的快速发展时期,对于实现石油化工原料替代和煤炭清洁高效利用具有重要推进作用。

表1 2022年我国现代煤化工行业经济数据

种类	年产能/(万吨·年$^{-1}$)	年产量/(万吨·年$^{-1}$)	产能利用率/%	同比增长率/%
煤制油	823	732.8	89	7.8
煤制天然气	61.25*	61.6*	100.6	38.4
煤(甲醇)制烯烃	1772	1655.7	93.4	5.1
煤制乙二醇	1083	405.6	37.5	25.5

注:*煤制天然气年产能和年产量,单位亿标方/年。

(二) 绿色低碳发展符合时代发展要求

《求是》杂志发表了习近平总书记《当前经济工作的几个重大问题》的署名文章,文章指出:要推动经济社会发展绿色转型,协同推进降碳、减污、扩绿、增长,创造条件加快能耗"双控"转向碳排放"双控"制度,持续深入打好蓝天、碧水、净土保卫战,建设美丽中国。为了更好地落实习近平总书记战略部署和工作要求,新型煤化工技术在超临界煤气化、加氢气化、高转化率气化催化剂等领域取得突破,将"绿氢"技术与煤液化技术深度耦合可减少"灰氢"消耗,开发煤气深度降尘净化技术减少了污染物排放,研究煤粉耦合甲烷等离子合成乙烯和乙炔并消减碳变换的中间过程,降低了二氧化碳排放。从化学元素上看,煤炭中最重要的成分是碳,辅之以少量的氢、氧、硫等元素。传统煤化工的炼焦、制电石等工艺过程,将煤中碳元素以二氧化碳的形式向外界排放,而现代煤化工通过绿色变换过程,将大部分的碳元素以化工产品的形式固定,从而大幅度降低碳排放量。因此,现代煤化工产业应肩负起总书记嘱托,积极构建绿色低碳、安全高效的发展体系,坚持走绿色低碳发展道路,实现全行业迈向更高质量的发展。

（三）绿色低碳转型利于国产技术装备自主化

在煤化工产业转型发展过程中，依靠自主创新、艰苦创业，我国煤化工企业和科研院所共同合作，在一些重要的技术和装备国产化领域取得了重大突破。在工艺技术方面，我国已经自主掌握煤气化技术、煤间接液化技术全流程工艺过程，同时在煤制烯烃、煤制乙二醇、煤液化油合成芳烃等现代煤化工行业取得重大进展，部分技术指标居于世界先进水平。比如神华宁煤集团 400 万 t 煤炭间接液化示范项目生产的柴油、石脑油、LPG 产品全部达到设计标准要求；陕西延长中煤榆林 120 万 t/a 聚乙烯及聚丙烯项目所生产的 8 个牌号的聚乙烯产品及 10 个牌号的聚丙烯产品，通过了国家食品卫生标准检测，并获得美国食品药品监督管理局（FDA）和欧盟 RoHS 认证。在装备制造领域，工艺技术的自主化也带动了大型煤化工设备的国产化。国产航天炉、晋华炉等大型煤气化装置陆续出现，使我国告别了主要煤化工装备依靠进口的历史，降低了国内煤化工企业投资及采购成本。神华集团建成的世界首套煤直接液化装置，在实现长周期安全运行的同时，装置设备的国产化率达到 98% 以上。类似的煤间接液化、合成油费托合成等技术设备也基本实现了国产替代，为煤化工行业向绿色低碳高质量发展提供了坚实的技术和装备保障。

三、煤化工企业绿色低碳转型发展路径探究

（一）开发节能低碳技术，提高煤炭利用效率

鉴于煤炭自身的高碳属性，加强煤化工节能低碳技术研究，为实现"双碳"目标提供必要技术支撑。一方面，煤化工企业要及时淘汰落后的常压固定床反应炉，减少低效率、高煤耗的煤化工技术；另一方面，还应积极推广国产多喷嘴水煤浆气化炉、航天炉、晋华炉、多元料浆等气流床技术，并在此基础上进行再创新，比如清华大学研究出一种以 CO_2 作为雾化介质的两段式煤气化技术，通入 CO_2 可以降低连续气化炉喷嘴附近的温度，O_2 分级加入能够提高炉内平均温度，在提高合成气转化率的同时降低了 CO_2 的排放量。煤化工生产过程的高能耗也为节能改造预留了较大发展空间，利用低压蒸汽余热预热冷物料，回收低温甲醇洗和液氮洗的燃料气，合成气变换反应 CO_2 回炉利用，净化装置排放的 CO_2 制备尿素，都可以在不同程度提升气化炉物料和能量的利用效率。此外，优化热管、热泵设计，研发朗-肯循环低温余热发电技术，做好工艺设备节煤、节电、节水技术改造，不断提高煤化工产业资源能源利用效率，积极开拓节能低碳发展空间。

（二）加强煤化产业耦合，优化绿色工艺布局

加强煤化工与其他产业耦合，将不同化工生产过程物料和能量进行平衡调剂，从而推动煤化工产业高质量发展。将煤气化技术与燃气-蒸汽联合循环发电系统结合起来，开发出 IGCC 发电技术，该发电系统发电效率超过 45%，单位发电量水耗仅为常规电站的 50%，主要污染物如氮氧化物、硫氧化物等达到超微排放的标准，具备较好的经济效益和环保效益。煤化工与石油化工耦合，重点突破油煤气耦合的煤化工技术，将原煤中重质组分进行解析重构得到重质油、洗油、脱酚油和脱萘油，再送入油气耦合加氢系统，进而生产煤基特种燃料、PAO 润滑油、特种取代基芳烃、高端聚烯烃等化工产品。将煤化工与可再生新能源比如"绿氢""绿氧"技术进行耦合，可以大幅降低工业用电成本。如果未来"绿电"成本降至 0.25 元/度，电解水制氢与煤制氢生产成本基本相当，采用电解水制氢与煤化工产业耦合成套技术，可在当前煤化工行业碳排放基准上降低 95%。发展低氢碳比

的化工产品也可推动煤化工产业向绿色低碳方向转型，适当增加碳含量高或氧碳元素含量高、氢含量少的煤化工产品的比重，例如甲醇、二甲醚、乙醇等醇醚类含氧有机物，不断丰富煤化工产品的种类。做好煤化工产业链横向延伸的同时，还要加大精细化工产品的开发力度。通过拓展煤化工下游产业链，继续做好延链、补链、强链工作，促成煤化工由初级化工产品向高端功能性材料转化，开发石墨烯、碳基固体氧化物、碳基燃料电池、碳纤维等前沿高端碳材料。

（三）建立碳排放边界，推动全流程减碳

煤化工企业应该主动建立碳排放的运行边界，对碳排放的形式进行分类，并进一步完成运行边界内温室气体（含 CO_2）的减排管理。无论是边界组织内排放源的温室气体，或者是组织消耗外部输入的电力、热源、冷源或蒸汽所产生的间接温室气体排放，都应该按照源自生物质或生物质燃料燃烧产生的直接温室气体排放方式予以单独量化和报告。按照碳排放方式不同，温室气体排放可以简单分成直接排放、能源间接排放和其他形式排放三大类。搜集 CO_2 活动数据，选择合适的量化方法和量化工具，对 CO_2 的数据进行质量评分，做好碳排放边界内数据整理工作。对标温室气体减排项目，确定碳减量项目的基准线情景，并按照基准线情景进行测量、量化和报告的原则和要求，完成边界内温室气体替代的审定和核查。煤化工企业还应该以化工生产过程为基准，对煤化工产品全生命周期中各工序产生的 CO_2 量进行测评管理，综合计算温室气体数据质量评分。对照温室气体质量评分表，完成上述温室气体质量评分分级，从而为企业编制温室气体减排清单提供科学的指导。

（四）研究碳回收技术，实现绿色循环发展

CO_2 捕捉-利用-封存技术，简称 CCUS 技术，是一种将生产端排放的 CO_2 分离提纯后再封存或直接利用的工业化过程。煤化工产业具有碳排放源集中、排放浓度高的特点，比较适合采用 CCUS 技术进行捕集利用。目前使用最多的二氧化碳捕集方法有燃烧后分离捕集、富氢燃气路径捕集、富氧燃烧捕集和化学循环燃烧捕集等，其中燃烧后分离捕集最为常见，这是因为该方法处理过程简单、有效，更加适合处理含碳量低且熔点低、易燃烧的原材料。CCUS 技术涉及 CO_2 捕捉、压缩、运输、注入、封存等多个工艺工程，需要统筹考虑各操作单元的集成性和兼容性，重点突破 CO_2 吸附-脱附材料和工艺开发、CO_2 提纯分离、长距离 CO_2 运输等关键技术，打通具备工业化应用的 CCUS 全产业链条。相比于地质封存 CO_2，将 CCUS 技术与 CO_2 高效利用有机结合，积极布局以 CO_2 为原料的高碳产品，加快 CO_2 合成甲醇、碳酸乙烯酯、DMC、低分子 CO_2 共聚物等产品的规模化生产，实现 CO_2 资源的循环利用。此外，利用交叉多学科融合技术可将 CO_2 转化成小分子的酸、糖、油脂等有机物，南京工业大学开发出一种生物法固定 CO_2 厌氧发酵制备丁二酸技术；上海交大研究人员研究出蓝细菌细胞捕捉 CO_2 生产生物可降解塑料 PLA 技术；电子科技大学联手中科院、中科大利用电催化加生物合成技术共同打通了 CO_2 到乙酸进一步合成葡萄糖及油脂的转化路径，促使 CO_2 "变废为宝"，为构建绿色循环经济社会提供了全新的解决方案。

四、煤化工企业绿色低碳转型战略研究

（一）煤化工产业转型限制条件

煤化工产业向绿色低碳方向发展中受到多种内外部因素的影响，比如高度依赖煤炭指

标、"三废"处理难度高、产业结构矛盾突出等，制约着产业转型升级和高质量发展。从行业性质来看，煤化工行业需要原料煤和燃料煤来保障生产，随着国家和地方对新增化工产能和煤炭指标进行严格约束，新建煤化工项目审批难度会陡然上升，煤化工行业时刻面临着产能缩减的外部压力。从煤转化的过程来看，煤化工自身具有高碳属性，煤炭的氢碳比约为 0.2~1.0，而石油的氢碳比为 1.6~2.0，意味着同等能效下煤化工行业将比石油化工行业产生更多的 CO_2，应缴碳税额度也相应增大，额外加重企业生产经营负担。受"双碳"政策约束，煤化工行业高碳属性在制约行业扩张的同时，也为行业节能发展转型提供了机遇，以煤制烯烃行业为例，行业内煤耗基准值和标杆值分别为 3300 $kgce \cdot t^{-1}$ 和 2800 $kgce \cdot t^{-1}$，当前低于基准水平产能占比为 48%，高于基准水平产能占比几乎为零。新近公布的《现代煤化工行业节能降碳改造升级实施指南》提出：在加强前沿技术开发应用、培育标杆示范企业、加快成熟工艺普及推广、有序推动改造升级，严格政策约束、淘汰落后低效产能等三个方向加强工作；预计 2025 年，煤制甲醇、煤制烯烃、煤制乙二醇行业达到能效标杆水平以上的产能达到 30%、50%、30%，基准水平以下产能基本清零。在进行煤炭转化过程中，除了得到所需的煤化工产品，煤化工生产过程中还伴随着大量的"三废"，固体废物主要是气化炉渣、煤焦油渣、废水池污泥等，气态废弃物包括易挥发性有机物 VOCs、一氧化碳、硫化氢、氨等物质，煤化工废水中含有氨、酚、硫化物等多种污染物，这些煤化工废弃物普遍存在较大毒性，对人类身体健康和周围环境构成威胁。就产业结构而言，当前煤化工产品结构单一，主要煤化工产品集中在化工产业链中低端，缺乏高端精细化工产品布局，导致产品竞争力不强，以供应化工原料为主的煤化工市场还存在同质化竞争，不能激发相关企业的发展潜力。

（二）煤化工企业发展要素分析

以笔者所在的 H 企业为研究样本，利用 SWOT 方法分析对煤化工企业绿色低碳转型情况进行分析，如图 1 所示，分别对企业转型发展所面临的优势、劣势、机遇和挑战进行解析。H 企业作为省内最大的能源化工企业，经过多年的发展，现有规模以上煤化工单位 30 余家，拥有壳牌炉、航天炉、五环炉、鲁奇炉、U-gas 炉等多种煤气化装置，各类化工产品的年总产能超过 900 万吨，积累了丰富的煤化工生产和管理经验。企业拥有多个化工园区和产业项目，储备有较充足的存量资源，包括建设用地、环保指标、公用工程和产能指标等，为企业未来发展保留了建设余量。H 企业在产业结构和科技创新方面存在一定的局限性，一方面煤化工产品主要以基础化工产品为主，例如甲醇、醋酸、化肥等，产品门类相似度高，存在同质化竞争，特别是在环保标准提高、碳排放政策趋紧的背景下，原来符合建设要求的煤化工项目迫切需要升级改造，而新建煤化工项目由于缺少技术创新和市场开拓，产业差异化发展布局进展缓慢；另一方面企业生产和管理型人才储备充足，但是缺乏高端科技研发人才和市场化高级管理人才，不利于企业搭建宏观转型发展战略。

面对"调结构、促转型、增效益"产业升级发展机遇，H 企业可借助各级政府对省属骨干企业扶持政策，积极拓展现有煤化工产业的上下游，推动产品终端一体化发展，重点布局煤基新材料与功能性碳材料，加紧建设高附加值、高科技含量的优质化工项目，推进企业转型发展。当前，H 企业的发展还受到内部因素和外部因素的共同作用，未来发展受到诸多挑战。国家从法律、政策等方面加快了对化工产业和企业的监督与治理，环境保护"三线一单"为主要污染物总量控制与达标排放划定了底线，同时化工产业的发展还受到当地水资源和环境容量的制约。浙江、山东和江苏等地化工园区根据自身条件与特点，都在进行产业转型升级，加快域内化工园区落后产能和工艺的整改，有序推进新旧动能转换，H 企业在产品规划和转型发展上面临激烈的竞争。我国煤化工产业经过多年发展形成了一大批自主知识产权的技术创新成果，但是化工新材料和功能性材料的关键技术依然有赖于进口，急需加大科技研发投入力度，尽快填补国内相关技术的空白。此外，煤化工项目由于投资规模较大、见效周期长，项目建设面临巨大的资金筹措压力，找寻灵活多元的融资渠道和融资手段，保障项目建设的资金需要，考验着企业财务人员的集体智慧。

优势	劣势
• 产业基础条件好，项目起步早、装置规模大。 • 后续发展潜力大，能源资源指标预留了余量。 • 生产和管理人员总量丰富。	• 产业类型趋同，产品多集中在中低端基础性化工品。 • "双碳"目标和绿色发展政策下，新建煤化工项目审批更加严苛。 • 缺少高端技术研发人才。
机遇	挑战
• 煤化工产业"调结构、促转型、增效益"的产业升级发展机遇。 • "国企三年改革行动"加大对地方骨干企业扶持力度。 • 打通上下游产业链，推动产品终端一体化发展。	• 域内化工园区竞争激烈。 • 项目建成和盈利的周期长，资金筹措难度较大。 • 国家法律及政策对安全环保事项严格约束，传统生产经营方式面临转型。 • 缺乏关键自主核心技术，发展功能性化工新材料仍存在短板。

图 1　H 企业煤化工产业要素分析

（三）绿色低碳转型发展战略

结合上述 SWOT 分析，H 企业发展现代煤化工具有较好的平台优势、资源组合和生产技术管理优势，也面临着产品类型趋同、缺少高端技术研发人才和新建项目审批难度加大等困境。在当前煤化工产业升级和绿色低碳发展的时代背景下，H 企业煤化工项目面临着产业结构调整的历史发展机遇，以及应对激烈的市场化竞争和缺少低碳环保关键技术的严峻挑战。综合煤化工产业 SWOT 要素分析结果，H 企业制定了以 SO 策略为主、兼顾 WO 策略的绿色低碳转型发展战略。SO 策略内容：一是巩固现有产业和技术基础，实施"补链、延链、强链"，不断丰富煤化工产业门类，实现多元化、差异化发展；二是加强煤化工与"绿氢""绿氧"产业耦合，加强碳排放边界管理，实现全流程绿色生产，推动企业实现绿色清洁生产；三是开发市场前景好、产品附加值高的煤化工下游产品，重点在功能性新材料、生物化工产品、可降解塑料等领域布局，进而实现低碳化、精细化、高端化跨越式发展。WO 策略内容：一是利用现有市场影响地位，找准产品市场定位，延伸现有产业链，增强市场抗风险能力；二是不断优化节能减碳、绿色环保和安全生产的工艺技术，提升企业现有发展载体质量和产业承载能力；三是合理控制产能规模和投资强度，适当增加高新技术产品投入，增强可持续发展能力。

五、结束语

未来，煤化工行业逐渐由大向强跨越、由内及外发生本质变革，推动煤化工企业绿色低碳高质量方向转型,将成为新时期行业发展的主旋律。现代煤化工作为一种煤炭清洁高效利用的有效方式,应积极开发节能低碳高效的煤炭转化技术,从源头上减少温室气体和污染物排放;在生产过程中加强碳排放边界管理,搭建煤化工与其他产业耦合平台,发展绿色环保的生产工艺;在生产末端做好碳回收利用研究,利用煤化工的高碳属性发展高端碳材料,努力走出一条低碳高效与绿色环保协同的高质量发展道路。面对激烈的市场竞争,煤化工企业要善于发掘内部优势,补齐发展短板,抓住发展机遇,积极迎接挑战,正确处理绿色低碳转型过程中内部与外部、当前与长远的关系,因地制宜制定符合企业发展实际的战略规划,不断推进煤化工企业绿色低碳高质量发展。

参 考 文 献

[1] 林水静,杨沐岩,仲蕊.创新驱动煤炭清洁高效利用[N].中国能源报,2022-09-05(3).

[2] 王晓磊,陈贵锋,李文博.双碳背景下煤炭清洁高效利用方向构建[J].煤质技术,2021,36(6):1-5.

[3] 王慧,杨天敏.我国煤炭清洁高效利用现状及发展建议[J].能源,2023,170(3):64-69.

[4] 严晓辉,杨芊,高丹.我国煤炭清洁高效转化发展研究[J].中国工程科学,2022,24(6):19-25.

[5] 王杰.试论现代煤化工产业发展中的环境保护问题[J].资源节约与环保,2021(1):15-16.

[6] 周常行,曹敏."碳中和"背景下现代煤化工的发展[J].燃料与化工,2023,54(1):1-3+7.

[7] 张建胜.煤化工行业碳减排路径及煤气化技术对碳达峰碳中和的作用[C]//第四届能源转化化学与技术研讨会摘要集.北京:应急管理出版社,2021.

[8] 王晓磊,陈贵锋,李文博.双碳背景下煤炭清洁高效利用方向建构[J].煤质技术,2021,36(6),1-5.

[9] 宋世杰,杨岚."双碳"背景下煤化工产业绿色低碳发展路径探讨[J].新西部,2022,559(12):23-27.

[10] 郝成亮.我国煤炭清洁高效利用现状与未来发展方向研究[J].煤炭经济研究,2022,42(12):38-42.

智慧化矿山建设现状与发展探讨

焦 林，李新亮，雷治祥

（华亭煤业集团有限责任公司培训中心）

摘要：习近平总书记在二十大报告中明确指出，要构建新发展格局，着力推动高质量发展。随着当下云计算、物联网、区块链、大数据、人工智能、数字孪生等新技术得到重视，各行各业开始推广智能化，从煤炭工业发展角度看，支撑煤炭行业高质量发展的核心在于全面推广智慧化矿山建设。本文从智慧矿山建设背景、建设意义、建设现状、存在的问题、急需突破的技术、发展前景与建设方向、建设中的几点思考等维度对煤矿智能化建设进行了论述探讨，提出了建设性的发展思路和前瞻性的技术发展路线，希望为智慧矿山建设与发展提供帮助和参考。

关键词：高质量发展；智慧矿山；全面感知；智能决策

党的二十大报告指出，加快实施创新驱动发展战略。坚持面向世界科技前沿、面向经济市场主战场、面向国家重大需求、面向人民生命健康，加快实现高水平科技自立自强。煤炭企业必须以时不我待的紧迫感加强科技创新投入，加快智慧化矿山建设，在中国式现代化建设过程中贡献出煤炭企业的智慧和力量。本文参考国内智慧化矿山建设方面的最新研究成果，从智慧化矿山概念、建设背景、构成、建设意义、建设内容、建设现状、建设急需突破的核心技术、建设方向与发展前景等八个方面做以研究探讨，以期对业内智慧化矿山建设有所裨益。

一、智慧化矿山概念

2010年11月，原国家安全生产监督管理总局通过了感知矿山物联网示范工程的技术方案，由此提出了智慧矿山这一概念。智慧矿山是基于现代智慧理念，将物联网、云计算、大数据、人工智能、自动控制、移动互联、机器人装备等与现代矿山开发技术融合，形成矿山感知、互联、分析、自主学习、预测、决策、控制的完善智能系统，实现生产要素和管理信息的数字化精准实时采集、网络化实时传输、可视化展现采、掘、机、运、通、洗等全部生产环节的智能决策和自主运行，是一种高度智能化的现代矿山管理模式。

二、智慧化矿山建设背景

习近平总书记强调，煤炭作为我国主体能源，要按照绿色低碳的方向发展。在当下能源安全问题上，中国是富煤、少油、缺气、多可再生资源的国情，煤炭仍然是"压舱石"，端稳能源饭碗，煤炭起着关键作用，发展既要依靠煤炭，又要逐步绿色低碳化，这是对智慧的考验，那么智慧化矿山建设和发展就是煤炭产业逐步实现低碳化的必由之路，是提高煤炭企业核心竞争力、实现可持续发展的必然选择。2020年2月，国家发展和改革委员会、国家能源局、应急管理部等8个部委联合印发了《关于加快煤矿智能化发展的指导意见》，为煤矿智能化规划了三个阶段性目标。智慧煤矿第1阶段：构建一个初步智慧煤矿系统框架，实现采掘运主要环节单个系统、单项技术的智能化决策和自动化运行，即实现一个系统、一个岗位的"点上的无人作业"；智慧煤矿第2阶段：2021—2025年构建一个多系统信息融合的智慧矿山综合架构，实现工作面开采、主煤流运输等系统的区域化智能决策和自动协同运行，达到"面上无人作业"；智慧煤矿第3阶段：2025—2035年构建整个煤矿及全矿区多单元、多产业链、多系统集成的智慧煤矿体系，全面实现生产要素和管理信息的数字化精准实时采集、网络化实时传输、可视化展现，采、掘、运、通、洗选等全部主要生产环节的智能决策和自动运行，达到"全矿井一线无人化作业"。由此，智慧矿山建设拉开了帷幕。

三、智慧化矿山建设意义

随着国家"四化建设""两化融合"发展战略的提出，要求企业加快转型升级高质量发展，智慧化矿山建设理念的提出，就是煤炭企业"两化融合"的重要体现，是煤炭工业第四次重大技术革新，是助推煤炭企业从全面机械化向全面智能化转型的一次重要变革，更是对煤炭科学合理开采的一次工艺优化和系统集成，能大大提高煤炭开采效率、降低工人劳动强度、提升煤矿工人幸福感，助推煤炭产业高质量发展。另一方面，在国家"双碳"目标实施的大背景下，节能降耗和绿色发展是时代主题，煤炭资源整合和高效集约化生产是大势所趋。此外，从国家能源发展和安全战略角度出发，煤炭企业如何在"双碳"目标下实现科学战略储备和安全高效生产，智慧矿井建设给出了答案。智慧矿井建设实际上就是满足了煤炭柔性生产供给需要，是保障国家煤炭能源安全最贴近、最实际的一条路径，即在煤炭需求旺盛的时候，智慧化矿井能在保证安全生产的前提下，快速增加产量；在市场低迷的时候，可以快速减少产量，不会对矿山造成较大的系统和人员成本损失，从而让矿井真正拥有"智慧"，实现智慧生产运营。

四、智慧化矿山构成

智慧矿山基本架构分为四层，分别为感知与执行层、传输层、操作系统层和应用层，感知与执行层负责实现子系统数据的感知与采集，同时对执行设备下发控制指令。传输层负责完成信息和数据的双向传送，应由工业以太网和工业无线网络组成。操作系统层向下实现各种多源异构感知数据的接入，向上为智慧矿山应用层的开发提供服务和工具。应用层为用户提供实际使用到的涉及矿井生产、安全、经营管理、决策分析各环节的各类操作软件。

五、智慧化矿山建设内容

智慧矿山建设是一个庞大的系统工程，它所涉及的内容包括井下生产系统智慧化和地面工业园区智慧化，由于井工煤矿井下地质条件和生产系统复杂多变，当前全国智慧矿山建设的核心和主要难点是井下生产系统的智能化。要实现井下生产系统智能化，必须依靠一套基于工业互联网的管理控制系统，但受不同煤矿开采工艺、灾害类型等影响，不同矿山的控制系统可能存在一定差异，但总体技术架构差异不大。目前，全国各煤矿普遍使用的是如图1所示的智能矿井集成架构，这套架构主要是对智能化煤矿建设进行了总体架构设计引导，是一种参考性的架构思想，内容包含了从感知执行层、接入层、边缘层、工业互联网平台、综合管控平台等智慧矿山构成的全部内容，其系统内还涵盖了多个智能化子系统。

图1　智能矿井集成架构示意图

（一）安全生产智慧运营管控平台

安全生产智慧运营管控平台就是要构建"人财物一体、产运销一体、业务全面互联互通"的智慧化运营管控，覆盖矿山管理决策、财务、生产、人力、物资、机电、计划预算、安环、调度、项目管理等领域。安全生产智慧化运营管控平台主要由控制中心和调度中心组成，控制中心主要针对综采工作面、主煤流运输、辅助运输、安全保障、生产辅助、供配电、系统分析运维等场景下的数据融合应用，根据安全生产管理要求，实现对井下相关设备的综合管控，从而实现综采工作面生产过程自动化、煤炭开采智能化、工作面管理信息化。调度中心的核心功能是将煤矿生产中的"采、掘、机、运、通"等专业功能集中到大调度系统的管理范畴，从而形成集"采、掘、机、运、通"等环节功能于一体的自动化、智能化大平台，实现集中管理、统一调度指挥等功能。同时在安全生产智慧运营管控平台基础上，将多个智能化子系统进行数据收集和分析处理，将"运-管-端"结合的实时、弹性计算能力赋予各设备，通过"设备+环境+人员+地测"数据的处理，大数据分析中心做出综合智能决策处理和智能管控。智能大调度系统包括有线调度系统、无线通信系统、应急广播系统、视频调度系统、人员定位系统、智能巡检系统、作业通信系统、信息矿灯等。

（二）智能化子系统

智能化子系统主要包括智能割煤系统、智能支护系统、智能主煤流运输系统、智能辅助运输系统、智能通风系统、智能供电系统、智能供排水系统、智能灾害防治系统等多个生产子系统。

1. 智能割煤系统

主要通过惯导调直系统所记录的工作参数、机身姿态参数、滚筒高度轨迹，结合多传感融合技术进行智能化运算，形成智能截割模式，智能截割模式下能够实现采煤机记忆割煤、液压支架自动调直、液压支架自适应支护、刮板和胶带输送机智能运输等功能。

2. 智能支护系统

主要通过配置多功能控制器、500 L/min 电液控换向阀、测高传感器、行程传感器、倾角传感器、自动反冲洗过滤器、放煤键盘、行程传感器、压力传感器、红外线接收器、红外线发射器、矿用隔爆兼本质安全型稳压电源、倾角传感器、测高传感器等实现采煤机在中部区域和三角煤区域的自动跟机和刮板机的自动化协同运行，行程和倾角传感器可以进行护帮姿态和支架姿态的检测，防止工作面片帮和保证支架的有效支撑，测高传感器基于帕斯卡定律的测高技术，实现对支架高度测量小于 1% 的精准测量，避免架间顶梁错茬导致的咬架情况，实现对工作面采高的有效监控。

3. 智能运输系统

主要是根据运输机电流及煤流监测判断运输机负荷，当运输机负荷大于设定阈值，系统自动发送煤机降速指令，实现煤溜负荷平衡控制。刮板链运输机自动张紧系统实现了链条在运行条件下的自动张紧，同时结合惯导调直系统实现工作面刮板输送机的上窜下滑控制，提高工作面开采效率和智能化水平。

4. 智能供液系统

具有泵站的集中自动化控制功能，能够实现单泵控制、多泵智能联动控制、乳化液泵站电磁卸载控制（卸载压力达 90% 以上）乳化液浓度实时监测和显示，智能供液系统可以根据割煤速度和支架动作数量分析计算用液量，实现调整泵站输出量、水的软化处理、乳化液自动配比、泵箱反冲洗过滤、回液过滤等功能，大大提高了乳化油的利用率和乳化液配比的稳定性，乳化液配比浓度可稳定在 5% 以内，有效解决了手动配液工作稳定性差、劳动强度大、配比浓度不准确等问题。智能供液系统还可以进行泵站变频与电磁卸载的智能联动控制，实现供液的快速响应，从而降低耗能和磨损。

5. 智能 AI 全景视频监控分析系统

通过在工作面支架处安装 AI 全景摄像头，配套视频管理系统，将支架行人处的多路零散摄像机进行融合，对采煤机、刮板输送机、液压支架进行全景宏观监视、远控，打破视频离散孤岛的现状，给井上调度室和井下集控仓远控人员提供工作面全景视频画面，使割煤机、刮板输送机、液压支架的运行状态尽收眼底，实时跟踪采煤机，自动完成视频跟机推送等功能，能为工作面可视化远程监控提供"身临其境"的视觉感受，指导远程生产。智能 AI 全景视频还可以通过 AI 技术识别设备运行异常状态和自动划定危险区域，人员进入非工作区域可以进行危险识别和紧急闭锁或报警，实现人员与设备的智能保护。

6. 智能综采工作面决策分析系统

主要是基于 5G 云技术，融合多维度数据模型，依托视频监控、UWB 人员精准定位、多种传感器等融合系统对工作面设备运行状态和运行指标进行实时监测，获取"人、机、环、管"过程数据并按时间段自动生成数据报表，建立工作面远程运维数据专家决策系统，以系列化的故障预警、原因分析、改善性建议等人机交互方式来辅助人员进行设备运行监测、故障诊断与处理，并提出改进开采设备运行的方法，提升智能开采系统运行稳定性。智能综采工作面决策分析系统又可分为以下系统：

（1）工作面安全保护系统。具备集控界面人员位置提示，根据人员位置指示灯显示，可设置本架和邻架安全闭锁架数。

（2）工作面精准导航和定位系统。通过在工作面两顺槽部署雷达测量仪和坐标传递算法，精准测量工作面推进速度和设备整体姿态，实现大数据开采模型的动态修正。

（3）工作面压力分析系统。具备实时矿压分析和历史矿压分析，可打包上传，方便对矿压数据进行统计分析并绘制出相应的图表，为技术人员提供了有效的支护质量数据和矿压监测数据。

（4）工作面液压站支架自动调直系统。引进 LASC 找直系统，采用高精度的三维陀螺仪，建立工作面高精度惯性导航系统，实现对工作面直线度的检测，达到对工作面两平三直状态的有效评估和反馈控制，实现工作面直线度校正。

（5）工作面协同控制系统。该系统可以实现采煤机和支架协同控制，以及供液系统协同控制。采煤机和支架协同控制主要是通过将采煤机智能割煤工序阶段、支架自动跟机工艺阶段进行工艺对齐，集控中心对采煤机牵启牵停状态以及支架阶段动作执行状态进行判定，分别向采煤机控制系统、支架电液控系统自动下发调度指令，实现采煤机和支架协同控制。供液协同控制主要是根据采煤机牵引速度，集控系统自动计算工作面支架动作所需液量，调整供液系统流量计压力，实现供液系统协同。

（6）精准透明工作面无人化开采系统。通过掘进超前探测数据构建初始三维地质模型，通过井下水平定向钻、地质雷达等随采钻探和物探识别煤岩分界线并实时修正，形成精准动态三维地质建模，融合设备位置姿态数据形成动态透明工作面，在透明工作面指导下，连续智能调节采煤机前后滚筒采高，调节液压支架推溜拉架步距，调节刮板输送机负荷、刮板链张紧程度，协同推进两端头设备与巷道设备列车，最终实现工作面无人化精准开采。

7. 智能通风系统

主要通过安装多种传感器、电磁阀、组态软件、远程控制分站、监控分站等对井下有害气体浓度、风速、温度、湿度、大气压、风门开闭状态、风窗开合大小、局部风机风量等参数进行实时在线监测和远控调节，从而实现智能化通风。

8. 智能供电系统

主要是通过给井上下 10 kV 变电所配置防越级跳闸功能的线路保护测控装置，通过监控分站、光纤工业环网、通信管理机将监控数据上传至 110 kV 变电站煤矿供电监控系统总站，实现对电气控制设备的运行安全保护、统计分析、故障查询、运行事故监测预防、事前报警、事故快速恢复处理功能。监控的数据主要有电压、电流、功率因数、开关分合状态及故障报警信息等。

9. 智能供排水系统

主要是在井下各分散固定排水点采用水位控制器，依靠上下水位探头实时监测水位状态和数据（电流、电压、故障和运行状态），结合现场视频监控系统和矿井工业环网实现作业点远程集中控制以及区域动态管理，达到排水点无人值守。智能排水系统还可以根据集水仓液位实时值，通过逻辑控制程序对水仓低液位、中高液位、高液位数值和运行时间进行设定，当水仓液位达到设定值或设定时间，系统自动停止或切换至另外一套排水单元，达到智能优化排水。供排水泵站采用可编程控制器及变频器控制，根据矿井供排水压力实时变化，通过上位机数据转发，实时调节供水泵站变频器频率，实现排水用电自动削峰填谷、耗能自评估、故障自诊断，达到管网压力恒定，实现供排水泵站无人值守，有人巡检，自动化运行。

10. 智能安全监控灾害防治系统

主要是基于云计算、大数据处理技术、灾害发生机理及智能算法融合，对不同模块进行智能化监测、预测、预警、防控进行梳理，可以实现煤矿瓦斯、水害、火灾、顶板、冲击地压等多种灾害数据的采集存储、稳定传输、多元特征数据归一化表达，对数据进行高效集成管理、分析处理、透明共享，集成可视化，构建综合灾害预警体系，多维度、多因素综合分析预警预判，直观有效锁定危险点及危险区，为煤矿灾害预防提供全时段"预警防控智慧大脑"。

六、智慧化矿山建设现状

中国在20世纪70年代引入了综采综掘设备，在80年代全面推广实施了综合机械化采矿，90年代基本实现了单机自动化，21世纪初期基本实现了综合自动化。但随着云计算、物联网、移动互联网、AI全景视频、数字孪生等新兴技术迅猛发展，德国工业4.0、美国工业互联网、中国制造2025应运而生，虽然各有侧重，方法和路径不尽相同，但目标都是为了驱动制造业向数字化和智能化方向发展。煤炭行业也迎来了新一轮的产业变革与创新，智慧化矿山建设成为煤炭行业现阶段提升安全水平和经济效益的突破点和发力点。从2010年智慧矿山概念的提出，到2019年底，智能矿山技术分别在兖矿、神东、宁煤、中煤、陕煤、同煤、阳煤、平煤、晋煤等矿点的200多个国内主要产煤地区开展了试验与生产。2010年，国内首个7 m超大采高智能化综采工作面在陕煤集团红柳林煤矿得以应用；2011年，国内首个1.1~2.2 m薄煤层和中厚煤层综采成套装置及智能控制系统首次在陕煤集团黄陵一矿推广应用；2014年，黄陵一矿智能化开采工作面建成并通过鉴定，成为全国第一个智能化示范工作面，开创了"作业面有人巡检，无人操作，顺槽可视化管理，地面远程割煤"的黄陵智能化开采模式，工作面生产作业人数从11人减少至3人，生产效率提高25%。截至2022年底，全国已建成智能化综采工作面1019个，自动化工作面煤矿618个，实现井下用工大幅减少，智能化采掘工作面基本实现了少人化和无人化。目前，在全国4500余处煤矿中，智慧化矿山建设领先省份是陕西省，陕西省充分发挥煤炭赋存地质条件优势，智慧化矿山建设已走在全国前列，尤其是陕煤集团小宝当矿业有限公司、陕煤集团红柳林矿业有限公司、陕煤曹家滩矿业有限公司，先后被定级为全国一类中级智能化矿井，已在全国智能化矿井建设中树立了典型，陕煤智能化产能占比达到99%，陕西省智能化矿井覆盖率达到了90%以上。智慧矿山建设正在以迅雷不及掩耳之势迅速发展的同时，对照智慧矿山建设标准和要求，我国智慧矿山建设仍面临许多问题，主要体现在理念认识不统一、地质环境因素制约、5G应用场景和生态匮乏、"信息孤岛"现象严重、智能化系统兼容协同困难、矿山透明地质模型技术支撑能力不足、智能化技术难以适应复杂工作面条件、智能化煤矿投入与人才储备不足、智能化领域的重大技术创新和发展速度同国家能源战略顶层设计差距明显等诸多方面。

（一）智能化认知和理念不统一

智慧化矿山建设目前还处于自我发展期，部分地方政府和煤矿企业对智慧矿山建设的认知与理念不统一，对智慧矿山建设是逐步迭代的技术发展过程认识不清晰，片面地强调建设投资量大、技术复杂、要求高等，甚至认为智慧矿山建设是"面子工程"，既怕增加经济负担、影响效益，又怕承受风险，这种畏难情绪和消极心态，严重制约智慧矿山建设的步伐。

（二）地质环境因素制约

由于我国各产煤省份煤炭赋存地质条件的差异化，导致各地智能化建设和发展不均衡。目前，全国煤炭智能发展的不均衡情况主要体现在以下方面：全国各个矿井智能建设基础发展不均衡、全国各个区域智能工程建设技术水平发展不均衡、矿井中不同系列的智能技术水平发展状况不均衡、智能工程技术水平要求和科技发展状况不均衡、硬和软投资比例不均衡、煤炭智能工程相关投资比例和生产成本比不均衡。存在的共性问题就是在远程控制、环境探测、数据分析、透明地质模型等方面有待进行技术突破。

（三）5G应用场景和生态匮乏

智慧矿山建设中的关键核心技术就是互联网，5G作为新一代技术，拥有大宽带、广接入、高速率、低时延等优势，结合了网络切片、边缘算法等新技术，完美契合煤矿智能化建设对通信网络技术的要求，能为智慧矿山建设提供变革性的使用场景。煤矿5G应用经过第一阶段的探讨与实验，已经获得了不少重要经验，包括明确提出了与5G融合一网的矿井网络融合发展的核心内容要求，并进行了初次融合探讨等。但同时也出现了一系列现实问题，如5G网络结构不统一、5G关键技术和终端生态不足、5G的使用场景有待挖掘等。

（四）"信息孤岛"现象严重

智慧化矿山建设发展到了今天，各种子系统已经基本完成了网络化整合，但各信息系统间的大量资源却没有实现有效共享，更谈不上做到有效数据分析。正是这种各系统各自为战的管理模式，导致"信息孤岛"现象在智能化矿井建设进程中特别明显，信息共享和信息互联互通优势有待进一步挖掘。

（五）智能化系统兼容协同困难

智慧化矿山建设过程中孕育而生的各类基础应用平台、掘进控制系统、开采管理系统等近百种子系统，不同操作系统间数据格式上未达到高度统一，网络通信协议兼容性差，业务系统兼容性较差，难以形成"一张图"的管理体系。

（六）矿山地质透明模型技术支撑能力不足

高精度透明工作面地质模型是智慧化矿井建设的基础，也是智能化煤矿各子系统实现业务智能联动控制的资源底图，有助于指导工作面精准开采生产，达到采煤工作面厘米级精准控制。但建立矿山地质透明模型的重要基石需要将地理检测技术、测量信息技术、模型化与地理信息技术、工程信息系统等高度融合。目前，由于受地质学勘查基础理论、技术水平和装备水平的约束，矿山地质透明模型支撑能力不足，难以满足智慧矿井建设要求。主要表现在：地质学数据尚未全部实现信息数字化管理、地质学探测技术的探测精度和覆盖范围尚难以达到矿井现代化建设需要、地质立体三维高精度建模技术有待提高、现有技术难以建立高精度矿山地质透明模型、地理信息和施工信息还没有实现高度融合、地质学检测技术设备和装置的自动化程度较低。

（七）智能掘进系统成熟度相对较低

我国煤矿以井工开采为主，井工煤矿数量占92%，产能占82%，每年需要在井下开掘巷道约12000 km，掘进巷道长度相当于地球直径，规模巨大，世界第一。由于掘进工作面空间狭窄、作业工艺繁琐，巷道普遍存在软岩、强采动、大变形等特点，难以实现掘、支、锚、运协同作业，矿井巷道快速掘进机械化程度约为60%，普遍存在着采掘失衡、掘支失调等问题。目前，陕北、神东等顶板好、围岩完整的矿井最高掘进月进尺超过3000 m，其他围岩松软破碎等地质条件复杂矿井，平均月进尺不足200 m。据不完全统计，全国现有掘进工作面1.6万个，掘进支护职工70多万人，是回采人员的3倍多，掘进支护和辅助运输等环节高度依赖人工，智能掘进系统成熟度相对较低，智能掘进成套装备技术发展缓慢，严重制约智慧矿山建设步伐。

（八）智能化技术难以适应复杂工作面条件

全国已形成了一大批不同种类、模式和效益的智能综采工作面，并建立了多种智能作业面开发模型，但作业面的智能开发效率仍有待进一步提高，主要体现在：综放作业面智能放顶煤关键技术尚未有效突破；自动化采矿技术对复杂煤层条件的适应性较差，综采设备群智能协调管理效能亟待提高；工作面端头支架、超前性支架自动化管理水平较低；作业面设备的智能决策能力也有待提高，相关感知信息系统有效使用率较少，对不同类别感知信息系统的融合与分析效率也不好，尚未形成完备的认知、分类、决策、监控闭环管理。

（九）智能化煤矿投入与人才储备不足

根据《山西省煤矿智能化建设指导手册》，拥有一个采区的高配智能煤矿的智能化建设投入在2.12亿~2.92亿元，通常情况下智能化软件相关投入需达到3000万元。根据陕煤集团智能化改造实践，在矿井的智能化改造中，设施投资占10%，集成平台投资占10%，采掘、运输等专用设备类投入约占80%，每对矿井改造平均投入资金大约为2亿元。智慧矿山的建设需要投入大量的人力、物力、财力，而矿井智能化建设的短期收益主要体现为安全效益，长期经济效益尚不突出，部分经济效益不好的企业在智能化建设方面投入资金后，不能及时看到回报，影响了企业智能化建设的投资信心，继而形成恶性循环。另一方面，受当前老龄化、劳动力市场缺失等原因的影响，矿井中智能专业技术人才培养缺失，主要体现在煤矿中没有智能化管理职能部门、智能矿井建设队伍技术水平参差不齐、操作人员知识水平不能满足智慧矿井建设条件、智能人才培养制度不完善、没有专业化的运维队伍，导致煤矿智能化系统应用不理想，多数功能没有得到发挥。

七、智慧化矿山建设急需突破的核心技术

（一）5G网络技术+3T融合技术+矿山物联网技术

传统互联网已无法适应煤矿智慧化建设需求，必须从系统工程的视角，运用5G/F5G/WI-Fi6技术+3T融合技术+矿山物联网系统构建起设备智能化（OT）、网络全覆盖（CT）、数据价值化（IT）、软件云化的工业互联网架构，提升煤矿各系统的综合感知力、融合交互能力，如主煤流运输系统通过5G+AI主运智能检测，可以减少20%的井下巡检人员，通过人工智能算法代替人工巡检对运输皮带状态进行实时监测，精准识别皮带异常（撕

裂、异物）准确率超过95%，保障主运系统稳定运行，5G网络技术+3T融合技术+矿山物联网技术能实现安全、高效、少人、无人的智能化发展目标。

（二）矿山AI大模型技术

2022年8月，科技部印发《关于支持建设新一代人工智能示范应用场景的通知》，明确将智能矿山作为首批十个优先支持的AI示范应用场景，提出"运用人工智能、5G通信、基础软件等新一代自主可控信息技术，建成井工矿数字网联、无人操作、智能巡视、远程干预的常态化运行示范采掘工作面，通过智能化技术减人换人，全面提升我国矿山行业本质安全水平"。盘古矿山大模型是华为煤矿军团为煤矿AI应用开发提供的新范式，该模型具有业界第一的视觉大模型，在机器视觉领域有深厚的技术积淀，将盘古基础通用模型与煤矿场景进行结合，目前已经覆盖了智能煤矿的采、掘、机、运、通等业务流程中1000多个细分场景。如在智能采掘场景上，华为通过5G+AI的全景拼图传输技术，使井上远程操作井下机器进行采掘成为可能；在智能运输场景，通过主运输皮带异物监控技术，取代人工巡检方式，提高监控效率；在智能监控场景，可以通过设置电子围栏对井下人员作业规范进行监测、对违规进入危险区行为进行实时预警并显示到IOC大屏。但是相比数以万计的智能煤矿应用场景，盘古矿山大模型仍需要加强与生态伙伴合作，共同完善场景模型，以提高煤矿AI应用开发速度与质量。

（三）矿山智能快掘技术

智能掘进首先应突破智能化快速掘进相关技术，在快速掘进的基础上实现智能化掘进。目前智能化掘进尚存在智能探测、掘进设备定姿定位与导航、智能截割等相关技术难题，今后应当鼓励在智能掘进系统中对智能超前探测系统、掘进设备导航和定位截割系统、锚杆锚索自动化钻装系统、多机协同控制系统、装备状态监测及估值诊断系统等相关技术上加大研发应用力度，加快研发智能快掘成套装备和掘进工作面掘-支-锚-运-破多工序协同作业技术，从而实现掘进智能化。

（四）智能装备稳定性可靠性技术

智能装备的稳定性与可靠性是矿井智慧化发展的关键问题，要深入研究智能装备重要元部件失效模式和故障机制，攻克智能装备重要元部件和材料加工与制作工序方面的瓶颈性难题，建立重要部件设计和工作系统可靠性评估体系，当设备出现紧急情况后能立即断电或进行有效制动，从而防止设备伤人。例如，参照《煤矿安全规程》"过卷保护、超速保护、限速保护和减速功能保护应设置为相互独立的双线型式"。相互独立的双线型式就是让这些保护具有两条回路，每条回路互不影响，又互为备用，其中一路是控制系统安全回路的各类保护，另一路是监控系统上的各类保护，他们相互独立，发生故障时能及时准确地进行安全制动。这样的设计让设备更加安全可靠，在智能化装备稳定性和可靠性设计方面值得借鉴，只有提高了智能化装备的稳定性与可靠性，才能保障智慧矿山安全发展。

（五）矿山地质透明模型技术

高精度矿山地质透明模型技术是智慧化矿井建设的基础，也是矿山地质灾害防治工作的重要保障，更是推进矿山智能化建设的基本前提。全国煤矿受地理环境因素的制约，智能化矿井建设存在差异，严重影响和阻滞智慧矿井建设步伐，如果能加大地质检测技术和装置研发力度，提高地质条件立体三维高精度建模技术和智能实时随机超前探测技术，提高地质探测精度并扩大覆盖范围，从而为不同地质条件矿井绘制一张能够实现业务智能联动控制的资源底图，让智慧矿井真正实现可视化运维管理。

（六）智能设备精准定位和导航技术

智慧矿山开采要做到设备远程精准控制，就需要实现井下各类智能设备精准定位和导航。目前，通过在工作面两顺槽部署雷达测量仪和坐标传递算法，精准测量工作面推进速度和设备整体姿态，实现大数据开采模型的动态修正，但尚不能满足智能开采远程精准控制的要求。近年来，煤炭行业内普遍采用军工企业的惯性导航系统，这种系统的优点是不依赖于任何外部信息、不受外界电磁干扰，也不向外部辐射能量，隐蔽性好，可以全天候地工作于空中、地表和地下，能精准地提供位置、速度、航向和姿态角等数据，且数据更新率高稳定性好。所以，将惯性导航系统运用到智慧化矿井建设中，无疑是锦上添花，能大大改善煤矿智能装备的性能。但是，惯性导航系统定位误差会随时间增大而增大、每次启动的初始对准时间较长、设备价格昂贵，这些缺点都是该系统应用于智能矿井建设中需要突破和解决的关键技术。

八、智慧化矿山发展前景与建设方向

智慧矿山技术适应了科学技术发展的潮流和方向。当前，随着落后产能逐渐淘汰，产业集中度进一步提高，煤炭行业面临政策、环境等压力，但能源保供基本面依然决定煤炭行业有很好的发展机遇。智慧矿山建设有助于发挥集约化矿井产能优势。根据《有关推进煤炭智能化发展的指导意见》，到 2035 年全国各类煤炭生产基本达到智能化，形成多产业链、多系统集成的煤炭生产智能体系，建立全面感知、智能决策、自动运行的煤炭生产智能系统，基本实现安全、高效、少人、无人、人工智能的发展目标。

（一）智慧化矿山发展前景

1. 国家政策鼓励智慧矿山发展

《有关推进煤炭智能化发展的指导意见》指出，鼓励金融机构加大对智能矿井的支持力度，鼓励企业组织成立相应市场化基金，建立扶持矿井智能快速发展的长效机制。2016 年 6 月 1 日，国家发改委和能源局发布了《能源技术革命创新行动计划（2016—2030 年）》行动规划，确定了能源技术创新的十五个重点任务，推行煤炭资源无害化开采技术，2025 年大型煤矿和灾害严重的煤矿基本实现智能化，2030 年各类煤矿基本实现智能化开采，重点矿区基本实现工作面无人化，采掘智能化程度达到 95% 以上。国家能源局 2023 年 3 月 28 日下发的《国家能源局关于加快推进能源数字化智能化发展的若干意见》（国能发科技〔2023〕27 号）指出，要以数字化、智能化带动煤炭安全高效生产。这些政策的出台和落地实施，必将助推智慧矿山发展。

2. 新基建加快智慧矿山发展

中共中央政治局常委会指出，要加快推进 5G 网络、数据中心等基础设施建设步伐，各地方政府也相继出台了大量的新基建投资规划，可以预见，以 5G 网络、人工智能、工业互联、大数据中心等为典型代表的新兴基础设施建设速度将显著加快，日后必将成为国家经济发展的新动力，将大大提高中国煤炭行业的现代化技术水平，推动煤炭行业加快智慧化转型升级步伐。

3. 科技创新驱动智慧矿山发展

我国先后成立了一批煤炭行业科技创新联盟，如"智慧矿山产业技术创新战略联盟"

"煤矿智能化开采技术创新中心""国家智慧矿山协同创新联盟""中国矿业大学（北京）智慧矿山与机器人研究院""煤矿机器人协同推进中心""煤矿智能化创新联盟""山东省煤矿智能开采工程实验室"等，相关领域的优秀企业也陆续进入智慧化矿山大市场，如华为成立煤炭军团，新华三成立煤重装旅，中国移动、中国联通成立智能矿山军团，腾讯、阿里、百度等互联网企业也陆续加入，共同为煤炭工业智慧化建设奉献智慧、注入能量、增添活力，对智慧化矿山发展建设发挥巨大的推动作用。

4. 煤矿特种巡检机器人助力智慧矿山发展

2019年，国家矿山安监局发布《煤矿机器人重点研发目录》，引导煤炭企业、科研机构、制造企业重点研发和应用掘进、采煤、运输、安控和救援5类、38种煤矿机器人。截至目前，我国巡检、选矸、掘进、喷浆、搬运等机器人已应用于智慧化矿井建设的各个场景，代替人员去执行相应的巡检任务。例如，矿用隔爆兼本安型轨道巡检机器人，在钢丝绳系统的牵引下，实现机器人在轨道上往复运行，实时采集作业现场图像、声音、红外热像及温度、烟雾、多种气体浓度等参数；能够准确判断设备当前运行状态，对煤矿设备运行故障超前预判、预警、减少故障停机时间，可广泛用于煤矿井下皮带机、水泵房、掘进面、绞车房、变电所等场景。将来，煤矿机器人将朝着小型化、模块化、轻量化、高可靠、抗干扰、多种机器人协同作业等方向发展，煤矿机器人技术必将大大助力智慧矿山建设和发展。

（二）智慧化矿山建设方向

1. 建设"矿鸿+5G"煤矿巨系统智能化大数据中心

将5G通信技术、人工智能、区块链、云计算、大数据等新技术相结合，建设"矿鸿+5G"煤矿巨系统智能化大数据中心，构建一个从矿井→集团→省级→国家层面的四级全国煤炭柔性供给智能管理交易平台，及时把需求端、生产端的信息连接起来，让信息在全国范围内共享，便于提前预测煤炭消费需求变化，及时调整煤炭生产计划，保障国家能源安全高效供给。

2. 建设"6S标准"智慧化矿山

王国法院士提出的"6S标准"（Safety、Security、Sustainability、Sensitivity、Service、Smartness）标准比较符合煤矿智能化发展的特征和要求。具体而言，第一是安全，煤矿要保证系统、设备、信息、功能等各方面的安全；第二是可靠，运行系统、设备要可靠；第三是可持续，资源可持续、生态可持续、发展可持续，保证运行质量和效率；第四是系统敏感性或系统柔性，系统的柔性主要体现在技术核心要素、技术架构上，这需要对供需链条上的信息敏感、对响应敏感等；第五是系统的全面服务，建立新型的服务体系，从提供设备向提供全生命周期增值服务转变；第六是智慧，系统智能与人文智慧高度融合，形成煤矿综合智慧生态。未来智慧矿山建设应进一步向"6S标准"靠拢。

3. 建立智慧矿山产业联盟

组建行业协会、高等院校、研发机构、设计院、装备制造商等为主体的智慧矿山联盟，设立联盟顾问委员会、专家委员会、理事会、秘书处、协调处等常设机构。同时，分别根据联盟成员的专业领域设立工作组或技术组，对智慧矿山建设进行统一规划建设，避免各自为政、重复建设及兼容性差的问题。

4. 建立智慧矿山标准体系

智慧矿山标准大致可以分为两类，一类是对整个矿山的系统标准，另一类是子系统标准，每一类标准都应包含技术标准和应用标准。所有智慧矿山建设工作开展以前，都应当优先确立智慧矿山框架，建立智慧矿山标准体系。对一些顶层设计、重要的技术规范和标准要优先制定，主要包括智慧矿山指标体系与评估标准、智慧矿山架构与平台设计规范、智慧矿井决策平台与数据交互设计规范、智慧矿山信息化与网络技术标准等。鼓励将先进企业和地方标准升级为国标（行标），进而建立全行业智慧矿山技术规范与标准体系，从而实现智慧矿山顶层设计→施工建造→运营维护的一体化管理，并从一开始就能最大程度地解决智慧矿山建设中可能出现的相关问题，更加系统全面地实现智能开采。

5. 加大智能装备和智慧应用的研发力度

"工业4.0"的提出推动了全球制造业的发展，各国都先后提出适合本国的工业发展战略，我国也于2015年发布了"中国制造2025报告"。党的二十大提出加快建设制造强国、数字中国的目标，煤炭智能装备制造业应积极响应国家大政方针，加大智能装备和智慧应用的研发力度，建设真正意义上的"装备智能化、分析在线化、控制协同化、人才高科技化、智能体系化"的智慧矿山，为智慧矿山的建设发展提供基础保障。

九、智慧化矿山建设中的几点思考

（一）优化顶层设计

智慧化矿山建设是一项系统工程，需要从建设标准、技术、装备、管理、培训等五大体系进行顶层设计，打破数据和标准壁垒，建设统一设计、统一标准、统一网络、统一数据库和统一平台，集数据集成、共享、分析和挖掘等为一体的智能矿山架构，建立起全行业智慧矿山规范与标准体系，实现智慧矿山顶层设计→施工建造→生产运营→维护升级的一体化管理模式，从一开始就最大程度统筹考虑智慧矿山建设中可能出现的各类问题，更加系统全面地实现智慧开采。

（二）构建专业技术人才队伍

大多数智慧化矿山建设都是在原有老矿井的基础上进行技改，传统学科、传统工艺、传统观念在矿井生产建设中占比较大，缺乏智能采矿专业人才、智慧化建设专职队伍，顶层设计和现场实施存在"两张皮"现象，操作人员知识水平参差不齐，懂网络的不懂专业、懂专业的不懂网络，部分系统理论化太强，与现实生产环境匹配度不高，采掘现场工作人员不懂智能化操控系统，会操控系统的人员不懂相关采掘工艺，导致煤矿智能化控制系统应用不到位，多数功能不能有效发挥。目前国家已有10所高校开设智能采矿工程专业，煤矿企业应与高校紧密合作，在加快培养新型专业人才的同时，对现有专业技术人才进行智能化专业增项教育培训，实现专业技术人才队伍快速转型升级，为智慧化矿山建设与发展提供坚实的人才支撑和技术保障。

（三）完善验收标准体系

通过全行业的共同努力，截至2022年底，已有约30家首批智能化示范矿井完成验收，示范煤矿建设带动了全国近500多处煤矿全面开展智能化建设，建设投资累计1000亿元以上，但是智能化矿井的验收存在集成性、系统性不强，对智慧运营管控系统实际应用效果跟踪掌握不够，缺少对政策的持续优化改进。今后，应及时修订和完善智慧矿山验收标准体系，侧重于集成系统实际应用效果验收和后续跟进监督，让智慧矿山建设投入见到效益，实现煤炭行业高质量发展。

（四）坚定建设与发展信心

智慧化矿井建设是煤炭行业积极响应国家创新驱动发展战略，坚持自主创新，融入互联网技术、数字技术等高新技术的重大举措。但是由于智慧化建设投入高、工期长、经济效益实现周期长，企业持续投资智能化系统建设信心不足。这就需要煤矿企业正确认识智慧矿山建设正处于初级阶段、任重道远的现状，正确看待面临的困难和问题，增强信心、鼓足干劲，顽强拼搏，努力完成煤矿生产系统改造、生产一线无人化作业、"采、掘、机、运、通"一体化集中管控、全矿井智能决策和自动运行的建设任务。政府部门加大引导力度，出台相关政策，鼓励智能矿山企业长远看待投入和产出、经济和安全之间的关系问题，加快智慧矿山建设。

相信，只要煤炭人敢于拼搏和奋斗，完成煤炭产业节能减排、减员增效，无人则安的行业愿景终会实现，"穿着西装打着领带把煤从地下开采出来"的行业神话也终会实现。

十、结束语

综上所述，智慧矿山建设与发展将构建一个人与人、人与物、物与物相联系的统一体，促进矿山各系统间的相互联系和协同作业，保证矿山企业经济安全和可持续发展，实现采矿产业的大转型和采矿技术的大提高，发展智慧矿山并将其运用到矿井生产、运营、管理和分析决策全过程，是实现煤矿全时空信息感知、安全风险双重预防闭环管控、生产过程智能化、煤炭柔性生产供给、职工幸福指数提升最有效的一条技术路径，必将推动煤炭行业实现高质量发展。

参 考 文 献

[1] 王国法、王虹、任怀伟．智慧煤矿2025情境目标和发展路径［J］．煤炭学报，2018，43（2）：295-305.

[2] 王国法、张德生．煤炭智能化综采技术创新实践与发展展望［J］．中国矿业大学学报，2018，47（3）：459-467.

[3] 王国法，范京道，徐亚军．煤炭智能化开采关键技术创新进展与展望［J］．工矿自动化，2018，44（2）：5-12.

[4] 谭章禄，马营营，郝旭光．智慧矿山标准发展现状及路径分析［J］．煤炭科学技术，2019，47（3）：27-34.

[5] 韩建国．神华智慧矿山建设关键技术研发与示范［J］．煤炭学报，2016，41（12）：3181-3189.

[6] 谭章禄，刘婵．煤炭企业信息化标准构建思路［J］．煤矿机械，2012，33（2）：278-280.

[7] 潘涛，王继生，张骐．数字矿山信息标准化基本方法探讨［J］．工矿自动化，2014，40（2）：23-26.

[8] 程建远，朱梦博，王云宏．煤炭智能精准开采工作面地质模型梯级构建及其关键技术［J］．煤炭学报，2019，44（8）：2285-2295.

经济管理篇

基于供应链优化的动力煤储备机制探索研究

孟 海

（全国煤炭交易中心有限公司）

摘要：煤炭在我国能源结构中地位重要，尤其动力煤关系经济能源安全和社会民生保障，保持稳定的煤炭供需对行业主管部门、产业链企业、能源终端用户都具有至关重要的作用。煤炭生产和消费内在具有强烈的时间空间属性和周期性特征，终端的产能周期、产量周期调整受到刚性约束，进一步放大了供需在时间和空间上的错配，因此有必要充分发挥储备的缓冲作用。经过行业长期演化和探索，建立完善动力煤储备机制面临的政策条件、物流条件、商务条件、金融环境等日渐成熟，本文结合相关条件提出建立动力煤储备机制的思路及重点工作建议，为能源安全稳定供应和煤炭市场中长期均衡提供参考。

关键词：动力煤储备；供应链优化；收储投放；运行机制

一、引言

推动能源革命要立足我国能源资源禀赋，富煤贫油少气是我国国情，在相当一段时间内，煤作为主体能源是必要的，否则不足以支撑国家现代化。国内煤炭用途包括动力用煤和原料用煤等类型，其中动力煤主要通过燃烧产生能量，是保障国家能源安全，守住民生用能底线的关键，通过产供储销体系建设不断强化动力煤市场的弹性具有特殊重要性，其中储备是缓和供需空间错位、时间错配的重要手段。为平衡储备的效用和存货成本，有必要通过制度设计、供应链优化等方式建立成本与补偿相对均衡的动力煤储备机制。

二、动力煤行业的运行特征

（一）行业外部性突出

动力煤具有商品市场属性的同时又具有明显的外部性，即电力和供热用煤常常承担着国民经济和民生兜底保障的公共职能，紧缺甚至断供带来的外部成本将远超煤炭自身经济成本。

（二）供需环节相互依赖性强

中国的一次能源供应以煤炭为主，同时煤炭的主要用途在于发电供热，这导致煤炭供需环节具有很强的依赖性，尤其是煤电两个环节表现出"唇亡齿寒"的依存关系，运行压力难以向外疏导，维持两个行业长期平稳运行是除完全内部化之外的次优选择。

（三）产能周期、供需周期与价格周期共存

煤炭市场具有显著周期性，既有购销节奏错配带来的价格波动短周期，也有产销错配引发库存变化的中周期，还有投资流向与政策变化带来的产能长周期。调控部门与行

业企业都需要在三类周期叠加的过程中作出决策,其中库存是沟通衔接购销节奏、供耗节奏、产能投资的重要参考依据。煤炭储备是库存的一种高级表现形式,是具有更强目标导向的库存,主要表现在储备可以通过有效的运行机制缓释供需矛盾,既避免因市场情绪过度发酵带来价格暴涨暴跌过度冲击产量和产能,又可以为主体决策争取提前量和缓冲期。

(四) 波动性需求与均衡性生产不匹配

煤炭与电力供应都受到生产能力"天花板"的上限刚性约束,但在表现形式上又有区别。由于电力不易储存的特性,电煤消耗呈现比较明显的区域性和季节波动性;而煤炭的生产均衡性更强,季节性并不明显,在叠加了行业管理政策后,更倾向于均衡生产。周期性需求与均衡性生产之间的差额需要库存来补齐,即在淡季收储存煤,在消费旺季释放存煤。

(五) 动力煤供应链"长鞭效应"明显

产销分离是中国动力煤行业的重要特征,动力煤供应链条长、参与主体多,"长鞭效应"明显,产销两端市场信息不充分,联动性不够完全,中间环节"买涨不买跌"等行业心态进一步放大了这种错配,由此常常导致市场价格在向供需回归的过程比较激进,呈现上下游"顶牛"现象。

三、动力煤储备机制的基本设计原理

基于行业运行特征,建立动力煤储备的需求主要包括几个方面:①平衡供需错配,避免冲击终端产能,实现更大范围内的资源优化配置;②争取调控缓冲,缓和周期错配与空间错配,应对突发事件冲击;③稳定价格信号,提高市场运行效率;④稳定供应链运行,提升运输能力的运用水平;⑤降低被动库存成本。为满足这些需求,可以从供应链优化的角度设立相关目标。

(一) 总周转时间最短

主动性是煤炭储备与一般沉淀库存的重要区别,储备的主动性主要从储备规模控制、收储投放机制等方面体现。动力煤储备的供应链优化可将总周转时间最短作为一项目标。总周转时间为收储时间、储备时间及投放时间之和,其中收储时间和投放时间包括煤炭配送时间也包括向上延伸的生产计划调整甚至产能调整时间,因此受到储备调度机制、储备空间位置的影响。储备时间是指单批煤炭为满足储备目的而脱离正常流转的额外时间。

目标1:$\text{MIN} Time_{total} = Time_{in} + Time_{out} + Time_{reserve}$

总周转时间最小目标中,$Time_{total}$为储备的总周转时间,$Time_{in}$为从收储地到储备设施的收储时间,$Time_{out}$为储备设施到投放地的投放时间,$Time_{reserve}$为储备设施内高于正常库存时间的储存时间。

(二) 总周转量最大

储备是动力煤供需在时间上错位的空间体现,在一定时间内周转量最大是储备的重要目标,储备调度一般由局部性、时段性供需错配触发,表现为在供应链相关环节出现"木桶原理"中的短板时,尤其在战争、自然灾害等情形时,动力煤的时间价值会凸显,总周转量最大既体现为储备设施能力的充分利用,也体现为储备规模和流量的控制,即产业链各环节流通速度的匹配性。

目标2：$\text{MAX} Q_{\text{total}} = Q_{\text{in}} + Q_{\text{out}}$

总周转量最大目标中，Q_{total} 为储备操作时间窗口内的总周转量，Q_{in} 为时间窗口内的收储入库数量，Q_{out} 为时间窗口内的投放出库数量。

（三）产能利用率最高

行业各环节的高度依赖性促成了产供储销各类主体间的高度依赖性，突出表现为产能的专用性高、上下游环节关联性强，叠加各环节的供需与运力普遍具有不可储存性，可以通过储备机制优化产业链运行，提升整个行业的产能利用率。产能利用率的提升可以通过调节相互衔接的不同环节产能实现，也可通过在交接环节建立"子储备"解决不同环节之间的衔接冲突，因此煤炭储备应该是由不同层次、不同分布储煤组成的储备系统，各级储备之间应存在畅通的信息沟通和统一的调度逻辑。

目标3：$\text{MAX} \overline{C}_{\text{total}} = \overline{C}_{\text{produce}} + \overline{C}_{\text{transport}} + \overline{C}_{\text{storage}} + \overline{C}_{\text{consume}}$

产能利用率最大化目标中，$\overline{C}_{\text{total}}$ 代表储备周期内整个行业各环节总的产能利用率均值，$\overline{C}_{\text{produce}}$ 为生产端（主要指煤矿）的产能利用率均值，$\overline{C}_{\text{transport}}$ 为运输端（包括路港航等）的产能利用率均值，$\overline{C}_{\text{storage}}$ 为储备设施等的产能利用率均值，$\overline{C}_{\text{consume}}$ 为消费设施（主要指发电供热单位）的产能利用率均值。本目标也可以表达为各环节产能利用率差额的最小化。

（四）优先满足刚性约束

在动力煤供应链上，储备的决策面临产能利用率区间的刚性约束。其中，产能上限受政策导向与技术条件限制，即超过产能限制将会触及生产系统的安全性能或触发政策限制，一般煤矿生产的产能上限为核定产能的100%，适用区域化均衡生产政策后，一般低于满负荷水平；产能下限受长期成本及外部性影响，即供应的可变成本低于产能重置（含暂停、重启、封存、投放）成本与外部性成本之和，也即存在正的外部效益，否则应作出产能封存决策，而非继续开展储备。

目标4：$C_{\text{floor}} < C < C_{\text{ceiling}}$

刚性约束中，C 为储备关联产业链相关环节的产能利用率，产能利用率下限 C_{floor} 的取值条件为储备运行成本能够覆盖产能重置成本，产能利用率上限 C_{ceiling} 的取值一般不超过核定产能。

（五）收益共享与成本补偿

"零库存"是企业供应链管理过程中降低社会劳动占用量提高物流运动经济效益的手段，储备作为产业链运行的额外环节，对产业链运行的边际效率很难是正向的，但是从产业链运行角度讲，储备的调用可能通过提升设备设施利用率、加大周转量、降低开工率波动等方式产生"持续性效益（属范围经济的一部分）"，对于不可存储的运力等具有明显的收益。按照收益共享与成本补偿的原则，应由受益方对承储企业进行补偿，通过利益分配提升储备的经济效益，目标即实现各个储备关联企业利益正向化。储备利益正向化是开展企业间二次分配，维持储备机制运转的重要条件。

目标5：$P_{\text{total}} \geq 0$

储备利益正向化目标中，P_{total} 为各关联单位从储备中取得的收益，包括投入不可储存的运力资源节约的机会成本，包括使用低成本资金节约利息支出的机会成本。

四、动力煤储备的关联工作机制

（一）既有社会供应链网络的利用与优化

既有的煤炭产供储销链条上，常态化沉淀一定规模库存，其中一部分在经济意义上是专用的，如消费终端的场地库存，不宜逆流向进行二次调度；另一部分具备经济上的可供调用的性质，如中间物流环节的库存，可通过变更货权、变更流向以达成储备目标的基础。这些库存尚未普遍形成储备主要原因一是行业数字化水平不高，对于商流、物流信息不具备畅通的流动渠道和统一的聚集节点，储备面临的潜在供应和需求无法精准定位和评估；二是缺乏统一的市场组织形式，交易实现效率不高导致无法在合理的时间限制内完成收储-储备-投放的流程。通过对既有社会供应链网络的利用与优化能够解决这两类问题，实现由库存到储备的转化。

（二）探索纳入多方中长期合同机制

中长期合同是国内外煤炭市场的重要运行机制，能够充分固化供需双方的长期购销关系，体现动力煤供应链企业的依存关系，最终为上下游共担风险、平抑周期提供支撑。按照主管部门政策，煤炭企业自有资源的80%应签订中长期合同，发电供热企业煤炭中长期合同100%覆盖，这就将国内市场的多数煤炭纳入了中长期合同机制，以物流为纽带的中长期合同需要均衡兑现，但上下游生产节奏不同导致淡旺季兑现率不同，消费淡季导致库存倾向于累积在上游，消费旺季带来的集中备货导致库存向下游积累，一旦累积至边界阈值，就会影响到产量甚至冲击到产能，基于此建立一个中间化的缓冲区非常必要，因此中长期合同对储备的需求是直接和显性的。目前行业正探索涵盖产运需信用等多方的中长期合同机制，煤炭储备机制也具备进入中长期合同机制的条件。以国内中转动力煤为主的某港口为例，其年度煤炭中转量在1.6亿~2.5亿吨，调研近一年中长期合同占比在50%~75%之间，常态化煤炭库存在400万吨以上，若将其中的50%存煤引入储备机制，则可以在调进方、调出方、港方、库存储备之间建立相对稳定的合作机制，同时储备可以在供需双方之间进行货权划转，形成长协兑现新的保障层次。

（三）多方中长期合同机制与储备轮入轮出机制互济

除单链条的中长期合同储备机制外，多方中长期合同机制和储备还能建立更为广泛的互济机制：一方面基于大型中转枢纽的储备设施，能够提供储备融入与融出功能，这种有监管的货源周转能够通过打通不同贸易链条实现货源甚至产能在可控范围内的共享。另一方面中长期合同机制作为宏观调控重要引导方式，具备打通上下游全产业链的能力，尤其是针对产能利用率触及自然阈值的情况下，储备争取的政策缓冲期能够支持产能的调整，对货源融通和储备调度形成持续补充，确保储备机制能够正常运转。

（四）供应链金融辅助补偿储备运行成本

煤炭行业长期面临融资成本高、供应链金融介入不充分的问题，除政策环境外，煤炭作为非标大宗商品本身的特征也有显著影响。作为非标大宗商品，煤炭货权监控困难、数量监测困难、质量监测困难、物流专用性高、供应销售渠道受限等问题都限制了低成本资金流向煤炭产业链。煤炭储备的建立提供了一个相对有利的条件，即金融机构可与承储机构等共同进入储备业务，煤炭储备可依托较为成熟的物流体系和既有业务链条建立，在叠加中长期机制和储备设施智能化后，有望实现较为稳定流量、顺畅流转渠道等背景下的稳定储备，这种稳定沉淀的货值便于供应链金融服务介入，由此产生的资金成本差额可以作为各方参与煤炭储备的成本补偿。

（五）政府支持储备能力建设与紧急调用机制

传统储备设施主要依托供需方生产现场、货运场站等物流枢纽建立，这些枢纽同时承担着物流交接、加工储配等正常流通职能，为稳定行业和产业链运行的煤炭储备需要较大的货源规模，这在一定程度上超过了既有存储设施的能力。储备设施一般具备固定投入大、回收周期长的特点，在盈利模式不够清晰的情况下，社会承建储备设施的积极性和能力都受到限制。按照谁储备收益谁承担成本的原则考虑，可以考虑由政府相关部门代表收益方先行提供储备能力的启动扶持资金，后续在调拨过程中通过受益方反馈的形式进行市场化的成本弥补，对于调拨储备应对战争、自然灾害等情况的，可列支专项补贴。煤炭储备不适合以静态库存实现，动态库存的市场化经营方在决策时往往难以与宏观政策导向完全一致，因此有必要建立一套分层次的储备调用机制：常平状态下，储备能力可以接受专项补贴，承储企业承诺必要的储备规模但不获取额外收益；市场预警期内，承储企业通过收储与投放操作进行市场化操作，获取管理费用；市场引导期内，按照政策目标实施收储与投放操作，同时获取对应的经济补偿。

（六）弹性产能机制的探索

储备是供需差额在时间和空间上的位移，储备机制本身并不能改变行业供需格局，行业由非均衡走向再均衡的过程仍通过供需调整完成。产能利用率波动是行业供需调整的直观表现，可将产能利用率作为重要的储备目标导向，尤其是对产能利用率调控阈值进行进一步探索。从煤炭行业运行看，产能利用率过高与过低均会带来比较明显的行业问题，如供应硬缺口、企业持续亏损等，探索建立弹性产能制度是必要的。弹性产能的另一个表现形式也即资源储备，这种储备可以是空间上的储备，也可以是对生产组织时间的储备，产能封存与投放机制是维持储备正常运行的重要途径。

五、探索动力煤储备机制的关键点

（一）创新性制度的支持

目前基于煤炭储备已经提出了一些政策支持和管理体系的意见，如预算支持、手续优先办理、挂钩进口等，也提出了建立储备监测机制、最低库存机制、动用机制的想法。在继续细化完善这些机制的同时，市场参与主体可以增加探索与储备动用机制协同的多方中长期合同机制，以确保煤炭储备收储投放不会进入贸易炒作环节，同时通过分层次的划转机制缓解上下游产能对刚性均衡兑现的限制。探索在储备监测机制下增加对煤炭实货物流的监测机制，与商流监测、载具物流监测共同构成大宗散货商品的全程无缝监测体系。探索与多方中长期合同机制协调的最低库存机制，依托中长期合同的兑现规模与物流周期确定最低库存规模，最大化降低库存成本。

（二）专业化供应链服务的引入

基于供应链优化思路，可引入专业化供应链服务助力储备建立，其中包括服务储备的交易服务、路港航仓储物流服务、供应链金融服务及技术服务等。交易服务主要在中长期合同临近价格区间边界而储备规模继续向不利方向变化时，通过市场化操作提供储备与中长期货源管理。路港航仓储物流服务通过单一或整合的方式为储备提供服务，为储备目标的实现提供缩短时间、降低费用、降低能耗等优化服务；供应链金融服务基于物流的货值管理，为买卖双方提供垫资等服务。

（三）新型信息技术的保障

应用物联网、大数据、区块链等技术，不断提高动力煤储备的数字化水平和数据安全水平，逐步建立动力煤储备的数字孪生，尤其是通过技术手段解决动力煤在混配加工、物流周转过程中数质量变化难于掌握的问题，解决煤炭质量数据在物流属性与商业信息属性间的矛盾冲突。这是由库存走向储备，并逐步完善动力煤储备体系建设的重要基础。

参 考 文 献

［1］李娜，陈柳钦，潘仁飞.国家煤炭动态战略（应急）储备及监测预警系统研究［J］.经济研究参考，2015（72）：3-11，21.

［2］彭宇，张圆圆，彭凯贝.虚拟煤炭储备研究［J］.煤炭经济研究，2014（2）44-45，57.

［3］赵冠一.我国主要煤运干线及煤炭储备体系建设情况［J］.煤炭经济研究，2016，36（10）：6-9.

［4］赵敏，杨伟红，王国平，等.我国煤炭资源的战略储备研究［J］.中国矿业，2017，26（10）：90-92，100.

能源企业环境、社会和治理（ESG）数字化创新实践

陈 慧

（国家能源投资集团有限责任公司）

摘要：党的二十大开启中国式现代化新征程的同时，也为中国企业高质量发展提供了根本遵循，对当今风潮正盛的 ESG 的本土化应用提出更高标准、更紧迫要求。作为拥有煤炭生产、火力发电、风力发电和煤制油煤化工规模世界第一的综合能源央企，必须坚持科学发展观，创新运用数字化手段，顺应中国式现代化、新型工业化道路和企业可持续发展的时代要求，构建企业大责任体系，提高 ESG 管理水平。本文通过分析"双碳"背景下能源企业面对行业转型发展的机遇和挑战，ESG 作为企业管理新要求，探索通过优化 ESG 管理组织架构、管理制度流程，进而建立适用中国能源企业的 ESG 指标体系。同时利用数字化技术手段联通共享、迅捷高效和实时监控的优势，实现 ESG 管理落地，提升能源企业 ESG 管理质效。

关键词：能源企业；ESG 中国化；数字化创新

一、实施背景

（一）"双碳"背景下能源企业转型发展影响

2020 年 9 月中国正式承诺 2030 年"碳达峰"与 2060 年"碳中和"目标。"双碳"成为全社会关注的热词，政府监管部门相继出台相关政策，国家发展改革委、国家能源局发布《"十四五"现代能源体系规划》，提出煤炭消费比重下降至 56.8%；2021 年 12 月国务院国资委印发《关于推进中央企业高质量发展做好碳达峰碳中和工作的指导意见》，提出中央企业要加快推进化石能源清洁高效利用。推进煤炭消费转型升级，严格合理控制煤炭消费增长。

在"双碳"背景下，中国化石能源消费占比将呈下降趋势，但我国能源结构以煤为主，煤炭占据一次能源消费主体地位在较长一段时期内不会改变，同时在全球能源危机背景下，煤炭作为国家能源安全的保障，作为能源保供的主体，其存在意义重大。国务院《2030 年前碳达峰行动方案》明确提出，以保障国家能源安全和经济发展为底线，推动能源低碳转型平稳过渡，稳妥有序、循序渐进推进碳达峰行动，确保安全降碳。煤炭作为我国主体能源，要按照绿色低碳的发展方向，对标实现碳达峰、碳中和目标任务，立足国情、控制总量、兜住底线，有序减量替代，推进煤炭消费转型升级。高碳能源高端化、低碳化、多元化、智能化及能源企业可持续发展将成为经济社会普遍关注的焦点。

（二）ESG 在我国发展现状和面临问题

1. ESG 国际国内发展现状

ESG（环境、社会和治理的英文首字母）是一种推崇长期价值，防范社会风险的新理念和国际投资领域的通用评判标准。近年来随着气候问题、能源危机成为威胁全人类可持续发展的焦点，助推 ESG 相关共识、政策体系、实践路径、工具手段不断推陈出新，已经成为一场全面深刻的企业管理变革。过去企业的竞争，主要是产品和服务的竞争，现在和未来，ESG 将成为全球化的制度和国际规则的竞争，是更高层次的竞争。ESG 进入我国以来逐步受到各方的重视和认可，其必要性重要性不断得到强化、拓展和提升。

2. 煤炭能源行业面临的 ESG 问题

企业作为 ESG 生态圈中最重要的主体，ESG 实践已经从企业的高配，发展成为企业高质量发展的标配、必配。不可回避的是，我国煤炭采掘业在 ESG 层面存在着一些天然的诸多不利因素，环境方面，大量消耗不可再生资源，还较为严重地污染和破坏环境；社会方面，作业对矿工人身安全和周边社区生活安全构成一定威胁；治理方面受政策约束多，面临着监管机构的限制处罚等。即便当前在能源危机能源紧张的背景下，国际投资者在评估目标公司 ESG 时仍然倾向于将我们煤炭采掘业视为中高型风险。煤炭能源企业在投资者、利益相关者、政府、社会团体和消费者对透明度和更有效审查呼声日益高涨、监管日益加强的今天，亟须在管理上建立绿色转型的体制机制，在实践上主动探索低碳路径，引导整个社会资本和资管机构进行 ESG 投资，投向那些愿意转型的传统煤炭企业。

3. 监管层面加强对 ESG 的政策要求

2022 年 3 月，国务院国资委成立专门的社会责任局，把指导履行社会责任、践行 ESG 理念作为了主要工作内容，彰显了国家对 ESG 工作的高度重视，彰显了绿色发展的道路自信。2022 年 5 月国务院国资委印发《提高央企控股上市公司质量工作方案》，2023 年 2 月中国证监会发布全面实行股票发行注册制，对上市公司的信息披露提出了更高要求，面临信息披露相关的法律责任的加重，提升 ESG 信息披露质量从必要变成紧要关注。

4. 上市公司 ESG 披露普遍存在的问题

据中上协 2022 年统计显示，上市公司在 ESG 报告披露数据的质量在全面性、准确性、可比性和可溯性方面存在不足，普遍存在以下问题：缺乏 ESG 绩效目标设定理论方法（51.33%），ESG 绩效指标选取存在困难（41.65%），缺乏定量目标例如相关性、可计量和时限明确性（39.31%），数据口径和边界不一致导致难以分析（38.69%）等也是阻碍上市公司进行 ESG 信息数据管理的主要困难。

（三）数字化为企业加速实施 ESG 管理提供可能

进入新时代，数字化改革深刻改变了数字化时代生产关系。习近平总书记提出"加快建设制造强国、质量强国、网络强国、数字中国，打造具有国际竞争力的数字产业集群"，给企业的数字化发展提出了更加明确和高远的目标。

目前，ESG 生态圈中的投资机构、评级机构、监管机构、企业对 ESG 评价、披露、管理从理论研究到具体应用不断深化，在大数据时代背景下，互联网 5G+、区块链等技术不断推陈出新，为 ESG 的数字化管理提供可能。

目前各企业特别是国资央企在信息化建设方面基本实现了生产制造、采购、财务、人力资源的数字化管理，在社会关注较高的安全、环保、党建等领域也建立了相应信息系统,这使得建立一套联通企业已有的信息系统,实现数据的共享成为社会责任和ESG信息化建设成为可能。

二、ESG管理数字化的准备工作

(一)分析现状

实施ESG管理对企业而言是创造一种新的更有效的资源整合范式,本质上是一种管理创新。ESG管理的数字化创新前置条件是对管理体制机制的梳理。在掌握企业管理现状、分析企业所处外部环境、确立管理目标的基础上,按PDCA的方法论,需要从组织架构、规章制度、业务流程以及ESG指标的标准化进一步优化。

国家能源集团拥有"煤电路港航化"全产业链,集团下属有1000多家不同规模、不同发展阶段的子企业,业务分布在全国31个省区市和10多个国家地区。既涉及供应链上下游协同,也涉及不同产业类型的企业,同时兼具地域上的广泛性和企业发展周期的各阶段(形成、成长、成熟、衰弱),以此进行ESG的管理创新具有广泛性、典型性和可推广性。

(二)组织架构优化

现代企业中组织单元间的横向协同愈发重要,ESG管理工作由于涉及的环境、社会和治理领域涵盖企业的大部分职能部门和业务单元,需要组织更加柔性化和扁平化,提升敏捷度与灵活性,才能有效应对客户需求的变化和外部环境的不确定性。基于一般能源企业的"决策—管理—执行"三级联动的管理架构,需要进一步梳理各层级之间职责界面,细化每个组织单元的职责定位。

国家能源集团确立董事会作为决策层,负责审议社会责任专项规划和年度计划,审议年度ESG重大议题,审议社会责任/ESG工作管理制度与标准,审议集团年度ESG报告,审议与环境、社会和治理风控合规因素相关的重大投资并将决策事项纳入集团董事会授权决策清单中,突出依法治企;总部由企管法律部作为管理层,负责制订集团ESG专项规划和年度计划,提出年度ESG报告重大议题清单,制订ESG管理制度,制订集团ESG指标体系,编制和发布集团公司年度ESG报告和其他专项报告,开展ESG专项培训和绩效考核,负责集团ESG数字化建设和管理维护。同时根据部门职能将相关部门划归到环境、社会和治理领域,设置专业工作组,负责审核并向委员会提交与环境、社会和治理相关的重大议题;执行层为各子企业,设置专门部门处室作为管理机构,制订专项规划和年度计划,执行本单位年度计划,提出年度ESG重大议题清单,制订ESG管理制度,编制和发布ESG报告和其他专项报告,开展ESG专项培训和考核,基层单位作为社会责任/ESG工作执行机构等。

(三)管理制度和流程优化

在集团形成统一的ESG管理制度和流程,包含管理办法、报告编制规范、ESG工作手册等细化工作规范和操作流程。针对2022年国务院国资委对上市公司新要求,公司迅速出台《集团公司提高央企上市公司质量工作方案》,针对ESG专项工作,从集团层面细化分解任务目标,列措施,抓节点,重考核,看成果。根据工作方案设定的目标和时间期限,以工作台账方式要求集团所属各上市公司分季度报送工作总结和每期分解任务的进展情况,做到对工作方案的落实落地。

（四）ESG 指标体系的建立和优化

ESG 生态圈各方对 ESG 的参与可以从 ESG 评价、披露和管理三个方面体现，都需要对环境、社会和治理三个领域进一步细分，以定性、定量的方式和利益相关方沟通，因此 ESG 指标体系成为核心管理要素和对象。ESG 报告是企业 ESG 管理阶段性总结，也是 ESG 披露的载体，更是 ESG 评价的重要基础。因此，需要通过梳理对比传统的社会责任报告指标体系与 ESG 报告指标体系的差异，结合企业所处的内外部环境的新变化，特别是国家进入新发展阶段，结合 ESG 在中国应用的本土化落地要求，体现中国特色治理。

在对欧盟、美国、亚太相关 ESG 规则及联合国可持续发展目标等规则进行扬弃和取舍，有机融入中国式现代化对应的重点关注议题。指标聚焦于 ESG 三大领域，形成包括基本信息、环境、社会、治理这 4 个维度的一级指标；在一级指标下设 30 个二级指标（亦称作关键议题）；在关键议题下对指标进行全面溯源，梳理出 260 多个三级指标，包括 90 多个通用指标和 170 多个适应不同行业板块，不同企业发展阶段的可选指标，并对指标的定义、单位、统计口径等内容进行明确，规范集团可持续发展报告/ESG 报告等相关内容的指标管理，从而充分发挥底层、基础数据标准化带来的联动效应和乘数效应。

指标体系既突出适应本土化要求又接轨国际。

（1）中国化特色。体现新时代、新发展阶段、新发展理念、新发展格局，体现社会责任工作的政策要求、社会责任主流标准追求、利益相关者诉求和企业对社会责任管理探求。其中特别加强对党建引领、"双碳"目标等社会关切问题的回应。例如，增设"党建引领"二级指标，权重占比达 2.3%，实现党的领导和治理有机统一；设置"应对气候变化"二级指标，权重占比达 4.5%；在"区域协同发展"二级指标下，设置了 9 个乡村振兴、共同富裕类三级指标，权重占比达 3.4%。

（2）国际化特色。参考借鉴 MSCI、港交所、上交所、深交所等国内外主流评级监管 ESG 指标，结合国资委对中央企业"一利五率"考核和"一增一稳四提升"工作要求，形成了契合国资央企社会责任实际的指标体系，同时基于国家能源集团全产业链和一体化特色，形成体系化的一级、二级、三级指标。例如，在环境领域，梳理出环境管理、应对气候变化、水资源、生态修复、三废、能源管理、绿色生产、生物多样性保护等关键议题；在社会领域，梳理出职业健康、平等就业与反歧视、供应链责任管理、消费者权益保护、产品质量与安全、信息与数据安全、区域协同发展等关键议题；在治理领域，梳理出董事会、股东责任、监管与合规、风险防范等关键议题。

三、能源企业 ESG 数字化管理创新

ESG 数字化管理创新不是要做新的事而是以新的方式做事，在前述 ESG 管理创新基础上，利用数字化技术联通共享、迅捷高效和实时监控等优势，可为管理开辟新的领域和局面。近些年，数字化改造传统产业的意义作用已经不言而喻，进入新发展阶段，中国企业特别是国有企业把加快数字化转型作为推动高质量发展的重要抓手，以数字化助力改革重组融合，促进管理效能提升，赋能生产经营提效，推动产业绿色低碳转型。

（一）数字化建设目标

依托数字化手段是实现 ESG 管理的组织架构、管理体制机制、指标体系、工作流程固化落地的有效手段和载体。因此在 ESG 管理体系梳理和优化基础上，实现 ESG 管理的固

化落地，同时联通企业已有的各业务数字系统，包括生产系统、物料采购系统、财务管理系统、人力资源系统、安全环保监测系统、碳管理系统等，打破信息孤岛，形成企业集团数字系统的叠加倍增集群效应。

总体目标：搭建适用于集团总部和各子企业的ESG数字化管理系统，满足集团总部和各子企业的多层级ESG报告编制及ESG日常管理需求，数字化系统实现ESG信息采集系统化、标准化、智能化，未来将成为决策参考、考核评价的重要依据，以数字化转型推动集团ESG管理方式变革，全面提升管理层次、能力和水平。

具体目标：以指标体系搭建信息化框架；实现ESG年度报告底稿自动生成；注重指标的过程管控，避免年底报告期被动接受数据；结合"双碳"目标，倒推细化分解每年计划，突出碳指标的预警功能。

（二）数字化系统功能介绍

国家能源集团的ESG数字化系统覆盖全集团，可满足集团总部和各子企业的多层级报告编制及社会责任日常管理需求。一是实现ESG信息采集系统化、标准化，实现报告披露信息的可获取和可比较，为决策参考、考核评价提供重要依据。二是对照国资委对于央企的社会责任和ESG管理相关要求，系统中建立组织、制度、计划、实践、传播、考评等6个工作体系应用架构，按总部、二级单位、基层单位分三级管理。系统涵盖分析展示、智能采集管理、报告管理、体系管理、规划管理、业务预警六大主要功能模块，各项功能集成互通、灵活拓展，实现多场景兼容，打通各业务环节，极大提高信息处理和管理效率。

（三）系统功能亮点

1. 提升数据采集的质量和效率

通过联通企业已有的ERP系统、供应商系统、生态环境监察系统、碳排放系统等各业务领域统建系统，打破信息孤岛，实现数据的自动采集，减少人工填报的工作量和避免数据错误。

2. 挖掘数据背后的管理价值

通过对ESG相关数据的汇总，可实现按集团产业板块、公司所在区域对某一类数据（比如按产业分析报告期内吸纳就业人数、职业健康资金投入等指标）进行横向统计分析，也可按时间分析某一领域数据的近三年波动。可迅速自动生成某业务领域的统计报表，形成对下一步在该领域政策措施提出改进建议的分析基础，提升管理绩效。

3. 实现ESG报告的自动生成

根据集团指标体系及报告模板，结合年度热点议题和业务重点，自定义当年报告框架，按报告类型设计建立一级指标、二级指标映射到当年的报告框架的订制转换功能，实现集团报告底稿的自动生成。2022年集团ESG报告编制时间比往年缩短了三分之二，显著提高了报告的编制效率。

4. 形成ESG管理的数字化

项目打破系统只为报告编制提供统计的狭隘功能，依托数字化手段实现社会责任/ESG管理的组织架构、管理体制机制、指标体系、工作流程固化落地，系统建立了组织领导、政策制度、计划管理、特色实践、沟通传播、考核评价六个功能模块，真正实现ESG管理的全流程数字化管控。

5. 实现对业务运营由事后向事中、事前的过程管控

选取重点关注的指标数据，比如应对气候变化中的碳排放指标，通过与集团碳管理系统接口，设立重点数据预警预测分析，有助于提升减碳主动性，并为持续深入推动减碳提供长效保障机制。真正实现对业务运营的过程管控，降低运营的非财务风险，提升企业价值。

四、ESG 数字化创新实践效益分析

（一）财务效益

（1）线下工作挪到线上，提升工作效率，降低管理成本。ESG 报告是披露 ESG 信息、提升 ESG 管理水平、强化利益相关方沟通的重要载体。ESG 数字化系统是有效解决 ESG 报告编制过程中"资料有没有""信息准不准""覆盖全不全"等难题的重要手段。系统可实现 ESG 相关数据线上自动抓取收集及资源共享等功能，支持 ESG 相关数据上报、审核、汇总等工作流程，大大节省相关部门和人员的精力，降低管理成本。

（2）以数字化手段落实落地 ESG 管理要求，为风险管理提供业务通道和管控工具，降低运营的非财务风险，提升企业价值。ESG 投资盛行以来，投资机构和投资者看重企业 ESG 管理中对重点业务的风险管控，以此从非财务角度形成对企业运营相关风险的判断，降低影响可持续经营的不确定性，规避投资损失。例如，利用 ESG 数字化管理系统，可有效梳理企业供应链中员工和其他利益相关者的权益保护方面是否有相关制度文件、有效措施以及处理违反事项的应急处理机制等，避免引发诉讼风险。

（二）社会效益

1. 助力能源企业转型

能源是国民经济的基础和命脉，能源企业肩负着重要的政治责任、经济责任、社会责任和环境责任。国家能源集团秉持"数字驱动转型发展、智慧引领国家能源"的理念，以数字化助力改革重组融合，促进管理效能提升，赋能生产经营提效，推动产业转型升级。

2. 提升能源企业品牌形象

集团以 ESG 数字化管理为抓手，通过 ESG 管理的全生命周期管控，把企业可持续发展的长期目标分解、量化，打造"智慧国家能源"创新社会责任/ESG 管理模式。以正向激励和负面惩处为抓手，比如鼓励下属单位在 ESG 治理和单项实践方面上有分量的榜单，提升 ESG 排名等得到业界认可，特别是通过 ESG 实践明显改观引发对企业快速反应的资本市场的关注与资管机构的认可，赢得利益相关者和社会各界赞誉，从而进一步提升企业品牌形象，创造更为高质量、可持续的企业价值。集团成立五年多以来，在世界 500 强排名从第 108 位到 2022 年的第 85 位，上升了 23 名。在"2022 中国品牌价值评价信息"榜单中，获评 2363 亿元，同比增长 25%，品牌价值创出新高。

（三）管理效益

1. 有助于组织的柔性化扁平化

以数字化手段支撑集团 ESG 管理的组织、制度、流程管控固化到信息系统中，避免 ESG 成为单一部门的工作，以数字手段建立 ESG 主责部门与相关业务部门之间协同合作的硬连接，将有助于业务部门、职能部门间横向纵向协同共享，提升组织的敏捷度与灵活性，有效应对客户需求的变化和外部环境的不确定性。

2. 有助于管理精益化

六西格玛、全面质量管理等先进的管理理念和工具在数字化手段帮助下可扩展至服务、营销、财务、人力资源等更多场景中应用。聚合企业可持续发展数据资源,将管理由事后向事中事前渗透的全生命周期管控,支撑集团 ESG 相关数据从数据收集、汇总工作的全过程管理,ESG 管理与生产运营管理更有效融合,有效提升管理的精益化水平。

3. 有助于提升企业治理水平

通过对数据的收集、整理、提炼,挖掘数据背后的管理,总结企业可持续发展过程中存在的问题,分析业务数据、感知企业可持续发展趋势,把以创造社会价值为目标的 ESG 治理纳入集团投资决策提供数据支撑,助力提升现代企业的治理能力和治理水平。

五、结语

数字化手段是时代的武器,国家能源集团以"CE·CE 社会责任管理信息系统"为载体,耕犁中国式现代化下 ESG 数字化管理的"试验田"。通过探索 ESG 数字化管理实现方式,以 ESG 数字要素的过程管控加速将 ESG 理念全面融入日常经营管理,提高企业整体经济价值和社会价值,为广大企业提供依托数字化提升 ESG 管理质效的可复制范式。

数字化转型驱动的能源企业管理变革及关键技术应用研究

张 毅

（中国神华能源股份有限公司）

摘要：本文基于数字经济、数字技术和企业数字化转型的大背景，对能源企业数字化转型的管理变革动因、目标、内容和路径进行阐述。内容主要包括合理运用智能化技术、加强数字化采购转型、运营组织的协同一体化等方面。详细论述和总结了能源企业数字化转型过程中的关键技术与应用场景，主要包括设备全生命周期管理、生产计划与调度管理、矿井自动化建设。目的在于提升能源企业管理水平，充分发挥关键技术的应用效能，更好地推动能源企业的产业数字化转型。

本文从数字化转型背景下能源企业的管理变革入手，结合数字化转型背景下能源企业关键技术的应用，总结了一些可靠的方法，希望能为有关单位提供有益的参考。

关键词：数字化转型；能源企业；管理变革

2021年12月，国务院发布《"十四五"数字经济发展规划》明确提出。发展目标是到2025年数字经济迈向全面扩展期，数字技术与实体经济融合取得显著成效。习近平总书记强调，要"充分发挥海量数据和丰富应用场景优势，促进数字技术和实体经济深度融合，赋能传统产业转型升级，催生新产业新业态新模式，不断做强做优做大我国数字经济"。数字化转型有助于培育发展新动能，在新一轮科技革命和产业变革中占据着重要的地位。《加快推进国企数字化转型的通知》中明确号召国企加快探索数字化转型，可见国家对于企业数字化转型的重视程度。在能源企业数字化转型过程中，数据的驱动力较强，大数据、云计算等技术的应用，可以促进企业生产经营各环节高效顺利地进行，紧密融合业务与技术，促进数字化运营水平的稳步提升，并使资源配置得到不断优化，满足管理升级和模式创新的新要求，既可不断地降低成本，又能够推动经济效益、社会效益的提升，确保企业顺利实现高质量发展的目标。

一、数字化转型背景

在科技不断进步过程中，诸多企业都认识到科技创新对企业转型升级的重要作用。在把握新一轮科技革命和产业变革新机遇的过程中，数字经济和实体经济的深度融合使得数字化成为能源企业转型升级的重要保障，为能源企业带来了颠覆性的变革和机遇。

习近平总书记提出的"四个革命、一个合作"能源安全新战略，为我国新时代能源高质量发展指明了方向。当前，我国能源供需形势总体平衡，但区域间的差异较大，部分省份局部性、阶段性能源供应偏紧，且尚未形成统一的市场化价格形成机制，一定程度上抑制了能源企业的转型发展。《中共中央国务院关于完整准确全面贯彻新发展理念做好碳达峰碳中和工作的意见》中明确指出要以能源绿色低碳发展为关键，把碳达峰、碳中和纳入经济社会发展全局。国家和地方也出台了一系列政策、指导性文件支持能源企业的数字化转型。2022年10月，习近平总书记在党的二十大报告中明确提出要"加快推进能源结构调整优化""深入推进能源革命""推动能源清洁低碳高效利用""确保能源安全"。

一直以来，我国能源行业总体资源相对充裕，但人均占有量较少。根据国家统计局数据，我国一次能源生产总量由2010年的31.21亿吨标准煤增加至2022年的42.71亿吨标准煤，增长了36.84%。2020年，我国人均生活能源消费量为456千克标准煤，相比2010年增长了67.03%。在绿色发展与产能过剩的双重压力下，能源行业面临着综合利用效率提升和去产能的迫切要求。要进一步实现能源企业绿色低碳发展和提高经营水平的双重目标，数字技术的运用成为进一步提高能源行业跨时空调节协同发展能力与环境治理能力新的契机。通过数字化转型，帮助能源行业找到实现能源经济和生态环境协同发展的方式，走出一条生态优先、绿色低碳的发展之路。

能源企业普遍面临着产能过剩的问题，传统能源企业的转型升级能够帮助减少能源消耗，降低生产成本，缓解能源压力。借助大数据技术，可以加工处理相关非结构化数据，如声音、图片、视频等，促使结构化数据的形成，使数据分析需求得以满足和实现，将价值较高的信息提供给决策者。借助云计算、分布式存储和分布式计算等技术的支撑下，传统的数据存储和计算方式得以颠覆，实现了海量数据的有效处理。借助移动互联网，人们可以实时共享需要的信息和数据，打造了更具便捷性的网络应用渠道。借助数字化转型，能源企业可以改进资源配置、强化市场协同，不仅可以更好地保障能源供应，还能够进一步扩大竞争优势。

能源企业数字化转型是深入推进能源革命，加快建设新型能源体系的重要支撑。党的十九大报告指出，要"增强改革创新本领，保持锐意进取的精神风貌，善于结合实际创造性推动工作，善于运用互联网技术和信息化手段开展工作。增强科学发展本领，善于贯彻新发展理念，不断开创发展新局面。"互联网技术和信息化手段可以给予企业数字化转型有效引导和支持，进而为国家实体经济的建设发展保驾护航。政府积极引导人工智能应用不断深化，将"智能+"拓展开来，不断发展新业态、新模式，积极引导企业加强科技力量的合理应用，以此来改造升级现有生产模式与管理模式，促进企业运营效率的提升，确保企业数字化转型升级赋能的顺利实现。可以说，进行数字化转型是能源企业重塑竞争力的一个过程。

二、数字化转型背景下能源企业的管理变革措施

能源企业在国民经济中起着重要的支撑作用，为工业化发展贡献了巨大力量。伴随数字技术的运用，数字化转型已经渗透到企业发展的战略全局之中，无论是发展战略、组织架构还是管理运营、商业模式都有了深刻的变化。在管理运营方面，能源企业一方面更加注重发挥市场的作用，优化资源配置，提高系统效率；另一方面，更加重视智能平台的建设，加大数字技术在企业各环节中的运用，打破信息孤岛，提高办公效率；此外，能源企业还愈加强调协同一体化的重要性，将各部门不同时间、空间上的变化整合到同一个平台上，帮助决策者多维度了解业务进展，进行决策优化。

当前，能源企业的数字化转型进入了加速推进期，在此背景下的能源企业在管理运营方面积累了一定的发展经验，可归纳为合理运用智能技术、加强实施数字化采购转型、全面促进运营组织的协同一体化三个方面的变革措施。

（一）合理运用智能技术

当前，智能技术在企业财务、供应链等领域内得到了广泛应用，在不同工作场景中发挥了重要的作用。智能技术不仅可以使传统工作方法得到不断完善，而且有助于员工提升实际的工作效率，为企业智能化运营和管理提供了极大的便捷。

一方面，智能技术在财务领域发挥了较大作用。现阶段，财务领域的智能技术常见的有 RPA 流程自动化、OCR 图像识别等。借助财务流程标准化，RPA 财务机器人操作简单，在核对账目、自动审核等方面节省了人力成本；OCR 图像识别技术，可以实现非结构化数据向结构化数据的顺利过渡。此外，RPA 财务机器人可以为财务分析、决策提供有力的支持，并且能够实现主动筛查，不仅可以及时地识别出异常情况，而且还可以确保报警的时效性。另一方面，智能技术在供应链管理领域有着不俗的应用表现。智能技术在客户和供应商画像中的应用价值较高，可以帮助企业高度了解客商信息，便于后续开展更多的交易合作。在智慧供应链控制中心内，智能技术工具可以从天气情况、库存情况等出发点进行分析，对物流延迟的情况进行准确预测，给予企业和客户及时反馈，以便于企业按照实际情况及时调整生产计划、配送方案等，从而有效规避潜在风险的出现。此外，在创新型智慧供应链管理中，智能技术可应用的场景主要包括库存布局优化、销售定价、货物追踪等。

（二）加强实施数字化采购转型

在企业采购业务转型过程中，第三方服务平台发挥着重要的作用，企业应该加强第三方服务的选择与合作，开展数字化采购。针对数字化采购，企业可以重点着眼于大数据、云计算等信息技术对于业务发展的支持力度。能源企业应根据自身的规模情况选择适宜的服务或模式，而且还应从采购规模及转型预算出发，加强成熟的电商平台企业端的应用，使数字化在通用物资的订货、物流、仓储等流程上充分发挥作用。同时，能源企业应紧密协作第三方技术提供商，从实际生产需求的特点出发，加强数字化采购系统的积极构建，紧密结合内外部数据和信息，实现数字化转型和升级。

（三）全面促进运营组织的协同一体化

打造协同一体的运营组织，可以促使能源企业的各项业务推进更为顺畅高效。一方面，应注重管理服务信息化水平的提升，使之契合信息化建设的发展趋势。具体可从人事、财务管理等方面出发，加强运营管理信息系统的构建，全面覆盖财务管理、物流服务以及设备调度等方面。另一方面，应加强内部管控业务系统的整合。在既有信息系统中，对固定资产、装备物资以及办公系统等进行积极整合，基于内控实现企业资源自由一体化整合管理。

三、数字化转型背景下能源企业的关键技术应用

实现数字技术与能源企业业务的深度融合，是能源企业在数字化转型背景下的应有之义。《能源生产和消费革命战略（2016—2030）》中提出要大力发展智慧能源技术，推动互联网与分布式能源技术、先进电网技术、储能技术深度融合。《"十四五"现代能源体系规划》也提出要从推动能源基础设施数字化、建设智慧能源平台和数据中心、实施智慧

能源示范工程等方面加快能源产业数字化智能化升级。

能源企业一般都有着大量的专用设备，重资产特征明显，需要对设备进行全生命周期管理。在项目进展过程中，调度管理人才不仅要熟悉能源业务，在数字化转型的背景下还需要精通数字技术，以便更好地制定生产计划并相机调整。采掘类能源企业更可以借助矿山自动化建设，来进一步提高生产效能，真正实现企业的智能化发展。

（一）设备全生命周期管理

对于工业设备密集型企业来说，设备的管理水平是影响矿井生产效率的重要因素之一。能源企业要开展数字化转型，首先应对设备管理与生产管理的关系进行合理优化，基于生产能力，严格管理设备配套、设备采购；从设备全生命周期绩效评估出发，给予设备采购、报废管理明确的规定与正确的指导；基于设备实际工作状态，保证设备维修管理的顺利进行。

从传统视角看，设备生命周期绩效评估体系、设备状态分析体系仍不够完善。所以，能源企业在开展数字化转型过程中还应在设备生命周期绩效评估体系中加强对安全环保、周期成本等方面的深入分析，以此来实现综合平衡。加强设备生命周期综合管理指数计算模型的构建，对不同阶段各评价指标的权重配置进行统筹管理，借助设备的生命周期管理综合指数，确保良好的评估效果。同时，加强设备状态分析和业务模型、数据模型的构建，加强设备状态"诊断"与业务模型的设计，满足业务发展的个性化需求。针对重点设备，在不同的使用场景方面，设备损耗预测模型的设计显得尤为重要。在具体的使用策略中，应对上述模型的需求进行深入分析。例如，在矿井自动化改造、工业环网改造等过程中，顺利获取设备状态数据，可以确保点检数据顺利得到自动化采集。

（二）生产计划与调度管理

在生产管理水平中，应致力于精益化管理水平的提升，通过生产接续计划和产量计划，密切配合各项计划，为煤矿生产经营目标的实现奠定良好的基础。计划体系应满足较细的颗粒度这一需求，实时联动生产及相关计划，密切联系和整合生产执行效率和经营绩效。在编制生产接续及作业计划时，应对产能进行深入分析，从工作面条件、设备配套情况等出发，将各矿、各工作面的生产能力进行准确评估，集中整合生产接续计划及具体的执行情况，对采掘进度和工作面状态进行充分考虑，在调度层级、应对高级排程系统方面进行合理部署。

通常来说，能源企业生产计划体系的完整性不足，生产及相关计划的实时联动性缺失，标准化调度管理基础信息不够完善，在生产调度管理方面的高级排程系统也尚未得到有效部署。因此，应加强生产及相关计划实时联动体系的构建。对计划体系进行全面梳理，弥补缺失的部分，明确关联计划的接口，充分挖掘关联计划的关键信息流；加强制定作业定额的计划，不断完善经营绩效预测模型，实现"高级排程系统"的顺利构建，确保计划管理水平的稳步提升，从而满足生产计划的实时联动需求。同时，应确保调度基础信息和技术方案库较高的标准化水平，正确指导调度作业，分类汇总历史调度数据，使基础信息在调度技术方案库内得以充分体现。借助知识管理、数据分析等方法，充分彰显调度技术方案的科学性与可行性。

（三）矿山自动化建设

采掘类能源企业借助矿山自动化，可以不断提高生产效能。建设较为完善的矿山自动化设施无疑会对能源企业的数字化转型效果产生深远的影响。以煤矿建设为例，虽然矿井自动化系统的完善度较高，各子系统的建设具有高度的独立性，但是诸多系统在建设较早的影响下，基础系统结构的复杂程度较低，其系统性能风险和安全风险较难得到有效规避。通过积极建设数据集成平台，可以有效提升系统之间的数据共享水平；加强设备在线点检系统的构建，实时化采集和处理主要设备关键性数据，可以促进预知性维护工作的顺利进行。同时，能源企业还应加强服务运营监控中心建设，在监控服务器上对显示画面的操作进行密切监测。从操作员角度来看，监控服务器体系架构中还应涵盖历史数据服务器、外部访问服务器等模块。

四、结束语

综上所述，由数字化转型驱动的能源企业发展，与数字技术的发展运用之间有着密切的关系。对于企业各级管理人员来说，应重点开展信息技术和数字化管理模式的培训，强调树立数字化思维，确保智能化运营效率的稳步提升。同时，在整体的管理变革方面，数字化采购可以作为重要的突破口，不仅有助于提升能源企业的采购效率，还可以将能源企业在采购端的运营成本控制在合理范围内，实现智慧型采购管理体系的顺利构建。总之，借助管理变革和智能技术的应用，可以拓展能源企业相关业务的发展空间，实现能源企业的绿色高质量发展。

力争2030年前实现碳达峰，2060年前实现碳中和，是我国当前的重大战略决策。能源发展一头连着物质文明建设，一头连着生态文明建设，加快能源企业在数字化转型背景下的管理变革，深入应用数字化技术，必将为推动经济高质量发展提供更有力的支撑，助力"双碳"目标顺利实现。未来，能源企业还可以在文化组织、人才建设、市场培育等方面进一步深入探索管理变革，实现能源企业的长效发展。

参 考 文 献

[1] 焦豪．双碳目标下国有企业数字化战略变革的模式、路径及保障机制研究［J］．北京工商大学学报（社会科学版），2022，37（3）：10-22.

[2] 朱成，方凯正，郭苑，等．动力电池智能制造技术路线探析［J］．科技与创新，2019（23）：30-32.

[3] 杨罕，彭建标，肖汶，等．双碳目标与数字化转型背景下能源产业科技人才队伍的建设［J］．科技导报，2022，40（6）：67-72.

[4] 曹鹏．浅谈新能源发电企业的数字化转型——论榆林协合生态新能源有限公司数字化转型［J］．营销界（理论与实践），2020（8）：36-38.

[5] 江秀臣，许永鹏，李曜丞，等．新型电力系统背景下的输变电数字化转型［J］．高电压技术，2022，48（1）：1-10.

[6] 杨娜，杨孝鲜，叶斌，等．基于丰田人才精益模式的能源互联网企业员工数字化能力培养路径分析［J］．经济研究导刊，2021（22）：135-138.

[7] 何林．数字化是企业未来的保证［J］．中国石油和化工产业观察，2020（10）：8-11.

"双碳"目标下神东的责任和转型路径研究

杨艳阁,袁小磊,李建章

(国能神东煤炭集团有限责任公司)

摘要:随着"双碳"目标的推进,作为能源生产企业,神东在提供煤炭能源和实现"双碳"目标上有着沉重的社会责任感和使命担当。目前煤炭还是工业发展的主要能源,神东在保质保量提供煤炭能源,为工业化发展进行能源兜底的同时,还要响应国家政策,不断进行技术革新,降碳减排,推进煤炭清洁高效利用。在产业格局上进行创新,统筹好短期煤炭能源供应和远期退出的关系,推动产业多元化,构建神东新的管理体制和产业格局。

关键词:低碳;目标;责任;路径

一、"双碳"目标的内涵

"双碳"目标指碳达峰和碳中和。碳达峰是指各组织主体的碳排放量在由升转降的过程中,在某一时期达到历史最高点,同时在这一峰值出现后碳排放量呈稳定下降的趋势;碳中和则是指排放的二氧化碳与植树造林、节能减排等方式吸收的二氧化碳相互抵消,实现二氧化碳净排放为零。碳达峰和碳中和两者相辅相成,碳达峰是迈向碳中和的基础和前提,碳达峰后需要更有力度的减排才能实现碳中和。因此,"双碳"目标的实质就是以碳中和为目标的低碳转型。

二、推进"双碳"目标的紧迫性、必要性和研究背景

(一)推进"双碳"目标的紧迫性、必要性

1. 全球气候异常

通过查阅世界气象组织相关资料,百年以来,全球平均地表温度逐渐升高,极端天气出现的频率也越来越高。全球各地因极端天气造成的气候灾害、生态系统灾害、人员伤亡及经济损失逐年飙升。气温的异常与碳排放产生的温室效应有着密切的关系,严重破坏了全球的自然生态系统,阻碍了社会的发展。

2. 生态环境破坏严重

在市场经济高速发展过程中,能源的过度开采及污染物的超标排放,导致二氧化碳排放量逐年递增,给生态环境造成了严重影响。局部地区生态环境已失去平衡,虫病害数量增加,农药超标使用,动物种群数量减少;绿色生态农作物越来越少,清澈的溪流和池塘逐渐被污染;多地持续出现雾霾天气,严重影响着人类的身体健康和生存发展。

(二)"双碳"目标的研究背景

1. "双碳"目标是我国重大战略决策

随着我国成为"世界工厂""世界市场"和制造业第一大国,碳排放总量也居于首位,主要聚集在能源生产与转换、交通运输、化工、建筑等领域行业,具有多煤、少油、缺气、非化石能源比重低的特点。其中,能源生产与转换行业碳排放占绝大部分,仍以煤炭为主,是制约"双碳"目标实现的主要因素。2020年,中国在第七十五届联合国大会宣布了中国碳达峰目标与碳中和远景,制定了"3060"的战略规划和长期低碳发展战略。

2. "双碳"目标是集团的战略规划

国家能源集团(以下简称"集团")作为全球最大的煤炭生产、火力发电、可再生能源发电、煤制油煤化工企业,产业结构具有典型"重碳"特征,主要大气污染物和碳排放量在央企处于高位,生态环保和能源节约压力凸显。站在新发展阶段,按照"一个目标、三型五化、七个一流"总体战略要求,践行习近平总书记"绿水青山就是金山银山"的科学论断,以"清洁高效、绿色低碳"为目标,明确了"强化治理、保护生态、稳步减碳、防范风险、示范引领"的工作思路。

三、"双碳"目标下神东的责任和使命

(一)神东煤现状分析

神东煤炭集团(以下简称"神东")是集团的骨干煤炭生产企业,占集团煤炭总产能的37%以上。煤质具有低灰-低中灰、低硫-特低硫、低磷-特低磷、中高发热量、结焦性和黏结性差、气化性能好、富油和微量元素及腐植酸等含量较低的特征。开发的商品煤主要为特低灰、选精块、神优煤、神华混煤、高热石炭煤和低热石炭煤等,是优质的动力、化工和冶金喷吹用煤。不同品质的煤释放的CO_2有所不同,按烧1吨煤平均约产生3吨CO_2计算,神东每年用的50万吨标煤会产生150万吨的CO_2排放量,仍属于高碳产业。

(二)神东的责任和使命

在集团战略引领下,神东不仅承担着国家煤炭安全稳定供应和能源兜底保障的责任,还肩负着碳减排的重要使命。结合神东产业实际,按照"保供→降碳→转型"三步走,进一步细分低碳发展路径,力争在开采技术、装备、工艺等方面持续改进,在绿色转型中引进低碳技术,从源头上保证生产清洁化、资源回收率最大化,力图通过"1235"模式(图1)促进神东开创"发展与保护"高度融合的新局面,走绿色低碳高质量发展之路。

1. 保质保量供应煤炭,彰显央企担当

在新型能源尚未完全研究开发及大量采集应用的情况下,短期内,煤炭作为工业化发展所需的主要能源来源,需求量还很大不会被轻易替代,并且站在新技术应用和新能源探索阶段,煤炭消耗量还有大幅增长的空间和趋势。而神东作为煤炭能源生产企业,在应对企业绿色低碳转型保障企业可持续性发展的同时,还要保质保量为国家供应高质量煤炭产品。特别是在现阶段国际局势动荡,煤炭能源在抵御政治风险和安全能力风险方面显得尤为重要,能有效保障经济社会的平稳运行。

2. 推进神东减污降碳,助力实现"双碳"目标

在推行精益化管理的基础上,坚持污染减排和生态扩容两手发力。通过技术改革和绿色低碳新型技术设备的投入,推进煤炭能源清洁生产和资源的高效利用,如应用CCUS技

术，在煤炭加工过程中按捕集、输送、利用与封存等流程将二氧化碳分离收集，减少碳排放。同时，充分利用神东自身资源优势、矿区优势、技术优势和环境优势，将废旧矿井（如唐公沟煤矿等）加以利用，建立碳封存示范区等。目前，我国工业化发展正在上升期和转型期，能源消耗大。神东应以此为契机，激发节能减碳的创新思维，合理规划减污降碳路径，稳步推进神东低碳转型。

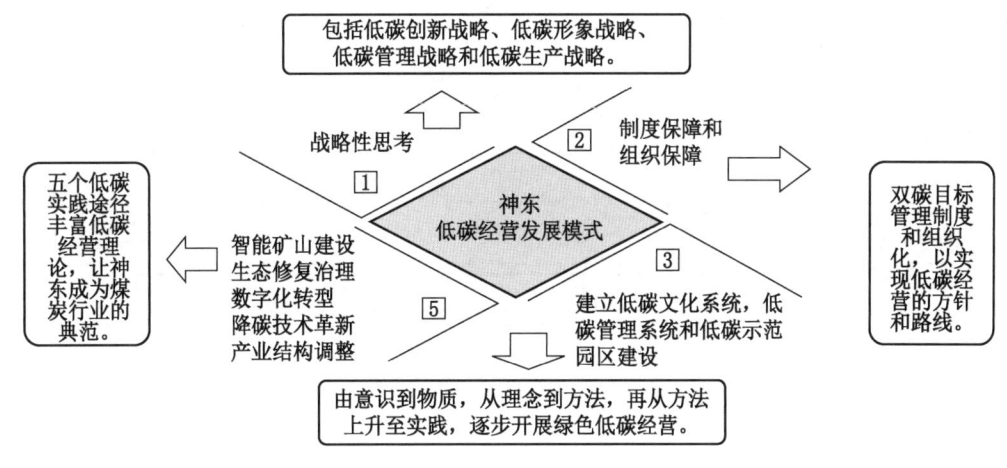

图 1　神东低碳经营的"1235"模式

3. 构建绿色新产业格局，促进神东可持续发展

随着市场经济发展及科技进步，神东应坚持以"碳达峰、碳中和"为目标引领，以市场改革为契机，统筹布局神东煤炭短期供应和远期有序退出的规划，构建新发展格局。以创新发展的思维，调整产业结构，转变发展方式，加大以光热、地热、太阳能、风热等为主的多能互补的新能源产业投入；同时，注重数字化技术、多媒体技术与能源经济的充分融合，以数字经济注入新活力和力量，构建神东新版图，促进可持续发展。

四、"双碳"目标下神东低碳发展路径研究

（一）部署神东低碳发展路线图

聚焦生态文明建设，规划部署神东低碳发展的 8 大重点任务（图 2），包括建立生态管理体系、减少污染物排放、生态环境修复治理、科技创新、智能矿山建设、产业结构调整、数字化转型、多媒体业务。坚定不移贯彻新发展理念，全方位全过程按照低碳发展路线，完成绿色生态建设任务，推行绿色规划、绿色投资、绿色建筑、绿色生产、绿色生活等，使低碳发展建立在高效利用资源、严格保护生态环境、有效控制温室气体排放的基础上，统筹推进高质量发展和高水平保护，促使神东全面绿色转型。

（二）建立节能减碳生态管理体系

建立并完善节能减排、绿色施工、低碳技术相关的管理机制，制定符合神东新发展要求的煤电机组排放标准，构建完整的生态管理体系，指导实践运营。成立节能减碳组织保障体系，部署"双碳"目标及节能减碳工作，落实分级责任。定期组织召开节能减碳工作

会议，通报所属各单位节能减碳降耗情况，交流工作经验，谋划工作思路。健全能耗统计途径，建立完善监测、核算和报告体系，促进管理提升。

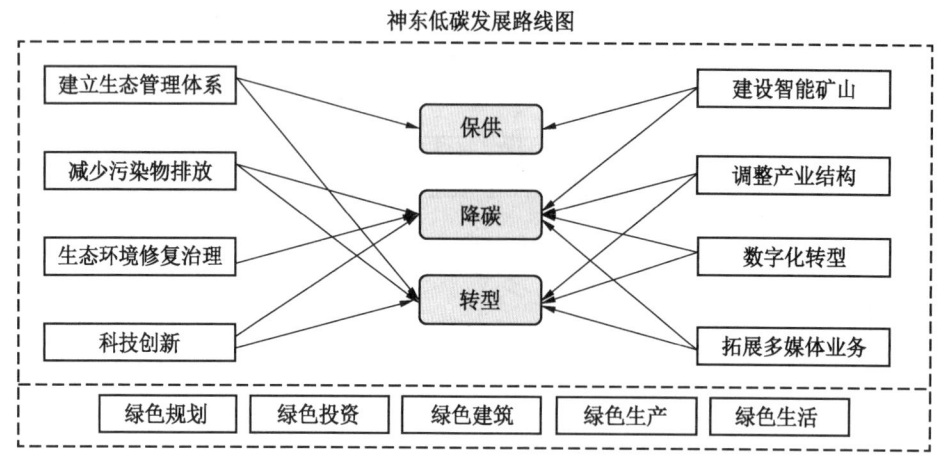

图 2　神东低碳发展路线规划

（三）减少煤炭生产流程中的污染物排放

在煤炭生产和加工过程中，会产生大量的"废物"，影响着人们的身体健康。因此，应加强生产源头污染防控，深入打好污染防治攻坚战。一是在生产中不断地增强低碳理念，开展污染源头风险管控，进行生产流程体系的优化再造，减少或消除煤炭生产过程中的以甲烷为主的直接温室气体或污染物排放；二是采用高效节能的技术、工艺和设备，严格控制生产过程中的粉尘、噪声、废气、废水、固体废物等污染物的产生和排放，减少水、电等能耗，降低间接碳排放；三是在原煤筛分、破碎、煤炭风选设备通风管道、筛面、转载点等安装除尘设备排气筒，并使排放限值符合规定排放限值。

同时，设置危险废物（如液态润滑油、液压油、汽轮机油等）存放和回收设施，配备污染物排放监测和控制措施，在原煤煤质发生较大程度的长期性变化时，及时开展有针对性的技术改造工作，提高燃烧效率或焦炭质量，降低煤耗，减少碳及污染物排放。通过盖石灰、化学法及植物稳固等方法处置废物，争取建设"无废神东"。

（四）深入开展矿区生态环境修复治理

牢牢把握低碳发展的大动脉，致力于建设"天蓝、水清、山绿"的自然低碳矿区环境，深入开展矿区生态环境修复治理行动，采用造林和再造林、土地恢复和土壤固碳等技术，提高绿化面积，抑制沙尘暴。加大生态建设项目投资，在建筑项目和工程维修项目实施过程中，采用建筑绿色低碳能源替代，开展零碳建筑试点和规模化推广，构建矿区低碳环保体系，建设生态典范。在采煤沉陷区，建设生态农业种植示范基地，提升采煤沉陷区综合治理的生态效益和经济效益。

（五）加大科技研发力度促进节能减排

站在能源转型发展前沿，坚持科技创新，加强核心技术攻关和新装备应用推广，实现低碳化利用所需要的变革性技术创新。一是坚持开发与治理同行，高度重视 CCUS 技术创新和应用，聘请资深专家将煤炭消耗产生的二氧化碳分离出来，运输到指定的地点进行封存，或者通过化学方法进行转化，减少碳排放。二是通过低碳化技术创新实现用煤少排碳、不排碳；利用综合防治水技术，实现用水回灌不排水，避免环境污染。三是加快煤炭由燃料向原料转变，重视关键性节能减排技术的研发与推广，打造一批节能减排示范标杆单位或创新项目，助力神东节能降耗和减排目标的实现。

（六）加快推进神东智能化矿山建设

加快建设无人化智能综采示范工程和少人化智能掘进示范工程，持续推进生产辅助系统固定岗位无人值守和智能通风及灾害精准预警示范工程。依托5G网络、AI技术等实时对回撤、运行、新安装智能综采工作面进行跟踪管理，实现采掘工作面远程控制，构建"设备—工作面—矿井—矿井群"的"点、线、面、体"智能矿山体系，建成薄煤层等高无人智能开采、中厚偏薄煤层透明自主割煤、厚煤层预测智能割煤等智能综采模式，实现新一代信息技术与煤矿采、掘、机、运、通等全生产工艺流程的深度融合。

（七）有序推进神东产业结构转型升级

面对低碳发展带来的机遇和挑战，应充分利用自身资源和技术优势，调整产业结构，构建新发展格局。一是开发高新技术矿产、新材料矿产和新能源矿产行业，如稀土资源、铜、铝、锰、磷等矿产资源的开采和加工；利用地理环境优势，争取沙漠、戈壁、荒漠区域为重点的大型风电、光伏、氢能、储能等项目，提高可再生能源比重，推动清洁能源建设。二是整合神东内部资源，拓展新产业结构，如通过整合地产、房产资源，开发酒店、物业等业务板块，拓展智慧健康养老服务等。三是发展绿色用能方式，调整能源消耗结构，实施煤改气、油改气工程，减少煤炭消耗比重，提升神东在新产业形态中价值创造与获取能力。

（八）运用数字技术催生神东发展新模式

在新发展理念引领下，数字经济已经成为未来中国经济重要的发力点和增长点，是必然的发展趋势。神东要勇立创新潮头，深刻洞察当前生产经营现状与数字化支撑能力坝状，重塑生产运营模式，坚定不移地走数字化转型之路，实践数字经济与能源经济的深度融合，全面开启数字经济时代。

（九）拓展多媒体行业促进数媒传播与实体经济融合

利用内部资源优势拓展多媒体行业，使多媒体成为实体经济的传播媒介及业务拓展渠道。如通过短视频直播，拓宽后勤食品和加工产品的销售渠道，增加收入；深化数媒与实体经济融合，在废旧矿井建立实践培训基地，采用网络培训与实践操作相结合的形式，拓展培训业务，为神东培训后备人才资源。同时，以工业互联网为核心，构建能力开放平台，成为新产业变革期的生态价值推动者。

五、神东低碳发展面临的挑战

（一）节能减排基础工作亟待加强

尽管神东能够圆满完成集团节能减排的各项工作目标，但是能耗下降幅度逐年递减，节能减排呈现的一些问题和不足亟待解决，主要体现在：一是缺乏统一的碳核算规则。碳中和的根本在于减少碳排放，神东自身的核算能力不足，造成上下信息不对称，影响碳减排机制的有效运转。二是节能减排管理水平有待提升。部分下属单位对节能减排工作认识不到位，工作人员流动性大，未做到专人专岗，导致节能统计基础工作不够扎实，统计监测和总结分析报告不够深入。三是节能减排技术创新力度不足，节能减排新技术、新工艺、新材料和新设备的推广应用不够成熟有效，部分单位追热点，减碳"帽子"满天飞，不注重实际成效。

（二）低碳转型管理技术人才缺乏

低碳转型是一项长期且复杂的工作，而神东没有强大的人才队伍支撑，无法满足低碳技术应用需求，导致进程缓慢或工作重复进行，如创建和运作数字化管理体系，需要数据专家和AI专家构建数据模型；需要行业专家检查和判断模型应用的科学性、合理性；需要工业设计人才通过不断探索和试验，满足神东的个性化需求；还需要碳核算人才计算碳排放量验证目标的完成情况；最后还得依靠IT技术人才将技术工具和软件应用程序结合起来，应用到神东的基础设施中从而创造价值。

（三）管理层数字化转型意识不强

企业管理层是否对数字化转型有清晰明确的认识，是企业战略转型能否成功的关键。数字化转型是一个不断改进和优化的过程，如果企业管理层重视度不够，很容易导致半途而废或战略管理仅停留在理论层面，不能有效地实施；管理层意识薄弱未能将战略思想灌输全员，在执行过程中容易出现很多阻碍和困难，员工也会因工作量增加而对转型项目产生反感和排斥情绪。因此，只有将全员思想融入其中，上下同欲，后期项目落地才会更有保障。

（四）低碳转型缺乏持之以恒的动力

低碳转型任重而道远，如果在前期未取得显著成效就放弃，或者操之过急影响其落地成效，就会浪费大量的人力和物力。在转型过程中，还要特别注意新上任领导有可能不认同上一任领导的思维和战略途径，偏离原有的战略规划路线，导致低碳项目没法继续执行。因此，实施低碳转型必须建立长效的激励机制，将低碳转型进展完成情况纳入神东管理层及员工的绩效考核范围：一是通过年薪制绩效考核，管理层签订长、短期转型目标责任书；二是通过岗位层级及岗位薪级阶梯式管理，激发员工参与低碳转型工作的积极性，确保低碳转型工作有序推进。

六、实现"双碳"目标的保障措施

（一）完善基础保障体系

低碳运营对煤炭企业是一项艰巨的任务，必须由"一把手"牵头组织实施，公司主要领导参与，并聘请资深管理专家，统筹协调。企业管理层要统一低碳转型思想，建立健全绿色低碳循环发展的基础保障体系，履行绿色低碳发展责任。企业决策者要有时不我待的紧迫感，组织学习先进企业低碳转型的成功经验，合理规划神东低碳发展进程，致力于低碳发展的积极尝试，探索绿色低碳发展之路。

（二）确保经费投入

实现"双碳"目标是一次重大的绿色革命，需要充足的经费投入。因此，企业在考虑扩大短期需求的同时还要增强长期动能，加快节能减污降碳改造升级、淘汰落后产能和工艺，特别是加强低碳技术的推广和应用，为减碳脱碳发展提供资金支撑。

（三）强化考评机制

在低碳发展路径规划下，建立节能低碳技术申报、评选和推广机制。利用 AHP（层次分析法）构建神东低碳经济指标评价体系，将节能减碳控制指标设定为强制性指标，与单位绩效挂钩，对低碳减排工作表现突出的单位给予表彰或奖励；对未完成节能减碳指标和考核不合格的单位，给予通报批评。在引入新能源项目时，技术方案中要明确列出低碳创新思路，将二氧化碳排放量降低率、低碳指标等纳入考评指标。深入开展节能减碳专题讲座、"积分兑现""减排之星"等宣传活动，激发员工参与节能减碳工作的热情，营造低碳发展的浓厚氛围。

（四）统一碳核算规则

准确、可靠的碳排放数据是神东低碳发展规范运营的基准。加强量化碳排放的方法研究，完善碳排放数据的监测核算，建立统一的碳排放核算规则。强化碳数据在线核查、异常数据精准识别和预警提醒等，尤其是减碳技术改造实施前的风险评估，预测实施过程中可能存在或超出的风险，提前做好应对措施。定期对低碳改造项目开展专项评估，科学核算项目在实施过程中的污染物及碳排放值，发现超标及时介入处理，防止污染扩大。

（五）加大低碳人才储备

着力抓好低碳人才体系建设是推进绿色发展的重要保障。低碳人才的专业素养和综合能力对数据的真实性、政策决策的科学合理性、可行性有较大影响，更关乎高新技术改造的前景规划和运行。鼓励员工参加碳排放管理师的学习取证，了解碳排放技术及碳排放量核算方法等。积极探索合作机制，采用外培、校企联合等方式储备专业人才，助力神东低碳转型。

站在低碳发展的前沿，把低碳作为神东重要的特色元素，坚持在探索中创新，在创新中实践，在实践中升华，以绿色发展理念引领实践，探索一条煤炭企业低碳经营发展之路。

参 考 文 献

[1] 鞠建华．"双碳"目标背景下矿业发展新机遇与实现路径［J］．中国矿业，2022．

[2] 张宏．推动"双碳"战略实施构建煤炭产业发展新格局［J］．煤炭加工与综合利用，2022．

[3] 陈阳、杨芊．"双碳"背景下现代煤化工高质量发展研究［J］．煤炭加工与综合利用，2022．

煤炭企业劳动定额标准化管理研究

肖 延,郝俊奇,郝熙春

(国能神东煤炭集团有限责任公司)

摘要:本文对煤炭企业劳动定额标准化所要建立的秩序、劳动定额标准体系构建思路、劳动定额标准化工作原则、劳动定额管理机构设置、劳动定额标准化管理两大流派对比、劳动定额标准化管理常见问题等六个方面做了较为详细阐述和深入探索,供同行参考借鉴。

关键词:劳动定额;标准化;管理研究

一、引言

企业劳动定额标准化是标准化工作的重要组成部分。劳动定额标准从其性质上看,属于生产组织及其管理的范畴,它与产品标准、工艺标准有一定区别。劳动定额标准不同于一般意义的技术标准,既包含技术标准也包含管理标准和工作标准,其中对人的因素也多有涉及,所以劳动定额标准化工作开展起来难度较大,本文作者通过学习查阅一些相关典籍著作和论文等,发现国内外学者虽然对此也进行了一些探索,但是相关研究多集中于机械制造、轻工业生产等行业,煤炭行业虽有涉及但往往语焉不详且比较散乱,系统化不强,可借鉴的内容不多。为做好煤炭企业劳动定额标准化管理工作,作者基于对本人标准化工作的理解并结合神东煤炭集团劳动定额标准化工作实践,从多角度、多层次地进行思考,对如何开展劳动定额标准化工作进行了一些探索。

二、劳动定额标准化所要建立的秩序

劳动定额标准化是以制定和贯彻劳动定额标准为主要内容的全部活动过程。具体而言,劳动定额标准化是在人力资源管理的实践活动中,对劳动定额各个环节中重复性事物和概念,通过制定、发布和实施标准,达到统一,以获得最佳的秩序和社会效益。

劳动定额标准化所要建立的秩序包括:正常的生产秩序和工艺规程;科学合理的作业规范和操作秩序;劳动定额标准制定、贯彻、统计、考核、修订等工作秩序。劳动定额标准按标准本身的属性区分,包含技术标准、管理标准、工作标准三类。技术标准是以劳动定额标准化活动中需要协调的技术性事项和概念为对象制定的标准;管理标准是以劳动定额标准化活动中需要协调的管理性事项为对象制定的标准;工作标准是以劳动定额标准化活动中需要协调统一的各类人员的工作事项为对象制定的标准。

三、劳动定额标准体系构建思路

劳动定额标准化体系的构建是煤炭企业劳动定额标准化工作的基础环节,也是首要环节，需要分别将劳动定额技术标准、管理标准、工作标准按一定的步骤逐步实现，本文仅简要说明分阶段构建标准体系的思路。

1. 技术标准构建

第一个阶段围绕煤炭企业不同工作、不同岗位、不同工种、不同作业的时间消耗标准展开，以标准时间为核心分四类时间消耗标准展开；第二个阶段围绕流程标准、作业标准、作业操作动作分析标准、工作评比标准展开；第三个阶段围绕岗位评价与分类标准、人员素质及能力测评标准等展开。

2. 管理标准构建

第一个阶段围绕煤炭企业劳动定额管理制度和程序标准、劳动定额统计分析、考核、修订程序标准展开；第二个阶段围绕劳动定额资料管理标准，分项定额管理标准展开；第三个阶段围绕劳动定额水平的平衡、验证标准等展开。

3. 工作标准构建

第一个阶段围绕煤炭企业各类人员的岗位劳动规范、作业程序、操作规程以及作业操作方法等工作程序、方法标准展开；第二阶段围绕有关劳动岗位工作范围、内容、要求、职责、权限的工作质量标准展开；第三阶段围绕采用产量定额、时间定额、看管定额、服务定额、人员定额（劳动定员）等形式的工作数量标准展开。

四、劳动定额标准化工作原则

劳动定额标准化工作原则包括劳动定额标准制定原则、定额制定方法选择原则、定额修订原则、劳动定额研究对象四个方面。

（一）劳动定额标准制定原则

劳动定额标准制定时，一般遵循先进合理、简明实用、齐全完整、实事求是等六项原则。

1. 先进合理的原则

煤炭企业劳动定额的制定，要紧密结合作业环境、作业方式、人员素质及劳动组织等诸因素制定定额标准，采用多种定额制定方法，在标准状态范围内对各类时间消耗的组成进行具体的测定、分析、计算、整理。定额水平达到"经过工人努力，多数（80%）工人能够达到或超过，部分（20%）工人能够接近"的水平。

2. 简明实用的原则

标准应做到逻辑结构简单，容易识别和使用，结合本企业的岗位、工种划分和设备分类的实际情况进行定额制定。一般以工序为基础，适当综合，详略得当，做到计算和操作方便、简明实用。

3. 齐全完整的原则

尤其是对于技术密集型工作的劳动定额，如煤矿设备维修，技术管理要求严格，管理性劳动是劳动定额中不可缺少的一部分。制定劳动定额时应考虑维修安全技术措施编制及现场布置、维修方案编制和技术记录、试验、编制技术报告等所用的时间。在标准状态下的劳动定额制定后，对非标准状态下制定的设备维修劳动定额，也要因地制宜地制定，一般采用修正系数进行调整。

4. 实事求是的原则

不能生搬硬套行业通用劳动定额和其他企业劳动定额。行业通用标准是综合考虑了各企业先进和典型的生产条件而制定的，能起到宏观总量控制的作用，企业只能参照行业标准结合自己的生产、技术、组织条件来制定企业自己的劳动定额。

5. 专群结合的原则

煤炭企业劳动定额的制定，必须由工程技术人员、一线管理人员、定额管理人员、有丰富实践经验的工人等人员参加，共同讨论、分析、计算，确定劳动定额标准及平衡验证劳动定额水平。

6. 平衡验证的原则

劳动定额制定要重点平衡各岗位之间、工种之间、工序之间的劳动定额水平，要评估劳动组织中不同技能等级和专业技术等级人员的配置是否合理。

（二）劳动定额制定方法选择原则

煤炭行业通行的劳动定额标准制定方法主要有作业测定法（分为测时法和写实法）、统计分析法、经验估工法、类推比较法。不同的标准制定方法适用情况各不相同，制定定额的精度、效率也各不相同，选用时一般从五个方面考虑。

1. 与生产类型相适应的原则

如煤矿采掘、设备安装回撤等属于主要业务，多采用精度更高耗时更长的测定类方法，通过实地观测和分析生产技术、组织条件、操作合理化等环节的基础上制定定额，对于煤矿设备小部件批量小的零星维修项目多采用估工法、类推法等相对简便但是精度较低的推定类方法。

2. 与企业的生产技术水平、管理水平相适应的原则

基于工艺技术的完整性、工时统计的准确性、劳动组织的形式、工作地服务的状况，如工时原始记录粗糙笼统的话，统计数据暂不能真实反映劳动效率，就不宜采用统计分析法。

3. 与企业劳动定额人员的配备相适应的原则

根据企业劳动定额队伍来考虑，制定方法靠人来掌握和运用，效果取决于标准制定人员的能力和素质，当人员配备不足或人员素质偏重经验型，则适宜采用估工与类推等推定类方法，对于标准制定要求高、工作难度大（包括编制工时定额标准）的情况，可采用工程技术人员、一线管理人员、定额管理人员、有丰富实践经验的工人等共同参与的配备机制。

4. 与作业测定的工作阶次相适应的原则

在作业测定类方法中，不同方法适用于不同的作业阶次，如PTS法适用第一阶次（动作），秒表测时法适用第二阶次，工作抽样法适用第三、四阶次，标准资料法可适用各个阶次，但需具备相应阶次的标准数据。

5. 与作业方法、作业周期等相适应的原则

根据作业过程中人工操作和机动操作的比重、作业方法的稳定性、作业周期的长短等因素来考虑。如人力作业可采用PTS法，机器作业宜采用秒表测时法，作业方法固定可采用PTS法，作业方法不稳定宜采用秒表法，作业周期很短可采用PTS法，作业周期较长宜采用秒表测时法，作业周期很长或是非周期作业宜采用工作抽样法。

（三）劳动定额修订原则

劳动定额修订的一般原则为相对稳定、适时修订、系统平衡。

1. 相对稳定的原则

劳动定额原则上 2~3 年修订一次，如无重大变化，基础劳动定额标准一般不调整，如采煤机虽然更新换代，效率或安全性都有了较大提升，定额标准水平会大幅度地提高，但是工人的作业方式并没有变化，所以修订前后的定额中的准备结束时间、个人需要时间等时间消耗标准并不需要大幅调整。

2. 适时修订的原则

遇到下列情况之一时劳动定额可适时修订：一是定额完成幅度年平均超欠幅度大于30%；二是定额标准有显著错误、缺项漏项或严重失衡；三是自然地质条件发生较大变化，生产设备、机械化程度发生较大改变；四是生产工艺、技术操作方法有重大改进；五是生产的产品或使用的原材料及规格有较大变更；六是出现重大技术革新、发明创造导致定额水平明显提高或降低的（幅度大于30%）。

3. 系统平衡的原则

定额修订前要充分考虑企业各个业务、岗位、工种之间的劳动定额的平衡性，避免出现定额水平的高低不同，使修订后的定额保持先进合理的水平。应避免那种对超额多的多压，超额少的少压，任务重的多压，任务轻的少压，使先进者的定额过于先进，后进者的定额过于保守等不合理的做法。

五、劳动定额管理机构设置

（一）主要职责

简单说就是两个方面，一是及时制定科学合理的劳动定额标准；二是开展劳动定额的日常管理，保证劳动定额得以正确地管理和实施。

（二）机构设置

劳动定额管理机构是履行劳动定额制定和管理职责的载体，机构设置得好与不好，其衡量标准在于能否充分履行好定额管理的职责，使其在企业经营管理中发挥积极作用。当前企业劳动定额管理机构设置的形式多种多样，没有一个统一的标准。

一般来讲，劳动定额管理机构设置应包含三点：一是成立企业层面的管理机构，通常表述为"公司劳动定额管理委员会"；二是成员应包括企业最高管理层主要领导、相关业务部门和基层单位的主要负责人；三是设立日常劳动定额管理办公室，负责日常管理工作。

（三）劳动定额管理办公室的设置

劳动定额日常管理机构设置在企业哪个职能部门比较合适，当前没有统一的标准。改革开放之前劳动定额日常管理机构设置比较单一，绝大多数企业归企业劳资部门（人力资源部门）管理，因当时上至劳动部，下至各产业部及各级地方政府，劳动定员定额都由劳动工资司、厅、局管理。改革开放以来，政府部门不再干预企业内部管理机构设置，当前有几种设置情况：一是设置在人力资源部；二是设置在企业管理部；三是设置在生产管理部；四是设置在工艺管理部等。

分析与思考：设置在人力资源部门管理劳动定额有利于薪酬管理、劳动定员管理、员工绩效考核工作等；设置在企业管理部利于组织绩效考核；设置在生产管理部门利于把定额与计划紧密结合，编制生产作业计划；设置在工艺部门管理定额，有利于制定或修订工艺的同时制定与修改定额，并可以通过定额的贯彻执行，及时修改工艺规程。不过劳动定额管理机构隶属于上述任何一个部门都存在各自为政、厚此薄彼的弊病，因此，在条件许可的情况下，可以考虑单独成立劳动定额研究部门，直接由企业生产技术负责人领导，其利在于：一是可以做到更加专业，由专业人员担任这项工作，专业的事专业的人来干；二是利于协调劳动、生产、技术工作，兼有隶属于四个部门之利；三是便于推行方法研究，提高生产过程管理水平；四是提高劳动定额人员地位；五是有利于解决劳动定额工作中存在的问题。

（四）劳动定额管理层级设置

企业里劳动定额管理分级问题，主要考虑企业生产类型、企业规模、产品工艺技术复杂性等因素。一是对于小型企业多实行一级管理，即由公司级职能部门采取一竿子插到底的方式，权力比较集中，责任也比较清楚，不容易发生扯皮，这类企业劳动定额管理水平很大程度取决于定额员水平；二是对于管理体制复杂的大中型企业，一般采取两级管理，比较典型的做法是将定额制定权集中在公司，而矿、处、厂一级设置专职或兼职定额员，负责劳动定额的日常管理，有的企业将定额制定权下放给区队、车间专职定额员，而矿、处、厂负责产品定额汇总和统计分析工作，公司只是宏观管理；三是少数集团公司采取三级管理。

从管理实践经验来说，我们比较倾向于两级管理模式，因为可以更好地维护劳动定额的统一性、权威性、平衡性、公平性。坚持一把尺子量到边和量到底的原则，劳动定额制定权集中到公司，各矿、处、厂确保劳动定额的贯彻和做好劳动定额日常管理及现场服务工作。

（五）劳动定额管理人员配备标准

原《神华煤炭集团公司劳动定额管理办法》明确规定，各子公司可根据定额管理业务量，配备1~3名专业劳动定额管理人员；基建、生产矿井每3~4个采掘队配备1名专职"劳动定额员"；规模较小的矿井至少配备一名专职劳动定额员；地面实行计件工资的生产单位，其生产工人在500人以下的配备一名定额员，生产工人在500~1000人的单位配备1~2名定额员；生产工人在1000~2000人的单位，配备2~3名定额员。神东在劳动定额管理实践中的劳动定额管理人员配备达到此标准的50%，工作有捉襟见肘的情况，推荐煤炭企业参考原神华劳动定额管理人员配备标准。

六、世界劳动定额标准化管理两大流派对比

当今，劳动定额标准化管理主要分为两大流派，一是以欧美、日本为主的流派，简称欧美流派；二是以苏联、中国大陆为主的流派。

欧美流派：欧美提出的方法研究体系，侧重于流程分析、作业分析、动作分析。如中国台湾省陈文哲教授专著《工作研究》详细地讲述了程序分析、流程分析、动作分析等内容，国内较为著名的劳动定额研究机构——工业工程联盟——培训的重点也是在流程和作业改进这一部分，标准时间部分有弱化倾向，仅在定额制定原理方面作介绍，深入到工种加工的基本没有。

苏联流派：在苏维埃政权建立后，列宁在苏维埃代表大会上提出要学习泰勒制，主张在全苏推广泰勒制。在苏联劳动定额教材中，也大体能看出时间研究和方法研究两个部分，只是方法研究改动比较大，基本上放弃了欧美提出的方法研究体系，而是用推广先进生产者的作业方法所替代，如顿巴斯煤矿创造的"斯塔哈诺夫（一位劳动模范的名字）工作法"。我国解放初期，主要学习苏联的劳动定额标准化管理经验，比如在青岛棉纺厂总结的"郝建秀工作法"，重点是学习和推广时间研究的部分，对方法研究的流程改善和作业改进这一部分基本上放弃了。

近些年笔者参加过一些国内劳动定额管理培训，总体来讲，欧美流派擅长于工作方法研究，对于时间研究相对弱化，苏联、中国大陆流派与之正好相反。实际工作中建议大家确保工作研究的完整性，认识到方法研究的重要性，不可将时间研究和方法研究割裂开来。尤其是技术定额制定时，不要把方法研究放在次要的地位，只是着重研究先进工人的经验，而是要把一个或几个先进工人的经验作为制定先进定额的基础，同时也要重视吸收广大职工的先进经验和合理化建议，集思广益，根据动作经济原理，经过分析、改进、设计、综合，进而形成先进的工作方法。

七、劳动定额标准化管理常见问题

（一）不清楚劳动定额学与工业工程学的关系

工业工程在欧美国家应用发展很快，涵盖内容也越来越广泛，后来就将其分成传统（或基础）工业工程和现代工业工程两部分，传统工业工程包括时间研究和方法研究两部分，它的理论框架实际上在泰勒时代已经提出，到20世纪五六十年代已经成熟，在应用方面不断拓展，开始于制造业，后来发展到服务业（如邮政快递、银行业等）。

劳动定额学是以作业系统为对象的工业工程学，在国外的名称是工作研究或动作与时间研究，包括方法研究与时间研究。方法研究包括程序分析、作业分析及动作分析；时间研究则包括秒表时间研究，如工作抽查法、预定时间标准法、标准资料法等。

（二）不清楚劳动定额学的研究对象

劳动定额学的研究对象主要是劳动时间与工作方法。研究劳动时间的利用与消耗及工作方法的规律。主要包括以下三个方面：一是研究在各种不同生产组织技术条件下，工时消耗变化的规律，制定有科学根据的定额；二是从改善组织入手，不断地分析由于各种原因引起的工时损失，努力将无效工时转变为有效工时，增加单位时间内的产量；三是挖掘生产潜力，不断改进工作方法，探索降低工时消耗的途径，从而达到降低单位生产工时消耗的目的。

（三）煤矿井下生产劳动定额制定的两类问题

通过查阅多家煤炭企业生产劳动定额，发现劳动定额制定存在两类问题：一是通过技术测定法制定单井单面定额标准容易出现"鞭打快牛"的情况；二是对于劳动环境、作业条件、危险程度、劳动难度等因素考虑程度不够或考虑因素少，制定的劳动定额科学性不足。

煤矿生产有其特殊性，首先井下生产条件复杂多变，同区域同煤层生产条件也不尽相同；其次各类影响因素既存在影响的叠加也存在影响的抵消，如照明和粉尘是叠加影响的，而淋水与粉尘的影响是相互抵消的，客观上考虑起来难度较大。

应对策略：一是开展标准工序工时消耗研究；二是开展基础效率研究，如采煤机割一刀煤消耗的时间标准，可进一步分别研究制定割三角煤时间消耗标准、正常段煤机割煤速度标准等（以上两点可解决"鞭打快牛"的问题）；三是煤矿生产劳动定额制定时引入岗位劳动评价技术，增加劳动定额考虑因素，强化劳动定额管理的科学性。岗位劳动评价技术有五点好处：一是为实行岗位技术工资提供了科学数据和技术资料；二是为薪酬向苦、累、脏、险工种倾斜提供了依据；三是为合理劳动组合、量才用人，合理配备劳动力创造了条件；四是增加了定额定员工作的科学性、合理性和全面性，不但有群众基础，而且有科学依据，有利于劳动定额标准的贯彻与实施；五是为企业改善作业环境，保护工人身体健康提供了管理依据。

（四）技术测定法在煤炭行业劳动定额制定中的不足

技术测定法是行业内通用的劳动定额制定方法，起源于泰勒的科学管理，在20世纪60年代起广泛应用于机械行业工时消耗研究。煤矿生产环境和机械生产环境有较大的不同，相比而言煤矿井下工作场所环境恶劣，水、火、瓦斯等多种有害因素共存，气候潮湿、空气含有害气体、粉尘浓度高、噪声大、照明条件相对较差，这些因素除持续损害人体外，还会直接加速工人的疲劳，这种疲劳与能量代谢引起的疲劳具有不同的机理作用，不能仅考虑正常的休息宽放时间。

应对策略：在煤矿生产工时消耗分类标准中保留休息宽放的基础上增设环境性宽放时间。

（五）煤矿工序结构不统一

在研究各煤炭企业生产工序时发现，缺少统一的工序结构，作业（操作）过程划分粗细程度不一致，顺序排列无规律等问题。由于工序结构不一致，缺少统一的衡量尺度，导致劳动定额水平同工序不同标准，从而失去了在同行业的可比性，煤炭企业劳动定额标准化无从谈起。

以综采机组割煤定额为例，在现行劳动定额中各单位对同一工序规定的起止点及作业内容存在很大差异。如有的以领取截齿为起点，有的以检查工作场所为起点，还有的以检查机组各部件为起点。终点也是如此，有的以交班结束，有的以收拾工具为止，还有的则以停止割煤为止。工序（工种）包括的作业内容有的多达14道，有的只有9道；在领取油脂和截齿这道作业中，有的以运距50米为标准，也有的以100米为标准等。

应对策略：一是统一煤炭生产整体工序结构，这不仅是标准化管理的要求，也是劳动定额研究向纵深发展的必然要求；二是制定煤炭行业统一的工序结构标准，实现"三统一"，即起止点统一，作业内容统一，作业分类与排列统一。

可行性分析：煤炭赋存条件尽管千差万别，但也有很多共同点，包括：一是矿井生产条件虽然复杂多变，但对劳动定额的影响因素一般是煤的硬度、厚度、煤层倾角、采高、采长、淋水、积水等；二是所用机械设备、作业方式大同小异；三是同一工序（工种）、作业内容、质量要求是相同的。因此，统一工序结构是可行的。

八、结束语

煤炭企业劳动定额标准化包括标准的制定、修订和贯彻三个方面的内容，是企业的一项长期的、动态的、持续的、繁杂的工作，关键在于结合实际状况、解决实际问题，需要在劳动定额管理实践中不断探索、优化、改进。

参 考 文 献

[1] 安鸿章.余刘军.现代企业劳动定额管理与标准化［M］.北京：中国劳动社会保障出版社，2015.

[2] 安鸿章.余刘军.现代企业劳动定额管理与标准化［M］.北京：中国劳动社会保障出版社，2015.

[3] 安鸿章.宋建.定员定额师培训教程［M］.北京：中国劳动社会保障出版社，2013.

[4] 王栋.工业企业劳动管理［M］.辽宁：辽宁人民出版社，1985.

[5] 崔克讷，赵黎明.现代劳动定额学［M］.天津：天津科技翻译出版公司，1988.

[6] 余炳荣.全国劳动定员定额学术研讨会文集［M］.北京：中国劳动出版社，1993.

新时代能源国企企业家精神的培育路径探析

周忠科,高 杰,栾茗乔

(中共国家能源集团党校)

摘要:党的二十大报告提出要"完善中国特色现代企业制度,弘扬企业家精神,加快建设世界一流企业"。企业家精神在促进经济高质量增长,推动产业转型升级,引领创新创业、实现共同富裕等方面发挥着重要作用。能源行业作为国家经济命脉的主导型产业,在保障国家能源供应、维护国家产业经济安全中具有举足轻重的作用。本文聚焦能源行业国有企业,运用扎根理论的方法,深入探索了新时代能源国企企业家精神的影响因素和作用结果,并针对能源国企企业家精神的培育提出了实施路径。研究结果表明,能源国企企业家精神的形成和发挥受到文化、地理环境、制度、社会、企业和领导者个人6个方面因素的影响,并在多个层面上发挥作用。

关键词:企业家精神;能源行业;国有企业;培育路径

一、引言

企业家作为现代市场经济中的一种特殊要素资源,是企业内创新群体中的核心,对企业、产业、社会和国家的发展具有重要支撑作用。企业家精神既是创业、创新活动的重要驱动力,也是企业持续成长的不竭动力,更是保持社会和谐稳定和保障国家经济发展的最主要动力之一。2017年3月召开的全国两会首次将"企业家精神"的概念纳入政府工作报告中,提出要"激发和保护企业家精神,使企业家安心经营、放心投资"。随后,中央深改组第三十四次会议审议通过的《关于进一步激发和保护企业家精神的意见》,进一步指出"要深度挖掘优秀企业家精神特质和典型案例,弘扬企业家精神,发挥企业家示范作用,造就优秀企业家队伍"。2020年7月,习近平总书记在企业家座谈会上的讲话也明确提出,优秀企业家必须对国家、对民族怀有崇高使命感和强烈责任感,把企业发展同国家繁荣、民族兴盛、人民幸福紧密结合在一起,主动为国担当、为国分忧,正所谓"利于国者爱之,害于国者恶之"。2022年10月,习近平总书记在党的二十大报告中指出,"完善中国特色现代企业制度,弘扬企业家精神,加快建设世界一流企业。"

能源行业作为国家经济命脉的主导型产业,与国家战略安全、产业转型升级、国计民生、公共服务等密切关联,在提升产业链、供应链的稳定性和竞争力,缓解外部不利环境因素的冲击和影响,进一步增强抗风险能力,维护国家产业经济安全等方面发挥着重要作用。国有企业是市场经济深化改革的参与主体之一,其发展需要一支素质硬、懂技术、善管理、会经营的优秀企业家队伍,这对企业家提出了更高的要求。如何贯彻和落实国家层面关于国有企业改革的部署要求、提升能源国企的发展质量成为考验能源国企企业家的重要标准。新时代的能源行业发展和国有企业改革需要企业家精神，只有培育并激发企业家精神才能稳定企业家队伍，使其成为经济社会发展的重要助力和关键要素。

二、文献综述

企业家一词最早由法国古典重商主义经济学家理查德·坎特伦在其著作《商业性质概论》中提出。随后，法国经济学家萨耶扩大了企业家的使用范围，他将企业家界定为价值创造者和协调者。英国经济学者马歇尔在其著作《经济学原理》首次提出企业家是一种独立的生产要素，指出企业家可以通过自身的洞察力、创新能力和领导能力来识别并破坏市场发展的不均衡局面，发现新的商业机会，他们是勇于挑战并敢于承担风险的先锋者。熊彼特指出，企业家是驱动经济发展的动力，是带来生产要素全新组合的创新者，并强调创新是企业家最突出的特质。随后，彼得·德鲁克、威廉·鲍莫尔等学者继承并发展了熊彼特的理论。自此，企业家精神作为一种全新的重要生产要素进入了研究视野，激发了国内外学者的广泛研究兴趣。

（一）企业家精神的特征

企业家所具备的个人品质特征和能力特征是早期企业家精神研究的主要内容。企业家理论关注的是个人，如他们的知识、资源和技能，以及发现机会和进行创造的过程。回顾现有文献可以发现，学者们将企业家精神归纳为：创新精神、冒险精神、进取精神、敬业精神、坚毅精神、奉献精神等（姜忠辉和徐玉蓉，2015年）。随着中国特色社会主义进入新时代，一些学者对新时代企业家精神内涵进行了进一步研究。李政（2019年）认为新时代企业家精神除了包括创新和创业这两种核心精神外，还包含诚信、担当、工匠以及奉献等精神。宋玉禄和陈欣（2020年）提出新时代企业家精神主要包括创新创业、战略决策和经营等三个方面的精神。万长松和王丽媛（2022年）认为新时代企业家精神主要包括爱国、创新、诚信、担当、开放等精神。

（二）企业家精神的影响因素

1. 环境因素

一个组织在经济实体中存活并发展的重要条件是取得该制度环境下的合法性，外部环境主体在一定程度上能塑造企业家精神。良好的制度环境能够提高制度可信性、环境可靠性、规则公平性，这样更能推动公平交易，从而使企业家更愿意承担风险、发扬企业家精神。此外，有效的金融系统可以改善企业家创业和创新活动的环境，增强企业家活动的活力，政策制度可以影响企业家活动的分配。此外，市场环境也会对企业家精神的发挥产生重要作用，地区市场化进程激励了企业家追求长期发展经济的动机，宽松的市场准入机制为企业家提供了更低的准入门槛，营造了良好的营商环境，有利于激发市场主体的创新活力，进而推动企业家精神的发展。

2. 个人因素

企业家作为企业家精神的发挥主体，是影响企业家精神发挥的重要内在因素。既有研究表明个人及家庭财富、社会资本、工作或创业经历、金融知识水平、年龄、风险偏好、宗教信仰、个体价值观等都会对其企业家精神产生影响。

（三）企业家精神的作用结果

企业家精神是企业持续创新发展的关键生产要素，更是激发市场活力的源泉。企业家精神的作用结果主要体现在三个方面：促进经济增长、推动可持续发展和提升企业绩效。首先，企业家精神对于提升我国经济增长具有重要意义，但是这种影响会受到地区差异的影响，表现出显著的空间集聚特征和空间溢出效应。其次，企业家精神会对企业可持续发展产生积极影响。社会责任作为企业家精神的一个重要内涵，对企业家提出了更高的要求。它要求企业家在履行经济责任的同时也要积极履行社会责任，这也为企业的可持续发展提供了重要保障。最后，企业家精神会影响企业绩效。企业家精神表现出的创新性、抗风险性、工作态度及自身价值感可以影响企业家的创新行为和创新投入，进而提高社会的全要素生长率和经济增长率。

通过梳理相关文献，可以发现与企业家精神相关的研究大多集中在识别企业家精神，以及丰富企业家内涵特征。学者们现在普遍认为，企业家具备冒险精神，能够承担风险，识别机会，具有创新能力，能够开拓市场，能够做行业领军人物。但是按照企业性质，以及不同行业对企业家精神进行研究的文献相对较少。实际上，不同行业对于企业家的要求各有侧重，也会有所区别。尤其是国有企业的企业家是否存在企业家精神一直是学术界和实践界关注的一个重要议题。企业家精神作为重要的生产要素，对于提升企业创新能力和企业绩效，推动我国经济高质量发展具有重要作用，加之能源行业在我国国民经济中的特殊地位，因此十分有必要对我国能源国企企业家精神的影响因素和作用结果进行深入挖掘，为培育能源国企企业家精神提供理论指导。

三、研究设计

本文采用扎根理论探究新时代能源国企企业家的影响因素和作用结果。为了对新时代能源行业的企业家精神进行深入理解与剖析，本课题采用质性研究方法对20位能源行业的领导者、管理者进行了深入访谈，这些访谈对象分别来自不同的能源板块，具体情况见表1。

表1 访谈对象情况表

序号	性别	所属板块	职位	序号	性别	所属板块	职位
1	男	煤炭	部门主任	11	男	水电	总经理
2	男	煤炭	部门主任	12	男	水电	副校长
3	男	煤炭	董事长	13	男	水电	部门主任
4	男	煤炭	副董事长	14	男	水电	董事长
5	男	煤炭	董事长	15	男	水电	董事长
6	男	煤化工	厂长	16	男	研究院	部门主任
7	男	煤化工	总经理	17	女	研究院	总经理
8	男	煤化工	党委书记	18	男	高校	教授
9	男	电力	董事长	19	男	党校	校长
10	男	电力	总经理	20	男	行业协会	部门主任

我们与被访谈对象进行一对一深入访谈，以了解能源行业企业家精神。访谈的目的在于尽可能全面地获得有关企业家精神的信息。课题组对能源企业的各级领导进行半结构化

访谈,每次访谈时间约为90~120分钟。在访谈之前,课题组成员向访谈对象简要概述了课题内容和目的。访谈过程中,首先让访谈对象描述自己的工作经历,然后访谈对象被问及他们对新时代能源行业企业家精神的理解、促进和抑制企业家精神的因素以及能源行业应该如何培育企业家精神。这些多重信息确保了讨论尽可能全面。在每次访谈后,课题组成员将访谈录音整理成文字,最终形成了约40万字的访谈记录。

四、数据分析

为了从访谈记录中提取关键信息,课题组采用开放性编码和主轴编码相结合的方式进行数据分析,从访谈数据中共提取了12个初始概念,归纳出6个主范畴,各个主范畴及其对应的开放性编码范畴见表2。

表2 新时代能源行业企业家精神的影响因素

主范畴	子范畴	来源
文化	红色文化	在革命战争年代就是后有追兵,前有堵敌的情况下,物质文化生活还这么差的情况下,他们都能够有这种精神。那么我们作为电站,所以说大渡河是一条英雄的河一条红色的河,所以我们就经常用这些例子去教育我们的职工,要有这种精神
文化	企业文化	通过企业文化来塑造企业家精神,这是每个企业都应该有的一个动作,企业家精神就从企业文化的建设上来往下走,建立起企业文化,建立起优秀的企业文化,形成了这么一个氛围,那就得一代一代地往下传承,加强企业文化建设。不断地塑造企业家,然后不断地宣传,一代一代往下传承
地理环境	环境艰苦程度	这些特殊的社会环境,就是在培养下环境下的企业家,应该说影响都是正相关的,每一个环境里面艰苦的环境能够更能够磨练意志,快速地成长
制度	国家政策指引	特别是总书记提出来的就是数字产业化,产业数字化,那么这样的一些中央的要求,一号召怎么样在我们这种传统的行业里面怎么去落地
制度	容错程度	我们集团今年年初也下发了一个容纠错机制的一个制度,各个公司都有配套的制度出来,所以这一点上我们是有针对性的,各个板块都有
制度	专利与知识产权保护制度	知识产权和专利的保护,可能对企业家的发展和环境可能也有一些影响,因为很多特别技术型这些个企业家基本高新技术企业都要靠专利和什么和知识产权来挣钱,对吧?那么你这东西保护不好,有可能对高新技术企业很多技术出身的这些个企业家就可能造成很多打击,这样可能影响他的成长和他精神的发挥
社会	尊重企业家的氛围	我觉得企业家你必须尊重企业家的劳动,他给企业创利了给社会创利了,你就应该给人家激励,对吧?这样才能培育企业家精神。如果说我没有相应的激励机制,如果激励机制做不好的话,那么企业家可能就没有这种积极性和创造性
企业	组织架构	我们还成立了一些专家咨询中心,然后青年创新工作站,就是去孵化一些创新成果
企业	管理的规范性	一把手对整个企业的管理应该可能是有决定性的影响,你看它的管理的规范性,首先它管理的规范性取决于他有没有这方面的意识,然后再说有没有这方面的能力
企业	激励与约束机制	物质层面其实也很关键,所以激励机制激励约束机制怎么建,我想这是影响企业家培育或者企业家精神发挥的很重要的一个外部环境

表2（续）

主范畴	子范畴	来源
领导者	行为风格	我们专门搞了一套叫权责清单，也搞了一套授权体系，这个授权体系也是原来就开始做了，我们最近又做了优化，我想这也是作为班子充分信任授权的一种工作机制吧，这也是他的一种风格
	个人经历	强势果断是因为他本身有军人作风，就刚才我们说到的，我们先大家民主把这个东西意见统一之后，但是统一完之后都希望今天决策明天就会把这个事情做完，推的效率要求非常高

五、研究发现

（一）能源国企企业家精神的影响因素

1. 文化因素

从文化因素的角度来看，新时代中国企业家精神植根于中华优秀传统文化和中国共产党的红色文化，具有历久弥新的旺盛生命力。新时代中国企业家精神与中华优秀传统文化水乳交融、一脉相承，特别是爱国、诚信、创新等历史上的优良传统为新时代企业家精神建设提供了得天独厚的宝贵资源。能源行业所处的地理位置很多具有红色基因，这些红色文化赋予了能源企业新的历史使命。

2. 地理环境因素

地理环境和地域条件的不同，会影响人们的生产、生活方式和性格差异，从而影响各个民族的历史发展进程及其所处地位。因此，不同的地理环境对企业家精神的影响也不同。由于能源行业的工作环境相对较为艰苦，工作地点较为偏远，这导致能源行业的企业家更能吃苦，也意味着他们要做出更大的牺牲。

3. 制度因素

从制度层面来看，政府对企业家精神的激发与弘扬具有重要作用，政府的积极作为能够更好地培养企业家的政治意识、战略眼光、创新精神、敬业精神、担当精神和系统思维，调动广大企业家积极性、主动性、创造性，能够有效地建立良好的政治生态、营造健康的成长环境、激发生机活力、坚定企业家信心、提升创新效率。能源行业企业家精神一方面会受到国家政策的影响，另一方面会受到容错程度和专利与知识产权保护制度的影响。

4. 社会因素

任何一个社会都存在多元化的价值观念，而要把全社会的意志和力量凝聚起来，必须有一套与经济基础和政治制度相适应并能形成全社会广泛共识的核心价值。积极培育和践行社会主义核心价值是用来培养、造就社会主义企业家精神的重要武器。在培育和弘扬能源行业企业家精神的过程中，要充分发挥社会主义核心价值观的作用，在社会上营造出一种尊重企业家的氛围，让能源行业企业家都能够放心安心顺心地干事。

5. 企业因素

企业是市场经济的主体，是企业家活动的主要平台和支撑。新时代下，在进行社会主义现代化建设的过程中，企业对经济发展起着关键性作用，对企业家精神的形成也有着不可忽视的作用。党的二十大报告指出，要深化国资国企改革，加快国有经济布局优化和结构调整，推动国有资本和国有企业做强做优做大，提升企业核心竞争力。企业对企业家精神形成的影响主要表现在组织架构、管理的规范性和激励与约束机制等方面。

6. 领导者个人因素

企业家精神存在于个体身上，因此领导者个人也是影响企业家精神培育和发挥的一个重要因素。既有研究表明领导者的工作或创业经历会影响企业家精神的形成。对于能源行业企业家来说，在基层工作的经历对其是否能够形成企业家精神具有重要影响。此外，领导者的风格也会影响企业家精神的形成，如果一个领导者优柔寡断，没有魄力，在面对机会时不能及时抓住，那么也不利于企业家精神的培育。

（二）能源国企企业家精神的作用结果

1. 国家层面

当前我国正面临经济增长内生动力不足的局面，除了增加有形的要素资源投入外，更需要激发企业家投资潜力和创新活力。企业家对于促进经济的可持续发展发挥着重要作用。能源行业企业家善于识别和捕捉机会，能够高效组织配置资源要素，提供适应市场需求变化的产品和服务，在保障我国能源安全的同时创造更多的经济效益和社会效益。

2. 社会层面

能源企业开发建设的过程中面临着很多生态问题，在此过程中，企业家精神就在生态保护方面发挥了重要作用。具有企业家精神的能源行业企业家能够以可持续发展的眼光看待问题，努力实现人与自然和谐共生。此外，能源企业可以解决当地一大批人的就业问题，缓解了社会压力。最后，能源行业企业家积极履行社会责任，构建"互惠互利、共存共荣"的新型地企关系。

3. 企业层面

首先，能源行业企业家精神的培育有利于构建世界一流企业。就能源行业而言，企业家精神的培育为传统能源行业的转型升级提供了契机，比如传统能源的清洁化利用，以及积极投身新能源产业等。其次，企业家精神的培育有利于促进企业数字化转型。最后，能源行业企业家精神的发挥有利于企业内进行知识分享（王启亮等，2021年），建设成为学习型组织，在组织中营造出一种不断学习、不断创新的组织氛围。

4. 员工层面

企业家往往会重视促进员工的个人发展，能源行业企业家精神在员工身上最显著的体现便是创新精神，企业为了号召员工积极地参与到创新创业实践当中，会努力优化企业环境，并提出相关促进措施，充分发挥员工的创新才能。只有重视员工作为微观经济主体的作用，使每个人具备独立进行价值创造的能力和意识，使每个人都能在创新创业过程中形成风险承担意识，提升化解风险的能力和素质，才能激发全社会的创新创业活力。

六、能源国企企业家精神的培育路径

首先，要制定能源国企人才发展战略，鼓励能源国企的企业家心怀国之大者，不断审视、回顾初心，坚守"利为民谋"的价值追求。党的二十大报告指出，要加快构建新发展格局，着力推动高质量发展；要坚持尊重劳动、尊重知识、尊重人才、尊重创造，完善人才战略布局，加快建设世界重要人才中心和创新高地；要大力发展碳中和、新能源产业，这就要求能源国企企业家要以注重创新、重视人才、绿色发展为目标，增强政治意识和战略眼光，树立企业核心价值观、共启愿景、制定战略规划。

其次，要建立完善的管理机制，培养造就一大批高素质人才。近年来，随着能源产业结构不断优化调整，能源领域国际合作不断加深，为身处能源行业的企业家创造了大量干事创业的机会。为进一步加快实施企业家培育计划、大力弘扬企业家精神，一方面，能源国企应当充分发挥资源优势和平台优势，在重大项目建设中淬炼企业家精神、在知事识人体系构建中识别企业家特质、在多岗位锻炼中培养企业家才能，实现"事业造就人才，人才推进事业"的良性互动局面，不断获取和保持能源企业竞争优势。另一方面，要建立正向激励体系，激发企业家创业激情。同时要建立相应的容错机制（李娟和马丽莎，2020年），对企业家的失误进行综合分析，对该容的大胆容错，不该容的坚决不容，激励广大企业家在新时代有新担当和新作为。

再次，要进一步明确干部培训系统的职责，为能源国企的干部提供精准有效的培训。习近平总书记在中央党校建校80周年庆祝大会暨2013年春季学期开学典礼上的讲话中指出，我们党历来重视抓全党特别是领导干部的学习，这是推动党和人民事业发展的一条成功经验。作为国有企业的掌舵人，国有企业家需懂技术、善管理、会经营，还必须有过硬的政治素质。建设中国特色现代企业制度，培育世界一流企业，落脚点就是培养这样一批管企业的政治家和讲政治的企业家。国资国企干教培训系统担负着培养国有企业领导干部、弘扬企业家精神的重要职责，也担负着培养一支能够担当责任使命的社会主义企业家队伍的核心使命。干教培训机构应坚持干什么学什么，缺什么补什么，坚持什么方式管用就用什么方式的思路，着力培养优秀国有企业家。

最后，要营造认同企业家的社会环境。企业家精神是一种宝贵的时代精神，要像提倡"工匠精神""劳模精神"一样继承和发扬。能源行业在几十年的发展中，涌现出一批能干事、干成事的优秀企业家，应当充分挖掘他们的故事、提炼他们的精神，走进他们的精神世界，感悟时代发展在他们身上留下的烙印。除此之外，按照习近平总书记在企业家座谈会上对新时代民营企业家精神的培育提出的五点新要求，引导企业家增强爱国情怀、勇于创新、诚信守法、承担社会责任、拓展国际视野。有关部门可以举办相关活动弘扬中华民族优良品德，结合社会主义核心价值观，将爱国爱民、勇于担当、诚实守信等精神根植于企业家心中，潜移默化地塑造能源国企企业家的优良品格，培育出具有中国特色的能源国企企业家精神。

七、研究结论与展望

（一）研究结论

本研究通过扎根理论对能源行业国有企业的企业家精神进行深入探讨，主要得出以下几个结论：第一，新时代能源国企企业家精神的影响因素主要体现在文化因素、地理环境因素、制度因素、社会因素、企业因素和领导者个人因素六个方面；第二，能源国企企业家精神与其他行业企业家精神影响因素的区别主要体现在红色文化和地理环境艰苦两个方面；第三，能源国企企业家精神在保障国家能源安全、保护生态和推动能源企业数字化转型等方面发挥着重要作用。

（二）理论贡献与管理启示

本研究的理论贡献如下：第一，聚焦能源国企的企业家精神，在既有研究探讨国有企业企业家精神的基础上，进一步深入研究能源行业的企业家精神，细化了企业家精神的研究领域；第二，通过质性研究方法开展了研究，有助于从根本上挖掘企业家精神的影响因素；第三，本研究揭示了能源国企企业家精神的影响因素和作用结果，为后续能源国企开展企业家精神的培育和弘扬提供了新的思路和方向。

本研究的管理启示：第一，能源行业需要培育符合时代发展要求的企业家精神，这是我国国有企业改革和发展中一个重大而艰巨的任务，也是国有企业高质量发展的有效之措和现实之需。第二，能源国企应当在组织建设、选人用人、激励机制、企业文化等方面重点建设，大力弘扬企业家精神，以此为国有企业转型升级提供价值理念，让国有企业提升知名度、美誉度、影响力、竞争力，促进国有企业在新发展阶段做强做优做大。

（三）研究局限与未来展望

第一，本研究采用质性研究的方法对能源国企企业家精神的影响因素进行了探索，虽然严格按照扎根理论的程序来展开研究，但是不可避免地会存在一定的主观性；第二，本研究在样本选择上，只选取了部分能源国企的领导者和管理者，但对于数量广大的能源国企企业家来说略显单薄。第三，本研究提出了一些能源国企企业家精神的培育路径，但是并未对这些培育路径的效果进行检验，未来可以通过实证研究来进一步验证和优化。

参 考 文 献

[1] 姜忠辉，徐玉蓉．企业家精神的内涵与外延探析［J］．中国海洋大学学报（社会科学版），2015，138（1）：71-77．

[2] 李政．新时代企业家精神：内涵、作用与激发保护策略［J］．社会科学辑刊，2019，240（1）：79-85．

[3] 宋玉禄，陈欣．新时代企业家精神与企业价值——基于战略决策和创新效率提升视角［J］．华东经济管理，2020，34（4）：108-119．

[4] 万长松，王丽媛．新时代中国特色企业家精神的培育与弘扬［J］．长沙理工大学学报（社会科学版），2022，37（1）：9-17．

[5] 邢小强，周平录．中国区域企业家精神的评估与分析［J］．技术经济，2018，37（7）：47-56+80．

[6] 龙海军．制度环境对企业家精神配置的影响：金融市场的调节作用［J］．科技进步与对策，2017，34（7）：94-99．

[7] 张美岭，陈勇勤．企业家精神的影响因素分析与政策启示［J］．现代管理科学，2015，268（7）：12-14．

[8] 解维敏．市场化进程对企业家创新精神的影响研究——基于我国非金融类上市公司的经验证据［J］．财经问题研究，2016，397（12）：114-119．

[9] 倪鹏途，陆铭．市场准入与"大众创业"：基于微观数据的经验研究［J］．世界经济，2016，39（4）：3-21．

[10] 蔡栋梁，邱黎源，孟晓雨，等．流动性约束、社会资本与家庭创业选择——基于CHFS数据的实证研究［J］．管理世界，2018，34（9）：79-94．

[11] 王戴黎. 外资企业工作经验与企业家创业活动:中国家户调查证据[J]. 管理世界, 2014, 253 (10): 136-148.

[12] 尹志超, 宋全云, 吴雨, 等. 金融知识、创业决策和创业动机[J]. 管理世界, 2015, 256 (1): 87-98.

[13] 陈波. 风险态度对回乡创业行为影响的实证研究[J]. 管理世界, 2009, 186 (3): 84-91.

[14] 阮荣平, 郑风田, 刘力. 信仰的力量:宗教有利于创业吗?[J]. 经济研究, 2014, 49 (3): 171-184.

[15] 汤学俊. 创业企业家精神的影响因素研究——兼论性别视角的差异[J]. 南京社会科学, 2016, 350 (12): 23-33.

[16] 白长虹. 企业家精神的演进[J]. 南开管理评论, 2019, 22 (5): 1-2.

[17] 王文举, 姚益家. 企业家精神、经济增长目标与经济高质量发展[J]. 经济经纬, 2021, 38 (3): 86-94.

[18] 周立, 赵秋运. 企业家精神、产业技术创新与经济发展[J]. 湖南科技大学学报(社会科学版), 2021, 24 (2): 80-93.

[19] 李占风, 刘晓歌. 企业家精神对经济增长的影响[J]. 统计与决策, 2017, 480 (12): 115-119.

[20] 卜美文. 企业家精神赋能可持续发展的影响机制研究[J]. 财经科学, 2022, 414 (9): 75-90.

[21] 张怀英, 李璐, 蒋辉. 正式关系网络、企业家精神对中小企业绩效的影响机制研究[J]. 管理学报, 2021, 18 (3): 353-361.

[22] 王启亮, 虞红霞, 李绩才. 企业家精神、企业声誉与组织间知识分享[J]. 科学研究, 2021, 39 (4): 749-757.

[23] 李娟, 马丽莎. 营商环境对企业家精神的影响研究[J]. 商业经济, 2020, 522 (2): 105-107.

数字化背景下的煤炭供应链体系建设研究

黄鲜华[1]，梁树琦[2]

（1. 国能数智科技开发（北京）有限公司；2. 国家能源集团航运有限公司）

摘要： 本文基于国家能源集团煤炭供应链数字化建设实践，提出煤炭供应链数字化体系建设五方面的新要求，即加快数字化转型升级、创新数字化运营模式、数据赋能"双效"提升、加快推动"四性"建设、搭建全国煤炭供需监测预警平台；系统梳理了数字化建设面临严峻的"五大"挑战，构建了煤炭供应链数字化体系建设的"五大"体系，最后从制定煤炭供应链数字化顶层设计、加快数字化交易平台建设等方面提出煤炭供应链数字化体系建设保障措施建议。

关键词： 数字化；煤炭供应链；煤炭供应链体系

一、引言

党中央、国务院高度重视产业数字化发展，明确提出建设数字中国，数字化发展已上升为国家战略。数字化是信息化的高阶阶段，是将信息转换为可度量的数字，并建立模型进行优化处理的过程。以5G、云计算、机器学习等为代表的信息技术的迅猛发展，正在加速推动各领域数字化转型。

信息数字技术快速发展为煤炭供应链数字化体系建设提供了全新空间。2022年，全球新冠疫情蔓延、中美贸易摩擦、俄乌地缘政治冲突等变局，加快了全球能源供应链的重构进程。煤炭资源需求波动频次和幅度的加大，使世界能源供给与需求呈现更多不确定性，煤炭供应链供需匹配的难度加大。目前，关于煤炭供应链的研究主要集中在煤炭供应链效率综合评价、协同决策管理、应用新理论改进供需匹配机制，融合新技术改进供应链模式、优化库存管理，以及大型煤炭企业供应链一体化运行管理实践等方面，而从数字化视角对煤炭供应链体系建设方面的研究还相对较少。数字化对煤炭供应链的影响，并未引起企业界足够的重视。因此，新一代信息数字技术的快速发展为煤炭供应链数字化体系的建设提供了全新的发展思路和空间。

煤炭供应链数字化有助于缓解煤炭供需失衡。我国煤炭供应链体系中上游煤炭生产企业与下游煤炭需求企业间煤炭流通距离长，并且铁路港口等部门对煤炭运输要求苛刻等，导致煤炭存在供需失衡现象。2021年第三季度，我国疫情防控成效显著，出口激增拉动能源消费超预期增长、叠加新能源出力受限及国际能源危机传导等因素导致煤炭供应紧缺，多地出现燃"煤"之急。煤炭供应链涵盖煤炭的生产、储备、运输等各个环节，不断提升煤炭供应链供需匹配能力亟须加快煤炭供应链数字化建设。

煤炭供应链数字化有助于提高煤炭运输协同调度水平。煤炭供应链的规模大、影响因素多，是一个复杂系统。为解决煤炭供应链供需失衡的问题，煤炭供应链管理模式逐步由代购代销模式向流通服务商模式转变，大型煤炭企业供应链致力于构建一体化运营管理新模式。煤炭供应链数字化是构建由上游煤炭生产、中游煤炭输送、到下游消费全过程的煤炭信息数据库，并通过数学模型对数据进行分析应用，实现以"数据驱动、模型驱动"煤炭生产、储备、运输、管理与运营全供应链的智能协同调度。

鉴于此，本文系统梳理了数字化背景下煤炭供应链现状和新要求，提出煤炭供应链数字化建设面临的挑战，结合国家能源集团煤炭一体化供应链数字化建设实践，提出了我国煤炭供应链数字化体系建设框架及保障措施建议。

二、数字化背景下煤炭供应链体系建设新要求

（一）加快煤炭供应链数字化转型升级

加快5G、云计算、人工智能等技术创新应用，加速煤炭供应链数字化转型升级。一是大范围推广建设工业以太环网、5G网、数据中心等新型信息化基础设施；二是加快数字技术与煤炭生产、储运、市场、管理有机深度融合，实现煤炭实体经济与数字经济密切关联；三是将数字技术贯穿于煤炭供应链全过程，促进煤炭供应链数字化体系建设。

（二）创新煤炭供应链数字化运营模式

新一代物联网、人工智能技术加速发展，创新煤炭供应链数字化运营模式将成为大势所趋。通过数据驱动煤炭供应链数字化运营主要有四种模式：一是效率模式，通过对生产单元、生产计划、生产设备的技术改造，逐步提升生产自动化率，通过优化算法和过程模拟，提升生产执行效率和安全水平；二是专家模式，通过建立数字化能力中心，对复杂的决策场景，利用人工智能技术结合远程专家团队，形成基于大数据的模型预测和人工智能技术与经验相结合的智慧决策；三是协同模式，通过统一指挥和计划调度，赋能跨领域、跨流程的业务场景，形成端到端的数字化协同能力；四是创新模式，通过共享服务和创新业务单元，探索现有运营模式或业务模式更广阔的想象空间和更优市场表现。

（三）数据赋能煤炭供应链"双效"提升

通过数字化赋能，数据共享与分析，促进煤炭供应链平台和生态圈用户的科学决策，实现煤炭供应链精细化管理及供应链整体效率和效益的提升。一是加快煤炭供应链数字化基础设施建设，建设大数据中心和工业互联网平台，加快数据资产积累，提升大数据、边缘计算等数字技术在行业场景的应用能力；二是开发全面感知、实时互联、动态预测的煤炭供应链智能系统；三是应用大数据分析方法，挖掘煤炭开发、利用、运输、储备、销售等全供应链数据信息价值；四是强化煤炭供应链数据驱动，实现用数据说话、用数据管理、用数据决策。

（四）加快推动煤炭供应链"四性"建设

全球煤炭供应链稳定性变弱，国内煤炭供应来源波动性增强，迫切要求加快推动煤炭供应链的"四性"建设，即"刚性、韧性、柔性、弹性"建设，更好发挥煤炭作为保障国家能源安全的"稳定器"和"压舱石"作用。一是从"任务型"到"责任型"，从被动执行任务，到主动承担责任，需要更宽的视野、更多元的信息和更科学的决策；二是从"单因素"到"多元目标"，从基于人脑处理单一影响因素，到处理多元目标下的复杂系

统,需要建立强有力的信息物理网络;三是从"计划协同"到"实时协同",推进"计划协同"与"实时协同"相结合,需要更及时、准确、全面的信息采集、处理和决策;四是从"消除扰动"到"快速恢复",建立多方协同机制,促使供应链扰动、中断时,快速恢复供应链运行,实现稳定、平衡和安全的供应链。

(五)搭建全国煤炭供需监测预警系统

建立产煤企业、煤电企业等高耗煤企业联合成立煤炭供应联合体,搭建全国煤炭产供储销数据平台,加强动态预测预警。一是利用云计算、人工智能等数字技术,建立统一煤炭供应链数字化管理平台;二是加强煤炭供需动态监测,健全国家、行业、煤炭企业的供应链应急响应机制;三是密切关注国内外重大事件对煤炭供应链的影响,建立监测预警体系,按照不同风险等级设置预警级别;四是制定煤炭供应链保障预案,加强对常态、应急状态等情形下的煤炭供需变化分析预判,形成多层次、分级别的预警与应对策略。

三、煤炭供应链数字化建设现状

新一代信息技术的快速发展为煤炭供应链数字化转型升级提供重大机遇。近年来,为响应国家数字发展战略要求,国家能源集团致力于煤炭供应链的一体化协同运营管理实践。通过加快建设智能煤矿、智慧物流,着力打造"一体化集中管控、智能化高效协同、可视化高度融合"的协同调度智能化指挥平台和"全流程贯通、全产业链衔接、全场景监控"的工业互联网平台,煤炭供应链数字化建设取得了显著进展和成效。

(一)顶层设计总领供应链全方位数字化转型

基于国资委数字化转型和集团产业实际,编制印发《国家能源集团数字化转型战略》和《国家能源集团网络安全和信息化"十四五"总体规划》,规定了"平台化发展、数字化运营、产业链协同、智能化生产"的转型发展目标,坚持规划、标准、投资、建设、管理、运维"六统一"和"大集中"原则,持续加大煤炭供应链关键核心技术创新攻关力度,不断深化信息技术在煤炭生产、输送、交易、消费等全供应链的创新应用。

(二)智能煤矿赋能供应链生产提质增安

煤矿智能化建设是煤炭安全稳定应用的基础,国家能源集团编制实施了煤矿智能化建设专项,积极推进先进信息技术与煤炭生产的深度融合,大力探索5G、云计算、人工智能等技术创新应用,努力占领"智慧+煤炭"生产的技术制高点。已建成一批智能采煤工作面、智能掘进工作面、智能洗煤厂,9家煤矿入选国家示范智能化煤矿,推动多项国内外领先的关键核心成套技术示范应用。

(三)智能港口提升供应链储备能力水平

国家能源集团大力推进煤炭储备能力建设,珠海高栏港区煤炭储运中心一期工程扩建6号堆场主体工程基本完工,广西北海煤电一体化1号、2号泊位码头工程煤炭储备项目已完成立项审批、环保等程序。重庆万盛、福建罗源湾、内蒙古驰恒监管区等关键港口、路口以及终端电厂煤炭储备项目建设也在加快推进中。

(四)智慧运输开启供应链物流新型范式

积极提高运输系统智能化,研发LTE网络系统、应用系统等成套设备,首次在铁路系统中应用LTE技术。铁路调度系统上线运行,打造铁路运输指挥运行的"智慧大脑"和

"中枢神经"。黄骅港世界首家实现"翻堆、取装"全流程设备智能管控。

(五) 电商平台注入供应链交易强大动能

煤炭供应链"产运销储用"纵向一体化运营，深化高效协同，持续巩固提升煤炭供应链一体化竞争优势，如图1所示。以数据资产价值最大化为目标，积极应用"云大物移智"等数字技术，贯通产运销系统运营平台、国能e购、集团云数据中心等重点应用平台，打破"信息壁垒""信息孤岛"，构建起横向到边、纵向到底的集团级数据资源池，实现数据互联互通，推动基于全样本数据的科学决策。

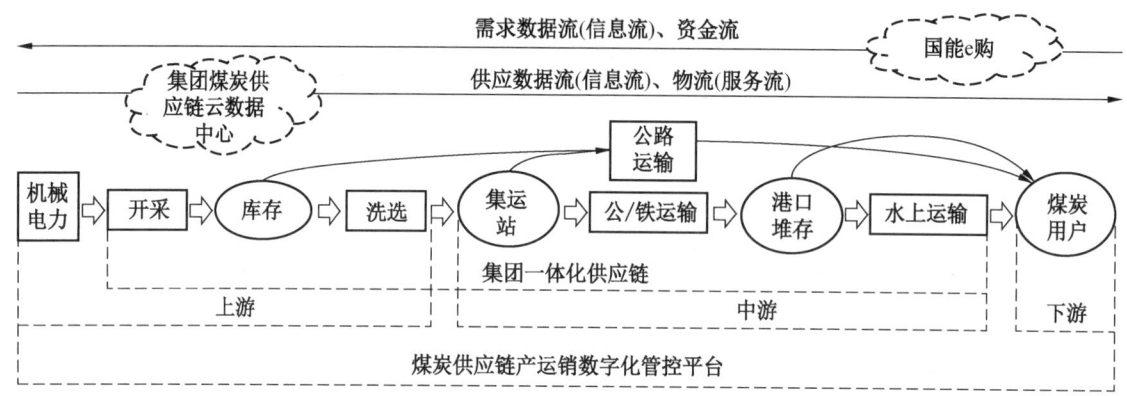

图 1 煤炭供应链示意图

国能e购致力深化上下游连接，畅通信息流、物流、资金流、商流等供应链要素，深入拓展"内容+电商"优势，搭建全景式管控、一体化运营的智慧供应链体系，建设供应链管理与采购服务能力的现代化平台型科技示范企业，为数字经济发展注入新的更大动能。

四、煤炭供应链数字化建设的机遇与挑战

(一) 数字化认识理念存在偏差

数字化发展战略下，煤炭供应链关联企业加快数字化转型步伐，以期通过数字化手段提升自身核心竞争力。然而，现阶段煤炭行业、企业对煤炭供应链数字化的认识还没形成共识，主要体现在以下几方面：一是对自动化、信息化、智能化、数字化等概念内涵区分不清，甚至仅将部分领域部分环节的信息化、智能化建设等同于数字化；二是煤炭行业、企业尚未建立统一的供应链数字化顶层设计，煤炭供应链数字化转型发展规划、实施意见、行动方案、标准规范等相关政策标准有待出台；三是煤炭供应链数字化转型战略规划、工作方案、实施路径研究编制尚未全面启动，各类数字化建设仍未按照一张蓝图实施；四是数据作为新型生产要素的治理方式等政策尚未制定。煤炭供应链规模大、影响因素多、动态变化较快，是一个复杂系统。煤炭供应链数字化理念与认识的偏差导致了企业对煤炭供应链数字化升级难以达成一致目标，产生怀疑态度和畏难心理。

(二) 数字化基础设施升级缓慢

随着煤炭行业智能化、数字化进程加快推进，煤炭供应链系统产生的数据量倍增，新

型信息化基础设施（包括硬件和平台）升级建立缓慢，传统信息化基础设施网络、运算能力等无法满足新一代信息技术与煤炭行业深度融合的数字化转型升级新需求。一是煤炭供应链各环节数字化基础薄弱，管理水平不均衡，作业方式落后，数据人工录入比例大，造成数据实时性、完整性及准确性差；二是不同环节信息技术装备更新换代不及时，数据采集不足，采集后没有配套数据处理分析技术方法；三是缺乏统一的指挥调度平台，从煤炭购销、运输调运、港口中转，到煤炭质检整个全过程中，供应链上下游存在信息孤岛，数据割据造成了资源分散，数据共享效率不高，各业务系统无法实现互联互通；四是新一代信息技术应用不足，供应商、客户管理信息的存储能力较差，供应链管理系统老旧，基础设施升级缓慢。

（三）数字化技术场景融合不深

数字技术体系创新并实现与煤炭场景深度融合是数字化背景下打造煤炭供应链体系的关键所在。以云计算、人工智能、机器学习等为代表的数字技术发展迅速，但适应煤炭行业特色的供应链关键数字技术研发难度大且滞后，与供应链产、运、储、销、用各环节生产、管理、运营等重要场景融合应用不足。一是数字技术与煤炭供应链体系融合难度大。云计算、人工智能、机器学习等技术领域自身发展已经较为成熟，但是由于煤炭供应链复杂的业务体系和模式，尤其是生产端面临的极其复杂的环境，成熟的数字技术要实现与煤炭供应链各环节的深度融合并发挥价值，还需要较深的业务技术积累与探索，导致行业特色关键技术研发滞后。以5G为例，现有应用多集中在视频传输等领域，能够解决煤矿智能化建设痛点的突破性应用尚未推出。二是数字技术融合不平衡，数字技术与煤炭供应链各环节融合应用情况不平衡，以及各环节内部融合不平衡，影响煤炭供应链整体数字化进程。就煤矿生产端而言，煤炭开发涉及开采、掘进、机电、运输、通风等系统部署，层次多、结构复杂，其数字化不单体现在"单一部件、单机设备、单一系统"上，应实现场景的全面融合应用。

（四）数字赋能供应链协同度不足

煤炭供应链产、运、储、销、用全链条各环节独立性较高，信息系统综合集成度相对较低，难以实现供应链上下游数据贯通与业务协同，导致供需变化响应敏捷性较差、资源内耗、供应链协同度不足。主要原因，一是煤炭供应链体系各环节尚未建立统一的数据标准，难以打造供应链一体化数字平台；二是基础数据采集不全，采而无用问题直接导致供应链各单独环节信息反馈周期长甚至信息缺项，直接影响煤炭供应链整体的协同度；三是决策通常依靠人工经验，无决策模型和仿真验证，难以满足复杂场景的科学决策需求；四是国家行业层面缺乏宏观趋势性数据分析模型，数据价值尚未凸显。

（五）驾驭数字化专业人才短缺

近年来，煤炭行业优化产能结构并大力发展智能化技术与装备，"减员增效"取得显著进展。煤炭行业从业人员数由2016年的397.1万人降低到2021年的255.3万人，减少了141.8万人降低了35.7%，而大型煤炭企业全员效率由2016年的6.0吨·工增加到2021年的8.9吨·工，增加了48.2%，如图2所示。煤炭行业"减员增效"并不意味着煤炭行业人才已经饱满，煤炭行业仅是对从业人员数量的需求减少，但仍缺乏大量适应数字化转型发展的通信、大数据、人工智能专业数字人才。未来随着煤炭行业数字化智能化进程加快推进，煤炭供应链从业人才结构性短缺矛盾将愈发凸显。

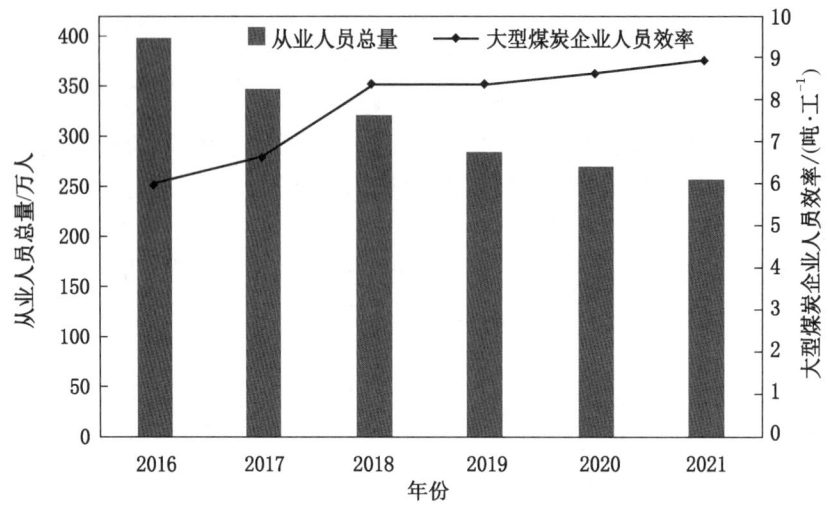

图 2 煤炭行业"减员增效"成效

现阶段煤炭供应链从业人员的整体数字素养和技能不符合数字化背景下煤炭供应链体系的建设需求。一是企业领导的数字化思维理念与知识结构及各级管理和生产人员的数字素养与技能,无法与数字化驱动的煤炭供应链体系相匹配。二是煤炭供应链不仅缺乏信息通信等数字技术人才,更缺乏既熟悉煤矿专业知识、生产工艺、井下环境又懂 IT 的复合型人才。三是煤炭行业数字人才培养进程已滞后脱节于数字化技术设备等的建设进程,逐渐影响整个供应链体系建设的数字化进程。

五、数字化背景下煤炭供应链体系建设

适应数字化背景下国家、行业、企业对煤炭发展的新要求,考虑全新的生产、供应、消费模式,以标准体系、平台体系、技术体系、数据治理体系、人才体系五大体系为依托,构建覆盖产、运、储、销、用核心环节的安全稳定、通畅高效的煤炭数字化供应链体系,如图3所示。

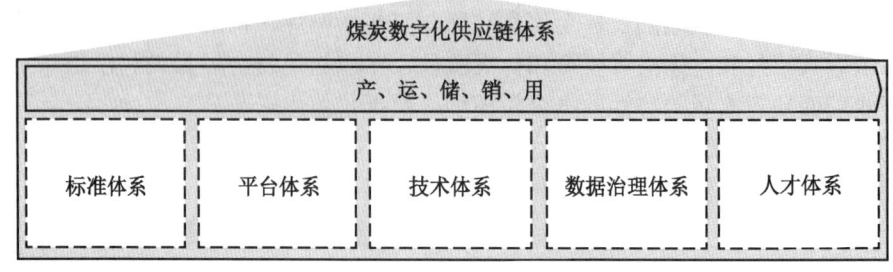

图 3 煤炭数字化供应链体系框架

(一)制定科学合理的标准体系

标准是经济活动和社会发展的技术支撑,标准化是全面推进煤炭供应链数字化发展的

首要基础。数字化转型的加速推进导致现有标准越来越无法支撑以数字技术深度赋能的煤炭供应链建设需求。以《煤炭工业"十四五"标准化发展指导意见》为指导，制定煤炭供应链数字化标准体系，将煤炭供应链各环节所涉及的概念、技术、装备、行为等进行统一规范，全面高效推进煤炭供应链数字化建设。煤炭供应链数字化标准体系主要涵盖总体通用标准、数据标准新型数字基础设施标准、应用系统与装备标准、信息安全标准、管理标准等，如图4所示。

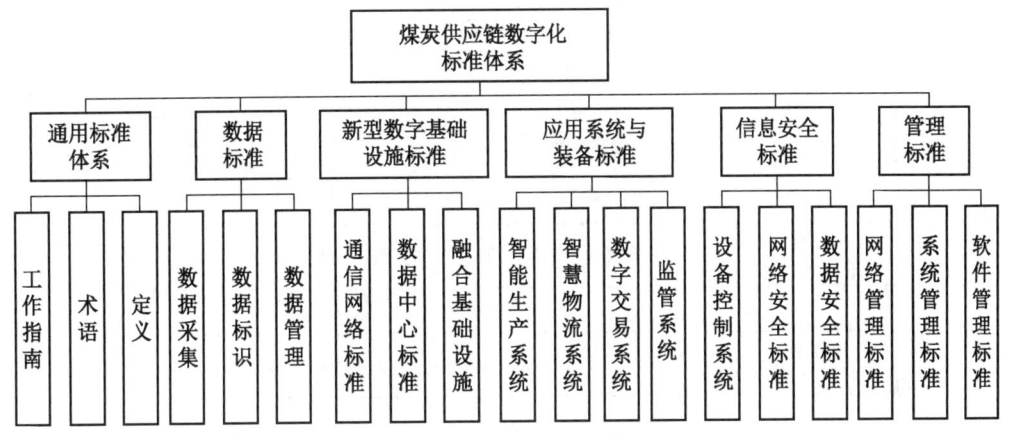

图4 煤炭供应链数字化标准体系

总体通用标准主要是明确编制指南及实施细则、规范煤炭供应链数字化相关术语等，包括标准化工作指南、术语和定义。数据是数字化在信息系统中的真实反映，包括数据采集、标识、数据管理等。新型数字基础设施是供应链数字化的基础，新型数字基础设施标准包括通信网络标准、数据中心标准、融合基础设施标准等。应用系统与装备标准包括智能生产系统、智慧物流系统、数字交易系统和监管系统等。

（二）搭建系统完备的平台体系

原煤生产是煤炭供应链的核心，其上游包括煤炭的勘探、设计、设备供应等，下游包括煤炭的加工、运输、经销以及消费等。搭建以数字技术赋能的煤炭供应链数字化平台体系，将供应链上下游各环节有效联通，以数字流双向贯穿煤炭流，实现数据交换和信息沟通以及信息资源共享与快速反应，有利于煤炭全供应链的协调管理与竞争力提升。煤炭数字化供应链平台体系纵向可划分为以数据采集为主的感知层和数据传输为主的网络层，以及以数据分析服务为主的应用层，横向包括智能生产管理平台、智慧物流平台、数字交易平台和监管预警平台，如图5所示。

生产端的智能生产管理平台，可实现资源勘探、矿井设计、材料供应、地质保障、掘进、开采、运输、通风、供电、排水、洗选、安全监控、智能园区等生产准备和生产运行全流程全要素全生命周期的全面感知、信息共享、深度交互和智能管控，特别是生产过程中的现场难题可通过云服务以专家会诊形式解决。智慧物流平台可实现煤炭产品运输、仓储、配送等环节的实时物流动态管理，使物流资源得到充分合理的利用。数字交易平台连接煤炭生产方与消费方，打破各环节信息壁垒，促进供应链上游资源与下游市场的协同配合，实现煤炭在线交易、支付结算、信息、物流、金融等全链条服务。监管预警平台是国家、行业相关管理部门对煤炭供应链各环节进行监管和预警的重要平台，提供生产安全监管、供需监测预警等监管服务功能，除实现生产过程安全监管外，依托涵盖生产端和消费端的数据信息，实现对煤炭供需变化的超前精准预测和预警功能，为国家煤炭供需关系的调整与平衡提供重要支撑。

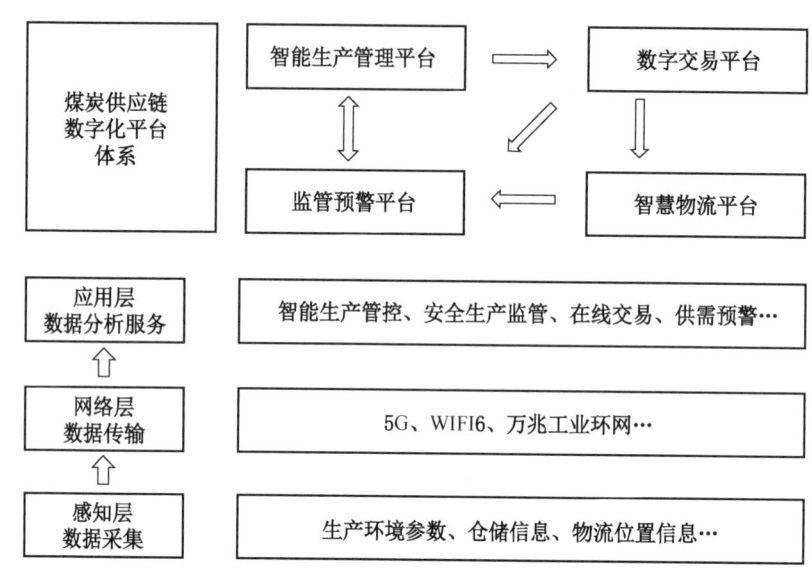

图 5 煤炭供应链数字化平台体系

（三）构建创新融合的技术体系

数字化技术与煤炭供应链的深度创新融合是实现煤炭供应链数字化的重要基础。针对煤炭供应链柔性生产等关键需求，将较为成熟的 5G、大数据、云计算等数字技术与煤炭产、运、储、销、用核心环节深度创新融合，实现煤炭供应链数字化升级。大数据技术可实现海量数据的高效接入和实时处理，区块链技术可保障数据可靠与可信，5G 技术是实现人机物互联的基础，数字孪生技术可实现生产场景的仿真重构，人工智能有助于实现智能化决策与控制。煤炭供应链数字化技术体系主要涵盖智能柔性生产技术体系、智慧物流技术体系、数字交易技术体系和智慧监管技术体系，如图 6 所示。

智能柔性生产技术体系以智能柔性煤矿为核心主体，需研究攻关井下海量多元异构数据采集分析技术，三维地质动态建模等透明矿井构建技术，采煤机记忆截割、煤岩识别等智能高效采掘技术，智能化无人值守运输提升技术，矿用卡车无人驾驶技术及精准卸载技术，重大危险源智能预测预警技术等。智慧物流技术体系需研究攻关多元异构传感器物联网技术、多式联运优化关键技术、车辆调度和导航技术、物资精准溯源技术、智能配货技术等。数字交易技术体系需研究攻关数字交易平台技术、大数据流处理技术、基于区块链的防篡改数字交易数据库技术、基于区块链的财务管理系统技术。智慧监管技术体系需研究攻关互联网+煤矿安全监管监察技术、用能负荷精准预测技术、用能精准监测技术、温室气体排放监测技术等。

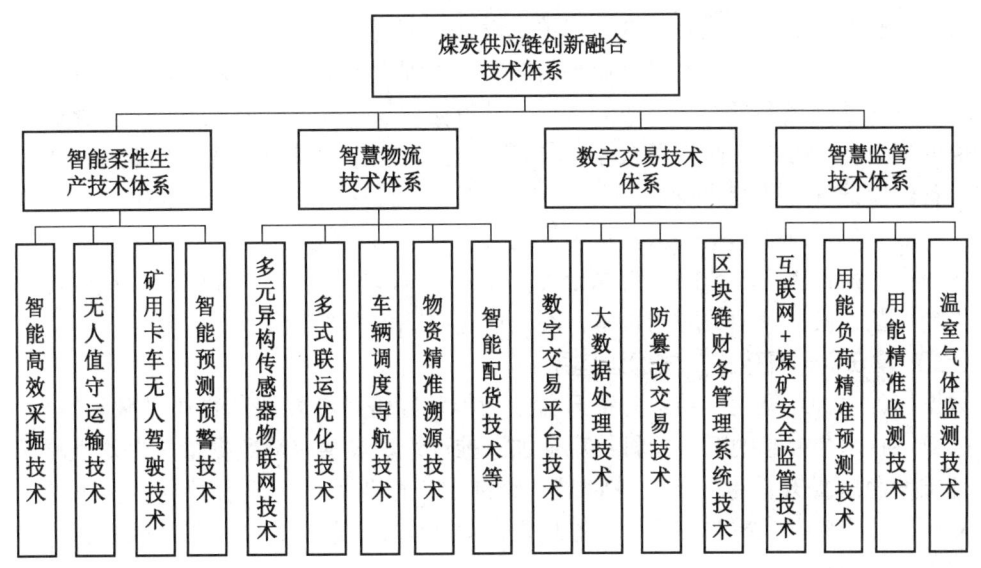

图 6　煤炭供应链数字化技术体系

（四）布局梯次推进的人才体系

数字化人才是煤炭供应链数字化升级的重要动力源。伴随产业数字化加速推进，煤炭供应链的传统生产方式、组织方式、运营模式等将发生重大变革，数字化人才将成为供应链数字化升级的关键制约因素。突破数字化人才缺口瓶颈、优化数字化人才结构、提升供应链人才支撑保障能力，亟需提前布局涵盖高端战略领军人才、高素质经营管理人才、高层次专业技术人才、高水平技能人才的煤炭数字化供应链人才体系，如图7所示。

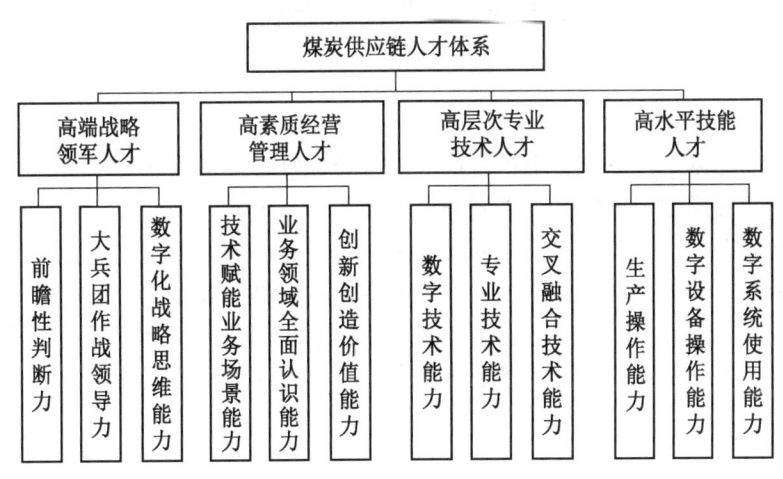

图 7　煤炭供应链数字化人才体系

高端战略领军人才以各大集团企业主要负责人为主，作为煤炭供应链数字化的领航者，具有前瞻性判断力、大兵团作战组织领导能力，对煤炭供应链数字化有着系统思考与深刻认识，能够以数字化战略思维制定顶层设计，谋划煤炭数字化供应链的战略方向和路径选择。高素质经营管理人才以企业部门的中层管理者为主，作为供应链数字化的中坚力量，对所在业务领域有着深刻全面的认识，具备应用数字技术赋能业务场景数字化、创造新价值的能力。高层次专业技术人才以科研人员为主，作为供应链数字化的支撑力量，不仅要具备供应链各环节专业技术，还应掌握数字化相关技术，以生产与 IT 交叉融合技术为供应链数字化提供技术支持。高水平技能人才以一线生产人员为主，作为供应链数字化的基层力量，是各生产环节的最终执行者，在具备基础操作技能的基础上，应学习掌握数字化平台、数字设备及相关应用技术，不断适应数字化生产节奏。

（五）建立全面高效的数据治理体系

数据作为一种新型生产要素，正日益成为推动经济社会发展的物质基础和重要手段。随着以数字技术为标志的新一轮科技革命加速推进，煤炭供应链数据量呈爆炸性增长，数据治理难度急剧提升，跨层级、跨地域、跨部门、跨业务成为显著特征，多来源、多协议、异构化、多模态、高并发成为普遍现象，亟须建立深层次、高水平的煤炭供应链数据治理体系，如图 8 所示。

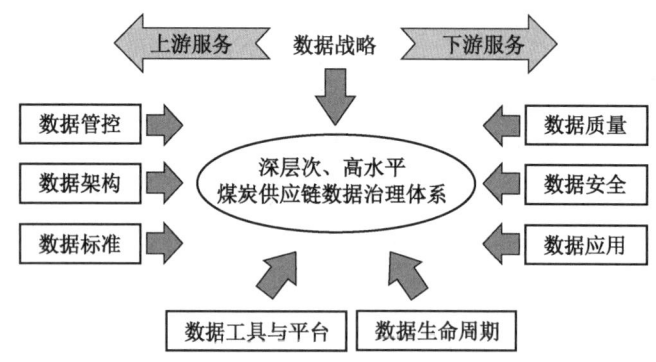

图 8 煤炭供应链数据治理体系

加快数据治理体系建设，集中在数据战略、数据管控、数据架构、数据标准、数据质量、数据安全、数据应用、数据生命周期、工具与平台等九大领域发力。一是加强数据资产目录、数据标准化、元数据、主数据及数据治理平台的建设和运营管控。二是加强生产现场，形成全供应链的数据采集、传输和汇聚能力。三是实施全面、系统、深入、彻底的数据治理，成立数据资源专业管理组织，完善数据治理机制，定期评估数据管理成熟度。四是加快大数据平台建设，强化业务场景数据建模，促进数据价值变现。

六、政策建议与措施

（一）制定煤炭供应链数字化顶层设计

政府部门或行业组织应协调多方资源，加快制定煤炭供应链体系建设顶层设计，制定煤炭供应链安全稳定的战略和政策，保障煤炭供应链政策连续性、稳定性、系统性、全局性。结合实际制定煤炭供应链体系建设发展规划，勾画发展蓝图，重点推进数字技术与煤炭供应链各环节场景深度融合，以数字化手段推动供应链完善升级。

（二）加大煤炭供应链数字化建设资金投入

建议积极引导金融机构加大对供应链数字化转型发展的支持力度，鼓励企业设立相关市场化基金，形成支持转型发展投入长效机制。一是发挥政府资金的聚合、引导和放大功能，引导专项资金向物流领域倾斜。二是出台相关政策支持煤炭物流项目的发展，鼓励煤炭物流企业通过银行贷款、股票上市、中外合资等途径筹集资金。三是鼓励供应链相关企业落实数字化转型发展的主体责任，以提质增效、减人强安为目标，重点实施数字化技术与装备研发，提高资金产出效益。

（三）重视复合型人才培养和技术支撑

煤炭企业，尤其是头部企业应加快培养与引进具备煤炭供应链数字技术的高技能人才，以及懂技术、懂业务的高端管理人才，配套人才激励与培养机制，提升煤炭供应链数字化发展人才支撑能力。一是加强人才培养和科研平台建设，建立复合型人才激励机制，加强煤炭领域、数字技术领域管理技术人才的引进，推进煤炭数字化科研平台和实验室建设；二是积极开展与煤炭领域、数字技术领域的高等院校、科研院所和咨询机构交流合作，搭建产学研用合作平台，创新人才联合培养机制，提高煤炭数字转型技术能力。国家也可以通过调整煤炭院校学科与专业设置，以传统专业改造、新增等方式强化"数据+信息技术""采矿+供应链"等复合型专业人才培养。

（四）加快数字化交易平台建设

有实力的煤炭头部企业应发挥自身"链长"作用，牵头建设线上与线下相结合的数字化大型煤炭交易平台，以数字技术推动供应链煤炭交易公平、高效、便捷。一是加快建立统一开放、层次分明、竞争有序的现代煤炭市场体系，推动全国性和区域性数字化煤炭交易平台协调发展；二是充分发挥数字化煤炭交易平台的作用，推动完善煤炭交易市场，构建科学合理的上下游价格机制和运行机制，健全煤炭价格调控机制；三是以"互联网+"、大数据应用为主体建设框架，构建覆盖煤炭全供应链、及时性强、准确度高的数据平台，从而打破各环节信息壁垒，实现数据互通共享和动态实时监管，充分激发出数据资产在决策分析和业务协同等方面的潜在价值。

参 考 文 献

[1] 袁惊柱．"十四五"时期，我国能源发展趋势与挑战研究［J］．中国能源，2021，43（7）：34-40.

[2] 王永中．全球能源格局发展的新动向［J］．煤炭经济研究，2022，42（4）：13-17.

[3] 康红普，谢和平，任世华，等．全球产业链与能源供应链重构背景下我国煤炭行业发展策略研究［J］．中国工程科学，2022：1-12.

[4] 陈茜，李华．供需视角下的煤炭绿色智慧物流发展路径研究［J］．煤炭经济研究，2022，42（4）：47-51.

[5] 宋彧，李巍巍，金飞．煤炭供应链协同管理的策略研究［J］．煤炭技术，2011，30（10）：273-274.

[6] 吕波．我国煤炭贸易供应链协同管理研究［J］．煤炭经济研究，2019，39（1）：76-82.

［7］杨洋，祁娇．我国煤炭供应链库存影响因素分析［J］．煤炭工程，2016，48（2）：142-144+148．

［8］吴安波，吕星星，孙林辉．电商环境下我国煤炭供应链产供销模式研究［J］．时代经贸，2022（4）：131-136

［9］景林娟．供应链环境下煤炭企业的库存优化研究［J］．煤炭经济研究，2018，38（8）：64-68．

［10］蒋洋，曲泰霖．神华产运销计划协同管理方法探究［J］．煤炭经济研究，2016，36（3）：68-71．

［11］金志刚．推进神华一体化发展重在强化运营计划管理［J］．中国煤炭，2014，40（7）：13-17+26．

［12］金志刚．神华一体化运营管控模式选择与协同管控系统建设研究［J］．中国煤炭，2015，41（3）：10-14+9．

［13］马俊．神华集团煤炭产运销一体化运营模式分析［J］．煤炭经济研究，2012，32（1）：30-35．

［14］马俊．神华纵向一体化运营模式的现状与未来［J］．煤炭经济研究，2016，36（1）：40-46．

［15］方良才．加快煤炭产业数字化转型为煤炭企业高质量发展提供新动能［J］．中国煤炭工业，2021（11）：10-13．

国有企业党的领导融入公司治理"五位一体"路径的研究与实践

葛少华，李俊鹏

（中煤集团上海大屯能源股份有限公司）

摘要：做强做优做大国有企业，最根本的是把党的领导全面融入公司治理，引领和保障企业高质量发展。本文以上海大屯能源股份有限公司为例，系统分析了新时代打造世界一流能源企业战略目标背景下，国有煤炭企业围绕构建与新时代国企功能定位相符合、与公司治理体系相融合的中国特色现代企业治理体系，统筹构建贯彻落实习近平总书记重要指示批示常态化机制、党组织内嵌模式下的公司治理机制、党委前置研究讨论企业重大生产经营事项机制、党委决策事项跟踪督办机制、"13458+N"保障落实工作体系等"五位一体"工作机制，推动党的领导与公司治理深度融合，进一步提升企业治理效能的实践路径及成效。

关键词：公司治理；五位一体

坚持和加强党对国有企业的全面领导，把党的领导融入公司治理体系，是深入贯彻习近平经济思想和"两个一以贯之"要求的根本要求，也是纵深推进国企改革三年行动、完善中国特色现代企业制度的必由之路。近年来，中煤集团上海能源公司党委坚决贯彻落实习近平总书记关于加强党对国有企业的领导、加强国有企业改革发展和党的建设的重要指示精神，认真落实国企改革三年行动部署要求，"五位一体"扎实推进党的领导融入公司治理，为公司高质量发展提供了坚强有力的保证。

一、国有企业在完善公司治理中加强党的领导的重大意义

做强做优做大国有企业，最根本的是坚持和加强党的领导，把党的领导全面融入公司治理，保证国有企业坚决贯彻党中央决策部署，发挥好"六种力量"的重要作用。

（一）坚持和加强党的领导，把党的领导融入公司治理是完善中国特色现代企业制度的根本要求

中国特色现代企业制度的本质特征是坚持和加强党的领导，核心在于把党的领导融入公司治理各环节，明确和落实党组织在公司法人治理结构中的法定地位和作用。党的十八大以来，以习近平同志为核心的党中央高度重视国有企业党的建设和改革发展，先后作出一系列重大决策部署，提出了一系列明确要求，特别是针对在一些国有企业存在的党的领导、党的建设弱化、淡化、虚化、边缘化问题，旗帜鲜明地提出"两个一以贯之"的要求，出台了国企改革"1+N"政策体系，实施国企改革三年行动，为新时代国有企业改革发展提供了根本遵循，指明了前进方向。

（二）坚持和加强党的领导，把党的领导融入公司治理是国有企业不断做强做优做大的根本保障

国有企业是我们党执政兴国的重要支柱和依靠力量，是中国特色社会主义经济的"顶梁柱"。做强做优做大国有企业，就必须坚持和加强党对国有企业的全面领导，把企业党组织内嵌到公司治理结构之中，从组织、制度、机制上确保党组织的领导地位，发挥企业党组织把方向、管大局、保落实作用，保证中央大政方针在企业得到贯彻落实，保证企业改革发展沿着正确方向前进，实现国有资产保值增值。近年来，国有企业认真落实习近平总书记指示要求和党中央决策部署，积极探索创新企业党组织发挥作用的有效途径，推动了国有企业党的领导、党的建设得到根本性加强，规模实力稳步提升。

（三）坚持和加强党的领导，把党的领导融入公司治理是国有企业深化改革加快发展的必然要求

当前，国有企业进入高质量发展的新阶段，打造世界一流企业是新时代党赋予国有企业的新使命。但是也要清晰地看到，立足新阶段，面对新使命，国有企业要加快改革发展步伐、创建世界一流企业，就必须深刻领会把握"两个一以贯之"精神实质，在完善公司治理中加强党的领导，从顶层设计上实现党的领导融入公司治理各环节，把党的全面领导贯穿于企业决策、执行、监督各方面，把建立党的组织、开展党的工作作为推进企业改革的必要前提，带领全体干部职工一以贯之地服从党和国家发展的需要，一以贯之地坚守爱国奋斗的精神品格，不断做强做优做大国有资本和国有企业。

二、"五位一体"推进党的领导融入公司治理的实践路径

按照习近平总书记关于"两个一以贯之"的重要指示要求，上海能源公司党委坚持以国企党建30项重点任务为牵引，以贯彻落实国企改革三年行动部署要求为契机，着力构建党的领导融入公司治理"五位一体"常态长效机制，形成了与新时代国企功能定位相符合、与企业发展战略相匹配、与公司治理体系相融合的现代企业治理体系。

（一）突出政治建设统领，统筹构建贯彻落实习近平总书记重要指示批示常态化机制

上海能源公司党委坚持把党的政治建设摆在首位，把准政治方向、严守政治规矩、涵养政治生态，保证企业各项工作和发展的正确方向。建立党委会"第一议题"制度、贯彻落实习近平总书记重要批示精神督办制度，开展习近平总书记重要论述专题学习研讨和"建功新时代，喜迎二十大"习近平总书记重要指示批示精神再学习再落实再提升主题活动，分系统分层次开展"学习总书记重要讲话、努力成为可堪大用能担重任的栋梁之材"专题研讨活动，特别是围绕习近平经济思想、法治思想、生态文明思想以及习近平总书记关于安全生产、能源供给革命、创新驱动发展等方面的重要论述开展专题学习研讨，研究贯彻具体的落实措施，确保企业研究制定的政策制度文件和部署推动的各项工作任务，符合党的路线方针政策，贯彻落实习近平新时代中国特色社会主义思想和习近平总书记重要指示批示精神。学习贯彻习近平新时代中国特色社会主义思想主题教育启动后，公司党委迅速成立了领导小组和4个专项工作组，认真编制主题教育实施方案和工作计划实施表，明确了18个方面31项具体任务，班子成员围绕"将深刻领悟'两个确立'决定性意义的成果转化成推动公司高质量发展的坚定行动"主题开展了深入交流研讨，进一步砥砺了理想信念和初心使命。

（二）突出党委功能定位，科学构建党组织内嵌模式下的公司治理机制

上海能源公司党委全面推进公司及所属 18 家独立法人企业依法推进党建工作要求进章程，建立健全"三重一大"决策制度、党委会议事决策规则、董事会工作（议事）规则、总经理工作规则"1+3"制度体系，明确了公司各治理主体的工作原则、议事范围和程序，对于党的建设的重大问题、涉及干部管理的重要事项，一律由党委会研究决定；对于涉及公司发展战略、生产经营、深化改革、项目建设的重大问题，全部经公司党委会前置"研究讨论"，再由董事会、经理层按照职责权限和规定程序作出决定。实施"双向进入、交叉任职"的领导体制，党委书记、董事长由一人担当，党员总经理担任党委副书记并进入董事会，专职党委副书记进入董事会，符合条件的党员领导班子成员通过法定程序进入公司董事会、监事会、经理层。

（三）突出前置研究把关，规范构建党委前置研究讨论企业重大生产经营事项机制

上海能源公司党委一以贯之在完善公司治理中坚持党的领导、加强党的建设，从完善中国特色现代企业制度入手，建立完善党委会工作规则，细化"三重一大"决策事项 88 项、党委研究决策事项 33 项、党委前置研究讨论事项 60 项，按照集体领导、民主集中、个别酝酿、会议决定的方式对重大问题作出决策，切实履行党委决定或者把关定向职责。严格党委前置研究讨论重大经营管理事项程序，前置研究讨论事项由公司党委会会议研究讨论，提出意见建议，根据有关事项决策权限，由董事会或经理层进行决策；进入董事会、经理层的党委委员和党员按照公司党委会形成的意见发表意见，并向党委报告落实情况。突出把好政治关、方向关、投资关、规则关，明确提交公司党委会前置研究讨论的事项必须严格履行专业会审查程序，形成专业会意见；研究讨论或审议涉及法律合规相关议题时，总法律顾问应列席会议。2022 年，公司党委对涉及生产经营、改革发展等 245 项重大问题进行了前置研究讨论，在推进 200MW 光伏项目建设、龙东煤矿关闭退出等重大改革发展经营事项上，坚持集体研究、慎重决策，充分发挥了党委领导作用。

（四）突出决议决策落实，周密构建党委决策事项跟踪督办机制

上海能源公司党委高度重视督查督办工作，建立并严格落实督查督办管理办法，探索搭建了重点工作跟踪督办信息化管理平台，将习近平总书记关于国有企业和能源行业改革发展的重要指示批示以及公司领导交办的事项、公司领导高度关注的重要事项、公司党委会和总经理办公会等作出的重要决策、公司年度工作会议、季度经济运行分析会、专题工作会议等安排部署的重要事项等纳入督查督办事项范围，构建立项交办、承办落实、进展反馈、任务办结全流程闭环管理督查督办程序，年底形成专题报告向公司党委汇报，确保督查督办事项事事有反馈、件件有落实。近年来，坚决把落实党中央重大决策部署及国资委党委、中煤集团党委的工作要求作为重大政治责任，作为公司党委的重点工作任务，紧盯学习贯彻习近平新时代中国特色社会主义思想主题教育、煤电保供、国企改革三年行动、对标世界一流管理提升行动等重大决策部署，扎实开展政治监督和督促指导，在坚决落实党中央决策部署、引领保障公司改革发展上充分发挥了党委把方向、管大局、保落实作用，有力推动了各项重点工作落地见效。

（五）突出党建融入中心，创新构建"13458+N"保障落实工作体系

上海能源公司党委深入贯彻落实新时代党的建设总要求和全国国企党建会议精神，着力在固根本、打基础、抓重点、创特色、树品牌上下功夫，通过不断地探索实践和总结优

化，形成了"13458+N"保障落实工作体系，"1"突出"把方向、管大局、保落实"的党委功能定位，"3"坚持"党的组织全覆盖、党的建设全加强、党建工作全融合"的党建工作原则，"4"即建立健全组织保障体系、责任落实体系、运行管理体系、考核评价体系，"5"即树牢"铸魂、育人、正风、聚力、创效"的党建价值导向，"8"即扎实推进铸魂领航、强基固本、干部培育、政治生态、安全保障、凝心聚力、党建创效、群团共建等八大党建工程，"N"即重点打造党管安全"八管八抓""书记项目"、党员先锋行动、党群部长下基层宣讲、安全文艺万里行、精神文明建设新人新事评选表彰等系列党建工作品牌。近年来，公司党委始终坚持党建工作服务中心、保障中心、助推中心，持续推动党建工作高效率运转、党建责任高质量落实、党建作用高水平发挥，促进了企业党建工作与生产经营同向发力、同频共振。

三、实施党的领导融入公司治理"五位一体"模式取得的成效

"红色"是国有企业最鲜亮的底色。近年来，上海能源公司党委旗帜鲜明地加强党对企业的全面领导，坚持抓党建从中心工作出发，抓中心工作从党建入手，积极探索实践国有企业党组织发挥领导作用的有效路径，切实把党组织的政治优势、组织优势、群众工作优势转化为企业的发展优势。

（一）党委领导效能得到进一步增强

公司党委认真贯彻"两个一以贯之"要求，以融合思维把党的领导贯穿于企业改革发展全过程、内嵌到企业治理结构之中，在贯彻落实党的方针政策、解决企业重大问题、引领企业改革发展等方面，充分发挥党组织把方向、管大局、促落实的领导作用，特别是在涉及战略方向等重大事项决策中充分体现党组织的把关定向作用。近年来，公司党委牢记央企的职责使命，以高度的政治责任感和使命感带领企业全力以赴完成能源保供、国企改革三年行动、定点帮扶、疫情防控等重大政治任务，在重大关头和关键时刻展现央企担当，充分彰显党组织的强大领导力。面对国家"双碳"目标下煤炭企业转型发展的重大机遇和挑战，公司明确"稳住煤业、做优电业、大力发展新能源"的发展方向，聚焦主业强链补链，加快资源整合优化，加快煤矿智能化建设，大力推进清洁能源利用，企业产业布局和结构向低碳化、绿色化、高端化迈进，公司4座生产矿井保持国家一级安全生产标准化水平，本部105万千瓦采煤沉陷区生态治理清洁能源基地项目列入国家第三批大型风电光伏基地建设项目清单，新能源示范基地一期20.2万千瓦光伏项目实现全容量并网发电。

（二）政治引领效能得到进一步增强

公司党委始终牢记央企政治责任，把学习贯彻习近平新时代中国特色社会主义思想作为首要政治任务，高质量开展"不忘初心、牢记使命"主题教育、党史学习教育，严格落实党委会"第一议题"学习、党委理论学习中心组学习、党支部"三会一课"、主题党日等制度，及时跟进学习习近平总书记重要讲话和重要指示批示精神，持续推动党的创新理论武装进厂矿、进车间、进班组，广大党员干部政治觉悟、理想信念、初心使命、担当精神明显加强，坚定拥护"两个确立"、坚决做到"两个维护"的思想和行动更加坚定自觉，为各项工作扎实推进提供了坚强思想保障，公司所属2个单位被国资委党委授予中央企业先进基层党组织称号。

（三）党建保障效能得到进一步增强

公司党委坚持企业改革发展推进到哪里、党建工作就跟进到哪里，所有新成立单位、驻外项目均及时设立党的组织，同步开展党建工作。围绕安全生产、改革发展等中心任务，大力开展基层党建"书记项目"、党员先锋行动等特色活动，成立党员先锋队、创建党员示范岗，形成了"一书记一项目、一支部一品牌、一党员一旗帜"的生动局面，从建成11个智能化采煤工作面、28个智能化掘进工作面、所属姚桥煤矿入选全国首批智能化示范矿井建设名单到2×350 MW煤矸石综合利用热电厂并网发电，再到200 MW"渔光互补"新能源示范项目建成投运，重点工作攻坚过程中，党旗始终在一线飘扬、党徽始终在一线闪耀。

（四）企业治理效能得到进一步增强

公司党委牢牢把握党委"把方向、管大局、促落实"、董事会"定战略、作决策、防风险"、经理层"谋经营、抓落实、强管理"的功能定位，持续推动党的领导融入公司治理制度化规范化程序化，公司党委会、董事会、经理层权责更加清晰明确，运转更加协调高效，促进了企业治理效能不断提升。近年来，公司党委认真落实国企改革三年行动部署要求，坚定不移加强企业党的领导、党的建设，以钉钉子精神解决了一批制约企业高质量发展的体制机制弊端和历史遗留问题。以铝加工板块、电力板块整合为重点，加大内部资源整合力度，同步做好业务重构、机构优化、富余人员分流安置等整合协同，通过改革减少岗位编制5012个，替换劳务用工493人，目前共有2600余人从事"一人多岗"作业，初步形成"机关精、辅助优、一线强"的人员结构。2020年以来连续四年开展"两资两非"清理处置攻坚行动，纳入公司重点工作抵押金考核，通过吸收合并、对外转让等方式，完成了江苏德信中大公司、金屯房产公司等低效企业清算退出工作。截至2023年4月底，公司非正常应收款项累计减少6131万元，闲置设备累计减少3270万元，压降比例分别达到91%和79%，公司经营质效和抗风险能力明显提升。2018年至2022年期间，公司资产总额从168亿元增长至251亿元，营业收入从92亿元增长至148亿元，实现了"十四五"发展的良好开局，如图1所示。

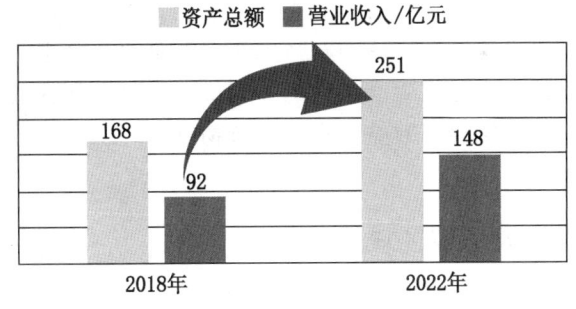

图1 2018—2022年上海能源公司资产总额、营业收入增长数据图

"根"深促叶茂，"魂"固育常青。我国国有企业改革发展的辉煌历程证明：坚持党的领导、加强党的建设是企业做强做优做大的根本保证。搞好大屯公司，必须坚持党的领导、加强党的建设不动摇，坚持科学思想指导，强化政治统领地位，牢牢把党的领导嵌入公司治理，把党建工作融入生产经营，确保公司沿着正确方向胜利前进。

论修租共享模块与智慧化库管之间的关系

仝德全

(中煤集团上海大屯能源股份有限公司姚桥煤矿)

摘要：为提升煤矿企业经济效益，通过构建物资修旧利废、工器具租赁、通用共享管理体系，进行资源循环利用，降低企业经营成本，实现经济效益预期目标。在信息化、大数据、智慧化蓬勃发展的今天，在经济发展和技术进步的背景下，各种管理理念和实践不断进行更新换代，本文通过对智慧化库管划分的三大功能区块，即修旧利废、工器具租赁、通用共享区块进行研究，分别对其建立的目的、范围、方式、特征、作用、意义等进行了剖析，对三大区块在智慧化仓库中运行方式进行技术分析，并对智慧化库管中修租共享模块对降低成本的作用进行探讨，阐述了如何通过智慧化库管技术来加强修旧利废、工器具租赁、通用共享的管理，使其功能达到降低材料成本的管理效果，以规范化、数字化的方式，实现能修尽修，物尽其用，集中共享，为降低物资成本、增强企业竞争能力提供管理和技术支持。

关键词：修旧利废；租赁；共享；成本；智慧化库管

智慧化库管是煤矿企业的经济和科技发展到一定阶段的产物。由于物资管理的大部分职能被集团公司物资部统购统管，煤矿在建立智慧化库管时要从管理实际出发，创造出既有利于煤矿安全生产，又有利于降低材料成本的方式，无疑修租共享，即修旧、工器具租赁和通用共享是煤矿在智慧化仓储管理最好的方式之一。建立智慧化仓储目的是使修旧利废、工器具租赁和通用共享成为降低材料成本的一个重要手段，在材料成本管理中具有举足轻重的重要作用。如果仓储管理出现问题将无法保证企业安全生产，这不仅表现为企业各项管理费用的增加，而且会导致生产单位的生产接续难以得到保证，并最终影响煤矿的产量和进度，进而影响企业的经济效益。本文结合物资管理现实情况来论述修租共享模块与智慧化库管之间的关系。

一、智慧化库管三大功能区块

(一)智慧化库管修旧利废区块基本职能

修复的物资验收合格后，小件放到修旧利废区，大件放到功能库，通过二次循环管理，经过审批、发放、领用程序后进入正常的生产领域。

1. 修旧利废目的

顾名思义，修旧利废就是指把破旧的修补好，把废物利用起来。煤矿每天生产产生大量的废旧物资，这些所谓的废物蕴含着大量的可用之物，通过一定的修理措施，使之恢复或接近其原有技术性能。通过修旧利废工作能培养员工勤俭持家、节约的主人翁精神和意识，只有职工自身树立节约意识，才能有效降低成本。

2. 修旧利废范围

包括：能修尽修的物资；单价高的物资；通过简单维修可以重复使用的物资。

3. 修旧利废的方式

1）自修

归口单位的员工自行实施对用后废旧物资进行修复，如归口管理部门所管和使用的物资，职工通过自有设备资源，对原材料经过简单更换配件、成型、焊接等加工工艺自行维修。

2）供应部门组织的修理

供应部门利用业余时间，组织本单位职工对回收的废旧物资，通过分拣、刷漆、除锈、搬运、调直等进行简单修理复用，如加工件、木料、电缆沟、道夹板等；组织使用单位过硬的业务骨干进行修理，如锚杆机、风镐、风动扳手等。

3）供应商修理

在供应商供应的个别工器具时，要求其提供维修服务，如风动锯、风泵等。

4）内部修理

委托公司内部企业进行修理，如工字钢修复。

4. 修旧利废工作的开展

1）建立修旧利废管理制度，明确业务流程

制度是保证修旧利废工作正常有序开展的重要条件，业务流程是企业管理的核心内涵。加强制度建设，着力完善业务流程，以优化流程、规范运作为先导，推进精细化管理，确保修旧利废管理工作制度化、规范化，使降本工作落到实处。

2）确定年度修旧利废指标

给各生产单位下达年度修旧利废指标，要求各生产单位立足自身实际实施修旧和利废，减少新材料的投入。通过回收管理、修理管理、复用管理等，使旧物来源有保证，修旧利废价格有规可依，修复物资的使用方向有据可查。

3）以物资内部市场化平台和智能化仓储管理系统为依托提升管理效率

传统手工纸质业务处置因其效率低、不透明、统计难等缺点，现阶段已经基本被摒弃了。现今通过物资内部市场化平台和智能化仓储管理系统运作，让修复的物资的计划、验收、审批、领用等业务一目了然。所有业务在系统中运行、所有权限在系统中控制、所有资源在系统中共享、所有操作在系统中留下痕迹、所有考核统计由系统自动完成，痕迹可寻。

4）做好修旧利废验收工作，规范线上线下管理

修复实施完毕后，在每月底规定日期，由供应部门牵头，组织经营、预算等部门对修旧利废的物资进行验收。如有急需临时验收的修理物资，依据现场实际使用情况，归口管理部门联系供应部门进行临时验收，验收合格后由归口管理部门按统一的修旧利废实物台账进行管理，供应部门组织的修理通过智能化仓储管理系统和内部市场化平台进行线上管理，归口管理部门组织的修旧利废物资也将逐步通过内部市场化平台进行线上管理。供应部门定期监督检查，对管理不善的单位进行通报批评。修旧物资验收不合格则由项目单位自行决定是否返修，如不再具备修复价值，则项目结束；如若返修则返修完毕后再组织验

收。修复后一定要符合标准和质量，不能利用的不能强用，通过验收避免造成不必要的损失。在实施过程中也要避免职工为了完成修旧利废项目和创效指标，而以次充好、以少充多和重复验收等情况的发生。

5）取得的效益和效果

在运行修旧利废管理机制过程中，有以下几个创新点：

（1）开发了智能化仓储管理系统和物资内部市场化平台，使整个修旧利废工作信息畅通、阳光透明、管理到位。

（2）制定了修旧利废奖罚的价格体系，使得修旧利废最核心的价格审核工作准确、规范、高效。

（3）归口自修与供应部门组织的修理相结合，都是以本矿自主修理为主，通过奖励政策，调动了员工开展修旧利废工作的积极性，提升了员工技能。

（二）智慧化库管工器具租赁区块

1. 智慧化库管工器具租赁基本职能

在工器具租赁之前，各使用单位由于"小而全"的思想，每个品种都要有，在自己周转库中存放同质化的工器具，无形中存放大量暂时无效的物资，为了解决物资大量积压又不影响使用单位的正常需要的问题，工器具租赁就孕育而生。

2. 工器具租赁的范围

常见的租赁工器具有电动、气动工具等。

3. 工器具租赁的方式和目的

在约定的期间内，供应部门将工器具使用权让与使用单位，按使用单位所租的天数，以虚拟租金的形式计入成本费用。工器具租赁的目的是加速工器具周转，使闲置的工器具充分利用起来。

4. 工器具租赁的主要特征

工器具租赁是以修旧利废和补新为前提，供应部门作为出租人，它是一种减少工器具投入数量的新手段；对使用单位承租人，它是一种筹措工器具的新方式。租期内，工器具的所有权归出租人，使用权归承租人，供应部门根据生产情况，对承租人规定租赁期限，租期内收取虚拟租金，超期罚款。租期内如工器具出现正常损坏，小问题自修，大问题交旧换新，由供应部门统一修复。修好后再次投入循环使用。

（三）智慧化库管通用共享区块

智慧化库管通用共享基本职能是"共享资源，物尽其用"。

设立通用共享物资目的是让"沉睡"的物资流动起来，各单位周转库麻雀虽小五脏俱全，存在大量闲置的物资，这种情况下部分物资利用率不高，有暂时闲置等问题，在智慧化库设立通用共享共用模式，将各部门闲置、超标、低效运转、可重复使用的资产进行统一管理、调剂共享。这样就可以让共享的物"活"起来，互通有无。

物资通用共享的作用盘活存量。首先智慧化库管信息平台，掌握各单位周转库物资情况，以数字化、信息化、智慧化为牵引，增设通用共享模块，搭建"线上+线下"相结合的物资共享共用信息平台，实现业务流程"网上运行"，周转库仓储状态"实时公布"。使单位之间能够调剂或借用的资产，通过智能仓库管理系统这个平台，可以使闲置资产在各单位间实现高效共享共用。各单位根据实际需要优先从共享的物资调剂或借用，充分体现出物资管理部门带头过"紧日子"和降低材料成本的决心。

二、在智慧化库管中修租共享模块对降低成本的作用

（一）降低了人和物的成本

1. 减人提效

占地 1200 平方米的智能库现在仅 1 名职工管理，这是传统仓储所不可想象的，减少了人员，降低了人力成本。

2. 物尽其用

按照厉行节约、效益优先的原则，大力推行"修旧利废，降本增效"，"能用旧不领新，能修不弃"，物资回收复用、修旧利废、节能增效上做文章，通过利废，有效的利用闲置物资，强化了职工的成本意识、节约意识，逐步树立起"修旧就是增收""节支就是创效"的理念，减少了新材料的投入，从而降低了物的成本。

3. 循环利用和使用

物资的修复、租赁、共享，既是物资自身的循环复用，也是物资在各单位之间的循环使用，真正盘活了物资，大大减少了物资闲置现象。

（二）相同的物不同的管理方式

1. 修租、共享物资依赖于智慧化库管的生存环境

智慧化库管中的三大功能区块，使存放的修旧利废物资再次纳入物资管理多次循环，成为降低材料成本的一个利器，在煤矿成本管理中具有举足轻重的重要作用。修租、共享物资依赖于智慧化库管的生存环境，智慧化库管和物资内部市场化平台是修租和共享物资的孵化器，与物资管理 ERP 系统一起组成物资信息化管理的三驾马车。

2. 与传统的煤矿仓储管理的不同

传统的仓储管理是以收、发、存为基础，在供应链中被动地为本企业服务，而结合新科技、新技术的现代物流以整合流程、协调上下游为己任，静态库存越少越好，其模式也建立在物流总成本的考核之上。这两类仓储管理模式上有着本质区别，但是在具体操作上如入库出库等又很难区别，所以在分析研究时必须理清它们的异同之处，这些异同也会体现在信息系统的结构上。随着煤矿智慧化水平越来越高，用人越来越少，对供应管理的要求会越来越高，因而必须积极推进智慧化建设，建立及执行供应链管理系统，借助电脑化、信息化将供应部门和使用单位两者紧密联合。从长远来看，智慧化仓储管理比传统的仓储管理投入的人力和物力都大为减少。

3. 统一规范各生产单位的修旧利废实物台账

供应部门通过统一的修旧利废实物台账，定期对台账进行监督检查，闭环验证修旧利废效果。经济效益是企业的生命，企业要持续发展，必须以经济效益为中心，而企业竞争力的核心是成本，只有降低成本，挖潜节支，才能实现企业经济效益的预期目标。

总之，智慧化在各个领域的应用非常广泛，在煤矿仓储管理领域也不例外。智慧化仓储管理的探索和实践使企业煤矿仓储管理更加高效灵活，以规范化、数字化的方式，实现能修尽修，闲的能调，集中共享，为修旧利废、工器具租赁和通用共享等工作开展创造了有利条件，对降低物资成本，增加企业竞争能力具有重要的意义。

参 考 文 献

［1］王青燕. 国外冷链物流的发展经验及对我国的启示［J］. 时代经贸，2016（21）.

［2］谢俊，齐亚菲."微时代"下移动电子商务存在问题及其治理［J］. 商业经济研究，2015（21）.

浅谈精细化绩效目标考核体系在矿山生产经营工作中的应用

任伟晶，李 磊

（中煤平朔集团有限公司）

摘要： 本文以安家岭露天矿为背景，将精细化绩效目标考核管理融入日常生产经营管理工作中，并逐渐转化形成适应自身实际的管理模式。针对该矿现行的绩效目标考核管理模式、内容、指标以及实施方法、考核应用情况进行说明。重点介绍了实施精细化绩效目标管理在该矿生产经营管理工作中取得的成效。

关键词： 精细化；绩效目标考核；生产经营管理

一、背景

2023年初，安家岭露天矿已基本结束过背斜阶段，由于矿坑首采区F12断层以北区域已基本采掘到界，且受西家寨和白西沟村争议地解决滞后影响，首采区出现无法正常向南推进靠界，下部平盘处于并帮状态。目前，坑下大型采剥设备作业空间十分紧张，工作线较短、作业空间狭小，从而导致设备布置困难，电铲频繁避炮、走铲，设备效率难以正常发挥，成本管控存在困难，生产经营一度陷入被动局面。

在夯实安全生产基础的大前提下，该矿深入贯彻"提质增效"工作的相关要求，坚持紧紧围绕全年生产预算目标基础，以高质量发展为工作主线，研究并制定契合生产实际的绩效目标考核体系，以进一步明确重点工程任务，加大成本管控力度，逐步提升精细化管理工作水平。通过形成生产经营管理精细化绩效目标考核的管理模式，让绩效考核不单单成为评判部门及职工工作好坏、任务完成情况的工具，更深层次的是成为有效判查并解决当前生产管理工作中存在的各类问题的一种手段，为该矿健康、稳定、高效、科学的发展不断释放力量源泉，更为下一步智能化转型奠定良好的数据基础。

二、绩效目标考核管理体系

谈及煤矿，大多给人的印象就是"粗犷式"的管理。近几年，安家岭矿始终不断细化责任、目标、任务，深化运用"三三一"绩效考核创新管理工作模式，即"三个突出"，突出重点工作、突出考核实效、突出思想转变；"三个强化"，强化数据分析、强化技术降本、强化现场管理；"一个推进"，统筹推进矿山高质量发展。通过以"考"促管，精准查找出生产经营中的问题，再让数据"说明"产生问题根结，最后通过下月的"考核"来检验问题是否得到有效解决。

坚持市场化管理的大方向，不断完善部门契约化管理与绩效目标管理考核有机融合。

该矿每年会与各部门签订《部门绩效目标考核责任书》和《各部门管理人员绩效目标考核责任书》，将全年生产任务、大宗成本支出、重点工作转化为指标分解落实到各部门，再依据工作实际，分别设置关键业绩指标切块对应权重奖金和控制指标月度考核奖罚，每月的考核结果与各部门及管理人员月度绩效工资进行挂钩。通过该矿近几年对大量生产情况、设备运行、耗材使用、成本费用等数据收集分析以及结合各类创新方法的运用，对各部门日常95%的工作任务进行数据转化，开展考核工作。同时，不断树立全员生产经营目标成本责任制理念，针对分配到各部门的工作、任务指标，实施第三次细化分解，并结合党建工作中的"包机评优"活动，进一步强化人、机、物在生产环节的主动管控，切实做到"人人头上有任务，人人肩上有指标"，让全矿职工参与到成本管控工作中去，营造"企业兴衰与我有责"的浓烈氛围。

三、部门考核内容与考核指标的设置

根据各部门职责，分生产部门与职能部室两类进行部门总体绩效考核。生产部门是生产直接单位，包含生产一队、生产二队、穿爆队、整备队和外包管理室；职能部门主要指服务于生产的部门，包含调度室、安全监察部、生产技术部、地质测量部、设备管理部、经营管理部、行政人事部和党群工作部等。下面根据部门性质举例说明。

（一）生产部门的考核内容设置与考核工作的开展

依据年初下达的全年生产工作计划、生产责任目标、重点工作任务，结合生产部门的工作性质、设备情况将重点任务进行分解。以该矿生产一队为例，按照安家岭露天矿绩效目标考核办法，将每月部门工作情况分为两个部分考核，分别为关键业绩指标和控制指标。关键业绩指标中安全管理类占比30%，生产经营类占比70%。

1. 关键业绩指标

安全生产作为煤矿生产工作的重中之重，要求各项生产环节都应按照国家一级标准开展作业，有效控制一级及以上事故，杜绝重伤及以上责任事故的发生。安全是稳步开展生产工作的根基，因此员工绩效应考虑把安全生产放在第一位。该项目由安全监察部负责。

生产经营类考核项目，对应该队产量、成本管控、原煤生产质量、环保工作、装车质量等方面，基本涵盖部门各项生产经营工作内容。各项考核内容通过权重占比进行分配，分配方法依据该矿全年生产目标，重点工作任务的侧重进行划分。考核指标则依据全矿工作计划进行二次分配。

例如：2023年初，安家岭矿自营剥离生产计划为8000万 m^3，商品煤量为1728万 t，柴油单耗0.6 kg/m^3，轮胎单耗3.5条/百万 m^3。

由于生产一队同时担负原煤生产与自营土石剥离任务，因此按照年设备能力、计划运距，经验单耗计算，可以客观地得出各项考核指标，见表1。

表1 生产一队产量考核计划计算表

部门	卡车型号	设备能力计划/万 m^3（台·年）$^{-1}$	台数	工程量/万 m^3	年度生产计划/万 m^3
生产一队	200吨级	91	43	3913	4410
	300吨级	125	4	500	

如表 1 所示，生产一队年生产计划 4410 万 m^3，其中剥离计划为 3000 万 m^3，原煤计划 1410 万 m^3，分月计划则参考公司剥离序时计划按照设备能力进行分配。

单位部门采剥成本，主要以生产部门在生产过程中发生的可控成本（包括当月柴油单耗、矿用卡车轮胎、电铲耗材配件使用情况、电力单耗以及其他配件费用）进行考核。以燃油单耗考核为例，2022 年该矿全年采煤共计 1854 万 t，剥离量 12262 万 m^3，单位生产成本为 21.02 亿元，其中仅生产材料费用就占到 47.52%。而该矿最大的自营生产材料支出就是燃油费用，占到全年自营总成本 40%。庞大的费用支出是全矿成本管控重中之重，关乎全矿生产经营工作的开展，更关乎职工们的"钱袋子"。因此，该矿制定了部门燃油立方米单耗和卡车公里油耗两种指标，同时进行考核，精准管理。

柴油单耗指标的制定。生产一队的立方米油耗指标，先取值上一年度该部门卡车平均公里油耗指标，结合 2023 年该部门生产计划运距，计算得出卡车立方米油耗。经统计，该部门全年卡车油耗占总油耗的 83.72%，参照全年预算燃油单耗调整比例进行计算，从而得出部门的立方米油耗；卡车公里油耗则通过上述得出立方米油耗，除以全年计划运距计算得出。

为此，该矿专门成立了燃油专项统计分析小组。一是通过汇总卡调系统导出近几年每台卡车的拉运趟数、重载里程、提升高度、加油量等数据，形成数据库；二是通过对不同条件下的多种工况、不同拉运物料以及各台设备的效率等数据进行比对分析，明确设备燃油消耗指标。针对 4 种型号共计 87 台卡车一一进行柴油立方米单耗、立方米公里单耗、吨公里单耗、作业量、坡度等指标的月度及环比分析。一方面，通过指标考核，来检验各项技术改造，道路优化的实施情况。依托油耗数据分析模型，按照生产计划，推算运距坡度，结合装车质量、设备效率、辅助设备用油占比、燃油密度、工程质量等燃油影响因素占比及相应关系，明确了各种类型设备油耗理论正常区间，针对各设备实际油耗控制情况进行考核；另一方面通过数据分析查找每台设备燃油异常的原因，并在每月召开的生产经营分析会上进行通报，同时根据各部门实际生产情况制定相应的燃油管控措施。

2. 控制指标

遵循全面健康发展的原则，根据部门主要生产作业工作以外的其他工作设置控制指标考核内容，包括卡调数据精准、薄煤层回收、科技创新、职工维稳、班组建设和职工培训工作。通过全方位、全过程的考核，来检验评价一个部门每月各项工作、任务完成情况。

以科技创新工作为例，自 2022 年起，安家岭矿便通过绩效目标考核管理平台开展科技创新工作。以"揭榜挂帅"的新模式，鼓励技术管理人员发挥主观能动性，对制约生产发展的问题进行科研攻关。创新项目完成后，由专业技术人员成立评估小组对项目进行考核验收，对取得实际经济效益或大幅降低生产成本的项目进行专项奖励，逐步实现"创新必须创效，以创效促进创新"的良性循环。通过科技创新考核，极大地调动广大职工投身创新实践的积极性，为该矿释放创新潜力。

（二）职能部门的考核内容设置与考核工作的开展

职能部门作为煤矿的生产辅助部门，肩负着技术指导、监督管理、服务生产一线的重要工作。因此，考核工作也是同等重要。与生产部门一样，按照工作性质、服务内容、重点任务进行划分。

针对职能部室的工作，该矿同样通过数据转化进行考核。如采矿计划的制定情况对于生产技术部来说是日常重点工作之一，每月生产计划用于指导一线生产，对全矿生产规划甚至全年生产任务起着决定性的作用。

初期，在制定考核实施细则时，考虑到职能部室部分工作无法具体量化考核的因素，只能通过人为的测评打分来衡量评价。又由于人工打分过程十分烦琐，且耗时、耗力不符合无纸化办公要求，存在因为数据统计失误而造成最终考核分数失真，此项工作一度搁置。

通过不断探索，结合目前流行的微信小程序，该矿通过问卷调查，编写了对应生产工作的微信打分程序，对爆破质量考核工作、采矿计划质量测评、职能部室工作质量考核工作的流程和方式进行创新优化，由原来4~5人才能完成的考核工作，减少到1人，时间上由原来半个月缩短到2天，互联网大数据汇算功能解决了因考核数据失真无法执行到位的问题。

四、以"考"促管，让数据说话，查找并解决生产经营难题

考核的目的不仅仅是评判各部门工作情况的好坏，更重要的是通过考核来发现当月生产经营中存在的问题与不足。由此，该矿设置考核项目多达30多项，全面覆盖安全、生产、经营、环保、创新及其他重点工作方面的诸多内容，各项工作都能通过数据进行表现，使各部门当月工作开展情况清楚明了。同时，结合生产经营分析工作找到当月工作的不足，加以整改，并由下个月的考核数据体现出整改效果，形成管理闭环。

五、关于"包机评优"活动的筹备以及"标准成本体系"的推进

近年来，为贯彻"提质增效"工作要求，安家岭露天矿不断尝试搭建三级市场化的末端考核平台，这与平朔集团公司关于构建标准成本体系不谋而合。所谓标准成本，就是矿井处于正常的生产技术水平和有效的经营管理条件下，通过努力应达到的产品成本水平。标准成本法，是指企业结合生产环节及产生的成本费用以预先制定的标准成本为基础，通过比较标准成本与实际成本，计算和分析成本差异、揭示成本差异动因，进而实施成本控制和评价业绩的一种管理方法。

2023年初，该矿党委为了进一步提升"党建+生产"的工作水平，提出开展"包机评优"活动，该活动不仅仅是比较哪台设备作业量高，而是根据设备运行时产生的成本、创造的生产价值以及安全角度等多维度的衡量，通过数据考核的形式评选出优秀包机机组，可以说是开展三级市场化末端考核工作的前期简化版，以此来发现并解决未来即将实施的三级市场化末端考核工作所存在的问题。

由于该项目的可行性仍在测试阶段，目前亟待解决的有三项内容，一是进一步验证各项评选内容的权重是否能够真实体现各设备在生产作业环节中所产生的价值；二是由于该矿设备服役年限较长，设备故障、老化情况较多，关于包机组人员的制定还有待进一步的研究商榷；三是关于辅助设备作业量问题还处于人工打分阶段，无法数据量化，人为因素占比较大。下一步，将继续探索，寻找科学合理的方法，努力解决上述问题。

六、结语

随着我国国力的不断增强，各领域均不断取得了新的进步。现阶段，从国家、行业、

中煤集团和平朔公司的煤炭形势来看，总体运行态势呈现"平稳运行、高质量发展"的良好局面，未来的煤炭能源企业必将面临全面智能化转型阶段，只有企业积极作为，不断革新，才能在新的一轮行业竞争中走到国内前列。此时的矿山企业生产经营管理工作应与安全生产工作放在同等重要位置。企业若想抓住机会，就要有"壮士断腕"的改革魄力和"刮骨疗伤"的改革举措。因此，积极探索和研究矿山企业精细化管理方法及模式的应用，对企业的发展具有十分深远的意义。

参 考 文 献

［1］陈来源，霍文胜，翟正江．强化经营管理降低生产成本［J］．露天采矿技术，2001（3）．

［2］徐振尧，李乾斌，陈伟．布沼坝露天矿狠抓精细化管理，促进露天矿健康发展［J］．露天采矿技术，2012．

露天矿复垦区光伏发电项目的设计及综合效益评估

马安东

(中煤平朔集团有限公司)

摘要：长期以来，以煤炭为主的能源结构支撑了我国经济社会的快速发展，产煤地区经过长期的资源开采，煤炭资源逐渐枯竭，环境污染与生态破坏较为严重，长期以来主要关注煤-电-化传统能源体系建设，产业结构单一，煤炭产业增量空间有限、存量结构仍待优化、"一煤独大"的问题长期存在，加快转型发展迫在眉睫。因此，开展和利用可再生的新型能源对现今的环境和经济有重大的战略意义，其中光伏发电作为一种新型发电方式，对探索采煤沉陷区生态修复、资源型城市能源发展方式转变具有积极推动作用，对改善矿区的能源结构，促进矿区产业转型发展，增加绿电供应保护环境、减少污染，推动地区经济建设，有着非常重要的意义。为了详细量化这一新兴产能方式的低碳经济效益，文章论述了露天矿采煤复垦区建设光伏发电项目的必要性，重点介绍了该项目的设计，并对其产生的经济效益和环保效益进行了评估。

关键词：采煤沉陷区；光伏发电；产业转型

一、项目背景

在"碳达峰碳中和"的目标下，国家"十四五"规划纲要中提出，要构建现代能源体系，推进能源革命，建设清洁低碳、安全高效的能源体系，提高能源供给保障能力。山西省也出台政策，明确以建设国家清洁能源示范省为牵引，持续推进"互联网+"智慧能源建设。2021年5月，山西省"十四五"新业态规划中提出要大力发展风电、光伏等可再生能源，加快构建山西省绿色多元能源供给体系。

按照中煤集团打造"清洁能源供应商"和"能源综合服务商"的"两商"战略部署及"十四五"规划要求，平朔公司贯彻新发展理念，构建新发展格局，聚焦能源供给侧结构性改革，加快新能源发展、推动智能矿山建设，提升核心产业链竞争力，推动平朔矿区高质量转型发展具有重要的现实意义和深远的战略意义。

二、项目简介

平朔矿区100 MW光伏+储能项目由山西中煤平朔集团公司投资建设，本项目场址海拔约为1700 m。本项目所在区域以构建现代农业、现代草牧业、生态修复和前沿技术产业园为目标，利用平朔矿区回填复垦（生态修复和环境治理）土地开展光伏农业基地建设，努力打造煤-电-化-新能源-综合服务循环经济示范基地和动力煤保供核心区。项目场址区太阳能资源丰富，具备良好的开发价值。同时，项目场址拟建区域附近无全新世活动断裂及发震构造，也无滑坡、崩塌、泥石流等危及场址安全的潜在地质灾害产生的条件，处于相对稳定地段。项目建设周边无遮挡，对外交通便利，并网条件好，适宜建设光伏电站。

平朔矿区 100 MW 光伏+储能项目总共安装 540 W_p 单晶硅电池组件 221312 块，直流侧装机规模 119.50848 MWp，交流侧实际为 100.8 MW，由 32 个发电单元组成。每个发电单元 26 个 540 W_p 组件串联为 1 条支路，19 个支路接入 1 台 225 kW 逆变器，14 台逆变器接入一台 3.15 MVA 箱变。每个发电单元直流侧为 3.48192 MWp，交流侧为 3.15 MW，共 32 个发电单元。

本项目在原有煤矸石电厂配电楼及北侧空地的基础上改造一座 220 kV 升压变电站，升压站设 1 台主变压器，容量为 100 MVA，电压为 220 kV/35 kV 的有载调压变压器。

三、项目设计

（一）主要设备选型

1. 光伏组件选型

选用 540 W_p 双面组件，其主要技术参数见表 1。

表 1　540 W_p 双面光伏组件参数

序号	单位	
类型	/	单晶硅双面组件
峰值功率	W_p	540
组件效率	%	21.1
开路电压	V	49.5
短路电流	A	13.85
工作电压	V	41.65
工作电流	A	12.97
峰值功率温度系数	%/℃	-0.350
开路电压温度系数	%/℃	-0.284
短路电流温度系数	%/℃	+0.048
峰值功率	W_p	540
尺寸（L/W/H）	mm	2256/1133/35
防护等级		IP68
重量	kg	32.3

2. 逆变器选型

本项目采用 540 W_p 单晶硅双面组件，为了减少发电损失，推荐采用 MPPT 跟踪效果较好的组串式逆变器。逆变器主要技术参数见表 2。

表2 逆变器主要技术参数表

编号	名称	单位	数量	备注
逆变器（SG225hX）组串式逆变器				
输入				
1	最大输入电压	V	1500	
2	启动电压	V	500/550	
3	额定输入电压	V	1080	
4	MPPT 电压范围	V	500~1500	
5	满载 MPPT 电压范围	V	860~1300	
6	MPPT 数量	路	12	
7	每路 MPPT 最大输入组串数	串	2	
8	最大输入电流	A	12*30	
9	输入端子最大允许电流	A	12*50	
输出（交流）				
10	额定输出功率	kW	225	
11	最大输出视在功率	kVA	247.5	
12	最大输出电流	A	178.7	
13	额定电网电压		3/PE，800 V	
14	电网电压范围	V	640~920	
15	额定电网频率	Hz	50/60	
16	电网频率范围	Hz	45~55/55~65	
17	直流分量		<0.5%额定输出电流	
18	总电流波形畸变率		<3%（额定功率时）	
19	功率因数可调范围	%	0.8 超前~0.8 滞后	
20	输出端相数		3	
通用参数				
21	最高转换效率	%	99.01	
22	中国效率	%	98.52	
23	尺寸	mm	1137×870×356（宽×高×深）	
24	重量	kg	≤110	
25	防护等级		IP66	
26	最大工作海拔	m	5000（>4000 m 降额）	
27	工作温度范围	℃	−30~60	
28	冷却方式		智能强制风冷	
29	通信		RS485/PLC（选配）	

（二）电气设计

本项目共计安装 540 Wp 双面双玻单晶硅电池组件 221312 块，225 kW 组串式逆变器

448 台，划分为 32 个 3.15 MW 光伏发电单元。

每个 3.15 MW 光伏发电单元配置一台 3150 kVA 箱式变压器，每台箱式变压器分接 14 台 225 kW 组串式逆变器；每台逆变器分接 19 个光伏组串，每个光伏组串由 26 块光伏组件组成。

本光伏电站共计有 32 个发电单元，不同方阵根据所处位置、地形不同而略有差异，发电单元升压至 35 kV 后，通过 4 回 35 kV 集电线路送至改造 220 kV 升压站 35 kV 母线。

四、发电量

（一）理论发电量

本项目总装机容量为 119.50848 MWp，拟安装 221312 块单片功率 540 Wp 的单晶硅双面组件，整个光伏电站划分为 32 个子方阵，本次通过 PVsyst 软件计算工程的理论发电量，得到 35°固定倾角斜面上有效太阳总辐射量为 7015.32 MJ/m^2，本工程的理论发电量为 232886.175 MW·h，综合利用小时数 1948.7 h。

（二）光伏发电工程效率

影响系统发电效率的主要有以下方面：

（1）组件的遮挡。本次可研按照太阳时冬至日早九点至下午三点之间，前后组件无遮挡的标准进行设计。但在每天的凌晨和傍晚，太阳高度角很小的时候，前后排组件不可避免会出现互相遮挡的情况，导致一年中到达组件表面总辐射量有所下降。根据 PVsyst 软件计算这一部分折减为 2.0%。

（2）IAM 反射。光伏组件表面和入射光线的夹角时刻都在变化，因此总有一部分光线在组件表面被反射，无法到达电池片表面。尽管目前组件表面玻璃的透光率已经较高，这一部分折减取 2.0%。

（3）表面污染。本项目所在地灰尘较多，因此组件上受扬尘影响较大，这一部分折减系数取 3.9%。

（4）辐射水平。光伏组件的转换效率并不恒定，会随着辐射强度的减小而降低。根据厂家提供的参数，这一部分折减取 2.76%。

（5）温度因子影响。光伏电池的效率会随着其工作时的温度变化而变化。当它们的温度升高时，组件效率呈现出降低趋势。本工程场址地区平均温度 9.7 ℃，极端最高气温 39 ℃，全年温度折减系数取 4.0%。

（6）功率曲线差异。根据工程经验，厂家所提供的组件的实际功率曲线参数需要严格满足，此项折减系数取 0。

（7）组件特性匹配。光伏组件阵列接入同一台逆变器，组件之间的电气特性差异引起的效率损耗取 1.5%。

（8）电力损耗。电力从电池板中送出后，在交、直流线路中引起的损耗，取 1.55%；逆变器损耗取 1.0%；升压变压器损耗按 1.2% 计算。

（9）其他故障。包括设备故障和电网故障等，取 0.5%。

综合以上因素，电站建成后得到首年上网电量 19448.44 万 kW·h，等效满负荷小时数 1627.37 h，详见表 3。

年际衰减效率：本工程中选择电池板的参数，首年功率保证值为 98%，之后每年衰减

表3 光伏阵列首年发电量

项目	折减项目	折减值/%	效率/%
1	组件遮挡	2.00	98.00
2	IAM反射	2.00	98.00
3	尘土遮挡	3.90	96.10
4	辐射水平	2.76	97.24
5	温度	4.00	96.00
6	功率曲线	0.00	100.00
7	组件特性匹配	1.50	98.50
8	直流损耗	1.50	98.50
9	逆变器线损	1.00	99.00
10	交流损耗	0.05	99.95
11	变压器损耗	1.20	98.80
12	其他故障	0.50	99.50
13	背面增益	4.0	104.0
首年效率			84.24
首年电量			19448.44
首年利用小时数/h			1627.37

0.55%，每年末衰减系数见表4。考虑到电池板运行中的实际情况，针对不同的年份取不同的衰减系数，即每年发电系数，每年发电系数为年初与年末衰减系数的平均值，逐年发电系数具体取值见表4。

表4 光伏组件年际衰减变化

年际	1年	2年	3年	4年	5年	6年	7年	8年	9年
年末转换率/%	98.00	97.55	97.10	96.65	96.20	95.75	95.30	94.85	94.40
当年平均效率/%	99.00	97.78	97.33	96.88	96.43	95.98	95.53	95.08	94.63
年际	10年	11年	12年	13年	14年	15年	16年	17年	18年
年末转换率/%	93.95	93.50	93.05	92.60	92.15	91.70	91.25	90.80	90.35
当年平均效率/%	94.18	93.73	93.28	92.83	92.38	91.93	91.48	91.03	90.58
年际	19年	20年	21年	22年	23年	24年	25年	平均	
年末转换率/%	89.90	89.45	89.00	88.55	88.10	87.65	87.20	92.86	
当年平均效率/%	90.13	89.68	89.23	88.78	88.33	87.88	87.43		

（三）光伏电站上网电量

通过PVsyst软件，根据太阳辐射能量、系统组件总功率、系统总效率等数据，综合以上布置方案的上网电量，可预测本项目在25年内的发电量，25年逐月发电量如图1所示。

年际发电量变化见表 5 和图 2。

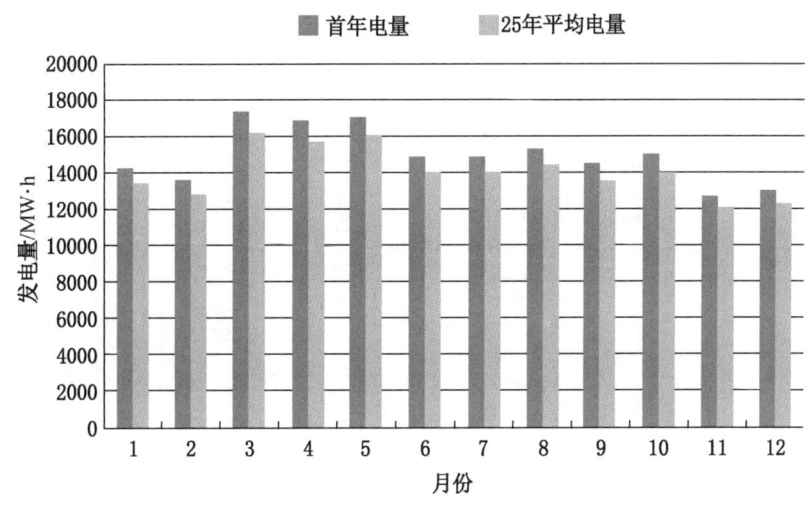

图 1　首年和 25 年平均逐月发电量变化图

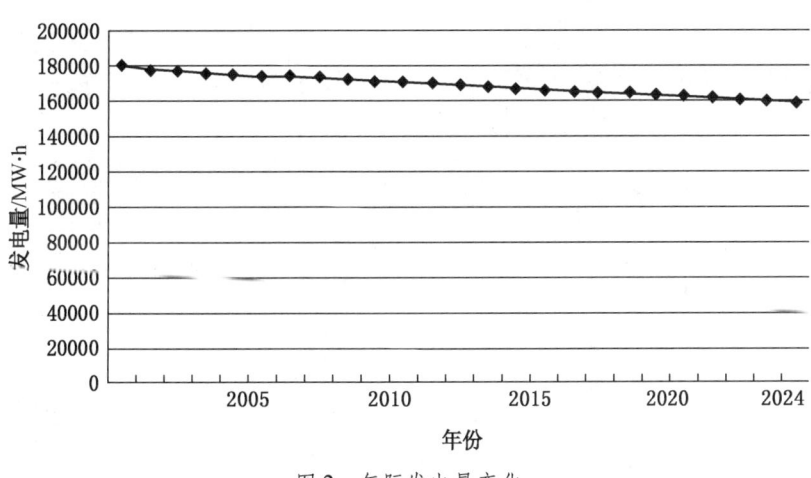

图 2　年际发电量变化

电站建成后，得到首年上网电量 19448.44 万 kW·h，等效满负荷小时数 1627.37 h。25 年平均年上网电量 18138.65 万 kW·h，年等效满负荷小时数 1517.771 h。

根据太阳能资源评估以及电站发电量计算，考虑各种损耗以及厂用电，25 年平均上网电量为 181386.50 MW·h，并以此进行效益计算。

五、经济效益

（一）资金筹措

本项目总投资 54435.31 万元，其中静态投资为 53584.93 万元，建设期利息为 491.85 万元，流动资金为 358.53 万元。建设投资资本金占动态投资的 20%，为 10815.36 万元，其余由国内银行贷款，为 43261.42 万元。

表5 测算光伏电站年际发电量

月份 年际	1	2	3	4	5	6	7	8	9	10	11	12	年发电量/ (万kW·h)	小时数/ h
1	15426.99	14823.41	18772.23	18230.04	18455.1	16153.33	16091.94	16705.75	15682.74	16265.86	13749.25	14127.77	19448.44	1627.37
2	15340.41	14740.22	18666.88	18127.72	18351.52	16062.67	16001.63	16611.99	15594.72	16174.57	13672.09	14048.48	19339.29	1618.24
3	15253.84	14657.03	18561.53	18025.42	18247.96	15972.02	15911.33	16518.24	15506.72	16083.29	13594.93	13969.2	19230.15	1609.10
4	15167.25	14573.84	18456.18	17923.11	18144.38	15881.36	15821.02	16424.49	15418.7	15992	13517.77	13889.91	19121.00	1599.97
5	15080.67	14490.65	18350.82	17820.8	18040.81	15790.71	15730.7	16330.73	15330.69	15900.71	13440.6	13810.62	19011.85	1590.84
6	14994.09	14407.45	18245.47	17718.48	17937.23	15700.05	15640.39	16236.97	15242.67	15809.42	13363.44	13731.33	18902.64	1581.71
7	14907.51	14324.26	18140.11	17616.17	17833.66	15609.39	15550.08	16143.22	15154.65	15718.13	13286.27	13652.04	18793.63	1572.62
8	14821.44	14241.56	18035.37	17514.46	17730.69	15519.27	15460.3	16050.01	15067.16	15627.38	13209.56	13573.22	18684.43	1563.51
9	14735.37	14158.85	17930.64	17412.75	17627.72	15429.14	15370.51	15956.8	14979.66	15536.63	13132.85	13494.39	18575.24	1554.43
10	14649.3	14076.15	17825.9	17311.04	17524.76	15339.02	15280.73	15863.6	14892.16	15445.88	13056.14	13415.57	18466.04	1545.31
11	14563.23	13993.44	17721.17	17209.33	17421.79	15248.9	15190.95	15770.39	14804.66	15355.13	12979.43	13336.75	18357.03	1536.32
12	14477.15	13910.74	17616.43	17107.62	17318.82	15158.77	15101.17	15677.18	14717.16	15264.37	12902.72	13257.92	18247.83	1527.23
13	14391.08	13828.04	17511.7	17005.91	17215.86	15068.65	15011.39	15583.98	14629.66	15173.62	12826	13179.1	18138.14	1518.14
14	14305.01	13745.33	17406.96	16904.2	17112.89	14978.52	14921.61	15490.77	14542.16	15082.87	12749.29	13100.28	18029.44	1509.01
15	14218.94	13662.63	17302.22	16802.49	17009.92	14888.4	14831.82	15397.56	14454.66	14992.12	12672.58	13021.46	17920.25	1499.91
16	14132.87	13579.92	17197.49	16700.78	16906.96	14798.27	14742.04	15304.36	14367.17	14901.37	12595.87	12942.63	17811.24	1490.92
17	14046.8	13497.22	17092.75	16599.06	16803.99	14708.15	14652.26	15211.15	14279.67	14810.61	12519.16	12863.81	17702.04	1481.81
18	13960.72	13414.52	16988.02	16497.35	16701.03	14618.03	14562.48	15117.95	14192.17	14719.86	12442.45	12784.99	17592.85	1472.73
19	13874.65	13331.81	16883.28	16395.64	16598.06	14527.9	14472.7	15024.74	14104.67	14629.11	12365.74	12706.16	17483.65	1463.60
20	13788.58	13249.11	16778.54	16293.93	16495.09	14437.78	14382.92	14931.53	14017.17	14538.36	12289.03	12627.34	17374.64	1454.51
21	13702.51	13166.4	16673.81	16192.22	16392.13	14347.65	14293.13	14838.33	13929.67	14447.61	12212.32	12548.52	17265.45	1445.52
22	13616.44	13083.7	16569.07	16090.51	16289.16	14257.53	14203.35	14745.12	13842.17	14356.85	12135.6	12469.69	17156.25	1436.41
23	13530.37	13000.99	16464.34	15988.8	16186.19	14167.4	14113.57	14651.91	13754.67	14266.1	12058.89	12390.87	17047.06	1427.33
24	13444.29	12918.29	16359.6	15887.09	16083.23	14077.28	14023.79	14558.71	13667.18	14175.35	11982.18	12312.05	16938.04	1418.21
25	13358.22	12835.59	16254.87	15785.38	15980.26	13987.16	13934.01	14465.5	13579.68	14084.6	11905.47	12233.23	16828.85	1409.11
平均	14391.51	13828.45	17512.21	17006.41	17216.37	15069.09	15011.83	15584.44	14630.1	15174.07	12826.39	13179.49	18138.65	1517.77

（二）贷款条件

本项目国内融资贷款利率取 4.6%，贷款偿还期为 15 年。贷款宽限期为工程建设期，建设期利息计入本金，宽限期后每年等额还本付息。

（三）费用计算

项目的费用主要包括总投资、发电成本和各项应纳税金。

1. 总投资

总投资包括固定资产投资和流动资金投资。

1）固定资产投资

本次价格基准年采用编制年，固定资产投资采用本次编制的概算中的静态投资。静态投资包括建筑工程、机电设备购置费和安装费、金属结构设备购置费和安装费、临时工程、其他费用及基本预备费，该工程固定资产直接投资为 53584.93 万元。

2）流动资金投资

光伏电站流动资金按 30 元/kW 估算，总计 358.53 万元，其中从银行贷款的年利率为 3.7%。流动资金随机组投产投入使用，利息计入发电成本，本金在计算期末一次性收回。

2. 发电总成本费用

发电总成本费用包括经营成本、折旧费、摊销费和利息支出，其中经营成本包括修理费、职工工资及福利费、劳保统筹、住房公积金、材料费和其他费用。

1）折旧费

工程折旧费按电站的固定资产价值乘以综合折旧率计取。电站固定资产投资为 53584.93 万元，计入建设期利息后为工程的固定资产价值为 54076.78 万元，扣去可抵扣税金 5213.26 万元后，固定资产原值为 48863.52 万元，残值率取 5%，折旧年限取 20 年。

2）修理费

质保期 10 年内按 11.8082 元/kW 计列，质保期外按 30.7037 元/kW 计列。

3）职工工资及福利费、劳保统筹和住房基金

本项目定员 11 人，人均年工资 10 万元。职工的福利费、劳保统筹和住房基金占工资的 60%。

4）保险费

保险费是指固定资产保险和其他保险，保险费按固定资产原值的 0.1% 计算。

5）材料费和其他费用

材料费为质保期 10 年内 4 元/kW，质保期外为 5.88 元/kW；其他费用为 24 元/kW，土地租金为 107.58 万元/年。

6）摊销费

摊销费包括无形资产和递延资产的分期摊销。本次计算固定资产投资部分形成固定资产，剩余形成递延资产。

7）利息支出

利息支出为固定资产和流动资金在生产期应从成本中支付的借款利息，固定资产投资借款利息依各年还贷情况而不同。

8）经营成本

发电总成本费用扣除折旧费及利息支出即为经营成本，经计算电厂正常生产年份每年

的经营成本为957.16万元。

3. 税金

1）增值税

国家一般税收政策：电力工程缴纳的税金包括增值税、销售税金附加、所得税。其中增值税税率为13%，2009年1月1日起国家实施增值税转型，固定资产设备进项税额根据财政部《国家税务总局关于全国实施增值税转型改革若干问题的通知》财税〔2008〕170号暂行条例及实施细则，可从销项税额中抵扣。

2）销售税金及附加税

销售税金附加包括城市维护建设税和教育费附加，以增值税税额为基础计征，按规定分别取5%和5%。税后利润提取10%的盈余公积金。所得税税率统一按照25%征收。根据《中华人民共和国企业所得税法实施条例》规定，光伏发电项目的投资经营所得，自项目取得第一笔生产经营收入所属纳税年度起，第一年至第三年免征企业所得税，第四年至第六年减半征收企业所得税。即考虑三免三减半的优惠政策，运营期前三年所得税为0，后三年按照12.5%，其余年份按照25%计算。

（四）投资收益及发电量计算

1. 经营期收益测算

按以下条件测算本项目的经营期收益：

（1）确定本项目不含税上网电价为0.2938元/（kW·h），含税上网电价为0.332元/（kW·h）；

（2）满足还贷条件，借款偿还期为15年；

（3）本项目用于抵扣的销项税金额为5213.26万元。

按照上述条件进行测算，光伏电站全部投资内部收益率（税前）为7.66%，光伏电站全部投资内部收益率（税后）为6.61%，自有资金内部收益率为11.02%。

2. 发电效益计算

（1）发电收入＝上网电量×上网电价；

（2）发电利润＝发电收入－发电总成本费用－发电税金。

（五）财务敏感性分析

根据本项目的特点，测算固定资产投资、有效电量、电价和利率等不确定因素单独变化时，对工程财务内部收益率、资本金内部收益率及投资回收期的影响。财务敏感性分析结果见表6。

表6 财务敏感性分析表

方案类型	变化幅度/%	投资回收期（所得后）/年	项目投资财务内部收益率（所得税前）/%	项目投资财务内部收益率（所得税后）/%	资本金财务内部收益率/%
投资变化分析	-10.00	11	8.94	7.77	15.22
	-5.00	11.61	8.27	7.16	12.94
	0.00	12.2	7.66	6.61	11.02
	5.00	12.79	7.1	6.11	9.38
	10.00	13.37	6.58	5.65	7.99

表6（续）

方案类型	变化幅度/%	投资回收期（所得后）/年	项目投资财务内部收益率（所得税前）/%	项目投资财务内部收益率（所得税后）/%	资本金财务内部收益率/%
产量变化分析	−10.00	13.76	6.23	5.34	7.12
	−5.00	12.94	6.95	5.98	9
	0.00	12.2	7.66	6.61	11.02
	5.00	11.54	8.35	7.23	13.18
	10.00	10.95	9.02	7.85	15.49
电价变化分析	−10.00	13.76	6.23	5.34	7.12
	−5.00	12.94	6.95	5.98	9
	0.00	12.2	7.66	6.61	11.02
	5.00	11.54	8.35	7.23	13.18
	10.00	10.95	9.02	7.85	15.49
利率变化分析	−10.00	12.2	7.66	6.61	11.9
	−5.00	12.2	7.66	6.61	11.46
	0.00	12.2	7.66	6.61	11.02
	5.00	12.2	7.66	6.61	10.58
	10.00	12.2	7.66	6.61	10.16

由以上分析可知，上网电价和发电量是最敏感的因素，其次为项目固定资产投资。建设单位除了在开发建设过程中努力优化设计、降低建设成本和运营成本外，还应提高管理水平，努力提高发电量，以助于提高收益、降低风险。

（六）盈利能力分析

本项目在满足还贷要求的前提下，控制经营期上网电价为 0.332 元/(kW·h)（含税），测算全部投资内部收益率（税后）为 6.61%，自有资金内部收益率为 11.02%，高于银行贷款利率。总投资收益率为 4.53%，项目资本金净利润率为 12.11%，投资回收期（税后）为 12.2 年。据此分析，本项目具有一定的盈利能力。工程综合经济指标见表7。

表7 工程综合经济指标汇总表

序号	项目	单位	数值
1	装机容量	MW	119.51
2	年上网电量	MW·h	181386.50
3	总投资	万元	54435.31
4	建设期利息	万元	491.85
5	流动资金	万元	358.53
6	销售收入总额（不含增值税）	万元	133230.71
7	总成本费用	万元	88022.15
8	销售税金附加总额	万元	1210.67

表 7（续）

序号	项　目	单位	数值
9	发电利润总额	万元	43997.88
10	经营期平均电价（不含增值税）	元/(kW·h)	0.2938
11	经营期平均电价（含增值税）	元/(kW·h)	0.3320
12	项目投资回收期（所得税前）	年	11.31
13	项目投资回收期（所得税后）	年	12.2
14	项目投资财务内部收益率（所得税前）	%	7.66
15	项目投资财务内部收益率（所得税后）	%	6.61
16	项目投资财务净现值（所得税前）	万元	5081.25
17	项目投资财务净现值（所得税后）	万元	4989.69
18	资本金财务内部收益率	%	11.02
19	资本金财务净现值	万元	5154.6
20	总投资收益率（ROI）	%	4.53
21	投资利税率	%	3.32
22	项目资本金净利润率（ROE）	%	12.11
23	资产负债率（最大值）	%	80
24	盈亏平衡点（生产能力利用率）	%	66.67
25	盈亏平衡点（年产量）	MWh	120936.34

六、生态效益

本电场每年可为电网提供电量 1.814 亿 kW·h，与燃煤电厂相比，以发标煤煤耗 315 g/(kW·h) 计，每年可节约标煤 5.71 万 t，相应每年可减少多种大气污染物的排放，其中减少氮氧化物排放量 20.57 t、二氧化硫 13.66 t，减少烟尘排放 2.98 万 t，减轻大气污染程度，环境效益显著。

七、结语

露天矿复垦区光伏发电项目，符合国家新能源产业政策的发展要求及山西省新能源改革发展建设方向，既满足了生态修复治理需要，又增加了绿色电力供应，达到生态效益、经济效益和社会效益的有机统一。对于推进朔州地区能源供给侧结构性改革，提高各类能源互补协调能力，促进朔州能源转型具有重要的现实意义和深远的战略意义。

参 考 文 献

［1］周玉立，袁宏永．中国煤炭发电与光伏发电技术的经济性评估［J］．技术经济与管理研究，2020．

［2］王成．利用采煤沉陷区建设集中式光伏电站综合效益分析［J］．山东工业技术，2017．

关于建立炼焦煤煤质评价体系指导采购的研究

席忠龙

(中煤集团山西有限公司九鑫公司)

摘要：随着配煤技术的不断发展，大型焦化企业对所采购煤种的单一性要求越来越高，焦化企业需要不断地调整采购策略和质量控制办法。稳定可靠的煤种评价体系不但能有效控制焦化企业所采购煤种的单一性，降低配煤成本，还能对煤种质量进行评价，发挥混煤的最大价值，实现企业利益最大化。同时，可以用来指导采购，为采购提供数据和方向支持。

关键词：煤种评价；性价比；理化指标；结焦性

一、建立评价体系的必要性

建立煤种评价体系，要基于各煤种的特性和性价比，对各煤种的理化指标、冷热态指标、配伍性及经济性等进行综合评判。考虑到各企业实际来煤质量的不可预判，评价可以分两部分进行，一部分为理论质量预判，一部分为实际来煤质量数据分析。

煤种评价体系可以作为焦化企业原料煤采购的主要依据，也应该作为公开采购的重要环节，通过质量体系评价，可以为公开采购提供理论基础。

二、建立评价体系的主要问题及解决方案

目前焦化企业采购煤种分为混煤和单一煤种两种，混煤质量控制的难度明显要大于单一煤种，控制重点为挥发分和 G 值、Y 值，配合热态强度检测；单一煤质量控制相对简单，控制重点为煤源地和煤岩质量控制，配合挥发分和 G 值、Y 值控制。

混煤成分复杂，一般由 2~4 种煤配煤而来，配煤中各煤种来源根据成本情况来源不一、质量不一，在整体配煤结构中的作用也参差不齐，想要通过地区划分对混煤质量进行评价相对较难。考虑到各供应商供应混煤的质量会出现阶段性的配煤结构变化，建议混煤的评价以实际来煤质量数据分析为主，评价滞后于供煤，评价结果作为对供应商评价的主要依据之一。

现阶段大多数焦化企业采购的单一煤并不是实际意义上的单一煤层煤，根据对山西中部某大型独立焦化企业数据调研可以明显发现：单一煤层煤由煤矿生产条件决定，煤矿也无法保证标准差 $S \leqslant 0.1$。由于地质情况不同，煤矿采煤会根据实际情况将多煤层同时采掘，这是造成其质量波动的主要原因之一；各煤种由于成煤条件各异，洗煤过程中洗煤厂会根据煤质变化选择消化不同比例的中煤，这也是造成实际来煤的质量有不同程度波动的原因之一，特别是煤岩分析中主要煤种的比例，会随着中煤比例的变化出现较大的波动。

现阶段由于煤岩化验投入较高，控制效果不理想等，煤岩控制并不是主流质量控制手段，数据积累相对匮乏，所积累的数据中理论数据要多于实践数据。单一煤有明显的地区特征，随时间变化质量变化较小，理论数据预判有一定的可操作性，建议单一煤的评价要同时结合理论数据预判和来煤质量数据分析，理论质量预判作为单一煤采购前的评价依据，来煤质量数据分析作为煤种评价的依据和对供应商的评价依据。

配煤工艺已经是成熟的工艺了，目前采用的都是经验法结合配煤模型预测，而且往往预测结果都有一定的偏差。每个配煤人员对各个煤种的配伍性理解也不尽相同，这也是没有固定的配煤模式或者煤种评价的主要原因。要建立一个完全适用于混煤和单一煤的评价体系，除了要符合市场规律外，需要大量的时间进行数据积累，大多数企业对混煤都有一定的数据积累，但是多数没有进行过系统的数据统计，需要炼焦煤使用单位投入大量的时间进行数据汇总总结；单一煤数据积累起步较晚，目前主要的问题是数据缺乏科学的、系统的规划，也需要一定的时间有目的地进行配煤试验，对单一煤的配伍性进行系统的数据验证。

对焦化企业来说，目前大型焦化企业的炼焦煤采购所有工作基本基于ERP采购系统进行，而且大多数企业无法越过ERP采购系统进行采购。ERP采购流程有明确的要求，公开采购的方式决定了每次报价都有可能产生新的煤源地，新的指标。前瞻性的质量评价对公开询价目前没有可操作性，现在也不具备对所有符合炼焦要求的煤矿进行采样数据积累的条件，只能对每次报价的新煤种进行采样、数据分析，数据来源比较单一，没有持续性，数据的说服性也不强。

在目前主流的采购模式下，对所有的公开询价煤种，炼焦煤评价企业都需要在不同的报价下选出性价比最高的报价，没有统一的评价标准确实有一定的风险，但建立统一的评价标准也确实存在一定的困难。目前只能退而求其次，找出一个相对公平公正的评价模式。

根据炼焦煤采购和使用经验，针对炼焦煤质量情况，要求质量评价的内容主要包括三个方向：一是煤种的理化指标评价；二是煤种的经济性评价；三是煤种的结焦性评价。理化指标评价最为简单，目前炼焦煤采购沿用的一般行业标准已经是供应商广泛接受的，推进起来问题不大。经济性评价主要是基于该煤种的煤岩指标情况，最大的问题在煤岩分析标准、误差和推广程度上，实际上就是是否公平公正的问题。结焦性评价最主要的问题有两个方面，一是每次评价的冷、热态数据来源是否能统一条件，二是要不要考虑配伍性，脱离配伍性只考虑结焦性是否有意义。以上几个问题希望各位同行能够提出指导性的建议，解决不了以上的问题，评价工作是否具有实际意义还需要具体讨论。

综上建议：煤种评价分使用前评价和使用后评价两部分进行。使用前评价结果用于采购前的评选依据；使用后评价主要用于该煤种的综合评价，评价结果作为下次采购评选的参考意见。使用前评价内容包括煤种的报价灰分、挥发分、硫分、G值；使用后评价内容主要包括煤种的来煤灰分、挥发分、硫分、G值、Y值、反应后强度、配伍性、煤岩质量及经济性评价等。

三、使用前评价

煤种使用前评价可以按流程打分确定，评价结果为下次公开采购炼焦煤时的依据。

煤种使用前评价首先排除掉不符合招标要求的报价；排除掉价格相同指标较差的报

价；排除掉指标相同价格较高的报价；然后对剩余的报价按照评分公式进行评分，填写评分表，评分最高的报价确定为最优报价。评分流程如下。

基础分数为100分。根据各指标的重要程度不同，各指标对应不同的系数，系数参考合同中对各指标的扣罚情况暂定为：

(1) A_d 系数可定为 3×10（每降低 A_d 0.1% 降低价格 3 元）；
(2) V_{daf} 系数可定为 5（每降低 V_{daf} 1% 降低价格 5 元）；
(3) $S_{t,d}$ 系数可定为 3×100（每降低 $S_{t,d}$ 0.01% 降低价格 3 元）；
(4) G 值系数可定为 5（每降低 G 值 1 降低价格 5 元）。

评分公式如下：

灰分（A_d）得分 =（投标灰分-招标灰分）×系数
挥发分（V_{daf}）得分 =（投标挥发分-招标挥发分）×系数
硫分（$S_{t,d}$）得分 =（投标硫分-招标硫分）×系数
G 值得分 =（投标 G 值-招标 G 值）×系数
最终得分 = 基础分数 - A_d 得分 - V_{daf} 得分 - $S_{t,d}$ 得分 + G 值得分

出现报价最终得分相同时，可以直接选定价格低的煤种成交或者根据企业自身情况，选择更合适的指标。若最优报价为新煤种，建议单次采购量不超过 3000 t，待完成大炉试验后进行大批量采购。

四、使用后评价

使用后评价是对煤种的综合评价，建议评价内容包括来煤理化指标、反应后强度及经济性评价等。评分流程如下。

基础分数为100分。根据各指标的重要程度不同，各指标对应不同的系数，系数可根据实际生产情况适当调整，系数参考合同中对各指标的扣罚情况暂定为：

(1) A_d 系数可定为 3×10（每降低 A_d 0.1% 降低价格 3 元）；
(2) V_{daf} 系数可定为 5（每降低 V_{daf} 1% 降低价格 5 元）；
(3) $S_{t,d}$ 系数可定为 3×100（每降低 $S_{t,d}$ 0.01% 降低价格 3 元）；
(4) G 值系数可定为 5（每降低 G 值 1 降低价格 5 元）；
(5) Y 值系数可定为 5（每降低 Y 值 1 降低价格 5 元）。

1. 反应后强度评分

反应后强度只对主焦煤、肥煤和瘦煤进行评分，其他煤种不参与评分。

2. 经济性评分

经济性评分根据煤岩中有效成分情况，结合配合煤中对应的成分情况，计算该煤种的经济性评分。

建议单一瘦煤和单一主焦煤的有效成分为焦煤和瘦煤，其他煤种根据实际情况确定。可定配合煤中焦煤含量 15%，肥煤含量 20%，气煤含量 20%，瘦煤含量 20%，其他煤种含量 25%。

3. 评分公式

灰分（A_d）得分 =（投标灰分-招标灰分）×系数
挥发分（V_{daf}）得分 =（投标挥发分-招标挥发分）×系数

硫分（$S_{t,d}$）得分=（投标硫分-招标硫分）×系数
G 值得分=（投标 G 值-招标 G 值）×系数
Y 值得分=（投标 Y 值-招标 Y 值）×系数
经济性评分=当前配煤价×配合煤中对应有效成分占比/投标有效成分占比（经济性得分可根据企业具体情况加以应用）
最终得分=基础分数-A_d 得分-V_{daf} 得分-$S_{t,d}$ 得分+G 值得分+Y 值得分+M_{40} 得分+M_{10} 得分+CRI 得分+CSR 得分+经济性得分。

五、使用后评价体系实践情况

某焦化公司炼焦煤 11 月公开采购，具体采购情况见表 1。

表 1 某焦化公司炼焦煤 11 月公开采购表

供应商	煤种	煤源地	洗选地	质量指标							吨煤价格/元
				A	V	S	G	Y	CSR	$\overline{S}$	
A	低硫主焦煤	登茂通	洪洞永青	11.5	23	0.45	88	15	72	0.1	1515
B	中硫主焦煤	黄家沟	灵石锦润德	10.5	25	1.3	86	17	74	0.1	1223
C	中硫肥煤	鑫源	灵石俊潮	10	34	1.2	90	25	—	0.1	1038
D	1/3 焦煤	鑫源	灵石俊潮	10	36	0.9	90	23	—	0.1	1068
E	低硫贫瘦煤	赵家山	清徐赵家山	10.5	15	0.6	12	—		0.1	912

根据炼焦煤评价体系，结合进厂煤实际来煤质量情况，对进厂煤进行评价，评价详细情况如下。

（一）A 低硫主焦煤

1. 性能评分

A 低硫主焦煤进厂煤质量达到询价时预期质量。对比各项指标，进厂煤硫分超出询价指标误差范围，其余各项平均指标均在询价指标化验误差范围以内，见表 2。根据实际化验结果显示，登茂通矿主焦煤精煤指标为：$A_d \leqslant 11.34\%$，$S_{t,d} \leqslant 0.46\%$，$G \geqslant 88$，$Y \geqslant 17.0$ mm，$CSR \geqslant 72.8\%$。

表 2 A 低硫主焦煤指标差异评价表 单位：%，元/吨

序号	指标/项目	灰分	硫分	黏结	Y 值	CSR	灰分 2.6	硫分 3.5	黏结 5	Y 值 10	CSR 15	性能评分 —
1	合同指标	12	0.45	88	15	72	-17.16	3.5	0	-20	-12	-45.66
2	进厂煤指标	11.34	0.46	88	17	72.8						

2. 重点指标情况

热态强度：本批次抽检化验热态强度 2 次，化验结果分别为 73.0%、72.6%，平均结

果72.8%，合格。

岩相化验结果见表3。通过岩相化验结果看，A主焦煤为简单混煤。从煤种比例看，A低硫主焦煤为整体偏瘦的低硫主焦煤。

表3 A低硫主焦煤岩相化验结果

日期	标准差	R_{ran}	R_{max}	判定结果	煤种比例/%		
					JM	SM	PSM
11月26日	0.132	1.522	1.620	简单混煤	62.24	24.92	12.44
11月30日	0.137	1.472	1.567	简单混煤	71.67	22.18	6.15

Y值：本批次抽检化验Y值2次，化验结果分别为16.5 mm、17.5 mm，平均结果17.0 mm，合格。

3. 理化指标改进方向

本批次进厂煤质量稳定，理化指标没有出现不合格指标。

（二）B中硫主焦煤

1. 性能评分

B中硫主焦煤进厂煤质量达到询价时预期质量。对比各项指标，进厂煤各项平均指标均在询价指标化验误差范围以内，具体指标差异评价见表4。实际化验结果显示，黄家沟煤矿主焦煤精煤指标为：$A_d \leqslant 10.21\%$，$S_{t,d} \leqslant 1.28\%$，$G \geqslant 86$，$Y \geqslant 17.5$ mm，$CSR \geqslant 74.6\%$。

表4 B中硫主焦煤指标差异评价表　　　　　　单位：%，元/吨

序号	指标/项目	灰分	硫分	黏结	Y值	CSR	灰分	硫分	黏结	Y值	CSR	性能评分
							2.3	3	5	10	15	—
1	合同指标	10.5	1.3	86	17	74	-6.67	-6	0	-5	-9	-26.67
2	进厂煤指标	10.21	1.28	86	17.5	74.6						

2. 重点指标情况

热态强度：本批次抽检化验热态强度4次，化验结果分别为74.2%、74.0%、75.7%和74.3%，平均结果74.6%，合格。

B中硫主焦煤岩相化验结果见表5，通过岩相化验结果可知，B中硫主焦煤为简单混煤。从煤种比例看，鑫源中硫主焦煤为煤岩质量一般的主焦煤。

表5 B中硫主焦煤岩相化验结果

日期	标准差	R_{ran}	R_{max}	判定结果	煤种比例/%			
					FM	JM	SM	PSM
11月26日	0.136	1.370	1.458	简单混煤	9.08	83.08	7.84	—

表5（续）

日期	标准差	R_{ran}	R_{max}	判定结果	煤种比例/%			
					FM	JM	SM	PSM
11月27日	0.137	1.356	1.443	简单混煤	10.24	83.88	5.88	—
11月30日	0.144	1.385	1.474	简单混煤	3.87	82.25	12.36	1.52

本批次抽检化验 Y 值4次，化验结果分别为17.5 mm、18.5 mm、17.0 mm 和 17.0 mm，平均结果17.5 mm，合格。

3. 理化指标改进方向

本批次进厂煤质量稳定，理化指标没有出现不合格指标。

（三）C 中硫肥煤

1. 性能评分

C 中硫肥煤进厂煤质量达到询价时预期质量。对比各项指标，进厂煤 Y 值略低于询价指标，其余各项平均指标均在询价指标化验误差范围以内，具体见表6。实际化验结果显示，鑫源矿肥煤精煤指标为：$A_d \leq 9.97\%$，$S_{t,d} \leq 1.18\%$，$G \geq 92$，$Y \geq 26.5$ mm。

表6 C 中硫肥煤指标差异评价表　　　　　　　　单位：%，元/吨

序号	指标/项目	灰分	硫分	黏结	Y值	灰分	硫分	黏结	Y值	性能评分
						2.3	3	5	10	—
1	合同指标	10	1.2	90	25	−0.69	−6	−11	−15	−32.69
2	进厂煤指标	9.97	1.18	92.2	26.5					

2. 重点指标情况

C 中硫肥煤岩相化验结果见表7，通过岩相化验结果可知，C 中硫肥煤为单一煤。从煤种比例看，煤种成分中含少量气煤且肥煤含量一般，俊潮肥煤为煤岩质量一般的肥煤。

表7 C 中硫肥煤岩相化验结果

日期	标准差	R_{ran}	R_{max}	判定结果	煤种比例/%			
					QM	1/3JM	FM	JM
11月27日	0.107	0.945	1.006	单一煤	5.05	25.49	67.45	2.01

本批次抽检化验 Y 值3次，化验结果分别为26.5 m、25.5 mm 和 27.5 mm，平均结果26.5 mm，合格。

3. 理化指标改进方向

本批次进厂煤质量稳定，理化指标没有出现不合格指标。

（四）D1/3焦煤

1. 性能评分

D1/3焦煤进厂煤质量达到询价时预期质量。对比各项指标，进厂煤各项平均指标均

在询价指标化验误差范围以内，具体见表8。实际化验结果显示，鑫源矿1/3焦煤精煤指标为：$A_d \leqslant 9.81\%$，$S_{t,d} \leqslant 0.88\%$，$G \geqslant 90$，$Y \geqslant 23.5$ mm。

表8　D1/3焦煤指标差异评价表　　　　　　　单位：%，元/吨

序号	指标/项目	灰分	硫分	黏结	Y值	灰分 2.3	硫分 3	黏结 5	Y值 10	性能评分 —
1	合同指标	10	0.9	90	23	-4.37	-6	1.5	-5	-13.87
2	进厂煤指标	9.81	0.88	90	23.5					

2. 重点指标情况

D1/3焦煤岩相化验结果见表9，通过岩相化验结果可知，D1/3焦煤为简单混煤。从煤种比例看，煤种成分中含少量长焰煤，D1/3焦煤为煤岩质量较差的1/3焦煤。

表9　D1/3焦煤岩相化验结果

日期	标准差	R_{ran}	R_{max}	判定结果	煤种比例/%				
					CYM	QM	1/3JM	FM	JM
12月10日	0.151	0.922	0.982	简单混煤	2.37	8.59	36.40	44.24	8.40

本批次抽检化验Y值3次，化验结果分别为26.5 mm、25.5 mm和27.5 mm，平均结果26.5 mm，合格。

3. 理化指标改进方向

本批次进厂煤质量稳定，理化指标没有出现不合格指标。

（五）E低硫贫瘦煤

1. 性能评分

E低硫贫瘦煤进厂煤质量达到询价时预期质量。对比各项指标，进厂煤各项平均指标均在询价指标化验误差范围以内，具体见表10。实际化验结果显示，清徐赵家山煤矿精煤指标为：$A_d \leqslant 9.86\%$，$S_{t,d} \leqslant 0.58\%$，$G \geqslant 12$。

表10　E低硫贫瘦煤指标差异评价表　　　　　　单位：%，元/吨

序号	指标/项目	灰分	硫分	黏结	灰分 3	硫分 3	黏结 5	性能评分 —
1	合同指标	10.5	0.6	12	-19.2	-6	0	-25.2
2	进厂煤指标	9.86	0.58	12				

2. 重点指标情况

E低硫贫瘦煤岩相化验结果见表11，通过岩相化验结果可知，E低硫贫瘦煤为单一煤。

表11 E低硫贫瘦煤岩相化验结果

日期	标准差	R_{ran}	R_{max}	判定结果	煤种比例/%		
					SM	PSM	PM
11月29日	0.123	1.869	1.990	单一煤	8.99	51.50	39.51

3. 理化指标改进方向

本批次进厂煤质量稳定,理化指标没有出现不合格指标。

综上,评价结果见表12。

表12 根据炼焦煤评价体系,各供应商煤评价结果表

质量排名	供应商	煤种	对应矿点	性能评分	是否达到质量预期
1	A	低硫主焦煤	登茂通	-45.66	是
2	C	中硫肥煤	鑫源	-32.69	是
3	B	中硫主焦煤	黄家沟	-26.67	是
4	E	低硫贫瘦煤	赵家山	-25.20	是
5	D	1/3焦煤	鑫源	-13.87	是

六、实践结论

实践结果证明,该项评价体系在实践中具有一定的可操作性,虽然在评价结果上有时会出现偏离实际的情况,还需要对评价体系进一步完善,但是具有操作简单、结果清晰的优点,具备继续推广的潜力,可以用以指导采购,避免采购过程中出现人为干扰,可以起到避免采购环节滋生腐败的问题。

基于平衡计分卡视角下煤炭企业绩效管理指标设置优化研究

王超，施璐

（中煤集团山西华昱能源有限公司）

摘要： 近几年来，受到全球新冠疫情和国外经济变化双重影响，国内煤炭供需发生了较大变化，煤炭价格居高不下，电力、冶金等生产企业成本逐步加大。面对该情况，国家提出了煤炭保供的要求，使得煤炭企业要加大生产能力，确保煤炭供应。同时，随着5G技术的发展，煤炭开采智能化、井下重点岗位机器人作业以及无人化运输等构想得以实现，煤矿的智能化建设、智慧矿山建设成为煤炭企业转型发展的新方向。

HY公司目前拥有6座煤矿和1座大型洗煤厂，在面对上述外部环境变化下，选聘、评价、培养一批知识型、专业型、综合型煤矿管理者尤为重要。因此，构建一套科学可行的绩效管理体系，在完成各项业绩指标的同时，改进、提升管理人员的各项素质和能力，积极应对当前复杂多变的经营和管理环境对HY公司具有重要意义。

本论文通过提出基于安全、环保两个根本点的多维度、多目标的平衡计分卡绩效管理体系构建模式，以使HY公司能够及时响应外部环境变化、扩大企业在市场竞争中的优势地位、提升企业核心竞争力。同时，也为矿山开采类企业的绩效管理体系构建提供一定的参考价值。

关键词： 绩效管理；平衡计分卡；经理层成员

一、研究背景和意义

（一）研究背景

2020年6月30日，中央全面深化改革委员会第十四次会议审议通过了《国企改革三年行动方案（2020—2022年）》。该方案明确提出，国有企业应当注重健全市场化经营机制，推进经理层成员任期制和契约化管理，加速构建基于中国特色现代企业制度的新型经营责任制，以有效激发国有企业活力并提高运营效率。该方案的发布从国家层面对国有企业经理层的绩效管理提出了明确要求。

HY公司是由中煤集团控股的一家混合所有制企业，主营业务为煤炭开采、洗选、销售等。目前，HY公司拥有6座煤矿和配套的1500万吨/年大型洗煤厂以及长达24千米的皮带运输系统。近两年来，受到全球新冠疫情和国外经济变化的双重影响，进口煤炭量下降，国内煤炭供需发生了较大变化，处于供不应求的局面。该变化使国内煤炭价格在一段时期内居高不下，直接导致电力、冶金等生产企业成本加大。为了应对这一情况，国家提出了煤炭保供要求，使得煤炭企业需要进一步加大生产能力。同时，随着5G技术和远程操控技术应用范围的不断扩展、完善，煤炭开采智能化决策、自主协调、减少人工井下作业数量、重点岗位机器人作业以及无人化运输等构想得以实现，煤矿智能化生产、智慧矿山成为煤炭生产企业的下一步发展方向。这就要求 HY 公司所属企业经理层具有多方面综合能力。然而，HY 公司在对所属煤矿经理层进行绩效考核时，主要以年度的产量、万吨掘进率、生产成本等生产和财务类指标进行考核，绩效指标设置较为单一，导致所属企业经理层成员过于注重企业的短期生产情况和经营效益，而忽视自身能力的提升。

综上所述，面对加大生产能力，完成煤炭保供任务；实现高效生产，推进智能化矿井建设；关注中长期规划，健全、推行任期制管理等多重内外部环境要求，HY 公司选聘、评价、培养一批知识型、专业型、综合型管理者成为重中之重。因此，对所属企业现有经理层绩效管理体系进行优化、完善，并构建适合企业自身发展实际的绩效管理体系，以使企业在完成各项业绩指标的同时，改进和提升管理人员的各项素质和能力，以期更好应对当前复杂多变的经营和管理环境。

（二）研究意义

1. 理论意义

本研究旨在扩展绩效管理体系的设计方式，通过将胜任力模型等理念与平衡计分卡相结合，增加指标设置维度，形成一套基于安全、环保两个根本点的多维度、多目标的平衡计分卡绩效管理体系。这一设计方式充分考虑了企业可持续发展的重要性，有助于提升企业绩效管理的效能和科学性。同时，该设计方式也为后续类似研究提供了借鉴和参考，对于推动绩效管理领域的理论创新具有积极意义。

2. 现实意义

通过构建适合 HY 公司的绩效管理体系，本研究旨在不断提升企业经理层管理能力和个人素质，提高企业核心竞争力，使企业能够及时适应内外部环境变化，从而在市场竞争中处于优势地位。此外，该绩效管理体系的建立还有助于提升员工的工作动力和满意度，促进企业内部创新和知识共享，进一步推动企业的发展和壮大。因此，研究具有重要的现实意义，对于提高企业绩效水平、促进经济社会发展具有积极影响。

二、绩效指标设计现状

HY 公司绩效指标设计存在的问题主要体现在绩效指标选定和指标目标值设定两方面。

在绩效指标选定方面，首先针对个人经营业绩部分，目前其指标选定多集中于生产经济类指标，明显偏向于财务指标方向，而且指标设置不够全面。此外，指标的选取还主要是参照总部公司下达的各项指标，未能充分结合本单位的发展战略和功能定位。对于个人综合考核评价部分，绩效指标多以定性指标为主，且相应的指标评价标准描述较为模糊，未对相应的各等级标准进行清晰划分，容易导致参与评价人员较为主观地进行评分。另外，两部分考核内容存在重复设置指标问题，个人综合考核评价中的工作业绩、经营业绩指标和个人经营业绩考核指标相互重叠，均为所属企业的生产经营方面的指标。

在指标目标值设定方面，主要问题出现在经营业绩指标部分。目前 HY 公司所属企业经营业绩指标目标值主要以年度预算值为依据进行设定，但年度预算值受各企业编制者能力、管理水平以及管理者主观意念等影响较大，容易导致预算值与实际情况出现偏差，从而进一步影响最终的考核结果评价。因此，在绩效管理体系中，需要更加科学、客观地确定指标目标值，避免主观因素对目标的影响，提高绩效管理的精准度和有效性。

HY公司在制定战略规划时，存在缺乏明确指导方针的问题。其战略规划仅限于整体层面的规划，未要求所属企业制定相应衔接的战略规划。这导致所属企业在公司整体中的角色定位不够清晰，无法实现差异化管理。由于战略管理的缺失，绩效管理未基于公司战略的角度设计指标体系，从而无法在分析指标和公司策略之间形成一个良好的衔接关系。这导致绩效目标和战略目标之间缺乏有效承接和相互支持，企业战略未能引导绩效指标的设定，绩效指标也未能支持企业战略的实现。因此，在制定相应指标时，HY公司所属企业的经理层通常只参考上级单位下达的指标，并未结合本单位的发展战略和功能定位。这进一步导致所属企业的发展无法有效地支持全公司的战略发展。

三、优化绩效管理体系指标设计方法

由于HY公司所属企业缺乏战略指引，导致经理层绩效指标的设置不够科学。为了使公司的绩效管理同战略规划相衔接，并支持战略规划的实现，HY公司制定了以战略为指引来确定相应绩效指标的优化方向。

鉴于平衡计分卡的平衡与战略制导特性可以针对性地解决企业绩效评价指标体系的片面失衡、与战略相脱节等问题，因此有必要引入平衡计分卡并基于此设计国有煤炭企业的绩效评价指标体系。同时，实施平衡计分卡的企业可能分布于各个行业、面临各异的竞争环境，所以企业应更看重平衡计分卡的平衡思想，不拘泥于当前的四个角度。因此，HY公司经理层绩效管理优化方向主要是在平衡计分卡的基础上，结合多种设计方法，并从指标设置、权重分配以及目标值设定多个方面进行重点改进。

（一）绩效指标设置优化

相对于其他行业，煤炭行业更注重安全生产、环境保护和员工安全。因此，为了有效地进行企业绩效管理，要充分考虑行业特殊性和企业自身特色，不能盲目照抄照搬其他行业或企业的模式。为了更好地实施企业绩效管理，HY公司所属煤矿经理层成员绩效管理体系设计方法优化思路为：以平衡计分卡方法为基础，在现有的学习成长、内部流程、客户和财务四个维度上，增加具有煤矿生产企业特性的新维度。当前，面对绿色发展思想的逐渐深入和环保检查的日益严格，环保管理成为继煤炭生产企业安全管理外另一重要支撑点。基于此，在经典四个维度基础上，融合体现安全和环保两个贯穿各维度的支撑点，如图1所示。

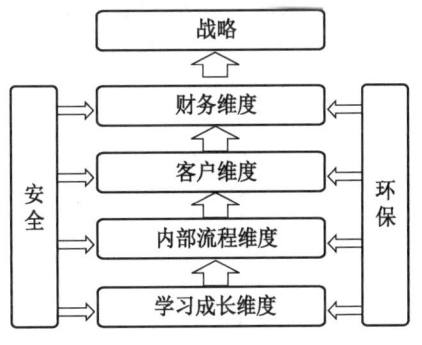

图1 基于平衡计分卡四维度拓展后各维度关系图

此外，考虑到所属企业存在承接上级单位下发各项工作任务的情况，仍需保留年度重点工作考核项目。年度重点工作具体内容来源于本年度重点推进项目或者其他定性类指标，该项指标不占据考核指标权重，采取扣分制进行考核。所属企业经理层正职个人年度重点工作为企业全部重点工作，副职人员个人年度重点工作则按照分工对企业重点工作进行划分。

在选取六个维度的具体考核指标时，安全和环保维度在企业整体生产经营起到的基础作用，所以安全和环保两维度指标选取较其他四个维度存在部分差异。首先，根据各所属企业自身的战略定位，分析出六个维度的关键成功因素；其次，从关键成功因素出发，根据绩效指标 SMART 原则，制定财务、客户、内部流程、学习与成长四维度的关键指标；再次，对于安全和环保维度指标则是以关键成功因素为目标，从财务、客户、内部流程、学习与成长四方面分别制定指标，体现出这两方面维度对其他四维度的贯穿、支撑作用；最后，汇总六个维度提取出的关键指标得出所属企业公司级绩效指标。

对于所属企业经理层成员的个人绩效指标，则分为两种制定方式。经理层正职人员由于其职责为全面负责所在企业各项指标，所以在制定个人绩效指标时，承接所在企业公司级全部指标。经理层副职人员以财务、安全、环保三维度指标为共性指标，其他指标则根据经理层各成员的分工，将公司级指标分解到个人，形成各成员的差异化绩效指标。

HY 公司下属 6 座煤矿根据本单位不同情况，在公司发展中具有不同的作用与定位，在此以具有较为典型情况 W 煤矿和 S 煤矿两座煤矿为例，按照优化后的绩效管理体系设计方法，进行公司级的指标选取。W 煤矿是一座运营年限较长且煤炭储量丰富的企业，采用托管队伍运营模式；S 煤矿是一座 2021 年下半年投产的新建矿井，采取的是自有队伍运营模式。

首先，确定两座煤矿的战略定位。HY 公司提炼后的整体发展战略为"存量增效，增量转型"，结合两家煤矿企业的实际情况，分别制定出在 HY 公司中的战略定位：W 煤矿以稳产为主，强化监督管理，提高生产效率；S 煤矿以转型为主，建设智能化矿山，培养自营智能化生产队伍。

其次，在两座煤矿战略定位的指引下，利用鱼骨分析法，从扩展后的六个维度出发，提取相应的关键成功因素如图 2、图 3 所示。W 煤矿主要的目标是从强化监督管理、稳产提效出发，关键成功因素为在不发生安全环保整改事项的前提下，通过优化内部管理流程，在保持生产接续平稳、煤质稳定的同时，增加产量、降低生产成本。S 煤矿主要的目标是从转型发展、建设智能化生产煤矿、培养智能化生产队伍出发，关键成功因素为在不发生安全环保整改事项的前提下，通过加大智能化设备投入、提高各系统集成程度等方式，推进智能化生产。

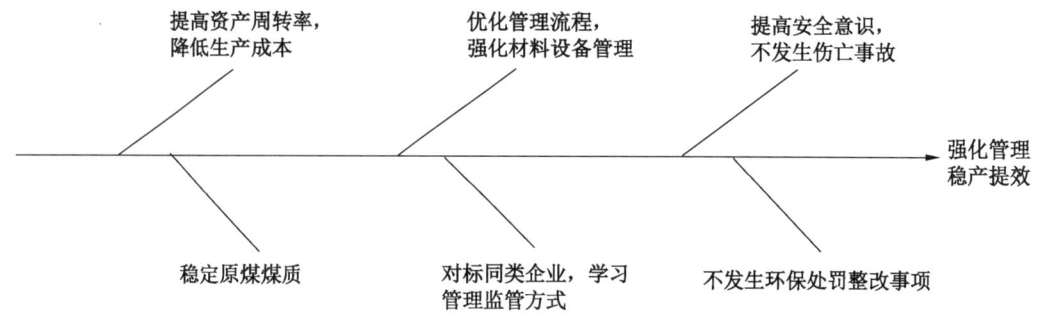

图 2 W 煤矿关键成功因素鱼骨分析图

根据提取出的各维度关键成功因素，选取各因素的关键指标，从而制定出本企业的公司级绩效指标，见表 1。

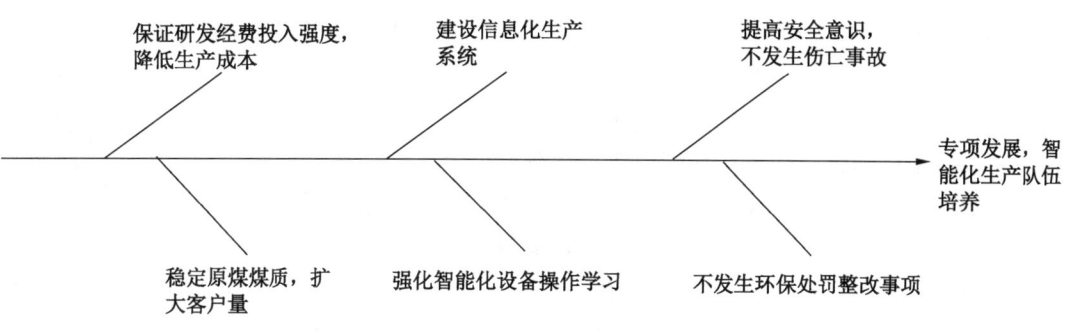

图3 S煤矿关键成功因素鱼骨分析图

表1 W煤矿、S煤矿基于平衡计分卡的公司级绩效指标

平衡计分卡维度	W煤矿		S煤矿	
	关键成功因素	关键指标	关键成功因素	关键指标
财务	提高资产周转率，降低生产成本	总资产周转率	保证研发经费投入强度，降低生产成本	研发经费投入强度
		单位生产成本		单位生产成本
		原煤产量		建设概算差异率
客户	稳定原煤煤质	原煤煤质	稳定原煤煤质，扩大客户量	原煤煤质
		—		原煤销量
内部运营流程	优化管理流程，强化材料配件管理	材料配件单耗	建设信息化生产系统	生产系统集成率
		设备维修率		信息化覆盖率
		机电事故率		—
学习成长	对标同类企业，学习管理监督方式	员工持证率	强化智能化设备操作学习	设备操作培训率
		对标计划完成率		员工培训覆盖率
安全	增强安全意识，不发生伤亡事故	安全费使用率	增强安全意识，不发生伤亡事故	安全费使用率
		标准化建设		标准化建设
		安全培训合格率		安全培训合格率
环保	不发生环保处罚整改事项	环保计划完成率	不发生环保处罚整改事项	环保计划完成率
		环保设施使用率		环保设施使用率
		法规常识宣讲		法规常识宣讲

最后，将公司级绩效指标进行分解，得出经理层个人绩效指标。两煤矿经理层正职人员对企业各项指标完成情况全面负责，承接所在企业公司级全部指标，个人绩效指标与公司级指标相同。而经理层副职人员，除设置财务、安全、环保三维度需共同承担的共性指标外，其他指标则根据经理层各成员的分工，进行细化分解。同时，共性指标也将根据个人分工的不同进行进一步分解，来充分体现个人权责差异。

（二）指标权重确定方式优化

各个绩效指标在整体考核中所占权重值的确定方式同样也需要进行优化，优化的措施主要是采取层次分析法来确定各项指标的所占权重。层次分析法基于多目标综合评价方法和网络系统理论,是一类层次权重决策分析方法。层次分析法的基本思路是归纳调查对象的主观性结论、层次化所要分析的决策,以构建多层级的评价模型,再通过两两比较确定层次中的诸多要素之综合评价值。优化后,可以减少当前依靠管理者工作经验进行权重分配带来的主观性缺陷,使各项指标权重占比分配更加科学。利用层次分析法得到所属企业公司级指标所占权重后,经理层成员绩效指标权重则根据分解后获取到的个人绩效指标所占权重,进行归一化处理后确定各项指标具体权重。

以W、S两座煤矿为例,在确定两座煤矿所考核的公司级绩效指标后,运用层次分析法对各指标权重进行分配。首先,建立两个不同层次的判断矩阵,分别建立维度层和各维度内指标层两种判断矩阵。其次,根据所建立的判断矩阵计算得出初步权重。再次,考虑到实际操作中的方便性,对初步权重进行取整优化。最后,对分配好的权重进行一致性检验,符合要求则确定最终权重分配,若不符合要求,则需要重新进行判断矩阵建立与计算。

根据两座煤矿选取出的绩效指标,按照相互间的重要程度,建立判断矩阵,进行计算后得出相应初步权重和取整优化后权重,见表2。

表2 W煤矿、S煤矿绩效指标权重初步分配表

煤矿	指标维度	计算权重	取整权重	绩效指标	计算权重	取整权重
W煤矿	财务	19.75%	20%	总资产周转率	12.20%	12%
				单位生产成本	23.00%	23%
				原煤产量	64.80%	65%
	客户	3.90%	4%	原煤煤质	100.00%	100%
	内部运营流程	12.09%	15%	材料配件单耗	63.33%	63%
				设备维修率	10.62%	12%
				机电事故率	26.05%	25%
	学习成长	6.25%	6%	员工持证率	75.00%	75%
				对标计划完成率	25.00%	25%
	安全	32.50%	30%	安全费使用率	9.82%	10%
				标准化建设	56.79%	55%
				安全培训合格率	33.39%	35%
	环保	25.51%	25%	环保计划完成率	25.19%	25%
				环保设施使用率	58.89%	60%
				法规常识宣讲	15.93%	15%
S煤矿	财务	18.82%	20%	研发经费投入强度	63.33%	60%
				单位生产成本	26.05%	30%
				建设概算差异率	10.62%	10%
	客户	3.73%	5%	原煤煤质	70.00%	70%
				原煤销量	30.00%	30%
	内部运营流程	10.08%	10%	生产系统集成率	50.00%	50%
				信息化覆盖率	50.00%	50%

表2（续）

煤矿	指标维度	计算权重	取整权重	绩效指标	计算权重	取整权重
S煤矿	学习成长	8.74%	10%	设备操作培训率	50.00%	50%
				员工培训覆盖率	50.00%	50%
	安全	32.81%	30%	安全费使用率	9.82%	10%
				标准化建设	56.79%	55%
				安全培训合格率	33.39%	35%
	环保	25.82%	25%	环保计划完成率	58.89%	60%
				环保设施使用率	25.19%	25%
				法规常识宣讲	15.93%	15%

对于取整优化后的权重分配进行一致性检验，计算结果见表3。由检验结果可知，调整后各绩效指标维度权重占比一致性比率均小于最低接受值0.1，各项指标权重占比符合要求，具备执行条件。

表3 一致性检验结果

绩效指标维度面	一致性比率	
	W煤矿	S煤矿
总目标	0.07	0.09
财务维度	0.01	0.06
客户维度	0	0
内部流程维度	0.04	0
学习成长维度	0	0
安全维度	0.02	0.02
环保维度	0.05	0.05

通过基于平衡计分卡拓展后的六维度指标选取，以及运用层次分析法确定的指标权重，可以较为全面和科学地确定两座煤矿公司级的绩效考核指标和权重，见表4。

表4 W煤矿、S煤矿公司级绩效指标表

煤矿	平衡计分卡维度	权重	绩效指标	权重
W煤矿	财务	20%	总资产周转率	2.40%
			单位生产成本	4.60%
			原煤产量	13.00%
	客户	4%	原煤煤质	4.00%
	内部运营流程	15%	材料配件单耗	9.45%
			设备维修率	1.80%
			机电事故率	3.75%

表4（续）

煤矿	平衡计分卡维度	权重	绩效指标	权重
W煤矿	学习成长	6%	员工持证率	4.50%
			对标计划完成率	1.50%
	安全	30%	安全费使用率	3.00%
			标准化建设	16.50%
			安全培训合格率	10.50%
	环保	25%	环保计划完成率	6.25%
			环保设施使用率	15.00%
			法规常识宣讲	3.75%
S煤矿	财务	20%	研发经费投入强度	12.00%
			单位生产成本	6.00%
			建设概算差异率	2.00%
	客户	5%	原煤煤质	3.50%
			原煤销量	1.50%
	内部运营流程	10%	生产系统集成率	5.00%
			信息化覆盖率	5.00%
	学习成长	10%	设备操作培训率	5.00%
			员工培训覆盖率	5.00%
	安全	30%	安全费使用率	3.00%
			标准化建设	16.50%
			安全培训合格率	10.50%
	环保	25%	环保计划完成率	15.00%
			环保设施使用率	6.25%
			法规常识宣讲	3.75%

所属企业经理层成员指标权重则根据所分解获得的指标所占权重进行归一化后确定。例如个人绩效指标选取总资产周转率、单位生产成本、原煤产量、材料配件单耗、对标计划完成率、安全费用使用率、标准化建设、安全培训合格率等，则其实际权重见表5。

表5 W煤矿经理层副职绩效指标权重示例表

绩效指标	原始权重	归一后权重
总资产周转率	2.40%	3.94%
单位生产成本	4.60%	7.55%
原煤产量	13.00%	21.33%
材料配件单耗	9.45%	15.50%
对标计划完成率	1.50%	2.46%

表5（续）

绩效指标	原始权重	归一后权重
安全费使用率	3.00%	4.92%
标准化建设	16.50%	27.07%
安全培训合格率	10.50%	17.23%
合计	—	100%

（三）指标目标值设定优化

绩效指标设置完成后，随之而来的指标目标值的设定成为一项重要工作。通过对HY公司所属企业绩效管理体系现状进行分析，得知目前指标目标值设定主要依据为各企业年度预算。而年度预算值受各企业编制者能力、水平以及管理者主观意念等影响较大，容易产生预算值和实际完成值相差较大的现象。

因此，在目标值中引入基准值的概念，以此来保证目标值设定的可靠性。基准值主要以实际完成情况统计计算得出，为相应指标前三年平均完成值或者上一年度完成值。在设定目标值时，将基准值与预算值进行比较，根据比较的不同情况来设定目标值，不仅仅是以年度预算值为依据来设定指标目标。同时，根据目标值和基准值两者间的差异，制定不同的考核计分方式，以此来引导各单位在设定目标值时对本单位提出更高要求。考虑到考核周期的调整，对目标值同样进行分解操作。结合目标与关键成果设计方法的相关思维，在年度目标基础上，由所属企业根据本单位情况分解出季度目标值，进行季度考核。在一个季度完成后，将根据当前季度完成情况，在确保全年目标不变的前提下，对下一季度目标值进行实时调整。

各所属企业绩效指标的目标值设定，根据企业不同情况、指标不同类型选取不同的设定方式。例如安全培训合格率、标准化建设等具有固定要求的指标，则以企业制度要求来制定目标值。再例如原煤产量、生产成本等生产财务类指标，则需要根据企业不同情况来不同对待。对于W煤矿，因其生产稳定且运营时间较长，可以用前三年平均值作为基准值，结合预算值情况，来参照制定目标值；对于S煤矿由于其属于新投产煤矿，历史数据较少，可以使用前一年数据或者同类型企业数据作为基准值，结合预算值情况，来参照制定目标值。

四、结论

近年来，国内外经济环境不断变化，国内的煤炭企业在面临越来越复杂的经营环境的同时，需要持续进行企业转型改革以增强企业抗风险能力和提高竞争力。HY公司是一家以煤炭生产为主的混合所有制企业，为了支撑其实现转型发展战略，提高所属企业经理层的综合能力，构建适合HY公司的绩效管理体系成为一项重要工作。

本论文采用了提出问题、案例参考和解决问题的研究思路，针对存在问题，本论文充分运用绩效管理相关理论，通过优化绩效指标设计方法，对HY公司的绩效管理体系进行了完善和优化。最终建立了一套基于安全、环保两个根本点的多维度、多目标的平衡计分卡绩效管理体系，以更好地实施企业绩效管理，提升管理层能力和素质，使企业能够及时适应内外部环境变化，提高企业核心竞争力。同时，本论文还通过选取HY公司所属企业中具有不同运营模式的两家企业进行实例模拟操作，以使优化完善后的绩效管理体系更具操作性。最后，本论文提出了确保绩效管理体系有效实施的保障措施，以使其能够实现高效运转和落地实施。

参 考 文 献

［1］鲍宜周．战略性人力资源管理及其理论基础［J］．山西财经大学学报，2021，43（S2）：6-9.

［2］晁坤，蒋苓．基于拓展平衡计分卡的国有煤炭企业绩效评价指标体系［J］．中国煤炭，2013，39（11）：22-25+30.

［3］付亚和，许玉林．绩效管理［M］．上海：复旦大学出版社，2021.

［4］王佳凡．新常态下煤炭企业绩效管理案例研究——基于BSC的视角［J］．会计之友，2016，（15）：82-85.

［5］杨文超，孟庆华．基于AHP的企业绩效评价指标体系研究——平衡计分卡模型［J］．会计之友，2014，（34）：14-17.

"精益管理"赋能煤炭多经企业高质量发展

何晓敏，杨 宁，田 野

（西山煤电（集团）有限责任公司）

摘要： 煤炭多经企业长期以来以煤为基、多种经营，逐步成为煤炭主业产业链、供应链的重要组成部分。2021年以来，随着国外疫情持续蔓延，市场低沉需求收缩，企业面临着高风险、高成本、低毛利等困局，支护器材公司积极推行精益管理，重塑企业价值，赋能企业高质量发展，管理模式变"精"，经营效果显"益"，实现了新突破。

关键词： 支护器材；精益管理

煤炭多经企业长期以来以煤为基、多种经营，围绕煤炭主业从事矿用材料生产加工、矿用设备运行维护、矿用劳保用品生产制作、煤矿副产品加工经销、化工材料生产等，逐渐成为煤炭主业产业链、供应链的重要组成部分。

西山煤电（集团）山西支护器材开发有限责任公司（以下简称支护器材公司）是西山煤电（集团）有限责任公司所属多种经营板块的一家国有控股子公司，主要从事机械加工和化工产品生产。2021年以来，随着国外疫情持续蔓延，煤炭市场低沉需求收缩，企业面临着高风险、高成本、低毛利等困局，支护器材公司积极响应山西焦煤集团有限公司以及西山煤电（集团）有限责任公司深化改革全面变革的工作部署，准确识变、科学应变、主动求变，推行精益管理，重塑企业价值，赋能企业高质量发展。经过两年的艰辛探索，支护器材公司在2021年度利润总额781.64万元的基础上，2022年度利润总额实现1448.14万元，管理模式变"精"，经营效果显"益"，成为西山煤电（集团）有限责任公司多种经营板块的"明星企业"。

基于此，西山煤电（集团）有限责任公司企业管理部会同支护器材公司的管理单位新产业公司对支护器材公司在精益管理方面探索实践的成功经验进行研究与总结，以供煤炭多经企业借鉴学习。

一、实施背景

（一）精益管理是企业高质量发展的必然选择

"高质量发展"是我国建设社会主义现代化国家的首要任务，是中国式现代化的本质属性之一，它于2017年首次提出，表明我国经济已由高速增长阶段转入高质量发展阶段。之后，我国历次重要会议又对"高质量发展"内涵进行了增补、完善，并据此颁布和施行了诸多指导意见和办法，促使"高质量发展"成为一个涵盖"经济社会发展各方面的""必须长久努力的目标任务"。

"企业高质量发展"是我国"高质量发展"的题中之义，也是企业应对世界之变、时代之变、历史之变的战略抉择。准确把握"企业高质量发展",首先应以我国倡导的"高质量发展"科学内涵为指引和先决,其次应充分考虑"企业"这一市场主体在经济社会发展中的特定属性和价值作用。我国"高质量发展"核心要求是质量第一效益为先,在更高水平更深层面上推动"更高质量、更有效能、更加公正、更可持续、更为安全的发展",不断增强创新活力、竞争活力和发展活力。"企业高质量发展"从消费者价值尺度来看是要"产品或服务品质功效卓著";从利益相关方价值尺度来看是要"利益相关方综合利益最大化",要权衡近期与远期、发展与稳定、增长速度与质量效益,蕴涵了经济效益、社会效益和生态效益等的综合效益;从公共价值尺度来看是要"良好的企业形象"。结合我国"高质量发展"总要求和"企业"这一市场主体的特定属性,"企业高质量发展"就是产品服务卓著、综合效益卓越、企业形象良好。

精益管理是以提升消费者满意度为最终目标,在生产组织流程中遵循"消除浪费、创造增值、持续改善"等系列理念的一套完备的管理理论方法,它通过对信息资源、物力资源、人力资源、时空资源等要素进行运筹规划,消除时间等待,减少资源浪费,形成生产与经营过程中"横纵"信息交互、增进,能够有效提高消费者满意度、降低运营成本、提升产品质量、畅通流程环节和优化资本投入,有助于实现组织价值最大化。

企业高质量发展就是在多边界内外部环境下,合理配置要素资源有效组织生产经营活动,向管理要效益,精益管理理念与之高度契合。因此,企业导入精益管理,是企业迎接发展挑战和防范化解风险,实现高质量发展的必然选择。

(二)精益管理是企业降低后疫情时代不确定性的现实需要

随着一系列防疫政策的调整优化,新冠疫情管控有序步入"开放模式",后疫情时代来临。在后疫情时代,全球经济正在逐渐趋于复苏,但各国治理能力差异明显,恢复过程呈现分化态势,不确定性成为常规,形势日趋动态复杂,伴随主要经济体陆续取消封禁,供求非均衡性恢复,需求急速回升,生产制造瓶颈变成了羁绊;当前,我国经济也处在疫后复苏期,疫情影响逐步消退,生产组织有序推进,但经济复苏不平衡也在显现,疫情起伏反复、经济增速趋缓、消费观念转变、行业发展演变,特别是"供给好于需求""外需领先内需",因收入增长牵累,消费增长动力有待进一步释放。

面对后疫情时代复杂多变外部环境,企业只有深化改革全面变革,苦练内功、挖潜降本、提质增效,合理配置要素资源,才能在新的大环境中赢得主动。精益管理是企业自身发展的需要,是市场竞争的必然结果,是现代企业提升核心竞争力的有效抓手,是提高企业效益的必由之路,更是企业降低后疫情时代不确定性的现实需要。

二、"精益管理"由来与内涵

(一)"精益管理"理论溯源与演进

"精益管理"源于日本丰田汽车制造公司的生产管理实践。

1. 丰田生产方式的形成与完善阶段

1950年冬,日本丰田汽车制造公司对福特汽车公司开展调研,认为当时日本汽车市场窄小,廉价劳动力短缺,大规模流水生产方式不符合日本汽车制造。由此,开始进行符合本国国情的变革,经丰田西太郎等人艰辛探索和实验,于六十年代首创丰田生产方式。1973年秋石油危机爆发,日本经济下降至负增长,仅丰田获得高于其他公司的盈利。于是，丰田生产方式在日本得到了普及推行，并吸收了一些教授学者对其进行的研究成果，实现了内容体系化。

2. 精益管理的形成阶段

伴随日系制造商海外投资设厂，丰田生产方式也随之传播至美国。美欧很重视对丰田生产方式的研究，二十世纪八九十年代，麻省理工学院制定了"国际汽车计划"课题，对14个国家91个轿车装配企业进行实地考察，先后发表《改变世界的机器》《精益思想》，把丰田生产方式定名成"lean management"，阐述了学习精益管理的关键要素路径，归纳完善了精益管理体系，对指引企业变革更具有指向性和应用性。

3. 精益管理的新发展阶段

随着研究的逐步深入和理念的广泛普及，新内涵新理念新方法不断涌现，例如批量定制与精益生产融合、5S精益管理等。历经70余年持续完善积淀和创新发展，精益管理走出了发源地生产制造业，在各行各业推广运用，更趋完备臻美。

（二）"精益管理"科学内涵

精益管理理念以提升消费者满意度为最终目标，是在生产组织流程中遵循"消除浪费、创造增值、持续改善"等系列理念的一套完备的管理理论方法，它通过对信息资源、物力资源、人力资源、时空资源等要素资源运筹规划，消除时间等待，减少资源浪费，形成生产与经营过程中"横纵"信息交互、增进，能够有效提高消费者满意度、降低运营成本、提升产品质量和畅通流程环节，有助于实现组织价值最大化。

精益管理是系统化运筹与效率成本管控的最优配置，是极富价值的管理思想和运营理念。精益管理的核心就是以最小的要素投入，实现最多的价值，为消费者提供优质便捷的产品服务。精益管理的思维路径可以归纳为"Just In Time"，就是在消费者需求的时候，严格按照需求的品质数量，开发生产所需产品服务，彻底消灭所有"等待""缓冲"和"浪费"。

三、支护器材公司"精益管理"主要路径

（一）导入精益管理前支护器材公司存在主要问题

1. 以订单为中心的生产模式

支护器材公司日常生产组织均围绕西山煤电（集团）有限责任公司物资供应分公司材料配件采购招标确定的采购量（即订单）开展，以订单为中心结合生产能力、生产周期和交货日期，统筹安排生产进度，下达生产任务进行生产。生产前没有对接材料配件终端用户矿井生产单位，没有广泛收集矿井生产单位对材料配件具体需求，生产中没有能及时跟踪关注矿井生产单位作业条件变化对材料配件需要变化，这样就会直接影响到矿井生产单位对材料配件的使用感受，造成产品使用问题增多，降低可能创造的价值，间接影响到无法满足矿井生产单位对材料配件的新增需求。

2. 以成本核算衡量产品价值

支护器材公司日常经营认为衡量产品价值就是成本核算成效来体现，有效的成本核算和管控可以使企业获得更高利润，成本核算与管控成为经营重点，这样就忽略了企业存在的使命和产品价值创造的根本所在，不能真正识别产品价值流，容易造成资源的浪费。

3. 运营模式传统和生产流程低效

长期以来，支护器材公司一直延续以订单为中心的生产模式、以成本核算衡量产品价值的运营模式和原材料进厂到产品出厂的生产组织流程，生产组织依靠不确定的订单获取量，在物料成本、人工成本不断增长的背景下，成本核算和管控只能着眼于管理费用控制等方面，进入瓶颈期；生产组织流程按照生产工艺流程进行，各工序间仅依靠工艺流程联结，取料与生产的时间、数量、品种等有关信息没有从原材料进厂到产品出厂全过程进行传递，信息流、物料流、工序流没有很好地结合，也必将造成资源的浪费。

4. 生产经营中"浪费"的片面认识

长期以来，支护器材公司片面认为生产经营中"浪费"仅是在没有需求的时候提前生产而产生的生产过剩浪费，在生产过程中出现废品、次品等不合格产品所消耗的资源产生的不合格产品浪费，以及原材料、零部件、各道工序的半成品过多引起库存管理费用增加而产生的库存浪费。没有掌握支护器材公司的"生产函数"，对生产要素投入量和产品产出量之间"函数关系"认识模糊、片面，以至于不能以最优的资源投入，创造出更多的价值，为客户提供优质产品和最及时的服务。

5. 质量认知导向偏差，依靠检验保障质量

支护器材公司之前一直认为严格的产品检验就能确保出厂产品100%合格，日常生产经营特别注重对照订单规格要求对原材料进厂以及生产成品进行检验。这样忽略了终端用户矿井生产单位随着井下地质条件变化引起实际需求的变化，忽略工艺工序链条中其他工序环节现场质量管理，缺乏职工参与质量控制改善。

6. 基础管理薄弱，内部信息"孤岛"

支护器材公司之前沿用以订单为中心的生产模式、以成本核算衡量产品价值的运营模式和原材料进厂到产品出厂的生产组织流程下的组织结构，部门设置不够合理，机构臃肿，内部信息传递缓慢低效，内部资源消耗严重；生产经营中对"浪费"的认识片面，不能有效配置要素资源；信息流、物流、资金流各自运行，存在信息"孤岛"，缺乏融合共享。

（二）实施路径

面对上述具体生产经营问题，支护器材公司强化"危机意识""机遇意识"，坚持目标导向、问题导向、结果导向，全面推行精益管理，结合自身实际，从基础做起，通过树立精益管理理念、以客户为着力点组织生产、重新定位企业价值、甄别产品价值流、管理模式变"精"、实施全面质量管理、盘活内部资源、强化基础管理等一系列因地制宜举措，循序渐进解决了单纯以订单为中心生产组织、生产经营中"价值""浪费"认识片面、运营模式传统和生产流程低效、基础管理薄弱、内部信息"孤岛"等突出问题，促进资源优化配置，提升管理效率，积蓄发展势能，提升企业效益和抗风险能力，推动企业高质量发展。

1. 增强精益管理意识，形成精益思维自觉

推动精益管理变革，首先让职工特别是管理人员从认识上接受和认同精益管理理念，形成运用"精益思维"高效工作的自觉。支护器材公司成功的秘诀在于拥有一支靠得住用得上的管理队伍和一支高素质忠诚企业的职工队伍，这两支队伍的联合形成了企业人力资源。精益管理变革就要全面调动人员的积极性主动性，支护器材公司日常看重对精益管理理念方法的宣传培训工作，引导和鼓励管理人员和职工正确理解和准确掌握精益管理方法，这样就逐渐形成了自上而下积极引导和自下而上自觉响应的常态管理模式。

2. 以客户为着力点，进行生产经营组织

市场经济不断发展，作为市场主体的企业，开展生产经营都须以市场为着眼点和落脚点，提供给消费者满意称心的产品和服务则是企业生存发展的不二法宝。支护器材公司以终端客户矿井生产单位为着力点，不但向矿井生产单位提供锚杆锚固剂等支护产品，而且把矿井生产单位看作自身经营管理中的重要组成部分，注重谋求维系一种长久稳固的共赢关系，把长远受益放在第一位，必要时甚至情愿舍弃自身部分眼前利益。同时，支护器材公司还要求市场营销部开展市场调查时要深入到矿井生产单位，全面了解跟踪矿井生产单位需求，并将有关信息反馈至生产组织全流程中，主动营销，客户为先，把开展市场调查工作作为企业生产经营过程的首发点，力求获得矿井生产单位的满意和好评，为留住老客户和开发新客户努力，塑造矿井生产单位信赖的支护企业形象。

3. 重新定位企业价值，有效甄别产品价值流

推行精益管理以来，支护器材公司重新定位企业价值，将"企业价值是终端客户矿井生产单位来确定的"理念作为企业上下共识，由具备的特定价格、在特定时间内能够满足矿井生产单位需求的特定产品以及特定售后服务来诠释，这才是支护器材公司真正存续的缘由和企业使命所在。

基于企业价值的正确定位，围绕企业价值创造主线，支护器材公司对产品价值流进行了甄别，也一致共识价值流是通过产品服务实现企业收益过程中所务必开展的相关特定活动。支护器材公司甄别的产品价值流主要包括：从获取消费者订单到组织生产再到配送产品过程中的综合信息管理任务；从原料进厂加工直至提供给消费者商品的物质转化的任务。顺着价值流的运行流程环节，还要甄别的能够创造价值的流程环节；明晰一些尽管无价值创造，但在当下生产技术条件下在所难免的流程环节；消灭不创造价值可以精减的流程环节，包括"等待""缓冲"和"浪费"。

4. 管理模式变"精"，管理效果显"益"

支护器材公司推行精益管理，更多注重精益思想应用，围绕精益思想五原则（价值、价值流、流动、拉动和尽善尽美），因事制宜、因势利导，初步形成适合自身企业实际的实施方法。主要从两方面着手，一是管理模式变"精"，通过全方位全系统全流程诊断剖析，掌握了制约企业效率提升的主导要素和关键环节，清除了冗余环节，精炼了生产流程，完善了业务逻辑和流程循环，缩短了生产周期和相应时限；二是管理效果显"益"，通过甄别和改善环节流程要素组合，消灭"等待""缓冲"和"浪费"，少投入要素、多产出价值，提高流程运转效能，提升企业效益。

图 1 是精益变革前后无纵肋螺纹钢式树脂锚杆生产组织流程图的变化。

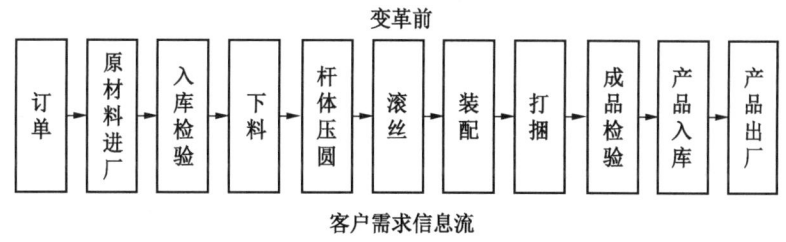

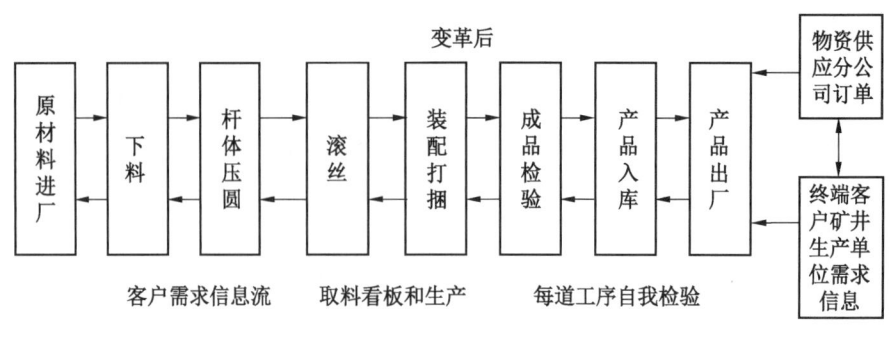

图1 变革前后无纵肋螺纹钢式树脂锚杆生产组织流程图

支护器材公司在生产作业中广泛推行了标准化作业。根据生产组织流程和生产加工实际来设定相关标准参数，先后测定规范了标准周期时间、标准作业人数、标准作业顺序、标准在制品存量等参数。测算生产一套无纵肋螺纹钢式树脂锚杆、一支树脂锚固剂、一块托盘/托板所需要的平均时间，并将其作为该产品的标准周期时间；根据测算出的标准周期时间，确定每个车间、每条生产线完成阶段性订单所需要的工人，作为该笔订单的作业标准人数；根据生产工艺，规范工人作业顺序，确定标准作业顺序，形成作业流程，并制定作业规程，使之成为工人的作业遵循守则；全面控制作业中在制品储备量，甚至考虑正在上机作业的半成品部件，在不影响生产衔接的基础上测算最低储备量，确定为标准在制品存量。以营销部门传递的需求量为落脚点，融合看板信息系统，围绕标准周期时间、标准作业人数、标准作业顺序、标准在制品存量等参数，组织生产。同时，注重对车间各工种工人关于标准化作业的宣教和训练，这样就能有效提升生产效率。

在生产组织过程中，支护器材公司还广泛运用了看板管理。看板管理是使用"看板"对生产组织中所有工序的生产活动进行有效管理。"看板"是在工序间流动的以供传递信息的一张纸卡，一般有两类，分别是取料看板和生产看板。取料看板记明了下一道工序应领取材料（零部件）的规格数量等信息，生产看板则标示了上一道工序需要生产部件的规格数量等信息。支护器材公司以"逆向拉动"策略来组织生产，从生产终端的成品入手，循序由下一道工序"只在必需的时间领取必需数量的必需部件"，而上一道工序则"只在必需的时间生产必需数量的必要部件"，来填补下一道工序已领取的相关部件。如此，"看板"就在所有工序间不断流动着，将与取料和生产相关的时空、规格、数量和品种等信息从流程工序的下游端传送至上游端，将看似相对孤立的生产工序串联成一个有机的生产整体。

5. 引导全员参与现场改善，实施全面质量管理

全面质量管理就是实施质量制胜策略，对产品质量进行全面谋划，以全员参与为基石，开展覆盖生产产品全流程的质量管理活动。支护器材公司着手陆续减少生产组织过程中的部件在制品仓储，引导全员参与车间现场改善行动，有效提升部件制品成品的质量。生产组织中每一个环节每一道工序都可能会对支护产品生产加工质量造成直接影响，要保障精益管理的达成收效，就必须在产品的生产组织中确保其做工质量，因此就推行了从原材料进厂到半成品加工再到产成品出厂整个流程的质量改善与管控，并要求对每一个环节每一道工序进行质量的自我检验，不合格不流入下一个环节和工序，确保向下一个环节和工序传递100%合格率的部件制品。

6. 充分盘活内部要素，夯实基础强化管理

支护器材公司立足企业运行实际，运用精益思维优化"企业生产函数"，最大限度上运筹优化信息、物力、人力、时空等内部要素资源，人尽其才物尽其用，激发了企业发展的内生动力；完备的精益变革方案同样离不开适配有效组织运行机构，这样才能协同完成企业变革目标任务，支护器材公司根据变革需要对原有组织架构进行优化精简，并明确职能清晰权责；结合实际聚焦发展，支护器材公司初步建立起以财务管理为基础的内部信息共享系统，逐步消除内部信息"孤岛"，增进生产经营过程中资金流、信息流、业务流、物流等的融合交互，推动预结算等规范化、高效化和精益化，促进财务运营与生产经营协同发展。

图2是精益变革前后支护器材公司组织机构图的变化情况对比。

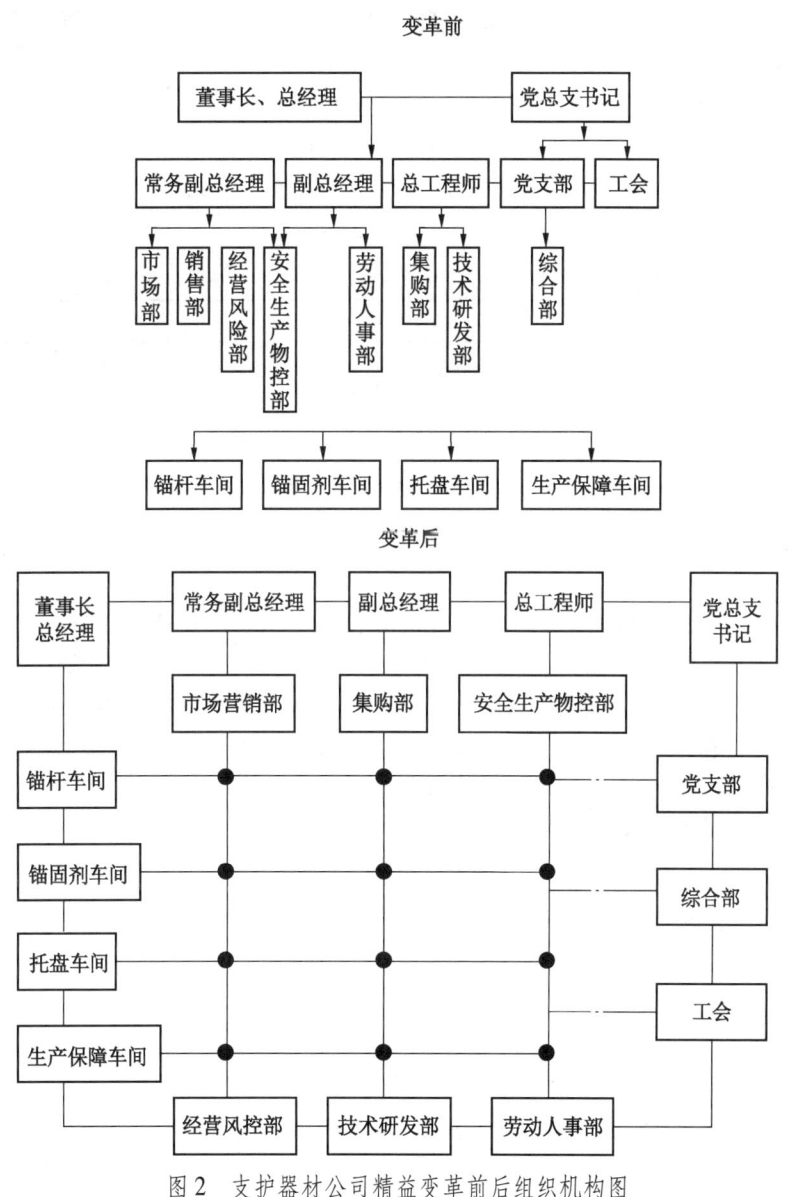

图2 支护器材公司精益变革前后组织机构图

四、实施效果

支护器材公司全面落实党中央国务院、省委省政府、山西焦煤以及西山煤电关于深化改革、提质增效的一系列决策部署，引入精益管理，加强生产组织，苦练内功、挖潜降本、提质增效，生产经营指标不断增长，企业发展取得新成效，具体表现在客户满意度提升、经营管理理念革新、经营业绩改善等方面。

（一）客户满意度得到了提升，实现从客户满意到客户忠诚

支护器材公司推行精益管理以来，以终端客户矿井生产单位为着力点，把矿井生产单位看作生产经营的组成部分，注重寻求并维护一种长期稳定的合作关系，全面了解顾客需求并将有关的内容反馈到研发、生产和服务过程中去，主动营销，客户至上，服务的矿井生产单位满意度明显提升，好评如潮，很多矿井生产单位甚至把支护器材公司作为唯一指定支护材料供应商。

据支护器材公司统计，2022 年度纵肋螺纹钢式树脂锚杆需求量同比增加 8.89%，树脂锚固剂需求量同比增加 5.8%，托盘托板需求量同比增加 11.09%。

表 1 为支护器材公司 2021—2022 年主要产品订单统计量相关情况

表 1 支护器材公司 2021—2022 年主要产品订单统计量相关情况

序号	主要产品名称	订单统计量		增长情况	
		2021 年度	2022 年度	增长量	增长率
1	纵肋螺纹钢式树脂锚杆	1413792 套	1539432 套	125640 套	8.89%
2	树脂锚固剂	3024840 支	3200180 支	175340 支	5.80%
3	托盘托板	1426527 块	1584780 块	158253 块	11.09%

（二）经营管理理念得到了升华，实现从经验管理到科学管理

支护器材公司在精益管理的探索实践中，实现了经营管理理念的"四个升华"，即从"经验管理"到"现代科学管理"的升华，从"经营产品"到"经营客户"的升华，从"成本中心"到"价值中心"的升华，从"单纯质量检验"到"全面质量管理"的升华，助推企业管理水平整体跃升，赢得发展的主动权。

（三）经营业绩得到了改善，实现从增乏力到稳提升

随着研究实践应用深入，精益管理在支护器材公司落地生根、硕果累累。2022 年度，支护器材公司实现销售收入 12409.7 万元，同比增长 12.24%；利润总额达到 1448.14 万元，同比增长 85.27%，实现了新突破。

总之，精益管理是一项多因素的系统工程，以服务好客户为着眼点和落脚点，是永续精进的管理实践过程，是自上而下积极引导和自下而上自觉响应的常态管理模式，不断革故鼎新企业的管理模式。支护器材公司在精益管理方面探索实践的有益经验，表明结合实际推行精益管理，向管理要效益、向管理要红利、向管理要进步大有可为，值得西山煤电（集团）有限责任公司多种经营板块其他企业乃至全国煤炭多经行业企业学习借鉴。

煤炭供应链中的交互问题及区块链解决架构研究

黄 锐

(淮北矿业(集团)有限责任公司办公室)

摘要：煤炭供应链具有运量大、运距远、节点多等特点。在煤炭供应链角色多样性的背景下，时常出现供需不平衡、资源浪费、衔接效率低等问题。通过分析传统煤炭供应链交互过程中存在的问题，以信息实时共享为切入点，利用区块链技术的去中心化、信息安全传输、不可篡改、可追溯等特征优势，提出引入区块链技术为煤炭供应链带来信息共享新模式，实现供应链协同发展，达到安全可靠、降本增效的目的。

关键词：煤炭供应链；区块链技术；信息共享；架构研究

我国一直是煤炭消费大国，2022年煤炭占据我国能源消耗总量的56.2%。近几年，随着"双碳"目标的提出，我国煤炭消耗比重有所下降，但在国际能源博弈加剧的背景下，短期之内煤炭仍会在保障我国能源安全和促进国民经济发展中发挥着举足轻重的作用。目前我国煤炭能源主要出自西、北部地区，而能源需求以东、南部地区为主，产销两地的空间错位使煤炭运输呈现出"北煤南运、西煤东调"的格局，使煤炭物流供应链具有链条长、涉及节点多、运输环节复杂的特点。由于传统煤炭供应链缺乏信息管理意识，使得供应链时常存在供需不平衡、资源利用率低、运输环节衔接不畅等问题，如图1所示。

究其原因，是因为煤炭供应链节点间信息流通不畅，存在一个个信息孤岛，煤炭供应链整体运作效率低下，煤炭成本与日俱增，严重损害了各节点的利益，制约了整个供应链的发展。探索如何实现信息资源共享来推动供应链协调发展、增加相关节点效益显得尤为重要。尽管目前部分节点间利用互联网技术建立了煤炭供应链生产管理信息系统，可以实现部分节点之间部分信息的无缝对接和共享。但如今煤炭供应链对信息安全传输、信息实时共享、节点信任机制等方面的高要求日益突出，亟须采用新的技术改善传统煤炭供应链信息共享方式。

区块链作为一种新兴技术，具有去中心化、不可篡改、易追溯、点对点传输等特征，其在促进信息共享、提升运作效率、降低企业成本、建立信任机制等诸多方面具有先天优势，可以有效突破传统供应链信息流转和存储方式中存在的缺陷，成为解决各环节之间信息不对称以及提高供应链运行效率的有力手段。区块链技术的引入为煤炭供应链实现信息集成和安全共享提供可能，进而优化供应链运作流程以及提高各环节的衔接效率，达到增加各方节点收益的目的。同时，还为如何有效促进区块链技术在煤炭供应链中的应用提供了依据，有利于区块链下煤炭供应链信息共享的架构研究。

一、煤炭供应链信息交互共享中的问题

煤炭供应链中出现货车停滞等待、码头拥挤、煤炭压港等现象的主要原因在于供应链

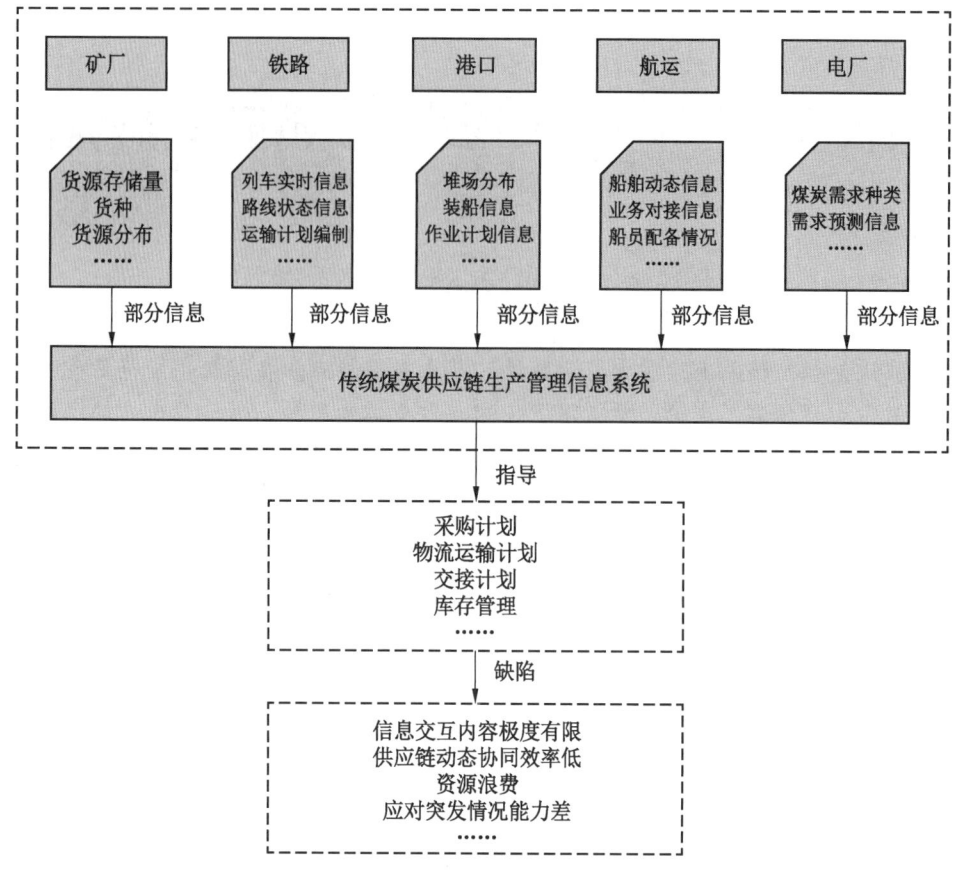

图 1 传统煤炭供应链信息管理存在的问题

参与节点之间缺乏高效的信息共享,参与节点之间的信息共享程度满足不了供应链协调运作的需求,这直接造成了煤炭的高成本和供应链的低利润。供应链信息共享过程中存在以下几方面的问题。

一是信息孤岛现象严重。煤炭供应链中涉及多种类型的参与企业或部门,企业之间的管理跨度较大,供应链中产生大量信息。例如,煤炭生产计划信息、煤炭物流信息、煤炭需求信息、港口作业计划信息等。这些信息都分散地存储在各参与节点的内部信息管理系统中,存在参与节点不愿意或者不能及时共享的可能,造成了严重的信息孤岛现象,同时影响了供应链的服务质量。例如,煤炭的种类繁多,煤炭生产企业对电力企业的煤炭需求种类和数量无法提前确定,电力企业也很难预测煤炭的生产计划,时而电厂煤炭告急,又缺乏煤炭应急通道,导致电力企业煤炭供应不足的现象;铁路运输线、货车和船舶位置等信息不透明,导致了车等煤、煤压港等资源浪费现象。

二是煤炭供应链信息共享效率低。通常情况下,煤炭供应链的采购、生产、销售、物流等信息相互割裂,缺乏一套完整的信息管理体系来对整条链上产生的信息进行系统的存储、处理、共享和分析,不仅造成海量信息资源的浪费,还使参与节点无法对信息资源进行及时的利用。多数煤炭运输过程中需要依靠纸质单证进行信息传递和业务验证,纸质单证种类多且格式不同,一级一级的信息填写与验证,不仅耗时费力,而且还存在恶意伪造数据的风险。有的港口码头，一套完整的港口货物转运流程至少需要十联单的审核验证，既费时又费力。节点与节点之间信息协同能力差，也容易导致冲突的产生，阻碍信息交流，信息共享效率过低进而影响了物流服务水平。

三是煤炭供应链信息安全难以保障。传统煤炭供应链在物流运输的过程中，一方面，多数情况下采用的纸质单证形式进行信息的交互和各环节的交接工作，在一定程度上存在信息泄露和随意修改的风险。另一方面，借助互联网信息系统对数据信息的收集与传递提供支持，在一定范围内互联网信息系统的安全可靠程度是影响信息共享质量的重要因素。传统的互联网信息系统依赖于安装防火墙和简单的杀毒程序以维持系统不受恶意攻击，随着黑客攻击手段的不断升级，简单的防范程序已很难保障数据和信息的安全，从而使相关参与节点在面对潜在安全风险时不愿意进行信息共享。况且对于矿厂的生产计划信息、铁路和港口的作业计划等都是企业内部的保密信息，一旦遭遇信息泄露或滥用将对企业自身甚至是国家带来不可估量的损失。另外，在互联网信息系统中的公开信息可以由任意人访问查询，而一旦数据被非法篡改后若不能被相关节点及时发现，则会对节点的运营带来极大的安全威胁。因此，为使信息能够得到安全高效的共享就必须有足够先进的技术提供支持。

四是煤炭供应链节点间缺乏信任。复杂的煤炭供应链网络结构中相互信任是建立稳定合作关系、节点间协同发展的基础，更是实现信息共享必不可少的基础条件。信任关系越牢固，供应链参与节点的结构越稳固，信息交互的内容也越广泛，越有利于信息的利用，进而带来企业效益的提升。相反，供应链节点之间缺乏信任则会降低整体运营水平，带来道德风险等问题损害个体及整体利益。在传统的煤炭供应链信息交互情况下，煤炭供应链节点往往只关注自身企业运作效率，缺少多源信息的沟通交流，缺乏多节点之间的战略协同，彼此之间存在割裂的现象，供应链没能建立完整的信任体系，无法形成多方参与节点合作共赢的局面。

二、基于区块链的煤炭供应链信息共享方法

传统煤炭供应链信息共享过程中暴露出多方面的问题，其根本原因在于缺乏实现信息实时共享的桥梁以及信息共享协调管理系统。区块链作为一种分布式数据库能够使多节点之间起到相互信任、相互监督、共同管理的作用，在解决供应链中心化管理、信息共享效率低、缺乏信任等方面问题具有一定适用性，为煤炭供应链信息共享带来新的发展趋势，从而促使煤炭供应链参与节点信息共享决策更具科学性以及合理性。

一是区块链技术使煤炭供应链信息共享去中心化。去中心化不意味着在煤炭供应链结构中没有中心节点，而是相关节点汇集于同一区块链网络平台中形成一个开放平等的供应链网状体系结构，每一个单一节点都有可能成为中心节点，但又不可能长期作为中心节点。区块链技术下的去中心化可以使煤炭供应链打破以往传统模式以中心节点为核心传递信息的体系结构，去中心化的网状结构中不存在节点之间被割裂的现象，使煤炭供应链多方参与节点通过信息共享形成多元信息主体结构，以充分保证信息主体能够共同参与、互相监督、联合管理，防止单个节点或多方节点合作产生欺诈行为。

二是区块链技术使煤炭供应链实现信息点对点传输。传统的信息网络系统是将所有数据收集、整合、处理，然后存储在一个中心服务管理器中，再将信息共享给有需要的相关

节点。而区块链技术优化了以往信息共享的复杂流程，依托区块链构成的煤炭供应链信息网络系统起到信息通信的基础作用，参与节点之间处于互联互通的状态，一方节点在有权限的范围内可以通过区块链信息网络系统直接访问、调用其他节点存储于数据库中的信息，真正实现节点对节点的信息交互。这种去中心化网络通道能够使信息共享变得扁平化，实现各层次节点间信息跨级流动、快速共享。

三是区块链技术使煤炭供应链拥有分布式数据库。由于煤炭市场的大量需求，尤其是在冬、夏季节煤炭需求高峰阶段，使煤炭物流供应链的各个环节都会产生海量的数据信息，此时对于信息资源的收集、共享、利用、追溯成为一个巨大难题。然而，区块链作为一个大容量的分布式数据库，能够很好地解决海量信息存储和利用的难题。所谓分布式数据库就是将经过广播、验证后的链上信息分布存储在多个节点中，并且每一个节点所记录的交易信息都是一条完整的信息链。对于高度中心化的单系统数据库来说，分布式存储更能抵御外来侵害，当部分节点的数据遭遇恶意攻击而受到损坏时，其他节点仍能继续发挥作用，保证供应链信息资源的准确性、稳定性、可追溯性。因此，具有强大信息记录、存储、处理功能的分布式数据库能够很好地满足煤炭供应链参与节点多、信息储存量大的需求。

四是区块链的非对称加密算法使信息更具安全性。区块链中的加密技术是利用非对称密码算法得到一对公钥和私钥，每一个参与节点都拥有属于自己的公钥和私钥，用公钥对数据信息进行加密后，只有拥有相对应私钥的一方才可以对数据信息进行解密，若想获得其他节点的真实信息则需要用公钥进行解密认证，进而得到传输的数据信息。相比对称加密算法，非对称加密算法在确认了对方身份的同时，更加能够保证数据信息在传输过程中安全可靠地进行。另外，区块链网络系统会对链上信息传输共享过程进行记录，使得信息共享与利用这一事项能够被追溯，以便确定对特定信息进行访问和查询的节点身份，当发生信息泄露以及滥用等现象时，通过区块链技术可以实现有迹可查、快速追责。

三、区块链下煤炭供应链信息共享架构搭建

基于煤炭供应链中矿、路、港、航、电的典型供应链结构，结合区块链技术网络结构特性，依托行业专用网或者互联网构建煤炭供应链信息共享网络平台，使看似相互独立的个体，通过区块链技术网络相连形成相互依存的去中心化网状结构。并且煤炭供应链的参与节点必须经过授权才可加入联盟链中，以防止某些无关节点用户对区块链网络平台的运行造成恶意破坏，降低煤炭供应链相关节点在信息安全和交易安全等方面的风险。煤炭供应链的不断运作会产生大量的数据信息，例如，铁路与港口的煤炭运输衔接环节会产生铁路运单信息、煤炭货物信息、车辆路线、作业计划、煤炭进港计划信息、船舶调动信息、港存煤炭信息、作业数据等。将这些供应链信息写入区块链网络平台中，借助点对点的数据传送方式，使共享流程实行上链操作，实现数据信息的平台化存储、访问及权限分配。区块链下煤炭供应链信息共享架构如图2所示。

在信息共享架构中，煤炭供应链节点与节点之间并非采用明文的方式进行信息共享，如图3所示。首先，煤炭供应链节点使用非对称加密算法的私钥加密其需要共享或者愿意共享的信息，共享信息的一方需要将加密信息、哈希值及共享节点清单等内容写入区块链中，然后相关管理节点根据共享请求，通过相关哈希值对加密信息进行共识验证，待大部

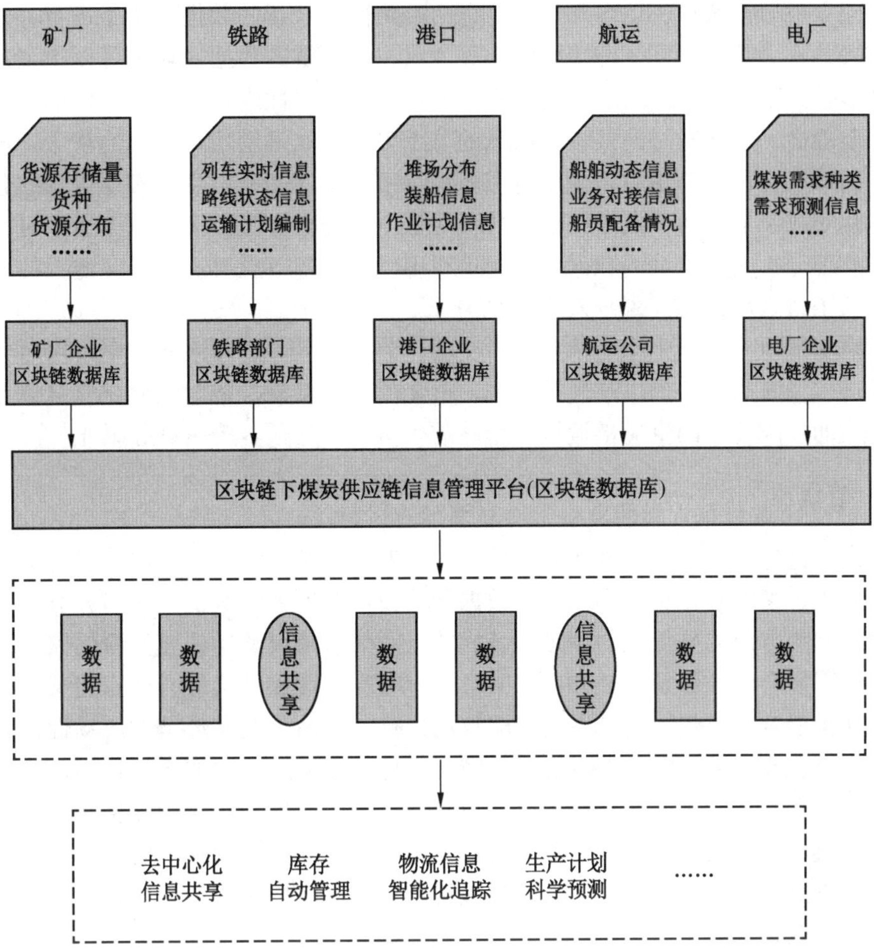

图 2 区块链下煤炭供应链信息共享架构

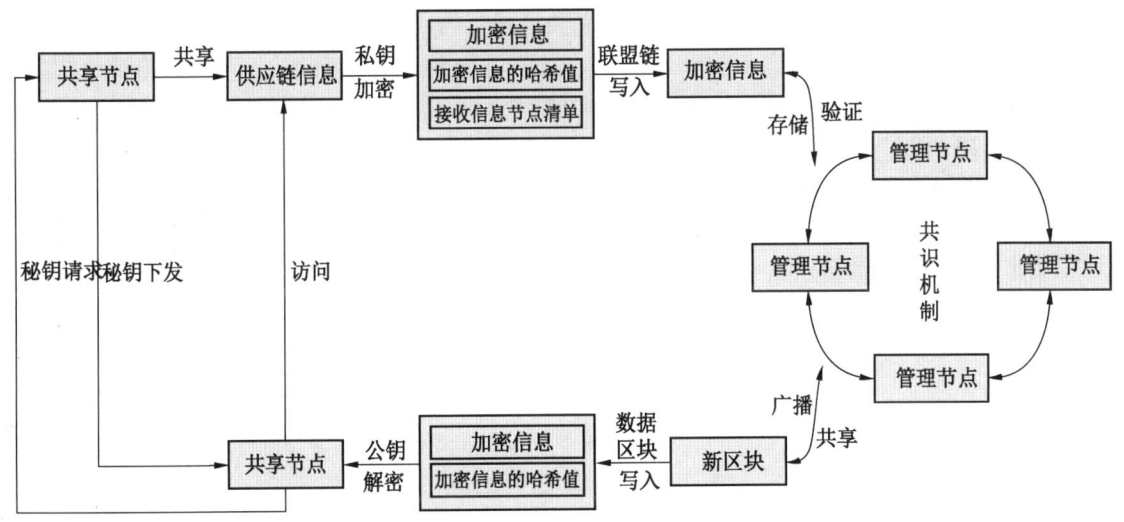

图 3 区块链下煤炭供应链信息共享流程

分节点验证完成后，将加密信息和加密信息的哈希值写入新的数据区块中进行存储，并实现链内广播共享。其次，共享清单中的相关节点在联盟链的数据区块中可以得到加密信息以及加密信息的哈希值，并且对加密信息和哈希值的一致性进行验证，以保证加密信息的真实性和准确性，与此同时向共享此信息的节点申请获取解密信息密钥的权限。最后，共享清单中的节点在获取公钥后，使用对应公钥解密共享的加密信息，实现信息的分析与利用，此时就完成了节点与节点之间信息共享的整个流程。煤炭供应链节点通过对所共享的信息进行整理分析，从海量的数据中挖掘出有用信息，各节点对煤炭供应链上的整体信息有了清晰的了解之后，有计划地对煤炭的开采、采购、运输、存储等环节进行全面部署，若在煤炭供应链运行过程中原有信息有所变动，节点在区块链网络平台中可以对各环节的变动信息进行及时共享，提供准确的物流、资金流、信息流，帮助煤炭供应链节点获得实时信息，从而形成统一的供应链运行计划并准确执行，为顾客提供良好服务。

四、结语

煤炭供应链通过区块链技术建立的信息共享架构，在区块链数据库中进行信息的共享与存储。其中，去中心化管理和点对点数据传输技术保证了煤炭供应链多方节点在信息获取、传输、利用方面的平等性，满足了各级节点间信息跨级流动快速共享的需求；非对称加密算法和智能合约确保了交易和信息共享过程的安全性和准确性，并且在某些特定环境下对达成共识的合约条款区块链系统能够自动执行，提高了交易环节的流畅性；区块链具有的信息不可篡改和可溯源的技术特性，防止供应链交易过程中的抵赖行为，同时为解决信息泄露事件和交易冲突问题提供依据。在基于区块链的煤炭供应链信息共享架构下，能够达到供应链整体联动的效果，使多方节点灵活应对外界环境变化。区块链下煤炭供应链节点间可以得到新的信息生态均衡，匹配最优合作伙伴、优化业务流程、减少资源浪费进而实现供应链效益最大化。

参 考 文 献

［1］付永贵．基于区块链的供应链信息共享机制与管理模式研究［D］．北京：中央财经大学，2018．

［2］李乐．我国煤炭物流与供应链发展现状和趋势［J］．物流工程与管理，2018，40（2）：18-19．

［3］王岩松．去中心化模式的 RDF 数据质量评价［D］．武汉：武汉科技大学，2018．

［4］黄振业，苏波．基于以太坊的分层区块链架构研究［J］．计算机应用与软件，2020，37（9）：16-19+26．

煤矿企业合规管理研究

宫 涛，陈昊斐

(淮北矿业股份有限公司临涣煤矿)

摘要：煤炭行业是我国国民经济的支柱产业，煤矿企业是国家重要的能源生产企业。煤矿企业在生产经营过程中存在诸多风险，如何有效防范和化解风险成为煤炭企业亟须解决的问题。合规管理作为一种有效的风险管控手段，越来越受到煤炭企业的重视，成为保障煤矿企业可持续发展的重要举措。目前，我国很多煤炭企业开始意识到合规管理对其生存发展的重要性，但从整体来看，煤矿企业合规管理工作仍存在诸多问题。基于此，本文分析了煤矿企业合规管理的重要性、存在的问题和成因，并从思想观念、制度建设、风险防控等方面提出了煤矿企业合规管理体系建设建议，以期为煤炭企业完善合规管理提供借鉴。

关键词：可持续发展；合规管理；风险防控；生产经营

一、引言

当前，我国正处于全面深化改革和经济转型升级的关键时期，随着我国全面依法治国不断深入，企业合规管理受到社会各界的高度重视。作为社会主义市场经济的主体之一，煤炭企业要想在新时代背景下实现可持续发展，就必须充分认识到合规管理对企业发展的重要性。作为一个具有较强社会责任感和市场竞争力的大型能源生产企业，煤矿企业需要主动融入国家监管体系和全球经济发展体系中，积极探索适合自身的合规管理体系建设路径。

（一）合规管理对煤矿企业发展的重要性

当前，我国正处于经济转型升级的关键时期，煤矿企业作为能源行业的主体之一，要想在新时代背景下实现可持续发展，就必须牢牢把握社会发展的新形势、新要求。煤矿企业面临的内外部环境和竞争形势越来越复杂，随着国家对企业合规管理工作重视程度的不断提升，煤矿企业在发展过程中必须高度重视合规管理工作。另外，随着我国经济全球化进程不断加快，煤矿企业也越来越需要融入全球经济发展体系中。在此背景下，煤矿企业只有通过加强合规管理，才能够有效防范和化解法律风险、降低合规成本、维护自身合法权益，并在竞争中立于不败之地。由此可见，加强煤矿企业合规管理已经成为当前实现煤炭企业可持续发展的必然选择。

（二）目前煤矿企业中存在的主要合规风险

当前，煤矿企业主要在以下几个方面存在合规风险：一是法律环境不完善。受历史原因影响，部分煤矿企业法治观念薄弱，法律意识淡薄，合规意识不强，没有严格按照国家法律法规和相关制度进行生产经营活动。二是合规管理体制不健全，部分煤矿企业缺乏独立的合规管理组织机构，合规管理职责不明确、合规管理体系不健全。三是合规管理工作流于形式，部分煤矿企业缺乏对法律法规和相关政策的研究，不能及时掌握合规管理工作的最新要求，无法有效开展合规管理工作。四是合规文化建设相对滞后，部分煤矿企业内部缺乏良好的合规文化氛围，企业员工对企业内部的不合规行为缺少有效的监督和纠正措施，导致企业内部合规文化建设相对滞后。

（三）国内相关研究情况

我国合规管理的相关研究始于 20 世纪 90 年代，而煤炭企业的相关研究多始于 20 世纪 90 年代末。从目前来看，国内关于煤炭企业合规管理的研究主要集中在以下三个方面：一是通过对国内外相关研究成果的梳理，总结了国际大型企业在合规管理方面的经验，为我国煤炭企业加强合规管理提供了借鉴；二是通过分析我国煤炭企业合规管理现状，探讨了我国煤炭企业合规管理中存在的问题，并提出了完善我国煤炭企业合规管理的对策建议；三是通过对国内外相关研究成果的梳理，提出了构建我国煤炭企业合规管理体系的方法路径。本文所涉及的研究成果主要为国内学者对煤炭企业合规管理的研究，部分研究成果对于煤矿企业合规管理体系建设具有一定的借鉴意义。

二、合规管理的重要性

合规管理是企业为降低经营风险、保障企业持续稳定健康发展而进行的一项管理活动。它的主要目标是通过采取一系列制度、措施和方法，有效防范、控制和化解各类风险，从而确保企业持续稳定健康发展。随着经济全球化和我国社会主义市场经济体制的不断完善，市场竞争日益激烈，企业面临的外部风险也日益增多。面对复杂多变的外部环境，企业不仅要加强自身内部风险控制，还要重视外部风险防控。在此背景下，企业合规管理应运而生。

一是有助于实现经济高质量发展。合规管理是一种基于法律的管理方式，通过制定有效的规章制度、流程规范和风险控制措施来维护企业利益和社会利益，在促进经济高质量发展的过程中发挥着重要作用。我国正处于经济高质量发展阶段，经济发展质量是衡量一个国家或地区现代化水平和综合实力的重要指标，煤矿企业作为能源行业的重要组成部分，其经营行为也应当符合相关法律法规、监管政策以及行业规范等要求。

二是有助于提升企业核心竞争力。目前，我国煤炭企业面临着诸多问题，如生产规模小、资源枯竭、产业结构单一等。这些问题严重制约着煤矿企业的可持续发展。随着我国经济发展进入新常态，煤炭行业竞争日益激烈，一些煤炭企业为了争夺市场份额、追求利益最大化，不惜采取违法违规手段谋取利益，甚至违法犯罪、置法律法规于不顾。这些行为不仅损害了其他煤炭企业的利益，也损害了国家利益和社会公共利益。通过有效合规管理可以有效防范和化解各种风险隐患，确保煤矿企业在合法经营的前提下实现健康、可持续发展。因此，加强合规管理对于提升煤矿企业核心竞争力具有重要意义。

（一）规范企业经营行为

合规管理是以法律为基础的管理活动，而法律法规是企业经营活动的准绳，规范企业经营行为是开展合规管理的首要任务。在煤矿企业中，部分管理者存在着"重生产经营，轻合规管理"的错误思想，对法律法规重视不够、理解不深、执行不力，甚至将法律法规视为"纸老虎"。虽然相关法律法规不断修订和完善，但是目前仍然存在一些漏洞和空白之处，这就给一些管理者留下了"钻空子"的机会。同时，一些煤炭企业受利益驱使，通过行贿、商业贿赂等手段谋取不正当利益。这不仅损害了国家利益和社会公共利益，也损害了煤矿企业的声誉和形象。因此，企业合规管理是防范企业经营风险、促进企业依法依规经营的必要手段。

煤矿企业在生产经营过程中主要存在着安全生产、环境保护、产品质量等方面的法律风险。例如，《安全生产法》《环境保护法》等相关法律规定了煤矿企业生产经营活动应当遵守的基本要求和强制性规范，如果煤矿企业在生产经营过程中不遵守相关法律法规或强制性规范要求，就会面临罚款、停产停业、吊销营业执照等行政处罚；如果煤矿企业在生产经营过程中存在违反环保法律法规规定或强制性规范要求的行为，就可能受到相关处罚；如果煤矿企业在产品质量方面不符合相关标准要求，就可能受到市场监管部门的处罚；如果煤矿企业在生产经营过程中存在违规操作行为或者存在产品质量安全事故隐患问题，就可能被有关监管部门责令停产停业整顿、罚款等。因此，煤矿企业要想健康发展就必须严格遵守法律法规和强制性规范要求。

（二）保障企业合法权益

随着我国法律法规体系的不断完善和企业合规管理制度建设的不断健全，依法治企成为新时代企业经营管理的必然要求。合规管理是以法律为准绳，通过对企业经营活动中的各个环节进行控制和监督，将企业管理活动与法律法规、监管政策相协调，从而保证企业在经营过程中遵守各项法律法规要求，做到依法经营。作为一种新兴的管理方式，企业合规管理与传统的内部控制制度不同，它是在法律法规等规范性文件的约束下进行的。因此，企业只有坚持依法合规经营，才能最大限度地避免和防范各种风险，确保企业合法权益。例如，在煤炭开采过程中可能会遇到各种地质灾害、生产安全事故、环境污染等问题。如果违反相关法律法规和行业规范，可能会受到行政处罚甚至刑事制裁。在这些情况下，企业必须坚持依法合规经营，以合理方式解决这些问题。如果企业不重视合规管理，在生产经营过程中就可能面临各种风险隐患和纠纷投诉等问题。因此，加强合规管理是保障煤矿企业合法权益、实现可持续发展的重要途径。

（三）提升企业核心竞争力

合规管理作为企业内部管理制度的一部分，能够促进企业完善内部管理制度，实现规范经营、合规管理。在具体实践中，通过制定有效的规章制度和流程规范，可以有效防范和化解各类风险隐患。同时，合规管理能够促进企业优化业务流程，提升企业内部运转效率和市场竞争力。如通过建立有效的内部合规体系，可以规范企业各项工作流程、明确岗位职责以及相关人员的职责权限等，提高了企业运营效率。此外，在合规管理过程中还会产生大量的数据信息，这些数据信息能够为企业提供决策依据、分析决策效果等。因此，通过有效合规管理能够有效提升企业的核心竞争力，使其在激烈的市场竞争中处于有利地位，进而推动企业健康、可持续发展。通过分析这些数据信息可以为企业制定更加科学、合理的战略提供参考依据。

三、当前煤矿企业合规管理存在的问题

当前，我国大多数煤矿企业已开始重视合规管理工作，并开始建立相关的合规管理体

系，但从整体上看，仍存在一些问题。

一是思想认识不到位。部分煤矿企业领导认为，合规管理是合规部门的工作，与业务部门无关，在管理上没有体现出应有的独立性；一些煤矿企业虽然建立了合规管理体系，但没有设立专职岗位和专职人员开展工作，缺乏日常运行的保障机制和考核机制；有些煤矿企业虽然设有合规管理部门和岗位，但人员不稳定、力量薄弱、能力不足等问题突出。

二是制度体系不完善。制度体系不完善、不健全、不配套等问题比较突出。比如，有的企业虽然制定了一些规章制度，但相关规章制度之间存在不衔接、不配套等问题；有的企业虽建立了制度体系，但该制度还未完全落实到具体部门和岗位；有的企业虽然制定了制度体系，但执行力度不够等。

三是缺乏有效的监督机制。对于煤矿企业来说，健全的内部监督机制可以及时发现和纠正违规行为，有效保障企业规范运作。目前，很多煤矿企业在这方面做得还不够到位。一些煤矿企业虽然制定了内部考核机制和绩效评估办法等，但在具体落实中并没有得到很好的落实。此外，在考核评价体系中还存在一些问题：一是对员工的考核评价流于形式；二是考核评价指标设置不科学；三是考核评价结果没有真正落到实处；四是缺乏有效的激励和约束机制；五是缺少对员工日常行为的有效监督管理等。这些问题都在一定程度上影响了煤矿企业合规管理体系的运行效果。

（一）缺乏合规意识

大多数煤矿企业在发展过程中，由于受传统观念的影响，对合规管理还存在一些误解。如有的煤矿企业认为合规管理就是要按照规章制度办事，不能变通；有的煤矿企业认为合规管理就是要对违规行为进行处罚，不能从轻处理。此外，还有些煤矿企业的员工对合规管理的重要性认识不足，认为合规管理可有可无，合规管理是领导的事。在实际工作中，一些煤矿企业为了降低合规成本，将合规管理作为一项可有可无的工作来抓。这些都导致了一些煤矿企业在开展合规管理时积极性不高、主动性不强，直接影响了煤矿企业合规管理体系的有效运行。缺乏合规意识是当前一些煤矿企业在开展合规管理时存在的最主要问题。

（二）合规管理体系不完善

企业合规管理体系建设是一项系统工程，它包括组织结构、制度体系、流程规范、运行机制等内容。

一些煤矿企业虽然设有合规管理部门，但由于人员配备不足，只能从事一些简单的合规管理工作；有的企业虽然设置了合规管理岗位，但没有明确的职责划分和权力边界；有的企业虽建立了合规管理制度体系，但由于缺少相关部门和人员的有效配合，导致该体系运转不畅。

企业的规章制度是企业开展合规管理工作的基础和依据，如果没有健全完善的规章制度，就难以开展合规管理工作。目前，大多数煤矿企业虽然建立了相关制度体系，但制度之间缺乏衔接和配套，存在不同程度的"制度打架"现象；有些煤矿企业虽然制定了相关制度体系，但在具体落实中缺乏可操作性；有些煤矿企业虽然制定了相关规章制度，但在执行过程中存在不能或不愿落实等问题。

合规管理是一个持续的、动态的过程，需要持续不断地进行优化完善。如果没有相应的流程规范作为指导和遵循，就难以实现合规管理体系的有效运行。目前很多煤矿企业虽然制定了相关流程规范，但在执行过程中缺少科学合理的程序和方法引导，导致员工行为难以得到有效约束。

（三）监督机制不健全

当前，我国煤矿企业的外部环境日趋复杂，受市场竞争的影响，企业经营难度不断加大，部分煤矿企业经营困难，面临着较大的生存压力。同时，随着我国经济发展进入新常态，部分煤矿企业面临着转型升级的巨大压力，在生产经营中存在着一定的风险。一旦出现问题或风险，将会对企业造成严重影响。因此，煤矿企业除了要加强管理外，还要建立健全有效的监督机制。从煤矿企业内部来看，大部分煤矿企业还未建立起有效的监督机制。

一方面是由于缺乏相关部门的监督管理；另一方面是由于在实践中缺少相应的监督方法。此外，由于缺乏对违规行为进行及时纠正和惩戒的有力措施，导致监督机制不健全。比如在实际工作中存在着监管不力、制度落实不到位等现象；在经济活动中存在着违规违纪问题等。因此，对于煤矿企业来说，必须加强对内部监督机制的建设和完善，确保监督机制发挥应有作用。

（四）激励和约束机制不到位

激励和约束机制是企业合规管理的重要组成部分，通过科学合理的激励和约束机制，可以有效调动员工的积极性，从而使企业合规管理工作落到实处。

一是对员工的考核评价流于形式。煤矿企业在考核评价员工时，主要是看员工是否完成了公司下达的生产任务、是否按照要求进行了相关培训、是否遵守了公司规章制度等。但这种考核评价形式有一定的缺陷：一是缺乏公平性和科学性；二是对于一些工作较为艰苦的岗位来说，由于该岗位员工不能获得相应的奖励和晋升，容易使员工失去工作热情，从而影响企业合规管理效果。

二是考核评价指标设置不科学。由于缺乏科学合理的考核评价指标体系，一些煤矿企业在绩效考核评价时往往侧重于对业务部门和员工业绩的评价，而忽视了对员工合规管理方面工作的评价，使得一些违规行为没有得到及时纠正。

三是考核评价结果没有真正落到实处。例如，在绩效评估方面，很多煤矿企业往往将考核评价结果作为员工绩效评定和奖金发放的依据，但在实际操作中很难真正体现出其公平、公正和公开的特点。激励和约束机制不到位，会使员工感到自己只是为公司干活而不是为了自身利益而工作，从而影响企业合规管理效果。因此，建立科学合理的激励和约束机制对于促进煤矿企业合规管理工作意义重大。

四、完善煤矿企业合规管理体系的建议

在合规管理体系建设过程中，首先需要对企业管理层进行合规理念教育，增强其合规意识和能力，为企业建立起一套系统、完善的合规管理体系。其次，建立有效的合规管理机制。企业要从战略层面上对合规管理工作进行总体设计，构建"全方位、全流程、全员参与"的合规管理体系；制定严格的内控制度和措施，全面覆盖企业经营活动；加强内部监督检查，及时发现和纠正违规行为；开展风险评估，不断完善风险防控机制。再次，培育良好的合规文化，将其贯穿于日常工作中，打造"以人为本、依法合规、诚实守信、持续改进"的企业文化氛围；强化员工的合规意识和能力；建立健全合规考核问责机制。

（一）培养全员合规意识，提升合规管理的地位

煤矿企业应通过各种方式，不断强化合规管理意识，在内部营造浓厚的合规文化氛围。

一方面，加强对企业管理层的合规培训，让企业管理层充分认识到合规管理的重要性和必要性，进一步增强其合规管理意识和能力；另一方面，要在企业内部营造合规氛围，让员工能够自觉地把合规管理要求内化为自身工作行为规范。企业领导和员工要树立"合规人人有责"的意识，将合规管理融入企业管理工作的各个环节。同时，企业应加强对员工合规意识的培养和教育，让员工明白自己在哪些方面违反了企业规定，从而不断强化其合规意识。例如：针对新入职员工、转岗员工等不同类型员工要有针对性地开展培训；在业务部门中定期组织合规培训和考试；定期召开合规会议、合规专题会议，增强各层级人员的合规意识和能力等。

（二）建立合规组织体系，确保合规管理组织运行顺畅

在合规组织体系建设方面，一是建立独立的合规管理部门，作为企业内部专门从事合规管理工作的职能部门。在合规管理部门下设合规管理委员会、合规管理办公室，负责合规管理政策制定、合规风险识别与评估、合规审查、监督检查、违规行为调查等工作。二是在企业各层级设立专职或兼职的合规专员，负责履行企业合规管理职责。三是将合规工作纳入绩效考核，与个人奖惩挂钩。将合规工作情况作为领导干部考核评价、全员绩效考核的重要内容和依据。四是聘请外部律师事务所，协助开展合规咨询工作。

在全面建立合规组织体系的基础上，通过定期开展专项培训和持续培训，不断提升合规管理队伍整体素质；通过持续开展合规文化建设和宣贯活动，加强员工的合规意识和能力；通过持续推进合规工作信息化建设，提高合规管理效率。

（三）开展合规培训教育，提升员工的合规意识和能力

企业要定期组织合规管理培训，使员工对合规管理有一个全面的了解，加强员工对合规管理的认识，增强合规意识，提高合规能力。具体来说，要开展以下几方面的培训：一是通过业务部门宣讲会等形式向员工普及合规知识和相关法律法规。二是针对不同层级、不同岗位的人员开展培训，从企业实际出发，使培训内容既有理论高度，又能结合具体案例开展案例教学。三是将合规管理培训纳入企业的员工培训体系，将合规管理作为企业各级人员年度考核、薪酬激励、职务晋升等工作的重要内容，促进员工不断增强合规意识和能力。四是加强合规文化建设。企业可以通过组织合规知识竞赛、组织合规演讲比赛等形式增强员工对合规文化的理解和认识，在全公司范围内营造重视合规、崇尚合规、践行合规的浓厚氛围。五是发挥纪检监察机构、法律顾问、律师等专业人员的作用，以服务企业发展为宗旨，通过有针对性地开展专项培训活动，为企业提供高效、专业的法律服务。

（四）建立健全合规考核问责机制，强化责任落实

在合规管理体系建设过程中，要明确各层级合规管理职责，形成自上而下的合规考核体系，做到责任到人、层层落实。

一是建立合规考核机制。在制定合规管理工作计划时，要明确企业合规管理的总体要求、组织体系、制度流程、目标任务、职责分工、保障措施等。企业应根据自身情况，在管理办法或具体制度中明确各岗位合规管理的具体要求和标准。企业应制定合规管理考核评价办法，根据上级单位和监管机构对企业的考核结果，结合本单位实际情况，对企业合

规工作进行客观评价并作出相应奖惩。

二是建立问责机制。企业要加大对违规行为的追责力度,加大追责处罚力度。如有违规行为发生时,要第一时间进行调查和处理;违规造成损失或不良影响的,应追究相关人员的责任。

三是完善考核结果运用机制。企业应将合规工作情况纳入绩效考核评价体系中,与员工绩效工资、岗位晋升和奖励等挂钩;建立员工违规行为负面清单制度,将其作为内部奖惩和培训教育的重要内容。企业可以将合规表现与员工晋升、评先选优、职业生涯规划相结合,让员工在实现自身价值的同时承担起相应的社会责任和义务;对在合规工作中做出突出贡献的单位和个人进行表彰和奖励;对违反合规要求造成损失或不良影响的单位和个人,要追究相关人员责任。

五、结语

随着市场经济的发展和我国法治建设的不断完善,企业合规管理已成为企业可持续发展的必然要求。建立健全合规管理体系是煤矿企业应对风险、防范法律风险、保障自身可持续发展的重要手段。加强合规管理对煤矿企业的生存与发展具有重大意义,但当前煤矿企业合规管理还存在诸多问题,需要从思想观念、制度建设、风险防控等方面进行完善,从而为煤矿企业健康可持续发展提供有力保障。

参 考 文 献

[1] 冯鸽.建立国企合规管理体系降低合规风险——以XD公司为例[J].西部财会,2019,436(7):58-60.

[2] 陈瑞华.企业有效合规整改的基本思路[J].政法论坛,2022,40(1):87-103.

[3] 张宝增.企业合规管理体系的建设探究[J].中外企业家,2020,672(10):41-42.

[4] 杨斌.新形势下国有企业合规管理体系建设研究[J].江西师范大学学报(哲学社会科学版),2020,53(4):96-102.

[5] 解志勇,那扬.有效企业合规计划之构建研究[J].法学评论,2022,40(5):161-173.

科学管理供方，塑造供应链竞争优势

高礼铭，杜 松，张华兵

（兖矿能源集团股份有限公司物资供应中心）

摘要： 企业作为个体经济角色长期以来处于一种孤独奋战、相互博弈的"自然状态"。但随着全球经济一体化进程的加速、互联网技术在全球范围内的蓬勃发展以及推广应用，供应链各成员为了市场价值开始彼此联手合作成为潮流和趋势。许多传统能源企业的供方关系管理，仍停留在价格驱动的市场博弈阶段，严重影响供应商对企业的信任感与忠诚感和双方合作共赢发展的积极性与创造性。面对企业高质量、持续性发展要求，必须建立科学现代的供应商管理新机制，为企业发展培育供应链环节竞争新优势。

关键词： 供方关系；供应链；价值管理策略；约束激励

长期以来，企业作为个体经济角色是处于一种孤独奋战、相互博弈的"自然状态"。但随着全球经济一体化进程的加速、互联网技术在全球范围内的蓬勃发展以及推广应用，这种状况开始分崩殆尽，取而代之的是供应链上的成员为了市场价值而彼此联手合作的潮流和趋势。供应商关系管理是改善企业与供应商之间关系的新型管理机制，围绕企业采购业务的相关领域，通过与供应商建立长期、紧密的业务关系，并通过对双方资源和竞争优势的整合来共同开拓市场，扩大市场需求和份额，降低产品前期的高额成本，通过整合双方资源和竞争优势，实现双赢的管理模式。

目前，许多传统能源企业的供方关系管理仍停留在价格驱动的市场博弈阶段，还未能充分重视、主动发展双方在忠诚信任、资源协同、优势互补、多面合作等方面的大蛋糕、大利益。虽然暂时满足了企业降本挖潜特别是度危机、保生存时期的需要，但是损害了供应商对企业的信任感与忠诚度，降低了供应链韧性和黏性，影响了双方合作共赢发展的积极性与创造性，更难以适应企业今后创新跨越发展的需要。面对时代发展潮流、企业高质量可持续性发展和物资采购转型发展方向，必须率先从建立科学现代的供应商管理新机制入手，逐步推动供需关系由传统买卖、竞争关系向合作、共赢关系转变，为企业发展培育供应链环节竞争新优势。

一、供应商管理的意义和价值

20世纪末开始，随着全球经济一体化进程的加速和资源在全球化背景下的部署，企业之间的联系更加密切，企业之间的关系也变得越来越重要。许多企业发现彼此的贡献可以融合成一种新能力并产生综合效益，形成了"价值链"理念，大意是说企业间的竞争不是发生在企业和企业之间，而是发生在企业各自的价值链之间，只有对价值链的各个环节实行有效管理的企业，才有可能真正获得持续的竞争优势，这种优势在汽车行业、手机行业和高科技产品制造行业尤为突出。越来越多的企业开始重视、研究和转变供方关系管理，积极培育双方协作互助、合作共赢的关系思维和发展目标，积极挖掘供应商经营优势，精选优选合作供应商，充分整合双方在资金、技术、资产、信息等方面的资源，实行优势互补，加强在生产协同、成本控制、库存管理、新技术开发、新产品应用、市场信息管理等方面的合作，增进沟通减少矛盾纠纷与潜在风险，建立完善管理机制强化正反双向激励，形成利益共同体，共享合作红利，为资源的策略性获取、工程项目的设计优化、合同的有效洽谈、产品的统一化管理提供科学方案，减少运营成本、提升供货效率、提升产品成本优势、提高资产收益率、共担市场风险。

二、供方关系管理的方向和策略

（一）构建精简优质的供应商资源

复杂度高是供应链大敌，控制好复杂度，才能管好供应链、控制好供应链成本。越多的供应商，意味着越多的管理精力投入和越为繁琐的采购过程。供应资源数量超过一定界限，管理复杂带来的损失远远大于竞争所带来的红利。精选供应商的好处：一是实现采购的规模效益，享受与采购规模等量的优惠价格，在保证供应商合理利润的前提下降低生产成本；二是简化采购环节与手续，减少反复询比价、竞争性谈判带来的时间、人员、资料等交易成本；三是实行生产、库存、资金、信息的高度同步与双向协同，降低供应商生产资料组织时间和产品生产周期，减少采购供应之间的"二次猜测"和供应链中的"牛鞭效应"，共享协作保供、降本红利。

（二）发展全面合作的供应商关系

以供应链管理价值理念为引导，将上游用户体验与下游服务增值相结合，推动资源组织向由被动服务向主动服务、由资源保障向技术服务、由单项服务向双向服务、由市场博弈向战略共赢转变，努力成为公司创新高效发展不可或缺的综合服务方案提供商和供应链价值创造商。围绕设计优化、系统优化、管理优化进行技术降本，特别在设计阶段，把使用单位、设计单位、公司技术部门、供应商等技术人员共同商讨方案，切实源头降本，并形成标准化、系列化、集约化。将流通与生产环节化散为整，直通需求前沿，根据单位实际需求提供产品设计、技术服务、产品维护、售后保障等多样化服务。充分利用生产企业专业技术优势，参与到工程设计、技术选型、产品定制等工作中，在工程优化、产品使用、降低投入等方面发挥积极作用。整合利用流通与需求环节资源，作为供方的前沿服务部门，为供应商提供用户需求、信息调研、产品改进和新产品试用、对比、推广等前沿服务，做到以服务换服务、以价值换价值。

（三）建立供应商分类管理体系

按重要程度将供应商按战略供应商、重点供应商、一般供应商、内部产品供应商、服务供应商进行分类和管理，并制定相应的准入条件与合作政策。

战略供应商，指用量优势明显、技术含量高、质量稳定可靠，行业地位突出和品牌影响力较大、技术装备先进、履约能力强、企业商誉好，国际或国内知名企业，可将其作为投资采购的主渠道，签署战略合作协议，给予优先推荐、优先选择、优先采购、优先结算和减免投标保证金等政策。

重点供应商，指用量相对较大，技术含量较高，质量稳定可靠，企业技术装备先进，履约能力较强，在行业内有一定知名度，属于被各使用部门认可的供应商，可将其作为物资采购的常规渠道，给予招投标、竞价、商务洽谈中战略供应商数量不足时的优先推荐、优先选择、缴纳长期投标保证金等政策。

一般供应商，指产品技术优势不明显、品牌影响力不大、行业地位一般的、公司用量较为稳定、质量与售后可靠的供应商，作为物资采购的补充渠道，纳入市场化竞争，不享受优惠政策。

内部产品供应商，指具有国家认可的生产资质，证照齐全，合法经营，体系完善的公司参股、持股等形式的内部生产厂商，作为物资采购内部重点产品的渠道，在招投标、竞价、商务洽谈中战略供应商、重点供应商数量不足时给予其优先推荐、优先选择和不缴纳标书费、投标保证金等费用的政策。

服务供应商，指能够满足公司服务类要求的供应商。

（四）准确定位发展关系

首先，与战略供应商和重点供应商在总体目标、采购类别目标、阶段性评估、信息共享和重要举措等各方面达成共识。其次，按照计划、价格、风险、检验、结算等相关部门的职责和内容，积极寻找流程优化、工作改进方面的潜力领域，不断提高管理的系统性和协同力。最后，对各类供应商的地位和作用进行准确定位，并据此制定供应商的管理制度，开展供应商绩效管理和优化供应商关系。

（五）实施科学管理策略

要综合企业规模、行业地位、产品特性、采购成本影响度等因素，合理制定供应商分类应用方案、管理策略和评价体系，实现供应资源的开放化、多元化。以"世界500强、国内100强、行业前三"为导向，按照"头企、名企、一般，先生产、后经营"的顺序开展寻商选商活动，联合技术部门、产品使用单位强化实地调研，以保证供应商引进质量，不断丰富供应商"蓄水池"，形成"一主一辅一备"的供应商结构。规范供应商的供应范围，面向供应商"拳头"产品实施采购，严防生产性供应商从事中间商业务。探索产品供应链延伸调研，通过合理方式引进上下游或配套制造商，扩大优质资源占比。开发供应商管理系统，推动供应商考评由线下、定性考评为主向线上、定量考评为主转变，做到公平公正、优胜劣汰。

三、供方管理体制机制与实施路径

通过建立以供应商准入评估为基础，绩效评估为支撑，供应商分级体系为结果的供应商全生命周期管理体系，加强对供应商调研、选择、开发、使用和控制，使供方资源始终保持动态优化与安全可靠。

（一）构建供应商管理体制

建立供应商集中管理与分级管理相统一的管理体制。在公司层面成立管理领导小组，作为供应商管理的领导和决策机构，负责审定供应商管理办法，审批新增供应商和审定供应商考评结果，指导供应商管理工作开展；同时，明确主管部门和日常管理部门，负责制定供应商管理制度；新增供应商和供应商主数据修改、冻结、解冻、扩展的审核审批；对供应商进行准入前的考察；对供应商组织评审和评价，提出供应商准入及退出意见；建立并动态管理供应商档案；解答供应商质疑和投诉等。

（二）建立严格的供应商准入机制

建立完善供应商准入制度、准入标准、准入流程，确保货源质量稳定可靠。区分产品或服务供应商、设备维修类供应商、工程类供应商、贸易类供应商，分别制定准入条件和标准，严格推荐申请、资格初审、准入评审、准入核准、录入建库的准入程序，拟新增供应商必须符合准入条件和准入标准方能提出申请，由归口管理部门对其营业执照、生产许可证、知识产权、生产能力、技术装备水平等资格进行初审，通过后报供应商主管部门准入评审并录入供应商管理系统，形成包括供应商准入资格预审所有文件的完整电子信息档案。对于国际、国内著名品牌生产厂家，央企、大型国企，产品符合公司战略发展规划要求的知名企业优先准入。同时，严格限制经营性供应商准入，经营性供应商新增仅限于进口产品的国内省级及以上代理商或唯一经销商、砖瓦砂灰石、工业用盐、气体等产品的供应商，并严格履行逐级审批、社会公示程序。对于与生产或安全紧密相关、对项目进程具有较大影响的关键物资的采购，技术含量较高或价值较高的主要、大型设备及原材料的采购，拟推广试用的新产品、专利技术产品、新型关键设备的采购，准入前必须由归口管理部门组织进行现场考察并出具考察报告，作为供应商审批的基本条件。采用公开招标的方式确定供应商，产品或服务使用单位要按照准入标准拟定招标条件，因特殊情况需降低参加投标供应商的标准时，需经主管部门核准同意。采用比价或招投标形式发生采购或服务业务的供应商，中标后按照管理规定流程履行准入审批程序。

（三）建立系统的供应商绩效评估体系

供应商绩效评估是整个供应商关系管理的重要环节。它既是对某一阶段双方合作实施效果的衡量，又是下一次供应商关系调整的基础。评估的目的在于给双方提供开放沟通的渠道，以提升彼此的关系。同时，供应商也可以向企业做出反馈，站在客户的角度给出他们对企业的看法。这些评估信息有助于改善彼此的业务关系，从而改善企业自身的业务运作。按照遵循公众化、物资全生命周期综合成本最低化、性能价格比最优化原则，实施从评估体系维护、数据采集到绩效评估的完整的供应商绩效管理。

1. 实行"定期+动态"考评

供应商主管部门定期对供应商开展评价，战略供应商每两年进行一次考核，重点供应商、内部产品供应商每年进行一次考核；一般供应商每年进行两次考核。评价的内容包括供应商基本情况、业务情况、产品质量等。考评得分采用百分制标准，以各单位日常动态考核记录为基础，结合考评要求，将累积计分作为总评依据。针对因供应商质量、交货期、价格或服务等发生重大变化，造成合同无法履行或继续履行将给公司造成损失的，建立供应商应急评价机制，采购部门要及时进行应急评价并拟定处理方案，及时报供应商主管部门。供应商归口管理部门对供应商基本情况保持动态跟踪了解，对基本情况发生变化的供应商，及时通过供应商管理主数据系统进行提报完善，充分利用信息化手段，加强对供应商的动态规范管理。

2. 细化考核评价标准

要科学制定供应商考评项目和内容，定期组织采购部门、生产使用部门收集并反馈供应商绩效水平，进行动态调整优化，提高供应商考评实效和管理效能。考评的具体内容见表1。

表1 细化考核内容表

考核项目	基本内容
基本情况	供应商性质、企业规模、财务状况、行业地位
合作情况	近两年业务量、配合度、报价有效性、合作关系
合同履行	合同履约率、交货的及时性和准确性
质量保证	质量保证体系、到货质量、产品合格率、质量评价
价格水平	优惠程度、消化涨价的能力、成本下降的空间
使用质量	使用满意度、使用质量等
售后服务	反应及时性、售后服务满意度等
诚信经营	违约情况、投诉情况、违规情况等

3. 实行评价结果等级管理与正反向激励管理

每类供应商按照考评得分分为优秀、良好、合格、不合格四个等级：A级，得分≥90分；B级，80≤得分＜90分；C级，70分≤得分＜80分；B级，得分＜70分。战略供应商须达到B级及以上，为C级则重新审核审批；重点供应商须达到B级及以上，评价为C级降为一般供应商；连续两年为A级，晋升为战略供应商。内部供应商须达到C级及以上。一般供应商须达到C级及以上，三年为A级，晋级为重点供应商。

4. 建立供应商风险防控机制

为约束供应商行为，保证供应商工作质量，根据供应商行为影响程度和造成后果，建立供应商退出机制，分为冻结退出情形和列入黑名单永久取消准入资格情形。冻结退出的情形包括：被工商管理部门注销或经营异常的；评价不合格或末位淘汰的；产品质量差、技术水平落后，无法保证产品质量的；产品或服务相关证件失效，未及时补办的；企业重大变更未及时通报的；未能按合同要求履约的；准入后连续两年未发生业务往来的。列入黑名单永久取消准入资格的情形包括：提供的相关证件及资料有伪造现象的；所供物资属假冒伪劣产品或侵权的；已被工商管理部门吊销的；已停止生产经营或更改生产、经营范围后不再具备准入条件的；采用不正当手段进行恶性竞争或与其他供应商串通进行恶意报价的；代理供应商用其他产品冒充所代理厂家产品的；工程承包人将工程违规转包，或未经甲方同意擅自分包的；向采购人员行贿或者提供其他不正当利益的；利用垄断行业或品牌优势牟取暴利的；采用不正当手段诋毁、排挤其他供应商的；供方财务状况严重恶化，经营业绩急剧下滑的；因供方责任与公司成员企业发生经济纠纷，进入法律诉讼程序的。

5. 对供应商管理部门实施监督与约束

要加强对供应商管理部门及人员的权限与行为的管理，每年对供应商管理工作开展检查、考核和通报。明确违规情形和问责处罚规定，根据情节轻重，给予责任人纪律处分、责令赔偿损失、经济处罚或解除劳动合同；构成犯罪的，移交司法机关依法追究刑事责任。

国有煤炭企业的绩效管理创新思考

王业平，石文红，吴志刚

（新汶矿业集团有限责任公司生产服务分公司）

摘要：绩效管理对企业发展具有重要的作用，通过绩效管理可以更好地了解员工的工作情况，为激励员工工作开展奠定基础，有利于在公司内部营造竞争氛围，激发员工工作热情。大型企业发展时需要做好绩效管理工作，提升竞争力。研究目标企业在开展绩效管理工作中存在一些问题，有绩效管理指标不合理、缺乏专业的绩效管理人才、绩效管理目标不明确以及考核反馈机制不健全。其原因主要包括管理理念不正确、绩效管理与考核内容单一、绩效管理与考核的方法不科学、未充分发挥绩效考核结果的作用等。为此，该企业需要采取树立正确管理理念、规范绩效管理与考核方法等针对性的解决策略。研究可为其他同类企业提供一定的参考。

关键词：企业管理；绩效考核；绩效管理

一、绩效管理概述

（一）绩效的概念

绩效主要指对应职位的工作职责在达成阶段性成果期间，所表现出的一种可评价的行为表现。"绩效"并非传统意义上的"投入+产出"，而是对员工某段时期内工作表现的具体评价。

（二）绩效管理的概念

绩效管理，由企业全体工作人员共同参与企业绩效计划的制定、绩效辅导的沟通以及后期绩效考核评价和绩效结果应用等多个方面工作的持续性循环过程。绩效管理实施具有重要的作用，绩效管理可以是企业战略目标细化的分解，通过统一企业管理，在此基础上保障企业的战略目标。企业的战略目标从设计初期到落地实施，每一步骤都需要进行充分到位的沟通，然而这种落差式的协商不可避免地影响企业战略目标的原始定位。而绩效管理在企业战略目标的实现过程中起到协商和监管。绩效管理中的沟通协调指的是企业战略目标的细分，每一个员工都能接收到行之有效的操作流程，从而确保企业战略目标的精准。绩效管理过程中离不开企业对运营和员工的监督，并能确保完成管理的目标。

（三）绩效管理的主要方法

1. 目标管理法

1954 年，美国著名管理学家 P. F. Drucker 在其编著的《管理实践》中首次提出了 MBO，即目标管理法。该方法主要是指基于组织使命，组织内的上、下级共同协商对组织某一阶段的总目标予以明确,并完成上下级分目标与责任的制定,同时将这些目标当作各部门与员工工作绩效以及给组织带来贡献的考核标准。在该学者看来,管理的主要目的在于确保各项工作任务的顺利完成,在确定目标之后,组织管理者需要合理分解目标,明确各部门与员工的职责,同时依据分目标的完成情况来考核与奖励下级。

作为一种持续不间断的管理模式,MBO具有显著的周期性特点,使得管理的效果得到了显著提升。从各个周期来看,目标管理法主要包括以下几项内容:①目标的设置;②目标的跟踪;③目标的考核评估;④新绩效目标的制定。

2. KPI关键绩效指标法

类似于目标管理法,KPI关键绩效指标法同样属于一种系统化的绩效管理方法。作为评估企业战略实施效果的重要指标,KPI能够使企业的战略实现向内部活动与过程的转化,并为指标考核制度的构建与完善提供保障。

KPI是绩效管理工作开展中常用的一种方法,KPI在具体应用的过程中是对各种参数进行综合设置、计算,通过量化的方式进行绩效管理。应用过程中包括五个方面:第一,结合公司的发展情况,明确公司业务重点,然后采用头脑风暴法对业务开展中的关键指标进行选择,这种指标属于企业层面的KPI;第二,各部门需要结合本部门的工作内容,构建部门KPI;第三,在企业KPI和部门KPI基础上分解和确定个人KPI,部门负责人以及绩效考核人员需要结合职位的具体情况设计更为详细的考核指标,这些指标是对员工进行绩效管理考核的依据,建立KPI体系能够使员工更好地了解企业的战略目标,加快各项工作开展;第四,设定评价标准;第五,审核关键绩效指标。

二、目标国有煤炭企业绩效管理现状

(一)目标国有煤炭企业现状

该国有煤炭企业是一家以煤为主、多种产业共同发展的大型企业集团,现由山东省人民政府国有资产监督管理委员会直接监管。2010年完成原煤产量3723万吨,实现销售收入468亿元。曾位列中国煤炭工业100强第14位、中国企业500强第172位,技术创新能力位列全国煤炭行业第9位。企业信贷信誉AAA级。

(二)企业绩效管理现状

1. 企业绩效管理的基本内容

根据调查可知,2015年,该企业专门制定了《绩效工资考核实施意见》(以下简称《意见》),具体包括以下几项内容:

第一,考核范围与对象。该企业需要根据国家的相关规定对其内部正式员工进行考核。

第二,考核组织。该企业在开展平时考核时,需要以部门为单位,由各部门负责人在月度办公会议上将相应的考核情况汇报给局领导小组。在每年的11—12月,该企业统一开展年度考核,并由涵盖总经理等在内的考核领导小组基于《意见》当中相关要求对规定的事项进行考核。

第三,考核内容。该企业需要全面考核内部员工的德、能、勤、绩、廉等各个方面,并对其各项职责的履行情况、任务的完成度以及实际的工作业绩进行考核。

第四,考核程序。首先,该企业的员工需要进行自评,将相应的年度总结提交给上级领导；其次，组织员工进行民主测评。通过对测评表（表1）的发放，并采用不记名的方式进行考评。在完成考核表的收集之后，考核人员需要根据下述分数规则与运算法则对测评对象的最终分数进行测量：测评结果为优秀，那么记为90分；测评结果为称职，那么记为70分；测评结果为基本称职，那么记为60分；测评结果为不称职，那么记为50分。基于上述计算结果，需要进一步考核审查该企业的部门内部绩效，并按照领导考核小组的规定，对相应的量化考核表（表1）进行填写，最后提交给考核小组进行整理汇总。

表1 该企业量化考核表

项目	总分值	考核内容	分值	评分标准				评分
				好	较好	一般	差	
德	15	能树立正确的世界观、人生观、价值观，爱岗敬业、奉献精神强	5	5	4	2~3	0~1	
		能自觉遵守各项规章制度	5	5	4	2~3	0~1	
		尊重领导和同事，服从工作安排，团结协作精神强	5	5	4	2~3	0~1	
能	20	熟练掌握本员工作业务和操作技能	7	7	5~6	3~4	0~2	
		能独当一面地完成工作任务	7	7	5~6	3~4	0~2	
		工作效率高	6	6	4~5	2~3	0~1	
勤	15	工作积极主动踏实肯干不断进取	5	5	4	2~3	0~1	
		勤于思考及时向领导提出工作建议	5	5	4	2~3	0~1	
		工作不分分内分外吃苦精神强	5	5	4	2~3	0~1	
绩	35	圆满完成领导交办的各项任务，在各项检查考试评比中取得较好成绩，90分以上为好，80~90分为较好，60~90分为一般，60分以下为差	15	15	12~14	9~11	0~8	
		月度，季度综合评比结果优良，凡月季度评比为末位分别扣1分和3分	10	10	8~9	6~7	0~5	
		工作质量高，全年无差错	10	10	8~9	6~7	0~5	
廉	15	克己奉公，廉洁自律	5	5	4	2~3	0~1	
		依据通报批评、警告等违规情况考核	10	10	8~9	6~7	0~5	
合计	100		100					

最终分数主要包括两个部分：
（1）量化考核分数，按照60%的比例在总分中计入；
（2）民主测评分数，按照40%的比例在总分中计入。
在对最终的考核分数进行统计时，如果存在以下任何一种情况，那么就判定其不合格，并对该员工的奖励性绩效工资进行减发：①在当年受到公司严重警告、批评的员工，不对其发放奖励；针对未受到警告、批评的员工，需减半发放奖励；针对正接受调查的员工,需暂缓发放奖励。②假如员工的年度考核等次为不合格,那么不予以发放奖励;如果年度考核等次为基本合格,那么需减半发放奖励。③如果员工在当年旷工1天,那么应扣10%;如果旷工2天,那么应扣50%;如果旷工超过3天,那么就不予以发放。④如果员工全年的事假超过一周,那么从第8天开始,每天扣除1%,累计超过60天便直接扣除。

第五,考核结果的运用。在完成年终考核之后,需要由该企业办公室来汇总排序员工的年度考核结果,并将其当作评选优秀部门或个人的依据。如果部门与员工的考核结果为优秀,那么该企业需要在年度审计工作总结会议上对其进行表扬;假如部门与员工的考核结果为不合格,那么该企业领导需要一对一地与其进行沟通。

2. 该企业绩效管理现状分析

为了更好地分析该国有企业的绩效管理情况,笔者收集了诸多一手资料,并设计了一份包含10个问题的调查问卷。通过这些问题,可以将该企业绩效管理实际的实施情况反映出来。本次采取抽样不记名的方式,对该企业共100名员工进行了调查,本次共发放100份问卷,实际回收100份,问卷有效率达100%。

首先在员工个人信息方面见表2。

表2 该企业员工基本信息

类别	项目	比例
年龄	30岁及以下	45%
	30岁至50岁	47%
	50岁及以上	8%
工龄	1年及以下	41%
	1年至3年	35%
	3年至5年	15%
	5年及以上	9%
职位	高层管理者	3%
	中层管理者	22%
	普通员工	75%
学历	大专及以下	55%
	本科	30%
	硕士及以上	15%

该企业员工年龄集中在50岁以内,工龄分布在3年以内,职位主要是普通员工,学历多为大专及以下。

其次对员工对绩效管理的认识情况进行了分析,首先在对绩效管理的认识情况方面,有22%的员工对绩效管理持了解的态度;有35%的员工对绩效管理持一般的态度;还有43%的员工对绩效管理持不了解的态度,总体而言员工对绩效管理的了解程度不高。

数据看出有2名管理人员对绩效管理持了解的态度,比例为20%;有3名管理人员对绩效管理对比较了解的态度，比例为30%；有4名管理人员对绩效管理持不太了解的态度，比例为40%；还有1管理人员对绩效管理对不了解的态度，比例为10%。

在进行绩效管理时需要建立科学的管理体系，这样才能提升绩效管理的有效性。对公司员工进行了相关的调查，有30%的员工认为绩效管理体系科学；有41%的员工认为绩效管理体系不科学；还有29%的员工认为绩效管理体系不科学，有将近三成的员工都表示绩效管理体系不够科学，这就为绩效管理工作开展带来一定的阻碍。

绩效管理制度也会对绩效管理工作开展产生一定的影响，完善的绩效管理制度能够为绩效管理创造条件，该企业员工对绩效管理制度的评价情况为：有26%的员工认为绩效管理制度完善；有38%的员工认为绩效管理制度一般；有36%的员工认为绩效管理不完善，这就说明该企业绩效管理制度存在不足。

该企业员工对绩效管理工作的满意度情况为：有49%的员工不确定自己是否满意该企业现行的绩效管理体系；有25%的员工不满意该企业现行的绩效管理体系；其余26%的员工则对该企业现行的绩效管理体系持满意态度。由此可见，该企业现行的绩效管理体系依然存在诸多的不足之处。

三、该企业绩效管理中的问题

（一）绩效管理指标不合理

绩效管理工作实施时需要对员工进行考核，通过考核了解员工的具体工作表现。该企业现有的考核指标不够合理，在进行考核时并没有充分考虑员工的具体工作岗位以及工作内容，当前主要的考核指标是员工的出勤率，片面认为员工的出勤率越高，表现越突出，这就导致员工磨洋工情况出现。以销售人员为例，仅仅是从销售人员的销售业绩出发，并没有对账款回收情况进行考核，这就使得销售人员不重视账款回收，在账款回收中投入的精力比较少，很多账款无法及时回收。销售人员为了自身业绩，盲目允许客户进行赊销，对公司的发展产生不利影响。

（二）缺乏专业的绩效管理人才

绩效管理工作实施需要专业的管理人才，绩效管理人员的素质直接关系到绩效管理工作的实施。该企业现有的绩效管理人员素质比较低，制约着绩效管理工作的实施。其中，专科及以下学历的绩效管理人员数量为2名，比例为40%；本科学历的绩效管理人员的数量为2名，比例为40%；研究生学历的绩效管理人员数量为1名，比例为20%。绩效管理人员的学历集中在专科学历以及本科学历，研究生学历人员数量相对来说较小。学历水平低，很多先进的绩效管理手段无法应用到实际工作中。除此之外绩效管理人员的工作时间也比较短，当前绩效管理人员的工作时间情况如下：

工作时间在2年以内的绩效管理人员数量为3名，比例为60%；工作时间在2~5年的绩效管理人员数量为1名，比例为20%。余下的1名绩效管理人员的工作时间在5年以上，比例为20%，整体而言绩效管理人员的工作时间较短，这就对绩效管理工作实施产生一定的影响。

（三）绩效管理目标不明确

绩效管理工作具有重要的作用，能够有效提升员工工作积极性。该企业在进行绩效管理时现有的管理目标不够明确，从而影响到绩效管理工作的实施。绩效管理不明确表现在以下几个方面：第一，无论是管理人员还是基层员工对于绩效管理的认识都比较浅，在绩效管理中投入的精力比较少，这就使得很多绩效管理制度无法落实到实际工作中。第二，绩效管理与晋升机制联系不紧密。公司应根据绩效考核的具体情况，给予员工晋升机会，然而现阶段公司的这两者是分开的，绩效管理并没有与晋升结合在一起，晋升具有一定的盲目性，从而影响到员工满意度。

（四）考核反馈机制不健全

绩效管理工作开展的目的是激发员工的工作热情，这就需要考核结束后对员工进行相关的调查，充分了解员工对绩效管理的满意情况，然而现阶段该企业考核反馈机制不健全。考核结束后只是将考核结果公布出来，该企业反馈机制不完善体现在以下几个方面：第一，在与员工沟通考核时并没有充分了解考核者的具体情况，以至于在与考核者进行沟通时，无法明确沟通。第二，在与反馈者进行沟通时方式不完善，管理人员错误地认为两者在访谈时属于上下级关系，语气比较生硬，多为命令式语气，这就会引起考核者的不满，对考核者发挥产生一定的影响。第三，在沟通技巧方面，没有结合各岗位员工的实际情况采用合适的沟通方式，以至于很多员工对绩效反馈工作持抵触的心理。

四、该企业绩效管理问题出现的成因分析

1. 管理理念不正确

正确的管理理念是绩效管理工作开展的基础，只有认识到绩效管理的重要性，才能重视绩效管理，为绩效管理工作开展奠定一个良好的基础。然而根据上一章节的分析可知，该企业绩效管理工作开展中现有的管理理念不正确，管理人员对绩效管理的认识水平比较低。造成这种情况出现的重要原因是公司缺乏对管理人员的教育，该企业并没有邀请高校讲师对管理人员进行相关的培训，以至于管理人员对绩效管理的认识停留在初级水平；不仅如此在对管理人员进行考核时并没有将绩效考核纳入考核体系中，以至于管理人员在绩效考核工作中投入的精力比较少。管理理念不健全还体现在员工方面，很多员工认识不到绩效管理与自身的关系，错误地认识绩效管理是公司管理人员的职责，与自身没有太大的关系，在这种错误认识下员工并没有参与到绩效管理工作中，缺乏对绩效管理工作的监督，从而使得管理人员无法及时发现绩效管理工作开展中存在的问题。

2. 绩效管理方法粗放

类似于大多数公司，该企业当前对员工考核的内容依然以"勤、德、勤、绩、生活作风"为主，考核内容不够具体、客观，无法将员工实际的工作业绩反映出来，导致该企业的考核结果存在较强的主观性，而且不够科学合理。不仅如此，该企业的考核指标不够具体，同时针对性较差，难以将各个岗位员工的工作能力及其贡献率真实地体现出来。

现阶段，该企业的考核内容基本已经固定，尽管考核题目有所区别，但基本离不开上述几个方面，而且所有岗位、职务的考核内容基本相同，没有结合不同的岗位与职务设置相应的考核内容，不仅缺乏特色，而且考核标准未得到明确，考核评分体系不够完善，存在较大的主观性，从而对最终考核结果的客观性与准确性造成了较大的影响。不仅如此该企业绩效管理工作结束后激励工作不到位，将员工的工资与考核结果联系起来，并没有提供相应的福利，精神激励进展缓慢，以至于无法发挥员工的作用。

3. 绩效管理与考核的方法不科学

现阶段，该企业在考核内部工作人员时，采用的方法比较简单粗放。根据实际情况可知，由于粗放型的单层次民主测评中一般含有主观因素，因此最终的测评结果通常不够客观、准确。尽管该企业也采取了平时考核制度，但由于其内容不够完整，缺乏具体、统一的标准，因而发挥的作用不佳。此外针对平时考核，虽然该企业的人事部门提出了一定的要求，但并没有将其落实到纸上，从而导致平时考核的作用被弱化。此外，该企业采取的考核方式比较单一，每年都是在年末进行考核，尽管划分成了两个环节，即个人总结与考核评分，从整体上来看比较合理，但这种方法类似于期末考试，无法确保日常工作的顺利开展，而且由于没有实时地跟踪与评价平时工作，导致考核固有的作用消失，进而对该企业的发展造成不利影响。

4. 未充分发挥绩效考核结果的作用

绩效考核的主要目的在于使工作人员的工作积极性得到充分调动，确保企业战略目标的顺利实现。所以在绩效考核中，极其重要的一项内容就是激励机制的建立与健全。而在该企业当前的考核制度中，经常会出现没有及时奖励表现优秀的员工的情况，从而降低了员工的工作热情与积极性。同时，该企业仅仅将考核结果当作对员工工作情况的基本判断依据，没有充分发挥其固有的作用。如此一来，导致员工往往会忽视绩效考核这项工作，从而对绩效考核激励作用的发挥造成不利影响。

根据以上分析可知，该企业目前仅仅在年末实行一次绩效考核，而且考核内容没有区分岗位与职务，如此一来，导致无论员工有多高的工作效率，最终的考核结果都一样，甚至一些平时表现较差的员工的考核结果更好，这不仅会降低员工工作的主动性与积极性，而且会对绩效工资的分配造成不利影响，久而久之，在没有实际回报作为激励的情况下，该企业内部很容易会形成"吃大锅饭"、大家一起混日子的不良工作风气，从而影响到整个公司的健康发展。

五、加强该企业绩效管理的策略

1. 树立正确管理理念

要想绩效管理工作顺利进行需要公司管理人员以及员工具有一个正确的认识，这是绩效管理工作实施的前提。该企业发展时需要做好必要的教育，转变管理人员以及公司员工的观念，具体可以从以下几个方面入手：第一，公司可以不定期开展一些绩效管理的讲座活动，邀请高校讲师进行相关知识的讲解，在讲座活动中管理人员以及员工可以与讲师进行沟通，将自己对绩效管理的认识告诉讲师，有利于讲师结合管理人员认知上存在的错误进行针对性地调整。第二，公司在对管理人员进行考核时要将绩效管理纳入考核体系中，以便于使管理人员在绩效管理工作中投入更多的精力。第三，公司员工需要认识到绩效管理工作对自身发展的重要性，积极参与到绩效管理工作中，做好监督工作。在发现绩效管理工作中存在违反公司规定行为时应及时地将情况反映给公司管理人员，便于公司管理人员更好地进行调整。

2. 规范绩效管理与考核方法，完善绩效考核体系

对于该企业绩效考核体系的构建来说，其完整的体系主要涉及以下几个部分：

（1）考核目标。对于绩效考核目标来说，其作为整个考核体系的一个明确指引，唯有明确该企业开展考核的最终目标,才可以知晓以怎样的角度来构建考核体系是有效的。通常来说考核的目的需要统筹考虑企业以及员工两方面。以企业的层面来分析,该企业管理者需要分析其营运的实际情况、人员是否晋升或下降以及服务对象是否满意。以员工的层面来分析,其要能够激发员工的综合水平及能力、保、保障员工综合素质的增强、个人服务能力的提升以及自我管理的强化等,这些内容均应纳入考核的内容中。

(2)考核原则。对于绩效考核体系来说,其并非凭空构建,而是基于一定的绩效考核而发展的,当在开展绩效考核的时候,该企业必须坚持科学原则,同时秉承着公正以及一致性等原则,采用这些原则能够提升公司绩效管理效率,增强绩效考核结果说服力。

(3)考核执行关系。由于考核具有一定的主观性,因此即使针对同一员工不同的考核官得到的结果也不尽相同,所以考虑到这一因素,该企业在考核过程里要尽可能实现"管办分离"。在该企业中,考核官要熟悉各个岗位的特征以及相应职能,以此来制定相应的考核标准,了解被考核者在相应岗位中的工作状态,除此之外,考核官需要保证权威性以及公正性。

(4)考核周期。任何考核周期的制定都要以具体单位的要求来进行明确,除此之外,针对各考核指标。该企业也可以制定不同的周期,开展相应的考核工作。

(5)考核内容。在考核体系里最为重要的一项即为考核内容,所以对该企业来说,其需要基于整个绩效体系来进行内容的确定,在原有考核内容的基础上不断地进行健全及创新。

(6)考核方式。针对不同的考核内容,该企业应该使用不同的方式方法进行考核,要根据实际情况来进行制定。然而大体上而言,针对考核的评估方式需要先同该企业的发展目标相一致;再以激励员工作为辅助作用;最后要在保障上述两方面内容的基础上,综合考虑成本,秉承节约成本这一理念。

(7)考核结果及使用。最终的考核结果会同被考核者呈现出紧密的相关性,譬如说其工资是否上升、其是否需要转职、岗位是否提升等内容。所以,该企业的人力资源等相关部门务必要对考核结果予以高度重视,同时做好档案管理等相关工作。

3. 健全绩效考核指标

该企业需要选择合适的考核模式,并对现有的考核指标进行调整。在考核模式方面,不仅需要在年末进行考核,还需要实施季度考核,不必采用月度考核,一方面月度考核比较频繁,容易增加考核的工作量,另外一方面月度考核由于时间比较短,不能真实反映公司员工的具体表现,采用季度考核可以减轻工作量,同时增强结果说服力,为年度考核奠定基础。在考核指标方面,不同岗位的工作内容不同,应结合具体科室、具体员工的岗位特点,不断对考核指标进行完善,这样才能为绩效管理工作开展奠定一个良好的基础。仓管员是公司仓管工作的实施主体,主要负责公司各种物资的保管,是公司业务开展的重要岗位。结合公司情况以及仓管员的工作特点,制定了如表3所示的考核指标。

该企业对仓管员进行考核时指标涉及物资数量准确性、账实一致、盘点合理、物资利用、物资保管等方面,采用自评以及上级领导评价相结合的方式,了解仓管员的具体工作情况,提升考核结果说服力。

在职位晋升方面,该企业需要制定相应的晋升标准,将考核结果纳入职位晋升标准中,以仓管员为例,具体晋升标准见表4。

表3 仓管员考核指标表

工作完成情况	工作内容	保管各种物资				
	工作目标	物资安全、定期盘点，账实一致				
	自我评价	自我评价				
		1	2	3	4	5
	上级评价	上级评价				
		1	2	3	4	5
指标考核						
指标名称	1	2	3	4	5	权重
物资数量是否正确、完备；账实是否一致						40%
盘点工作是否合理，执行是否到位						20%
物资不得挪用，员工不得随意领用						20%
保管工作是否得当合理						20%
指标考核结果	第一次考核结果		总分		等级	
	第二次考核结果		总分		等级	
	第三次考核结果		总分		等级	
改进方向						

表4 仓管员晋升标准表

评价指标	具体内容	评价标准
个人能力	工作时间（2分）	工作时间1年以内0.5分；工作时间1~2年内1分；工作时间2~2.5年，1.5分，超过2.5年，2分
	学历水平（2分）	高中及一些学历1分，专科学历1.5分，本科学历2分
	考核等级（2分）	一般0.5分，中等1分，良好1.5分，优秀2分
人际关系	上级领导评价（2分）	上级领导评价高2分，评价良好1.5分，评价一般1分
	同事关系（1分）	同事关系一般0.5分，同事关系融洽1分
贡献	有无额外贡献（1分）	有额外贡献1分，无额外贡献0.5分

晋升标准制定后，严格按照晋升标准对表现优异的员工实行岗位晋升，这样可以为员工提供施展自身才华的平台，提升仓管员满意度。

4. 构建完善的考核结果反馈机制

该企业在进行绩效管理时还需要做好绩效反馈工作，构建完善的反馈机制，保证绩效管理顺利进行，具体见表5。

表5 考核反馈沟通表

手段	具 体 内 容
了解考核者情况	了解考核者的年龄、岗位、家庭情况、工作情况等，根据员工的具体情况选择合适的沟通时间以及沟通方式

表 5（续）

手段	具 体 内 容
良好的沟通态度	重视表现出友好的态度及语气，倘若不注意自身的言辞，那么很可能影响到考核者的发挥，甚至使其消极情绪得到激发
采用合适的沟通策略	基于各考核者的自身特征来选择相应的沟通策略，切勿激进地在谈话里和盘托出全部问题，导致问题无法得到有效解决
做好引导工作	要对被考核者进行相应的引导，使其可以保持积极的心态，真诚地回答和解决面临的问题，这样不但可以保障员工得到较大程度的成长，还可以构建出轻松的工作以及考核氛围

采用上表能够更好地与被考核者进行沟通，提升绩效考核效率，为各项工作开展奠定基础。

六、结论

市场竞争越来越激烈，企业发展时需要做好绩效管理工作，结合绩效考核结果对员工进行激励，激发员工工作热情，然而企业绩效管理工作开展时存在一些问题，通过对该企业研究发现，国有企业绩效管理中存在的问题包括绩效管理指标不合理、缺乏专业的绩效管理人才、绩效管理目标不明确以及考核反馈机制不健全，造成问题出现的原因有管理理念不正确、绩效管理与考核内容单一、绩效管理与考核的方法不科学、未充分发挥绩效考核结果的作用。结合这些原因提出树立正确管理理念、规范绩效管理与考核方法、构建科学合理且操作性强的指标体系和构建完善的考核结果反馈机制等策略和措施，采用这些措施可以加快该企业绩效管理工作开展，为该企业发展奠定良好基础。

参 考 文 献

［1］马静．企业绩效管理体系的优化研究［J］．中国商论，2017（25）．

［2］戴训华．高层管理者绩效考核体系优化思路探讨——以江西电信市级分公司为例［J］．当代经济，2018（11）．

［3］王艳艳．论战略性绩效管理的理论基础［J］．商业研究，2019（3）．

［4］黄美灵，周茹．绩效考核与绩效管理关系的文献综述［J］．北方经济，2018（14）．

［5］徐振亭，刘怫翔．论KPI绩效考核体系的构建［J］．中国管理信息化，2020（17）．

［6］白璐．浅析事业单位绩效管理的问题及对策［J］．人力资源管理，2018（3）：342-342.

［7］李娜．事业单位绩效管理研究［J］．财会学习，2018.

［8］林旭．浅析国有企业人力资源绩效管理问题及其对策［J］．人力资源管理，2018（3）：331-332.

［9］李文祺．事业单位绩效考核［J］．科技信息，2017（29）：2.

[10] 谭仕荣. 浅析事业单位绩效考核存在的问题及对策 [J]. 群文天地, 2018 (4): 1.

[11] 张洋. 建筑施工企业绩效管理的优化 [J]. 山西财经大学学报, 2020, 42 (S01): 3.

[12] 周文成, 吕磊. 平衡计分卡在企业绩效管理中的应用 [J]. 中国集体经济, 2020 (1): 2.

[13] 柱梁. 浅谈县级供电企业绩效管理体系 [J]. 经济管理研究, 2020, 1 (3).

[14] 刘帅, 王兴龙, 韦光海. 金融企业绩效管理存在的问题及对策分析 [J]. 女人坊, 2020 (1): 1.

[15] 温晶媛. 民营企业绩效管理和薪酬管理的优化探析 [J]. 商业经济, 2020 (3): 2.

"双基四柱"现代企业治理体系的创新实践

侯宇刚,李文,徐磊

(山东能源枣庄矿业(集团)有限责任公司综合办公室)

摘要:以深化国企改革为动力,坚决贯彻"两个一以贯之",全面推行现代企业管理制度,创新提出公司治理"双基四柱"体系。所谓"双基",即公司章程以及与之相关的企业内部制度体系,通过党建入章和明晰公司治理权责边界,夯实企业规范治理的根基。所谓"四柱",即持续推进党的领导融入公司治理、加强董事会建设、激发经理层经营活力、完善监督体系建设,形成政治定向、决策导航、效能提升、规矩规范"四位一体"工作机制,构建规范治理体系的"四梁八柱",全面构建了权责法定、权责透明、协调运转、有效制衡的法人治理机制,推动企业实现高质量发展。

关键词:双基四柱;现代企业治理;创新实践

山东能源枣庄矿业(集团)有限责任公司源于1878年创办的"中兴矿局",1956年成立枣庄矿务局,1998年改制为枣庄矿业(集团)有限责任公司,2011年成为山东能源集团的权属企业。2020年7月,原兖矿集团与原山东能源集团联合重组,枣矿集团成为新山东能源集团权属企业。经过140余年的励精图治、接续奋斗,现已发展成为年营业收入超1400亿元、利税总额超50亿元的现代企业集团。集团现有从业人员3.7万人,离退休职工5.3万人。近年来,枣矿集团聚焦山东能源集团建设清洁能源供应商和世界一流企业的目标定位,充分发挥区位优势佳、规模体量大、资源禀赋好、协同能力强等优势,积极融入区域经济社会发展,逐步构建形成煤炭、焦化、电力、橡胶、物商等产业协同并进的良性格局,实现了稳健有序、高质高效发展。

面对煤炭产业低碳转型变革期、能源集团重组整合深化期、枣矿集团高质量发展攻坚期的复杂形势,以深化国企改革为动力,坚决贯彻"两个一以贯之",全面推行现代企业管理制度,创新提出公司治理"双基四柱"体系,将坚持和加强党的全面领导与完善公司治理有机统一,全面构建了权责法定、权责透明、协调运转、有效制衡的法人治理机制,推动企业实现高质量发展。

一、"双基四柱"现代企业治理体系实施的背景

党的二十大报告提出,完善中国特色现代企业制度,弘扬企业家精神,加快建设世界一流企业。公司治理是构建现代企业制度的核心,是成为世界一流企业的根本保障。当前,国有企业的公司治理成效斐然,但也遇到很多现实的问题。党中央、国务院关于国资国企深化改革的一系列部署和新一轮国企改革深化提升行动也为此项工作提出了更高要求,需要认真研究探索,持续完善企业治理。

（一）构建现代企业治理体系，是加强党对国有企业全面领导的应有之义

习近平总书记强调，坚持党对国有企业的领导是重大政治原则，必须一以贯之；建立现代企业制度是国有企业改革的方向，也必须一以贯之。中国特色现代国有企业制度，"特"就特在把党的领导融入公司治理各环节。当前，国企改革到了最吃紧的关键时期。要想把准企业改革正确方向，凝心聚力破解难点问题，在重要领域、关键环节改革取得突破性进展，就离不开党的领导这一根本保障。在新时代新征程中，国有企业更应坚定不移坚持党的领导，坚决贯彻习近平新时代中国特色社会主义思想，忠诚拥护"两个确立"、自觉践行"两个维护"，始终胸怀"国之大者"，坚定历史文化自信，着眼新发展阶段，继承发扬党的历史经验和光荣传统，切实以党的建设为政治统领、行动抓手，引领企业全面深化改革，破除体制机制积弊，推深走实加强党的领导和完善公司治理统一，让党的建设成为国有企业做强做优做大的内核引擎。因此，必须始终坚持"两个一以贯之"，不断完善中国特色现代企业制度，巩固强化党委（党组）把方向、管大局、促落实的领导作用，更好发挥董事会经营决策作用，健全公司治理机制，切实把制度优势转化为治理效能。

（二）构建现代企业治理体系，是培育世界一流企业的重要保障

公司治理是构建现代企业制度的核心，是成为世界一流企业的根本保障。必须遵循产品卓越、品牌卓著、创新领先、治理现代要求，聚焦竞争力、创新力、控制力、影响力、抗风险能力等指标扎实创建、精心培育。

构建现代企业治理体系，有利于提升企业决策能力、决策效率，激活企业微观主体活力，是实现现代企业管理、提升企业竞争力的重要前提。

构建现代企业治理体系，有利于加强与同行业国际先进企业的全面对标，分行业加快建立可量化可操作的世界一流企业评价体系，做好经营业绩考核指标的有效衔接，引导加快补齐短板，提升与世界一流企业相匹配的能力。

构建现代企业治理体系，有利于发挥集中力量办大事机制优势。围绕构建现代化产业体系、推动高水平科技自立自强，突破卡脖子、供应链短板等不足，通过对相关领域超前布局，重点聚焦基础性、前沿性、颠覆性重大技术持续攻关，引领未来科技变革方向，真正成为重大技术的开创者和领跑者。面向全球进一步提升产业链供应链韧性和安全水平，保障国家安全发展。

（三）构建现代企业治理体系，是深化国企改革的必然要求

新一轮国企改革深化提升行动提出加快完善中国特色国有企业现代公司治理的要求，着力提高国有企业核心竞争力和增强核心功能。构建现代企业治理体系，能够将市场化机制全面融入选人用人、企业经营、混合所有制改革等方面，取得更大成效。

推动党管人才和市场化用人机制有机结合。更高质量实施经理层成员任期制和契约化管理，更广推行职业经理人制度，更加灵活实行弹性市场化绩效薪酬分配制度并建立激励约束机制，为企业可持续发展注入更多生机和活力。

推动提质增效稳增长。中央企业2023年主要经营指标由原来的"两利四率"调整为"一利五率"，提出了"一增一稳四提升"年度经营目标，引导企业更加注重投入产出效率和经营活动现金流，不断提升资本回报质量和经营业绩"含金量"。通过构建灵活高效的运营机制，打破传统体制机制束缚，充分释放企业活力，从根本上提高企业效率和对市场的反应灵敏度,让竞争机制、价格机制和供求机制更好发挥作用。

推动混合所有制改革。切实以资本为纽带、以产权为基础,通过体制、机制和管理等全方位变革,充分调动社会资本、民营资本参与发展,最终实现利益最大化。

(四)构建现代企业治理体系,是破解难题完善机制激发活力的关键要素

随着国企改革三年行动圆满收官,国有企业的公司治理能力取得了长足进展,党的领导全面加强,董事会实现应建尽建,党组织、董事会、经理层、监事会定位初步厘清,议事规则不断完善,公司治理结构不断优化,公司治理已经初步完成体系化建设,正从"有没有"向"好不好"转变。但在实践中,国有企业的公司治理也遇到很多现实的问题。

一是党的领导和完善公司治理融合不够。表现在有些企业片面理解和强调党的领导,党组织越位、错位,前置研究扩大化,董事会决策形式化、经理层决策缺位,治理主体的权责边界模糊、交叉。尤其是在"三重一大"决策事项、党组织前置研究清单、董事会议事清单、总经理办公会议事清单的权责边界上出现较多的交叉、重叠、空白、矛盾较多,董事会授权不足、董事会向经理层授权清单虚化等。

二是董事会建设有待加强。一些国有企业董事会没有配齐配强董事,表现为董事会人数未达到公司章程规定人数,董事会构成单一,外部董事未占多数等;董事会运作有待规范,未按规定定期召开会议,董事会会议记录和提案资料不完整等;董事会职权未得到有效落实等。

三是经理层活力有待进一步激发。一些国有企业经理层在经营管理过程中的自由裁量空间小,难以发挥有效作用,影响经营效率。

四是监督体系有待进一步完善。一些国有企业监事会独立性不强,监督作用发挥不足。

这一系列问题导致有些公司治理效能不高,距"权责法定、权责透明、协调运转、有效制衡"的有效公司治理机制还有一定的差距。这些问题,都需要在治理实践中坚持问题导向、强化系统思维,持续整改提升。

二、"双基四柱"现代企业治理体系的内涵和主要做法

所谓"双基",即公司章程以及与之相关的企业内部制度体系,通过党建入章和明晰公司治理权责边界,夯实企业规范治理的根基。所谓"四柱",即持续推进党的领导融入公司治理、加强董事会建设、激发经理层经营活力、完善监督体系建设,形成政治定向、决策导航、效能提升、规矩规范"四位一体"工作机制,构建现代企业治理体系的"四梁八柱"。通过推进"双基四柱"现代企业治理体系,不断完善治理"框架"、扣紧关节"榫卯",规范企业各治理主体行权履职,保障各要素高效协同、融合发力,加快完善公司治理机制,努力建设中国特色现代企业治理的先进企业,不断提升企业经营质效和核心竞争力。

(一)优化顶层设计,以筑牢"双基"推动公司治理深度融合

筑牢改革发展根基,明确党组织法定地位。枣矿集团全面落实《山东省省属企业公司章程制定管理办法》,规范章程内容,强化章程约束。坚持将党的领导、党的建设通过章程法定,突出章程在企业内部的"宪法"作用,实现权由法定、权依法使。实现党的领导章程法定。在依法制定或参与制订公司章程时,将党的组织与党的建设等规定写入章程,

明确党组织在公司治理结构中的法定地位。已设立董事会企业基本实现董事长、党委书记"一肩挑"，配备专职党委副书记，全部设置党务工作部门，全面推进党组织前置研究讨论经营管理重大事项，党组织在公司法人治理结构中的法定地位得到明确和落实，推动党的领导和公司治理深度融合。集团层面带头完成党建入章。枣矿集团第一时间组织力量对章程进行修订，在章程中单列"党的组织与党建工作"一章，将党组织的机构设置、工作职责、工作任务、议事决策机制等内容进行了规范，从制度章程上破解企业党建和经营发展"两张皮"，全面谱写党建与企业融合发展的新篇章。全面完成权属企业党建入章。

近年来，枣矿集团党委把党建入章完成情况作为重要指标，纳入年度党建工作责任制考核评价体系，督促权属各级企业抓好党建入章工作落实。目前，权属二、三级子企业中除境外注册特殊情况，其余子企业全面完成党建入章任务。进一步明确了党的建设在公司治理中的法定地位。

筑牢制度体系建设根基，明晰公司治理权责边界。枣矿集团以有效制衡为核心，明确党组织在法人治理结构中的法定地位，充分发挥党委的领导作用、董事会的决策主体作用、经理层的决策执行作用，清晰界定职责功能，建立完善权责法定、权责透明、协调运转、有效制衡的公司治理结构。优化"三重一大"决策制度。规范"三重一大"事项决策，进一步理顺"三会一层"的关系，是公司改革的关键一环。为了确保重大事项的议事规则科学规范、决策程序衔接顺畅，枣矿集团反复研究，在制度修订上下足功夫，已动态开展多次修订。实现了各治理主体对"三重一大"事项的权责边界、决策范围、决策流程等规定与公司章程保持高度一致。明晰党委会"定"和"议"的具体事项。枣矿集团始终坚持党对国有企业的领导，明确党组织把关定向程序，形成规范的党组织前置研究讨论路线图。明确界定党的建设、重要人事任免等重大事项由党委会决定；重大经营管理事项，由党委会前置研究讨论后，再按照相关规定由董事会决定。在党委会研究讨论重大事项前置把关方面，对于方向正确、大局凸显、有规可循、总体可控的重大决策事项，党委会通过"制度审议""统一把关"的方式，前置研究后进行授权管理，基本实现对同一类型事项的统一把关。

完善各治理主体议事规则。在健全完善党委会、董事会及下设专门委员会，以及经理层的组织机构和制度体系的基础上，枣矿集团修订完善各治理主体议事规则，厘清公司党委、董事会、经理层等治理主体权责，配套修订完善决策事项清单，制定党委会决策事项13项，前置研究讨论事项6项、28条，前置研究讨论事项负面清单6条；明确董事会职权30条、总经理办公会职权19条，基本实现各治理主体不缺位亦不越位、不相互替代亦不各自为政的治理一体化目标。同时，不断推动制度建设向基层企业延伸拓展，结合公司实际，实施差异化治理，制定符合基层企业发展实际的现代企业治理制度，逐步形成系统完备、横向协同、上下贯通、务实管用的制度体系。

（二）聚焦规范提升，以建强"四柱"实现公司治理高效运转

1. 建强政治定向之柱，将党的领导融入公司治理

枣矿集团坚持将党的领导融入公司治理，把企业党组织内嵌到公司治理结构之中，明确和落实党组织在公司法人治理结构中的法定地位。坚持用党的创新理论成果引领发展方向。严格落实"第一议题"制度，把学习贯彻党的二十大精神作为首要政治任务，各级领导班子谈体会、论心得、讲感悟，持续提高对党的创新理论成果的认识。推进"大兴学习

之风提升工作能力"活动长效化，推动习近平新时代中国特色社会主义思想进基层、进车间、进班组、进头脑，引领干部职工把思想统一到做强做优做大国有企业使命任务上来，用实际行动践行"两个维护"，切实把学习成果转化为引领企业发展的前行动力。

坚持党的领导与公司治理相结合。枣矿集团始终坚持把抓党建作为推动企业高质量发展的根本之策，认真贯彻落实党的二十大精神和上级党组织安排部署，大力弘扬南泥湾精神、焦裕禄精神和亮剑精神，各级领导班子以身作则、以上率下，以无声的感召引领带动广大干部职工，凝聚了干群一心的强大合力。不断巩固意识形态阵地建设，紧扣"转型突破"主题主线，先后开设"转型突破如何看怎么干""解放思想在基层"专题栏目70多个，在人民周刊、新华社、中国煤炭报等20余家主流媒体刊发转载枣矿转型发展新成效，全员思想共识充分凝聚、精神动力全面释放。

坚持管党治党责任落实落细。深入贯彻落实"两个一以贯之"要求，将党委前置研究事项清单化，明确党委会研究决定事项、党委会前置研究事项、负面清单事项三个清单，助推党建工作责任落实落地。

坚持把党的建设与日常工作一体谋划、一体推进、一体考核，构建定责、考核、评议、问责工作机制，实现"双融互促"工作格局常态化长效化。

坚持企业发展到哪里，党的建设就跟进到哪里，在基层单位配备中，同步设置党组织、同步配备党务干部、同步谋划党建工作、同步考核党建责任落实情况，实现体制对接、机制对接、制度对接和工作对接。

2. 建强决策导航之柱，加强董事会建设

与时俱进、不断提升，全面加强董事会建设，体系化推进董事会制度完善与运行管理，提升企业经营决策效率，引领企业高质量发展。2022年全年共召开董事会会议17次，对84项涉及投资发展、资产管理、财务资金、审计法务、安全监察等方面的议案进行了科学研究决策，形成决议70项。

不断完善董事会构成。落实"双向进入、交叉任职"领导机制，持续规范董事会构成。目前，枣矿集团董事会成员8人，其中，党委成员3人，外部董事5人，经理层成员1人。董事会成员结构包括技术、财务和人事等方面专家，充分体现专业经验的多元和能力结构的互补，有效促进董事会科学管理与决策。配齐配强董事会工作机构，设置董事会秘书处，与综合办公室合署办公，配备1名董事会秘书、1名专职工作人员，协助董事长负责公司治理制度建设、董事会日常运作等工作。

全面推进董事会运行机制建设。依据能源集团授权的董事会职权，修订完善董事会制度体系，制定了中长期发展决策权、经理层成员选聘权、经理层成员业绩考核权、经理层成员薪酬管理权、重大财务事项管理权等多项职权实施方案。调整细化董事会及专门委员会的议事规则，组织召开董事会专门委员会专务干事会议，对四个专门委员会工作细则等事项进行初审，进一步提升治理水平。着力推动应建董事会的权属企业加强董事会建设，推动权属企业董事会应建尽建，外部董事占多数实现全覆盖，党委书记、董事长由一人担任等工作不断深化落实。

充分发挥外部董事作用。进一步完善沟通与服务机制，强化对外部董事的履职支撑，做好事前、事中、事后沟通制度的落实。制定了外部董事工作制度，促进了董事会的规范管理和有效运行，为履职提供制度支撑。做好会前沟通制度落实，会前提前5天将相关议案材料发送外部董事，便于提前了解决策事项，提高决策效率。

针对重大事项提前充分交流意见，定期向董事监事报送月度经营情况、会议记录、公司治理文件汇编等重要资料，提供煤炭行业信息，以及公司主要业务、财务数据、经理层重点研究事项等重要信息，保障应知必知，促进科学决策。

做好会后工作调研，针对企业发展的难题，协助外部董事开展工作调研，深入现场摸清问题关键，便于进一步掌握公司真实情况，为科学决策提供基础支撑。

3. 建强效能提升之柱，激发经理层经营活力

充分发挥经理层"谋经营、抓落实、强管理"的积极作用，按照《公司法》《公司章程》等法律规章，授予经理层充分、合理的行权空间，赋予部分市场化选人用人、薪酬分配等职权，进一步提高经理层的积极性。经理层行权机制更加完善。在完善经理层行权履职机制方面，通过修订公司章程和有关议事规则，建立董事会向经理层授权管理制度，明确授权原则、管理机制、事项范围、权限条件等，全面保障经理层依法履行职责，共计授权总经理决策事项11项。同步指导应建董事会权属企业，研究制订董事会授权管理办法，从制度层面进一步明确董事会向经理层授权的事项范围、决策程序、行权方式。21家应建子企业范围内，已全部建立董事会向经理层授权管理制度。

全面落实任期制和契约化管理。为进一步落实国企改革三年行动要求，枣矿集团积极探索实施多层次、多样化的中长期激励约束机制，建立健全经理层成员任期制和契约化管理工作制度，每个年度和任期之初，集团公司董事会依据经营业绩考核办法，与总经理签订年度和任期经营业绩责任书，以合同契约的形式把任期目标与薪酬激励、考评聘用有效衔接。有序推进职业经理人选聘制度落实，制定职业经理人管理办法，完成恒通橡塑职业经理人竞聘，走出了真正依靠市场机制用人的第一步。

强化经营管理层责任落实。枣矿集团坚持授权与管控相结合的方式，落实总经理对董事会负责、向董事会报告机制，制定经理层向董事会报告工作制度，完善总经理向董事会报告工作流程，每年定期向董事会报告经营成果和经理层履职情况，形成授权工作闭环管理，主要报告公司经营计划实施情况、董事会决策执行情况、董事会授权执行情况及下一步工作安排等方面内容。全面压实经理层责任，结合年度整体经营业绩指标和经理层成员岗位分工，细化经理层对公司日常生产经营管理的职责，确保规定动作、具体指标落实到位。

4. 建强规矩规范之柱，完善监督体系建设

枣矿集团党委认真履行监督主体责任，纪委充分发挥好监督专责作用，党委书记扛起第一责任人责任，领导班子落实"一岗双责"，协同贯通纪检监督、巡视监督、审计监督、组织监督、财务监督等各类监督，并实现有机衔接，构建业务监督、职能监督、执纪监督多层级、全覆盖的监督网络。落实监事会职权，进一步规范行权履职。进一步强化监事会对重大决策程序的监督，切实做到监督关口前移。通过列席董事会和专题工作会议，召开监事会会议等形式，参与重大决策、重要人事任免、重大项目安排和大额度资金使用等重大事项的研究、审议，并提出合理的意见和建议。加强与董事会的工作沟通交流，注重事前沟通和事中参与，通过调查、评估、风险提示警示等，加大对"三重一大"决策过程的监督，防范决策风险，提高科学决策水平，发挥过程监督作用。

持续拓展"大监督"格局，推动党内监督与公司治理深度融合。全面落实纪委、审计、巡察、职工代表大会等各治理层级监督责任，全面落实巡察整改政治责任，两级党委制定的3164项整改措施全部办结销号，移交的19条问题线索全部快查快结，完成建章立制1067项。在检查监督方面，明确监督内容、要素和周期等，充分发挥监督发现问题、防范风险、推动改革、促进治理的作用，努力做到在治理中发挥监督作用，在监督中提升治理效能。

创新审计监督模式，组织省外境外参控股企业综合性评估评价，开展招投标、合同签订、工资分配等多维度检查，有效化解了潜在运营风险。

落实"三个区分开来"，提升精准监督效果。枣矿集团正确把握"三个区分开来"的基本原则，认真践行容错纠错机制，旗帜鲜明地为敢于担当、踏实做事、不谋私利的干部撑腰鼓劲，不断激发干部大胆创新、干事创业的生机活力。

精准实施容错纠错机制，综合考虑错误性质、情节后果、主观态度等因素，依法依规依纪处置，实现错责相当、精准适用。坚持严管厚爱结合、激励约束并重的管理方式，划定"容"的底线、区别"错"的性质、释放"暖"的温度，做到容错纠错有态度、有精度、有温度，持续激发广大干部敢于斗争、实干担当的热情，营造了干事创业的良好氛围。

三、"双基四柱"现代企业治理体系的实施效果

持续将制度优势、工作优势转化为企业治理效能，为高质量发展注入新动能和发展后劲，保持了健康发展态势，转型升级取得了积极成效。

（一）党的领导不断加强，管党治党成效显著

1. 党建引领作用得到充分发挥

全面落实党委会对董事会决策事项的前置把关作用，重点对决策内容及其贯彻落实是否符合正确方向、符合法律法规、符合能源集团及上级党委部署，符合效果预期等方面进行把关。提交董事会决策的重要事项必须先经党委会前置研究提出意见，2022年共召开党委会73次，对100余项"三重一大"事项形成组织意见，确保决策方向符合党中央方针政策、符合改革发展所需、符合职工群众期盼。坚持把党的建设融入企业发展中心，重点抓好党建突破项目，在省国资委、能源集团党委2021年度党建突破项目评选中，枣矿党委均获评一等奖，成为能源集团唯一"双冠军"。

2. 管党治党责任得到全面落实

全面落实"两个一以贯之"要求，推进党的建设与公司治理深度融合。持续优化党建工作责任制考核细则，明确6项一级指标、21项二级指标考核要点和标准，使各项指标可操作、能落地、出实效，切实考出了压力和动力；超前谋划开展党建责任制和党风廉政建设年度考核，对38家基层单位进行全面考核评价，推动责任层层落实，为摸清底数、优化思路提供了科学借鉴。

3. 党管干部效能持续增强

持续深化国企改革"三年行动"，不断加强党对国有企业的全面领导，推动企业管控体系发生深刻变革。严格落实能源集团"3233"规划，着力实施"中层瘦身"行动，"一企一策"推进18家权属单位机构改革，机关部门平均压减51%，机关定员压减17.9%。创造性推进干部能上能下制度落实，不断完善"赛马"机制，采用"三考双推一聘"方

式选拔三级单位经营副职 15 人、机关业务人员 13 人，打造了一支能担当、能干事、干成事的新时代干部队伍。

（二）董事会决策高效落实，公司运转更加规范

在董事会规范管理、科学决策、高效运作下，公司的治理水平不断提升、发展活力不断显现。

1. 煤炭高效发展步入新阶段

聚焦稳量提效，着力打造集约高效生产格局，12 项"两优三减"重点项目全部完成；聚焦提质创效，注重产销深度协同，实施"精煤战略"，放大煤种优势，精煤回收率达 76%，实现结构性增利 5 亿元；聚焦增量拓效，把压煤村庄搬迁放在保生存发展的首位去抓，签订地企战略合作总协议，完成 6 个压煤村庄搬迁任务，解放可采储量 1286 万吨，有效缓解了接续紧张局面。

2. 重点项目实现新突破

一是面对高温雨季、疫情封控、设备供货受阻等困难，参建单位统筹抓好安全、质量、工期等关键要素，按时建成枣矿综合物流园储配煤一期项目，具备 160 万吨静态储煤能力，顺利通过能源集团考核验收。二期项目同步有序推进。二是田陈富源 2×35 万千瓦项目仅用 18 天完成机组试运行，20 天取得发电业务许可证。三是多方筹措资金保障红墩界电厂项目建设，积极开展周边优质煤炭资源调研，构建煤电一体化发展格局。四是深入落实国企改革三年行动任务，六大方面 51 项重点改革任务全部完成。认真贯彻能源集团"十个一体化管控"整合要求，"零震荡"推动了地矿慧通和鲁南装备 10 户企业的平稳接收，高效落实了矿山救护、新闻系统、电力板块整合任务。

3. 运营管控激发新活力

更加注重考核针对性、管控科学性，经济运行质量稳中趋优。扎实推进"两增三降三提升"，全年创效 30.68 亿元，超分解目标 8.34 亿元，增加现金流 38.47 亿元，超分解目标 5.82 亿元。持续提升运营质效，完善设备物资、洗选加工、机械修、定额定员等精益市场，构建了"13366"两化融合管理体系。七五"零星工程零外委"做法列入能源集团典型案例推广；高庄纳入能源集团首批四家融合管理系统试点单位。强力攻坚亏损治理、"两金"压控、存量资产变现，推进权证手续办理，较好完成考核任务要求，企业生产经营活力不断被激发。

（三）转型突破成效凸显，企业发展进入"历史最好时期"

1. 改革创新取得新突破

主动融入全省"十大创新行动"，健全完善科技创新激励政策，编制科技创新中长期规划，明晰了未来三年科技创新发展路径。6 个项目入围国家安全生产协会科技进步奖；29 个项目获得省煤炭工业科技进步奖，位居省内煤矿企业前列。加强研发平台建设，引智引技攻关薄煤层智能化开采项目，"智慧矿山"建设迈出关键步伐。付村、七五分别具备国家级智能化示范煤矿Ⅱ类中级、初级水平。推动橡胶产业创新平台提质升级，亿和输送带实现省级研发平台新突破。

2. 综合实力跃上新台阶

2022 年，枣矿集团通过系列措施落实，迈上了转型突破的新台阶。煤炭产量完成 1656.52 万吨，销量完成 1608.97 万吨，完成收入 1200 亿元，实现利润 80 亿元，分别较

去年增长 16.27%、15.68%、22.08%、220%，创出了"十项历史最好成绩"，取得了"十个历史性新突破"，实现了"历史最好年"。这是枣矿集团 2022 年交出的成绩单，是推进创建公司治理示范企业的靓丽答卷，也是国企改革三年行动全面收官的有力支撑。

3. 干事创业氛围呈现新气象

始终坚持以制度建设营造干事创业良好氛围，不断强化过程管控，完善领导班子周例会机制，坚持月度任务目标落实与重点工作调度推进相结合，确保工作落实有序高效。2022 年年初细化分解的 27 大项、53 小项、234 个节点目标的重点工作，除 4 项因不可控因素办理延期外，其余全部按期完成。高质高效抓落实的工作精神，凝聚了干事创业的良好氛围，企业高质量发展后劲不断增强。

进口炼焦煤对国内市场的影响分析及对策建议

陶 书，张富根，陈晓青

（山东能源集团营销贸易有限公司）

摘要：近年来，我国煤炭进口连续稳定增长，2021年创历史新高，进口总量3.2亿吨，其中炼焦煤进口维持在6500万吨左右，占比20%~25%。特别是2023年以来，蒙煤、俄罗斯炼焦煤进口大幅增加，带动国内煤炭价格快速回落。在全国粗钢产量平控政策延续实行，国产炼焦煤增量有限的背景下，进口炼焦煤将成为影响我国炼焦煤市场走势的主要因素。

本文通过对蒙古国、俄罗斯、澳洲进口煤资源情况、主要流向、煤质情况进行分析，进而对其辐射范围和影响区域进行比较剖析。从短期看，进口煤将快速扭转国内当前资源偏紧的供需格局，彻底改变下游低库存现状。从中期看，近年国际煤炭价格持续下行，将对国内市场带来压力。从长期看，进口煤将改变沿海钢厂用煤结构，带来更长远性的影响。

进口煤炭有利于平抑市场价格，减轻下游行业运行压力，但大量无序的煤炭进口必然对我国煤炭工业带来危害。本文建议煤钢企业理性看待中长协机制，可实行价格熔断机制并适时引入指数定价，相关部门加强中长期合同兑现监管，适度控制炼焦煤进口，促进煤钢焦产业链健康平稳运行。

关键词：进口煤；炼焦煤；定价机制；对策建议

一、引言

2023年3月中旬以来，在国际能源价格快速下行、国内钢材需求萎缩，铁水产量见顶回落的背景下，焦炭价格连续8轮回调，累计下调650~750元/吨。煤炭市场淡季特征明显，价格加速下行，秦皇岛港5500大卡低硫动力煤回落至980元/吨，较年初下降约250元/吨，较2022年12月中旬下降超400元/吨。山东省内电厂市场煤（5000大卡/千克）招标采购价格850元/吨左右，比年初下降350元/吨，炼焦煤价格下调500~1000元/吨。1—4月，全国煤炭总供给量16.72亿吨，同比增加1.47亿吨，增幅9.6%。其中，国内煤炭产量15.3亿吨，同比增加0.8亿吨，增长5.5%；进口煤炭1.42亿吨，同比增加0.67亿吨，增长89%。但下游消费行业增长却维持在2%~4%之间，远不及煤炭供给的增加。1—4月，全国火力发电量1.95亿千瓦时，同比增长4.0%；全国焦炭产量1.6亿吨，同比增长3.7%；全国水泥产量5.84亿吨，同比增长2.5%。供给的增加大于需求的增量，国内煤炭市场加速向买方市场转变，部分煤矿恐将陷入亏损边缘。

全年来看，尽管我国GDP增长目标定为5%，全社会用电增长6%左右，将带动煤炭消费小幅增加，但风电、太阳能等新能源高速增长，冲抵部分火电增长空间。预计2023年新增煤炭消耗2亿吨左右，与全国1.9亿吨的国内煤炭增量基本相当。与此同时，全国煤炭进口超预期增长,进口增量足以改变市场走势,且未来增量如不加以控制,国内煤炭市场恐进入整体过剩状态,煤炭行业也将再次出现亏损。炼焦煤方面,尽管以国产为主、进口补充的炼焦煤供应格局没有发生改变,但在全国粗钢产量平控政策继续实行,国产炼焦煤增量有限的背景下,进口炼焦煤大幅增加,必将给国内市场带来较大影响。因此,进口炼焦煤将成为影响我国炼焦煤市场走势的关键因素。面对进口炼焦煤数量的快速增加,针对以国内大循环为主体、国内国际双循环相互促进的新发展格局。煤钢行业作为国民经济的支柱行业,如何居安思危,如何确保产业链健康稳定发展成为必须思考的问题。

二、炼焦煤进口变化情况

近年来,我国煤炭进口保持连续稳定增长,2021年创历史新高,进口合计3.2亿吨。其中,炼焦煤进口基本维持在6500万吨左右,占比20%~25%(2021年因澳洲煤进口受限,蒙古国煤因疫情影响通关不畅,整体进口量下降明显)。

2016—2020年间,我国主要炼焦煤进口主要来自蒙古国、澳大利亚、俄罗斯、加拿大、美国及印尼等国家。其中,蒙煤和澳煤进口量平分秋色,各占35%左右,俄罗斯、加拿大分别占比分别为12%和8%。2021年以来,因澳煤通关受限,我国炼焦煤进口结构发生变化,进口主要来自蒙古国、俄罗斯、美国、加拿大等,其中,蒙古煤及俄罗斯煤增长明显。从2022年情况看,蒙煤及俄煤成为我国炼焦煤进口主要来源,2022年全年进口炼焦煤6384万吨,同比增长16.7%。其中蒙煤进口2561万吨,同比增幅达82.5%;俄煤进口2100万吨,同比增幅95.6%,如图1所示。

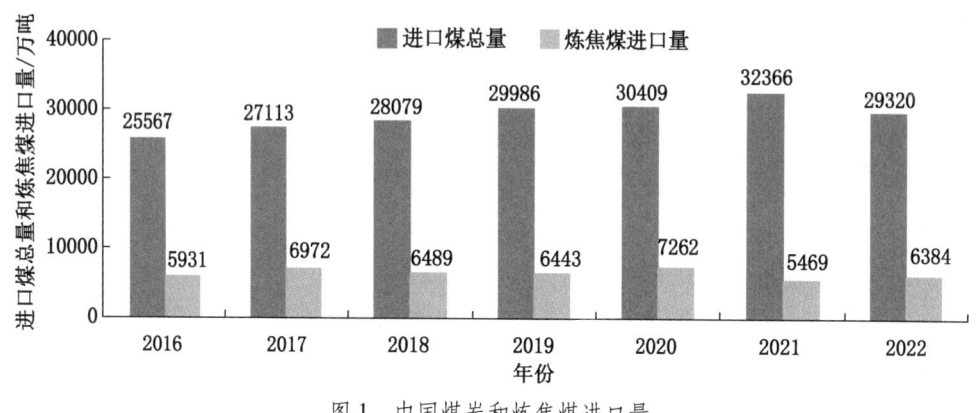

图1 中国煤炭和炼焦煤进口量

三、炼焦煤主要进口国资源及辐射情况

不论是从往年进口炼焦煤渠道分析,还是对当前炼焦煤进口趋势的把握,蒙古国、俄罗斯、澳大利亚都将成为我国最重要的炼焦煤进口国。因此,他们的产量、煤质、运输等情况变化都将对我国市场带来深远影响。

(一)蒙古煤主要情况

1. 资源情况

目前蒙古国拥有煤炭资源矿产地375个,其中烟煤产地138个、褐煤产地237个。重要煤矿有3个，分别是塔本陶勒盖煤矿、那林苏海图煤矿和敖包特陶勒盖煤矿。进口渠道全部为陆路运输，主要通关口岸有甘其毛都、策克、满都拉和二连浩特等。其中甘其毛都口岸是中蒙煤炭贸易量最大的口岸，其地位举足轻重。满都拉口岸近年来货运量快速增长，也逐渐成为重要的运煤通道。

2. 主要流向

甘其毛都口岸主要以5号（原煤）和3号（精煤）为主，其他牌号相对较少。口岸拥有通往我国国内方向的神华自有甘泉铁路，是蒙古国TT煤田、奥尤陶勒盖铜金矿（OT铜矿）最便捷的出口通道。设有加工园区、煤炭进口企业、海关监管场所等，仓储能力达到2000万吨。主要销往内蒙古周边、甘肃、河北、山西等地。策克口岸主要以马克、南戈壁、欧斯克等为主，煤炭品种以1/3焦煤为主，主要销往内蒙古乌海和巴彦淖尔、山西、河北、河南、宁夏回族自治区等。口岸通往我国国内方向有临策铁路和嘉策铁路，但蒙古国内没有铁路通往口岸方向，导致国内临策铁路和嘉策铁路运力闲置严重。口岸配套设施比较完善，设置有洗煤厂。

3. 煤质情况

蒙古煤低硫低灰易洗选，原煤硫分多在1.0%以下，洗选回收率80%以上。从品质上来看，蒙古5号精煤是最接近当前大商所焦煤交割指标的品种，同时也最具有交割经济性。

4. 辐射范围

我国进口蒙煤以蒙古5号、蒙古3号以及1/3焦煤为主，国内流向以内蒙古及周边为主，其中52%的资源被内蒙古企业消化，剩余销往河北唐山、辽宁、山西等地，少量资源通过北方港口下水，销往南方沿江沿海钢厂。

（二）俄罗斯煤主要情况

1. 资源情况

俄罗斯煤炭储量极其丰富，探明储量超250亿吨，其中主焦煤资源量超50亿吨。可采储量仅次于美国，排名世界第二，主要分布在库兹巴斯、伯朝拉、伊尔库茨克、南亚库特、顿涅茨克煤田。煤炭储量分布不均，3/4分布在俄罗斯的亚洲部分，其中45.6%的煤炭储量在俄罗斯中部库兹巴斯煤田。

2. 主要流向

俄罗斯煤炭出口我国的主要运输方式有铁路和海运，其中海运最为普遍，约占整体出口量的90%。远东地区、波罗的海和黑海港口出口量比例分别占50%、30%和12%，国内主要目的地为日照港、京唐港、曹妃甸、岚山港、岚桥港、青岛港等北方港口。

3. 煤质情况

近年来，随着俄罗斯煤炭进口量的不断增加，俄煤正在被越来越多的钢焦用户使用。同时因俄煤中钙镁含量较高，对后期炼钢产生影响，且主焦煤热强度偏低，导致我国进口俄罗斯炼焦煤以肥煤、1/3焦煤等配焦煤为主。其中，K4、K10、伊娜琳等品牌知名度较高，市场认可度尚可。

4. 辐射区域

从目前情况看，俄罗斯煤主要卸货港口为京唐港、日照港等北方港口，辐射河北唐山、山东济宁及部分南方钢厂。其中唐山地区主要以钢焦用户直接使用或洗煤厂掺配使用为主。山东区域以济宁周边民营洗煤厂为主，终端客户直接使用较少，洗煤厂通过与本地资源配洗后，销往山东周边及沿江钢厂。少量资源通过海运方式直接南下，进入沿江沿海钢厂。

（三）澳洲煤主要情况

1. 资源情况

澳大利亚是全球最主要的煤炭生产国和出口国之一，是世界第五大煤炭生产国，同时是世界第一大冶金煤出口国和第二大动力煤出口国。澳大利亚地球科学局发布的数据显示，截至2020年底，澳大利亚具备经济开采价值的黑煤储量为754.28亿吨，褐煤储量为738.65亿吨。其中，黑煤资源主要包含冶金煤和动力煤两大类，集中分布于昆士兰州和新南威尔士州，两州资源占比超过85%，其次是南澳大利亚州、西澳大利亚州和塔斯马尼亚州；90%以上的褐煤资源都分布在维多利亚州的LatrobeValley。

2. 流向情况

目前，澳大利亚主要的炼焦煤生产企业有必和必拓、英美资源、嘉能可、兖煤澳大利亚公司和South32，其焦煤产量占全国总产量的75%以上。澳大利亚煤炭主要通过纽尔斯卡港、海角港出口，主要流向亚洲地区，包括印度、日本、韩国、越南、中国台湾等国家和地区。澳洲煤主要销往中国沿海及沿江地区。

3. 煤质情况

澳大利亚炼焦煤煤质较好，主要有低灰、低硫、高反应强度等优点，其出口冶金煤以优质硬焦煤为主，少量半硬、半软炼焦煤，主要品牌有峰景、贡耶拉、萨拉齐、奥克北等，其中峰景主焦煤最为著名，在国内享有较高的美誉度。

4. 辐射区域

2023年，尽管我国放宽了澳煤进口限制，但因澳洲生产销售计划性较强，销售渠道短期内难以调整到位，整体进口数量偏少。尤其是市场下行时期，在优质、低价的背景下，澳洲主焦煤往往成为国内钢厂打压炼焦煤市场的抓手。

四、2023年进口情况及影响分析

（一）1—4月进口完成情况

1—4月，全国煤炭进口1.42亿吨，同比增加0.67亿吨，增长89%。其中炼焦煤进口3114.4万吨，同比增加1462.7万吨，增长88.6%。分国别看，澳洲进口52.9万吨，同比减少147万吨，占比1.7%；蒙煤进口1533.8万吨，同比增加1192.8万吨，增长349%，占比49.3%；俄煤进口970万吨，同比增加466万吨，增长92.5%，占比31.2%。无论是进口总量还是炼焦煤进口量都接近翻倍水平。

目前来看，尽管澳煤进口限制取消，但因澳洲煤矿生产及销售计划性较强，销售渠道短时间内难以发生大的改变，对我国炼焦煤市场的冲击有限。蒙古国及俄罗斯炼焦煤进口量大幅增加，对我国北方地区及沿江沿海市场造成冲击。特别是俄乌冲突爆发以来，俄罗斯煤逐渐成为我国海运炼焦煤进口主要来源国，并逐步打开沿江沿海市场。

（二）2023年预计完成情况

1. 蒙煤方面

蒙古国总统乌·呼日勒苏赫在2022年11月访华期间，中蒙国家领导人签署相关协议，决定蒙古国每年对华煤炭出口量达到4000万~7000万吨。保守估计，2023年蒙古国炼焦煤进口在4000万~4500万吨，乐观估计全年蒙古国煤进口或超5000万吨，增幅100%以上。

2. 俄煤方面

俄乌冲突爆发以后，欧洲为制裁俄罗斯禁止进口俄煤，随后俄煤到中国的出口量开始激增。从当前情况看，2023年俄煤进入欧洲的可能性依然很小，中国仍是俄煤主要出口地。预计2023年我国对俄煤进口将保持较大幅度增加。

3. 澳煤方面

2023年，澳洲境内更换后工作面的几个大型煤矿将进入稳定生产状态，同时劳动协议的重新签订也将增加煤矿生产的确定性，同时随着疫情影响的减弱，劳动力充足，预计2023年澳洲冶金煤产量会同比上升。根据澳洲煤炭企业财报推算，2023年澳洲炼焦煤产量预计增加1010万吨。在此背景下，澳煤进口政策放宽，国内进口量必然增加，预计全年进口增量1000万吨左右。

（三）进口煤对整体市场影响

2023年3月25日，李强总理主持召开国务院常务会议，确定2023年4月1日起继续对煤炭进口实施零税率，将进一步促进俄煤、蒙煤进口增加。2023年全球炼焦煤资源供给存在进一步提升空间，我国炼焦煤进口量同比大幅增长已是大概率事件，预计全年进口炼焦煤将同比增加3000万~4000万吨，对国内市场带来全方位冲击。

从短期看，进口煤将快速扭转国内目前资源偏紧的供需格局，彻底改变下游低库存现状。目前，全国钢焦企业炼焦煤库存水平维持在11天左右。按照全国炼焦煤消耗170万吨/天水平计算，3000万吨炼焦煤进口增量，可增加全国钢焦企业平均库存可用天数17.6天，届时下游钢焦企业炼焦煤库存将达到29天左右。炼焦煤市场将持续下行，价格继续下滑，特别是东南沿海市场，因钢厂采购方式更加灵活，市场恐加速向买方市场转变。

从中期看，国内市场快速转变，炼焦煤长协定价机制受到挑战，煤炭行业安全、稳定生产带来扰动。随着美联储加息进程的不断推进，美国银行业危机进一步扩大，世界经济复苏困难重重，国际能源需求持续走低，石油、天然气、煤炭等价格连续下行。截至5月15日，澳大利亚峰景矿硬主焦CFR报价256美元/吨，较年内高点下降142美元/吨，降幅36%，同比下降280美元，降幅53%。俄罗斯肥煤国内港口提货价1340元/吨，蒙古国主焦煤库提价1415元/吨。经测算，目前进口炼焦煤到达沿海钢厂与山东能源集团同质级产品价差在300~600元/吨之间。尤其是俄罗斯肥煤，市场认可度较高，被沿海沿江钢厂广泛使用，直接冲击国内肥煤和1/3焦煤市场。同时，大量俄罗斯肥煤进入山东，在与山东气煤配洗后，按1/3焦煤对外销往周边及沿江沿海市场，间接冲击山东炼焦煤市场。在此背景下，今年以来钢厂炼焦煤合同兑现率呈逐月下降状态，个别客户甚至以价格偏高、高炉减产为由缓报月度发运计划，逼迫煤炭企业打破定价规则，于季度内进行价格调整，炼焦煤中长协定价机制受到挑战。从以往经验看，在澳煤限制进口政策出台之前，国内一大型沿海钢厂曾采用"三个1/3"的采购计划，即长协煤、市场煤、进口煤各占采购量的1/3，后因限制进口澳煤而终止。

从长期看，钢铁减量发展是必然，炼焦煤需求量将逐年下降。原国家冶金局副局长赵喜子在2022年熔冶钢铁高峰论坛上指出，我国钢铁行业正面临拐点，钢铁产量已经坚定，10.65亿吨的粗钢是峰值。钢铁行业要走高质量发展的路子、减量发展的路子、低碳发展的路子、走出去的路子。同时，工信部也强调，到2025年，我国粗钢、水泥等重点原材料大宗产品产能只减不增，炼焦煤需求将呈缓慢下降趋势。在此背景下，大量炼焦煤进口将进一步吞噬国产炼焦煤市场份额。从开采成本看，我国煤炭开采仍不占优势，世界主要煤炭出口国印尼和澳大利亚煤炭均以露天矿开采为主，蒙古国作为我国炼焦煤进口量最大来源国之一也以露天开采为主。在煤炭市场相对宽松的环境下，仍然维持大量煤炭进口不利于国内煤炭行业发展，不利于煤炭作为我国唯一自主、可控能源地位的巩固。同时，炼焦煤价格维持低位，也不利于我国稀缺炼焦煤资源的保护。

五、对策建议

煤炭作为钢铁、电力两大行业的主要燃料，无论是从煤钢焦产业链健康发展还是从国民经济健康稳定运行的角度看，当前煤炭价格下跌属于价格合理回归，是国家调控的结果，更是一种必然趋势。煤炭价格高位运行，且超出下游行业承受能力，不利于产业链健康发展，不利于物价稳定。但大量煤炭进口必然对我国煤炭工业带来冲击，给行业正常运行带来扰动，尤其是炼焦煤的进口，给行业带来的伤害更大。为此，我们有以下建议。

（一）理性看待长协定价机制

在国家发改委的指导下，炼焦煤中长期合同实行年度锁量、季度定价。长协价格调整主要由煤钢双方根据市场变化、结合未来趋势协商确定，一旦研判结果与后期走势相去甚远，长协价格与市场差距将快速拉大，严重影响供需合同执行。但短期波动不影响炼焦煤中长期合同价格机制的先进性。事实证明，中长期合同有利于煤钢行业供需衔接，有利于煤钢焦产业链稳定。为此，我们建议煤钢行业要树牢长协价是合理价格，不是最低价的理念，充分尊重长协价格调整机制，理性看待季度内市场波动，坚决做到制度自信、机制自信，坚持执行炼焦煤中长期合同，坚持年度锁量、季度定价机制不动摇，稳定供需格局。

（二）探索价格熔断机制

在煤钢双方共同努力、共同维护下，中长期合同及定价机制有效运行，促进供需合作更加稳定、高效，但也暴露出了一些瑕疵，尤其是在市场发生较大变化，价格差距逐步扩大时，钢厂采购及煤矿销售人员往往面临较大压力，不利于供需衔接，不利于合同兑现，不利于两大行业的健康发展。因此，建议引入价格熔断机制，即当市场发生激烈变化，长协价格与市场差距超出约定范围时，供需双方启动价格熔断机制，可于季度内对长协价格进行适度调整。

（三）适时引入指数定价

由于煤炭价格没有明确的定价依据，煤炭市场上行期时煤炭企业涨价没依据，市场下行时煤炭企业降价也没有依据，供需双方争执不下。给煤钢行业稳定供需带来影响。指数定价具有公开、透明的优势，被广泛用于煤炭钢铁等大宗商品。在国家发改委大力支持下，电煤参考指数定价已非常成熟，机制运行良好。炼焦煤中长期合同引入指数定价，不仅可以完美解决当前价格调整缺乏依据的问题，还能提高煤钢行业运行效率，减少运营成本、交易成本。新华焦煤指数（CPP）是国家发改委价格监测中心与中经社联合发布，以真实合同为基础的唯一国家级炼焦煤价格指数，具有较强的代表性和指导意义。钢材综合指数（CSPI）是中国钢铁工业协会发布的全国性的指数，两者都属于"官办"指数，满足无套利条件。因此我们建议继续进行参考指数定价的研究和探讨,争取在炼焦煤中长期定价中引入相关指数。

(四)加强兑现监管

煤钢企业要秉承"诚信、稳定、协同"理念,既要顶住涨价的诱惑,又要扛住降价的压力,确保供需平稳有序衔接,做到不管市场紧张或者宽松,都能优先保障中长期合同足额兑现。也建议国家发改委加大炼焦煤中长期合同监管及兑现考核力度,督促中长期合同落实,在无不可抗力因素前提下,确保中长期合同兑现满足国家发改委约定月度不低于85%,季度不低于90%的要求。

(五)适度控制炼焦煤进口

习近平总书记指出,要构建以国内大循环为主体、国内国际双循环相互促进的新发展格局。从全国炼焦煤消费量看,我国年消耗炼焦煤约5.5亿吨,其中国产炼焦煤约4.9亿吨,占比89%,进口炼焦煤约0.6亿吨,占比11%。因此,我们必须树牢炼焦煤供应以国产为主,以进口为补充理念。因此,建议国家相关部门根据市场形势及国内供需状况,对炼焦煤进口政策进行适时调整,必要时可以适当控制炼焦煤进口总量及进口速度,促使煤钢焦产业链健康平稳运行。

煤炭企业契约化成本管理模式的构建与应用

张瑞玉，丁文星，龚 悦

（河南省正龙煤业有限公司城郊煤矿）

摘要：基于成本驱动战略，创新成本管理模式是当下煤炭企业在困境中寻找出路的一个选择。河南能源永煤公司城郊煤矿通过构建契约化成本管理模式，以"契约化"为抓手，依据专业技术系统与职能管理部门相融合的思路，划分并明晰各级责任主体，约定各级责任主体的契约化承包成本指标和奖罚措施，直击事前、事中、事后三个环节的成本管理痛点和难点。该模式的实施，实现了员工从被动成本管理向主动成本管理的转变，激发了全员参与成本管理的积极性；使从事一线生产过程的专业技术人员参与成本管理，解决了专业融合缺位问题，提高了经济效益；该模式是创新成本管理模式的一次成功实践，为全行业提供了一份弥足珍贵的成本管理经验。

关键词：契约化；成本管理；技管融合

一、煤炭企业成本管理存在的问题

（一）成本管理理念落后

2020年十九届五中全会将高质量发展作为新发展阶段的试金石，在我国现有的能源体系结构当中，煤炭作为我国兜底保障能源的地位和作用一时难以改变。煤炭企业的发展关乎国家能源产业的发展，要想深入推进能源革命，实现我国能源产业高质量发展，就必须以"煤炭企业"为抓手，率先实现煤炭企业高质量发展。

传统的煤炭企业成本管理理念特征是被动的、滞后的，容易出现两大问题：一是员工被动接受成本管理指标，易受"平均主义"的影响，使得成本管理指标完成度差；二是只注重事后控制，忽略事前和事中环节，导致成本管理不能直达痛点和难点。可以认为，传统的煤炭企业成本管理理念已经无法适应现代化煤炭企业成本管理，不能推动煤炭企业实现高质量发展。

（二）专业融合缺位

煤炭企业成本管控是一个需要多部门、多专业、多维度配合，齐抓共管的复杂体系，但实际管理过程中，由于安全形势、生产任务等环节压力巨大，各部门往往各自为政，以本部门任务为主，不考虑具体实施过程中成本费用的发生情况，抱有成本管控与技术部门无关思想的技术人员还比较普遍，导致矿井要推行一项具体的成本管控措施，涉及其他部门利益时，往往会受到部门壁垒的阻碍，管控效果大打折扣甚至流于形式，不利于成本管控体系的有效形成。

二、煤炭企业契约化成本管理模式的构建

（一）契约化成本管理模式的基本内涵

"契约化"的手段是指在科学确定、双方认同的基础上，通过书面契约的形式替代原有的行政命令，约定经营管理者任期内的契约化承包成本指标和奖罚措施，明确双方的责、权、利，扩大基层单位自主经营权，充分调动职工的主动性和创造性，激发经营活力，从而建立起具有刚性约束力和较强激励作用的成本管理方式。

契约化成本管理是通过划分契约化成本责任主体，以"契约化"的手段编制成本承包指标，以"事前建立标准、事中控制流程、事后对标考核"的原则实施契约化成本管控措施，以"契约化工资兑现"的机制对契约化成本责任主体实施奖惩，实现对企业成本进行核算、控制与监督的成本管理制度。

（二）契约化成本管理模式的主要特征

1. 专业系统与职能科室协同推进是实现成本管理技管融合的重要举措

相比于以往单一的成本管理责任主体，契约化成本管理由专业系统与职能科室协同推进，将成本承包指标细化落实到区队、班组和个人。专业系统能够识别生产经营活动中成本的源头，并按照生产经营活动的性质将各项成本承包指标准确地归属至各个区队；而职能科室则依据成本来源及归属，将各项成本承包指标按照管理性质归属至各个科室，比如"采煤专业—采煤区队—支护用品费—生产科"这样精细化的成本管理。

2. 成本对标考核是发挥契约化成本管理作用的重要手段

事后对标考核作为契约化成本管理的重要手段，在管理流程中起到了承上启下的作用。承上，由契约化成本管理领导小组牵头实施，依据各责任主体的承包成本指标，对一定时期内各责任主体的成本管理效果对标"契约"条款进行对标分析与考核。启下，则是将考核结果应用至契约化工资兑现，完成对各责任主体履行契约情况的奖罚。

3. 契约化工资兑现是发挥契约化成本管理作用的重要保障

在煤炭企业以往的激励机制中，通常仅根据成本节约的程度进行奖赏，短时间内确实有效，但长期来看，当员工意识到自己付出较低努力去节约成本依旧可以得到一定的收益，甚至即便不节约成本，依旧能拿到基础的工资。这样一来，激励机制就显得形同虚设，难以调动员工主动参与成本管理的积极性。

契约化工资兑现的激励机制，其本质原理与股权激励类似，是将员工的工资与成本承包指标完成度、矿井整体效益相挂钩。员工推动降本增效指标越彻底，促使矿井整体效益提升越多，得到的额外激励就越多；反之，不仅得不到额外激励，基础的工资也会随之降低。因此，契约化工资兑现是契约化成本管理发挥作用的重要保障。

三、城郊煤矿契约化成本管理模式的主要做法

河南能源永煤公司城郊煤矿位于河南省永城市，是河南能源化工集团永煤公司与上海宝钢集团共同出资建设的全国首例煤钢合作项目。矿井自1999年开工建设，设计生产能力240万吨/年，2003年竣工投产，创造"当年投产、当年达产、当年盈利"的国内煤矿建设奇迹，2009年核定生产能力500万吨/年。矿井井田面积103平方公里，地质储量7.5亿吨，可采储量4.02亿吨。主要煤种为低灰、特低硫、特低磷、高发热量的易选优质无

烟煤，产品辐射华东、华中、华南十余个省市，并远销巴西、日本、韩国等国家。

城郊煤矿按照现代企业管理制度的要求，提出"工作制度化、制度流程化、管理精细化"的管理理念，以建设"安全高效型、本质安全型"矿井和实现"基础管理精细化、技术装备现代化、人员培训制度化"为目标，依靠科技进步和管理创新，实现了稳产高产、安全高效。城郊煤矿于2017年引入契约化成本管理模式，2022年实现原煤产量251.17万吨，实现煤炭产品营业收入22.46亿元、煤炭产品利润10.89亿元，其契约化成本管理的主要做法如下。

（一）成立契约化成本管理领导小组，明确契约化成本管理目标

城郊煤矿成立了由矿长、矿党委书记为组长，矿党委班子其他成员为副组长，副总工程师、各科室科长、区队队长为成员的契约化成本管理领导小组。其中，为了强化领导小组与基层的联系，在企管科设立契约化成本管理办公室，如图1所示。

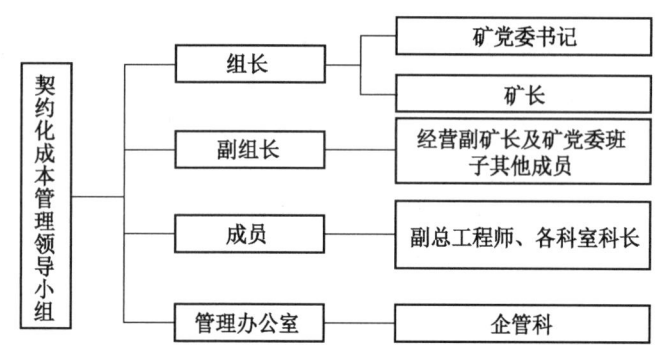

图1 契约化成本管理领导小组组织架构图

城郊煤矿契约化成本管理领导小组代表城郊煤矿与永煤集团签署《城郊煤矿年度契约化管理目标责任书》，并作为第一责任人负责制定各项契约化经营目标，制定流程分为以下五步：

第一步，契约化成本管理领导小组根据《城郊煤矿年度契约化管理目标责任书》，确定年度原煤产量。

第二步，以原煤产量为依据，通过内部市场化定额折算出内部收入预算、原煤完全成本预算以及内部利润预算，并编制城郊煤矿契约化成本管理生产经营指标分解表，见表1和表2。

表1 城郊煤矿契约化成本管理生产经营指标分解表

项目	×××年计划		责任单位
	总额/万元	单耗/(元·吨$^{-1}$)	
一、原煤产量（万吨）	220		生产科调度室
二、营业收入	184641		财务部企管科
三、利润总额	62799		财务部企管科
四、原煤制造成本	101071	459.42	财务部企管科
（一）材料	4951	22.50	企管科
（二）职工薪酬	46200	210.00	劳资科

表1（续）

项目	×××年计划		责任单位
	总额/万元	单耗/(元·吨$^{-1}$)	
（三）电力	8200	37.27	机电科
（四）折旧费	9000	40.91	财务部
（五）安全费用	15400	70.00	企管科
（六）提取的维修井巷费	1320	6.00	财务部
（七）机电设备修理费	300	1.36	机电科
（八）矿山治理保证金	0	0.00	财务部
（九）地面塌陷赔偿费	7283	33.10	财务部
（十）资源成本	587	2.67	财务部
……	……	……	……
五、管理费用	12382	56.28	
六、完全成本	113453	515.70	

表2 城郊煤矿契约化成本管理管理费用指标分解表

项目	×××年计划		责任单位
	总额/万元	单耗/(元·吨$^{-1}$)	
一、四项费用	110	0.50	行政办
（一）办公费	35	0.16	
（二）差旅费	18	0.08	
（三）业务招待费	55.00	0.25	
（四）会议费	2.00	0.01	
二、材料及低值易耗品	5	0.02	
三、职工薪酬	5580	25.36	劳资科
（一）工资	3400	15.45	
（二）社会保险费	650	2.95	
（三）其他薪酬	1530	6.95	
（四）劳务费	0	0.00	
四、折旧费	60	0.27	企管科
五、车辆管理费	25	0.11	行政办
六、办公设备管理费	16	0.07	
（一）电脑、打印、复印机维修维护费	5	0.02	调度室
（二）其他电器维修费	11	0.05	服务公司
七、车辆保险费	10	0.05	行政办
……	……	……	……
合计	12382	56.28	财务部
可控部分	742	3.37	

第三步,通过内部市场化定额结算,对原煤完全成本预算进一步细分为管理费用预算、原煤制造成本预算。

第四步,在原煤制造成本预算和管理费用预算中,进一步划分出原煤制造成本预算可控部分、管理费用预算可控部分,并确定责任单位。

第五步,由契约化成本管理领导小组牵头,在充分听取组内成员的意见后,审批通过年度契约化成本管理目标并下发至专业系统和职能科室。

(二)划分契约化成本管理责任主体,细化契约化承包成本指标

城郊煤矿契约化成本管理领导小组以矿井为一级责任主体。在拆解契约化成本管理整体目标时,横向按照成本归口单位划分出职能科室二级责任主体,纵向则按照产生成本的生产经营活动的性质,划分出专业系统二级责任主体。最后再由二级责任主体将契约化成本管理整体目标细化成五级契约化承包成本指标,分别为:专业系统契约化承包成本指标、职能科室契约化承包成本指标、区队契约化承包成本指标、班组契约化承包成本指标、个人契约化承包成本指标,见表3、表4。

表3 城郊煤矿契约化成本管理职能科室承包指标

单位	项目名称	单位	×××年指标		标准分数	考核周期	责任单位
			总额/万元	单耗/(元·吨$^{-1}$)			
生产科	木材	元/吨	160	0.73	20	月度考核	生产科
	支护用品	元/米	3500	3195	25		
	建工材料:其他	元/米	375	1300	30		
	沿空留巷支护	元/米		3768	17		
	零星工程费用	元/吨	350	1.59	8	季度考核	
地测科	防治水其他材料	元/米	170	37.00	80	月度考核	地测科
	晒图维修费	万元/季	1	0.30	20	季度考核	
通防科	火工品	元/米	30	150.00	20	月度考核	通防科
	通风及瓦斯治理	元/月	1450	120.83	80	月度考核	
安检科	巷道刷白	万元/季	30	7.50	100	季度考核	安检科
企管科	综合材料费	元/吨	21000	95.45	48		企管科
	修旧利废	万元/月	2520	210.00	15		
	钢轨、钢管	元/吨	100	0.44	15		
	专用工具	元/吨	115	0.56	15		
	井下牌板制作	元/吨	26	0.10	7		
	井下牌板制作	元/吨	26	0.10	7	季度考核	
劳资科	劳保用品	元/吨	400	1.73	100	月度考核	劳资科
……	……	……	……	……	……	……	……

通过划分责任主体,明确成本的归属;通过细化指标,更明晰了契约化双方的权、责、利,而这种契约化的关系使全员参与降本增效的主动性得到提升,实现由被动进行成

本管理向主动进行成本管理的转变。

表4 城郊煤矿契约化成本管理各专业系统承包指标

专业系统	项目名称	单位	2023年指标		标准分数	成本对象	考核对象
			总额/万元	单耗/(元·吨$^{-1}$)			
采煤专业	木材	元/吨	63	0.29	13	采煤队、安装队	采煤副总及采煤专业系统人员
	支护	元/吨	750	3.41	15		
	火工	元/吨	7	0.03	2		
	大型材料	元/吨	450	2.05	5		
	配件	元/吨	2350	10.68	25		
	专用工具	元/吨	47	0.21	5		
	劳保	元/吨	140	0.64	0		
	建工	元/吨	37	0.17	10		
	油脂	元/吨	305	1.39	15		
	其他材料	元/吨	780	3.55	10		
	合计	元/吨	4929	22.40	100		
掘进专业	木材	元/米		36.00	15	掘进队	掘进副总及掘进专业系统人员
	支护	元/米		2800.00	20		
	火工	元/米		3.00	2		
	大型材料	元/米		380.00	5		
	配件	元/米		1450.00	20		
	专用工具	元/米		77.00	5		
	劳保	元/米		175.00	0		
	建工	元/米		40.00	15		
	油脂	元/米		70.00	5		
	其他材料	元/米		670.00	13		
	合计	元/米		5701.00	100		
通风专业	材料费	万元	1450	120.83	100	通风队、抽放队、通防科等	通风副总及通风专业系统人员
……	……	……	……	……	……	……	……

(三)进行事前经济技术论证,建立项目执行标准

事前经济技术论证,是契约化成本管理模式下开展生产经营活动的前提,也是成本管理的起点。论证流程有以下三步,论证流程如图2所示。

第一步,各班组根据《城郊煤矿年度契约化管理目标责任书》下达的年度生产经营任务,在精益管理系统中填报待审批开展的生产经营活动,并上报至所属区队审核。

第二步,区队汇总审核后提交至专业系统和职能科室。按照生产经营活动性质将待审

批开展的生产经营活动归口至对应专业系统进行技术方案论证，并建立技术标准；依托内部市场化定额折算体系，由职能科室对待审批项目进行成本效益分析，建立成本标准。

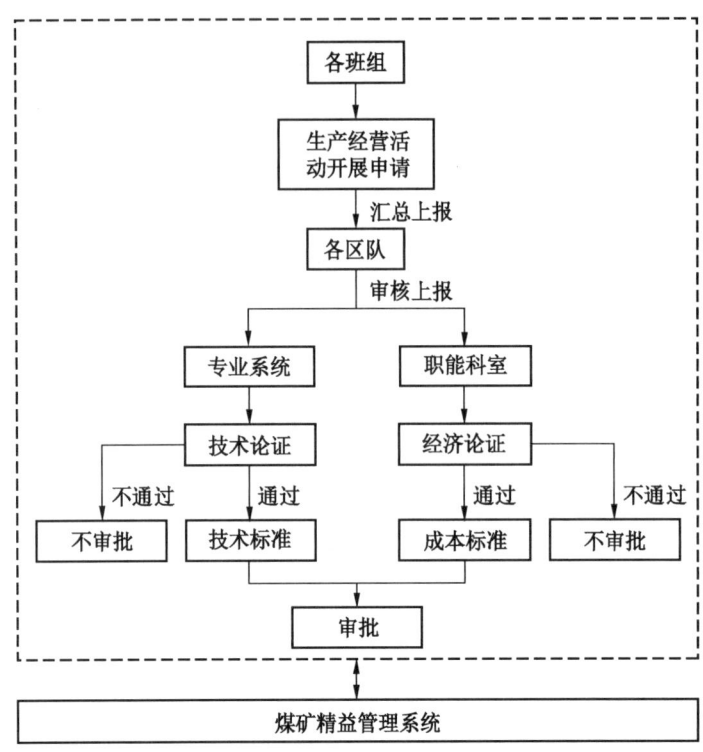

图 2 经济技术论证流程图

第三步，专业系统和职能科室均论证通过，方可审批项目开展。

经济责任论证的目的，不仅在于分析项目的可行性，更在于为事后对标考核提供重要依据。

（四）进行事中流程控制，严把成本管控环节

在生产经营活动开始后，城郊煤矿通过"加强材料审批过程管控、强化成本指标动态预警和建立月度跟踪督导服务机制"三项举措作为关键抓手，深入生产经营活动全流程，精确严格地把控生产经营各环节成本。

1. 加强材料审批过程管控

以规范材料审批流程为着手点，依据成本管理层级梳理规范科室材料审批流程50项，对各流程节点审批人员进行固定，明确审批责任，并且企管科明确专人或结算分管人员介入，形成二次审核把关，加强材料审批过程管控，在两级审批把关的基础上，按照区队报批金额进行分级管控，全面加强材料成本的过程管控。

2. 强化成本指标动态预警

结合各单位分管成本指标完成情况、累计节超幅度及预计变化趋势，按照指标"管控正常""即将超支"和"已超支"分别编排成"绿色、黄色、红色"进行阶梯预警公示，

通过甄别指标变化异常情况，督促责任科室对"管控正常"项目（绿色）及时总结管控经验，确保各项成本指标回归合理水平，提升成本管控的主动性和及时性。

（五）进行事后对标考核，落实契约化工资兑现

在月度、季度或年度结束，由契约化成本管理领导小组牵头，进行成本对标考核，落实契约化工资的兑现。

1. 进行成本对标考核

契约化成本对标考核的流程与契约化成本指标分解顺序不同，是自下而上的对标考核流程，主要有以下四步：

第一步，由班组依据个人承包成本指标对标分析结果考核个人，并将结果填报至精益管理系统。

第二步，由区队依据班组承包成本指标对标分析结果考核班组，并将结果填报至精益管理系统。

第三步，专业系统和职能科室协同推进，按照区队承包成本指标对标分析结果考核区队，并将结果填报至精益管理系统。

第四步，由契约化成本管理领导小组，依据专业系统承包成本指标和职能科室承包成本指标分别对专业系统和职能科室考核，并将结果填报至精益管理系统。

2. 落实契约化工资的兑现

契约化工资的兑现是有效激励各责任主体主动践行降本增效的关键，也是契约化成本管理的最终环节。

城郊煤矿在"激励相容约束"理论基础上建立起具有城郊煤矿特色的契约化工资兑现机制。契约化成本管理领导小组依据契约化成本考核结果，对各专业系统、职能科室奖罚浮动系数按照每节超1%对应浮动2%，奖罚±20%封顶计算契约化工资。考核完成后，由劳资科负责具体薪酬的发放。

契约化工资兑现不仅依据契约化考核结果，财务数据的反馈也是不可或缺的，因为开展生产经营活动所耗费的成本会在财务科进行财务口径的测算分析。因此，契约化考核结果和财务口径测算结果共同构成契约化工资兑现的基础并反馈至契约化成本管理领导小组，打造契约化成本管理的闭环。

四、城郊煤矿契约化成本管理的应用效果

（一）实现了成本管理理念转变，激发了全员参与成本管理的积极性

以往行政命令式的手段，往往会造成"上有政策，下有对策"的局面，同时"大锅饭"的薪酬分配机制，导致员工无降本增效的主动意识，养成只要干好本职工作就能得到既得利益的"懒惰思想"，让成本管理变得被动，难有成效。

契约化的成本管理模式，使得继续坚持"大锅饭"思想的员工，不仅得不到额外的激励，更有可能受到处罚而损失掉原有的利益。促使越来越多员工意识到，参与生产经营活动、推动降本增效的积极性越高，获得的额外报酬就越多。由此，实现了员工从被动成本管理向主动成本管理的转变，激发了全员参与成本管理的积极性。

（二）实现了成本管理技管融合，解决了专业融合缺位问题

契约化成本管理依据专业技术系统与职能管理部门相融合的思路，按照基层区队的工

作性质将区队归属至各专业系统，确定副总工程师为专业系统第一责任人，将各区队在生产经营活动中产生的成本与专业系统挂钩。形成了以分管副总工程师为第一责任人主抓专业全面成本管理，专业系统负责人具体制定管控方案并牵头落实，各专业系统技术人员人人头上有成本承包指标，管技术的必须同时管成本。

契约化成本管理，相较于以往的成本管理，使从事一线生产过程的专业技术人员参与成本管理，不仅解决了专业融合缺位问题，也为成本管理如何结合煤炭开采特点提供了宝贵的实践经验。

（三）实现了原煤成本可控部分稳中有降，提高了经济效益

实施契约化成本管理模式后，原煤制造成本可控部分虽有波动，但整体呈下降趋势，由 2018 年的 227 元/吨降至 2022 年的 221.58 元/吨。城郊煤矿总体实现了原煤成本可控部分稳中有降，有效抵御了矿山服务年限的客观影响，提高了企业经济效益。

参 考 文 献

［1］付迪，贺阿红．煤炭企业精益生产成本管控优化研究［J］．煤炭技术，2021，40（3）：170-173.

［2］长青，吴林飞，孔令辉，等．企业精益财务管理模式研究——以神东煤炭集团财务管理为例［J］．管理案例研究与评论，2014，7（2）：162-172.

［3］汪诗怀．基于 ERP 系统的煤炭企业动态责任成本管理模式构建［J］．中国煤炭，2012，38（4）：13-16.

［4］赵强．煤炭企业过程成本控制管理研究［J］．中国煤炭，2011，37（2）：14-16+43.

［5］张爱荣，徐静．煤矿吨煤成本变化及其成因分析［J］．煤炭学报，2007，149（2）：221-224.

［6］闫萍．浅析企业成本精细化管理［J］．会计之友，2011，384（24）：28-29.

国有煤炭企业"四位一体"精细化管理模式的探索与实施

朱鹏飞,赵启兴

(焦作煤业(集团)有限责任公司赵固二矿)

摘要:精细化管理是企业管理的重要组成部分,必须充分认识其在矿井发展中的重要性和紧迫性。为充分调动广大职工群众的积极性、主动性和创造性,凝聚发展合力,赵固二矿在学习先进企业经验和固化原有精细化管理成果的基础上,创新内部运营管理机制,着力构建"四位一体"精细化管理模式,即"以全面预算管理为主线,以内部市场化运作为载体,以作业成本核算为重点,以目标责任考核为手段"的精细化管理模式,以实现矿井资源的充分利用及企业效益最大化目标。

关键词:精细化管理;全面预算管理;内部市场化;"四位一体"

一、"四位一体"精细化管理模式基本内涵

赵固二矿以健全完善精细化管理模式为契机,深刻挖掘内部市场化、作业成本法管理理念,进一步将全面预算管理、内部市场化、作业成本法、目标责任考核深度融合,构建了更加精准、完善的精细化经营管理新模式,形成了更加规范、更加精细的经营管理体系,激发了内部管理活力,有效提升矿井管理效能和管理水平。突出了全面预算管控、内部市场化、作业成本管理、目标责任考核的有机融合,围绕各项机制的特点,固化原有好的做法,形成了纵横点面结合的精细化管理模式,充分体现"1+1>2"的管理效益。

以全面预算强管控。通过全面预算管控机制的有效发挥,自上而下分解指标计划,再通过各个生产经营单位自下而上不断优化和反复论证,精细管理、深挖内潜,找准企业效益点和盈亏平衡点,最终科学确定基层单位精细化管理目标。

以内部市场化激活力。在矿井层面延伸和拓展内部市场化管理机制,通过持续深化安全生产经营目标责任体系,实现精细化管理向科室、区队车间纵向延伸,逐级建立和落实经济责任制,将企业生产经营指标逐级分解下去,充分利用内部市场化机制和经济杠杆手段,逐级落实考核,逐级兑现奖惩,有效解决生产经营中的难点和瓶颈问题。

以作业成本管理抓源头。通过建立五级成本管控体系,科学合理划分作业单元,细化岗位成本考核,实现精细化管理向现场、岗位、个人纵向延伸,寻找提质增效、降本增效的源头,将经营效益与员工收益挂钩,增强全员算账搞经营意识。

以目标责任考核保目标。将年度目标进一步细化分解,构建更为完善的精细化生产经营目标考核体系和总体目标责任管控体系,根据各部门专业属性,将矿井各项指标与各部门进行捆绑承包,并交纳目标抵押金,纳入月度考核,同时将各项指标分解与矿井月度计

划、月度考核紧密结合，并在月度计划、月度考核基础上，增加月均计划季度统算，统算协调年度计划与精细化目标的关系，每月根据累计完成情况，倒排各项生产经营指标，切实通过计划管理为矿井年度目标的实现保驾护航。

二、"四位一体"精细化管理模式主要特征

1. 以全面预算管理为主线

根据企业生产经营目标，实施全面预算，将矿井所有成本项目纳入全面预算，通过作业写实、定额测算对全矿安全生产经营活动和各项经营指标进行测算、分解，保证预算指标的科学、严谨，并制定各头面各作业的预算指标，使指标接近标准成本管理要求，为矿井经营精细化管理打下基础。

构建"纵向到底，横向到边"的全面预算体系，纵是按照矿—科室（区队）—班组—岗位四级市场主体分解到底，横是指将所有成本项目分解。矿井依据产量、进尺、营业收入、利润总额、完全成本等经营目标为依据，制定整体预算目标，形成矿井年度和月度预算目标，并分解落实到各职能科室。每月企管科根据矿井整体预算目标、职能科室分管指标，制定月度预算计划，下到区队。各区队再分解落实到班组，形成班组每天的指标；员工按照价格、工作量、劳动消耗，根据"收入-支出=工资"，挣得工资收入。通过全面预算管理，实现了人人肩上有指标，费用管控全覆盖，落实了经济责任。

2. 以内部市场运行机制为载体

充分发挥内部市场在资源配置中的基础性作用，通过划小核算单元，将每一个企业内部单位都转化成经济单元、市场主体，鼓励市场主体间有序合理竞争，促进各种生产要素的优化配置和高效利用，尊重规律，突出经济运行的质量和效益，充分调动广大干部职工的生产经营积极性。通过内部市场化管理的思维和手段，模拟市场运作，有效传导市场压力；通过价格和内部专业市场把企业预算目标向各级市场主体层层传递，在"收入-支出=工资"基础上，驱动市场主体降本增效的自觉行为，实现员工增收企业增效。

3. 以作业成本核算为重点

将煤炭成本分解到生产的各个过程，以过程为对象进行成本管理；通过建立多维度、多层次的指标体系，通过和预算数据、历史数据和行业先进指标的对标，找出差距和问题，提出整体改进方案并进行落实，促使企业实现良性循环。

4. 以目标责任考核为手段

以企业生产经营目标为引领，大力实施"低成本战略"，做好成本指标分解工作，实现成本全方位全过程管控。通过分解下达材料费、电费、修旧利废等经营管控指标，动态开展物资管理现场督查，压实管控责任，进一步加强各单位材料费、电费、修理费、修旧利废等指标管控。同时对后续执行进度跟踪落实情况进行跟进、管控、考核，实行增收节支奖励、减收超支处罚机制，激发各级经营主体节支增效、控费降本潜力，达到层层控制的目的，不断提升管理实效。

三、"四位一体"精细化管理模式主要做法

（一）实施全面预算管理

全面预算管理体系是企业以战略为导向，结合矿井实际情况，提出预算目标，通过预

算编制、执行及监控、反馈、调整、考评和激励的预算管理循环，以保证预算管理真正得以落实、发挥作用，创造管理效益，实现矿井价值最大化的终极目标。

1. 预算规划

矿井为完成公司下达的年度目标，确保矿井年度计划的顺利执行，通过明确主要任务并确立目标，在进行预算规划时预测可能出现的困难，找出切实可行的方法，解决问题，完成预算目标。主要运作方式为：预算管理部门在本年度末期，根据本年度及其前期实际发生水平，考虑下一年度矿井外部环境及内部条件变化因素对经济活动的影响，采用"自下而上"与"自上而下"相结合的方法及科学的预测手段，测定下一年度涵盖矿井全部收支项目的预算指标。预算指标测定后由矿井最高决策机构审议批准下达执行。

2. 预算执行

预算管理部门按照预算目标对所有预算指标执行情况进行跟踪、考核、管控，促使各层预算执行者去努力达到目标，以确保矿井总体目标的实现。矿井通过以下几个方面来提高公司的预算执行力：一是在矿井内部构建有利于执行的预算管理机制，即健全预算组织体系、加强对预算执行过程的控制，以及建立公正的预算考评等；二是全面提高员工执行预算的能力，让员工正确认识预算管理，明白预算管理的重要性和必要性；三是营造良好的执行文化，让执行者自觉执行预算。

3. 预算控制

全面预算实现了矿井对整个生产经营活动的动态监控，加强了部门与其他部门之间的联系。矿井实施全面预算过程中，预算控制占据了主导因素。全面预算控制针对的是预算的实际执行与操作阶段，通过预算控制，可以将计划与控制紧密地联系在一起，是全面预算管理的核心阶段。

矿井预算控制主要分为事前控制、事中控制和事后控制。

1）事前控制

事前控制是通过编制全面预算以确定控制的准确度，并根据考核指标与预算进行比较分析，及时纠正偏差，使实际情况与预算相符。矿井采取主管领导负责制和职能部门负责制相结合的管理模式，对预算费用申请的合理性和可行性总体负责，全盘统筹。预算职能部门对责任范围内预算指标申请的可行性和真实性把关负责。预算责任部门将针对各项费用支出的特殊性和市场环境，修编完成各项费用支出标准，使得费用预算有制度、有标准、有流程，真正实现了事前控制。

2）事中控制

事中控制主要靠日常管理进行控制。矿井在预算下发后，预算管理办公室负责预算执行的控制和管理工作，全程跟踪监督各项预算的执行，监督预算执行过程中有无偏差现象的发生，及时指导预算执行单位纠正和调整预算执行方案，降低预算差异率。有效发挥预算责任部门的管理职能，提高管控力度。

3）事后控制

矿井及时根据预算累计完成情况，结合生产经营实际适时调整后期月份的预算指标，确保年度预算目标的顺利完成。

矿井通过对预算费用的事前控制、事中控制和事后控制等管理措施的实施，使各项成本费用可控、在控，提高预算管理水平，强化全员预算控制意识，为下一年的生产经营目

4. 预算考核

矿井全面预算的运行实质是预算考核结果的运用。预算运行效果同执行部门的工资结算挂钩，由企管科进行考核，纳入人力资源科对各执行部门当月的工资结算总额。考核周期分为月度考核、季度考核与年度考核，具体见表1。

表1 赵固二矿预算考核表

指标名称	考核责任部门	考核周期	考核方式
营业收入	财务科、企管科	月度	按照契约化协议、赵固二矿2022工资考核办法
利润总额	财务科、企管科	月度	
成本管控	财务科、企管科	月度	以焦煤公司下达单位成本指标为基础，每超欠焦煤公司下达指标1%，绩效考核得分增减1~1.5分，10%封顶（具体参照赵固二矿绩效考核管理办法）
应收账款余额	财务科	季度	按照《赵固二矿应收款项考核办法》执行
非生产性支出	财务科	月度	按照《赵固二矿2022年非生产性费用管理办法》考核

（二）深化内部市场化经营管理体系

内部市场化运作就是把煤矿内部的各单位分别当作市场主体，以内部市场交易中心为媒介，把各单位、各系统、上下工序之间所提供的产品或服务以经济往来关系加以链接，各种生产要素通过内部市场机制的作用，实现资源的优化配置，使各经济主体之间直接发生横向经济往来，形成责权利相统一。

为了保证各项任务目标的顺利实现，在内部市场化管理工作的总体设计上，遵循"系统思考、总体规划、分步实施、稳步推进"的总思想，坚持抓住建立内部市场、确立市场主体、进行市场链接、严格内部市场结算和考核四个方面，不断深化内部市场化管理，提升管理效能，夯实经营管理基础。

1. 深化内部市场运行机制

为不断深化产品市场、物资供应市场、电力市场、租赁市场、修理（加工）市场、科技市场、安全市场、人力资源市场、资金市场等九大专业市场管理，形成了主体市场引领带动、专业市场运行有序的内部市场运行体系。

完善内部市场结算中心结算管理，不断强化矿、区队、班组、个人四级市场垂直结算和区队间的往来服务链式结算两种方式，强化内部市场化区队的量化结算和科室绩效考核，强化了全矿市场主体单位运行实效，极大地促进了科室"服务、指导、监督"三项职能的发挥，并通过落实生产经营目标挂钩考核，有效激活了内部市场运行活力，强化了全员"效益就是工资，工资就是效益"的意识，人人为效益而算，人人为效益而干，促进了降本挖潜，帮助企业降低成本，提高效益。

2. 进一步明确内部市场化主体

矿井实行内部市场化，坚持以转换经营机制为核心，以企业增效、岗位增值、员工增收为目标，与"三优三减三提升"、生产经营综合评价等重点工作相结合，全面拓展市场创建，深化完善价格体系建设，推行岗位市场管理，完善全方位内部市场化管理体系，完善矿井、科室、区队、班组各级市场主体运作体系。并逐步把班组、岗位作为深化内部市场化建设的重点，不断化小核算单元。

3. 深化完善内部市场化经营体系建设

（1）深化定额管理体系。把定额作为内部市场化管理的源头，在优化流程和明确标准工序的基础上，充分考虑技术先进性和经济节约性，按劳动定额、物耗定额、能耗定额、服务定额等各项定额标准，形成全面覆盖、动态控制的定额标准体系。

（2）深化价格管理体系。完善价格制定程序和方法，明确细化价格范围，将工资、材料、租赁费、电费、修理费等单一要素价格，完善成为区队、班组、工序的综合单价，形成全覆盖、全要素构成的内部市场价格体系。健全"价格形成"与"价格动态调整"机制，严格按价格目录结算，维护价格结算的严肃性，严禁人为平衡价格。着力发挥价格杠杆激励作用，不断提升内部市场价格的科学性、合理性，及时补充调整结算价格，修订价格目录，确保市场价格的全面性、客观性、准确性。

（3）完善计量管理体系。进一步完善计量手段，统一计量标准。依据经济可行性原则，对各级市场主体的用工、用料、用电等做到有量可计，使每个交易行为都有准确的计量数据。建立健全产品或服务工作质量验收考核标准，严格按照工作质量标准进行计量验收，做到按质计价、按质结算。

（4）深化核算结算体系。完善直接结算、链式结算、单项工程结算、机关科室绩效考核等多种结算方式，形成多维度、立体化的结算体系。完善"货款借支"与"以丰补欠"调节机制，采取"内部记账"方式，适度调节收入分配。保持不同市场主体收入的相对稳定。按照"结算收入减去支出加减奖罚等于工资"的要求，把内部市场化结算作为经营业绩的有效载体，作为工资分配的主要依据。推动职工工资与岗位职责、劳动价值、企业效益挂钩联动，防止形式主义，杜绝考核和分配"两张皮"现象，确保增收增盈增工资。

（5）完善制度管理体系。完善矿井、区队、班组、岗位各级市场价格管理、定额管理、结算管理、仲裁分析等市场化运行制度，规范人力资源等要素市场考核管理制度，完善全面预算管理等支撑体系管理制度，做到制度健全，规则科学、流程清晰、执行到位、考核严格，确保市场机制科学，运行高效有序。

（三）完善作业成本法成本核算体系

按照作业成本法"产品消耗作业，作业消耗资源"的原理，在进行煤炭成本核算时将着重点放在作业上，通过对作业成本的核算，追踪成本的形成和积累过程，完善内部成本管理，推进成本核算向精细化发展。

1. 识别作业与完善作业划分

按照一般生产过程将煤炭生产作业划分为如下类别：

（1）掘进类作业，包括开拓（准备）巷道掘进、回采巷道掘进和瓦斯治理巷道掘进等。

（2）回采类作业，包括工作面回采、工作面安装、工作面回撤、回采设备日常维修等。

（3）巷修类作业，包括开拓（准备）巷道修理、回采巷道修理和瓦斯治理巷道修理等。

（4）一通三防类作业，包括通风设备维护、通风设施投入、安全监控投入、瓦斯钻孔投入、封孔投入、抽采管路的铺设、局部综合防突措施投入、爆破投入、瓦斯检查投入、防尘投入、防火投入等。

（5）防治水类作业，包括掘进超前探、探基岩厚度、探放水、注浆加固、注浆管架设、区域水害治理等。

（6）运输类作业，包括井下皮带运输、井下机车运输、井下绞车运输、井下乘人装置运输、提升等。

（7）排水类作业，包括井下主排水、排水管路架设等。

（8）洗选类作业，包括原煤处理、洗选煤、煤泥水处理、装运等。

（9）动力供给类作业，包括电力供应、空压等。

（10）信息化类作业，包括地面集控设施维护、井下信息设备延伸及维护。

（11）生产保障类作业，包括设备维修、物资供应、自制加工、修旧利废等。

（12）其他类作业，包括后勤服务、生产机关费用、管理机关费用、其他作业。

2. 成本对象

成本对象是矿井需要计量成本的对象，按照煤矿作业成本核算的需求，将各项成本对象的类型作如下划分：

（1）地质对象类，如盘区、工作面、巷道等。

（2）生产系统类，包括通风系统、瓦斯抽放系统、地面注浆系统、皮带运输系统、机车运输系统、其他井下运输系统、提升系统、排水系统、供电系统、空压系统、井下地面信息化系统、洗选系统等。

（3）其他类，包括地面保障系统、生产管理系统等。

实际操作过程中，各单位应将以上各类成本对象具体化到明确的盘区、工作面、巷道等，并保持成本对象名称在各核算期间一致。

3. 矿井作业资源库划分

结合矿井生产成本核算的实际情况，将以下成本要素直接列入作业资源库，具体如下：

（1）材料，指煤炭产品生产所耗用的各种材料。

（2）职工薪酬，包括工资、职工福利、社会保险费用、商业保险费用、住房公积金、工会经费、职工教育经费、辞退福利、劳务费和其他薪酬支出。

（3）电力，各项电费支出。

（4）资产使用费，包括使用自有资产的固定资产折旧费、修理费及外部资产租赁费。

每月各部门将资源库中的各项成本要素按照各项作业的实际耗用情况进行归集，完整反映各项成本对象的当期成本投入。

4. 完善核算和分析机制

（1）计划分解。依据当月生产计划的总体安排，结合各专业科室，按照内部市场化定额、充分考虑修旧利废，制定各项作业预算，预算要细化到成本对象和作业内容，各作业预算之和不得高于月度经营计划中成本预算总额。

（2）成本核算。各专业科室负责准时将工程验收表报送作业成本管理办公室。作业成本管理办公室审核各专业科室报送的月度工程验收表，形成"作业要素投入核算表"，并发送给分管各类成本要素的管理科室，各成本要素管理科室核算各项作业、成本对象的材料、工资、电费、外部劳务费、修理费、租赁费等要素的当期发生金额，报送作业成本管理办公室。作业成本管理办公室按照各科室报送的"作业要素投入核算表"，准确核算各项作业及作业对象的实际投入情况。

（3）成本分析。每月末，各成本要素分管科室对成本费用投入情况进行对比分析，作业成本管理办公室根据作业成本投入对比及结果分析情况对责任部门、管理部门及分管领导班子进行考核，及时兑现奖罚。

作业成本管理办公室每期对各项作业节超情况进行详细分析，紧密结合生产过程，深入剖析成本节超动因，将成本节超原因反馈矿领导班子成员、相关专业科室，指导一线做好降本增效工作。并加强作业现场管理，最大限度减少作业现场的浪费现象，增强各级责任主体管理意识。

通过对各项作业成本数据进行对比，准确找到出现成本误差的作业，减少或改进非增值作业和低效率作业、积极发展高效作业，使矿井资源得到合理配置；通过找到作业成本产生误差的原因，进而完善企业工艺提高作业效率，达到成本降低的目的。同时，在矿井内部共性作业成本指标开展对标分析，分析对标单位节约超支情况及因素，为生产经营提供数据，为管理决策起到支撑作用。

（四）强化目标责任考核

建立经营目标闭环控制体系。按照全年确定的利润目标，将全年各项收入和成本费用支出指标分解到各个部门，充分运用经营考核手段倒逼各市场主体增强算账意识，并通过实施生产经营目标考核，将各级管理人员的工资与安全、产量、进尺、成本、利润等指标挂钩，进一步提升经营目标、成本目标责任管理水平，增强各级管理人员和全体员工的目标意识、责任意识、成本意识，实行指标闭环控制，每月考核比较，针对某个指标的差距，采取改进措施以确保总体经营目标的实现。

1. 完善各职能科室职责

1）企管科职责

负责生产经营预算的各项考核，负责安全、维简、折旧等专项资金及项目投资预算的审核、汇总、编制等工作，并对预算执行情况跟踪、分析和考核；负责生产经营计划、项目投资预算的编制下达。对成本的总体目标管理和考核周期内各项考核指标的考核、兑现、跟进、分析和评价；加强专项资金投入、开拓巷道造价和项目投资等成本控制，严格审核工程设计和预算，节约工程成本开支，从源头优化成本投入；负责各项标准定额的制定、修订，不断深化内部市场化管理，做好企业管理创新创效工作。

2）财务科职责

负责对生产成本、期间费用、营业收入、利润总额、资金收支预算进行审核、汇总和总体平衡；负责编制非生产性支出预算及差旅费的管控；负责编制应收款项、货款回收预算；负责经营现金流、财务状况、非生产性支出等指标的控制。

3）技术科职责

负责开拓巷道、回采巷道、生产巷修、煤炭回采等生产预算的审核、汇总、编制等工作，并对预算执行情况进行跟踪、分析。通过对采（盘）区设计、巷道支护设计的审核把关等，避免设计浪费。

4）通风防突科职责

负责"一通三防"生产预算的审核、汇总、编制等工作，并对预算执行情况跟踪、分析。优化相关工程设计、预算投入，避免设计浪费；配合企管科、财务科建立瓦斯治理投入台账。

5）地测科职责

负责井上下防治水生产预算的审核、汇总、编制等工作，并对预算执行情况进行跟踪、分析。加强防治水成本控制。优化注浆施工设计方案、预算投入，避免设计浪费。

6）调度室职责

负责煤质管理，从生产源头控制煤质。

7）选煤厂职责

负责煤炭洗选过程生产预算的审核、汇总、编制等工作，并对预算执行情况进行跟踪、分析。负责煤炭洗选、加工、销售等作业相关工程车辆的费用控制。加强洗煤加工成本的控制，强化过程管控。优化洗煤工艺设计，提高洗选煤回收率，加强洗煤加工成本控制。

8）供应科职责

负责材料物资预算的审核、汇总、编制等工作，并对预算执行情况进行跟踪、分析。加强材料物资采购成本和储备资金定额的控制，包括大型材料的重复利用和修旧利废，以及材料消耗管控、督导和检查。通过完善物资采购运行机制，控制采购成本。对单体柱租赁及修理费用、矿井地面运输工程车辆配件费用进行管控；对单体柱租赁及修理费用管控以及车辆燃油和修理使用费用管控；负责制定全矿材料管理办法和回收复用管理办法等制度。

9）机电科职责

负责生产矿井设备修理费用、电费、燃气费、检验检测费、设备租赁费及矿井地面运输工程车辆油费等支出预算的编制工作，并对预算执行情况进行跟踪、分析。优化机电运输等相关系统设计、矿井综合节能研究及加强现场设备维护，确保设备运行效率，从源头降低修理费、电费的支出，按月进行分管范围内成本控制及"机械化换人、自动化减人"降本情况分析。建立设备调剂、设备修理管理台账。

10）征迁办职责

负责塌陷赔偿预算的审核、汇总、编制等工作，加强塌陷赔偿成本控制。根据生产年度布局及远期规划，认真研判政策、形势，合理安排、控制搬迁费用支出，将优化搬迁费用支出作为降本增效的控制点。

11）人力资源科职责

负责工资预算的审核、汇总、编制等工作，并对预算执行情况进行跟踪、分析，编制预算执行报告。加强人工成本、人均效率等指标控制。采取优化人力资源结构、分流安置、劳务输出、盘活人力资源市场、加强薪酬管理、清理低效用工等措施提升吨煤工效、降低人工成本。

12）后勤队职责

负责地面修理费用、土建零星修理、事务费用的管控。

13）综合办公室职责

负责办公费、会议费、业务招待费和公务车辆使用费的管控工作，建立职务消费台账，从严控制非生产性支出。

14）安监科职责

负责安全"双基"建设和安全生产标准化建设，持续提升安全管理精细化水平，夯实安全生产基础，加强安全生产标准化支出的过程管控。

2. 建立生产经营目标考核体系

结合当年度矿井实际情况，充分考虑当前内外部环境变化对当年经济活动的要求和影响，与各部门反复沟通经各级领导审核通过后，在年初以正式文件形式将全年的生产经营目标下发。

矿井根据自身的总体部署和要求，结合矿井各部门、系统科室实际，对下达的经营目标按照合理有效的原则在企业内部进行进一步分解，明确每项任务具体责任部门和单位，并向区队传达落实，做到层层有指标、有措施、有考核。通过层层落实，切实完成任务指标，做到月保季、季保年，下级指标保上级指标，逐步完成全年目标任务。

3. 生产经营目标考核兑现

1）煤炭产量

煤炭产量责任科室为调度室，依据月度下达计划指标考核，实施超减总量对等奖罚，煤炭产量每超减1吨按奖罚0.2元考核，奖罚3000元封顶。

2）煤质指标

责任科室为调度室，煤质指标考核发热量和块煤率（量），以焦煤公司下达的月度煤质指标计划为考核依据，实施超减总量对等奖罚，发热量每超减1千卡/千克按奖罚20元考核，奖罚3000元封顶；块煤率每超减1个百分点按奖罚500元考核，奖罚3000元封顶；商品煤回收率每超减1个百分点按奖罚1000元考核，奖罚3000元封顶。

3）掘进进尺指标

掘进进尺责任科室为技术科，依据焦煤公司下达计划指标考核，实施超减总量对等奖罚，每超减1m按奖罚50元考核，其中开拓进尺、区域瓦斯治理巷道进尺每超减1m按奖罚500元考核。

4）水害治理工程指标

水害治理工程指标重点考核钻探进尺及地面区域治理工程进度，责任科室为地测科，按照焦煤公司下达计划指标考核，实施超减总量对等奖罚，每超减1m按奖罚0.7元考核，奖罚3000元封顶。

5）瓦斯治理工程指标

瓦斯治理工程指标考核抽采钻孔进尺，按照焦煤公司下达计划指标考核，责任科室为通风防突科，实施超减总量对等奖罚，每超减1m按奖罚1元考核，奖罚3000元封顶。

6）利润

责任科室为财务科、企管科，以焦煤公司下达的月度利润计划为考核依据，考核设立奖罚基数，利润考核标准为500元，完成月度计划按基数奖励，完不成按基数进行处罚，每超欠1%奖罚100元，1000元封顶。

7）成本

对科室分管的材料费、电费、修理费等成本指标，按照月度生产经营计划实行月度考核、季度累计统算考核；其他指标按照月度生产经营计划实行月度考核。矿井建立四级经营目标成本管控体系，管控范围包括列支成本支出的所有项目，严格按照各责任科室分管指标的计划和实际完成情况进行考核。对目标成本责任单位和责任人实行奖罚兑现，以奖罚绝对额形式纳入工资兑现。

财务科、企管科代表矿井作为一级成本责任主体，对原煤单位完全成本进行承包控制，以焦煤公司下达的月度原煤单位完全成本计划为考核依据，考核设立奖罚基数，标准为2000元，完成月度指标按基数奖励，完不成按基数进行处罚，每节超1%奖罚100元，奖罚3000元封顶。

供应科为全矿材料费总量控制科室，月度按照当月生产经营计划核定材料费指标额度考核，对供应科设立考核奖罚基数标准为2000元，完成月度指标按基数奖励，完不成按基数进行处罚，同时每节超1%奖罚100元，奖罚4000元封顶。对材料费用的分管科室按照分管责任考核，月度考核按照当月生产经营计划核定材料费指标额度考核，对材料费用分管科室按照管理责任大小设立奖罚基数，标准分别为技术科1500元、机电科1500元、地测科1000元、通风防突科1000元、人力资源科400元、调度室400元。实际成本管控指标不超计划的按基数奖励，实际成本管控指标超出计划的按照基数进行处罚，同时，按照超节额度的2%对科室奖罚，奖罚额度不超过奖罚基数的2倍。

8）材料费考核

区队考核：以材料费用结算结果作为考核依据，实行月度考核、月度兑现，超一罚一，节一奖一。无计划工程、无预算项目所发生的材料费一律不予结算。

后勤队材料成本考核：对后勤队按照核定指标考核，超节按照100%兑现，管理人员承担奖罚额度的50%，奖罚额度1000元封顶。

选煤厂材料成本考核：对选煤厂洗煤加工费指标考核，主要考核材料费。材料费结算结果在内部市场化结算工资中兑现。实行月度考核、月度兑现，超一罚一，节一奖一。

选煤厂货延费考核：对选煤厂货延费指标考核根据焦煤公司考核奖罚金额兑现，奖罚金额的50%兑现到选煤厂工资总额，其中区队管理人员承担50%（正职占比50%）。

选煤厂煤质指标考核：对选煤厂考核与煤质指标挂钩，煤质指标考核发热量和块煤率（量），以焦煤公司下达的月度煤质指标计划为考核依据，实施超减总量对等奖罚，块煤率每超减1个百分点按奖罚200元考核，1000元封顶；商品煤回收率每超减1个百分点按奖罚300元考核，1500元封顶；矸石带煤率考核以焦煤公司下发矸石带煤率6%为基准，每减少1个百分点按200元进行奖励，每增加1个百分点按200元进行扣罚，1000元封顶。

四、取得效果

赵固二矿"四位一体"精细化管理模式的稳步实施和推进，增强了各级管理人员和广大员工工作积极性、主动性和创造性，助推了整体经济运行质量的稳步提升。

（一）经营理念全面提升

过去矿井重生产、轻质量、轻经营，现在生产经营两手抓，管生产管技术管业务同时管经营、重效率、重效益。一是全面推行作业成本管理法，细化核算作业单元，解决"钱从哪里来，钱到哪里去"的问题，提升了矿井成本管理水平。二是严格材料审批，加强现场监管和月末考核，把物资回收复用、修旧利废工作纳入物资市场考核，倒逼各区队自觉修旧利废、节约材料，对自行采购材料定期进行市场询价，最大限度降本增效，材料采购成本同期下降 50.38 万元。三是实施掘进机维保精细化管理，大大降低了掘进机故障率和配件消耗水平，掘进机维修费用同比降低 146.7 万元。四是创新实施了"成本逆算管理""煤价信息分析"两项管理手段，服务安全生产。通过两项工作的开展，一方面保证了矿井工资指标的结算，稳定了井下一线队伍；另一方面通过对煤炭售价的分析，指导生产部门生产，抓住煤价持续上涨的时机，提高煤炭产量和煤质结构，争取更大利益。

（二）控员提效取得突破

薪酬分配在坚持向高效率、高效益倾斜，向采掘一线、核心骨干岗位倾斜的基础上，持续加强对采掘一线及抽采钻探区队保勤措施，优化激励方案，地面、辅助、直接工薪酬比例达到 1∶1.88∶2.92，充分地激发了各级人员的主观能动性，一线整体出勤率保持在 95% 以上，一线队伍的稳定为矿井安全高效生产奠定了坚实基础。

利用计划饱和度积极调整生产计划，确保月度工作量饱满，同时将工效饱和度考核纳入对区队管理人员和机关科室绩效考核之中，由工效提升率决定薪酬增量，促进管理人员转变思想，敢于担当，主动作为。加强企学联合，积极配合焦煤技校联合开展培训效果调研，认真听取各区队、科室对安管、特种作业人员培训方面存在的意见，深入工作现场了解职工的培训需求，更好地服务职工、服务企业。

（三）生产效率不断提升

精细化管理的实施，增强了基层单位高效开展生产经营工作的积极性和快速解决问题的主动性，消除了存在的等靠要思想，由被动安排工作变为主动开展工作，提升了工作效率和质量。

（四）降本增效成果明显

在材料管理方面实行材料"条块式"管理，从源头控制采购成本，材料费同比下降 1638 万元；实施采购询价管理，2022 年全年累计询价 31 次，其中价格下调 11 次，降低材料采购成本 45 万余元。确定中标单位后，主任评委积极与供货商商谈降价事宜，供货商实现降价 20.1 万元。在用电管理方面，利用"避峰就谷"政策深挖内潜，井下主排水泵在确保安全的情况下，在谷段、平段排水，井下主煤流系统杜绝空运转，在尖段、峰段检修，井下局部通风机倒台试验在峰段完成，电费同比降低 75 万元。在非生产性费用控制方面，通过过程控制、月末考核，加强非生产性费用的管控，非生产性费用较计划降低 60 万元。

（五）和谐稳定持续保持

通过向基层区队下放管理权，从根本上改变了基层区队的思想观念，强化了自主经营意识。基层区队不再像从前那样，遇到问题上交矿井就万事大吉，等待解决，而是主动发现和解决问题，疑难杂症主动寻求机关科室帮助解决。机关科室由管理职能向指导服务和监督职能转变，减少了重复性考核，减轻了基层负担。精细化管理实施以来，优化了人力资源结构，工资分配更加公开透明，助推矿区和谐稳定大局持续保持。

基于胜任力的人力资源管理在国有煤炭企业的应用研究

秦峰,董鑫,谢龙飞

(贵州豫能投资有限公司)

摘要:近年来新田煤矿人员流动性大,流失率居高不下,常年高于20%。员工能力素质提升缓慢,专业技术人员力量薄弱,技术攻关能力不足,采掘接替紧张局面始终未能得到有效化解,负面因素叠加严重制约了企业高质高效发展。为解决上述问题,留住人才,必须立足于企业内部的科学管理,引入新的人力资源管理理念,构建合理的管理体系,营造具备吸引力的企业环境。胜任力模型的运用,为企业人力资源管理提供了新思路,使人力资源管理从基于岗位的传统模式向基于胜任力的人力资源管理模式逐步转变。新田煤矿尝试将"胜任力"引入企业自身人力资源管理当中,并贯穿于人力资源管理的各项职能,形成一个基于胜任力的人力资源管理体系。在这个管理体系中,胜任力成为人力资源管理各个职能模块相互联系的纽带,通过胜任力模型的不断完善推动人力资源管理实践的发展。在基于胜任力的人力资源管理模式中,胜任力成为人力资源管理的起点和核心,整个人力资源管理的目标是通过胜任力的开发和管理来实现的,促使企业处于不断创新的过程中,从而有可能打破传统人力资源管理的僵化程序,最终帮助企业扭转现状,实现高质量发展。

关键词:胜任力;人力资源管理;队伍建设

一、引言

国有企业作为我国社会经济主体,在国民经济中发挥着越来越重要的主导作用,党的二十大报告指出,要坚持和完善社会主义基本经济制度,毫不动摇巩固和发展公有制经济,深化国资国企改革,加快国有经济布局优化和结构调整,推动国有资本和国有企业做强做优做大,提升企业核心竞争力。目前企业组织发展越来越依赖于员工的综合素质,基于开发员工胜任力的人力资源管理创新能够实现员工职业生涯规划,培养国有企业优秀人才,创造国有企业高业绩,赢得市场竞争优势,进而增强国有经济在国民经济中的影响力与控制力。

近年来新田煤矿人员流动性大,流失率居高不下,常年高于20%。员工能力素质提升缓慢,专业技术人员力量薄弱,技术攻关能力不足,采掘接替紧张局面始终未能得到有效化解,负面因素叠加严重制约了企业高质高效发展。为解决上述问题,留住人才,必须立足于企业内部的科学管理,引入新的人力资源管理理念,构建合理的管理体系,营造具备吸引力的企业环境。胜任力模型的运用,为企业人力资源管理提供了新思路,使人力资源管理从基于岗位的传统模式向基于胜任力的人力资源管理模式逐步转变。新田煤矿尝试将"胜任力"引入企业自身人力资源管理当中,并贯穿于人力资源管理的各项职能,形成一个基于胜任力的人力资源管理体系。在这个管理体系中,胜任力成为人力资源管理各个职能模块相互联系的纽带,通过胜任力模型的不断完善推动人力资源管理实践的发展。在基于胜任力的人力资源管理模式中,胜任力成为人力资源管理的起点和核心,整个人力资源管理的目标是通过胜任力的开发和管理来实现的,促使企业处于不断创新的过程中,从而打破传统人力资源管理的僵化程序,最终帮助企业扭转现状,实现高质量发展。

二、基本内涵

(一)胜任力的概念

从20世纪90年代开始,胜任力概念已经在我国企业人力资源管理工作中得到了应用。胜任力是绩效优异员工的潜在特征,胜任力概念最早是由麦克利兰在1973年提出来,他将胜任力确定为一个员工适应性表现,胜任力将决定员工绩效的高低。LYNE也对胜任力概念进行了进一步阐述,认为员工的胜任力主要表现在学识、技术、定位、品质、社会驱动力五个方面。Cinthia也对胜任力做出了较为细致的总结,概括了胜任力的九个表象,包括认知能力、容忍力、问题解决能力、组织能力、合作沟通等方面。

(二)胜任力模型的概念

胜任力模型的特征和胜任力的外在表现一样,胜任力模型的构建要以员工内在潜力和胜任力情况为依据。胜任力模型描述的是员工在企业中有效履行职责的能力,以及员工在工作中表现出的知识、技能、性格特点,胜任力模型是员工胜任力特征的有机结合。通过测评员工的职业素质、技能水平,可以有效地确定他们的胜任力模型。

胜任力模型主要包括员工的自我认识、知识技能、人格特征、社会角色等内容,人力资源部门可以采用问卷调查的方式来了解这些情况,并将员工的这些信息记录在胜任力模型档案中。在对员工的这些情况进行认真地分析、确认之后,就能使企业管理者更清楚地理解员工的行为能力和个人素质,使人力资源部门能够更好地对员工进行管理。

胜任力模型的应用将员工的工作能力和综合素质作为考核标准,也可以结合工作业绩和岗位工作量,全面地作出评价,结合得出的实际情况,充分了解到员工的不足之处以及工作过程中表现突出的地方,进而有针对性地开展培训,经过一段时间系统地学习,进一步增强岗位技能,提高工作效率。胜任力模型主要体现出以客观事实为依据,科学地衡量不同员工,全面掌握其工作态度、业务办理是否规范以及工作行为等等,明确其是否能够做好本职工作,对于欠缺的地方进行培训。同时,依据以上叙述的标准选拔人才,方可选出综合能力较强的员工,有利于促进国有企业实现可持续发展的目标。

(三)胜任力的特征

胜任力必须具备以下3个特征:
(1)与工作绩效有密切的关系,甚至可以测量员工未来的工作业绩;
(2)与工作情景相关联,具有动态性;
(3)能够区分优秀业绩者与普通业绩者。
具体可分为三类:
第一类,易于观察,易开发或培养(基准性胜任力/表面胜任力/外显胜任力),如知识、技能等。

第二类，转化性与发展性胜任力，例如角色定位。

第三类，看不见，不易发展，难以识别（鉴别性胜任力/核心胜任力/内隐胜任力），如动机、品质等。

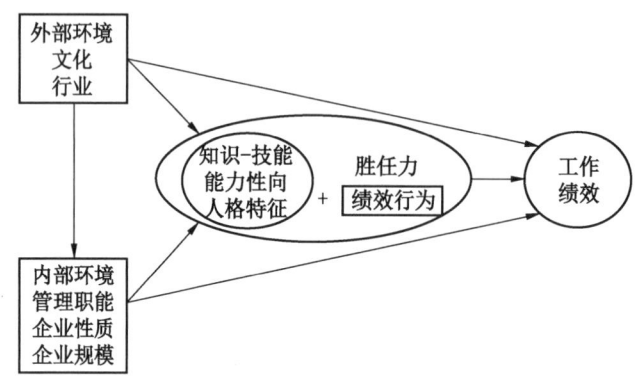

图1 胜任力和管理绩效影响因素示意图

三、胜任力在国有煤炭企业人力资源管理中的运用

基于胜任力的人力资源管理模型，主要是通过"RTPS"职能模块的实践，实现对员工胜任力管理，进而实现对胜任力整合，促进组织战略目标的实现。

（一）R——基于胜任力的招聘和配置，分析招聘需求，让结构化面试下沉成为工作新常态

员工招聘与配置是企业人力资源管理过程中的重要环节，招聘环节出现问题，企业的人力资源管理必定会出现问题。所以分析招聘需求，对招聘岗位开展一定的全面评价活动尤为重要。而通过胜任力模型的实施，可以更好地结合矿井实际，切实分析招聘需求工作，对工作相关信息的收集、分析、整合，以及对工作的目标、内涵、方法和技能要求作出说明，可以更好地做好岗位的前期招聘工作分析，对单位的人力资源规划、人员招聘等信息进行详细的分析，了解所招聘岗位工作内容、工作职责、工作关系、工作范围等信息，为组织的规划与设计奠定基础，促使前期招聘工作分析任务能够顺利地完成。

总的来说，基于胜任力的员工招聘系统有别于以往的招聘系统，除了考核应聘者的知识和技能以外，它更加侧重应聘者的胜任力特征，即应聘者与应聘岗位的匹配程度。匹配度越高，越有利于岗位目标的实现。一般而言，员工个体的表象胜任力特征比较容易体现出来，并且招聘官也比较容易区分出来，但是个体胜任力的潜在特征就比较难以通过表面观察体现。因此，招聘选拔人才时，对应聘者潜在胜任力特征的考核显得更为重要，重点考核其潜在的特征，再综合考虑是否决定录用。

新田煤矿以往进行人力资源招聘时，主要通过以下渠道进行：第一，校园招聘。校园招聘主要针对应届学生开展的招聘活动，一般为上级公司统一牵头组织。在校园招聘中，上级公司一般都会对所招聘学生有专业上的要求，校园招聘结束后，上级公司会根据矿井人才需求及结合学生专业等情况统一调剂分配;第二,社会招聘,分为线上招聘和线下招聘两种形式,随着互联网的发展,线上招聘已经逐渐成为一种较为流行的人才招聘方式,而新田煤矿利用互联网发展平台及线下招聘方式,通过查询、收集线上的招聘软件寻找符合矿井需求匹配的岗位,再发布招聘公告、简章,人员招聘到位后根据各区队缺员情况进行调剂分配,结构较单一。

通过把胜任力模式融合运用至矿井人员招聘与配置环节中,在招聘分析工作结束后,下一步如何找到合适的人去匹配企业所需的岗位。这就需要煤矿企业领导及相应技术人员对所招聘人员的类型、技能、知识、资格等进行参与面试测评,并让结构化面试下沉成为工作新常态,辅助矿井工作人员高效开展管理工作,及时为矿井选拔合适的技术或管理人才。

事实上,煤矿企业的招聘与配置就是将企业的人力资源放置在合适的岗位上,分析劳动定员,进行人力资源规划,确定招聘需求,从而确保企业的岗位需求能够与人才的能力水平相匹配,这就需要通过胜任力模型来实现。运用基于胜任力的招聘配置,通过对各区队生产岗位熟练工摸底统计,分析缺员具体岗位,结合岗位分析建立胜任力模型,胜任特征及其行为表现定义了岗位的任职资格,使胜任力模型具有了较强的绩效预测性,从而为企业招聘与录用人员提供参考标准。在招聘过程中采取结构化面试,以应聘人员的知识、技能及经验背景等外在特征,结合应聘人员过去经历中的行为表现(如离职原因、分析思考能力等)发现其潜在的素质,分析其与应聘岗位胜任能力的契合度,并预测其未来工作绩效,从而作出录用决策。同时采取简单评级,推荐至适配的生产区队。例如将评级最高的熟练支护工,推荐至熟练工比例相对较低的开掘区队。

(二)T——基于胜任力的培训开发,分析培训需求,创新员工胜任力培训机制

在对人才完成招聘工作后,就需要对所招聘人才开展人力资源的培训工作。而企业实施培训是为了帮助员工弥补不足、提高岗位胜任素质,从而使其达到岗位要求,强调培养员工与特定职位相关联的关键胜任力特征,为员工个人发展提供有力的组织支持。这就要求在单纯技术培训的基础上重点提高员工分析和解决问题的能力。积极开展基于胜任力分析设计的员工综合素质培训,目的恰在于增强员工实现高绩效的工作能力、适应未来环境的胜任力发展潜能。在实施员工胜任力培训前,需要进行个性化的员工培训需求分析。员工胜任力培训不同于岗位技能培训,国有企业应将员工胜任力培训定位为一种以能力为基础的员工培养机制,培训计划是个性化的,是为员工量身打造的,培养计划和员工对自己的培训期望相一致,能最大限度地满足员工在每个职业发展阶段的工作和情感需求。培训的首要环节是科学、合理地分析员工培训需求,只有结合员工和岗位的实际培训需求,才能制定出有针对性的培训规划。胜任力融入培训机制,主要从以下几个方面着手。

1. 严格要求,统一管理

在人力资源培训的过程中,通过基于胜任力的培训机制,对新入职员工严格要求,并进行统一培训管理。在培训过程中,对新入职员工的培训课程、任务按照应聘岗位做出统一的标准,并通过新入职员工的培训任务完成情况,来选择出员工合适的某一具体岗位,保证每个区队岗位的工作效率都能够得到有效地提高。同时,在后期的工作培训中,按照员工岗位工作的性质进行有针对性的培训。

2. 根据特点，分类管理

在煤矿企业的人力资源培训管理中，员工个体的个性特点不同，所表现出的个人潜能也是不一样的。通过基于胜任力的培训机制，对不同潜力的员工进行统一管理及充分挖掘，建立健全人才库，及时地发现每个员工的潜能，并对员工的潜能进行有针对性地开发，保证在统一管理的活动下，开展分类管理的工作，充分地开发人力资源，帮助人才获得更好的就业发展。

根据胜任力培训机制特质，新田煤矿从不同职工素质、潜力等特点，通过采取问卷调查形式，尽可能多地采集问卷样本，以便更加科学的分析员工培训需求，制定培训计划，策划培训设计。根据系统分布、岗位特点有针对性地开发培训课程，编制适合本单位生产实际的知识题库，纳入员工"每日一题"学习。针对特定岗位积极开展各类专项提升培训、知识讲座，提供个性化培训套餐。

按照"干什么学什么，缺什么补什么，做什么会什么，管什么懂什么"的原则，为提高关键岗位人员素质，新田煤矿分系统分专业组织开展夜校培训，除针对日常安全管理、专业技术知识等内容进行培训外，通过岗位胜任力要求，分析日常工作难点、阻塞点，找出业务短板，针对性学习提高。2022年、2023年连续两年开展夜校培训，培训4600余人次，干部职工思想作风得到转变、素质能力得到提升。

（三）P——基于胜任力的绩效考核，采用科学的目标管理法，实现差异化绩效考核方法创新

以企业发展战略为导向，参照胜任力模型，开发、研究、制定一套较为科学的、有市场竞争力的绩效评价考核管理体系，能为员工尤其是优秀人才提供与其人力资源价值相匹配的外在与内在报酬，实现员工自我价值评价与组织绩效评定的内在统一性。目标管理法是基于胜任力模型设计的绩效考核方法。胜任力模型强调要综合考虑设定绩效目标与能力发展目标，通过职务分析确定绩效标准。量化绩效评价考核指标（包括硬指标和软指标），以真实地反映员工的综合能力与业绩水平，并给予恰当的报酬。其中，绩效目标是硬指标，与经营业绩正相关；能力发展目标属于软指标，包括不断提高员工完成工作速度和创造高绩效相关的能力等方面。这种目标管理法的绩效考核设计，包括从目标的设定与完成、绩效的改进和能力的提高等方面。强调对员工的贡献和胜任力潜能、目前的价值和对组织长远发展需要的重要性、短期绩效和长期目标作出综合平衡。

新田煤矿采取差异化绩效考核管理模式，实行定量考核与定性考核相结合的考核方式。

1. 考核原则

（1）业绩导向原则：考核结果与绩效工资挂钩，引导各级管理人员工作业绩不断提高；

（2）动态管理原则：结合矿井发展阶段和部门工作实际情况，动态完善绩效管理体系；

（3）客观性原则：以矿井及公司下达工作计划或考核双方事先达成一致的绩效指标为依据进行考核，减少主观因素的影响；

（4）差异化原则：针对部门业务差异特点，考核倾向并细化主要业务，激励各部室专业管理水平提升；

（5）执行力提升原则：不断提高工作效率、工作质量和执行力，提升管理和服务水平。

2. 考核内容

1）定量考核

依据上级公司下达的月度主要生产经营指标完成情况和各部门业务主要指标完成情况及工作目标进行考核，各部门挂钩公司主要考核指标项根据工作业务相关性，经领导小组研究确定。生产经营指标包括商品煤产量、开拓、瓦斯治理钻孔合格进尺、底抽巷进尺、冲孔煤量、瓦斯发电量、单位制造成本、原煤完全成本、营业收入、利润总额。定量考核还依据各系统职能职责，由部门主管与员工共同确定本部门工作业绩指标，分类设置各有侧重的加减分定量指标项目，员工诉求与企业诉求形成一致，部门考核与企业效益、经营指标形成联动。

2）定性指标

主要是重点（工作）工程完成情况和工作落实情况。近期重点（工作）工程是公司及矿井编排的重点工程、接替工程等，根据业务量、聚焦情况、完成效果等进行综合评定。工作落实情况是各部门分管业务范围内的业务工作，矿领导安排工作完成情况，部门之间日常工作配合及沟通协调情况，对于矿井重要会议的落实清单和督导事项，业务部室按时按质完成情况。对员工进行必要的、及时的指导和训练，以进一步提高员工工作能力，提升员工综合素质，提高员工的自我期望值。

新田煤矿采取差异化绩效考核方式以事实、数据说话，让绩效考核做到公平、公正、公开。提高组织和员工的绩效能力，实现公司目标；提高员工培训的有效性、促进员工的职业生涯发展；为公司招聘、调迁、委任、奖惩等人事决策提供科学的依据；实现企业与员工"共赢"：企业赢得管理与效益，员工则赢得自我的认识、改进与发展。

（四）S——基于胜任力的薪酬管理，生产目标契约化，增强激励推动力

薪酬是人力资源管理的主要内容，是员工工作的根本要求。在薪酬的构成中主要有基本工资、绩效工资、福利和社保、公积金等。薪酬不是激励员工的唯一手段，但很多时候薪酬发挥着重要作用。根据赫兹伯格的激励保健理论，基本工资、固定工资、津贴、福利是作为保健性因素存在的，有了这些因素，员工不一定会怀有热情工作。激发员工工作热情的因素来自激励因素，比如奖励、赞赏、工作成就感、工作晋升机会、培训机会，这些反映在薪酬方面就是奖金、绩效工资、浮动工资。所以在运用基于胜任力的薪酬管理时要体现出薪酬的激励作用。

新田煤矿在基础工资项目外执行职称津贴、技能津贴等，有利于促进员工提升自己的知识和技能，有利于企业提升自身人力资源的素质。

为提高一线区队工作积极性，促进工效提升，确保一线区队在生产任务完成的情况下，月工资不低于8800元。矿井多次召开专题会，通过生产组织、施工工序还原，核定员、测单价，确定了一头面一定员、一头面一定价的方式，与采掘开区队签订契约化工资协议，要求各区队队长不但要会搞生产，还要会算账，每月月底自主进行工资预算。通过签订契约化工资协议，一线区队明确了生产目标和任务，同时算好经济账节约人工多出活，提高了工作积极性。

（五）S——基于胜任力的人才选拔，积极开展员工职业发展规划，实现组织与员工双赢

员工职业发展规划能促使员工努力开发提高与高绩效相关联的关键技能、自我概念和特质，帮助员工挖掘自身职业潜能，正确对待个人目标与组织经营战略目标的有机统一性，关注员工和国有企业组织共同成长与发展。以胜任力模型为基础，积极开展国有企业员工职业发展规划，分析员工个人特质与工作行为特征需要之间的差距，科学评价员工胜任力潜能，帮助员工设计、实施个性化的职业生涯规划，保证员工工作能力与综合素质的持续提升。特别重要的是，要对从事劳动复杂程度高、技术含量高、替换成本高的核心人才进行个性化的职业发展设计与辅导，拓宽专业技术技能人才的岗位设置与职务职称"W"三通道晋升渠道。这样，可以从根本上将优秀员工从单一的纵向行政职务晋升性成长目标追求中解脱出来，为优秀员工提供宽幅度、多向性的事业平台和发展空间，共建组织与员工心理契约，构建核心人才与组织间的利益共同体，从而不断激发核心人才的潜能，以核心人才带动国有企业全体员工的创新创业动力，提升国有企业持久的凝聚力和活力，确保国有企业基业长青。

新田煤矿一是积极组织开展专业技术技能职务评聘，在学历、职称、技能等级、考勤等基础得分项目外，重点考察候选人工作业绩、素质提升情况，将优秀人才对应行政职务分别聘任为主任师、特聘师、二级技能师、三级技能师等技术技能职务，拓宽员工上升空间。二是依据胜任力特征，开展管理人员竞聘上岗，除岗位基本任职条件外，把大局意识、组织观念、执行力、企业文化认同等特质加入竞聘条件，通过面试、民主测评、公示等环节。2021年聘任了38名业务主办、业务主管，进一步调动了管理技术人员学技术、钻业务、创新创效的积极性。三是建立核心骨干及关键岗位人才库，通过理论考试和实操比武相结合的方式，选拔优秀人才，执行协议工资，实现"感情留人、事业留人、待遇留人"。

四、取得的成效

近年来，在河南能源和贵州豫能正确领导下，新田煤矿不断加强创新机制建设，苦练内功，初步建成了基于胜任力的人力资源管理体系，取得了一系列成效，企业进入了高质量发展新阶段。

（一）健全完善了人力资源管理体系

基于胜任力的人力资源管理是对企业原有人力资源管理体系建设的重大创新和有效补充，本体系的运行可以帮助企业识别和考核员工的综合能力，制定有效的人才培养和素质提升发展规划，建立有效的绩效管理考核方式，有助于矿井充分利用自身人力资源，促进人的全面发展，实现企业战略目标。

（二）完善了人力资源管理市场化绩效考核体制，增强管理成效

胜任力的应用，还体现在对矿井从业人员的绩效考核上。首先，对矿井的绩效考核体制进行了完善，在矿井内部的人力资源管理中，实时监控了内部员工的行为，更加全面了解矿井内部职工的工作状况及生产情况，并根据监察中发现的问题实行有效的改进措施；其次，实施胜任力工作，更加全面综合地对矿井各部门各岗位的工作进行市场化绩效考核，充分调动了矿井劳动人员的工作积极性，使人力资源管理的成效增强。

（三）提高管理执行力，降低企业人工成本

胜任力的应用，一是进一步规范了人力资源招聘管理，切实做好矿井熟练工等技能人才招聘工作的同时，从矿井利益出发，开展低效员工优化工作，全方位了解员工低效原

因，合理进行人员优化与淘汰，保障矿井劳动用工关系良性发展；二是有效协调矿井做好新员工的招聘、岗前培训、《师徒协议》的订立、试用期的考察与考核等，提高管理执行力；三是进一步健全完善各项规章制度，增强职工组织纪律性，确保矿井员工出勤率，提高矿井工效；四是加强薪酬的指导，健全和完善了薪酬考核体制，更加有效地控制并降低技术核心、骨干人才及关键岗位人员流失率，使煤矿企业人力的沟通能够更加快速、有效，从而降低企业人工成本。

（四）人才队伍建设扎实推进，素质提升成效显著

基于胜任力的人力资源管理推进实施以来，截至目前新田煤矿在册职工具备大专以上学历的有307人，较2021年提高了24.3%，取得相关专业职称的有124人，较2021年提高了6%，取得技能等级认定的有202人，较2021年提高了30.3%。员工素质显著提升，队伍结构更趋合理，人力资源配置得到进一步优化。

（五）人力资源强力支撑，助推企业高质量发展

基于胜任力的人力资源管理模式创新为企业人力资源管理的各项职能提供了新的切入点和实施方略，作为一种新技术方法，其能有效地整合企业所拥有的人力资源，提升管理效能，提高企业经营绩效。

近年来，新田煤矿在高质量发展的征程中迈出了坚实的步伐，产量、进尺、营业收入节节攀升，矿井完成了210万吨技改，灾害治理效果明显，工效提升明显，单产单进屡创新高，采掘接替得以缓解，科技创新硕果累累，成为贵州省首批"国家首批智能化示范煤矿"，职工平均收入稳步提高，已成为毕节市乃至贵州省的选树标杆矿井。

参 考 文 献

［1］张兰霞，闵琳琳，方永瑞.基于胜任力的人力资源管理模式［J］.东北大学学报（社会科学版），2006，8（1）：4.

［2］盘晓灵.基于胜任力的人力资源管理模型构建与价值计量［J］.企业经济，2011（8）：4.

"神南一张图"班组管理模式的探索与实践

乔少波,王琦,刘健

(陕煤集团神南产业发展有限公司)

摘要: 为加强和创新企业班组建设,提高企业班组管理水平,实现现代煤炭企业升级与高质量发展的新目标,本文结合陕煤集团神南产业发展有限公司现状,提出"神南一张图"班组管理模式,从班组建设背景现状、"神南一张图"班组管理模式内涵及体系设计、班组管理模式主要做法、实践效果等方面,就如何有效提升企业班组管理效能进行创新探索和研究。通过对班组各项核心管理内容基础数据进行不同维度的分析,以及班组管理信息化、数字化、可视化的深度应用,助力班组管理者做出正确决策。研究结果表明"神南一张图"班组管理模式切实提升了基层管理者乃至班组全员的综合素质,提升了班组长管理水平和班组管理效能,对煤炭行业或其他领域班组管理建设具有示范带动、辐射推广价值。

关键词: 班组建设;"一张图";管理效能

一、引言

班组是企业的最小单元、最基本的细胞和最基层的组织,是职工成长成才的摇篮,担负着安全生产和经营活动最重要、最繁重的指标和任务,是企业稳定的基础和取得经济效益的最前沿阵地。班组建设的好坏,直接影响企业的稳定和发展,事关企业愿景能否实现。企业要想打造长盛不衰的百年老店,要想在激烈的市场竞争中立于不败之地,就必须高度重视班组建设,切实提升班组管理效能。

陕煤集团神南产业发展有限公司(以下简称"神南产业")作为陕煤集团旗下的国有股份制企业,是集"煤炭生产服务、煤炭安全保障、煤炭生产制造、'煤亮子'科技服务、煤炭科技孵化"为一体,具有"板块带动、联动发展"多元化特点的区域大型煤炭生产综合服务型企业。企业拥有员工1800余人,下设6个专业化生产中心、5个子公司、56个班组,分布于井下搬家倒面、机电设备维修、应急救援、油脂化验检测、生产后勤保障等不同岗位,共同承担着区域服务矿井"稳产增产""智慧发展"与"一流建设"的工作需要。

本文以陕煤集团神南产业发展有限公司提出的"神南一张图"班组管理模式为例,就如何有效提升企业班组管理效能进行积极的探索和研究。

二、"神南一张图"班组管理模式的实施背景

(一)新形势下企业组织与管理变革的需要

作为区域煤炭领域细分下的生产性服务企业,一直以来,神南产业始终坚持围绕"以

人为本、创新引领",致力班组建设工作。企业管理层通过问卷调查、访谈交流、现状分析、理论研究等形式发现,企业员工每天24小时中,最重要的8小时都是在班组中度过,基层班组更承担着企业80%以上的生产经营任务。企业发展战略的实施,经营目标的实现,企业文化的落地,最终都需要由班组去承担和落实,班组管理水平直接影响着企业安全生产和服务能力。

与此同时,从行业趋势演变看,信息技术的蓬勃发展,正在驱动全社会生产方式、生活方式加速变革。国家数字化发展战略的确立与实施,也在倒逼煤炭行业必须加快资源整合、体系重塑、要素重组、流程再造。坚持走数字化、智能化发展道路,将云计算、大数据等技术应用于煤炭采掘、运输、洗选、销售等各个环节、不同组织,积极推进数字产业化与产业数字化,加快实现智慧企业建设,成为推动煤炭行业高质量发展的必经之路。

(二)班组建设管理效能亟待提升的需要

新时代赋予班组建设新内涵,尤其是如何建设一支知识型、技能型、创新型产业工人大军,更是现代企业高质量发展的核心要求。

从企业内部管理看,以往,神南产业对内部的班组管理工作并没有十分重视,班组管理不规范、不系统、不科学的问题点、矛盾面普遍存在。

一是基础管理薄弱。部分班组只注重生产任务的完成,忽视了班组规范化、科学化管理,尤其是生产任务繁忙时,"重生产轻管理"的现象尤为突出,极易埋下安全、质量、返工等隐患。

二是创新能力不足。班组在遇到急难险重问题时,缺少好点子、好办法,更多表现为拿不出具体可行的解决方案,容易造成工作被动、卡壳。

三是管理手段落后。班组在管理方式上依然更多地依靠经验支撑,迟滞于对新思想、新技术引进。

四是培训工作欠缺。由于长期处于完成生产任务的忙碌状态,班组成员有效外出参观、经验交流少之又少,很难接受新观念、新知识洗礼,不利于班组成员整体素质的提升。

五是激励机制缺失。奖优罚劣、多劳多得的激励机制还不健全,或者在班组内部没有得到有效落实。某种程度上还存有"大锅饭""磨洋工"现象,影响了更多一线班组成员工作的积极性、创造性。

六是数据整合不强。班组管理中形成的各类业务数据基本以"孤岛"方式存立于各类文件盒、电脑文件夹,存在手工资料多、数据整理少、分析利用难等问题,更加缺少信息技术的有效应用。

从企业外部竞争看,数字技术的快速发展,使得企业组织也正加速向结构扁平化、运行柔性化、联系网络化的形式转变。传统的班组管理模式,已难以整合资源、激发活力、释放动力,难以适应企业发展变革要求。与此同时,市场竞争的日趋激烈,促使企业之间的竞争,由单纯的产品竞争转向人才、管理、文化等多方面的综合竞争。可以说,企业竞争能力的高低与班组管理水平的好坏联系愈加紧密。如何更加有效地提升班组管理绩效、创新能力、团队素养等,成为企业探索转型升级、提质增效的重要任务和目标。

三、"神南一张图"班组管理模式内涵及体系设计

神南产业公司于2019年在内部启动"双一流"班组(即一流班组与一流班组长)建

设工作,并在 2021 年开始承接陕煤集团"万千百"班组长素质提升登高工程。企业通过对上万名班组长进行系统培训,以及长时间经营管理实践,不断探索、分析、优化班组建设工作,形成了一个清晰的认识,即"班组强,则企业强;班组兴,则企业兴;班组安,则企业安"。企业要想建设"一流"班组,最关键的还是要实现"团队强、安全好、质量优、成本低、工效高以及信息化"的发展目标,这也是企业实现高质量发展的基本要求。

基于此,神南产业总结并提出了"神南一张图"班组管理模式。通过管理思路变革、管理方法改进、管理手段优化,系统提升班组规范化、标准化、信息化以及高效化管理能力,从而实现企业班组由局部卓越发展向整体卓越转型的蜕变。

(一)"神南一张图"班组管理模式内涵

"神南一张图"班组管理模式的核心思路是聚焦一线班组管理的系统化思维、全局化思维和结构化思维塑造,推动班组管理全面发展,综合提升;主要目的是实现一线班组工作环节与工作指令的无缝对接和高效执行,实现工作进展与工作成效的随时掌握和动态展示,为企业生产组织和经营管理提供精准的决策依据和数据支持。

(二)"神南一张图"班组管理模式体系设计

"神南一张图"主要围绕一线班组生产相关的多源数据的统一组织与存储,实现面向不同用户的数据获取与处理、信息共享、智能联机分析与处理以及突发事故等事务的辅助决策支持与服务应用。

在终端维度,企业及个人可以通过不同终端,如电脑、手机、可视大屏等,实现信息的查阅分析。

在管理内容维度,企业或基层班组可以针对班组各项核心管理内容,包括安全、生产、设备、物料、台账、创新等的基础数据,进行不同维度的随时查询和分析管理。

在用户维度,公司领导层根据"一张图"模式的集成分析,能够做到任务全过程、可视化管理,掌握班组各项核心管理内容,如设备、物资、成本、安全、创新等实际状态,直观、精准地找出管理中存在的优点与不足,通过数据分析得出科学合理的结论,实现班组管理的信息化、数字化、可视化和共享化,从而指导管理者做出正确的决策。

四、"神南一张图"班组管理模式主要做法

神南"一张图"班组管理模式的具体实施路径可以概括为"三链协同"与"三步联动"。

企业首先基于霍尔"三维结构"模型,从"管理、运行、决策"三条结构链切入,一体推进班组建设工作,如图 1 所示。

一是立足管理链的规范化。围绕"安全、质量、成本、工效"四个维度,聚焦"员工素质、创新创效、管理方法"三个提升,通过划分主、次、辅不同层级,确立班组管理的核心指标、关键要素,最终形成班组管理"一张图"的整体架构,让班组管理工作更加聚焦、更加精准、更加有力。

二是着眼运行链的系统化。通过集 BI 报表与显示功能于一体,即利用信息可视化技术与载体,主动构建班组数据可视化模型,对班组管理过程中涉及生产与经营的各项核心指标、关键要素的基础数据,通过不同方式的画像与表述,实时形成更加直观、清晰、透

明的视觉成效,最终实现班组管理"一张图"的数据可视化应用。

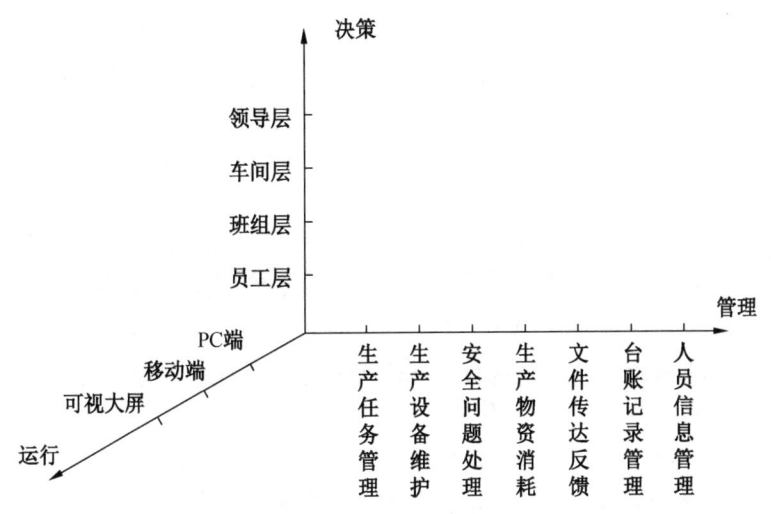

图1 "神南一张图"三维体系结构图

三是聚焦决策链的精准化。利用"比较、联系、分布、构成"四项维度分析,快速提取班组管理过程中形成的关键数据、重要信息,寻找内在逻辑关系,轻松掌握工作进度,快速了解人员表现,及时发现存在问题,准确分析变化趋势,从而优化管理方式,调整工作重心。

为了进一步实现"神南一张图"班组管理模式内容上的升华与管理上的升级,神南产业又以"目标导向、管理提升、价值重塑"等核心要义评价为基准点,通过"三步联动",在班组层面,加快推进卓越管理理念、卓越管理要求以及卓越管理方法的内聚与耦合。

第一步,坚持党建引领、文化铸魂,实现"神南一张图"班组管理模式在思想上的先进性。

神南产业充分把握习近平新时代中国特色社会主义思想的核心要义,发挥党建对班组的"触角"和"纽带"作用,在生产一线成立了20个党支部,用党的创新理论定向领航,用党的优良传统凝心聚力。通过做实"党建+安全""党建+创新""党建+服务"等项目,实现党建与生产经营的深度融合。

企业班组在陕煤集团"奋进者"文化的引领下,提炼各自班组特色文化,形成56个特色班组活动阵地。通过以文弘业、以文培元、以文立心、以文铸魂,不断强化班组文化感召力、影响力和传播力,进一步激发一线班组人员"强素质、转作风、提能力、展风采"的积极性与创造性。

第二步,坚持标准先行、知识奠基,实现"神南一张图"班组管理模式在理论上的科学性。

按照《卓越绩效评价准则》《企业现场管理准则》等国家标准,神南产业在中国煤炭工业协会与多位行业专家指导下,编写形成《煤炭行业卓越班组建设与评价规范》团体标准，包含班组建设、基础管理、运行管理、班组评价等重要内容，进一步明确实施卓越班组建设的具体要求、评价准则以及评分指南。标准可适用于各种类型的班组建设。

企业聚焦班组建设中的根本性和结构性短板，从班组管理的制度建设、信息化建设、素质提升、创新创效以及文化建设等内容着手，不断优化思路与方法，助推班组建设从优秀走向卓越。目前，已编撰形成极具参考性与推广性的班组培训教材《新时代班组建设系列丛书》，对行业班组建设、班组长能力培养与素质提升，具有较强指导作用。

第三步，坚持管理变革、数智赋能，实现"神南一张图"班组管理模式在实践上的创新性。

依据国家"两化融合""智慧企业"发展方向与要求，结合班组管理特点，神南产业同步自主设计研发"鹏云班组管理软件"。通过集成设计9大应用场景、N个管理模块、多种管理体验，在线构建"管理制度化、制度流程化、流程表单化、表单数字化、数字信息化"的班组工作场景。系统可围绕煤炭行业班组生产相关的多源数据的统一组织与存储，实现面向不同专业用户的数据获取与共享，信息分析与处理，以及关键事项的决策与指导，真正实现"一处录入，多处共享，多方对接，独立服务，弹性扩容"的全过程、可视化、智能化的班组管理线上应用。

企业同步号召基层班组把"会场变课堂""岗位变赛场"，让"每日一课""每周示范""每月比武"等实训模式成为常态化练兵，让班组长共推公选、竞聘上岗，班组长评优、评模、选先等管理机制成为广泛性共识，让"以赛代练""以比促干""以讲促学"等生产管理方式成为普遍性做法，一线班组"带一流队伍，创一流业绩，树一流形象"管理目标得以快速实现。

五、"神南一张图"班组管理模式实践效果

"神南一张图"班组管理模式，可以说来源于班组、运用于班组，更在班组管理中显现出强大生命力，有力促使班组建设从被动向主动转变。一线班组以完成任务好、基础管理好、道德素质好、业务技能好、攻关创新好、守纪安全好、团结文明好为宗旨，广泛掀起崇尚先进、学习先进、争当先进、赶超先进的竞争热潮。企业从上到下，人人都能聚焦中心工作，努力蹚出更高质量、更可持续的发展之路。近3年，企业在安全、质量、成本、工效、创新和素质提升等方面均取得了显著成效。

（一）安全

安全方面，各个班组先后提炼形成特色管理方法300余项，班组层面"三违"和安全隐患数量逐年递减。2022年，所有班组安全管理更是实现"三零"目标。

（二）质量

质量方面，搬家中心在年均承担30项安装、30项回撤和23项支护任务的同时，实现100%精品工作面打造；维修中心在年均承修3000余台（套）设备的同时，实现质量管理"零"缺陷，设备一次性出厂验收合格率逐年递增，2022年突破至99%。

（三）成本

成本方面，56个班组年均修旧利废贡献值超过3000万元，多个班组年均物料损耗率降幅超20%。

（四）工效

工效方面，所有班组实现"3个人干5个人的活拿4个人薪资"的管理变革，人均工效从124万元/（年·人），跃升至282万元/（年·人）。

（五）创新

创新方面，一线班组在创新项目申报方面，每年实现30%数量增幅；累计完成重大科技攻关项目70余项，厂矿级科研项目10余项，专利授权200余项，创效金额近亿元。

（六）素质提升

素质提升方面，以56个班组的班组长为代表，在"学、做、管、写、讲"方面形成明显进步，普通员工在"三功三素"方面更是实现快速提升。以企业高技能人才培养为例，新增集团级以上技术能手、技能大师、企业工匠32人，包括陕煤工匠2人，陕煤技能大师7人，陕西省技术能手7人，三秦工匠1人，煤炭行业技能大师10人，全国技术能手4人，大国工匠1人；新获集团级以上技能大师工作室、劳模和工匠人才创新工作室8个，包括煤炭行业技能大师工作室4个，省级技能大师工作室2个，省级劳模和工匠人才创新工作室1个，陕煤劳模创新工作室1个。13人取得行业级以上技能大赛个人殊荣，高技能人才占技能劳动者总量的比例达到30%。

六、"神南一张图"班组管理模式推广价值

"神南一张图"班组管理模式的构建，是在继承传统班组管理经验的基础上，将现代管理思路和方法有效应用到新时代班组建设工作中，赋予班组建设新的发展特征。

班组信息化管理的推进实施，是对行业传统班组管理体制的一场突破性变革，使一些专业管理工作直接指向班组，使企业的各项规章制度和工作指令更加灵敏快捷地落实到一线。通过班组管理标准制定、班组培训教材组编、班组管理软件应用等路径，神南产业也逐渐探索、构建起新时期班组建设的"标配"模式，管理思路的系统化、科学化，管理方法的现代化、标准化，更使得卓越班组建设实践能够借鉴融合于不同规模、不同领域、不同架构的班组管理需要。

依托中国煤炭工业协会举办的全国煤炭行业班组建设现场会、陕煤集团实施的"万千百"班组长素质提升登高培训工程等活动契机，"神南一张图"班组管理模式在区域、行业诸多煤炭企业，得以典型选树、全面推广，对煤炭行业班组管理建设极具示范带动、整体推进意义。

七、结语

质胜于华，行胜于言。未来，神南产业将继续借鉴行业内外优秀企业先进经验，对班组管理模式进行全方位创新，多维度改进，深层次优化，让"神南一张图"班组管理模式在行业内生根发芽、开花结果。

企业将逐步构建基于"一张图"的数智化企业管理路径。聚焦"两线三型"不同维度与多个层级，即业务线、管理线两个方面，战略型、分析型、操作型三个大类，完成企业生产经营全业务链数据的采集、抽取、清洗、管理、存储、分析，最终实现可视化赋能决策。

未来，神南产业在"一张图"的构建过程中，也将聚焦落地四个"双一流"建设，

即"一流班组""一流区队""一流部室"以及"一流党支部"建设的协调推进,做到分类管理、分步实施、稳步提升、形成特色、全面推进,让"一张图"管理模式充分融合企业生产经营的各个环节、各个层级,让企业"数字化转型"发展目标加速实现,并最终为煤炭行业的高质量发展贡献"产业力量"和"产业智慧"。

陕北煤炭产业链发展现状及优化路径研究

雷亚军，赵超，李波

（陕西陕煤曹家滩矿业有限公司）

摘要：陕西省北部作为我国的主要产煤区，承担着建设中国能源化工基地的重要战略任务。然而，伴随着其煤炭资源开发的持续扩大，煤炭产业链的发展也出现了一系列问题。因此，须研究出适合陕北煤炭产业链发展的新路径，以确保区域经济和环境的协调发展。本文分析了陕北煤炭产业链的结构和功能，并在此基础上构建出三种典型煤炭产业链发展路径，包括经济产出导向型、环境改善导向型和能源梯级利用型，最后基于上述研究，提出陕北煤炭产业链发展的对策建议。

关键字：煤炭产业链；发展现状；优化路径

一、引言

据中国煤炭工业协会统计，陕西省的煤炭储量共计 4143 亿吨，是全国第四大产煤省，其北部的煤炭储量较为丰富且集中，因此是中国重要的煤炭能源化工基地、战略接续区和产业汇合点。同时，作为建设中国大型能源化工基地的关键地点，它也是西电东送和西煤东运的重要基地。陕北的资源型城市仍处于初期发展阶段，仍然需要长期发展煤炭产业链。在陕北地区煤炭产业链的快速扩张的过程中也相继出现了一些问题，如资源浪费，从而导致煤炭开采效率低下；在煤炭的开采、洗选、加工过程中，落后的开采技术造成了严重的环境破坏；在其生产过程中高端化工产品产业链短小，创新较少，且对环境还会在一定程度上带来污染。因此，陕北煤炭行业的未来发展应该同时考虑资源消耗和环境破坏，既要满足当代人的需求，又要保护后代人的利益，使可持续发展贯穿整个发展过程。

多位学者从煤炭产业链的角度展开了研究，如王雨佳以企业的生产效率为切入点，将中国煤电产业链的纵向一体化细分为煤炭产业的前向一体化和电力产业的后向一体化，依据 2002—2017 年的微观企业数据，采用投入产出表法计算纵向一体化指数，运用以中间投入为代理变量的半参数估计法测算煤电企业的全要素生产率；周宾对于煤炭行业全产业链中涉及的资源探采、商品煤生产、运输物流、煤炭深加工、市场销售、煤炭存积、产品耗用七个环节在煤炭供需市场中的动力机制展开了系统的分析，对全国煤炭价格综合指数变化和近十年来全国煤炭行业板块股指波动态势 db5 小波变换的结果进行了分析；李兰兰等将系统动力学（SD）与多目标规划（MOP）相结合，构建 SD-MOP 整合模型对我国煤炭产业链进行仿真与优化；王帮俊等基于系统建模的思想，构建了煤炭产业链的自组织演化系统动力学模型，以淮北矿业集团为例，通过对于煤-电、煤-化工和煤-焦化等煤炭产业链如今发展状态的分析进一步对三种类型产业链的演化过程进行了模拟分析；兰新萍等以煤炭城市横线耦合共生产业链中最具代表性的和共栖互利型的煤矸石—火电共生产业链为例,构建煤炭企业和火电企业的产品价格博弈模型,通过博弈均衡解的分析得到共生产业链产品定价特点、价格差存在的影响因素及影响方式等结果;李士金等从分析煤炭企业发展循环经济产业链的必要性入手,以大同煤矿集团为例,构建了循环经济产业链,并利用线性规划模型对其进行优化;孙华平等从产业链异质性的视角,基于经济数据剖析新冠疫情对煤炭、油气产业链以及新能源产业链的影响效应;赵康杰等以典型的资源型省份山西省为例,分析了产业演进与科技创新的困境,得出山西省产业结构的资源依赖不利于产生创新需求,创新供给不足制约产业结构转型升级的相对结论;程婉静等采用生命周期成本分析方法,研究以上游产业链的煤气化制氢、煤热解制氢为起点,结合中游产业链的气氢和液氢运输等不同储运方式,到下游产业链的加氢站,得到煤制氢产业链生命周期成本。

二、陕北煤炭产业及产业链发展现状分析

1. 陕北煤炭产业概况

陕北能源化工基地位于陕西省北部地区,是中国第一个国家能源化工基地。陕北地区包括榆林市和延安市,位于陕、甘、蒙、宁、晋的交汇处。在其 8 万平方公里的地表下发现了大量储存的煤炭、石油、天然气和原盐。该省煤炭总储量的 80% 以上是在陕北含煤地区发现的,该地区面积为 2 万平方公里,煤炭储量估计为 3000 亿吨,探明储量近 1600 亿吨。

根据陕西省"十四五"规划,行业必须发展"优势煤种",培育整个能源化工产业链,切实扩大行业高水平产能,将该区域塑造成绿色、环保的煤炭基地。积极推广有优势的煤化工技术,延伸煤炭产业链,开发新的煤炭深加工经济发展点,鼓励关联行业向下游精深加工拓展。

2. 陕北煤炭产业链发展概况

中国的陕北能源化工基地拥有近 1600 亿吨的煤炭储量,是 21 世纪的重要能源接续基地。煤向电力转化、煤电向载能工业品转化、煤气油盐向化工产品转化,是该基地长期以来倡导的"三个转化"战略。在该计划的背景下,陕北能源化工基地建立了以煤炭为基础,其他几个行业为延伸和扩展的基本工业体系。随着时间的推移,陕北煤炭行业已经发展成为"三大产业链",包括煤电、承载能源的煤电工业项目和煤化工产品。为了建立陕北煤炭产业链网络体系,这三大产业链整合相交,包括上下游的煤炭工业、电力工业、冶金工业、化学工业和建材工业等行业。

整体看来,榆林有煤炭、油气、电力和化工四大产业,煤炭产业链上下游产业在该区域的发展中发挥着关键作用。2021 年,上游煤炭生产占榆林工业总产值的 47%,而下游煤炭生产占 23.5%。这两个行业的总产值合计为 3147.2 亿元人民币。延安的煤炭产业链在 2021 年产值 397.84 亿元,占延安工业总产值的 25%,而上游煤炭行业的产值占延安总产值的 17.7%。在本文中,我们忽略了统计年鉴中包括石油和煤炭行业的数据,这样我们就可以专注于石油加工和焦化行业的发展路径。图 1 描述了 2021 年煤炭相关产业的发展情况,这一点从其增长情况可以看出。图 2 描述了过去十年陕北煤炭产业链的演变。陕北能源化工基地的工业体系在很大程度上依赖于煤炭产业链,在国家经济增长中

起着关键作用。

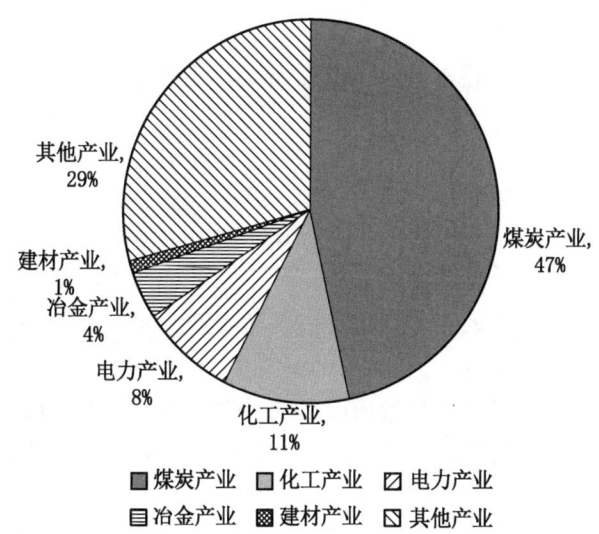

图1 2021年陕北煤炭产业链各产业产值占工业总产值的比例

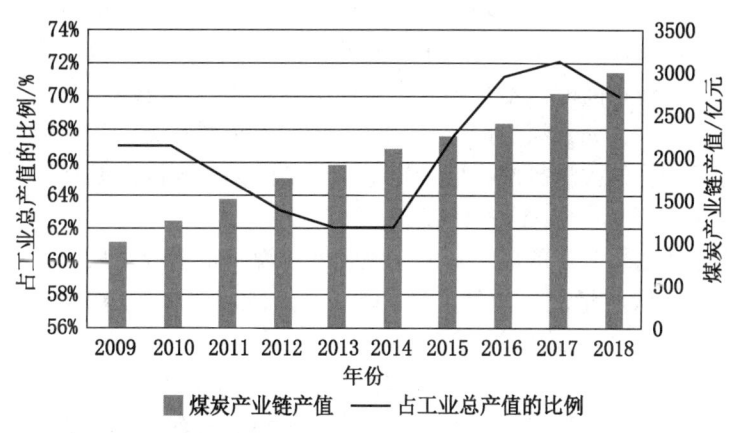

图2 2009—2018年陕北煤炭产业链产值及占比发展状况

陕北能源化工基地在持续发展的过程中已稳步成为该地区高质量发展的有力支撑,成为推动该省经济发展的关键力量。但考虑到如今国内外所面临的现状,中国已经开始重视环境管理,并开始调整能源结构,加快发展环境友好能源。在新态势下,"三个转变"发展战略的政策和市场环境发生了很大的变化,在付诸实施的过程中也将会面临着许多阻碍。这意味着政府需要对发展战略进行调整,尽快在现有基础上进行深化。

陕北地区的能源化工产业,特别是与煤炭相关的产业在经过二十多年的发展后,已经进入了一个新的发展阶段,社会财富迅速积累,进一步将其原有的资源优势成功转化为经济优势。该地区的经济增长得益于以煤炭产业链为中心的能源化工行业的扩张。2021年,煤炭基地产量为5.06亿吨,创造了超过3万亿元的价值,成为中国最重要的能源供应来源之一。

三、陕北煤炭产业链发展存在的问题

1. 资源的开发利用效率不高

陕北的煤炭产业链依赖大量的煤炭资源，该地区与煤炭有关的企业数量是全省最高的。虽然许多煤炭生产者专注于增加资源，降低成本，提高经济效益，但他们往往忽视了对资源的保护和利用，这导致煤炭资源回收率明显低于国家标准。国家标准规定，厚、中、薄煤层的回收率分别不得低于75%、80%、85%。根据报告显示榆林市厚煤层的采煤点回收率为58.51%，中厚煤层回收率为62.79%，薄煤层回收率为68.23%。根据同样的研究，许多微小的煤矿公司回采率还未达到20%。尽管某些大中型企业实力雄厚，规模庞大，并采用综合自动化采煤技术，但在煤炭资源的开发和利用方面仍有很大的提高空间。

2. 缺乏完善的技术支撑体系

循环经济发展的一个关键环节是运用前沿的科学技术，而不仅仅是依靠新的理念。近年来，陕北地区的产业链结构发展一直还有很大的提升空间，这反映了其在形成完善的循环经济发展技术支撑体系方面依旧缺乏进展，如科学技术水平较低、相关人才以及创新能力较有限等。比如在煤炭行业生产甲醇和聚乙烯、聚丙烯等常用化工原料时，由于技术限制，一些副产品不能再利用，于是可能会造成生产过程中的环境破坏和资源损失。由于在资源开发和环境保护等方面的技术因素，会造成在生产过程中的污染物通常未经处理或以不合格的方式直接排放在环境中，造成了严重的环境危害。由于该地区的环境问题由来已久，陕北地区必须克服目前的技术难题，引进前沿技术和人才，逐步搭建起适合本地区的循环经济技术支撑体系，完善煤炭产业链并进一步实现转型升级，实现资源高效利用和循环，减少未达标污染物的大量排放，促进煤炭产业链的循环经济发展。

3. 产业链产品低端化、同质化问题严重

陕北煤炭产业链依靠大量的煤炭资源，规划和建设了很多现代煤化工项目。但是，这些项目的产品往往是低质量的，而且非常相似。从结构上看，大多是大宗和低端化工产品，精细和高端化工产品较少。这意味着整个产业的附加值仍然处于一个非常有限的状态，且产业链的未来发展空间不大。尽管陕北一直在努力促进该地区高端煤化工的发展，但事与愿违，其高端化的进程并不顺利。陕北煤化工领域只有少数企业活跃在高端、专用产品的制造领域，其余大部分煤制烯烃企业的主要产品仍然是聚乙烯和聚丙烯等基础化工原料。陕北的煤化工产品种类繁多，包括炼焦、合成氨、煤制烯烃、煤制乙二醇等，这些都是煤化工的最终产品。

4. 环境问题严峻

近年来，环境保护在国内变得越来越重要，特别是在引起环境恶化的地区。据估计，长期以来陕北地区一般工业固体废物的产生量占全省总量的33%，工业废水排放占50%以上，工业废气排放占35%。所以，陕北的煤炭生产预计将受到国家近年来所颁布的环境政策的较大影响。

四、陕北煤炭产业链发展路径分析

首先，按照循环经济体系的经济和环境目标，可以建立两条相应的路径，分别称为经济产出导向型路径和环境改善导向型路径。然后，将循环经济的内涵和系统功能与国际上

扩大循环经济的实践相结合，探索一条最具循环经济特征的道路，这条道路被称为能源梯级利用型路径。

1. 经济产出导向型路径

1) 煤炭采选环节

煤矿开采是煤炭行业供应链中的一个关键环节。由于煤炭开采链在许多下游行业中的核心作用，其增长与整个行业的增长密切相关。煤炭开采过程中的两个主要环节是开采和洗选，所以可以通过减少生产资源，来提高煤炭资源的回收率，并横向开发相关资源，以此来增加产业链的价值。通过对原煤进行预洗，可以减少挥发性污染物的含量，从而使进入下游产业链的原煤达到质量标准，同时提高其利用率。这样就可以把开采出来的煤运到下游的发电站以及建材和化工企业，最终使其能够达到煤炭资源清洁生产的目标。图3显示了煤炭产业链中煤炭采掘环节所处的具体位置。

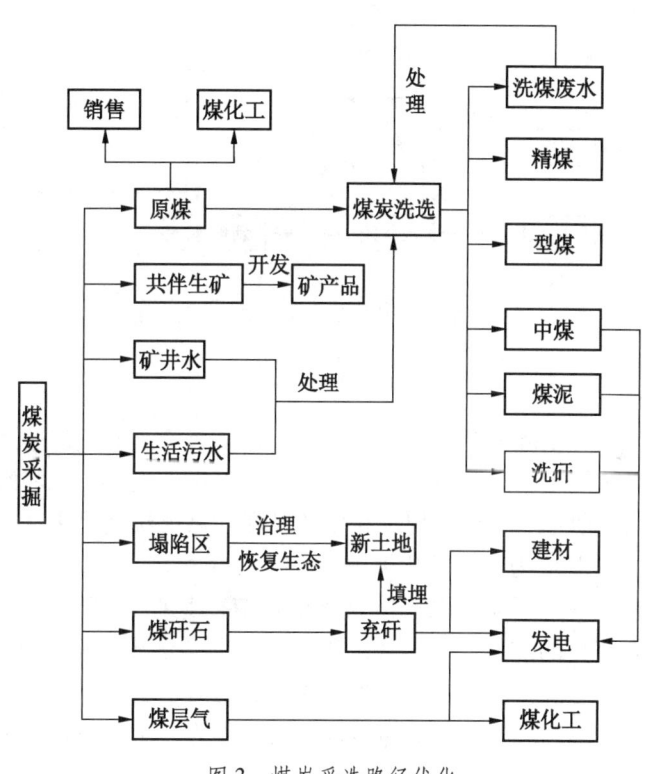

图3 煤炭采选路径优化

由此可以看出在煤炭产业链采煤环节构建循环经济所产生的经济效益是巨大的。

2) 综合发电环节

能源转换是煤炭产业链中的一个关键环节，其中电厂的功能得到充分的发挥，起着至关重要的作用。原煤、泥垢、煤矸石等可以作为电厂的燃料，产生热能；矿井水经过净化后作为冷却水在电厂循环使用，能够在一定程度上减少其对淡水的需求，从而减少了用水量。许多企业使用发电厂产生的电力，用于电解铝、煤炭制造和加工以及区域供暖。与此同时建筑材料可以由粉煤灰、炉渣和烟气等构成，这些都是在燃煤发电过程中产生的，可以重复利用。电能作为一系列能源交换过程中的枢纽,连接着供应链上的每一个组成部分。煤炭行业在供应链的纵向扩展方面取得了长足的进步,使得循环经济的发展道路也得到了很好的实施。

综上所述,煤炭产业链条中形成了以电厂为主体的产业共同体,减少和循环利用物质能源,优化了整个产业的资源配置,以此实现了节约能源,减少环境污染。燃煤发电环节产业链延伸如图4所示。

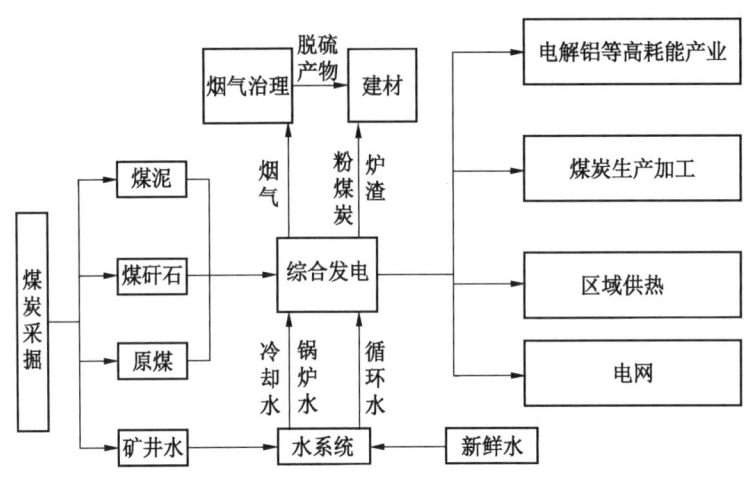

图4 燃煤发电环节产业链延伸示意图

3) 煤化工环节

煤化工行业在煤炭产业链中有着特别的地位,它位于该产业链的中下游,在煤炭产业链中发挥着全关重要的作用。对于煤化工企业来说,煤炭是主要的原料来源,该行业采用多种物理和化学工艺,通过一系列的物理和化学过程,将煤炭变为多种化工产品。榆林煤的"三高一低"特性使其成为良好的化工用煤。

在煤炭产业链中,一定不能够忽略掉煤化工环节,其在"3R"原则中(减少、再利用和再循环)中具有明显的潜力。近年来,我国在煤化工领域投入了大量资金,以保障国家能源安全。因为随着经济社会的发展,对石油产品的需求也在不断地增长。由于许多煤化工项目的技术水平有限,产生的工业污染现在已经成为一个不可回避的问题,所以某些项目也因为这些原因被叫停。陕北地区在通过多年的学习与实践后,找出了一条有特色的煤基多联产循环经济发展路径,在煤化工体系中延伸链条,扩大规模,衔接相邻环节,以此减少污染和资源浪费。综合看来,煤化工的下游产业是极为交织的,比如高端汽车制造商以煤化工的帘子布为原料,医用口罩制造商以煤化工的熔喷布为核心材料。煤化工产业供应链的延伸如图5所示。

2. 环境改善导向型路径

1) 污水处理

从图6可以看出,陕北煤炭产业链中的主要污水来源于洗煤、气化、液化和深加工。曾经的污水处理是由各煤炭工业企业内部进行的,但现在这种做法在循环经济体系的建立后已经被取代,即处理后的废物被同一煤炭工业链上的企业作为循环工业用水重新使用,从而形成一个处理循环。对于缺水的陕北地区来说,这种循环促进了污水处理的专业性和规范性,同时也提高了单位水资源的利用效率,从而节约了当地水资源。

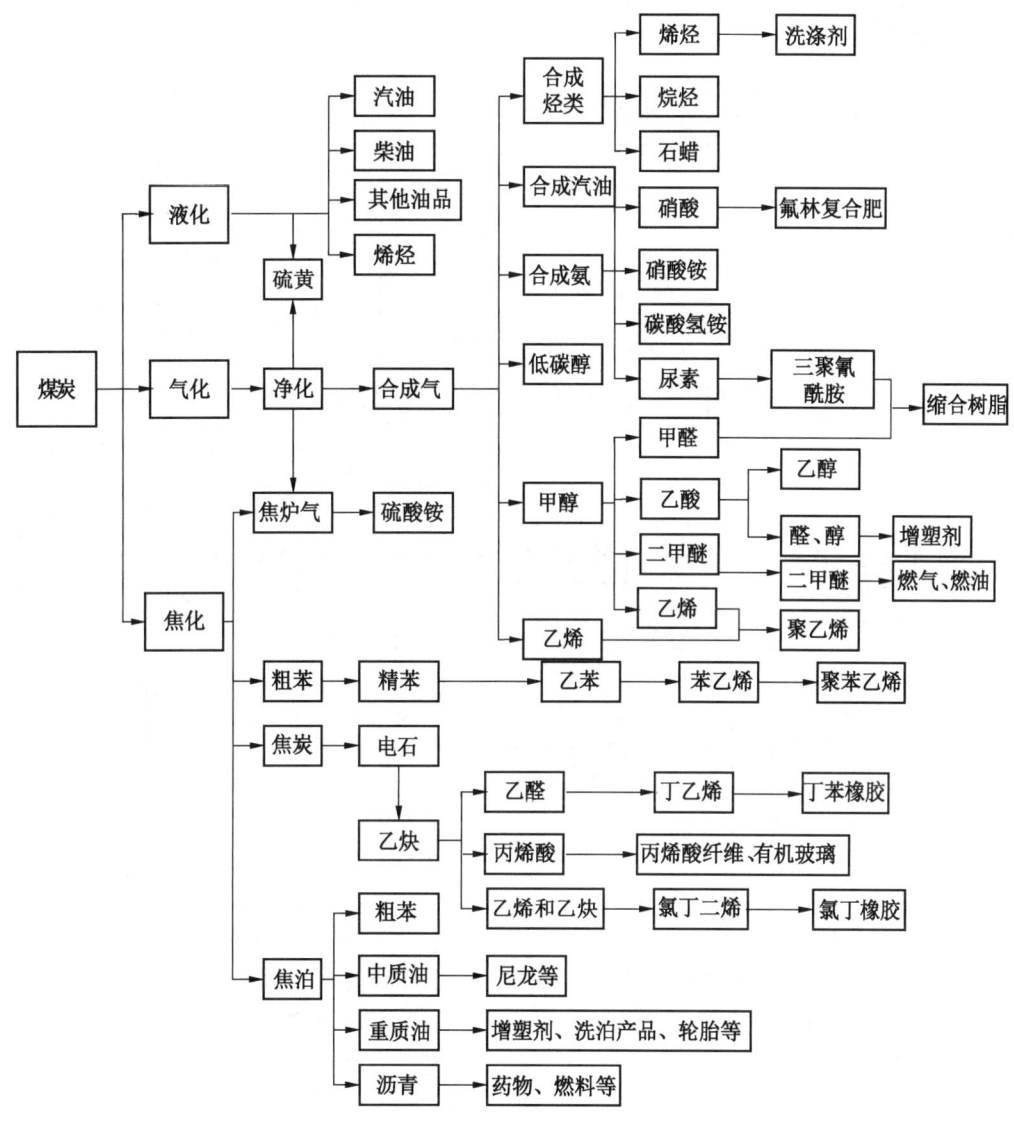

图5 煤化工产业供产链的延伸示意图

2)废气和烟尘处理

循环经济企业通常像处理污水一样处理废气和烟尘,但也有一些企业进行更密切的合作,直接处理这些废气和烟尘,并收集原材料,然后用于生产新产品。例如,水泥公司会收集电力和供热行业的粉尘,用于制造多种类型的水泥和混凝土外加剂;一些化工厂可能会收集和处理含有二氧化硫的废气,用于制备硫酸。这样,在考虑到回收烟尘和废气的产业链延伸和经济产出的同时,可以更好地减少排放,以此改善空气质量。

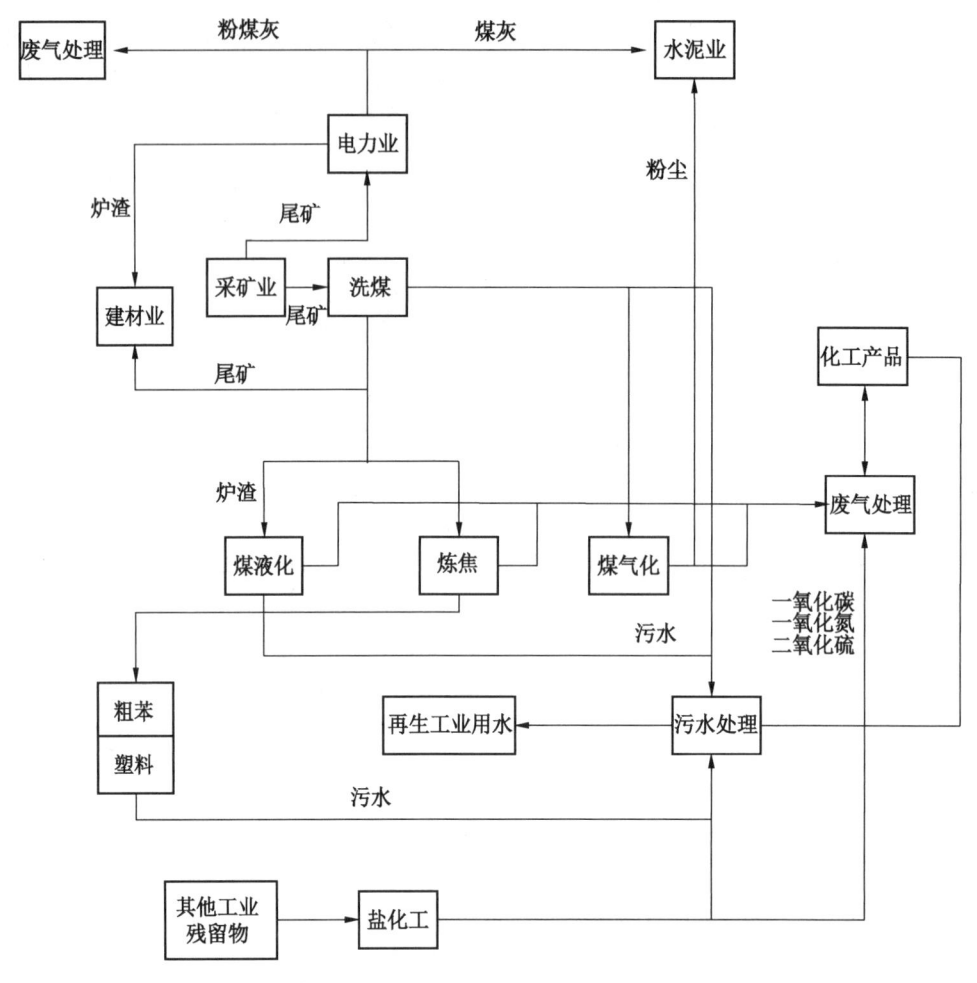

图 6 环境改善导向型路径示意图

3）固体废弃物处理

煤炭生产的各个环节都会产生固体废弃物，假设循环经济不鼓励其回收，它们只会被丢弃，这将导致环境的严重污染。通过采用循环经济，固体废物被分类，部分储存，并通过分类和加工被利用为原材料。例如，在采矿、洗煤、电力和供热行业，尾矿和矿渣经过收集、分类和加工，可以作为建筑材料的原料。在过去的 20 年里，由于采取了这一策略，固体废弃物的总体利用率大幅提高。值得强调的是，除非延长煤炭产业链，否则固体废弃物的利用率无法进一步提高。与经济产出导向型路径不相同，环境改善导向型路径以固体废物处理为中心，废物回收利用程度的上限由产业链的延伸决定；经济产出导向型路径以节约成本和增加产量为中心，处理废物只是因为可以为企业增加利润。走经济产出导向发展道路的企业，如果经济上更有利可图那么其就会寻求从外部购买原材料，而不是回收本地固废。

3. 能源梯级利用型路径

通过加强现有产业链之间的能源流动，能源梯级利用型路径提高了能源的整体利用率。考虑到陕北是我国能源的主要来源地,所以对能源梯级利用型路径进行对比调查研究是非常必要的。

图 7 以陕北煤炭产业链中最重要的发电、煤干馏以及兰炭制备三个子环节为例,说明了如何建立能源梯级利用模式。首先,在煤炭领域可以考虑建立一个余热转运站。供应链上的所有产业都可以配备和建造一个余热收集系统和余热再利用系统,以收集和集中余热,利用余热转移/发电站的形式再次供能。目前存在许多不同类型的中转站,包括前述的专业余热集中中转站,以及由行业或企业安装的能源再利用系统,或通过产业集聚促进企业和行业之间的直接能源循环或梯级利用的网络等。

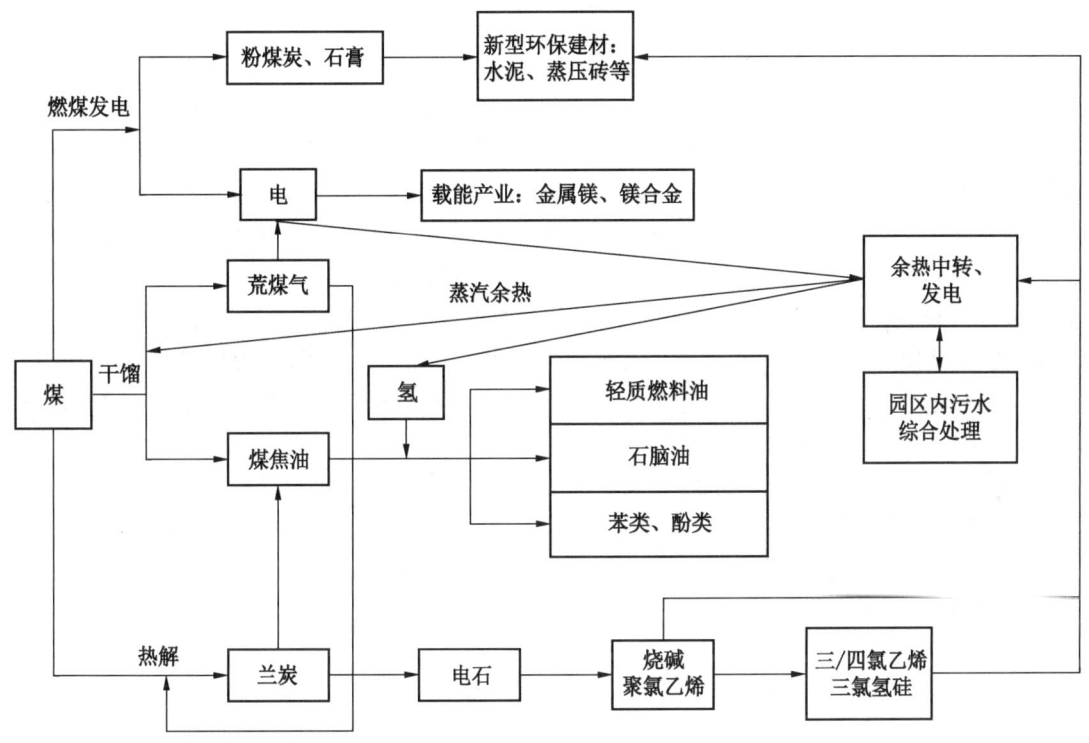

图 7 能源梯级利用型路径示意图

节约能源是使用该路径的主要目标,它还通过鼓励废水处理和其他环境系统和设施使用更少的能源来促进生态环境的改善。但能源级联的经济影响是微不足道的,因为对于其的基础建设与日后使用维护费用的成本较高,且其自身也并未增加产品创造。在此基础上,对技术的投资和产业集群的发展对这一路径很重要,它们是实现这一目标的互补性方法。因此,从产业集聚的角度来看,这种方法可以通过将产业培育与循环经济路径相结合来实现。

五、结论

本文根据陕北地区煤炭产业链实施循环经济的要求,结合该地区的发展历史和现状,结合该地区煤炭产业的发展现状和未来发展,对其煤炭产业链展开了系统性的分析,提出以经济产出、环境改善和能源梯级利用的三条发展路径。

（1）经济产出导向型发展路径是将经济效益放置至核心位置。煤炭产业链的完整性和可持续发展能力可以通过在这种产业发展道路上发展"关键种子"企业来加以改善。

（2）环境改善导向型路径是以污染物和废弃物处理为主要突破点，同时考虑经济效益的维护和进一步发展。协调经济和生态效益间的矛盾是该路径的重要目标。

（3）能源梯级利用型发展路径是通过能源的逐级利用，以达到促使能源的利用效率增长的关键目标，减少传统煤炭工业发展导致的消极影响，同时考虑到资源和环境的保护，最终实现陕北区域未来的可持续发展。

参 考 文 献

［1］王雨佳．能源产业链整合与企业生产效率——以煤电纵向一体化为例［J］．北京理工大学学报（社会科学版），2019，21（4）：29-38.

［2］周宾．新常态下我国煤炭经济运行情势与调控策略——基于行业全产业链与企业经营效率视角［J］．现代经济探讨，2015（5）：53-58.

［3］李兰兰，黄飞，於世为．基于SD-MOP的煤炭产业链系统仿真与优化［J］．中国地质大学学报（社会科学版），2012，12（5）：24-31.

［4］王帮俊，杨东涛．基于系统动力学视角的煤炭产业链自组织演化过程与仿真——以淮北矿业集团为例［J］．武汉理工大学学报（社会科学版），2011，24（5）：680-687.

［5］兰新萍，龙如银．基于博弈分析的煤炭城市共生产业链产品定价研究［J］．资源科学，2010，32（9）：1698-1703.

［6］李士金，刘立波，沈玉志．煤炭企业循环经济产业链的构建研究［J］．科技管理研究，2009，29（12）：314-316+307.

［7］孙华平，李亮，王佳妮．新冠疫情对能源产业链的影响与对策［J］．煤炭经济研究，2020，40（4）：4-8.

［8］赵康杰，刘育波．产业链与创新链互动促进资源型区域产业转型研究——以山西省为例［J］．煤炭经济研究，2019，39（12）：4-11.

煤矿井下水资源绿色高效开发利用的经济社会效益研究

薛国华

（陕西陕煤黄陵矿业有限公司一号煤矿）

摘要：我国煤矿井下水处理技术始于20世纪70年代末，目前用于处理地表、江河、湖泊水的净化处理的工艺，在煤矿井下水处理中大部分被采用过，如预沉调节池、反应沉淀池（或澄清池）、过滤池等，净化处理后的成品水可作为工业用水、生活用水，或达标排放。本文主要针对黄陵矿业公司一号煤矿井下采空区高盐、高硬度、高矿化度等水质特点，选型配套设计符合井下水质特点的"混凝分离+RO+次氯酸钠消毒"的水处理工艺和装备，达到饮用水标准，满足矿井工业生产用水和生活用水标准；同时建立完善的集控系统，实现水源的智能控制。

关键词：煤矿；井下水；水处理工艺；智能；无人值守

一、引言

在我国一次能源资源中，煤炭占60%，"贫油、富煤、少气"的资源禀赋特点，决定了煤炭在我国能源结构中占主体地位。在煤矿生产过程中会排出大量的矿井水，经处理达到排放要求后直接外排，将会造成大量宝贵的水资源浪费，合理的资源化矿井水可使煤矿井下水达到经济效益、社会效益和环境效益的统一，为此国内外众多专家学者对此进行了深入的研究，取得了丰硕的成果，为指导矿井水的综合利用提供了宝贵的经验。黄陵矿区位于我国的西北部，矿区水资源日益紧缺，为了充分利用煤矿井下水资源，针对煤矿井下空间环境的特殊性和开采工作面的多变性，研究开发模块化、可移动及可拆卸组装的矿井水井下处理装置，以及采用多种技术耦合，提高矿井水资源处理效率。

二、黄陵矿业一号煤矿井下水特点分析

我国北方煤矿井下水主要来自砂岩裂隙水、井下生产废水和采空区积水，故矿井水水质特征与当地地下水水质基本符合，因此煤矿井下水本身的成分主要受地质年代、地质构造、煤系伴生矿物成分、环境条件等因素的影响。根据煤矿特点，矿井水大致可分为以下五种类型：

（1）洁净矿井水。未被污染的干净地下水，其特征是基本符合生活饮用水标准，有的含多种微量元素，可开发为矿泉水。

（2）含悬浮物矿井水。其水量约占我国北方部分重点国有煤矿矿井涌水量的60%，水质呈中性，含有煤粉、岩粒等悬浮物。

（3）高矿化度矿井水。水中含有 Ca^{2+}、K^+、Na^+ 等离子，水质多数呈中性和偏碱性，带苦涩味，俗称苦咸水。

（4）酸性矿井水。水质 pH 值小于 5.5，当开采含硫高的煤层时，硫化物受到氧化与升华作用产生硫酸，而使水呈酸性。

（5）含特殊污染物的矿井水。主要指含氟矿井水、含微量有毒有害元素矿井水、含放射性元素矿井水或油类矿井水。

陕西陕煤黄陵矿业有限公司一号煤矿核定产能 600 万 t/年，可采煤层为 2 号煤层，井田面积 184 km²，地质储量 3.59 亿 t，可采储量 2.81 亿 t，矿井采用平硐开拓，单水平开采，分区抽出式通风，综合机械化长壁后退式采煤；主运输采用带式输送机，辅助运输采用防爆无轨胶轮车，煤层自燃倾向性为Ⅱ类，属水文地质类型中等的高瓦斯矿井。

该矿井位于黄陵矿区东部，根据地表出露和钻探、井巷工程揭露的地层由老到新有三叠系上统永坪组；侏罗系下统富县组；侏罗系中统延安组、直罗组及安定组；白垩系下统洛河组、华池组；新近系上新统保德组及第四系上更新统和全新统。

矿井充水水源有大气降水、地表水、采空区积水和延安组砂岩含水层、直罗组下段砂岩含水层地下水，大气降水及地表水为间接充水水源，主要补给地下水及周边采空区积水，而采空区积水及延安组含水层、直罗组下段含水层是矿井主要充水来源。

根据黄陵矿业一号煤矿的井下水分布情况，该矿井在三盘区的采空区积水中取样化验分析，并将成品水按照《生活饮用水卫生标准》（GB 5749—2006）进行设计，井下采空区化验结果见表1。

表1 三盘区采空区积水化验结果表

序号	检验项目	单位	检测结果
1	pH 值（25 ℃）	—	8.37
2	悬浮物	mg/L	23
3	浑浊度	NTU	0.45
4	色度	度	<5
5	五日生化需氧量	mg/L	<3
6	化学需氧量	mg/L	<4
7	铁	mg/L	0.04
8	锰	mg/L	0.01
9	氯化物	mg/L	794
10	二氧化硅	mg/L	10.3
11	总硬度（$CaCO_3$ 计）	mg/L	109
12	总碱度（$CaCO_3$ 计）	mg/L	1091
13	硫酸盐	mg/L	1849
14	氨氮	mg/L	0.04
15	总磷	mg/L	<0.03

表1（续）

序号	检验项目	单位	检测结果
16	溶解性总固体	mg/L	5182
17	石油类	mg/L	0.01
18	阴离子合成洗涤剂	mg/L	<0.05
19	余氯	mg/L	<0.005
20	粪大肠菌群	个/L	0

从表1中可以看出，黄陵矿业一号煤矿矿井水水质相对较好，20项指标中有5项指标较高，分别为悬浮物、氯化物、总碱度（$CaCO_3$计）、硫酸盐和溶解性总固体，从化验结果不难看出，矿井水不能满足井下设备用水和饮用水需求，需按照《生活饮用水卫生标准》（GB 5749—2006）标准进行设计。

三、煤矿井下水主要处理工艺的研究

井下水管理原则一是井下老空水复用全覆盖。对煤矿井下采空区水源采用"能收集、多收集、零浪费"的原则，全部在井下进行处理、复用，做到就地消化、再利用。二是浓水"就地消化"。处理后的浓水用于井下消尘洒水，实现从井下来回井下去。三是算好经济账。近年来煤炭行业普遍效益良好，煤矿可着手长远考虑实施利于节支降耗的项目，为煤矿可持续发展奠定基础。

黄陵矿业一号煤矿井下处理的矿井水为北一、三盘区采空区自流水，根据采空区水量统计情况，涌水量为125 m^3/h，设计处理能力为3000 m^3/d。工程建设内容包括调节池、混凝分离系统、RO膜系统、成品水池、浓水池的土建施工、电气及自控、管道及设备安装等。

水循环利用系统的建设和运行不但耗资较大，而且系统建设和运行受井下复杂环境等多种因素的制约和影响，因此有必要根据确定的标准和一般原则，从整体优化的观念出发，结合规模需求、进出水水质及当地的实际条件和要求选择切实可行、经济合理的处理工艺方案，经全面技术经济、社会效益、安全管理等方面比较优选出最佳的工艺方案和实施方式。在该项目污水处理工艺方案的管理中，将遵循以下原则：

（1）进水水质复杂，需进行脱盐淡化处理。

（2）建设用地狭长，位于进风巷中，用地狭长，宽度高度均受限制，且地下地质复杂，系统应占地小，可分格分块模块式建设。

（3）地下施工难度大，工程建设于地下，施工条件困难，要求构筑物少、结构简单、工期短。

（4）操作管理要求高，井下操作空间小，要求水循环利用系统自动化程度高，无须依赖专业技术人员便可日常运维管理。

（5）安全防护要求高，工程位于高瓦斯矿井内，防爆要求高，对电机设备管理要求严格。

结合黄陵矿业一号煤矿以上的特点，分析矿井水综合利用主要处理现状，目前对于矿井水的处理主要采用多级过滤+RO+次氯酸钠工艺和混凝分离+RO+次氯酸钠工艺两种处理工艺,两种处理工艺的流程如图1和图2所示,两种工艺的特点对比见表2。

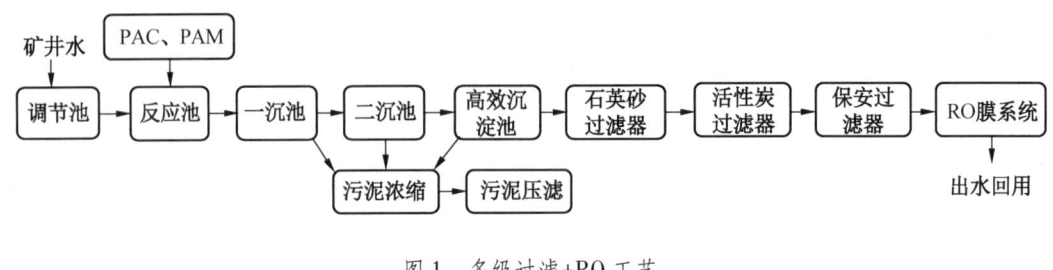

图1 多级过滤+RO工艺

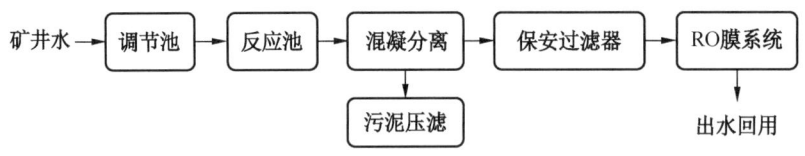

图2 混凝分离+RO工艺

表2 两种工艺对比分析表

评比项目	多级过滤+RO工艺	混凝分离+RO工艺
占地面积	工艺环节多,占地面积大	建筑集约,占地小
出水水质	投加PAC、PAM易堵塞RO膜,影响出水水量水质,不易回用	不加入PAC、PAM,无RO膜堵塞问题,易回用
建设周期	12个月	构建筑物设备数量少,建设6个月
工艺流程	流程长,控制单元多	流程短,控制单元少
自控及运行	自动化程度低,对专业技术人员依赖性高	自动化程度高,专业技术人员依赖性低
污泥处置	投加PAC、PAM,产泥量多	无需投加PAM,产泥量少
滤料更换	砂滤、碳滤滤层流失需定期更换滤料	无
反洗废水	砂滤、碳滤产生大量反洗废水	无
RO膜寿命	加入PAM,增加RO膜堵,缩短膜使用寿命	不加入PAM,减少RO膜堵,增加膜使用寿命
运行管理	复杂,设备多,人员需求高	简单,设备少,人员需求少
经营成本	高(滤料更换、药剂使用量大、污泥产量高,RO膜维护、更换频率高)	低(无滤料更换、投加药剂量少、污泥产量低,RO膜维护、更换频率低)
工程费用	两者相当	

通过以上对多级过滤+RO工艺和混凝分离+RO工艺两种处理工艺的分析对比,发现混凝分离+RO工艺具有工艺流程简单,构筑物少,占地小,建设周期短,适合井下建设;无须设置砂滤、碳滤,不产生反冲废水、滤层流失,维护管理简单;不加入PAM,减少对RO膜的堵塞问题,增加膜的使用寿命;加药量少,污泥排放量少,采用机械排泥,便

于操作；产水代替自来水直接回用产线，大大节约矿井用水量；具有经济性良好，设备少，投资省，后期运维方便简单等显著优点。因此黄陵矿业一号煤矿井下水处理工程采用混凝分离+RO工艺，达到饮用水标准。

井下复用水处理站由原水池、超滤装置、中间水池、反渗透装置、回用水池、恒压供水机组、反洗排水池组成，采空区自流水汇集新建原水池→超滤装置→中间水池→反渗透装置→回用水池→恒压供水机组→北一生产区域各用水点，运行流程如图3所示。

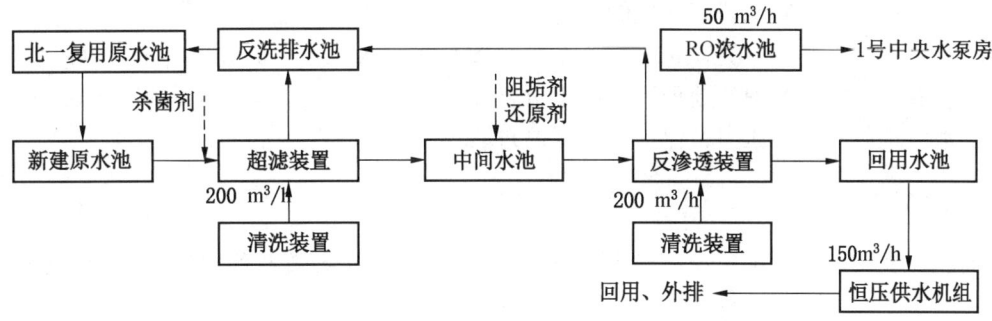

图3 运行流程图

黄陵矿业一号煤矿井下水处理站采用自动化控制的方案，现场站采用触摸屏操作，采用VPN网关通信，地面控制中心采用scada远程监控，实现智能用水调配、无人值守等功能。

四、矿井水处理经济社会效益

（一）经济效益

通过项目的应用，污水处理站处理后的产水可代替自来水直接回用于煤矿生产线，节省不菲的自来水费，同时减少自来水资源消耗，大大减少排水费用及地面污水处理厂的生产压力，并且保护了矿区的自然环境。煤矿井下水资源绿色高效开发利用项目实施后，每年可综合利用109.5万m^3煤矿井下水，按照处理成本为2.55元/t计算，年可节约水费279.2万元。同时通过项目实施，综合回收利用矿井水，可充分利用煤矿井下水资源，提高了煤矿井下水使用效率，很大程度上节约了水资源，达到节约与环保双赢的效果。

（二）社会效益

通过该项目的实施，取得了以下社会效益：

（1）推进煤炭安全智能绿色开发利用，建设集约、安全、高效、清洁的煤炭工业体系，推进陕西陕煤黄陵矿业有限公司煤炭基地绿色化开采和改造，发展了矿区循环经济，加强了矿区生态环境治理，建成一座绿色矿山，资源综合利用水平全面提升；同时配套智能化控制系统管理，实现无人操控、无人巡视的远程管理模式，进一步推动煤矿企业智能化管理，提升煤矿企业社会责任感。

（2）黄陵矿区水、火、瓦斯、煤尘、顶板、油型气等灾害齐全，通过成功应用井下水处理系统，不仅满足矿井工业生产需求，更满足矿井生活区域人员用水，开创了复杂水质煤矿采空涌水井下处理直接复用的先河，填补了行业空白，具有很好的推广应用价值。

（3）该项目的实施，对煤矿企业进一步提升煤矿采空涌水资源利用、绿色开采管理提供了有力借鉴，对矿井成本管控提供了有力支撑；同时煤矿井下水资源的管理与利用，对推动煤矿企业绿色、可持续发展提供了有力保障。

（4）项目采用混凝分离工艺，具有流程短，构筑物少，占地面积小，自控程度高，运维管理简单，运行成本低等特点。同时该工艺控制系统具有一定的先进性，安全防护等级高，适合于建设地下式污水站。此外，系统全面实现自动化控制，可实现水量的智能调配，减少人员成本，实现智能调控的运行模式，提高矿井智能化水平。

（5）项目的实施对构建资源节约型、环境友好型煤炭工业，促进煤炭工业可持续发展具有显著效果；污水处理站处理后的产水可直接回用于煤矿生产线，大大减少排水费用及地面污水处理厂的生产压力，保护了矿区的自然环境。

五、结论

通过开展煤矿井下水资源绿色高效开发利用的经济社会效益的研究，可以得到以下结论：

（1）划分了煤矿采空涌水的类型，研究了黄陵矿区煤矿采空涌水形成原因及其水质指标，并从污水处理站建设规模及用地情况，综合考虑处理效率、节地等多方面因素，对不同的煤矿采空涌水处理工艺进行了对比分析，得出了混凝分离工艺具有流程短，构筑物少，占地面积小，自控程度高，运维管理简单，运行成本低等特点。同时，该工艺控制系统具有一定的先进性，安全防护等级高，适用于建设地下式污水站。

（2）研究了混凝分离技术的原理，得到了膜分离法处理污水的水质要求以及各子系统的预处理原则，在此基础上自主研发了JDL混凝分离技术，实现了高品质出水，出水可资源化回用于生产用水；通过对比不同的消毒工艺，采用RO反渗透技术，利用压力差为动力的膜分离过滤技术，实现煤矿采空涌水的消毒灭菌，产水水质符合《生活饮用水卫生标准》（GB 5749—2006）的规定要求。

（3）并发了煤矿采空涌水复用智能控制系统，实现了控制系统对煤矿采空涌水复用水站的工艺过程以分散控制和集中调度，实现了地面中心控制室与各子站的数据通信以及生产过程控制自动化和所有设备一键启动、切换等功能；研发了矿用复用水管控系统，完成了生产过程中各工艺流程中的重要参数、设备工况等在线实时监控，实现了煤矿采空涌水井下复用系统的常态化无人值守。

参 考 文 献

［1］董书宁，虎维岳．中国煤矿水害基本特征及其主要影响因素［J］．煤田地质与勘探，2007（5）：34-38.

［2］王皓，董书宁，尚宏波，等．国内外矿井水处理及资源化利用研究进展［J］．煤田地质与勘探，2023，51（1）：222-236.

［3］可敬．煤矿矿井水处理系统探讨［J］．煤炭科学技术，2022，50（S1）：187-193.

［4］何绪文，王绍州，张学伟，等．煤矿矿井水资源化利用技术创新［J］．煤炭科

学技术,2023,51(1):523-530.

[5] 章丽萍,安逸云,吴二勇,等.响应曲面法优化含氟矿井水处理及除氟机理研究[J].矿业科学学报,2022,7(6):782-792.

[6] 常光锋.黄陵一号煤矿水文地质特征及充水因素分析[J].煤炭工程,2009(6):57-59.

企业外部环境对煤炭产品市场定价机制的扭曲及对策研究

潘 博,梁光辉

(辽北技师学院)

摘要:煤炭产品的定价机制关系到煤炭产品的价格形成是否科学合理,能否准确反映产业链上相关产业的产品之间比价关系,进而反映相关产业产品之间的成本与利润关系是否公平均衡的问题,通过价格传导给企业经营信号的真实性,关系到煤炭企业以及整个煤炭产业能否健康发展。由于受外部环境的影响,我国的煤炭产品市场定价机制虽然已初步建立起来,但还没有完善和巩固,实践中还存在着人为的扭曲,给煤炭产品市场定价机制功能的正常发挥带来严重的影响。本文对于这种扭曲的危害、原因以及解决对策进行了深入的研究,希望能为煤炭产品市场定价机制正常运行与功能发挥创造一个良好的基础。

关键词:企业外部环境;定价机制;对策

根据《中国煤炭行业现状深度研究发展战略研究报告(2022—2029)》,2021年我国原煤产量41.3亿吨,120万吨/年及以上煤矿产量占比85%左右。其中,建成千万吨级煤矿72处、产能11.24亿吨/年,在建千万吨级煤矿24处、设计产能约3亿吨/年。这些大型煤矿基本为国有煤矿,由此可以看出国有大型煤炭企业在整个煤炭产业中的重要地位。鉴于此,本文在论述企业外部环境对煤炭产品市场定价机制的扭曲及对策时主要着眼于国有大型煤炭企业。

一、煤炭产品定价机制的重要作用及其类型

(一)煤炭产品的定价机制决定着煤炭产品的价格

煤炭产品的定价机制决定着煤炭产品的价格,而煤炭产品的价格对于煤炭企业则具有重要意义。

首先,在一定的条件下煤炭产品的价格决定着煤炭企业煤炭产品的完全成本能否得到体现与市场认可,进而决定着企业能否盈利。

应当说煤炭企业提供煤炭产品的完全成本是决定煤炭企业能否盈利的重要基础性指标,但煤矿产品的完全成本只有通过合理的定价机制才能转化为价格的构成主体为市场所认可、接受,进而得到补偿。显然对于煤炭企业而言,在一定的时期煤炭产品的完全成本是一个刚性而不可改变的客观指标,它反映了煤炭企业的综合管理水平。那么煤炭企业能否盈利就取决于煤炭产品在市场上的价格,即如果煤炭产品的市场价格能够大于煤炭产品的完全成本,那么煤炭企业就能够实现盈利,且两者的差额越大煤炭企业的盈利能力就越强;如果市场销售价格与完全成本持平,那么煤炭企业将得到盈亏平衡的结果;如果市场

销售价格低于完全成本，那么煤炭企业通过销售产品得到的产品回报将不能补偿煤炭产品的完全成本，煤炭企业将出现亏损。

在这里笔者之所以说煤炭产品的完全成本是因为按照有关财务管理法规煤炭生产企业核算实行完全成本法，以反映企业生产、销售、管理、融资等全部生产经营成本。煤炭完全成本包括综合成本及销售费用、管理费用、财务费用等费用。综合成本则包括生产成本、营业税金及附加。

其次，煤炭产品的市场价格为煤炭企业设定了一个生存的财务底线，即煤炭产品的完全成本应处于销售市场价格以下。

从上面的分析可以看出煤炭企业必须将煤炭产品的完全成本控制在市场销售价格之下，如果短时间出现价格与完全成本的倒挂还可以承受，但若长时间的完全成本突破价格，那么煤炭的再生产将无法维持，煤炭企业也将不能生存。从煤炭企业角度来看，其产品的完全成本中有一类是不可控制的，而另外一类则是可以通过加强企业管理而能够有所降低的，前者如国家收取的各种税金及附加，后者如智能化采煤技术的引入。显然智能化采煤能够减少一线采煤员工数量，有利于减少煤炭产品的人力资源成本，但由于增加了智能化采煤设备的固定投资，因而同时也会增加吨煤设备成本。至于在整个智能化采煤设备使用寿命周期内会降低还是增加成本则只有通过经济比较才能判断。但应当指出的是：对于特定的煤炭企业在特定的时期里煤炭产品的完全成本不会是一个可以无限压缩的指标，相反会存在一个刚性的极限成本，如果这种刚性的极限成本不能为市场所接受，那么就必然会导致整个煤炭产业的亏损以及相对于其他产业链上游产业的"贫困化"，而这显然是不应该的，至少是不公平的。

再次，不合理的价格会损害相关产业产品之间的比价关系，从而影响到相关产业之间成本与利润比例关系的合理性。

在一个竞争充分且功能完善的自由市场里，由于受产品价格均衡理论制约，在不同但关联产业的产品价格之间是存在一个适宜的比价关系的——比价关系的实质是不同产业的产品成本之间的比价关系，这个比价关系是动态平衡的，例如煤炭产品的价格与电力、石油、建材、冶金等产品价格之间就是如此。如果某一产业的产品价格长期的居高不下，那么说明这类产品的产能不足以满足需求，同时这个行业的产品的利润率也就会相对高于别的行业的产品，那么就会有别的产业资本进入到该产业进行投资而使得该类产品的产能增加，经过一段时间运营后就会因为供给加大而将该类产品的市场价格及利润率降下来，最终达成相关产业之间利润率的均衡。

如前所述，上面的讨论都是以正常的市场环境为前提的，但如果煤炭企业所处的市场发育不良或者根本就不存在，则这种必要的不同产业的产品之间的比价关系将不会存在或者不完全真实的存在，则不同产业之间成本与利润率的均衡机制也就不复存在。

（二）煤炭产品定价机制的实质

如前所述，既然煤炭产品的价格对于煤炭企业是如此重要，那么煤炭产品的价格又是怎么确定的呢？是通过煤炭产品定价机制确定的。不同产品定价机制的定价原理虽然不同，但从本质上看煤炭产品定价机制有两点：

（1）定价机制是煤炭生产企业生产煤炭产品时的完全成本通过定价机制获得外在的体现与市场认可，并通过销售价格得以补偿从而实现煤炭产品再生产的可持续进行的机制。

（2）定价机制反映的是煤炭产业与其他相关产业——电力、冶金、化工、建材等——产品之间在成本与利润率上的比价调节关系，这关系到不同产业之间产品成本与利润分配比例的调整结果及其合理性。

（三）我国煤炭产品定价机制的类型

从定价原理上看，我国自近代以来到 20 世纪 70 年代改革开放之初先后出现过两种定价原理完全不同的煤炭产品定价机制，即自由市场定价机制和政府管制定价机制。

自由市场定价机制是在新中国成立之前，那一时期煤炭产品价格是完全按照市场机制进行确定的，即通过市场供求关系来定价的，其原理是：在同时存在大量卖方与买方的自由竞争的市场下，卖方与卖方之间进行竞争，买方与买方之间进行竞争，同时买卖双方之间又存在竞争，最后在市场均衡机制作用下煤炭企业产品的供方与煤炭买方达成均衡价格。

政府管制定价机制则是新中国成立之后到改革开放之初。在这段时间里由于我国实行的是高度的计划经济，一切产品都是由国家各级计划委员会以指令性定价。由于煤炭特别是电煤关系到国计民生及电力企业的发电量，因而直接影响着居民生活和企业生产活动，故此国家对电煤价格一直采取控制，且 1996 年曾一度恢复对电煤实行国家指导价格，直到 2007 年国家才彻底取消煤炭价格计划价与指导价并存的双轨制。2009 年 12 月国家发改委退出电煤谈判过程，电煤价格完全由企业自主决定，这标志着我国煤炭价格实行了完全市场价。

在这一时期煤炭产品定价机制的实质是国家指导定价，而不是按照煤炭产品市场需求实行市场定价。显然在这种国家指导定价机制下产品的价格并不能准确反映煤炭产品的综合成本或者说与煤炭产品的综合成本无关。

（四）我国当前煤炭产品定价机制及本质特征

经过十余年的改革开放的探索与实践我们逐渐提出市场经济体制的概念，1992 年 10 月中国共产党第十四次全国代表大会明确提出我国经济体制改革的目标是建立社会主义市场经济体制；1993 年 11 月，党中央召开的十四届三中全会审议并通过了《中共中央关于建立社会主义市场经济体制若干问题的决定》，标志着我国开始建立社会主义市场经济体制。此后自到现在应当说市场经济体制已基本建立起来，但由于我们受一些传统观念和思想的束缚、对市场经济体制的不完全信任以及一些政治经济领域改革的滞后，导致建立起来的市场经济体制不完善与不均衡：对国家经济影响作用不大的经济领域实行了市场经济体制，如轻工服装食品产品，而对于国民经济有重大影响作用的经济领域则没有实行或者实行有保留的市场经济体制，如煤炭、电力、石油、金融、通信、烟草等行业；有的地方实行市场经济体制，有的地方则仍在实行计划经济体制，或称指令性市场经济，如改开之后很长一段时期里东北的机械制造产品都是实行非市场化的国家指令性价格的。而煤炭产品定价机制也是这样，虽然在表面上实行市场定价机制但实质上仍然保留着一定的计划经济成分。因而煤炭产品的定价机制就是介于国家指导定价与市场定价之间，我们称之为"有限的市场定价机制"，这种"有限的市场定价机制"构成了我国经济发展史上第三种定价机制形式，同时也构成了当前煤炭产品定价机制的本质特征。

二、决定煤炭产品定价机制的企业外部环境因素

任何企业都是在一定的企业外部环境中生存和发展的，因此与企业相关的运行机制都

不可能不受企业外部环境的影响和制约，煤炭产品的定价机制也是如此。那么企业外部环境又由哪些因素构成以及这些构成因素对价格定价机制又有何影响呢？

1. 政治因素

政治因素一般通过经济因素即直接规定一国的经济体制来对包括产品定价机制在内的经济制度来对经济发展施加决定性的影响力。从一般的角度看，发展经济通常是一个国家的头等大事，毕竟国家发展的目的是促进民生福祉，只有经济发展了国民吃饱肚子了才能谈其他事业的发展。因此世界各国的政治因素一般情况下都会以促进和服务经济的发展为其重要目的。

2. 经济因素

主要包括国家的经济模式、经济体制，以及国家对于经济的管理方式、管理水平及经济发展水平等。经济因素只有与社会生产力、企业发展的客观要求相适应时才能促进经济的发展。例如人民公社时期农业几乎到了破产的境地，原因简单：在人民公社体制下农民们干好干坏一个样，干多干少一个样，多劳而不多得，农民们能有种好田的积极性吗？而分田到户充分调动了农民们的积极性而极大地促进了农业的发展。举国实行计划经济的结果则几乎使整个国民经济到了崩溃的边缘，而改革开放后短短四十多年便使中国的经济规模居于世界第二位。其道理与农业的分田到户是相通的。

3. 法律因素

有人说市场经济本质上就是法治经济，因为市场经济的本质是自由竞争，而自由竞争离不开法律对市场规则以及市场竞争的规范与调整。如果没有市场规则则市场交易秩序就无从建立和保障，那么市场竞争的行为既可以出现良性竞争也可能出现恶性竞争。前者对企业对消费者有利，因而增进整个社会和国家福祉；而后者会损害消费者，对企业自身长远发展有害，将损害整个社会和国家的根本利益。没有法律对交易双方权利与义务的规范和维护，那么不讲诚信的行为会盛行，甚至出现欺诈交易，违约毁约成风，且一旦消费者的权利和利益被损害却无法寻求法律的救助，那么市场竞争又怎么能正常进行？企业又怎能正常运营和进行竞争？

4. 道德因素

与企业发展相关的社会道德因素主要有两个方面，一是社会道德对企业的支持或贬损作用。例如一些人或机构将一些过高的甚至不应由企业承担且是畸形的道德要求强加于企业，例如前一段时间特斯拉汽车降低价格招致一部分已购置特斯拉汽车的用户的"抗议维权"，认为其"降价"行为会损害自己的"利益"；而一些外企解散撤出时给予中方员工比较优厚的解职待遇竟然也遭到一些人甚至是官方媒介的攻击。难道企业只有给予员工刻薄地对待，产品只能涨价而不能降价才是道德的吗？这严重侵犯了企业的经营自主权，而且恶化了市场环境，照此下去还会有外来资本来本地本国投资吗？二是民族的整体道德水准影响到员工素质，进而影响到员工对企业应当承担的道德义务。例如对企业的不忠诚，视应当承担的员工义务如无物。

5. 历史传统因素

主要是与企业发展所涉的社会与民族意识了，由于历史上长期的重农轻商传统，代代相传的传统意识对于企业的发展是严重不利甚至是阻碍发展，例如"十商九奸"与"无商不奸"的俗话就是例证之一。殊不知根据现代经济发展理念企业当今社会经济发展是实现平等的最有效方式之一，它是为社会服务的，其根本目的是在通过向社会提供优质价廉的产品换取自身的发展的同时也增进社会的福祉，但与此相应社会要为企业的发展承担一些业务，例如教育培训的义务，社会保障的义务，保证企业能够招收到合适的员工，根据经营需要企业可以进行自由的裁员等。

6. 文化意识因素

社会文化是指一个国家或地区的民族特征、文化传统、价值观、宗教信仰、教育水平、社会结构、风俗习惯等情况。不同国家的社会文化因素差异较大，因而对企业的概念以及企业的经营行为的理解也不尽相同。实事求是地说在我国社会文化因素中有许多方面对于企业的发展是非常不利的。例如人们购买某种商品后为了维护自己的利益总是希望其能保持涨价而不能降价，例如房子和汽车，如果开发商对房子降价销售，先前买了房子的消费者便要去"维权"，而特斯拉汽车降价后不仅以前购买的用户坚决反对降价要求其涨价，而且北京商报也专门发文批评特斯拉降价，而从字面上理解理应"屁股坐在消费者一方"的乘联会秘书长崔东树则亲自表扬了特斯拉汽车的涨价行为。崔东树先生说："这一次，特斯拉涨价，是个很好的信号，体现出车企对经营质量的关注这有利于改善消费观望心态。能够让消费者走出过度期待降价的预期，恢复正常的购买节奏。"

在上述各个影响因素中政治、经济、法律因素是现实的主要影响因素，直接影响企业的行为与发展；而道德史、历史传统、文化意识等因素则通过影响政治、经济、法律等现实因素而对企业行为与发展发挥间接影响作用。

三、在正常市场条件下影响煤炭产品价格的主要因素

一般而言影响煤炭产品市场价格的因素主要有以下几个：
（1）煤炭产品的品质；
（2）煤炭产品的成本；
（3）煤炭企业开采技术；
（4）煤炭产品市场供求关系；
（5）特定情况下国家对煤炭产品价格的干预。

在正常的市场环境下，上述因素对煤炭产品价格的影响作用通过市场定价机制发挥作用。如果这些因素的变化对价格的影响作用都能透过市场定价机制完整地表现出来，就可以证明煤炭产品市场定价机制的运行是正常的；反之，如果某一因素发生了变化——如供求关系，而其对煤炭产品的价格的影响作用却不能通过市场定价机制体现出来，或者说此时煤炭产品的价格并没有相应地发生变化，则表明煤炭产品的市场定价机制遭遇到了某种作用的扭曲，而导致其"市场定价"的功能部分或全部的丧失。

四、企业外部环境对煤炭产品市场定价机制的扭曲

（一）由煤炭产品品质观察企业外部环境对市场定价机制的扭曲

煤炭产品不同于其他工业制成品，其品质不由企业自身控制。由于煤炭产品是由自然界在漫长的地质年代里形成的自然产物，因此其品质由煤层形成的初期条件及后期地质年代的变迁过程而决定，而不可能像机床、汽车、家电等工业产品那样可以由研发技术、制造工艺与制造设备水平等后天条件所决定。在评价煤炭产品质量的指标体系中最基本的煤

质指标，如发热量、灰分、挥发分含量、胶质层厚度、SP元素的含量等，基本上都不由煤炭企业影响和控制，但这些指标不同却导致煤炭产品的用途存在着很大区别。例如有的煤炭产品不仅可以做工业燃料，而且能够炼制冶炼用焦炭，做煤化工的原料。显然煤炭产品的用途越多，其应用市场就越是广阔，因而价格也就会比只有单一用途的煤炭相对要高一些，这是煤炭作为矿产品的独特性。此外，当作为工业燃料时，如果发热量高，灰分低，同时硫、磷等有害环保的元素的含量也比较低，则煤炭产品的市场价格也会较高。

煤炭产品的品质由先天决定，但其开采的自然成本却未必与其品质成正相关的关系，即赋存条件好的煤层其先天品质不一定好，而先天品质好的煤层其赋存条件不一定好。这都要求在定价时要给予客观充分的体现，再假如出现煤层的赋存条件差而煤炭的先天品质又不佳的极端情形，那么在现有煤炭产品市场定价机制下很难做到客观充分地反映这种先天品质与赋存条件对煤炭产品的价格影响，因此表明现行煤炭产品市场定价机制受到了一定程度的扭曲。

（二）由煤炭产品成本来观察企业外部环境对市场定价机制的扭曲

前文说过，按照有关财务管理法规煤炭企业核算实行完全成本法。煤炭完全成本包括综合成本、销售费用、管理费用、财务费用等；综合成本则包括生产费用及营业税金及附加。其中税金及附加是由国家法律规定而不以煤炭企业意志为转移的固定性质的成本。如果从影响或控制的难度上看，生产成本的控制难度要大于人力资源成本。例如在煤炭产品的生产成本中很大一部分要取决于煤层先天的赋存条件，如果煤层赋存条件不好，地质条件复杂，瓦斯与水文条件不好，都会使煤炭开采成本升高。此外，煤炭的生产成本还取决于开采技术条件、机械设备装备水平与生产作业人员的劳动组织。显然，如果一个矿井开采技术先进，自动化程度高，员工规模较低，没有冗余的人员或冗余人员较少，劳动效率比较高，则人力资源成本要低一些。反之，如果开采技术落后，基本上靠人工开采，员工数量多，企业富余人员又无法裁撤则煤炭的生产成本就要高出许多。

在当前有限的市场定价机制下，虽然煤炭企业的完全成本在一定程度上还不足以构成煤炭产品定价的决定性因素，但却实际地构成了影响煤炭企业经营效果的重要因素，且这个完全成本却是国有煤炭企业无法完全控制的。

这种"无法控制"主要体现在以下四个方面：

（1）国有煤炭企业无法完全控制机电设备与大宗消耗材料的价格。

（2）煤层赋存条件决定的"自然成本"是煤炭企业无法控制的。如果煤层赋存深，地质条件复杂恶劣，瓦斯含量高，有煤与瓦斯突出危险，矿井涌水大，煤的自燃倾向性高则开采的自然成本就会相应增高，对于此类由先天造成的"自然成本"煤炭企业显然是无法控制的。

（3）煤炭企业对人力资源成本的控制难度较大。

（4）煤炭过高的运输成本不可避免。仍据前述《中国煤炭行业现状深度研究发展战略研究报告（2022—2029）》，在2021年41.3亿吨的原煤产量中，山西、内蒙古、陕西、新疆、贵州、安徽六省（区）合计原煤产量34.96亿吨，占比84.66%。同年全国各省区按GDP排名前六名是广东、江苏、山东、浙江、河南、四川，也就是说原煤的主产区与经济发展的核心区并不重合，这就不可避免地形成了原煤"北煤南运，西煤东运"的长距离大运输格局。从运输方式上看我国煤炭运输以铁路运输为主，公路运输为辅，兼及铁水联运。但由于铁路运能严重不足，运煤通道混合运输导致季节性运能短缺突出，公路煤运的过量使用，港口煤运系统有待完善等原因增大了煤炭运输成本，而这种高运输成本不但构成了原煤完全成本的重要构成部分且是煤炭企业完全无法控制的。

由于上述四个"无法完全控制"的成本构成了煤炭企业产品完全成本的主要刚性部分，因此从企业生存的基本要求出发必然要求要在产品的市场销售价格中予以体现并进而得到市场的认可，这样才能得到补偿以维持煤炭产品再生产的持续进行。但如果这一要求不能实现甚至煤炭产品的市场价格远远低于完全成本时，只能表明煤炭产品的市场定价机制已被企业外部环境严重扭曲以致失去了应有的"市场定价"功能。很明显，当这种煤炭产品的市场价格与完全成本之间的"倒挂"越是严重时，说明这种对市场定价机制的扭曲程度越是严重。

（三）由煤炭产品供求关系观察企业外部环境对市场定价机制的扭曲

通常煤炭产品市场的供求关系对煤炭产品的价格影响最为基础，同时也是最大最根本的影响因素。供不应求时会使得煤炭产品价格升高，同时抑制需求；供大于求时会使煤炭产品价格下降，这会刺激供方减少煤炭产品的生产与供应，同时鼓励煤炭产品的消费。但这是对于完全自由的市场而言，如果市场自由程度是有限的，或者说是市场经济与计划经济的混合体，则市场供求关系对煤炭产品的根本影响作用就要大打折扣。例如在供不应求时由于受国家对煤炭产品价格干预则价格难以大幅度地升上去，在这种情况下煤矿企业的成本便无法得到补偿。或者说企业就不能根据自己的煤炭开采成本进行市场竞价从而形成一个合理的价格。

在目前自由竞争有限的市场条件下虽然煤炭产品的价格不完全由市场供求关系决定，但若认为市场供求关系对煤炭产品的价格没有影响作用则是不客观的，但这种影响作用在"供过于求"与"供不应求"是完全不同的。当煤炭产品市场需求超过供给时，由于后面将要提及的原因及基于此的国家干预将会抑制煤炭产品价格的上涨，因此煤炭产品的市场价格并不会因为"供不应求"而出现大幅上涨；而当煤炭产品的供给远远超过市场需求即"供过于求"时，则煤炭产品的价格会遵循价格规律而出现下跌，但此时无论价格会跌得多么严重煤炭企业都不可能得到政府的帮助即运用行政手段予以"扩需"或是"提价"，同时由于缺乏类似企业联盟的机构，因此煤炭企业也不可能通过"人为协调"地减少"煤炭产量"，进而迫使煤炭产品市场价格得以回升到合理的价格水平，而使成本得以补偿。

（四）由国家行政干预看企业外部环境对市场定价机制的扭曲

考虑到煤炭产品对国民经济发展的基础属性，国家为了维护整体国民经济运行的稳定性，确保煤炭下游产业——发电、冶炼、化工、建材等——的企业发展等目标，国家有关部门以行政的方式规定了煤炭产品的合格价格区间，要求煤炭产品价格只能在这个区间内做有限的调整，这样就把煤炭产品的价格限制在一定的区间内，从而把煤炭产品的市场定价机制的"市场定价"功能做了程度不同的限制，使市场定价机制部分或全部的失效。

（五）由煤矿开采技术看企业外部环境对市场定价机制的扭曲

煤炭开采的技术对于煤炭产品价格的影响主要有如下三个方面：

（1）改进与提升煤炭开采技术能够提高煤炭产量，降低分摊到吨煤上的管理费用。一定产量范围内管理费用与产量的增加并不存在线性正比例关系，因而产量的增加反而能够降低分摊到吨煤上的管理费用，有利于降低煤炭产品的成本。

（2）先进的煤炭开采技术往往会增加对机电设备的投资，这在一定的时期内又会拉升煤炭产品的生产成本。

（3）先进的煤炭开采技术能显著提高煤炭开采的效率，因此会减少一线采煤员工及其他员工的数量，因此会减少分摊到吨煤上的人力资源成本。

五、企业外部环境对煤炭产品市场定价机制扭曲的理据

如前所述，企业外部环境由政治因素、经济因素、法律因素、历史文化传统因素等构成，但这些因素对煤炭产品市场定价机制的制约影响作用并不是等量齐观的，影响作用最直接同时也是最大的因素是政治、经济与法律因素。由于这些因素构成了国家上层建筑的意志，因此企业外部环境的影响作用其实质是国家的行政对煤炭产品市场定价机制的干预。当然导致这种干预是有其内在动机的，国家之所以对煤炭产品的定价机制进行干预而不是完全任由市场定价机制来发挥作用，在理论与实践的层面上主要是基于以下几方面的考虑。

（一）对市场经济机制的不完全信任

由于市场经济体制的运行是以效率与经济效果为核心而不是以国家经济管理所追求的目标为核心的，因而我们的有关部门有关人士总是担心市场经济机制运行效果会导致单向失控——只顾经济效益而失去社会效益的方向性，从而导致整个国家经济不能协调健康的发展甚至于会导致整个国家经济停滞不前或崩溃，因此总想用行政的手段为市场机制加上一个保险。须不知计划经济不如市场经济的结论早已为经济发展的实践所证实，再好的计划也不如不好的市场，市场是最真实的经济信息第一发生地与获取地，因为市场的要素来自于真实的社会经济生活。在一定程度上可以说计划是来自主观的。市场经济会有一定的试错成本的，但绝不会产生过大的试错成本。

（二）市场发育不完全以及市场管理水平滞后

由于市场发育未完全，特别是管理市场的能力、手段以及管理水平过低，因而有些时候能够影响市场上煤炭产品供求关系的因素并非都是真实的。例如在煤炭产品供求紧张时都会有一些人凭借其掌握的资源与卖方或买方"合作"对煤炭产品进行操作而从中渔利，人为地加重了供求的紧张程度，但由于这些人即不是煤炭产品市场的真正的卖方或买方因此其行为不是煤炭市场供求关系的参加者与供求信息的实际提供者。这种状况的出现自然与市场发育程度不完善有关，但究其实质还是国家有关市场管理部门对煤炭市场管治水平低下有关。

（三）为了维护国民经济整体运行平稳

国民经济并非只是部分产业的孤立存在，而是构成一环紧套着一环的产业链。例如煤炭产业是用煤产业——电力、煤化工、建材、冶金等——的上游环节，而本身又居于机械设备产业的下游环节，因此一旦煤炭产品的价格出现大幅度的波动就会影响到下游用煤产业的运营，严重时可能会使其亏损，甚至产生运营困难和倒闭。而下游产业为了维护自身利益又会将这种煤炭产品价格的"上涨压力"传导给其下游的产业部门，从而引起整个产业链条的不稳定。为了保护经济整体运行的平衡，国家就要对煤炭产品价格进行行政干预。

（四）为了维护国家经济独立与安全

根据前面的"产业链"理论，诸如电力、冶金、建材等产业都有自己的下游环节，如果在这个表面上看相互依赖实质上又存在产品竞价关系的产业链上因一链环出现重大价格变动而导致"链式反应"而相互损害，则会导致整个国家经济体系出现动荡而危及国家经济整体安全。为了避免出现这种情况的出现，国家就要对煤炭产品的价格进行行政干预。另外由于对外开放，有关部门也担心经济的全球化与一体化会损害国家经济的独立性，进而威胁国家经济的安全。这也是国家干预煤炭产品市场定价机制的重要理据之一。

（五）保护作为国家经济基础的产业企业不倒闭

众所周知，现在的国有企业基本上都是在国民经济产业链上居于上游的基础型与资源型企业，由于自身体制的原因这些企业同时往往也是企业管理与经济效益相对较弱的企业，为了保护这些企业不陷入困境和发生倒闭，维护国家经济体系的安全和稳定，国家为其提供了包括价格保护在内的一系列保护政策。仍以前述国家发改委 2022 年 2 月 24 日发布的《国家发展改革委关于进一步完善煤炭市场价格形成机制的通知》为例，该《通知》就明确指出"从多年市场运行情况看，近期阶段秦皇岛港下水煤（5500 千卡）中长期交易价格每吨 570~770 元（含税）较为合理"，因为这样就能实现"煤炭生产、流通、消费能够保持基本平稳，煤、电上下游产业能够实现较好协同发展"了。而"煤、电上下游产业"的实质是这些产业的企业整体，国家对这类企业的保护意愿由此可见一斑。

六、煤炭产品市场定价机制被扭曲后的消极后果

（一）造成煤炭市场优胜劣汰机制的失灵

市场的灵魂是良性的充分的竞争，通过良性的充分市场竞争实现了优胜劣汰的企业选择功能与企业促进功能，通过对企业群体的促进作用从根本上推动宏观经济的发展。但以行政干预市场定价机制的结果必然是导致市场优胜劣汰功能被强制排除甚至废止，在这种情况下优秀的企业不但不能脱颖而出反而还完全可能被淘汰，而劣迹斑斑的企业却反而获胜，长此以往还怎么可能有优秀的企业存在。

（二）使煤炭市场发生扭曲造成虚假的市场

扭曲市场定价机制的本质是扭曲了真实的市场，也就扭曲了市场机制，只是受政府控制或者说是"受政府引导"的市场还是真正的市场吗？还能具有市场的各项功能吗？还能产生真正的因而有价值的市场信息吗？显然答案是"否"的。在这种人为操控的虚假市场里企业根本无法获取发展所需的真正有价值的信息反馈，因而企业所做的决策都是依据不足且盲目的。

（三）妨碍了市场对煤炭产业投资的引导作用

正常情况下煤炭市场对资源的调控是通过价格机制来实现的。当煤炭市场长期供不应求时煤炭市场会通过较高的市场价格向社会释放煤炭产能不足的信号，刺激社会资本从其他非煤产业向煤炭产业流动，增加煤炭企业数量，加大煤炭产能来满足需求；反之则会使得煤炭产业资本向产业外流出，缩小产能。但在扭曲的煤炭产品定价机制下煤炭产品的价格根本不能表明供需关系变化，也就限制了市场对社会资本的引导作用。

（四）造成煤炭产业内不同煤炭企业之间的不公平

由于受国家行政干预的煤炭产品不是通过市场进行自由竞争确定的有差别的合理价

格，因此这个价格就不能完全反映各个煤炭企业真实的产品完全成本，从而在整个煤炭产业的层面上改变了不同煤炭企业的盈利空间，导致一些基础投入较高的煤炭企业没有能力提高员工工资水平，进行必要的技术提升，使自身竞争力得到提高。而那些基础投入较低生产技术相对落后的煤炭企业，反而凭着较大的价格盈利空间而过得悠哉游哉，试想一个智能化矿井与一个采掘基本靠人力作业的半机械化矿井的吨煤完全成本能是一样的吗？这完全是扭曲的"市场定价机制"给落后煤炭企业带来的"天上掉下来的馅饼"。

（五）造成了产业链上居于上下游产业之间的不公平竞争

在真正的市场条件下，在不同产业之间，由于同样存在着市场竞争的关系，如果某一个产业的利润空间相对较大，就会刺激资本的所有者将资本从利润空间相对低的产业撤出而投入到利润空间大的产业中去，这样的结果必然会使利润空间高的产业利润下降直至接受别的产业，这种利润的均衡化是使各个不同产业利润接近动态平衡的根本原因。但如果相关产品的价格是由外部环境扭曲而不是通过市场竞争而确定的，就势必会影响不同产业的均衡关系，从而使得产业链上居于上游的卖方产业以及下游的买方产业——如煤炭产业与钢铁产业——之间无法形成均衡价格与利润，使相关的不同产业居于不同的竞争起跑线上而彻底失去公平。

但如果产品的价格都能由人为进行干预那么这样的市场还可能是真正的市场吗？答案是显而易见的。现实生活中我们不难看到：一些电力企业没有任何技术含量不需要多高的智商的查电表的收费工动辄都是十多万的薪酬，其他员工的工资更是高得离谱，能说相比煤炭产业高得令人咋舌的薪酬水平都是凭借完全的市场竞争而不是靠垄断地位以及国家定价"挣"来的吗？更令人费解的是在这种情形下电力企业还能亏损，它的竞争力何在？就这样的企业能成为"世界一流企业"吗？如果真正按市场经济规律运行它早就倒闭了，还能挺到今天吗！类似的还有烟草、石油、高速公路、高铁等产业企业。

（六）损害了企业成长必需的外部社会环境条件，阻碍了企业健康成长

一个优秀的企业必然是能为社会提供优秀产品和服务的企业，这个优秀产品和服务有以下三个特征：质量好，技术层次高，价格低，或者说在同类产品中价格是最低的，在同类价格的产品中质量最好的或者说技术层次是最高的。若做到这些就要求企业必须具有很强的产品研发能力、产品的制造能力与产品成本的控制能力。这些能力优势从何而来？只能是先进的企业管理。而先进的企业管理则是来自企业管理者的责任心与专业性，只能来自企业内在强烈的提升动力。而要做到后一点就需要企业具有真正的动力，这就是企业的生死存亡。试想如果企业的管理者不殚精竭虑、百般谋划就能生存下来甚至还完全可能生存得挺"滋润"，那么还能刺激企业百般努力不懈地奋斗吗？这样的市场还能培养出优秀的乃至世界一流的企业吗？有人说真正的市场如战场，企业之间的商战则如实战，笔者以为此言实不虚也。但这种市场必须得是竞争充分的真实市场，而非虚拟的人为扭曲的市场。

七、解决企业外部环境对煤炭产品市场定价机制扭曲的对策

（一）解决企业外部环境对煤炭产品市场定价机制扭曲的思路

如果真理无法适应国情，那么是对真理进行修改以适应国情呢，还是改革国情以适应真理呢？答案显然是不言而喻的。同理，既然是企业外部环境造成了煤炭产品定价机制的

扭曲而导致其无法发挥真正的市场定价机制的功能与作用，那么解决的对策就只能是摒弃落后的计划经济思想观念束缚，通过深化改革，全面加快社会主义市场体制的建设，从思想观念、市场法规制度、管理体制、监管体系等专业领域进行全面系统的改革，同时对与市场经济体制相关的上层建筑进行必要的改革以使之适应市场经济体制的内在需要，使上层建筑为市场经济体制提供坚定的制度保障。

（二）解决企业外部环境对煤炭产品市场定价机制扭曲的对策

（1）重新认识市场经济体制的优越性及其取代计划经济的必然性，为彻底进行经济体制的转化奠定思想理论基础。

（2）按照市场经济模式的内在客观要求对现在市场经济体制建设完成情况进行全面的评估，继续加强和完善市场经济体制。

（3）加强社会主义法治建设，完善有关市场主体竞争与市场监管法律制度。

（4）探索建立科学完善的企业法律制度，实现各类企业真正的平等，赋予企业完整的经营自主权。

（5）梳理与去除国家与地方政府出台的非市场的行政干预与条块分割，建设包括煤炭产品市场在内统一的全国市场。

（6）真正尊重市场机制，非特定情况下——如发生战争或重大自然灾害——不得干预包括市场定价机制在内的市场机制运行。

（7）改革国家对宏观经济与市场的调控方式，变行政刚性干预为市场化法治化整体性与柔性引导。

（8）完善社会保障体系建设，特别是要建立覆盖全体劳动者在内的真正的失业保障机制，为包括煤炭企业在内的全体企业裁减冗员创造条件。

（9）通过市场机制建立包括电力、煤炭、化工、冶金等相关产业产品的比价机制，理顺相关产业产品价格之间的比价关系，为各产业的企业发展创造必要的条件。

八、结束语

任何事物都是相互联系的，因此不能把这一事物与其他事物割裂开来而孤立地看待这一事物。同理，煤炭产品定价机制一边关系到煤炭企业的成败兴衰，一边则又受到企业外部环境的制约，因此我们必须从煤炭企业正常运行以及发展对产品定价机制的客观要求出发，从企业外部环境着眼来分析煤炭产品定价机制存在的问题，并从企业外部环境中去寻找解决方案，只有这样才能找到能够真正解决问题的对策。大道至简，往往最基本的才是最高深的，但同时也是最难以抉择的，因为这涉及根本不同的价值取向与追求。希望我们放下对经济发展有害的一切旧的观念与思想的束缚，勇于破除一切与市场经济体制相悖的计划经济体制，坚定地走社会主义市场经济道路，建立并尊重真正的煤炭产品市场定价机制，为煤炭企业的健康与可持续发展奠定一个坚实的基础，振兴我国的煤炭产业，为国家经济与社会的全面发展做出煤炭产业应有的贡献。

参 考 文 献

[1] 李君平. 中国煤炭资源价格形成机制培育研究—以山西省为例 [D]. 太原：山西财经大学，2010.6（12）.

［2］李晓明．一个企业外部环境的分析框架［J］．西北工业大学学报，2006（3）．

［3］孙巍，周坤惠．企业外部环境分析一般过程探讨［J］．北方经贸，2003（12）．

［4］黄新华．从干预型政府到规制型政府——建构面向国家治理现代化的政府与市场关系［J］．厦门大学学报，2017（3）．

［5］王振华，谷红伟．探析我国动力煤定价机制［J］．煤质技术，2013（5）．

［6］徐振宇，李朝鲜，李陈华．中国粮食价格形成机制逆市场化的逻辑：观念的局限与体制的制约［J］．北京工商大学学报（社会科学版），2016（4）．

［7］刘立凡，鞠笑鞠，可一等．能源价格扭曲对中国经济各部门价格的波及效应研究［J］．江苏科技大学学报（自然科学版），2018（5）．

［8］王浩军．论自然资源科学定价与经济可持续发展的关系［J］．吉林工商学院学报，2009（6）．

新形势下国有企业亏损治理体系的构建

——以 JN 集团为例

张士超

(冀中能源峰峰集团有限公司)

摘要： 当今世界正在经历百年未有之大变局，这种变化是前所未有的，从世界发展角度看，国际格局、大国关系以及国际秩序正经历深刻调整，一场塑造和决定未来的激烈竞争正在进行。和平与发展仍是主流，但挑战不容忽视，世界格局多极化大势所趋，但进程不会一帆风顺，大国竞争日趋激烈，中美博弈加剧，经济全球化潮流难以阻挡，但会面临诸多困难。新形势下，我国经济已进入高质量发展阶段，国内外环境、现代化企业建设目标都在发生新变化，开展国有企业亏损治理工作是国有企业牢固树立和践行新发展理念，以提高质量效益为中心，全力推动高质量发展的内在需求。JN 集团是一家业务涉及多板块上中下游一体化的特大能源国有企业集团，自构建企业亏损治理体系以来，以问题为导向，通过采取落实主体责任、强化考核目标、增强企业内生动力、激发企业外在活力、完善内部供给、增强盈利等一系列措施，开展亏损企业治理，成果显著，不仅创造良好的社会效益，还取得巨大的经济效益。

关键词： 国有企业；亏损治理；体系构建

一、引言

中国特色社会主义已进入新时代，我国经济发展已经从高速增长阶段转变为高质量发展阶段，国有企业亏损治理体系建设的形势、任务和要求都面临新的变化。只有客观准确研判新形势新要求，正确认识国有企业亏损治理体系建设的重要意义，国有企业亏损治理体系的构建与实施才会有的放矢，事半功倍。开展国有企业亏损治理工作是适应国内外环境变化带来的新形势新挑战，是完善企业内部治理水平的需要。随着中美战略博弈不断深化，地缘政治危机、新冠疫情流行等不确定性风险频发，全球经济下行压力加剧，中国经济增速逐渐放缓。开展国有企业亏损治理工作是中国特色现代企业制度赋予的新任务，是国务院国资委深入推进中央企业供给侧结构性改革、巩固"处僵治困"（处置"僵尸企业"，治理困难企业）工作成效的重大举措，也是中央企业牢固树立和践行新发展理念，以提高质量效益为中心，全力推动高质量发展的内在需求。近年来，国有企业聚焦公司治理机制优化，不断加强具有鲜明中国特色现代企业制度建设，促进企业治理水平显著提升，全面改善了国有企业公司治理面貌，有力支撑了我国经济社会发展和综合国力提升。长期以来，由于资源配置的低效、经营管理的粗放、核心竞争力的不足、体制机制的局限，相当一部分企业连年亏损，亏损面一年大过一年，亏损额一年高过一年。2020年，中央全面深化改革委员会第十四次会议审议通过了《国企改革三年行动方案（2020—2022年）》，要求"重点亏损子企业专项治理任务"国务院国资委定期重点督导。《河北省国企改革三年行动实施方案（2020—2022年）》明确提出把企业亏损专项治理工作当成重点改革任务，这是省委省政府、省国资委对国有企业提质增效、实现高质量发展的基本要求，是倡导和树立真抓实干、务实求真的企业经营理念，更是化解风险、提升效益、增强企业盈利能力的重要保障。

二、JN集团基本概况

JN集团是一家业务涉及多板块的上中下游一体化的特大型能源企业集团，以能源产业为基础，制药、化工新材、装备制造、物流、医疗健康等非煤业务竞相发展，下辖8家产煤子公司（核定产能5693万吨，在建、拟建产能2953万吨），以及6家非煤子公司，从业人员11万人，产业主要分布在河北、山西、内蒙古、新疆等13个省区。2021年完成原煤产量5578万吨，精煤产量1891万吨，实现营业收入1580亿元。

当前，JN集团坚持以习近平新时代中国特色社会主义思想和党的二十大精神引领企业改革发展新实践，全面开启"二次创业"新征程，确定并大力实施"1346"总体发展战略，即把握高质量发展主题，实施一年调整、两年脱困、三年提升"三步走"战略，构建煤炭与新能源、化工与新材料、医药健康、现代服务"四大产业板块"协同发展格局，推进资源接续、补链强链、动能转换、夯基固本、质效提升和民生改善"六大工程"。力争到"十四五"末，煤炭与新能源产业，自产煤量7000万吨以上、经营煤量3000万吨以上，打造亿吨级煤炭能源供应商，以风电、光伏发电等为代表的新能源业务初具规模；化工新材产业，打造煤化工、盐化工、氯碱化工、玻纤新材4个百亿级化工新材业务集群；医药健康产业，打造3~5个10亿级医药重磅产品群，致力把JN能源集团打造成一个具备核心竞争力的优势企业。截至2021年底，JN集团下辖各级法人主体企业合计338家，其中亏损企业136家，亏损面达40.24%，亏损金额27.40亿元。

三、新形势下国有企业亏损治理体系内涵

新形势下国有企业亏损治理体系是指在新形势下从亏损国有企业的管理实际出发，以扭亏增盈为主线，以内部挖潜整合为重点，以外部开拓市场为引导，以提升资产质量为推动，以强化财务管控为保障，制定"一企一策"扭亏方案，从队伍建设、内控管理机制、工艺改造、成本管控、市场营销等方面，建立和完善一套适应新时代国有企业管理特性，能够帮助亏损国有企业实现扭亏为盈、高效稳健运营的管理机制。

亏损是指企业在一定时期内发生的净损失，是综合反映企业一定时期生产经营成果的重要指标。企业亏损治理就是对亏损企业扭亏为盈的一种方式和途径，就是坚决治理亏损源，发起攻坚战，大力压缩亏损企业数量和亏损额。亏损治理并不是河北国资委的关键词，山西、山东都提出了相关部署，部分省份还制定推动省属企业基本消灭亏损，特别是子公司亏损消灭目标和时间表。亏损不仅意味着企业经营不善，还可能导致企业资金链断裂，最终导致企业倒闭。治理扭亏既是支撑企业长远发展的基础工作，也是倡导和树立真抓实干、务实求真的企业经营理念，更是化解风险、提升效益、增强企业盈利能力的重要

安排。企业亏损治理对企业的发展至关重要，需要从多方面入手，包括加强内部管理、制定合理的财管策略、注重市场产品创新、加强企业文化建设、加强对外部环境的监测和分析以及风险管理和防范。因此及时构建有效的亏损治理体系，采取有效的亏损治理措施，能够帮助企业避免进一步的损失，助推企业持续提质增效健康发展。

四、JN集团亏损治理体系构建框架

JN集团亏损企业治理体系的构建，是指按照《河北省国企改革三年行动实施方案（2020—2022年）》要求，结合JN集团自身实际，深入剖析生产经营中存在问题，积极构建以扭亏增盈为主线，以内部挖潜整合为重点，以外部开拓市场为引导，以提升资产质量为推动，以强化财务管控为保障，"一企一策"制定扭亏方案，完善管理制度，形成高效稳健运营的长效机制。

（一）制定总体目标

企业是以营利为目的的经济组织，如果企业不能消灭亏损，亏损最终就会消灭企业。开展国有企业亏损治理工作是建设世界一流企业提出的新要求，是国有企业深化改革的重要任务，是完成省委省政府、省国资委改革任务的需要，更是JN集团提质增效的重要抓手。JN集团深刻认识到亏损企业扭亏脱困对企业高质量发展的重要意义，认真贯彻落实省委省政府亏损企业专项治理要求，牢固树立"企业不消灭亏损，亏损就消灭企业"的理念，积极营造"创造光荣、亏损可耻"的氛围，结合自身实际情况，通过采取落实主体责任、强化考核目标、增强企业内生动力、激发企业外在活力、完善内部供给、增强盈利等方面采取一系列措施，确保实现提高效率、增强竞争力、扭亏为盈总体目标，推动集团由规模效益型向质量效益型转变。

（二）设立组织架构

组织架构是企业管理的重要组成部分，它确定了企业的管理模式和管理规范，关系到企业的效率、运营成本和绩效。一个良好的组织架构应明确从顶层管理、中层管理、基层管理和员工等内部成员在这个组织的地位、权力、责任和作用，提高工作效率和管理水平，增强企业竞争力，提高企业绩效。

（三）确立实施路径

对于亏损企业来说，需要充分识别企业内部经营管理存在的问题，透过现象找准问题发生的源头和规律，从企业整体利益出发，通过专题性会议、建立完善跨部门协同机制等形式，多部门共同协作，有针对性地化解问题。解决问题后要及时复盘总结经验、固化成果，通过举一反三，完善制度、机制建设等措施，形成推进企业高效稳健运营的长效机制，避免亏损再度出现的情况发生。随着JN集团进入加快转型升级、奋力开创企业高质量发展新局面的关键时期，传统的粗放型管理方法已经很难适应企业高质量发展的需求，只有大力开展亏损企业治理工作，完善国有企业运营治理结构，做好资金管理与风险防控，将企业资源进行高效配置，提高科学决策能力和敏捷的执行能力，才能提升企业在特殊时期的风险抵御能力，促进企业持续稳健高效运营。

JN集团聚焦推动企业亏损治理以解决问题为导向，集中全部力量和有效资源攻坚克难，全力化解亏损企业治理工作中的突出矛盾和问题，实现企业提高效率、增强竞争力、扭亏为盈的总体目标。

五、JN 集团亏损治理实施路径

面对错综复杂的严峻形势和艰巨繁重的发展任务，JN 集团坚持以问题为导向，通过经营数据分析、召开专题会议、深入现场调研等方式，全面了解基层企业生产经营情况，研究分析亏损原因，协助解决制约亏损企业扭亏增效的关键问题。以精益运营、卓越绩效为主要抓手，聚焦于抓落实、解难题、促成效，在扭亏工作的关键环节进行持续改善，深入推进亏损企业治理，通过坚持和运用好问题导向这一重要工作方法，不断提升运营质量和经营效益。

（一）强化组织领导，落实主体责任

1. 成立亏损企业专项治理工作领导小组

集团公司总经理任亏损企业专项治理工作小组组长，副总经理、总会计师为副组长，成员由二级公司董事长、总经理及班子成员组成。

2. 成立亏损企业专项治理工作办公室

在亏损企业专项治理工作领导小组下设亏损企业专项治理工作办公室，办公室设在企业管理部，办公室成员包括财务与资本运营部、企业管理部、组织部、人力资源部、信访办、发展规划部、综合办公室等部门，办公室各成员分别按其所负职责组织开展工作。

3. 成立亏损企业专项治理工作专班

各二级公司及所属亏损企业相应成立亏损企业专项治理工作专班，明确主体责任，亏损企业负责人为第一责任人。

（二）加强资产管理，完善内部供给

针对部分企业由于大额应收款项长期挂账，大量资产和资源闲置，导致生产经营资金严重不足，整体运行效率低下，主要采取以下方式进行专项治理。

1. 加强债权清收，加速资金周转

深入开展应收清收专项行动，逐笔分析核对账目，逐户建立管理台账，制定清收处置方案，细化到清收责任人；积极通过司法途径加大债权清收力度，通过"以物抵债""以股权抵债"等多种形式，妥善处置涉案资金资产，提高资金回收率和周转率；对外销售业务除大型国有企业或是国有控股企业外，一律要求买方预付货款，有效降低资金损失风险。

2. 加快资产盘活，减少资金沉淀

开展集团内部资产调剂工作，通过租赁设备、出租库房等方式，盘活闲置设备资产；通过广告宣传、网络信息等途径招商引资，开展闲置资产对外销售工作，实现多渠道创收；加快推进不良资产盘活处置，按照低效无效资产盘活处置方案进行处置，减少折旧费用和相关税费支出。

3. 完善内部市场，提高运行效率

充分利用集团公司产业资源和基础优势，在企业内部实行市场化动作，建立健全和规范完善内部供给市场运行机制，分批分阶段建立和完善《内部市场产品和服务目录》，以"平台+人工"为手段，双向增强采购计划和平台实施标段审核，确保内部产品服务应采尽采，推动内部企业间协同发展，打通制约企业内循环经济关键堵点，增强内部协同、提高运行效率。

（三）深挖资源潜力，增强内生动力

由于矿井衰老、资源枯竭、环保及去产能政策等因素影响，部分企业经营停滞导致亏损，针对这类问题，亏损企业以"强内功，促提升"的策略进行亏损治理。

1. 合理调整煤源，促进稳产增收

通过合理调整工作面，狠抓生产技术优化和正规循环作业，实现了精煤稳产高产；根据外购煤配洗经验，建立健全相关配套机制，调整外购煤源，保证配洗规模；积极拓展电煤业务，稳定渠道客源。

2. 优化用工机制，降低人工成本

强化用工改革，严格控制管理岗位人数，清理长期不在岗人员，降低人工成本；出台激励政策，推行一岗多能；通过信息手段实现部分操控机房无人值守，减人提效成果显著；修订完善零星工程奖励政策，节约人工成本；优化煤矿托管项目，解决员工再就业问题和人工高成本问题。

3. 加强技术创新，降低成本费用

严格执行领料以旧换新制度，广泛开展修旧利废活动；大力开展新产品研发，解决生产过程中遇到的瓶颈问题；坚持科学排产，严控能源动力消耗，降低电费支出；通过优化工作流程，减少设备使用次数；利用产品替代，成本支出有效降低；通过改进生产工艺，提高生产效率，降低原料消耗。

（四）抢抓市场机遇，激发外在活力

强化改革攻坚，受市场环境、政策变化、技术迭代等因素影响，部分企业经营活动受到较大冲击，针对这类问题，亏损企业以"谋发展，创效益"的策略进行亏损治理，主要实施方式如下。

1. 建立激励机制，倡导员工创效

积极利用企业自身优势及能力开拓对外创收项目，倡导树立"效益优先"的考核激励导向，调整制定工资分配方案，方案以绩效为导向，设立奖励机制，重点向业绩突出员工倾斜，促使员工多创收、多创效，进而推进企业持续向好发展

2. 积极开拓市场，增加产品销量

依托焦煤煤种优势，通过多种途径稳固供货渠道，确保上游资源稳定，积极开发新客户，通过合理差价实现公司利润最大化；利用多种平台开展焦煤销售，抓调研，调结构，同一些有实力的公司签订战略合作协议，稳定合作劳务输出业务；跑市场，稳经营，通过拓宽销售渠道、增加客户，提升重点产品销售收入；坚持"走出去、引进来"战略，推行"切块管理、创收自养"的经营政策，鼓励各企业积极利用矿井资源优势，多方谋划小微创业项目，寻求引进长远转型发展项目，努力降低运营维护成本，千方百计地实现自养。

3. 拓展新型业务，提高企业效益

大力开展矿山信息化装备销售、网络信息服务等业务，企业经营实现了新突破；开展创新经营，持续推进全媒体融合，提升全媒体品牌影响力，加强新媒体运营能力，优化第三方平台体系，充分发挥互联网点对多的优势，实现了新的利润增长点；与意向企业进行交流沟通，谋划双方在数字化赋能、供应链管理、新材料新装备技术创新、金融服务等方面的合作契机，并在平台互联互通、机械装备产业提升、批量集采、物流服务、废钢处置以及医疗康养等方面进行探索，积极拓展对外销售通道。

（五）实施"一企一策"，强化考核目标

1. 摸清底数，分类管理

按照省委省政府、省国资委关于重点亏损企业专项治理工作的思路和要求，摸清集团公司亏损企业底数，对纳入扭亏范围内的企业进行重新梳理，依据财务报表和经营资料详细分析其亏损的主要原因，将亏损企业按照扭亏减亏、关停退出、前期项目进行分类治理，制定印发《JN 集团有限责任公司亏损企业专项治理工作实施方案》。

2. "一企一策"，因地制宜

根据亏损企业实际情况，逐家查找问题、分析原因，制定针对性的扭亏方案，全面实施授权放权，鼓励各企业分兵突围、分块搞活，确保扭亏增盈目标的实现；对扭亏无望的单位坚决止住出血点，明确关停退出的启动时间、实施路径，坚决消灭亏损源。

3. 对标找差，有序推进

以亏损企业管理台账为抓手进行月调度，通过数据分析查问题、找差距、提措施，有序推进扭亏治理日常工作；每季度组织召开亏损企业专项治理工作推进会，集团公司各级工作领导小组及工作专班成员集体参会，通报亏损治理进展情况、分享扭亏减亏经验、部署后续工作内容。

4. 严格考核，有的放矢

对具备不同职能的国有企业差异化对待，由此制定出与企业实际相适宜的治理考评标准。将亏损企业治理工作纳入二级公司领导班子经营业绩考核中，严格考核兑现。对亏损治理工作严重滞后的有关企业责任人，将进行考核问责。通过强化考核和落实，确保所有亏损企业治理工作按要求、按计划扎实推进，在限定时间内实现扭亏或关闭退出。压实企业主体责任，确保亏损治理工作落到实处。

（六）提升财务管控，增强盈利能力

针对部分企业由于财务管理薄弱，财政税收政策理解不透，导致资金利用效益低下等问题，JN 集团采取了以下手段进行完善。

1. 创新财务管理，提升管控水平

在经营思路上，变财务部门的单兵作战为全员参加，着眼于内部挖潜，降成本，控库存；在管理模式上，变事后核算为以全面预算管控为手段的事前成本控制；在考核评价上，建立和完善"谁创效，谁受益；谁超支，谁受罚"的管理制度，解决成本控制过程中职责不明、归属不清的问题；在成本分析上，以成本管控为基础，定期开展月度、季度、年度分析和考核，通过激励和约束机制，促进各企业优化成本结构，最大限度降低可控成本支出，提高企业经营效益；在管理模式上，以推进集团公司财务共享建设为契机，逐步建立以财务风险防控为中心、以信息化技术为手段、统一规范的财务管控模式，提升财务管控标准化、流程化和规范化的水平。

2. 加强资金管理，减少资金占用

更好地发挥集团财务公司和共享中心的作用，通过理顺和完善收支两条线制度，优化账户管理措施、压减非必要账户，"现金池"和"票据池"的构筑成果已逐步显现，企业内部资金使用效率进一步提高；通过合理调整融资结构置换高息贷款，与金融机构积极有效沟通降低融资成本，在资金结余的情况下提前归还贷款的手段，企业利息支出和负债水平均有所降低。

3. 关注财税政策，增强盈利能力

2022年从国家层面到地方政府均制定了一系列减税降费惠企纾困政策，用以降低企业税费负担、社会保险、财务成本等。这对亏损企业来说，是重大利好消息，为企业扭亏脱困创造了条件。JN集团各级财务部门会同业务部门积极争取各项优惠政策和补贴资金，充分享受增值税缓缴、进项税加计抵扣、"六税两费"减免等多项税收优惠政策；争取到多项小微企业专项补贴、稳岗补贴、国补资金、政府补贴、项目补贴或奖励；收到增值税留底退税款项，极大缓解了企业的资金压力，提升了企业的经济效益。

六、亏损企业治理的保障措施与建议

（一）抓时机，转观念

国有企业亏损是加大国有企业改革力度的有利时机，国有企业只有抓住这一时机，转变观念，转变内部机制，进行战备性结构调整，才能摆脱困境走出低谷。

（二）细分析，定方案

国有企业亏损治理方案的核心是要对亏损企业进行全面和深入的问题分析，确定治理方案的总体目标和具体指标，选择合适的治理策略，建立有效的监督评估机制，以实现亏损企业的扭亏为盈、提高效率、增强竞争力等目标。

（三）多创新，出困局

陷入经营困局的国有亏损企业，要大胆地尝试不同经营模式，通过技术升级、管理创新、资源整合、外部合作等一系列改革措施，将生产与市场、业务与财务有效融合，通过业财融合等手段将"防未病"和"治已病"相结合开展经营管理，财务部门借助财务报表对企业的生产活动、经营活动、财务活动等进行分析预测，防范化解经营风险，对于微利或在亏损边缘徘徊的企业及时提出预警并反馈管理层，以便及时开展专项治理，打造真正意义上的市场化企业，尝试走出企业经营困局。

（四）防风险，有保障

在实施过程中要注意资金不足、人员不稳、市场不景气、竞争加剧、风险突发方面的困难和变化，同时做好组织保障、资源保障、沟通保障、监督保障、评估保障、激励措施等工作。

参 考 文 献

［1］陈诗思，倪丹，殷峰，等．国有企业治理能力现代化的理论审视［J］．中国管理信息化，2021，24（24）：144-146.

［2］张杰．新时期国有企业治理面临的挑战和对策［J］．现代商业，2023（5）：70-73.

［3］周媛．加快构建新时代国有企业治理体系［J］．现代国企研究，2022（9）：72-74.

［4］刘新刚．中国式现代化对国有企业治理理论难题的解答及启示［J］．北京联合大学学报（人文社会科学版），2023，21（3）：1-9.

［5］胡青．我国国有企业的改革历程及路径研究［D］．兰州：西北师范大学，2022.

［6］阳开巧．混合所有制改革对僵尸企业的治理效应研究［D］．昆明：云南财经大

学，2022.

［7］王博．浅谈中央企业在全面深化改革中重点亏损子企业专项治理工作［J］．国有资产管理，2021（9）：25-28.

［8］冉宏国．以问题导向为思路治理亏损企业［J］．冶金财会，2022，41（7）：46-48+54.

［9］郭晓朝．S公司亏损企业治理实践及启示［J］．财务与会计，2023（2）：81-82.

［10］王晔．从财务视角分析大额亏损企业治理——以山东省国有企业为例［J］．冶金财会，2023，42（2）：26-30.

财务会计和内部审计篇

新时期煤矿企业财务管理水平提高方法探析

吴 超[1],刘 娱[2],许 丽[1]

(1. 晋能控股山西科学技术研究院有限公司;2. 晋能控股煤业集团财务部)

摘要:当前,我国经济由高速发展转向高质量发展,碳达峰碳中和对煤炭行业发展产生的影响深远,在此背景下,永煤债券违约事件进一步暴露出煤炭企业财务管理的短板和弱项。因此,如何实现高质量财务管理是煤炭企业亟须解决的发展问题。笔者从实际工作出发,深入分析了煤炭企业财务管理存在的问题,提出了有效提升财务管理水平的措施建议,推动企业在新发展时期提升财务管理水平和市场竞争力。

关键词:新时期;煤矿企业;财务管理水平;提高方法

一、引言

从我国能源行业中长期发展趋势看,碳达峰碳中和背景下煤炭消费将被严格控制,并将随着时间推移逐步降低。对于煤炭生产企业来说,则是市场的逐步萎缩,只有竞争力强的企业才能生存和发展。但煤炭行业作为传统的资源开采行业,长期以来粗放式管理和薄弱的财务管理为企业埋下了危机和隐患,当前高涨的煤价掩盖了一部分问题,未来一旦煤价下行,煤炭企业将承担巨大的压力,这难以适应新发展阶段企业高质量发展的要求。因此,本文结合新时期、新形势和煤炭企业实际情况,对如何提高财务管理水平进行了探讨和分析,以期帮助煤炭企业持续健康发展,在碳达峰碳中和目标背景下和能源结构转型调整过程中,充分发挥煤炭的兜底保障作用,为经济社会发展和人民美好生活需要提供有力支撑。

二、新时期提高煤矿企业财务管理水平的重要性

近年来,煤炭企业管理者对财务管理的重视程度有所提高,特别是大型传统重点企业,经过产能过剩和疯狂投资之后的艰难时期,经营管理的理念开始深入人心,需要运用更为科学合理的方式治理企业。深入分析财务管理对企业发展经营的重要性,具有重要的理论价值和现实意义。

(一)财务管理是新时期企业管理的重要基础

新时期有别于过去的最大特征是,煤炭由计划经济时代的主要生产原料转变为市场经济时代的一种特殊商品。新时期的煤炭企业已不仅仅是一个生产车间,更是一个独立的经营主体,需要具备一定的市场竞争力。仅强调生产和安全的传统管理模式已经不能适应新时期的发展需要,而财务管理涉及企业运行的每一个环节,能够帮助企业降本增效、规避风险、资金增值。因此,财务管理将成为新时期煤炭企业管理的核心和基础。

（二）财务管理能够实现煤炭企业价值和利润的最大化

新时期，煤炭企业不能再仅追求账面利润的最大化，而是应当趋向资本结构的合理化。例如，某企业存在大量的逾期应收账款，虽然账面利润可观，但企业没有实际资金可用，并且坏账的风险剧增，对企业经营非常不利。而财务管理则是从资金角度进行管理，实现资金在良性循环条件下增值；有效地调整企业资产结构，降低企业资产负债率，增加企业的融资渠道；加强采购管理，降低采购成本，提高经济效益，帮助企业实现长期稳定的利润的同时，保持合理的现金净流量。

（三）财务管理能够帮助煤炭企业做出最优决策

随着信息技术的突飞猛进，各种各样的信息都将对企业决策产生影响。如何从大量的信息中获取有效的资源对于企业来说非常重要，尤其是现代企业的发展更是如此。财务管理包括了成本计划、控制、考核及分析等生产经营决策信息，投资报酬率、投资回收期、现金流量及净现值等有关投资决策的信息，报酬率、销售利润、资本收益率、流动率及总资产等会计信息，这些财务管理信息对于企业的生存及发展过程中做出最优决策具有重要意义。同时，现代计算机的应用也为财务管理职能的发挥创造了有利条件，有助于企业获取完整、真实及准确的企业财务管理信息。

（四）财务管理能够实现对企业经营活动的监督作用

通过财务管理可以揭示企业经营活动的差错和弊端，不仅可以提高财务工作质量，还可以保护财产安全和完整，防止国有资产流失和非正常损失，有效防止资金使用中的铺张浪费，促进勤俭节约，充分发挥资金的效益。同时，财务管理还可指出企业的合理有效举措，以便继续推广；指出其不合理、无效率的措施，进而提出相应的解决办法，促使企业加强和改进管理工作，挖掘内部潜力，不断提高工作效率。

三、目前煤矿企业财务管理工作存在的问题

财务管理是一种精细化的管理，与煤炭企业传统的粗犷式管理有着天然的矛盾和冲突，对多数煤炭企业来说是一个充满挑战的新课题，但这也是实现高质量发展的必经之路。必须正视财务管理存在的问题，并以有力措施解决，才能更好地实现现代化企业管理。

（一）对财务管理的重视程度不足

目前，多数煤炭企业仍停留在向产量要效益的阶段，产量也是上级公司考核项目中权重最高的因子。近几年，金融信贷机构对煤炭行业的政策收紧，部分煤炭企业逐步将利润、资产负债率列入考核范围，但执行方式仍是上级公司简单地设定任务目标，下级公司通过压缩成本、调整会计估计等方式完成任务。由于企业管理者对财务管理的重视程度不足，多数企业尚未实现由降本增效向提质增效的转变，在管理决策时未充分考虑财务管理目标，未能体现事前计划、事中控制、事后核算反馈的财务管理思想，造成了多数传统煤炭企业"规模大而竞争力不强"的困境，这很难适应新时期的发展格局。

（二）财务机构设置和人员配备不合理

会计核算和财务管理是两个相对独立的业务板块，但多数企业重视程度不足，对财务的理解仍停留在核算层面，岗位设置和人员配备也是以传统的财务会计、出纳为主，没有专门的管理会计岗位和职能，不能落实财务管理的要求和权力，这使得企业的财务管理基

本为零。同时，煤炭企业内部财务管理人员匮乏，没有经过系统、专业的财务管理学习，很难胜任财务管理工作；企业外部有具备一定工作经验的专业财务管理人员，但受行业类型、薪资待遇、工作地点等因素限制，招聘和人才引进都有较大难度。

（三）财务管理的工作基础薄弱

多数煤矿企业缺乏财务管理的经验，部分企业在集团公司层面制定了财务管理制度，但在具体执行层面仍然流于形式。大部分煤炭企业没有形成覆盖资金活动各个环节的全面预算管理体系，没有结合自身实际建立健全财务管理制度，缺乏完善的管理决策机制和成本监控体系，财务部门以外的部门未形成财务管理的意识，导致财务管理工作基础不牢，相关工作难以顺利开展，更不能对经营活动形成有效的管理和监督。

（四）财务管理信息运用水平低

经过几十年的发展，大型煤炭企业基本上实现了财务统计的信息化建设，部分企业配有统一核算软件和专业人员，基本完成了会计电算化的转型，极大提高了会计工作的效率和质量。但是，这仅仅完成了手工会计信息系统向电算化会计信息系统的转变，没有产生本质上的变化，没有充分发挥财务管理信息对于企业管理的重要作用。尚未实现产品的全过程管理，业财融合理念未深入到实际财务工作中。

四、新时期煤矿企业财务管理水平提高的有效方法

从短期看，煤炭价格高位运行，有利于煤炭企业解决高资产负债率的问题，但市场红利并不会长期存在，企业需要尽快转变管理观念，实现转型发展。从中长期看，碳达峰碳中和目标的提出，为煤炭企业转型发展带来新的机遇和挑战。煤炭总体产能规模有限，新增产能受到资金、政策等因素的影响和限制，煤炭企业大规模扩张发展的可能性降低，煤炭企业需要进一步提高财务管理水平，实现精细化管理和高质量发展，适应时代发展的新要求。

（一）增强全员财务管理意识

财务管理工作是应该自上而下推行、全员参与的重要工作。首先，要尽快提高企业负责人和管理人员的财务管理意识，充分认识财务管理的重要性和必要性，才能以上率下，顺利在企业内部推行实施。其次，相关部门特别是管理部门要加强协调配合，使全体人员摒弃财务管理只是"记账先生"的狭隘观念，努力增强全员的财务管理意识，做到全员参与、全环节覆盖。最后，要以现有财务人员为重点，加强财务管理专业知识学习，包括《企业会计准则》《管理会计应用指引》《企业会计信息化工作规范》等法律法规，切实增强依法依规开展财务管理工作的意识。

（二）构建完善的财务管理体系

1. 形成财务管理顶层设计

要使财务基础工作规范化，必须建立健全科学有效的财务管理体系，明确划分财务人员的职责权限，形成相互制衡机制。为了有效监督、控制资金活动，依照财务决策执行，要统一财务核算体系，明确资金管理制度，完善财务审计机制，实现煤炭生产全链条管理。

2. 制定完善的财务管理制度

健全完善的财务管理制度，是开展后续工作的依据和基础。一是建立健全财务管理基

础工作制度，包括记录和填报制度、计量验收制度、财务预算制度和财务分析制度等，明确各部门、各岗位的财务管理职责。二是建立健全物资采购和商品销售管理办法，规范企业流动资产管理，健全内部约束机制，确保资产完整和增值。三是建立健全与企业中长期发展战略相适应的扩张和约束机制，引入全面预算管理办法，建立滚动式三年财务计划，处理好留存、举债、吸收之间的关系。加强资金日常调度与控制，避免无计划、无定额使用资金，确保企业持续稳定协调发展。四是建立健全内部控制、监督和审计制度，使其内部监督规范化、制度化，严格照章办事，使内部控制和内部监督达到事事有人负责、凡事有章可循、事事有人监督、凡事有据可查的要求，充分发挥内部监督和全过程控制的作用。加强对企业内部规章制度和重大经营决策执行情况的过程审计和监督，变过去的"事后监督"为事前事中监督和实时监督。五是完善外部监督机制，充分发挥社会中介机构和政府监管部门的外部监督作用。会计师事务所在审计中，通过评价企业内部控制制度，及时发现和控制审计风险，使由于决算报表存在重大错报或漏报而导致发表不准确审计意见的可能性降到最低限度。

3. 合理设置财务管理机构

不同规模、所有制的企业应结合实际确定合理的财务管理机构。一般而言，大型企业宜设立独立于财务核算部门的财务管理机构，从而实现更有效的财务管理；中小企业可使用两部门合署办公的模式，以达到精简人员、降低成本的目的。大型企业在推行财务管理的起步阶段，也可尝试从原有财务部门中分立财务管理机构，从而达到信息共享、顺利开展财务管理工作的目的。设置独立财务管理机构的，应明确财务部门和会计部门的职能划分，财务部门主要负责企业财务管理工作，承担资金筹集、编制财务预算、投资经营决策、营运资本日常管理、信用和保险、利润分配以及日常财务活动的控制、分析、评价并提出报告。财务部门可具体设置预算组、现金管理组、信用管理组、投资管理组、利润管理组、分析和资本运营组等。

4. 配备专业财务管理人员

财会人员应具备良好的职业道德，广泛的知识范围，精湛的专业技能，较强的创新能力等，以适应市场竞争需要。要提高企业财务人员的综合素质，对于煤炭企业来说，应建立财会人员的后续教育体系，通过有效的教学手段，如开展与新颁布的会计准则相配套的培训班等，对财会人员进行适时的知识更新。严格执行《会计法》关于财会人员在职培训的规定，强制财会人员接受后续教育。有的放矢地组织学习和培训，不断提高财务人员专业技能、外语、计算机操作及运用能力，培养复合型人才。鼓励财务人员参加会计职称考试及相关考试，鼓励财务人员接受学历提高教育和职业培训等，并为其提供必要的条件，如对考试合格并取得会计师职称，或通过评审获得高级会计师资格的要进行重用，对获得与本岗位一致的专业更高层次学历证书的给予其一定的物质或精神奖励。鼓励财务人员思考和创新，为其参与企业的经营管理和决策创造条件，对企业管理有重大贡献的可以委以重任；对无证上岗的要坚决进行处罚，调离工作岗位；对财务人员德、能、勤、绩进行阶段性考核，竞争上岗，优胜劣汰。根据财会岗位分工，适时合理调整岗位，提高其综合业务素质和独立处理问题的工作能力。

（三）科学制定财务管理目标

煤炭行业具有保障我国能源安全的特殊性，而且煤矿企业的产品价值主要取决于自然资源赋存条件。因此煤矿企业有别于其他企业，不能简单套用"利润最大化"或"股东财富最大化"等一般企业的财务管理目标理论，必须结合行业和企业实际，科学制定合理的财务管理目标，从而保证企业在国内煤炭市场的竞争力。具体而言，集团公司层面的财务管理目标应根据新时期能源发展趋势和本企业中长期战略规划目标统筹确定，煤矿企业应根据行业标准进行绩效评价，找出差距，有针对性地对薄弱点进行优化。以经济增加值最大化为目标，把资本预算、业绩评价和激励报酬结合起来，将企业与管理者的利益统一起来，实现企业价值最大化。

（四）加强财务风险管理

近年来，个别煤炭企业发生债务违约事件，加强对财务风险管理是目前各个企业现阶段需要高度重视的问题。一是要加强外部环境分析，提高企业财务管理对外部环境的适应能力和应变能力。二是加强全员财务风险意识，财务风险存在于财务管理工作的各个环节，风险防范必须贯穿于财务管理工作的始终。三是加强财务风险研判，合理确定公司举债规模，提高财务决策的科学化水平，避免经验决策和主观决策出现的不必要失误。四是建立财务风险应对方案，制定符合企业实际的事后处理方法，采取合理的风险回避、风险转移或风险降低方法，将财务风险造成的损失控制在最小范围。五是理顺企业内部财务关系，做到责、权、利相统一，明确各部门在企业财务管理中的地位、作用及职责，并赋予相应的权力，使企业内部财务关系清晰明了。

（五）加强财务管理信息化建设

经过多年发展，多数大型煤炭企业已经实现了局域网级别的会计电算化，这为财务管理信息化打下了一定基础。因为财务管理涉及企业各个环节，因此，财务管理信息化应通过计算机局域网来实现财务系统与销售、供应、生产等系统的信息集成和数据共享，以及广域网和数据库技术的使用，使集团公司内部之间以及与相关价值链主体之间能及时传递、整理、分析、反馈财务和管理信息，为企业决策者和相关利益方提供决策支持服务。财务管理信息化必须包括几个模块，一是会计事务处理信息系统，它是为满足企业财务部门会计核算工作需要而建立起来的系统，以账务处理、报表管理和日常会计事务处理为主，目前的会计电算化系统基本可满足该要求。二是财务管理信息系统，它是以会计信息系统和其他业务系统提供的数据为主要依据，对企业财务管理的程序化问题进行自动或半自动的实时处理，从而实现对有关业务活动的控制功能。三是财务决策支持系统，它是一种非常灵活的交互式信息系统，为企业决策者制定正确科学的经营决策提供帮助，同时对企业财务风险起到事先防范的作用。四是财务经理信息系统，这种系统是一种将前述三种系统相结合的高度交互式信息系统，帮助财务经理充分利用企业数据库，对其进行数据挖掘，发现数据的特征，预测企业内外环境的变化趋势，使企业的财务主管能够灵活、方便地从更多观察视角了解问题。五是组织互联系统，可以使企业的财务部门与其他部门、本企业与其他关联企业之间的财务信息自动流动，用以支持企业财务管理的计划、组织、控制、分析、预测、决策等各个环节，以支持企业的生产与经营。

五、结语

客观来看，我国煤炭企业管理理念的转变还存在一定障碍，财务管理方面的硬件、软件基础还很薄弱，推行财务管理工作困难重重。但新时期新形势为煤炭企业提出了新要求，高质量发展将是未来几十年煤炭企业需要努力实现的目标，落后的企业将逐步退出历史舞台。笔者通过对财务管理的研究和探索，提出了新时期推进财务管理的措施建议，期望能够促进相关企业提升财务管理水平、实现精细化管理，助力煤炭企业实现持续健康发展和转型升级。

参 考 文 献

[1] 梁会强. 新时期煤矿企业财务风险管理问题初探 [J]. 财会学习，2020 (8)：48-50.

[2] 袁真. 煤矿企业成本会计财务管理分析研究 [J]. 财经界，2020 (4)：208-209.

[3] 韩肖英. 论煤矿企业财务管理主要风险及防范 [J]. 中国市场，2019 (29)：97-101.

[4] 王红红. 全面预算管理在煤矿企业财务管理中的应用探究 [J]. 财会学习，2019 (17)：13-14.

[5] 靳琦霞. 煤矿企业财务管理中税收筹划探讨 [J]. 纳税，2019，13 (16)：41-43.

[6] 姜新华，孙磊. 市场经济新常态下煤矿企业财务管理模式的探讨 [J]. 煤炭经济研究，2015，35 (10)：84-86.

[7] 胡晓清，陈龙龙，马柯. 煤矿企业财务管理信息化平台建设研究 [J]. 山东科技大学学报（社会科学版），2014，16 (2)：86-91.

[8] 赵吉，李卓键. 浅谈我国煤矿企业财务管理存在的问题与解决对策 [J]. 煤炭技术，2013，32 (11)：300-301.

S 上市公司 EVA 绩效评价体系研究

郭文瑾

(山煤投资集团有限公司)

摘要：近年来山西省致力于建设资源型经济转型发展示范区，打造全国能源革命排头兵，国企改革不断向"深水区"推进。山煤国际在"依托煤而不依赖于煤"的差异化转型道路中，如果运用传统的财务绩效指标来衡量企业绩效，往往会因煤炭价格波动而掩盖企业经营中存在的各种潜在问题，出现会计结果失真。EVA 绩效评价体系采用经济增加值来衡量企业经营情况，是全面衡量企业生产经营中创造价值的指标。本文借助 SPSS 软件中的回归分析法对山煤国际的 EVA 值进行了计算，通过计算分析 EVA 值并与传统绩效评价指标进行对比分析，提出山煤国际绩效提升的建议，帮助企业更加准确把握经营方向，推进企业可持续发展。

关键词：绩效评价；EVA 经济增加值；山煤国际

一、引言

山西是煤炭资源大省，新中国成立以来累计生产原煤量占全国的四分之一，外调量占全国的近四分之三。2019 年 5 月 29 日，中央全面深化改革委员会第八次会议审议通过了《关于在山西开展能源革命综合改革试点的意见》，这是 2014 年 6 月党和国家领导人提出"能源革命"以来，第一次确定在山西开展能源革命综合改革试点，山西将坚定落实党中央、国务院决策部署，坚持走煤炭"减优绿"之路，坚决实现"能源革命、牵引转型、国内示范、全球影响"的战略目标。

对于煤炭企业经营绩效指标的选取，多数研究采用的是传统财务指标，如资产收益率、净资产收益率等，这些传统的财务绩效指标在股权成本和净利润上考虑得不全面，不能准确判断为股东创造的价值信息，在反映企业真实业绩上易出现不同程度的会计失真，影响煤炭企业的可持续发展。EVA 经济增加值评价体系建立在企业利润的基础上，充分考虑了资本成本在企业中的作用，能更加准确地反映出煤炭企业在实际经营中所创造的价值。2007 年 1 月，国务院国资委颁布了《中央企业负责人业绩考核暂行办法》，首次将 EVA 引入业绩考核体系。

二、基于 EVA 的业绩评价设计

（一）EVA 业绩评价指标概念与应用

EVA（Economic Value Added），即经济增加值，由美国思腾思特（Stern Stewart）管理咨询公司在"剩余收益"概念基础上，提出一种业绩评价与激励指标，该公司认为 EVA 是公司股东和利益相关者得到充分补偿后所剩余的价值，即 EVA 是企业税后净利润减去全部资本成本后的余额。

由于 EVA 财务绩效指标突出强调了企业是否为股东创造了价值,与传统的财务绩效指标相比,更具有综合性与长期性。EVA 财务绩效指标一定程度上可以避免企业管理者追求短期利润最大化的短视行为,鼓励企业管理者推动企业的长期发展与进步,在传统的财务绩效指标中,净利润大于零即表示企业实现了盈利,若 EVA 小于零即使企业的净利润大于零,仍表示企业经营损害了股东价值;同时 EVA 绩效指标增添了对企业会计科目的调整项,减少了企业管理者平滑会计数字的影响。因此本文在引入传统财务指标基础上,增添了 EVA 绩效指标评价维度。

随着 EVA 理论及应用的不断发展,目前全世界超过 400 家的大型公司应用了 EVA 绩效评价指标,如可口可乐公司、西门子、索尼、英国劳合银行以及淡马锡等知名公司。

自 2000 年开始,一些中国大型企业开始引用 EVA 作为绩效评价指标,如中远集团、中化集团、青岛啤酒、宝钢集团、国家开发投资公司、中国建设银行、上海浦东发展银行等。2006 年,国资委颁布了一系列的相关政策法规,鼓励央企试行 EVA 这一考核指标。2009 年 12 月,在国资委的大力推动下,《中央企业负责人经营业绩考核暂行办法(2009 年)》的出台标志着 EVA 业绩考核指标在央企中全面推行,至此利润不再是央企考核的唯一标准。2013 年,国资委公布了最新央企业绩考核办法,将 EVA 权重由原来的 40% 提高至 50%,而利润总额则由 30% 降至 20%,这预示着 EVA 已成为考核央企业绩的重要指标,也彰显出国资委坚决抑制央企盲目增资扩张,加快清理非主业和低效资产的发展方向。这是 EVA 从引入到正式推行以来,国资委推行力度最大的一次。

有研究数据显示,2010—2012 年,央企资本占用平均增长 13%,比 2007—2009 年增幅降低 5.7%。资本占用增速明显趋缓,多数央企投资决策趋于理性,EVA 考核成效已经初步显现。

山煤国际作为省属大型煤炭企业,引入 EVA 绩效评价指标,可以弥补现行企业经营业绩考核缺陷,更真实地反映企业的真实业绩,提升山煤国际价值创造能力与市场竞争力。

(二)基于 EVA 计算公式

对于 EVA 的计算公式主要如下:经济增加值的相关计算是根据国资委 2013 年发布的《经济增加值考核细则》(国资委第 30 号令)中的规定确定的。EVA 评价指标的计算模型如下:

经济增加值=税后净营业利润-资本成本

=税后净营业利润-调整后资本×平均资本成本率

税后净营业利润=净利润+(利息支出+研究开发费用调整项)×(1-25%)

调整后资本=平均所有者权益+平均负债合计-平均无息流动负债-平均在建工程

平均无息流动负债=应付票据+应付账款+预收账款+应交税金+应付利息+

其他应付款+应付股利+应付职工薪酬

EVA 率=EVA/调整后资本

EVA 增长率=(EVAt-EVAt-1)/EVAt-1

三、山煤国际企业概况与其 EVA 值计算

(一)山煤国际概况

山煤国际能源集团股份有限公司(以下简称"山煤国际")成立于 2009 年 11 月,注

册资本 19.82 亿元，是山西煤炭进出口集团有限公司控股的 A 股上市公司，是山西省第 10 家煤焦能源类上市公司、"中国 500 强"企业之一，2017 年位列《财富》中国 500 强排行榜第 141 位。公司在册员工 1.44 万人。

公司主营煤炭销售，新能源开发，煤炭、焦炭产品投资，煤焦及副产品的仓储出口，物流信息咨询服务，金属及非金属矿产品（稀贵金属除外）、钢材、生铁、合金、冶金炉料、建筑材料（不含木材）、五金、液压设备、电气设备、机械设备、化工产品（不含危险品）、塑料橡胶制品的批发及零售。

山煤国际现拥有全资及控股煤矿 15 座，形成了动力煤、炼焦煤、无烟煤、半无烟煤四大煤炭生产基地，保有资源储量 23.21 亿吨，可采储量 13.11 亿吨。山煤国际所属全资、控股贸易公司广泛分布于山西省内、周边资源省份、主要煤炭运输港口及主要煤炭消费腹地。年发运能力、港口中转能力均超过 3000 万吨。此外，公司旗下设有船务运输公司，年航运量逾 1000 万载重吨。

多年以来，山煤国际已与众多国际、国内用户建立了长期稳定的贸易合作关系，形成了专业化生产与市场化营销相互支撑、共同发展的一体化经营模式。公司将充分利用和发挥自身业务、通道和市场优势，通过为煤炭产业链条上各个环节的客户提供贸易对接、运输、仓储、配煤、金融等增值服务，打造国内领先的煤炭集成（供应链）服务体系，创造新的商业模式和盈利模式。

（二）山煤国际 EVA 值的计算

1. 税后净营业利润（NOPAT）

所谓的税后净营业利润主要是依照收付实现制而扣除所得税以后的营业利润，在对 EVA 值计算的时候要对净利润科目进行调整，公式如下：

税后净营业利润=净利润+（利息支出+研究开发费用调整项-非经常性收益调整项×50%）（1%~25%）

2. 调整后资本

投入资本主要包含两大资本，分别是债务资本和股权资本。在对 EVA 值计算的时候，公式如下：

资本总额=平均所有者权益+平均负债-平均无息流动负债-平均在建工程

平均无息流动负债=应付票据+应付账款+应收账款+应交税金+应付利息+其他应付款+应付股利+应付职工薪酬

项目名称	2019年12月31日	2018年12月31日	2017年12月31日	2016年12月31日
1. 平均所有者权益	7,774,645,863.40	638,887,600.10	6,565,855,558.57	6,944,123,947.59
2. 平均负债	31,877,225,444.77	29,932,990,226.61	25,667,179,412.56	29,055,685,034.03
3. 平均在建工程	6,272,154.50	12,544,309.00	12,544,309.00	924,470,649.84
4. 平均无息流动负债	11,131,623,680.74	7,625,213,149.13	6,327,234,652.67	7,953,668,595.67
其中：平均应付票据	5,797,695,519.70	3,303,700,153.33	4,250,000,000.00	3,585,000,000.00
平均应付账款			320,804,037.93	129,819,590.91
平均预收账款	1,245,524,857.23	968,520,947.31	318,465,206.34	342,264,586.35

(续)

项目名称	2019年12月31日	2018年12月31日	2017年12月31日	2016年12月31日
平均应交税费	23,831,612.18	15,205,710.73	9,676,926.20	5,993,116.49
平均应付利息	4,055,223,910.23	3,321,245,604.73	91,313,968.16	160,612,526.28
平均其他应付款			1,316,357,689.24	3,718,547,116.18
平均应付股利			0.00	0.00
平均应付职工薪酬	9,347,781.40	16,540,733.03	20,616,824.80	11,431,659.46
调整后资本	28,513,975,472.93	22,934,120,368.58	25,893,256,009.46	27,121,669,736.11

数据来源：山煤国际2016—2019年报。

3. 平均资本成本率

根据《中央企业负责人经营业绩考核暂行办法》（国资委第30号令）中规定，国企企业资本成本率原则上定为5.5%。同时，出于对行业以及企业自身财务经营状况的考虑，还做了以下补充规定：承担国策性任务较重且资产通用性较差的企业，资本成本率定为4.1%；资产负债率在75%以上的工业企业和80%以上的非工业企业，资本成本率上浮0.5个百分点。经测算山煤国际2015年至2018年平均资产负债率超过75%，因此选定山煤国际平均资本成本率为6%。

4. 计算出山煤国际EVA值

根据公式，经济增加值=税后净营业利润-调整后资本×平均资本成本率，结合上述计算结果，可以算出山煤国际EVA值。

项目名称	2019年12月31日	2018年12月31日	2017年12月31日	2016年12月31日
税后净营业利润	2,723,443,600.45	1,300,940,245.22	681,847,999.46	(2,056,258,981.43)
调整后资本	28,513,975,472.93	22,934,120,368.58	25,893,256,009.46	27,121,669,736.11
加权平均资本成本率	6%	6%	6%	6%
EVA	1,012,605,072.07	-75,106,976.89	-871,747,361.11	-3,683,559,165.60

数据来源：山煤国际2016—2019年报。

四、基于主成分分析法的EVA影响因素分析

（一）主成分分析法概述

主成分分析指的是在对同一个个体进行多项观察研究时，通常会得到众多具有一定相关性的随机变量X_1，X_2，…，X_p，由于变量众多且具有一定的相关性使得后续的研究越来越复杂，因此通常情况下，为了简化研究对象，希望通过一个或几个综合指标来总结这些变量所包含的信息，并希望综合指标能独立代表某一方面的性质，并将许多指标的信息总结为几个独立指标的统计方法。

主成分分析算法的定义是设X_1，X_2，…，X_p，是p或几个不相关的变量Y_i，即变成如下公式：

$$\begin{cases} Y_1 = \mu_{11}X_1 + \mu_{12}X_2 + \cdots + \mu_{1p}X_p \\ Y_2 = \mu_{i1}X_1 + \mu_{22}X_2 + \cdots + \mu_{2p}X_p \\ \cdots\cdots \\ Y_p = \mu_{p1}F_1 + \mu_{p2}X_2 + \cdots + \mu_{np}X_p \end{cases}$$

（二）EVA 影响因素主成分分析

本文选取 2016—2019 年净利润、利息支出、研究开发费用调整项、非经常性收益调整项、平均所有者权益、平均负债、平均无息流动负债、平均在建工程 8 项指标，录入 SPSS 统计软件，运用主成分分析法，以特征值大于 1 为前提分析每个指标对 EVA 的影响程度。经过分析可知研究开发费用、在建工程以及负债对 EVA 的影响较大，因此，同煤集团应从这几个方面入手，提高企业的 EVA。

从表 1 可以看出，前三个因子的特征值均大于 1，且前三个成分的累积贡献率已经达到了 100%，说明前三个因子已经能够很好地反映原始数据所含的大部分信息，满足了成分个数对累积贡献率的要求，其他因子成分不明显。所以我们选择前三个成分来作为对 EVA 的评价指标。

表 1 总方差解释表

成分	初始特征值			提取载荷平方和		
	总计	方差百分比	累积/%	总计	方差百分比	累积/%
1	4.437	55.458	55.458	4.437	55.458	55.458
2	2.413	30.162	85.620	2.413	30.162	85.620
3	1.150	14.380	100.000	1.150	14.380	100.000
4	5.307E-16	6.634E-15	100.000			
5	3.020E-16	3.775E-15	100.000			
6	2.005E-16	2.506E-15	100.000			
7	-1.617E-16	-2.022E-15	100.000			
8	-4.725E-16	-5.906E-15	100.000			

提取方法：主成分分析法。

图 1 是此次模型的碎石图，从图中可以看出前三个成分的斜率较大说明特征值较高，对解释原有变量的贡献最大，从第四个成分之后特征值的趋势开始变得平缓，所以提取三个成分是比较合适的。

经过分析可以看出，净利润、利息费用、研究开发费用调整项、平均负债、平均无息流动负债在成分 1 上有较大载荷；平均所有者权益、平均在建工程在成分 2 上有载荷较高。而这些指标在成分 3 上的载荷均小于前两个成分。从这个角度来看，主成分分析法不仅可以对 EVA 的各项指标进行综合评价，而且还可以根据各因子得分的大小评价经济效益等难以评价的潜在因素。以便找出 EVA 绩效评价体系的薄弱之处，从而有的放矢的提升企业价值，这是其他方法难以做到的。

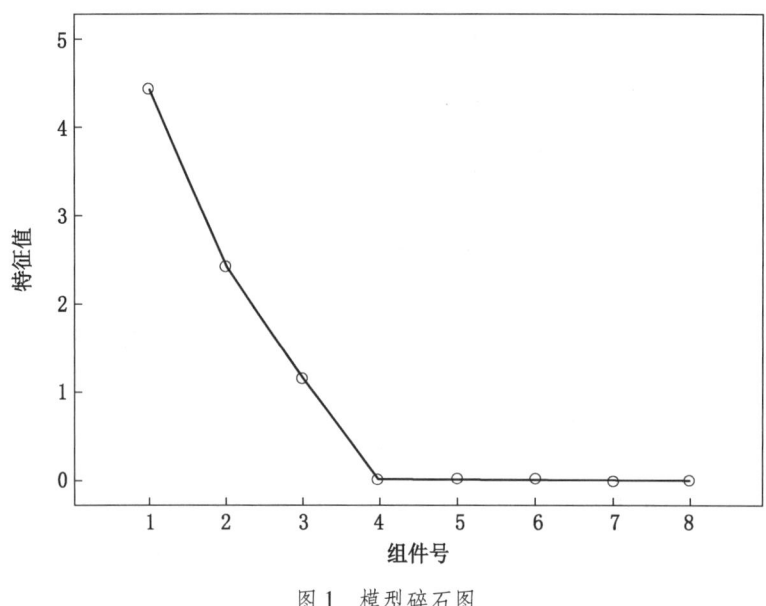

图1 模型碎石图

运用主成分分析法对 EVA 绩效进行综合评价实际上是对评价体系的"细化",从多个评价指标中选择对 EVA 有较大影响的指标。再根据因子综合评价 EVA 指标得分。由总方差解释表可知第一个成分对 EVA 的影响程度达到 55.458%,影响程度最大。成分1各指标对 EVA 的影响程度可以看出依据该综合指标得分进行排序依次为:平均在建工程、平均所有者权益、平均负债、研究开发费用调整项、利息费用、平均无息流动负债、非经常性收益调整项、净利润;第二个成分和第三个成分对 EVA 的影响程度较小,故暂不考虑。

(三)影响 EVA 的关键因素

由主成分分析法的结果可知,影响经济增加值的主要因素有两个,一是税后净营业利润,二是资本成本。那么,很明显我们要想提升同煤集团的 EVA,就需要尽可能地去提高税后净营业利润的同时,削减资本成本。

五、基于 EVA 的山煤国际绩效提升建议

(一)优化资本结构,降低资本成本

山煤国际所属的煤炭采掘行业是典型的资源和劳动力密集型行业,想要加强对集团成本的控制就必须有效控制资本的占用额。根据山煤国际"振兴崛起"的战略,山煤国际首先应该努力改变现有的资本结构,优化企业的融资方式,做到降低资本成本,提高资产证券化,例如购买上游企业的股权,增加山煤国际煤炭储量和煤炭产量,实现公司整体经营业绩的不断提升。其次要谨慎选择投资项目,在投资前就要做好市场调研,选择收益率高于资本成本率低的优质项目,对于资本成本率高,收益率低的项目,要及时摒弃。

(二)降低成本,增加企业利润

山煤国际应该合理地控制企业的成本,建立以成本为核心的绩效考核,以"规范管理,依法治企"为目标,一方面推进契约化管理,引申管理会计运用,建立煤矿成本管理模型,企业管理向精细化、精益化转变。另一方面应全力完善优化贸易风险预控体系,推

进失信企业信息数据库管理，开展存量和潜在风险梳理，建立审计问题整改机制，健全投资领域风险防控预警机制，不断完善公司风险防控体系建设，使之更趋系统化、专业化。

（三）以主业经营为核心，加大研发创新投入

山煤国际采用多元的经营方式，公司以自有煤矿为基础，以货源组织、运输仓储服务为保障，积极构建矿贸一体化模式，形成专业化生产与市场化营销相互支撑、共同发展的一体化经营模式。目前，山煤国际业绩驱动主要来源于煤炭业务，煤炭利润源于原煤产销量的增加及采煤成本和其他管理成本的控制。煤炭产业的特点为项目投入大，生产运营以及投资回报周期长，公司应该把更多的心思和精力放在煤炭和电力上，一方面应着力推进煤炭生产技术创效，提高单产单进水平，同时推行精煤战略规划及实施方案，推进煤炭相关产品的结构优化，加强洗选系统安全生产标准化建设，强化重点环节和特殊时段的管理，确保安全高效生产，精煤产率和商品煤效益稳步提高。另一方面公司应通过煤炭统一销售，根据煤种特性合理匹配客户，进一步优化调整营销策略，提升高质量的服务能力，增强企业的核心竞争力。

参 考 文 献

[1] 张释方，纪晶华．基于EVA的煤炭企业业绩评价研究［J］．内蒙古煤炭经济，2019（15）：130-132．

[2] 董培．基于EVA的SH集团绩效评价研究［D］．天津：天津工业大学，2018．

[3] 张倩，刘艳蕾．EVA在神华集团绩效评价中的应用研究［J］．煤炭经济研究，2018，38（10）：66-70．

[4] 高巧利．基于EVA的煤炭企业业绩评价研究［J］．煤炭经济研究，2018，38（7）：62-66．

[5] 魏羽．基于EVA的煤炭国有企业绩效评价研究［D］．太原：太原理工大学，2018．

[6] 吕靖烨，廉序，张金锁．基于EVA的煤炭企业多元化经营与绩效关系研究［J］．会计之友，2017（19）：109-114．

[7] 魏巍．EVA绩效评价案例研究——以青岛啤酒为例［J］．财会通讯，2014（16）：12-15．

[8] 张利辉．基于平衡计分卡的煤炭企业绩效评价体系构建［J］．现代商贸工业，2019，40（33）：105-106．

[9] 周萌．基于因子分析的平衡计分卡在煤炭上市公司中的应用［J］．现代商贸工业，2018，39（29）：60-61．

"双碳"目标下环境会计信息披露质量对我国煤炭行业价值影响研究

徐明辉

(山西汾西矿业集团正新煤焦有限责任公司)

摘要：规范和完善环境会计信息披露制度对于优化资源配置、实现"双碳"目标具有重要意义。目前，我国的环境会计信息披露还处于起步阶段，没有颁布相关的环境会计准则，因此没有统一的制度。本文选取41家煤炭企业作为调查样本构成面板数据，分析发现，环境会计信息披露水平与公司的短期价值负相关，与长期价值正相关。本文首次在"双碳"背景下就煤炭业上市公司进行环境会计信息披露质量对企业价值的影响进行分析，通过对环境会计信息披露与预期现金流、权益资本成本之间的关系进行深入剖析，探讨了环境会计信息披露的质量对企业价值产生的影响。本文首次在环境会计信息披露的价值效应研究中引入环境法规和股权调整的影响，拓宽了环境会计信息披露研究与环境会计信息披露的关系，有利于企业向减排节能的绿色生产转型，促进国家的"双碳"目标的实现。

关键词："双碳"目标；信息披露；环境会计；煤炭企业价值

一、引言

近年来，随着经济的快速发展，生态破坏日益严重，环境保护问题逐渐引起政府部门和公众的关注。"十四五"规划是实现我国经济、社会、生态文明建设和谐发展，推进美丽中国建设，实现经济发展与生态环境良性循环的途径之一。中央财经委员会第九次会议提出了应对气候变化的"双碳"目标，为环境会计信息披露提升企业价值提供理论参考。

到目前为止，我国还没有颁布相关的环境会计准则，因此没有统一的制度。大多数国内学者认为，环境会计信息的披露应分为环境财务和环境绩效信息两部分。肖旭认为，虽然企业披露的内容取决于披露方式，但环境报告应包括环保政策、具体行动和环境绩效。毕谦等建议上市公司披露的环境会计信息应包括环境债务、环保投资与成本、环境绩效治理等。王夏等对我国上市厂商环境会计信息披露情况进行调查，发现污染物排放、环境法律诉讼、与环境相关的或有负债等负面信息很少被纳入。童秀梅、张艳认为，现阶段我国在环境会计信息披露理论研究方面取得了一定成果。罗群、张德荣选取湖南省29个污染行业上市公司进行研究，发现各公司披露的环境会计信息存在差异，一定程度上降低了环境会计信息的可比性。

本文以煤炭企业为样本构建面板数据，研究的边际贡献和创新点如下：第一，环境会计领域比较前沿的研究是碳排放量的计价问题。国内的研究主要集中为环境会计基本理论、环境成本管理、环境信息披露和碳排放权交易会计等。对于环境会计信息披露的绩效以及其与企业价值之间的关系问题研究得较少。本文首次在"双碳"背景下就环境会计信息披露质量对煤炭上市企业价值的影响进行分析,通过对环境会计信息披露与预期现金流、权益资本成本之间的关系进行深入剖析,探讨了环境会计信息披露的质量对企业价值产生的影响。第二,本文首次在环境会计信息披露的价值效应研究中引入环境法规和股权调整的影响,拓宽了环境会计信息披露研究与环境会计信息披露的关系。第三,本文有利于企业向减排节能的绿色生产转型,促进国家"双碳"目标的实现。

二、文献综述

(一) 环境会计信息披露内容研究

国外学者对于环境会计信息的披露内容关注点不同,导致其持有的观点也有所不同,对环境会计信息的披露内容进行概括总结,主要包括两方面的内容,即环境管理及环境财务信息等。Jerry (2013) 对企业应披露的环境信息进行深入分析,认为应对环保目标和计划、环保义务及环保奖励和荣誉等信息进行详细披露。Fekrat (2017) 通过研究发现,企业公布的环境会计信息主要包括在环保方面的投入与支出,违反环保法规的行为和生产经营活动的环境影响等。Dennis (2011) 的观点是环境绩效报告应当包含五部分,即环境绩效分析、所实施的环境政策、对可持续发展的管理、环境目的和第三方的意见。Chaklader (2019) 的研究拓宽了披露的范围,提出企业应将环境成本支出、环保奖励、环保战略方针和节能减排措施等情况作为环境会计信息进行披露。Christine (2009) 强调应当着重披露环境成本,同时环保理念和环保成就也应该体现在所披露的环境会计信息中。Alerts (2012) 对环境会计信息的内容展开研究,认为应包含对所面临的环境风险采取的对策、土地修复以及环境管理方面开展的工作。而 Guthrie (2017) 经过分析发现环境会计信息的概念、模式、内容以及计量方法等较为重要,应在企业的年报中进行披露。Chaklader (2017) 提出公司进行环境会计信息披露时,应该重点展示与环保工作有关的收入和负债等情况。

(二) 环境会计信息披露影响因素研究

国外学者通过研究证实,很多因素会对企业环境会计信息披露产生较大的影响,概括起来主要包括政府部门的监管、企业发展水平、盈利能力和公司治理结构等。Cormier (2018) 对加拿大电力行业上市公司的股权性质与环境信息披露水平之间的相关性进行研究,结果表明企业股权性质的不同会引起环境信息披露水平之间存在差异。Al-Tuwaijri (2019) 认为管理层的态度会影响企业的环境信息披露,当管理层对环境关注的程度提高时,公司的环境会计信息披露水平会在一定程度上有所提升。Brammer & Pavelin (2017) 研究发现,股权集中度及企业高层管理结构等因素会对环境信息的披露有重大影响,公司治理相对有效的企业可以更好地增强高层人员对环境管理工作的关注度,并提升企业披露环境会计信息的积极性。而 Menguc、Dawkins & Alrazi (2018) 通过深入分析发现,政府部门对企业的监管强度与企业环境会计信息披露行为之间存在显著的影响,即随着政府部门管制力度的加大,企业将更多地关注自己的环境行为,同时对环境会计信息的披露更加完善详细。Akhyar (2017) 通过探究发现,企业董事人数、独立董事比例在一定程度上均可提高环境信息披露水平。Iatridis (2011) 证实公司发展水平与信息披露质量间存在积极影响,即公司发展水平的提升可以改善信息披露质量。Michelle (2016) 通过研究发现,利益相关方在一定程度上会对企业环境会计信息披露水平产生影响。

（三）环境会计信息披露对企业价值的影响研究

对于环境会计信息披露与企业价值之间的关系，国内学者对此持有不同的观点，在对现有研究结果进行梳理之后发现，环境会计信息披露对企业价值的影响主要表现为不相关、正相关或负相关。唐国平等（2016）通过深入探究，发现披露环境信息的企业市值相对较高。代文等（2015）认为通过完善与环境信息披露相关的规章制度，可提高信息披露质量，促进企业价值提升。赵家正等（2017）以我国沪深两市上市公司为例，探究环境信息披露对企业价值的影响，发现信息披露的价值影响作用较为明显，并且随着政府监管力度的加大，二者的正向影响会更加显著。李钟秀（2014）以深市A股175家上市公司为研究对象，通过研究发现，由于企业高管持股导致其身份转变，企业提高环境信息披露水平的自主意识会明显增强，随着企业社会声誉的提升，企业的价值也会随之提高。

然而也存在与此相反的观点，蒋麟凤（2015）以我国沪市上市公司为研究对象，通过实证检验发现，企业环境会计信息披露与市场价值之间不存在相关性。王璐对钢铁行业上市公司环境信息披露的市场反应进行实证研究，结果表明二者之间的相关性并不明显。李慧云等（2016）通过研究发现，环境会计信息披露与企业价值之间的关系会受到企业生命周期的影响，当企业处于成熟期时，环境会计信息披露有助于企业价值的提升，而当企业处于生命周期的其他阶段时，二者并不具有正的相关性。符少燕等（2017）认为环境信息披露产生的收益低于支出时，会对企业价值造成损耗。当披露成本被环境信息披露带来的"无形资源"抵消，甚至带来溢价，将会提升企业价值。

（四）文献述评

通过以上文献研究可知，我国对环境会计信息披露的研究仍处在探索阶段。就披露内容而言，国内外学者尚未对此达成一致，但是总体而言是在不断完善的。对于环境会计信息披露形式的研究，学者们集中主张采用定量形式、定性形式或者二者相结合的形式对相关的环境会计信息进行披露。影响因素方面的成果已经十分丰富，股权集中度、管理层特征、内部控制有效性及政府部门的监管强度等均会对企业的环境会计信息披露产生影响，但是得出的结论存在分歧。对于环境会计信息披露对企业价值影响的研究，大多数学者通过采用内容分析法，将企业年报、社会责任报告及企业环境报告书中披露的与环境会计相关的信息定性内容定量化，构建一个综合的环境会计信息披露评价体系，探究其与企业价值之间的关系。有学者认为，环境会计信息披露有助于提升企业价值，也有部分学者对此持不同观点，认为二者之间不存在关系或存在负向影响，未形成统一的结论。这主要是由于学者选择的样本公司所在行业不同、研究方法不同等造成了结果的差异，也从侧面说明环境会计信息披露与企业价值之间的内在关系较为复杂。

三、理论分析和研究假设

（一）环境会计信息披露质量对煤炭企业价值的影响

信息不对称理论认为，市场中的参与者获得的信息以及掌握信息的程度不同，对信息的掌握较为及时准确的人员更容易做出正确的决策。重污染行业较高的资源消耗以及严重的环境污染对环境造成了较大压力，导致我国环境问题日益严重，这显然与绿色经济背道而驰。另外，造成环境污染较多的企业大多不愿主动披露环境影响与责任维度的内容，导致大多数的环境污染事件只能通过媒体曝光，这引起了社会公众的强烈不满。根据《中国上市公司环境责任信息披露评价报告（2018）》显示，2018年沪深两市2567家公司，仅有不到30%的企业披露了与环境信息相关的报告，面临如此严峻的环境形势，政府部门颁布了一系列环境法规，企业面临来自社会公众以及政府部门的双重压力，若详细披露在生产经营过程中耗用的相关资源的数量、废气以及废水等污染物的排放情况以及发生的与环境保护有关的事故等信息，可以缓解来自政府和社会公众的双重压力。同时在绿色融资的背景下，可以缓解与债权人之间信息不对称的问题，银行等金融机构会比较相信主动披露环境影响与责任维度信息的企业，给予其较为宽松的外部融资政策，会相对降低企业的债务融资成本，进而有助于企业价值的提升。因此，基于以上分析，提出第1个假设H1：环境会计信息披露质量对煤炭企业的价值具有正面滞后的影响，对煤炭企业的短期价值具有负面影响。

（二）环境法规对环境会计信息披露质量的影响

环境规制主要分为自我规制、命令规制和市场规制。我国环境法规发展初期，是一种依靠政府来规范企业与环境的关系，解决环境污染和资源问题的命令和控制型。2013年引入碳交易制度，表明我国市场化的环境监管已经成熟。根据组织合法性理论，如果公司违反与利益相关者的明确协议，就会受到惩罚，特别是不遵守政府法规，不能实现内在盈利。此外，杜建国等人的研究表明，环境规制会对企业的环境信息披露行为产生积极影响。

根据委托代理理论，企业信息披露能够有效缓解存在于企业内外部信息不一致的问题，进而降低成本，推动企业高效运转。而科学有效的公司治理可以促进企业价值最大化地实现，并进一步提高企业环境信息披露的质量。也就是说高质量的环境信息披露意味着较好的企业治理。环境会计信息披露的目标与环境会计的目标具有一致性。目前，我国对环境会计信息比较敏感的是政府、投资者、债权人以及其他利害关系人。因此，可将环境会计信息披露的目标概括为：向政府、债权人、投资者等利害关系人提供与环境相关的潜在信息，反映受托责任履行情况，同时提供对决策有用的相关信息。

因此，基于以上分析，提出第2个假设H2：环境法规抑制了环境会计披露与公司价值之间的关系，且在环境规制严格的地区抑制作用更为显著。

（三）环保方针与政策维度信息披露对企业价值的影响

德国社会学家马克斯韦伯对合法性理论进行了系统研究，他认为任何支配关系都应该有最低限度地服从意志，并试图保持对"合法性"的信念。一般情况下，公司的行为被认为是恰当的或恰当的假设，为了公司自身的进步，公司需要从外界获取更多的资源。前提是要得到外界的认可和支持，那么就必须遵守企业的合法性。一方面，通过企业目标、计划、行动等自身的改变，达到符合社会观念和价值观的目的。同时，通过公众捐赠、营销等方式，可以改变公众对公司的印象。实现第一种方法需要外部知识才能达到预期的效果。生态文明建设期间，绿色发展理念深入人心，环保政策、目标、战略规划、国家环保法规和政策合规向社会公开，环境污染严重体现合规的合法性，是企业在社会公众意识中获得合法性的重要途径。环保政策和政策维度的信息包括公司的计划、承诺等。遵守环保政策法规是一种企业战略，企业通过环保战略影响企业文化和理念，从而带来管理水平、经济效益和商誉的提高。

基于社会责任理论，上市公司承担环境绩效和披露成本，主动对外披露越多的环境信息,意味着上市企业愿意承担更多的环境责任。在生态文明建设的大背景下,此类行为有助于企业提高其在投资者和合作方中的品牌形象和信誉,进而降低成本、增加收入,以提升企业价值。现有研究中多数学者的结论也验证了上述观点,如 Plumlee (2009)、吴红军 (2014) 分别使用美国和我国资本市场数据,证实环境信息披露可以显著降低企业的权益资本成本;倪娟和孔令文 (2016) 从我国的"绿色信贷政策"入手,研究发现企业披露环境信息可以降低债务成本;张淑惠等 (2011) 的结论显示环境信息披露质量的提升可以为企业带来正向的现金流入,使企业获益。

随着披露步骤更加明晰,披露主体日益广泛。自 2007 年开始,环境信息披露领域相继出台多项法律法规,分步骤、区别化实施强制性披露要求,在披露主体和披露形式上不断丰富。证监会拟定上市公司信息披露分步走实施方案。已多次修订上市公司定期报告内容与格式准则,涵盖主要污染物达标排放、企业环保设施建设和运行、重大环境事件等具体信息披露要求,对其他企业鼓励以自愿方式披露有关环境信息。2017 年,对属于环保部门公布的重点排污单位上市公司及其子公司在年报、半年报中已实现强制性环境信息披露要求,对其他上市公司实行"不遵守就解释"的政策。未来将在继续修订上市公司定期报告的基础上,强制性环境信息披露将适用于全部上市公司。

因此,基于以上分析,我们提出了第三个假设 H3:环保政策和政策层面的信息披露有助于提升煤炭企业的价值。

四、研究方法

(一) 数据来源

本文选取了 2012—2021 年在沪深两市上市的煤炭公司,煤炭行业生产和日常操作对环境有很大的影响。煤炭行业是从事煤炭资源勘探、开发、生产、储运、加工转换和环境保护的行业部门,长期以来在世界经济发展中作为传统行业和基础产业发挥着重要作用。我国煤炭行业资源、产能和消费区域分布差异性明显,形成了西煤东运、北煤南调的格局。

本文样本选择时间从 2012 年开始的原因在于,2012 年我国煤炭经济运行情况发生了重大变化。我国煤炭行业煤电一体化、煤焦化一体化、煤炭现代物流等上下游产业融合发展步伐加快,煤炭绿色开采、生态矿山建设稳步推进,市场化改革取得实质性进展,行业面貌已发生根本改变。因此,本文数据从 2012 年开始计算。

基于我国煤炭行业的特性,本文在实证样本中选取了 41 家有代表性的公司,排除了 ST 和 PT 公司、近两年 IPO 以及基础数据不完整的公司。所有环境会计信息披露指标均为手工编制。企业其余财务数据来自国泰安数据库和巨潮咨询网。

1. 解释变量

本文解释变量为企业环境会计信息披露质量,通过环境会计信息披露指数 (EDI) 来反映企业环境会计信息披露质量的高低,并选取 10 个评分项目构建一套测算标准。这 10 个项目来自《上市公司环境会计信息披露指南》以及《环境信息公开办法(试行)》(环保总局令第 35 号),再结合电力行业特点制定。在制定测算标准后,以此为基准运用内容分析法对样本公司的年报、社会责任报告进行评分。打分过程中将电力企业实际情况和测算标准对应,符合要求的项目加分,不符合要求的则不加分。各企业项目评分除以项目总分和的结果即为环境会计信息披露指数。

这样衡量的依据来自学术界通常采用内容分析法、问卷调查法以及声誉评估法对环境会计信息披露指数进行计量。因我国目前没有专门的环境会计信息披露指引，也不存在相应的评级机构对企业颁布的环境会计信息进行评级，同时由于所收集的样本公司有关环境会计信息披露的数据大多采用定性的形式进行披露，并且内容分析法是目前国内该研究领域经常采用的方法，因此文章采用内容分析法对环境会计信息披露的维度进行赋值，将相关的定性内容定量化。

由于内容分析法依赖主观判断，为了剔除人为打分的误差影响，本文采取熵权法。通过设定调节系数进一步修正指标权重，然后利用各公司各年度环境会计信息披露指数得分与指标熵权相乘再加总，最终呈现更具有可信度的解释变量。

本文采用克朗巴哈系数对企业环境会计信息披露指数结果进行信度水平测量（表1），结果显示各评分项目一致性较好，数据结果符合研究要求。

表1 环境会计信息披露指数评分表

序号	评分指标名称内容	评分标准
1	在公司年度报告中披露环保目标和环保制度	具体描述2分粗略描述1分无0分
2	公司在经营活动中的环保气候挑战和难题及解决办法	具体描述2分粗略描述1分无0分
3	公司对环保工作的技术和资金投入	定量描述2分定性描述1分无0分
4	公司发电机组的资源耗用量及其排放的污染物内容	定量描述2分定性描述1分无0分
5	公司发起或参与的社会类环保项目	详细描述2分一般描述1分无0分
6	环境治理费用（比如环境保护税、排污费）	定量描述2分定性描述1分无0分
7	绿色财政补贴税收减免（电力节能减排专项补助）	定量描述2分定性描述分无0分
8	是否使用ISO14001环境管理体系	是2分否0分
9	是否披露企业社会责任报告	是2分否0分
10	是否有煤炭环境污染应急预案	是2分否0分

对于假设H3解释变量环保方针与政策维度（AEDI），企业环保方针与政策维度的最高得分为6分，最低得分为0分，为了使样本企业的环保方针与政策维度具有可比性，将该维度中各个项目的得分加总后进行得分标准化。

2. 被解释变量

企业资产的时间价值、企业风险应对能力以及发展潜力可综合概括为企业价值。公司价值可通过上市公司的年报数据展现。当前学术界有两种指标阐述企业价值，分别为会计价值指标和市场价值指标。会计指标有净资产收益率（ROE）、总资产收益率（ROA）等。学术界多采用上述会计指标展开研究。

上述指标都以企业当期创造的利润为基础来比较企业盈利能力的高低，以此衡量企业价值高低。并且ROE、ROA更多受到经营者短期行为影响，有助于本文衡量企业环境会计信息披露水平给企业短期内带来的价值变化。因此，本文选取ROE作为主回归代表企业价值的指标。市场价值指标为企业长期价值衡量指标，本文选用托宾Q值。托宾Q值能准确地反映企业在资本市场上的股价和市值情况，较好地反映市场和投资者对于企业未来现金流折现情况的态度，符合本文长期价值研究需要。研究中所用变量的定义及相关情况见表2。

表2 变量定义汇总表

变量类型	变量名称	变量符号	衡量方法
被解释变量	净资产收益率	ROE	净利润总额平均资产总额
	托宾Q值	TobinQ	资产的市场价值重置价值
解释变量	环境会计信息披露指数	EDI	本年度环境会计信息披露程度各项目评价得分之和标准化
	环境政策维度	AEDI	企业环保方针与政策维度的得分加总标准化
调节变量	环境规制	PTT	城市污染源监管公开信息PTTI指数
	企业股权性质	State	国有企业取1，非国有企业取0
控制变量	企业规模	SIZE	取企业总资产对数
	资产负债率	LEY	企业总负债企业总资产
	资产周转率	TAT	销售收入总额平均总资产
	固定资产比率	PPE	固定资产净额期末总资产
	上市年龄	age	企业上市月数的自然对数
	成长性	Gro	营业收入增长率
	固定资产比率	Fai	固定资产净额除以总资产
	独立性	Ind	独立董事占比
	董事会规模	Bor	董事会人数加1取自然对数

（二）模型构建

本研究采用一般最小二乘模型进行实证研究，探讨环境会计信息披露的质量和公司的短期和长期资产价值之间的关系：

$$ROE = \beta_0 + \beta_1 EDI + \beta_2 SIZE + \beta_3 LEV + \beta_4 ROA + \beta_5 PPE + \beta_6 TAT + Control + Year + \varepsilon \quad (1)$$

$$TobinQ = \beta_0 + \beta_1 EDI + \beta_2 SIZE + \beta_3 LEV + \beta_4 ROA + \beta_5 PPE + \beta_6 TAT + Control + Year + \varepsilon \quad (2)$$

在假设H2的情况下，回归方程计算如下：

$$ROE = \beta_0 + \beta_1 EDI + \beta_2 SIZE + \beta_3 LEV + \beta_4 ROA + \beta_5 PPE + \beta_6 TAT + \beta_7 PITI + \beta_8 PITI \times EDI + Control + Year + \varepsilon \quad (3)$$

$$TobinQ = \beta_0 + \beta_1 EDI + \beta_2 SIZE + \beta_3 LEV + \beta_4 ROA + \beta_5 PPE + \beta_6 TAT + \beta_7 PITI + \beta_8 PITI \times EDI + Control + Year + \varepsilon \quad (4)$$

根据假设H3，环保政策和政策维度对企业价值有正向影响，建立如下多元线性回归模型：

$$EVA = \alpha_0 + \alpha_1 AEDI + \alpha_2 LEV + \alpha_3 GR + \alpha_4 ROA + \alpha_5 AGE + \alpha_6 TAT + \alpha_7 OWNER + Control + Year + \varepsilon \quad (5)$$

五、实证研究结果与讨论

（一）描述性分析

本文对样本数据进行描述性统计分析，充分了解样本数据的特点，结果见表3。解释变量的托宾 Q 值最大值仅为 6.112，最小值为 0.534，标准差达到 0.521，说明每个公司的托宾 Q 值差别很大，公司也有差异价值，而其中位数 0.911 小于 1.012 的平均值，并且数据向右倾斜，见表3。可见环境信息披露水平在我国各个公司的情况参差不齐，最大值和最小值之间存在差异。

表3 变量的描述性统计

变量	样本量	最小值	最大值	均值	中位数	标准差
ROE	410	-0.150	0.204	0.058	0.052	0.039
TobinQ	410	0.534	6.112	1.012	0.911	0.521
EDI	410	0.1	0.7	0.577	0.600	0.150
AEDI	410	0.126	1	0.461	0.487	0.212
PITT	410	9.012	75.566	51.136	50.15	16.956
State	410	0.505	0	1	0.509	1
SIZE	410	20.544	26.806	23.587	23.496	1.480
LEY	410	0.013	0.929	0.563	0.590	0.180
TAT	410	10.024	1.741	10.350	0.323	0.215
PPE	410	0.024	0.954	0.547	0.576	0.185
age	410	5.580	1.099	4.13	4.234	0.976
Gro	410	2.778	-0.508	0.229	0.107	0.494
Fai	410	0.00048	0.550	0.189	0.161	0.133
Ind	410	0.333	0.571	0.372	0.333	0.052
Bor	410	1.792	2.485	2.233	2.303	0.149

（二）相关性分析

假设 H1 经初步检验，企业环境会计信息披露指数与企业短期价值 ROE 和 ROA 均呈 10% 水平的负相关。企业环境会计信息披露指标与企业长期价值的负相关性可能是由于公司价值还受到解释变量之外的公司因素的影响。此外，调节变量 PITI 与解释变量也表现出显著的相关性，可用于调节效应分析。其余变量与所描述的变量存在不同程度的相关性，说明模型构建合理。

（三）回归分析

本文利用异方差标准误进行 White 异方差检验和模型校正，以解决模型异方差问题。

1. 环境会计信息披露质量对煤炭公司价值的影响

环境会计信息披露质量对煤炭公司价值的影响回归结果见表4。（1）和（3）栏是没有控制变量的简单回归分析，（2）和（4）栏是包括控制变量的回归分析结果。可以看出，（1）和（3）栏的回归分析结果与无控制变量时的相关性检验结果一致，原因如前所述。（2）和（4）栏中，公司环境会计披露的 EDI 水平与公司短期价值的 ROE 负相关为 1% 水平。EDI 和 TobinQ 值在 1% 的显著性水平上呈正相关，R^2 值为 0.411，调整后的 R^2 值为 0.402。检验了假设 H1 成立。

表4 环境会计信息披露质量对煤炭公司价值影响回归结果

变量	(1)	(2)	(3)	(4)
	ROE	ROE	TobinQ	TobinQ
EDI	-0.092* (-1.74)	-0.063** (-3.663)	-0.164*** (-3.138)	-0.17*** (3.353)
SIZE		0.085*** (4.409)		-0.631*** (1.11)
LEV		0.124* (7.021)		-0.072 (-1.377)
TAT		0.031**** (1.941)		-0.021 (-0.444)
PPE		0.116*** (7.78)		0.126*** (2.863)
ROA		1*** (60.558)		0.239*** (4.905)
观测值	410	410	410	410
时间效应	是	是	是	是
R-squared	0.008	0.931	0.027	0.411
Adjusted R-squared	0.006	0.93	0.024	0.402

2. 权益资本特征的调节作用

根据第一大股东和集团公司的特征,将41家上市公司分为国有和非国有公司进行了回归分析。对比国有企业和非国有企业的结果可以看出,非国有企业在系数的重要性和绝对值上都大于国有企业。这说明非国有企业的企业价值对环境会计信息披露更为敏感。此外,将权益资本特征与环境会计信息披露指标的交集作为调整变量加入的结果见表5,权益资本特征的调节作用显著为负,说明国有企业(State=1)相比较于非国有企业(State=0)环境会计信息披露质量对企业价值的负面影响更大。

表5 分企业性质权益资本特征的调节作用回归结果

变量	(1)	(2)	(3)	(4)	(5)	(6)
	国有企业		非国有企业		调节变量	
	ROE	TobinQ	ROE	TobinQ	ROE	TobinQ
EDI	-0.046** (-2.224)	0.13* (1.862)	-0.107*** (-3.772)	0.196*** (2.965)	-0.061* (-0.876)	0.48*** (3.029)
SIZE	0.021 (0.998)	-0.717*** (-10.095)	0.146*** (4.399)	-0.498*** (-6.419)	0.098* (1.723)	-0.725*** (-5.61)
LEV	0.106** (4.774)	0.159** (2.117)	0.166*** (38.779)	-0.332*** (-5.14)	0.162*** (3.149)	-0.18 (-1.543)

表5（续）

变量	(1)	(2)	(3)	(4)	(5)	(6)
	国有企业		非国有企业		调节变量	
	ROE	TobinQ	ROE	TobinQ	ROE	TobinQ
TAT	0.064** (3.283)	−0.057 (−0.861)	−0.017 (−0.634)	0.013 (0.203)	0.047 (0.954)	0.092 (0.832)
PPE	0.095** (5.227)	0.041 (0.66)	0.128** (5.104)	0.034 (0.581)	0.124 (2.5)	0.121 (1.082)
ROA	1.029** (46.965)	0.297** (3.998)	1.006*** (−3.772)	0.224*** (3.705)	1.004*** (19.672)	0.138 (1.196)
State					−0.116 (−0.695)	0.284 (0.753)
StatexEDI					−0.136* (0.826)	−0.492*** (−5.319)
观测值	370	370	40	40	410	410
时间效应	是	是	是	是	是	是
R-squared	0.949	0.411	0.914	0.534	0.931	0.648
Adjusted R-squared	0.947	0.391	0.911	0.5170	918	0.581

关于环境监管的监管作用见表6，通过在上述回归方程中加入环境规制与环境会计信息披露指标的交乘，均在10%和5%的水平显著。

表6 环境监管的监管作用回归结果

变量	(1)	(2)	(3)	(4)	(5)	(6)	(7)	(8)
	全样本		东部		中部		西部	
	ROE	TobinQ	ROE	TobinQ	ROE	TobinQ	ROE	TobinQ
EDI	−0.092 (−1.693)	0.312 (2.038)	0.626** (2.563)	−0.068* (0.807)	0.033* (0.097)	−0.056* (−0.914)	0.362* (1.25)	−0.092 (−1.693)
SIZE	0.105*** (4.356)	−0.577*** (−8.534)	0.135*** (3.854)	−0.727*** (−6.962)	−0.047 (−1.52)	−0.349** (−2.812)	−0.037 (−1.11)	−0.673*** (−4.283)
LEV	0.118*** (5.711)	−0.106** (−1.83)	0.097*** (3.89)	−0.137* (−1.841)	0.216*** (6.344)	−0.005* (−0.033)	0.305*** (9.498)	0.191 (1.264)
TAT	0.004** (2.208)	−0.003* (−0.062)	0.065*** (3.021)	0.005 (0.072)	0.037 (1.245)	−0.064 (−0.543)	0.008 (0.261)	−0.153 (−1.084)
PPE	0.106*** (6.204)	0.119** (2.467)	0.045* (1.773)	0.383*** (5.091)	0.145*** (6.132)	0.091*** (0.96)	0.195*** (8.07)	−0.241** (−2.123)
ROA	0.993*** (52.976)	0.204*** (3.863)	0.946*** (39.324)	0.037 (0.518)	0.994*** (34.536)	0.195* (1.696)	1.284*** (42.801)	0.575*** (4.077)

375

表6（续）

变量	(1)	(2)	(3)	(4)	(5)	(6)	(7)	(8)
	全样本		东部		中部		西部	
	ROE	TobinQ	ROE	TobinQ	ROE	TobinQ	ROE	TobinQ
PITI	−0.053 (−0.779)	0.084 (0.441)	−0.115 (−1.288)	0.418 (1.573)	0.095 (1.003)	0.187 (0.493)	−0.066 (−0.852)	0.087 (0.24)
PITIxEDI	0.047* (0.465)	0.246* (−0.858)	0.143** (0.31)	0.877** (−2.105)	0.137** (−0.987)	0.399* (0.718)	0.126 (1.122)	0.436* (−0.825)
观测值	410	410	200	200	150	150	60	60
时间效应	是	是	是	是	是	是	是	是
R-squared	0.926	0.411	0.946	0.523	0.96	0.357	0.984	0.644
Adjusted R-squand	0.924	0.395	0.943	0，495	0.956	0.294	0.981	0.589

3. 环境政策维度对企业价值的影响

表7检验了环保政策维度与企业价值之间的关系，可以看出，AEDI（环境政策维度）在全样本、东部和中部均与企业价值ROE和TobinQ呈正相关，通过回归分析验证了假设H3。也就是说，企业披露相关的环保政策和政策维度信息有助于提升企业价值。说明企业在规划生产和发展的同时，要制定明确的环境保护战略和目标，将"环保理念"和"绿色发展"作为企业的环境管理理念传达给企业全体员工。将其纳入公司长期发展战略，指导公司生产经营活动，同时披露公司遵守环境法律法规的情况。及时详细地为环保企业提供发展方向，为企业价值的提升做出贡献。

表7 环境政策维度对企业价值影响回归结果

变量	(1)	(2)	(3)	(4)	(5)	(6)	(7)	(8)
	全样本		东部		中部		西部	
	ROE	TobinQ	ROE	TobinQ	ROE	TobinQ	ROE	TobinQ
AEDI	0.101*** (4.693)	0.278*** (4.145)	0.172** (5.012)	0.345* (5.345)	0.033*** (0.097)	0.056* (0.914)	0.362 (1.25)	0.092 (1.693)
控制变量	是	是	是	是	是	是	是	是
观测值	410	410	200	200	150	150	60	60
时间效应	是	是	是	是	是	是	是	是
R-squared	0.911	0.651	0.978	0.601	0.987	0.513	0.906	0.605
Adjusted R-squand	0.872	0.456	0.901	0，587	0.934	0.467	0.899	0.512

六、政策建议与启示

我国煤炭企业单位产能投资、产品成本和价格的差异较大。由于煤炭的埋藏深度、开采方式、煤炭品质和所处区域不同，导致煤炭的单位产能投资、生产成本和销售价格具有明显差异,难于确定基准指标。采煤技术相对落后,资源浪费严重,煤炭的消费行业较为集中。因此,针对"双碳"目标下环境会计信息披露质量对煤炭企业价值的影响,本文提出如下政策建议。

(一)改进环境会计信息的披露

改进环境会计信息的披露方式,有助于提高信息的可理解性和可读性。煤炭企业仅在年报中披露环境会计信息,披露方式相对简单。煤炭企业可按照环境管理工作流程,即"目标制定—目标实施—环保效果—评价反思",在社会责任报告或环境报告中披露相关环境会计信息。当然,披露过程中一定要有所改变重点,遵循实质性原则,而不是盲目无重点地披露。涉及的环保财务信息,如需缴纳的环保税金额、绿化费支出、环保投入金额、环保收入等,主要以量化形式披露煤炭企业环境保护目标和战略、政策法规遵守情况、废物回收利用和环境污染事故应急预案等,以定性和定量相结合的形式详细披露,让利益相关者更全面了解公司的会计信息。同时,通过公司或证券交易所官网向社会公开环境会计信息,及时更新公司环保动态。

(二)考虑环境政策和战略环境管理

煤炭企业在日常生产经营过程中排放的污染物远多于其他行业,更应重视环境保护。为解决环境问题,政府部门制定了相应的环保政策法规。因此,煤炭企业在环保工作中最基本的工作就是要符合国家环保法律法规的要求,严格执行其他监管部门关于信息披露的规定,高度重视环保工作,并将环保理念融入企业生产经营方方面面和员工日常行为中。煤炭企业遵守环保法规是其生产经营的最终结果,但这还不够。煤炭企业环境战略、目标和环保政策等信息的披露仍只是一个简单的清单,没有具体的计划内容清单,也没有量化的环保目标。因此,煤炭企业应把握大局,结合自身实际情况,制定专项环保政策、环保战略和环境管理制度,在考虑外部经营风险的基础上,尽快实施长远的环境管理战略。结合公司机遇和长远发展战略,公司可以单向、循序渐进地开展环境管理工作。

(三)丰富环境影响和责任维度的披露形式

煤炭企业主要使用定性形式披露环境影响和责任维度的信息,定量信息较少。对于信息使用者而言,煤炭企业披露的环境影响和责任信息的说服力和可信度较低。同时,煤炭企业和制药企业一样,排放的污染物远多于其他行业,披露水平对企业价值的提升作用不明显,同时,为解决信息不对称给信息使用者带来的问题,煤炭企业需要丰富环境影响维度的披露形式,责任可以是定性的,也可以是定量的。综合披露环境影响和责任维度,以及废气、废水等污染物的排放和处置,以及相关资源的消耗和节约等,以柱形图、折线图或圆形图的方式进行披露。同时,每年对相关信息进行纵向或横向对比分析,可以提高该维度信息的精准度和可比性。

(四)完善环保投入和支出维度的核算

在企业披露的大量环境会计信息中,利益相关者特别关注企业投资和环保费用等维度的信息,主要反映企业在环境管理中投入的物力和财力,影响企业环境管理的方方面面。煤炭企业环保投入和支出规模信息披露不完善、不系统。可以在现有一般会计基础上进行创新,结合自身行业特点,加强对环保投资和支出的核算。可以增加环境资产和负债、环保效益、环保成本等,该维度的信息采用货币和实物计量属性相结合的方式。这样可以更清晰地组织环保投入和支出维度的信息,方便相关方深入了解公司环保支出和投资维度的相关情况，有利于煤炭企业树立良好的企业形象。另一方面，提高煤炭企业在这一维度的会计能力，需要相关会计师具有较高的专业能力。

参 考 文 献

[1] 王晨光．对我国企业环境会计信息披露研究现状的探究［J］．江苏商论，2020（5）：95-97+102．

[2] 黄人杰．上市公司的社会责任与公司价值提升研究［J］．现代管理科学，2010（8）：90-92．

[3] 沈洪涛，金婷婷．我国上市公司社会责任信息披露的现状分析［J］．审计与经济研究，2006（3）：84-87．

[4] 周勇．市场经济条件下企业社会责任的概念及价值［J］．湖北大学学报（哲学社会科学版），2004（5）：523-526．

[5] 刘俊海．论公司社会责任的制度创新［J］．比较法研究，2021（4）：17-37．

[6] 于欣欣．环境会计信息披露对企业绩效的影响研究［J］．现代营销（经营版），2020（6）：230-231．

[7] 孙光国，赵健宇．产权性质差异、管理层过度自信与会计稳健性［J］．会计研究，2014（5）：52-58+95．

[8] 李秀玉，史亚雅．绿色发展、碳信息披露质量与财务绩效［J］．经济管理，2016（7）：119-132．

[9] 苏蕊芯，仲伟周．基于企业性质的社会责任履责动机差异及政策含义［J］．财经理论与实践，2011（1）：83-86．

[10] 李涛，李昂，宋沂邈，等．市场激励型环境规制的价值效应：基于碳排放权交易机制的研究［J］．科技管理研究，2021（13）：211-222．

[11] 刘璐．环境规制、碳排放权交易制度与企业碳信息披露的关系研究［D］．青岛：青岛理工大学，2019．

[12] 杜建国，吴东静．基于演化博弈的企业环境创新行为研究［J］．科技管理研究，2018（17）：143-149．

[13] 韩美妮，王福胜．信息披露质量、融资约束与技术创新关系研究［J］．会计之友，2016（17）：51-56．

[14] 赵黎鸣．我国上市公司信息披露的研究现状及建议［J］．四川大学学报（哲学社会科学版），2013（5）：119-126．

[15] 韩璐．电力上市公司环境会计信息披露影响因素的实证研究［D］．南京：南京航空航天大学，2019．

[16] 宋晓华，蒋潇，韩晶晶，等．企业碳信息披露的价值效应研究：基于公共压力的调节作用［J］．会计研究，2019（12）：78-84．

[17] 邵帅，吕长江．实际控制人直接持股可以提升公司价值吗？来自中国民营上市公司的证据［J］．管理世界，2015（5）：134-146+188．

[18] 贾春香，王婉莹．解读环境保护对企业财务绩效的影响：基于环境管理的调节效应［J］．会计之友，2018（11）：93-97．

［19］罗春华，王宇生．创业板管理层持股、短期绩效与公司长期价值［J］．财会通讯，2013（24）：97-99.

［20］王竹泉，王贞洁，李静．经营风险与营运资金融资决策［J］．会计研究，2017（5）：60-67+97.

［21］张文彤．SPSS11 统计分析教程（高级篇）［M］．北京：北京希望电子出版社，2002.

［22］朱孔来，李静静．中国股票市场有效性的复合评价［J］．数理统计与管理，2013（1）：145-154.

加强煤炭企业财务队伍建设研究

于 泳,代丽梅,李志宏

(黑龙江龙煤双鸭山矿业有限责任公司)

摘要:煤炭产业作为能源行业的支柱产业,财务人员更可谓是企业的中流砥柱,随着国家供给侧改革及去产能政策的实施,对煤炭企业的财务队伍建设提出了更高的要求。本文在此背景下,对煤炭企业财务队伍建设其中存在的问题给予一定建议,提出煤炭企业管理层应该优化煤炭企业财务队伍的人员结构,提高煤炭企业财务队伍人员的综合素质,完善煤炭企业财务人员的后续培训工作,提高煤炭企业财务人员的综合待遇等,通过解决这些问题使煤炭企业可以更好地面对新形势下的新挑战。

关键词:财务人员;队伍建设;煤炭企业

2017年初,国家发展和改革委员会对外公布了《煤炭深加工产业示范"十三五"规划》,指出"十三五"期间要重点推进煤炭产业向更高水平的方向发展。一方面,推动煤炭产业高水平发展的基础就是增强煤炭企业的盈利能力,而大型煤炭企业的财务人员就是企业的中流砥柱,建设一支与新时代新技术新形势相适应能够为企业带来巨大经济效益的财务队伍便显得尤为重要。另一方面,随着我国经济由量到质的提升转变,众多大型煤炭企业纷纷开展降本增效、改革转型等工作。同时,随着互联网时代的发展,越来越多的企业建立了自己的财务共享服务中心,众多企业将目光放在了技术的更迭和信息化的更新上。而其中只有部分企业更关注"人"这一影响财务水平的基本因素。财务人员作为执行者,对提升财务效率,优化财务结构,完善财务监督,提高企业盈利能力具有重要作用,因此加强财务队伍建设显得尤为重要。

一、加强煤炭企业财务队伍建设的必要性

(一)加强煤炭企业财务队伍建设是建立现代化企业的必然要求

加强煤炭企业财务队伍建设,做好财务人员的培训工作是建立现代化企业的必然要求,也是推动企业实现高质量发展的必然趋势。高素质的会计人员才能保证财务部门工作的高效率和政策执行的力度性。因此企业在经营过程中应重视加强企业财务队伍建设工作,让财务人员能够通过定期的培训和思想教育来提高自身专业素养和综合管理能力,提高会计人员对企业的忠诚度,让其在工作中树立恪尽职守的职业观。只有打造一支德才兼备的会计队伍企业才能更好地开展财务工作,更好地适应企业不同时间段的经营管理模式和战略目标。完善财务工作体系在一定程度上会为企业的健康发展打下坚实的基础。互联网时代下,市场信息瞬息万变,如果企业不重视财务工作,任由财务人员自由发展,企业将无法灵敏地感知市场的变化,从而错过最佳的入场时机,导致企业最终被市场淘汰。因

此，加强煤炭企业财务队伍建设是提高企业综合竞争力，建设现代化大型煤炭企业的必然要求。

（二）加强煤炭企业财务队伍建设是适应新形势的必然选择

当前我国经济已从高速增长阶段转变为高质量发展阶段，因此煤炭企业不应再单纯追求产量销量的提升，而更应聚焦煤炭深加工等高质量产业的发展，积极开发新技术，提高企业管理能力，降低运营成本，提高单品的利润率，从而实现利润的最大化。财务部门在企业内部任务重大，在企业投资管理、成本控制以及预算管理等各方面都有着较深的影响，因此煤炭企业财务队伍人员的能力水平对企业未来的发展具有重要影响力。新形势下的财务队伍人员不应固守旧时代的思维，不再只做算盘先生，更应逐渐从价值的保护者转变为价值的创造者。通过有效、系统、一体化的内部财务管理体系来将企业的会计核算从事后核算转变成对经济活动的全程监督，实现对企业财务管理从静态向动态的转变。满足企业决策层对财务信息的需求，有助于企业对各项决策进行调整，从而帮助企业实现利益最大化。

（三）加强煤炭企业财务队伍建设是提升工作成效的必由之路

煤炭企业的财务人员在日常工作中经常起到对外沟通对内协调的重要作用。加强煤炭企业的财务队伍建设不仅可以增强财务人员服务意识，也有利于加强企业外部和内部，内部和内部之间的沟通。对外可使合作企业兄弟单位收获良好的第一印象，从而提高合作概率，为企业降低沟通成本，提高成功率。对内则可以提高内部协调能力，保障企业各项工作顺利进行，快速推进企业业务，提升工作效率，降低企业经营成本。因此加强煤炭企业财务队伍建设是提升工作成效的必由之路，也是增强企业综合竞争力的必然趋势。

二、当前煤炭企业财务队伍建设存在的问题

（一）人员结构不合理

当前，大型煤炭企业内部的财务人员结构不合理，存在性别比例失衡、职称层次断层、老龄化严重等问题。通过开展问卷调查（其中，发放问卷100份，回收有效调查问卷93份），发现：

一是性别比例失衡，有效调查问卷中男性财务人员29人，女性财务人员64人，男性仅占财务人员的31%，女性财务人员占比69%。男女比例达到了3：7。由此可见男女比例严重失衡，由于女性财务人员更多需要照顾家庭，尤其是随着"二胎政策"的落地，休产假员工日益增多，且产假时间普遍较长，极容易造成企业短时间的财务人员紧缺。

二是职称层次断层。根据回收的有效调查问卷显示，企业财务人员中高级职称人员较少，企业内部的财务人员中初级职称人员为47人，高级职称人员仅有4人，初级职称占比51%，高级职称人员占比仅为4%。由于煤炭企业大多成立较早，部分员工年龄较大且接受单位培训的意愿不高，因此造成部分新业务特别是重要业务仅依靠少量人员完成，从而造成大量的人力资源浪费，同时也使得少部分财务人员工作量剧增，质量难以保证。容易造成部分返工的现象出现。

三是年龄分布不均，老龄化问题严重。调查显示，煤炭企业内财务人员年龄在25~35岁的有24人，35~45岁的27人，45岁以上人员达到了42人（占比45%）。由此可以推断出财务人员的年龄偏大问题严重，尤其是这部分财务人员退休后，极度缺少后备力量。

综上所述，煤炭企业财务人员结构化不合理的问题亟须解决，否则将严重影响企业的正常生产经营。

（二）人员综合素质不高

部分会计从业人员缺乏应有的职业精神，为了满足自己的私心，在利益的驱使下忘记了法规和职业道德，而违反会计法律法规和各种规章制度的规定。

业务素质不够高，随着新的会计制度准则和会计税法不断更新出台，很多会计从业人员在工作中缺少进取心，对工作有着得过且过的心态，安于目前状况、不思进取，不主动地去接受新知识、新技能的学习和培训，从而增大了工作中出现的错误率，影响了会计信息的质量。会计人员业务素质不高是会计信息失真的一个重要理由。

近年来招聘进入企业内部工作的大学生学历层次普遍提高，且在校期间对基础知识的学习相对扎实。但缺乏实际的工作经验，对实际操作的熟练程度较低。而在企业内部已经工作数年的财务人员虽然经验丰富熟练度高，但对部分理论知识和新业务的接受能力较差。当前企业财务会计工作不单单要求核算和监督，更要求其向多层次复合型具有宏观分析能力的管理型会计转变。因此，煤炭企业的财务队伍亟须从单纯的财务会计向管理型会计转型，否则将难以适应不断变化的新形势。

（三）后续培训不到位

当前煤炭企业财务人员日常工作繁多，难以长时间脱离岗位进行培训，只能依靠节假日和周末进行学习。部分资深财务人员年龄较大，学历水平偏低，有一部分会计从业人员并没有接受过正规的财务专业能力培训和学习，不了解会计制度、会计法规，致使会计工作无法顺利进行。思想觉悟有待提高，认为不再需要他人培训，因此造成企业财务队伍人员培训不到位，不能达到预期的效果。但随着税法及相关会计法律法规不断更新完善，企业财务人员不进行培训极容易在实际工作中给企业带来不必要的诉讼风险和损失。同时通过调查发现，受场地等各种原因的限制，部分企业子公司和基层会计人员只能依靠其上级进行培训，这就造成了部分法律法规及准则的传达存在延后性，因此完善企业财务队伍人员的后续培训工作极为重要。

（四）待遇较低且压力较大

随着监管力度的日趋加大，财务人员的责任范围也日渐扩大。当前的监管模式正逐渐从审计牵头、财务配合转变为财务牵头、外部监督的模式转变，加之财政、税务、工商等部门的检查日渐频繁，企业财务部门的工作负担也逐渐沉重。并且在薪资福利待遇等方面，基层的财务人员不仅工作量大，而且其薪资待遇较其他行政部门人员的待遇偏低。在晋升等方面，受晋升空间的限制，其晋升条件更为严苛，容易影响队伍的稳定，对企业财务工作造成一定影响。

三、解决煤炭企业财务队伍建设中存在的问题所需的措施

（一）优化煤炭企业财务队伍的人员结构

企业要用发展的眼光来看待财务队伍的人员结构，这一问题主要从四个方面来解决。根据企业当前财务队伍人员的实际情况，在招聘环节通过增加限制条件等方式，达到优化企业财务队伍的人员结构的目的。其中，一是把握好男女比例。从根本上避免企业未来可能出现的短期财务人员紧缺问题。二是避免出现财务人员年龄断层的问题。在招聘环节做

好财务人员的整体阶梯管控，做好新老交替。防止出现因年龄断层等问题给企业财务工作造成困难。三是开展人才引进工作，对具有高级职称或其他优秀财务经历的应聘者给予一定的物质奖励，从而达到提高企业财务队伍整体业务水平的目的。四是注重多层次复合型人才的引进工作。结合企业相关的工作业务模块及未来的发展战略，引进法律、税务、审计、金融等其他方面的专业人才，提高企业复合型人才所占的比例，达到提升财务工作效率的目的。

综上所述，优化财务队伍的人员结构将会对企业日常的生产经营活动带来一定的积极影响。

（二）提高煤炭企业财务队伍人员的综合素质

一是开展复合型人才的培养。通过开展财务人员轮岗制度，企业应当在做好财务自身工作的基础上，开展财务人员的轮岗工作模式，使财务人员在不同岗位之间进行锻炼提高，让财务人员充分熟悉与财务工作关联性较大的其他业务，达到提升财务人员业务能力的目的。

二是和部分高等院校开启校企合作模式。通过和高等院校的合作，在招生环节开启订单生等模式，和生源签订合同，约定毕业后该生即进入企业参加工作，在校期间企业给予一定的补贴，或者与院校签订合作协议，使部分毕业生在毕业年级即开始进入企业实习，合格即可进入企业工作。这两种模式的优点在于不仅可以减轻毕业生的就业压力，提高高等院校的就业率，更可以使煤炭企业减少毕业生进入企业后熟悉操作流程的环节。使毕业生积累相关的实际工作经验，从而达到提升财务队伍工作效率的目的。

三是通过财务共享中心培养财务骨干。财务共享中心其本质是财务工作的一个平台，财务人员通过这一平台进行锻炼后，便可以和其他业务部门进行横向交流。使其接受税收、审计、资本管理等方面的规范化培训，从其中挑选业务骨干，推动企业的长久发展。

四是开展党建学习活动，坚定企业财务队伍人员听党话跟党走的政治觉悟。大型煤炭企业绝大部分都是国有企业，而大型煤炭企业的财务人员作为国有资产的守护者、创造者，更要肩负起对国有资产保值增值的重要责任，必须时刻以党中央、国务院的相关部署为指导，落实供给侧改革等重大举措，完成放大国有资本功能的要求。

（三）完善煤炭企业财务队伍人员的后续培训工作

一是要对财务人员进行专业性培训，通过与大中院校、会计师事务所等专业机构开展合作的方式对员工进行专业培训。加强后续教育，会计人员要树立终身学习的观念，在新形势下会计人员必须主动地接受继续教育，不断地更新知识，提高执业水平。与此同时，会计管理部门也应加大继续教育的工作力度，选择培训方案，综合运用集中培训、网络教学等多种培训形式，为会计人员提供量身合体的继续教育。

二是要鼓励财务人员提升自身学历的意愿。其中，企业应该保障财务人员在岗期间攻读自考本科或在职研究生的待遇，对在岗期间参加自学考试或攻读非全日制研究生的财务人员提供一定的支持，例如报销其一定比例的学费，适当调整工作时间，保证其与其他在岗人员相同的基础薪资等。制定奖励机制，将学历水平与晋升考核相挂钩，形成煤炭企业财务人员培训的良性循环。鼓励财务人员提升职称等级，一方面拓宽晋升渠道，设立诸如助理会计师、中级会计师、高级会计师、注册会计师等具有限制条件的工作岗位，并明确其选拔标准；另一方面提供奖金或是报销员工参加职称考试所花费用，使员工获得荣誉感,调动其学习的积极性,从而达到提升财务队伍整体学历和职称水平的目的。

三要扩大煤炭企业财务人员的培训范围。将培训范围不再拘泥于基层财务人员,对其他业务部门的财务管理人员,如总会计师等企业负责人、高级管理人员等也纳入培训中来。

(四)提高煤炭企业财务人员的综合待遇

一要扩大煤炭企业财务人员的晋升通道。一是建立财务人员职级管理的机制,充分发挥财务人员的岗位价值,调动其参与工作的积极性。二是在选拔管理人员的过程中,将财务工作的履历作为重要参考指标,让业务能力强,财务水平高的干部走向管理岗位。三是在企业的日常生产活动中,提高财务人员的参与度,重视其给出的意见建议,从而达到提高决策科学性的目的。

二要提高煤炭企业基层财务人员的薪资待遇。统一煤炭企业财务人员和同一层级下其他岗位管理人员的基础薪资。避免出现薪资待遇差距过大的情况,将薪资待遇同绩效相挂钩,调动基层财务人员工作的积极性。适度提高给企业带来突出贡献的财务人员薪资待遇,从而吸引更多人才加入。

煤炭产业在整个国民经济中具有举足轻重的地位,财务人员不仅是产业价值的守护者,更是创造者。因此,加强财务队伍建设对提升企业的管理质量,改革效果具有深远的影响。

参 考 文 献

[1] 徐振刚. 中国现代煤化工近 25 年发展回顾反思展望 [J]. 煤炭科学技术,2020 (48):1-25.

[2] 邓江红. 新形势下国有企业财务队伍建设的思考 [J]. 中国总会计师,2018 (182):38-39.

[3] 薛香梅,吕宏灵,柏榛. 大型国企财务转型中财务队伍建设的困境与出路——以 X 省电力公司为例 [J]. 财务管理研究,2021 (4):11-17.

[4] 焦晓娜. 论现代企业的人才激励 [J]. 人力资源管理,2017 (2):13-17.

[5] 江伟娟. 新形势下企业财务会计核算体系规范化探析 [J]. 财讯,2021 (12).

[6] 宋宇佳. 集团企业财务共享中心的建设研究 [J]. 环渤海经济瞭望,2021 (4):23-24.

[7] 许苗苗. 我国上市公司财务柔性与企业价值研究 [D]. 镇江:江苏大学,2017.

煤炭企业提升内部审计质量研究

——以经营绩效审计为例

尹 立

（山东能源集团有限公司）

摘要：新发展格局背景下，煤炭企业在迎接新机遇的同时也面临着巨大的挑战，而内部审计在促进煤炭企业完善治理、增加价值和提效增速方面的作用逐渐凸显，通过发展经营绩效审计成为煤炭企业内部审计质量提升的重要支撑。煤炭企业应明确经营绩效审计的重要性和发现经营绩效审计在制度、全过程审计、指标体系、人员素质等方面的问题，从而通过加强党建引领、健全经营绩效审计制度、完善审计工作模式、明确量化指标体系以及提高审计人员综合素质等举措来提升煤炭企业内部审计质量，推动煤炭企业高质量发展。

关键词：煤炭企业；内部审计；经营绩效审计

2022年以来，受国际形势变化的影响，全球能源价格大幅上涨。外部输入性压力加大，因而国内供保稳价的力度也在持续加大，煤炭在我国能源保供稳价中发挥着"压舱石"与"基本盘"的作用。作为世界上最大的煤炭生产国和消费国，煤炭企业为我国的经济发展作出了巨大贡献。当前我国煤炭企业正在普遍趋向于重组整合，头部煤炭企业资源储量、营业收入均在快速增长。因而内部审计在充分发挥煤炭企业"免疫系统"的预防、抵御风险以及促进企业科学管理方面愈发重要，尤其是作为常规审计项目之一的经营绩效审计对煤炭企业提升内部审计质量的意义不容忽视。

一、开展煤炭企业经营绩效审计的必要性

经营绩效审计是对年度目标完成情况进行考察、分析、评估、沟通和反馈的过程，其本质既是一种实现战略目标的审计方式，也是对被考核者所作贡献进行客观评价的一种手段。经营绩效审计对煤炭企业防范化解各种风险、保证经营成果真实可靠、规范企业管理和汇集实践经验等具有重要意义。

（一）刚性约束经济行为，核实经营成果真实性

煤炭企业受到包括产业、能源、环保、安全、土地和货币政策在内的一系列国家政策影响。这些政策不仅影响了市场需求，而且能够影响煤炭企业的生产积极性。同时，在"双碳"背景下，政策倡导向新能源倾斜，鼓励并购重组，一部分小微煤企因产能落后被淘汰，因而出现经营状况的起伏，管理者舞弊的可能性增大，因此审计的作用显得极为重要。但是煤炭企业经营绩效审计的内容繁多，容易出现绩效成果数据不准确的情况，甚至

还会发生违规操作、虚假瞒报等行为，从而影响审计质量，最终造成资产流失。而通过经营绩效审计能够确认企业年度经济活动的真实性和效益性，刚性约束企业的经济行为，检验经营成果是否真实有效，遏制营私舞弊，使企业发展账实相符。

（二）强化风险抵御能力，降低财务风险影响力

大部分煤炭企业规模大、行业跨度广，管理层级多，在生产、经营、运输等方面面临着诸多风险因素。2021年我国规模以上煤炭企业资产负债率为64.9%，普遍高于国际平均值。由于煤炭企业具有较长的生产周期且前期建设需耗费大量的准备时间，同时需投入大额资金，因此导致煤炭企业负债率普遍偏高，增大了企业的偿债风险。经营绩效审计在财务收支审计的基础上，从企业的成本效益和效果角度来衡量其资源配置与经济活动消耗是否合理，能够直接反映企业运作是否正常，是否存在腐败、浪费问题，进而可以从源头上发现和揭露问题，提供对策及时进行应对，通过开展经营绩效考核，加强对领导干部的监督和管理，强化风险抵御能力，降低财务风险问题的影响力。

（三）提高企业管理效益，保障经济活动有序性

开展煤炭企业的经营绩效审计，能够从战略性的高度提高企业管理效益，发挥经营绩效审计在保障经济活动有序开展的规范作用。经营绩效审计在出具审计报告的基础上，归纳提炼出其中的代表性问题，可采用综合报告的形式提供具有较高价值的审计成果，提高报告的实用性。由于煤炭企业的业务活动主要包括签订合同、采购原材料、设备管理、质量管理、组织生产、市场开发、技术研发、销售产品、售后服务等，因而通过经营绩效审计，在确认煤炭企业财务收支真实、合法基础之上，还能够对企业的经营目标、生产技术、生产成本、获得效益、资金使用等作出评价，进而找出问题根源，改善企业经营管理水平和管理效益，最大限度地保障经济活动的有序开展。

（四）汇集各类先进经验，助力企业宏观决策

经营绩效审计是一项时效性较强的工作，为了按时高效地完成，煤炭企业集团可按照个体到群体的顺序，汇集二级、三级单位等子企业经营绩效审计报告，作为整个企业绩效考核的依据。在进行经营绩效审计过程中，能够集合众多经济数据，产生书面材料作为参考，审计证据可进行资源共享。而出具审计报告后的审计跟踪整改是审计的重要目的之一，是审计工作能否取得实效的关键所在，对查出的问题进行严肃处理，并要求被审计单位及时执行，对审计中发现的全局性、普遍性的重要问题，反馈到相关管理部门，为煤炭企业管理层进行宏观决策提供了思路，在督促问题整改的基础上，能够督促企业决策立足整体大局，及时堵住漏洞。

二、煤炭企业经营绩效审计过程中存在的问题

当前煤炭企业的经营绩效审计在绩效审计制度、全过程审计力度、量化指标体系、审计人员素养等方面还存在一些问题。只有明确这些问题才能找准未来发展方向，及时举措应对。

（一）针对性标准缺乏，绩效审计制度尚未健全

新修订的《中华人民共和国审计法》对审计事项作出了一定说明，但是针对性的经营绩效审计制度却没有发布相关的审计指南，对于煤炭企业内部审计的经营绩效审计，尚未形成完善健全的制度体系，既没有明确统一的经营绩效审计的指标评价标准，也没有经营

绩效审计方面准则性质的实际可操作的指导性文件。绩效考核的指标设置旨在预算执行、收支指标完成情况等财务预算和营收评价方面，特别是大型集团化的煤炭企业，各子公司间个性因素多、经营状况差距大，而绩效审计制度不健全，缺乏统一细化的标准，对出现的新问题、新情况界定不充分，将导致审计效能不足，办事效率低下。在煤炭企业进行经营绩效审计过程中，工作开展、效能实施、成果呈现等缺乏完善的制度支撑，将直接影响煤炭企业内部审计质量。

（二）并购重组增多，全过程审计力度需加强

在供给侧结构性改革背景下，煤炭企业产能过剩、机构急需调整的现状愈发严峻，国家为此推出了一系列宏观调控政策，促进煤炭企业提高行业整合度，加快煤炭企业转型升级。在大环境政策影响下，煤炭企业之间的交易不断增多，并购重组逐渐成为行业趋势，现存的煤炭企业规模越来越大，因而审计风险的隐秘性增强。在进行经营绩效审计时，只注重单一审计过程极易出现审计偏差和弊病。目前煤炭企业在进行经营绩效审计时，多面临着前期准备阶段时间紧、基础资料不完善、现场实施阶段差异性因素多等情况。现场工作中，因缺少统一完备的标准，审计人员往往从个人主观角度查找审计重点，不能全面准确核实经营管理全过程，从而产生重大错报风险和检查风险，造成审计过程中控制不足，对后期审计决策也造成阻碍，严重影响审计效率和质量。

（三）审计方法不适当，量化指标体系亟待明确

目前，很多煤炭企业内部审计注重的是真实性和合法性，将审计视为遏制营私舞弊的重要手段，但对于具体化的经营绩效审计来说，范围较窄，没有明确的量化指标体系，这会导致审计方法不适当，审计难度加大，耗费众多，造成资源浪费。当前量化指标体系整体设计存在偏差，缺乏科学的方法和统一明确的标准。首先，量化指标体系针对性不强，目前经营绩效审计的指标体系大多根据职能确定，一些先进的审计方法无法得到恰当应用，指标设计从简不够细化，在审计过程中对事件评判难以对应，导致评价不准。其次，量化指标体系主观设置性过强，划定不够客观，指标体系设置的公正细致往往反映了对内部审计的重视程度，而量化指标体系的不明确，会使相关职能部门对经营绩效审计工作不够重视，不主动履行职责，无形之中拉低了审计质量。

（四）审计难度加大，审计人员素养有待提高

经营绩效审计人员的素养对审计质量具有重要影响。煤炭企业在谋求转型升级过程中，往往采取兼并重组的方式，需要大量的资本运作，使得关联单位不断增加。在进行经营绩效审计过程中，需要涵盖的子公司、关联方众多，资本运作、关联方交易等事项带来的数据复杂性，加大了审计对象的复杂程度，对审计人员的综合素养提出了新的要求。审计虽然属于社会学科，但是宏观经济学、微观经济学、会计、法律等学科也融入其中，进行实务操作时也需要将各学科的方法原理综合起来，这无疑对审计人员带来了极大的挑战。审计人员在审计过程中应时刻保持谨慎，客观作出职业判断，对经营绩效审计可能产生的错报和舞弊的漏洞区域具备高度的职业怀疑，然而由于绩效审计的复杂性，其审计难度不断加大，存在部分审计人员职业责任感欠缺，以及审计效率不高、职业素养有待提高的问题。在煤炭企业进行经营绩效审计过程中，如果审计人员没有保持其该具备的职业素养，就可能错过潜在问题，进而产生审计风险。

三、提升煤炭企业经营绩效审计质量的举措

在明确煤炭企业经营绩效审计存在问题后,应及时寻找应对措施,通过加强党建引领、健全经营绩效审计制度、完善审计工作模式、科学划定量化指标体系、提升审计人员综合素养等举措提高内部审计质量。

(一)厚植思想根基,以高质量党建引领审计高质量发展

坚持党的领导、加强党的建设是煤炭企业的"根"和"魂",党建兴则企业兴。要将党的领导融入煤炭企业治理的各个环节,厚植思想根基。尤其是在内部审计方面,进行经营绩效审计要坚持党的领导,发挥党组织的领导核心作用,保证党和国家的大政方针在进行内部审计时得到贯彻执行,坚持经营绩效审计不偏离,把落实企业经营成果真实性、提高内部审计质量,进而推动煤炭企业发展作为审计出发点和落脚点,以经营绩效审计结果检验党组织的工作和战斗力,坚持党组织在选人用人和把关方面的作用不变,着力激发审计人员的干事热情,打牢思想和行动基础。提升煤炭企业经营绩效审计质量,党建引领是关键。不管在审计过程中出现腐败问题,还是形式主义,都会对经营绩效审计造成严重干扰,让企业未来发展大打折扣。只有不断推动全面从严治党向企业基层延伸,持续整治不正之风和腐败问题,克服党建工作运行不规范、工作随意、整体质量不高的问题,以高质量党建引领内部审计高质量发展,才能推动煤炭企业高质量发展。

(二)强化顶层设计,健全经营绩效审计制度

经营绩效审计制度的不完善,经营绩效审计就会缺少基础环境,容易造成审计工作编排不合理、不科学,在繁琐的情况下会导致审计工作难以正常开展。"工欲善其事,必先利其器"。因此,要积极促成完善经营绩效审计制度,为经营绩效审计工作提供制度基础和制度支撑,使得审计有章可循、有据可查。首先,应结合煤炭企业的特点和实际情况,遵循经济运行规律,制定经营绩效审计管理细则,划定审计对象、审计范围、审计目的和审计流程,以进一步规范经营绩效审计。其次,通过制度明确审计方式,使审计有针对性,明确统一的绩效评价方法,将实际审计工作中涉及的权利和义务,运用制度对其做约束,明确权责体系,提高经营绩效审计的规范性。另外,重视制度执行力和实践性。制度的完善离不开实践的试错,只有通过实践才能知晓制度的可行性,要系统总结审计项目开展过程中的经验教训,及时调整制度体系使之与实践情况相符,保证经营绩效审计制度的顺利实施。同时,为了强化制度执行力,要实行严格的审计质量监督责任制,明确绩效审计的要求,制度约束权力,从而使相关人员自觉遵守制度要求,严格落实经营绩效审计制度。

(三)完善审计工作模式,将研究型审计贯穿审计全过程

审前研究政策文件,审中深入一线掌握数据,审后系统总结复盘,是提高审计质量的重要保证。审前注重资料积累,搜集各类政策文件、书面材料,合理编制审计实施方案,对项目内容进行科学把握;审中注重方案实施,坚持问题导向,深入一线调研核准问题,提升审计监督效能;审后注重经验总结,通过召开项目总结经验交流会等形式,对审计项目进行全面复盘,重视审计人员"回头看"的功效性,及时总结经验,进一步完善审计工作模式。另外,在审计完成后,要加强审计整改跟踪力度,确保被审计单位及时落实审计决定。从审计方案的确立、审计证据的获取、审计底稿的形成、审计报告的撰写到审计意

见的落实，形成一条完整的研究型全过程审计链。

（四）科学设计指标，明确量化指标体系

量化指标体系不明确、不细致，会使得审计目标无法实现，导致审计结果不客观、不权威。因此，要根据经营绩效审计的特有规律和主要特点，科学设置考核指标，使审计程序规范有序。首先，要注重定性定量，注重实效。指标不仅要体现煤炭企业经济活动的合法真实性，更为重要的是要体现其经济效益性。经营绩效审计要真实反映效益情况，针对不同的审计对象，要根据工作内容的重要程度和实现的难易程度，合理划定考核指标，使定性考核审计和定量考核审计相结合，提高审计工作的实效性。其次，要坚持考核全面，突出考核重点、难点。将绩效成果考核和经营过程考核相结合，重视对关键环节和重点项目的经营绩效审计，在实际审计过程中，具体根据指标对绩效审计结果进行科学分析，检验达成率，确认经济活动是否符合程序规范，是否实现预期经济效益，是否达成指标要求，以增强经营绩效审计的导向作用，促进煤炭企业运营行为的规范、推动审计质量的提高和审计成果提升。

（五）引入长效机制，提升审计人员综合素质

面对新的外部环境和煤炭企业内部机制的改变，新政策引导下企业的并购重组增多，内部审计难度加大，为了更好地应对经营绩效审计的风险，要注重引入长效机制，提升审计人员的综合素质。首先，要有针对性开展审计培训，重点关注国家出台的针对煤炭企业的调控政策，结合审计风险和舞弊理论，增强对风险区域、风险识别和风险应对的技能。其次，建立审计人员奖惩机制，在进行经营绩效审计过程中，如若审计人员察觉被审计单位存在严重报错、舞弊等失信行为，将进行专门奖励，激励审计人员以专业、严谨、细致的工作作风扎实推进经营绩效审计工作的开展。再者，规范审计行为，将审计人员已有的经验和方法制度化，防止审计的随意性。除此之外，审计人员应坚持依法审计，严格按照经营绩效审计程序，实事求是、客观公正，全面真实地反映经营单位的经营成果。要加强对审计人员专业素养、知识和技能的培训，督促审计人员持续学习新知识，学习新技能，掌握新方法，及时更新知识体系，遵守职业道德、职业纪律，严格保守审计过程中的商业秘密。审计人员要时刻保持不懈奋斗的姿态和追求卓越的状态，努力立足本职岗位争创一流，将自己的职业素养和道德素养提升到新境界。

四、结语

煤炭是我国能源供应稳定的重要基础，面对低碳转型的挑战以及日益激烈的市场竞争，我国煤炭企业越发注重内部审计在企业维稳方面的重要作用。随着煤炭企业价值链的不断延伸和并购重组，更加需要强有力的内部审计发挥作用。而有效的经营绩效审计能够帮助煤炭企业在进行内部审计时提高审计质量，促进企业管理水平的提高，这就需要我们明确煤炭企业进行经营绩效审计时在制度、全过程审计、指标体系、人员素质等方面的问题，从而通过加强党建引领、健全经营绩效审计制度、完善审计工作模式、明确量化指标体系、提高审计人员综合素质等举措来实施应对。在煤炭企业转型发展的关键时期，充分重视内部审计工作，尤其是经营绩效审计，提升审计质量，能够助力煤炭企业优化决策，提升企业的核心竞争力，进而促进煤炭企业综合实力的发展。

参 考 文 献

[1] 刘康. 新时期煤炭企业经济效益审计存在的问题及对策研究 [J]. 内蒙古煤炭经济, 2021, (10): 78.

[2] 许其星. 施工企业工程经营绩效审计存在的问题及改进建议 [J]. 企业改革与管理, 2021, (10): 132.

探索研究型审计 规范境外企业运营管理

孙婷婷，郭 勇

（山东能源枣庄矿业（集团）有限责任公司审计中心）

摘要：本文在全球对外投资业务风险增加和我国对国有大型企业境外投资监管力度不断加强的背景下，从研究型审计模式入手，探索境外内部审计的新路径，指出国有境外企业在事前、事中、事后阶段的内部审计要点，以期提升境外投资活动全过程监管能力，更高质效地发挥国有企业内部审计价值。同时，在尊重境外企业所在国的政治、经济、法律和文化等基础上，分析其运营管理中存在的痛点、难点，提出一揽子解决方案，保障境外企业合法合规经营，实现国有资产保值增值，促进国有企业高质量发展。

关键词：研究型审计；境外投资；国有企业；内部审计

一、实施背景

党的二十大报告指出，健全党统一领导、全面覆盖、权威高效的监督体系。内部审计作为这一监督体系不可或缺的组成部分，也必须在党的统一领导下实现自身的全面覆盖和权威高效。面临新形势、新任务和新要求，ZK集团内部审计把立项当课题、把问题当课题、把建议当课题，把内审经验知识化，努力探索研究型审计理论，积极践行应用型科研审计，有效助力内部审计工作高质量发展。

近几年，在我国"走出去"战略和"一带一路"倡议的推动下，对外投资比例不断扩大。由于国际投资环境的复杂性、多样性和特殊性，国有企业在境外投资过程中将面临所在国政治、法律、政策、外汇等内外部风险，加大了风险发生的可能性及影响，境外国有企业"监督难"问题日益受到关注且亟待解决。

ZK集团作为境外投资审计的探索者，已积累一定的实践经验。部审计作为审计监督部门，在ZK集团正确领导下，认真贯彻落实国家提出的审计监督全覆盖要求，近几年相继开展了境外审计工作。本文通过总结对J公司和T公司专项审计案例经验，以研究型审计为抓手，对境外企业审计事前、事中、事后三个阶段的要点分别进行了阐述，分析境外企业运营管理中存在的痛点、难点，提出一整套解决方案，以加强境外企业风险防控，规范国有企业经营行为，奋力谱写新时代国有企业内部审计发展新篇章。

二、审前准备阶段

自2020年初，突如其来的新冠疫情给正在实施中的境外现场审计工作带来了直接影响，审计组考虑境外审计时间短、成本高、工作环境复杂多样的情况，为了保证境外审计工作质效，决定先在国内开展远程审计，分析境外审计所面临的困难和风险，为审前做好准备工作。

(一) 实施境外审计面临的困难和风险

1. 境外审计范围受限、经验不足

由于 J 公司和 T 公司与集团总公司之间的物理距离较远，所在国和地区存在疫情安全隐患和签证时间受限，在审计时间、地理位置、费用、调取会计资料、人员等方面受到不同程度的限制，境外企业十多年来处于管控弱化状态，境外企业审计工作经验存在不足。

2. 境外远程审计必要工作程序受限，增加了审计风险和难度

境外审计独有的特点使得境外审计受到一定的限制，进而影响审计的质量和效率。一是审计手段、方法受限，取证难。例如 J 公司境外应收账款函证回函率无法保证。二是账务系统不统一。如 T 公司财务既要适应当地的财经法规和税务要求，也要满足国内合并报表的要求，需分别根据不同国家会计准则做了两套账，无疑给境外审计增加了难度。三是境外数据的真实性难以验证。境外企业取得的境外发票，大部分是手写发票，无法查询发票的真伪，也较难核实业务发生的真实性和准确性。四是境外舞弊手段层出不穷，如 T 公司销售成品胶的部分资金通过中国青岛等地过渡周转，审计难以对资金进行追踪和查证。五是国有企业境外审计需要出入境审批、行程路线报备，且差旅住宿成本较高，境外合理审计时间被大幅压缩。六是聘请外部审计难以胜任内部审计工作。所有的外部审计基本上将重点放在会计核算、财务管理上，无法满足国有企业防范化解重大运营风险的监管要求，外部协同审计难以发挥有效作用。因此，相对于境内审计，境外审计受到各种主客观因素的限制，审计实施难度大、风险增高。

3. 境外企业所在国法律法规与国内存在差异，造成审计适用法律法规及标准不明确、不统一

境外审计涉及不同国家的法规、审计准则和会计准则，且与国内不尽相同。比如 J 公司法律法规、会计核算准则与国内法律法规政策存在较大差异，又如 T 公司法律允许私人账户公用，而在国内是严厉禁止的，诸如此类的问题还有很多。境外企业既要满足所在国的法律法规约束和要求，又因其身为国有企业的属性，要接受国资委的监管，这样就带来了境外审计用于衡量、判断的标准不明确、不统一的问题。

4. 境外审计队伍能力提升迫在眉睫

审计工作长期面临人少事多的状况，相对于逐渐增加的海外资产、拓展的审计业务来说，审计专业知识明显不足，同时受签证、成本等多方面因素影响，时间紧、任务重，这对参与项目的审计人员提出了更高的要求。一是需熟悉境外企业现状，了解行业特点；熟悉境外企业所在国在政治、经济、法律、文化等方面可能带来的限制和风险。二是具有较强的专业胜任能力和丰富的审计经验，能够迅速确定审计工作重点，短时间内把握被审计项目的主要风险和要点。三是具有相应的外语能力，了解相关国家的会计准则，能够看懂境外企业所在国语种的文件资料以及财务资料。四是有良好的综合素质，有能够吃苦的毅力，能适应艰苦甚至存在事故隐患的工作环境。ZK 集团对境外审计人员具有较高的能力素质要求，但受各种客观方面的限制，境外审计力量的配备对于境外企业的监管需求来说尚有不足，故需加强境外审计人才队伍的建设。

(二) 按照"三个步骤"以研究的方式开展审前调研

面对各种困难和障碍，审计组为了尽量缩短前期调研工作时间，提高工作效率，保证工作质量，结合下述步骤来开展基础性工作，如图1所示。

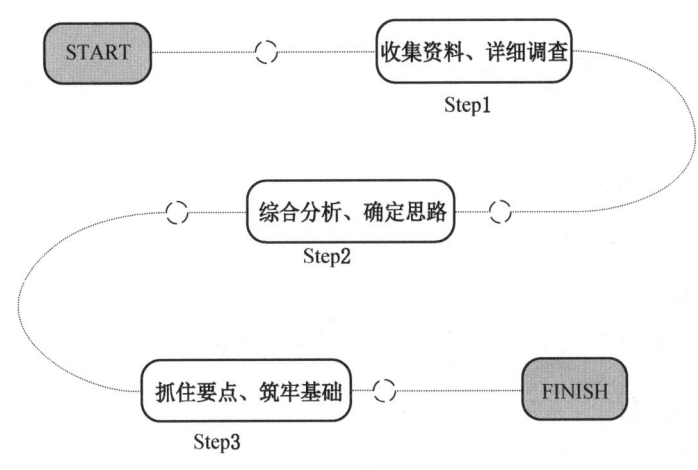

图1 研究型审前调研步骤

1. 收集、查阅原始资料，做好前期调查工作

加大同境外企业的沟通力度，认真调研所在地国家或地区的法律法规、经营环境、文化习俗、财政税务政策与国际合作惯例等内容。查阅境外企业各项业务合作协议、综合财务报告和统计分析报表等有关资料，以掌握企业各项境外业务的当前状况、可能存在的问题及风险，并经初步分析上述情况后，制定切实可行的审计工作方案，同时也为确定审计具体范围、主要对象、工作量等提供依据。

2. 综合分析每个环节，确定审计思路

了解境外企业投资决策流程，查阅投资申请、投资背景和可行性报告等环节的资料，调研国内与J公司、T公司的会计核算方式和财务信息的不同之处，并获取有关境外银行账户征信、资金往来、员工薪酬、企业资金、内控管理等重要资料，在进行综合分析后，确定审计工作思路。

3. 抓住审计要点，为现场审计打好基础

在前期调研中，实施了重要事项沟通、内控测试和风险评估等程序，以摸清重大事项的开展情况，查找企业内部管控中的薄弱环节，进而确定审计要点，并完成审计方案修正工作。

三、审计实施阶段

审计组从国家政策方针的把握，到境外企业的经营情况，再到具体的实施环节，通过对原始资料梳理、与境外业务人员就经营业务、内控风险等方面进行交流，打破了传统的审计思路，从战略规划、运营管理、财务控制、经营风险四个方面开展研究审计，确定了以关键业务流程为着眼点、坚持独立自主完成审计项目的原则，以"解剖麻雀"精神，遵守所在国法律法规，利用信息化手段，合理掌控现场审计进度，以发现的问题为切入点，提出一揽子解决问题的有效措施，规范境外企业经营管理，切实提高经济效益，具体措施如下（图2）：

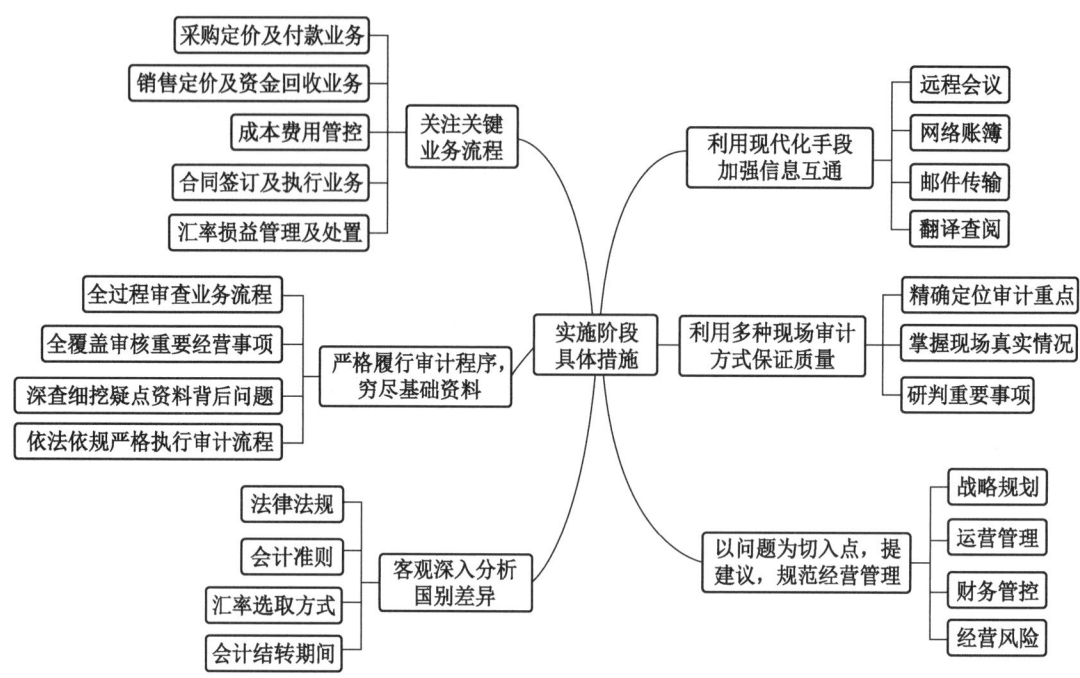

图2 审计实施阶段思维导图

（一）以关键业务流程为着眼点、独立自主完成审计项目，锻炼审计队伍，积累工作经验，提高审计质量

目前，由于缺乏境外审计经验，特别是对于境外审计的组织形式、实施程序及报告格式也处于摸索阶段。因此，为了避免因缺乏经验而陷于知识结构、专业水准以及语言障碍等困境中影响审计质量，并且考虑到内部审计工作的保密性、独立性和成本效益性，审计组专门抽调了精干力量参与，并要求内审人员独立自主完成，梳理境外企业主要业务流程，根据业务类型逐项归类、核实、分析。

比如在开展J公司审计时，根据其主要开展木材砍伐证转让、砍伐证及林权证租赁和少部分国内外木材贸易业务，首先将经营的业务分为砍伐证转让业务、砍伐证租赁业务、林权证租赁业务、国内木材贸易业务和国外木材贸易业务五类。其次分别根据这五类业务流程梳理关键业务资料，并对原始资料进行整理和归类，分析每类业务销售收入和发生成本的配比情况。最后结合内控制度流程，查账核实发现的问题。通过梳理关键业务流程的方式，借此机会培训部门专业人才积累境外审计工作的经验，以便能更快胜任境外审计工作，提高境外审计工作效率。

（二）以"解剖麻雀"精神，穷尽业务基础资料为抓手，严格执行审计程序，查找管控短板

审计人员以"解剖麻雀"的精神、"钉钉子"的定力，穷尽业务基础资料为抓手，重点对境外企业生产、经营、管理进行全过程、全覆盖调研，以管控思维、系统思维、创新

思维、发散思维为指导，每天对所查阅的文件、发现疑点及问题线索所需基础资料列出清单，并积极与外聘的会计师事务所的业务人员进行沟通，与国内、境外业务人员进行专题讨论。一是了解境外企业贸易、税务等工作依据的可信度；二是检验外聘审计机构和财务人员的工作质量；三是落实审计程序，真正做到审计工作纵向到底、横向到边，有效降低审计风险。

（三）以遵守所在国法律法规、实事求是为原则，深入分析国别差异，以便对经营行为的合规性作出客观公正评价

实施审计中，了解到境外企业在经营过程中，除了必须遵守所在国的法律法规，比如税法、汇率等，还要兼顾国内相关管理规定。会计核算方面也是按照国际会计准则执行，与我国会计准则有很大差异。例如，一是在T公司审计中发现，汇率变动产生的汇兑损益对其经营成果影响较大；二是T公司两套账务中，部分会计结转期间、年终决算时点、汇率选取方式、凭证入账时间、凭证归类、原始凭证收集等财务数据存在较大差异；三是在J公司审计中发现其财务报表结构和内容上与国内也有所不同。因此，审计中本着以"遵守所在国法律法规、实事求是"为原则，审计组正确判断国际形势和公司具体情况对审计方式和方法适当地做出一些变通和调整，以便对境外企业经营状况作出客观公正评价，提高工作成效。

（四）利用远程信息化手段、综合运用资料查询的方式，促进与境外业务人员的交流与沟通

由于国外原始资料和会计核算系统使用的是英文和泰文，考虑到外文账务系统的复杂性，审计人员利用信息化手段，如远程会议、网络账簿、邮件信息传输等，学会了网页翻译、拍照翻译、文档翻译等各种查阅方法，并花费了两三天的时间来适应和掌握从未接触过的系统，从而有效减少现场审计的工作量，突破空间限制，实现半个地球的跨越，克服16个小时的时差，节省了时间，充分有效完成与境外人员的沟通，并形成每日总结制度，在每天审计任务结束之前汇总疑点，建立问题线索台账，将其传送给境外人员，并要求及时、全面地予以解答和报送相关资料，有效化解了因空间、时差等因素影响工作效率的风险。

（五）采取多种调查方式，合理掌控现场审计进度，确保审计质量

在境外企业的审计现场，除了需要严格执行审计质量控制的程序，还需要在此基础上做好以下几方面的工作，以保证审计工作质量。

1. 集中访谈，了解关键业务现状，精准定位审计重点

为了减少审计工作对境外企业的正常生产运营产生影响，审计人员按照各自的分工内容确定访谈的提纲，对企业的管控体系、资金收支渠道、合同执行和招投标程序等方面的经营情况进行集中座谈，尤其对于合同管理方面更是座谈的重点内容，包括签订合同的形式、条款中的特殊规定、履行方式以及协议订立的背景、流程和内容，以切实掌握审计项目具体情况，使审计工作能够顺利完成。

2. 实地调查，掌握现场真实情况

在开展现场审计工作中，为了对企业的生产流程以及仓储管理等情况有所了解，审计人员深入企业的生产车间现场，查看产品生产工艺流程，并对现场的管理情况以及企业经营活动的真实情况进行了解，以保证审计的客观、公正。

3. 结合企业实际，综合研判关注的重要事项，提高审计效率

审计组不仅重视境外企业发展的战略规划，而且关注与集团公司之间的协调配合与沟通，理解境外企业所面对的艰苦环境和实际困难，查问题、摆依据，对问题认真剖析、深入研究并提出具体应对措施和建议；通过说成绩、揭短板，进行客观公正评价并总结企业经营管理的经验，提示管理者投资风险和问题，从而提升企业管理者的管理能力，更好地实现"走出去"的发展战略。

（六）规范境外企业经营管理，切实提高经济效益

审计组首先以问题为切入点，以研究的方式开展调查，经过前期了解、现场调研、跟踪盘点、座谈交流及经营分析，对境外企业生产经营有了更加深入、全面地了解。其次就影响公司经营管理的关键环节深挖细查，以研究的精神深入查证问题追本溯源，对问题及存在的风险点作出判断。最后以研究的视角收集整理分析典型实例，提炼总结展现审计成果。最终逐项分析境外企业痛点、难点，从战略规划、运营管理、财务控制、经营风险方面提出一系列解决问题的有效措施和规避风险的意见，并分别出具《审计报告》和《管理建议书》，规范公司经营管理，切实提高公司运营质效，以T公司审计为例具体情况如下。

1. 合理制定战略规划，依法执行环境保护政策，确保企业合法合规经营

目前，T公司所在地已经被本国当地政府划为旅游区域，由于橡胶生产过程中大量产生的刺鼻气味及工业废气有悖于T公司所在国旅游区域的环保政策，公司环保压力大，存在被处罚的风险，针对该事项建议公司在战略上应高度重视环保法规，深化对"旅游区域"环保政策的研究，及时关注环保政策变化，加强对生产排放废水、废气的管理，有计划地增加环保相关投入，提高企业生产经营的稳定性，做到有法必依、禁踩法律红线。

2. 强化关键业务管控，完善制度体系

1）采用通过远期汇率合约锁定汇率，有效规避汇率风险

由于国际汇率市场变动较大而造成的大额汇率差，成为影响T公司经营成果的重要因素，这种变动有可能是利得，也有可能是损失，但无论是哪种变动，对于企业正常经营都是一种较大影响。在汇率对经营成果的影响方面，建议T公司时刻关注汇率变化，加强对汇率波动趋势的研究分析，采用国内及境外企业规避汇率风险的方式方法，在适当的时期通过远期汇率合约等方式，锁定汇率，规避汇率对企业的经营风险，保障企业的持续稳定发展。

2）对标行业标杆企业，改进采购和销售管理，降低成本费用，提高经济效益

T公司采购及销售定价都是结合官方挂牌、市场行情及同行业报价等方面综合决定，采购及销售两者之间关联性较弱，受市场波动影响较大，可控性较低，保障企业长期完成目标利润难度较高。为加强企业持续盈利能力，保障企业长期稳定完成目标利润，建议T公司深入研究采购、销售、目标利润三者之间的关系，尽可能加强三者之间的关联性，试行采购及销售价格联动互锁机制，规避采购及销售价格出现大幅波动导致出现失控风险，保障目标利润的完成。

3. 加强财务信息管控，合理保证中文与泰文账务数据的一致性

针对中文与泰文账务数据存在部分差异影响，提出合理建议，具体如下。

1）会计结转时点不一致

中方按月度进行结转而泰文账按年度进行结转，结转时点的不同会造成部分数据存在差异，对此情况，建议中文与泰文账务处理皆按照批次进行成本结转。

2）年终决算时间不一致

中文账年终决算在次年3月底完成，泰文账在次年6月结束，另外还有汇率等其他因素，也会导致主要财务数据存在部分差异，对此情况，建议中文账在次年初将决算数据报至泰文账年审会计事务所，由事务所确认反映经营成果的主要数据。

3）汇率选取时点不一致

T公司按照所属国会计政策要求，结合不同业务类型，选取的汇率是交易前一日的银行买卖价，而中文账选取的是交易当天的汇率中间价，日积月累造成的财务费用差异较大，不利于对境外企业经营成果的监管，建议在汇率选取方式上统一按照T公司所属国会计准则要求进行确认。

4）会计基础工作标准不一致

中文账与泰文账的凭证入账时间、凭证归类、原始凭证收集等标准不一致，会影响财务工作效率及工作质量，建议凭证按交易类型进行归类并制定详细的原始附件归集办法，通过制度的完善与财务管理的加强，做到中文账与泰文账信息高度一致，保障反映的经营成果真实完整准确。

4. 健全风险防控管理体系，制定防范措施，有效规避经营风险

针对不同的财务政策、生产环境等各类风险，境外企业要关注随时可能出现的经营风险事件，建立投资风险预警机制，健全风险防控管理体系，制定切实可行的防范措施，必要时聘请专业性事务所提供援助。如在用工方面，遵守T公司所在国当地法律法规，建立劳务用工管理制度，加强职工素质教育，规避用工风险等。

四、审计结果运用及成效

ZK集团审计部门按照"工作定位有新提升、监督与保障领域有新拓展、工作理念有新发展"的要求，以审计结果运用为纽带，将内审部门与集团公司各业务部门、内部监督部门、境外企业紧密联结起来，由单纯的审计整改向服务企业治理转变，有效提升了内审结果应用的效率和效果。

（一）探索境外研究型审计新模式，建立长效运营管控体系

境外审计结束后，审计部门多次组织召开境外审计经验交流座谈会，将境外审计的创新经验和审计模式进行了提炼和总结，受到了集团领导的高度重视，通过境外审计的实践，发扬了开拓创新精神，总结成功经验，形成境外审计的新思路，开创了适应ZK集团境外研究型审计的新模式，初步建立了长效的境外企业运营管控体系，将境外审计打造成了国有企业内部审计工作的新亮点。

（二）以审代训，建设高素质专业化审计队伍

境外审计项目的开展，突破了时间、空间的限制，审计组根据实际及时调整审计内容和重点，经过全体成员团结一致、进行了一场场的头脑风暴讨论会，由不知所措到最后的胸有成竹，通过在实践中磨炼和学习，开拓了审计视野，树立了自信，提高了外语水平，增加了金融、法律、财务等方面的知识储备，提高了融入国际环境中去的本领，提升了国际环境分析研究能力和专业能力。

（三）有效利用审计成果，实现国有资产保值增值

近三年，ZK集团审计部门通过分别对J公司和T公司进行经营管理审计，充分利用审计结果，采取切实有效措施，妥善处理好政府审计、内部审计和社会审计这三者的关系，协助政府审计做好境外企业监督，健全境外投资业务内部审计制度，完善企业的风险防范体系，加强了对境外企业负责人监管，境外企业均实现盈利并较好地完成了经营绩效考核目标。

总之，国有境外企业内部审计改变传统的审计思路，始终坚持"独立、客观、公正"原则，踔厉奋进，砥砺前行，发扬ZK集团倡导的"南泥湾精神、亮剑精神、焦裕禄精神"，探索研究型审计新模式，从做实做细前期准备工作，合理调配审计资源，抓实境外审计要点，强化现场审计管理，发挥审计监督、服务职能，进一步推进新时代内部审计工作高效发展，立足经济监督定位，聚焦主责主业，更好发挥内部审计在推进国有企业高质量发展中的独特作用，以有力有效的审计监督服务保障ZK集团战略目标顺利实现。

参 考 文 献

[1] 郭丽燕，宁伟明，高强."三位一体"境外审计模式的实践与启示[J]．冶金财会，2015（11）：21-24.

[2] 李昊．国有企业境外业务内部审计存在问题及建议[J]．商场现代化，2021（9）：78-80.

[3] 姚琳．浅谈央企境外项目经营管理审计的流程和方法[J]．现代审计与会计，2022（1）：16-18.

[4] 王钰薇．合理构建境外内部审计监督体系稳步推进中央企业境外审计工作[J]．商场现代化，2020（3）：105-106.

[5] 章轲．认真学习宣传贯彻党的二十大精神奋力谱写审计理论研究工作新篇章[J]．审计研究，2022（6）：3-7.

综合篇

发达国家统一市场建设经验对我国煤炭统一大市场建设启示

李鑫栋

(中国中煤能源集团有限公司销售公司)

摘要：本文梳理了美国电力区域电力市场、欧盟统一电力市场及日本统一大市场的建设历程、路径及相关政策措施；从市场建设范围、重视顶层设计研究及因地制宜的设计发展路径等方面总结了发达国家统一大市场建设的经验；提出了我国煤炭统一大市场建设的启示，即为加强宏观管理，打造现代服务型政府；建设煤炭统一大市场，需消除体制机制障碍；加强基础设施建设，打造完善的基础设施网络；完善法律法规，为煤炭统一大市场建设保驾护航；注重发挥中央政府作用，处理好中央与地方经济权限。

关键词：美国区域电力市场；欧盟统一电力市场；煤炭统一大市场；经验借鉴

一、引言

煤炭作为我国自主保障能力最强、自主调控程度最高的能源，在保障经济社会平稳运行、支撑新能源发展、确保国家能源安全中发挥保障与兜底的重要作用。同时，煤炭是我国建设统一大市场基础最薄弱的能源品种，也是最关键的能源品种。然而，煤炭市场仍存在着交易体制机制规则不健全，市场配置资源的决定性作用不突出，全国煤炭流通衔接一盘棋不高效，国内国际双循环体系不畅通，全局统筹煤炭资源产供储销能力不强等问题，制约着煤炭发挥兜底保障作用。

建设全国统一煤炭大市场是为经济社会发展提供坚强能源动力保障的必然要求，体现了市场资源配置的决定性作用。高俊莲等总结了我国统一煤炭大市场建设面临的问题，提出我国加快煤炭统一大市场建设的对策建议。魏际刚和漆云兰系统总结了我国煤炭物流市场的发展现状，梳理了我国煤炭物流市场存在的问题，提出了推进我国煤炭物流统一大市场建议的对策措施。聂新伟梳理了美国电力市场改革的制度背景、路径等，提出了市场化改革要结合国情实际，充分发挥市场的机制作用，坚持立法先行，制定相关政策举措促进市场公平竞争。刘向东充分发挥市场在要素资源配置中的决定性作用，提出了加快建设全国统一大市场的实现路径。周淑慧等提出了构建全国天然气统一大市场的特征，现阶段的痛点与应对举措。现阶段，煤炭统一大市场建设相关研究较少，鉴于此，本文梳理了美国电力区域电力市场、欧盟统一电力市场及日本统一大市场建设经验，并提出对我国煤炭统一大市场建设的启示。

二、发达国家统一大市场经验

（一）美国区域电力统一市场

美国电力市场最初是由垂直综合电力公司从发电到输配电到售电，全环节控制。电力市场具有显著的两方面特征：一是电力供应市场参与主体多样化，包括发电主体和输配电主体；二是联邦政府对于电力市场的监管相对缺乏。在发电侧多市场主体参与发电，受电侧的消费者可自由选择电力服务商，因此在输配电端，电厂市场呈现同样的多样和分割态势，由此导致多样的市场主体和各州差异的监管机构和手段。为消除垄断、提高发电侧协调效率和控制成本，美国联邦能源监管协会发布了非强制性的政策命令，要求通过建立独立的电网系统运营商，保障输配电商具有同等的并网供电的权利。但由于缺乏联邦政府层面统一的强制力，各州政府采取了不同的应对举措，导致美国电力市场的割裂且市场化程度不一。

美国电力市场以实现跨州区域电力市场为目标逐步推进电力市场化改革，并形成了多个以调度交易一体化为特征的区域电力市场。美国区域电力市场改革进程主要经历了发电侧自用逐步开放、区域输电运营商主导以及独立系统运营商形成等三种模式的发展阶段。在不同的发展阶段，美国政府均出台一系列的法案或法令以推进垂直一体化机构的有效拆分，保证输电网络自由开放。在推进美国区域电力市场建设过程中，通过组建合并等政策措施加快推进区域市场的整合，组建联合共同市场解决区域市场间协调、优化市场出清算法提高了市场运行效率等关键举措，美国政府发布的区域电力市场的标准市场设计框架（Standard Market Design，SMD），有力地促进了区域电力统一市场的形成。美国电力市场改革具有借鉴意义的特征有两点：一是打破垂直电网公司结构，努力实现发电侧和输配电侧的分离，充分发挥自由市场主体参与发电市场的积极性；二是在建立自由发电市场的过程中，逐渐摸索出一整套的自由发电市场情景下的电网系统运营体制和逻辑，实现效益、清洁、安全稳定三项目的全球可再生电力和燃料投资。

（二）欧盟统一电力市场

欧盟作为电力改革的先行者，一直致力于推进全欧范围内的统一电力市场建设，经过近30年的发展，欧盟逐步建成了以日前、日内市场耦合为主要特征的欧洲统一电力市场。欧洲统一电力市场的建设进程经历从国家电力市场到区域电力市场再到跨国统一电力市场3个发展阶段。在不同的发展阶段，首先通过制定能源法案要求成员国开放输电网络，保障输电环境对各市场主体的公平性，为市场交易提供自由流通的输电通道支撑。其次，在市场范围逐步整合扩大的过程中，欧盟通过成立欧洲能源监管合作组织（Agency for Cooperation of Energy Regulators，ACER）与欧洲输电网运营商网络组织（European Network of Transmission System Operators for Electricity，ENTSO-E）等机构对市场交易和系统运行进行统一协调与管理。

欧洲统一电力市场经过近30年的发展，主要通过竞争法消除市场壁垒，以日期耦合为起点推进市场耦合，以金融合约交易为主中长期交易，采用招标电价机制解决可再生能源消纳等关键举措，不断完善随着监管体系，提升电力市场的流动性，促进其一体化建设进程。目前欧盟已建成除东南欧电力市场以外的六大区域电力市场的日前市场耦合，并在未来积极推动日内市场的一体化。

（三）日本统一大市场

日本的统一大市场基础制度包括产权保护制度、市场准入制度、公平竞争制度和社会信用制度四大支柱。日本构建市场制度规则体系的主要经验是政府主导、破立结合、循序渐进，其问题是对外市场开放不足、反垄断政策执行不彻底、内部举报制度流于形式等。制度规则体系构建是日本市场体系建设的核心问题，加速推进了日本统一大市场的构建和完善。

日本十分注重完善产权保护制度，通过确立市场规则、扩大市场准入及退出的自由度等措施完善市场环境，通过确保市场竞争完善市场功能，通过信息公开、完善信用保险等减少企业风险、维护投资者与消费者权益。日本统一市场体制改革，产权制度得到更好保护，突破了各种市场准入障碍，建立了公平的竞争制度和比较完善的社会信用体系，市场经济的效率和质量在市场制度规则变迁中不断提升。日本国内统一大市场建设成果显著，其最主要的经验是通过"构建—破除—再构建"的循环，不断螺旋式地推进改革，政策适度超前以发挥引领作用，而且特别注意契合不同发展阶段的实际。当然，日本国内大市场建设也还存在各种规制清理不彻底、《禁止垄断法》"适用例外"仍然较多、数字化的社会信用体系发展迟缓等需要解决的问题。日本的实践证明，市场基础制度的完善与全国统一大市场的建设不可能一蹴而就，制度改革、体制改革永远在路上。

三、对煤炭统一大市场建设的启示

（一）加强宏观管理，打造现代服务型政府

欧盟在电力统一大市场建设过程中，特别注重政府干预，通过出台诸如《完善内部市场白皮书》等统一规划来促进统一大市场建设，这加快了其统一大市场建设步伐，具有较高的效率，同时注重长期持久效力市场法治化建设。

煤炭行业统一大市场建设离不开顺畅的政府与市场关系，以及中央与地方关系。为此，借鉴欧盟统一大市场建设经验，处理好政府与市场关系、中央与地方关系。一是处理好政府与市场关系。我国市场分割现象的根本原因之一是地方政府在市场经济中定位不明确。应坚持党的十八届三中全会的市场决定论精神，凡是市场能够发挥作用的领域坚决交给市场，政府不应过多人为地参与资源配置。二是加强煤炭产业结构调整，健全省际协调机制。现阶段，我国主要产煤和用煤区域均有完善的煤炭产业体系，煤炭产业结构高度趋同。借鉴欧盟经验，由中央政府介入，协调各地依据我国区域发展战略、城市群发展战略以及自身资源禀赋等开展跨区域分工与合作，建立起包含跨区域分工与合作利益补偿机制的区域协调机制。三是正确处理好中央与地方之间的关系。在当前我国分税制模式下，财权与事权并不匹配，地方政府面临着财权小于事权的困难。应借鉴欧盟经验，充分发挥中央财政的转移支付机制，减少地方政府为了自身财政激励而干预市场的动机。四是优化财政支出结构。应借鉴欧盟财政转移支付经验，针对西北部地区加大财政投资力度，促进地区均衡发展，进而推进市场融合。

（二）建设煤炭统一大市场，需消除体制机制障碍

美国区域电力市场的建设过程是一个不断完善的过程，不断通过法治建设、制度改革等体制机制措施巩固、维护统一市场建设成果，以消除自由竞争市场秩序的各种潜在威胁。日本统一大市场建设过程中，一方面积极主动构建更加高效的体制机制，另一方面十分注意破

除原有机制中的弊端,四大基础制度体系建设都包含"构建—破除—再构建"过程。

统一大市场的建设、维护是一个长期的过程,需要构建合理体制机制作保障。加快煤炭统一大市场建设,构建科学合理的上下游价格机制和运行机制,对于维护能源稳价保供大局至关重要。全国煤炭统一大市场涵盖市场主体、制度规则、监管政策和基础设施等诸多内容。加快建设全国煤炭统一大市场,是我国建设高标准市场体系、构建新发展格局重要且迫切的任务。借鉴美国区域电力大市场和日本统一大市场的发展经验,加快建设全国煤炭统一大市场,应坚持问题导向,借鉴有益经验,理清思路、明确重点,针对阻碍全国煤炭统一大市场形成的关键堵点和矛盾精准发力。一是要强化中央层面对建设煤炭统一大市场的主导权和权威性。需加强中央层面对各地各部门的协调,并在此框架下完善地方政府和企业主体的投诉通道及争议处理机制,形成地方政府和企业主体评价机制,并将其作为地方营商环境评价参考指标。二是加快完善煤炭统一大市场建设相关法规及标准体系。要增强法规标准体系的约束力,对地方保护的形式做出明确界定,并制定处罚条款;要加快完善国家标准体系,建议将基础性、通用性和安全性标准上升为国家标准,增强企业标准的功能。三是着力推动体制机制改革。重点是弱化地方构筑区域壁垒和形成地方保护的动力及能力。加快转变政府职能,避免各级政府对微观经济进行不当干预。四是明晰建设煤炭统一大市场的现实路径。在推进要素市场体系全国煤炭统一大市场建设上发力,推动劳动力、资金等资源要素实现自由有序流动和全国范围配置,加快技术和数据等要素统一市场建设,探索建立数据资源产权、交易流通、跨境传输和安全等基础制度和标准规范。在完善公平竞争规则上发力,强化相关部门反垄断和公平竞争的监管职能,清理废除地方妨碍依法平等准入和退出的规定和做法,以及在招标采购、招商引资等方面妨碍煤炭统一大市场建设的规定;优化平台企业治理,防止利用数据、算法、技术手段等方式排除、限制竞争。在加快统一大市场监管规则上发力,实行统一的市场准入制度,建立全国煤炭统一的监管执法标准;强化统一大市场监管执法,避免多头执法、重复监管和一事多罚。

(三)加强基础设施建设,打造完善的基础设施网络

欧盟电力统一大市场建设经验表明,完善的基础设施可以降低商品与服务在不同地区的运输成本,缩短区域间的时空距离,减小市场分割的自然性因素。此外,我国高标准建设天然气统一大市场,同样需加快推进基础设施建设,着力疏通管网和储气调峰设施的堵点,推动不同省区、不同主体间设施互联互通,立足"全国一张网",实现天然气在各市场间无障碍地流通和流动,提高资源跨区流动的配置效率。为此,我国应充分发挥基础建设实力,加大全国产业链、供应链基础设施建设力度,为煤炭统一大市场的形成提供坚实的硬件支撑。一是加强煤炭铁路物流基础设施建设。现阶段,我国的铁路运输能力总体不能够适应国民经济及社会发展的需要,煤炭的供给仍处于紧张的状态,"三西"的地区煤炭直达湖北、湖南、江西等地区和东运下水运力的长期不足,影响地区的煤炭稳定的供应,铁路不再适应煤炭的运输需要。因此,应进一步有针对性地加大铁路、公路、水路等交通基础设施建设,打造完善的多层级交通网络体系。二是加大信息基础设施建设。数据已经成为一种重要的生产要素,信息基础设施建设的加快,将使得区域内地面上的主干信息传送网、太空上的卫星传送网及其两者之间信息系统的联通进一步加强,形成区域性信息网络体系,降低技术性市场分割,为统一市场整合奠定坚实的基础。三是提高基础设施质量水平。近年来,我国煤炭基础设施建设投资力度不断加大,但在其发展过程中,存在

着重数量轻质量问题,导致基础设施建设项目的使用周期偏短或质量水平不高,影响基础设施使用效率。

(四)完善法律法规,为煤炭统一大市场建设保驾护航

欧盟通过实施标准化法律法规,解决了商品与要素流动的堵点问题。日本建设统一大市场过程中,日本在推进统一大市场基础制度建设与完善的漫长过程中积累了丰富经验,出现过失误与教训,对我国具有重要的启示意义。

煤炭统一大市场,需要完善的法律法规来确保其健康运行。经过多年的不断努力,我国陆续出台了一系列法律法规来规范煤炭市场,降低市场的准入门槛和地方保护主义。如《煤炭安全规程》《矿山安全条例》《矿山安全监察条例》《矿产资源法》和多次修订的《煤炭法》等等。但我国煤炭相关法律法规体系仍存在着一些问题。一是政策缺乏精准性,部分条款界定不明晰。如煤矿安全基础仍然薄弱,监管监察执法仍待加强,需要逐步完善监督检查、煤矿培训、风险管控等立法,进一步加强煤矿法治建设。二是相关法律法规对地方政府行为约束力不强。政府制定的制约地方保护的相关规定,更多强调指导意见而非从法律层面加以约束,如《国务院关于禁止在市场经济活动中实行地区封锁的规定》《国务院关于整顿和规范市场经济秩序的决定》等。三是缺乏相应的省际贸易协调制度。与欧盟相比,我国在此方面缺乏相应的法律约束,也缺少相应的协议来协调省际利益。为此,我国应进一步根据煤炭统一大市场建设需要完善法律法规,协调中央与地方以及地方间利益,为统一大市场建设保驾护航。

(五)注重发挥中央政府作用,处理好中央与地方经济权限

美国联邦政府在美国区域电力统一市场形成、发展、维护过程中发挥重要作用。消除市场分割、建设统一市场就已经明确写入美国宪法,确立了美国国内统一市场的制度性框架,明确了联邦政府与州政府在有关统一市场方面的权力边界,征税权、铸币权、汇率定价权由国会统一行使,由国会制定度量衡标准、专利保护制度,消除任何形式的州政府地方保护主义行为及隐患。由国会行使洲际贸易及国际贸易争议处置权等,根据宪法精神成立反垄断执法机构和管制机构,上述相关举措从根本上确立了联邦政府在区域电力统一市场建设中的地位,保障了要素自由流动和市场自由竞争。在区域电力统一市场基本制度确立之后,美国国会制定了一系列遏制垄断、促进竞争的法律法规,为维护、巩固国内统一市场奠定了坚实的法律基础。

煤炭统一大市场要做到全国一盘棋、要健全充分发挥中央和地方两个积极性的体制机制,维护国家法治统一、政令统一、市场统一,清理废除含有地方保护、市场分割、指定交易等妨碍统一市场和公平竞争的政策。地方保护主义严重制约我国煤炭统一大市场建设步伐,是造成国内市场分割的原因之一。在当前的政治经济体制、官员晋升考核机制和财政税务制度下,地方政府出于政绩考虑,有动机"或明或暗"地人为设置地方市场壁垒,保护本地产业免遭外部竞争,以提高本地就业率、发展地方经济。尽管我国宪法明确规定国家实行社会主义市场经济。国家加强经济立法,完善宏观调控。国家依法禁止任何组织或者个人扰乱社会经济秩序。然而,尚未对煤炭统一大市场建设进行制度性规定,也未对市场分割、地方保护主义、不公平竞争、滥用市场优势地位等有悖于统一市场的行为进行界定,更未设置此类行为的处置条款。建设统一、开放、竞争、有序的市场体系,必须消除各种形式的地方保护主义,有必要通过法律条款明确禁止地方政府阻碍商品、要素自由

流动的市场分割行为，并将违反此类规定的处置权交由中央政府，树立中央政府建设煤炭统一大市场的法定权威。

四、结论

本文梳理了美国电力区域电力市场、欧盟统一电力市场及日本统一大市场的建设经验，提出了我国煤炭统一大市场建设的启示，即为加强宏观管理，打造现代服务型政府；建设煤炭统一大市场，需消除体制机制障碍；加强基础设施建设，打造完善的基础设施网络；完善法律法规，为煤炭统一大市场建设保驾护航；注重发挥中央政府作用，处理好中央与地方经济权限。

参 考 文 献

[1] 高俊莲，张佳琪，张博．构建全国统一煤炭大市场的思考与对策［J］．煤炭经济研究，2023，43（7）：4-10.

[2] 魏际刚，漆云兰．煤炭物流统一大市场建设的进展及对策研究［J］．煤炭经济研究，2023，43（7）：29-33.

[3] 聂新伟．美国电力市场化改革的制度背景、路径选择及经验启示［J］．中国物价，2021，（6）：74-77.

[4] 刘向东．新发展格局下加快建设全国统一大市场的现实路径［J］．中国经济报告，2022，（3）：60-69.

[5] 周淑慧，王雅菲，李广，等．对建设全国天然气统一大市场的思考［J］．国际石油经济，2022，（8）：23-31.

[6] 聂新伟．美国电力市场化改革的制度背景、路径选择及经验启示［J］．中国物价，2021，（6）：74-77.

[7] 丁一，谢开，庞博，等．中国特色、全国统一的电力市场关键问题研究（1）：国外市场启示、比对与建议［J］．电网技术，2020，44（7）：2401-2410.

[8] 谢开．美国电力市场运行与监管实例分析［M］．北京：中国电力出版社，2017.

[9] 苏启超．浙江电网企业现货市场中的现金流智能预测研究［D］．北京：华北电力大学（北京），2022.

[10] 郭琳．欧盟统一电力市场建设之鉴：促进省际间市场融合［J］．中国经贸导刊，2021，（8）：32-35.

[11] 李竹，庞博，李国栋，等．欧洲统一电力市场建设及对中国电力市场模式的启示［J］．电力系统自动化，2017，41（24）：2-9.

[12] 戎君，王海军．电力行业海外输电绿地项目投资机会及风险分析［J］．华北电力大学学报（社会科学版），2014，（2）：38-44.

[13] 张永娜．我国电力市场化改革中输配电价管制研究［D］．北京：华北电力大学（北京），2010.

构建现代化煤炭产业体系 推进煤炭经济高质量发展

雷贵生

（陕煤集团黄陵矿业公司）

摘要：习近平总书记指出，加快传统产业高端化、智能化、绿色化升级改造，培育壮大战略性新兴产业，积极发展数字经济和现代服务业，加快构建具有智能化、绿色化、融合化特征和符合完整性、先进性、安全性要求的现代化产业体系，做强做优现代能源产业集群。本文以陕煤黄陵矿业公司（以下简称"公司"）为案例，深入探讨通过加快构建"煤电联产、技融双驱、多元发展"新格局，打造具有黄陵矿业特色的现代化煤炭产业体系，推动煤炭企业转型升级、高质量发展。

关键字：煤炭；现代化产业；绿色低碳

党的二十大报告提出，加快构建新发展格局，着力推动高质量发展，要建设现代化产业体系。构建现代化煤炭产业体系，是立足新发展阶段、贯彻新发展理念的具体行动，也是推动煤炭行业高质量发展的关键之举。

一、构建现代化煤炭产业体系的背景

当前，我国经济发展已由高速增长阶段转向高质量发展阶段，正在经历质量变革、效率变革和动力变革，加快新旧动能转换。二十届中央财经委员会明确提出，推进产业智能化、绿色化、融合化，建设具有完整性、先进性、安全性的现代化产业体系。

从发展方式看，煤炭行业加快由规模、速度、粗放型向质量、效益、集约型转变。随着能源结构优化调整，煤炭加快向资源禀赋好、开采条件好的山西、陕西、内蒙古、新疆等地集中布局，有序淘汰落后产能、释放优质产能。同时，新能源可再生能源快速发展，煤炭在一次能源消费结构比重继续下降，我国清洁能源占能源消费总量由 2016 年的 19.1%增长到 2022 年的 25.9%，煤炭占能源消费总量比重持续下降，由 2016 年的 62.2%下降至 56.2%，可再生能源装机总量突破 12 亿千瓦，历史性超过煤电装机总量，倒逼煤炭生产和消费方式变革。

从发展方向看，煤炭行业加快由劳动密集型向人才、技术密集型转变。国家加快推进新一代信息技术与煤炭开发利用深度融合，大力实施煤矿智能化建设，加快推进机械化换人、自动化减人、智能化少人，不断提高全要素生产效率，实现煤炭安全、高效、智能开采。截至目前，全国累计建成智能化采煤工作面 1043 个、掘进工作面 1277 个，煤炭产业链供应链安全保障能力不断增强。

从发展路径看，煤炭行业加快由燃料向燃料与原料并重、传统能源向清洁能源转变。

我国生态文明建设以降碳为重点战略方向、推动减污降碳协同增效、促进经济社会发展全面绿色转型,"双碳"目标下,能源领域未来朝着"化石能源清洁化、清洁能源规模化、多种能源综合化"快速推进,朝着"以电代煤、以电代油、以电代气"的深度替代发展,支撑煤炭相关产业持续向清洁低碳、安全高效方向转型。

由此可见,煤炭产业作为国家重要的能源支柱性产业,建立安全高效、绿色智能的现代化煤炭产业体系是未来发展方向,对于保障我国能源安全、助力煤炭产业转型升级、推动煤炭行业高质量发展具有重要意义。

二、煤炭企业现代化产业转型的制约因素

"十四五"时期,是贯彻新发展理念,落实能源安全新战略思想的关键时期。按照现代产业智能化、绿色化、融合化特征和符合完整性、先进性、安全性要求,煤炭企业普遍面临新的能源结构调整压力,在转型发展过程中存在"四大束缚"。

1. 资源依赖的束缚

众所周知,煤炭作为不可再生资源,长期单纯依靠采煤卖煤这种单一发展模式。传统煤企一般重开采、轻开发,过分依赖"挖煤洗煤卖煤"的资源开采和初加工,资源综合利用和精深加工水平不足,产业链延伸、资源附加值提升不够,处于价值链中低端。另一方面重禀赋、轻管理,依赖矿井资源禀赋,产什么卖什么,产多少卖多少,忽视产品细分市场、品牌溢价、服务增值,产品普遍缺乏竞争力。

2. 路径依赖的束缚

传统煤企普遍重主业、轻辅业,产业结构表现为一煤独大,非煤产业大多依赖煤炭主业,自身"造血功能"不足,靠煤炭"输血"让利来生存扩张,整体呈现出"头重脚轻""身强腿弱"的特征,仅靠煤炭产业支撑不了企业长远发展。另一方面重生产、轻生态,长期背负着高耗能、高污染的负担。随着国家不断加大生态环境保护力度,煤炭发展环境约束日益强化,要求煤炭企业必须走安全高效、绿色低碳的可持续发展之路。

3. 市场依赖的束缚

传统煤企涉及产业基本为周期性行业,与国内国际宏观经济波动相关性较强,经营业绩的好坏,主要取决于市场周期行情。一旦煤炭产业进入周期性下降通道,非煤产业很难形成互补支撑,抗风险能力较差。如何构建优势互补、风险对冲的产业布局,占据成本管理、效率效益、品牌价值等比较优势,提升自我调节能力、动态生存能力,努力摆脱"煤主沉浮"的被动循环,应对产业潮汐和市场周期,成为摆在企业面前的一道必答题。

4. 科技人才的束缚

人才与科技是支撑企业发展的第一资源和第一动力。传统能源企业多为传统密集型企业,创新激励机制不健全,研发投入比例和职工参与度不高,科研项目大多数依赖科研机构,自主创新能力较弱,导致关键领域核心技术受制于人,发展动力不足。另一方受地理位置偏远和发展环境等综合因素,高、精、尖的技能型和管理型人才短缺,对高层次人才的吸纳和集聚能力不强,人才引不进、留不住的问题较突出。

因此,加快建设现代化煤炭产业体系,是煤炭企业主动顺应国家宏观调控和行业大势、赢得竞争主动权的关键举措,更是推动转型升级、构筑未来发展战略新优势的必然选择。

三、构建现代化煤炭产业体系的路径

黄陵矿业是陕煤集团所属核心骨干企业之一,成立于 1989 年。经过 34 年的发展,现已成为煤炭、电力、铁路、建筑建材等产业多元互补、循环发展的大型现代能源企业。

近年来,公司抢抓国家能源革命转型机遇,聚焦煤炭企业四大束缚,加快构建"煤电联产、技融双驱、多元发展"的现代产业体系,努力实现从化石能源向新能源延伸的转变,从传统产业向新兴产业的转变,从单独实体经济向实体与金融投资兼顾的转变,助推企业转型高质量发展。

1. 以煤电联产为支撑,锻造传统产业新优势

抢抓能源转型发展的窗口期,坚持走煤电联产一体化发展道路,推进与新能源多能互补,切实巩固核心竞争力,提高风险抵抗力。

1)立足三个领先,做精做优煤炭产业

以"产量稳、用人少、效率高、成本低、利润好"为目标,全力打造一流安全高效绿色生产矿井。一是优化生产工艺,保持效率领先。持续优化生产布局,完善"六大"系统,落实"一优三减"和"三优两提高",探索实践 110 工法、超宽工作面、井下充填等工艺,提高资源回收率和生产效率,降低生产成本,延长矿井服务年限。二是加大装备投入,保持硬件领先。全面推进智能矿井、智慧矿区建设,推广应用智能开采、智能掘进技术及辅助系统智能化,一、二号煤矿及选煤厂通过国家首批智能矿井验收,达到Ⅱ类高级、Ⅱ类中级标准,双龙、瑞能煤业按照国家Ⅲ类中级标准完成建设,减少岗位用工 519 人,最大程度降低职工劳动强度,真正实现了减人、提效、增安。三是放大资源优势,保持品牌领先。发挥黄陵煤的煤种优势,通过增品种、提品质、创品牌,优化产品结构,细分产品类别,落实网上竞拍,发挥品牌效应,实现了吨煤利润最大化。

2)突出优势互补,做强做大电力产业

构建"三低三高"(低能耗、低污染、低排放,高效率、高智能、高效益)的智慧型电力产业,形成煤电优势互补、产值平分秋色的新局面。一是加强现役机组管理。通过智慧电厂升级改造,2×300 MW 矸石电厂两台机组跨入全国同类型优胜机组行列,能效达到历史最好水平。二是规划建设新电厂。2×660 MW 电厂实现双机双投,2×1000 MW 电厂项目正在采空区治理,力争 2025 年建成投运。同时按照"关小上大"的原则,再争取一个 2×1000 MW 电厂,正在编制可研报告。三是发展瓦斯发电、光伏风电产业。建设 3 座瓦斯电厂,每年消耗利用瓦斯 5440 万立方米,发电 9015 万度,减排二氧化碳约 48 万吨。矿区 6 MW 光伏建成发电,安塞 300 MW 光伏发电项目预计 2023 年 8 月建成并网。到"十四五"末,公司电力装机总容量预计达到 8000 MW,形成集"矸电、煤电、绿电、储能"为一体的电力发展新格局。

2. 以技融双驱为引领,释放高质量发展新动能

抢抓数字经济发展的机遇期,依托技术创新和资本运作双轮驱动,塑造高质量发展新动能,抢占未来竞争的制高点。

1)坚持科技驱动,促进成果转化应用

以建设"智能矿井、智慧矿区"为目标,坚持产学研用相结合,取得"8 个全国第一":2014 年率先建成全国首个智能化综采工作面;2017 年建成全国首个复杂地质条件下

的大采高智能化无人综采工作面；2018年成为全国首个实现薄、中、厚煤层智能化开采全覆盖矿区；2019年首次发布煤炭行业智能化开采技术标准；2020年建成全国首个透明地质精准开采工作面；2020年建成全国首个复杂条件下智能掘进机器人；2021年首创全国独有的AI+NOSA智能风险管控系统；2022年国家首批煤矿安全智能开采重点实验室落户黄陵，智能化水平行业领先，成功承办全国煤矿智能化建设现场推进会和中国工程院院士论坛。5年来累计发布行业标准2项、企业标准8项，完成科技项目95项，其中国际领先6项、国际先进8项。在此基础上，依托国家煤矿安全智能重点实验室、陕西秦创原等平台，联合科研机构和相关企业，将智能技术优势转化为新的利润增长点，不断提升企业竞争力。

2）推进产融结合，积极进军金融领域

公司依靠实业背景和积累，成立基金投资公司，对内支持内部现有的新技术产业转化，对外以股权投资的方式培育新产业。按照"四先四后"投资战略，即先财务投资，后战略投资；先参股型投资，后控股型投资；先行业聚焦投资，后围绕产业链扩大化投资；先基于参股企业深入研究行业，后对行业优秀企业并购重组。瞄准新能源、新基建等新经济领域，积极布局细分行业跑道上的头部企业，跟踪产业发展的方向、技术、速度，打造高质量发展的新引擎。目前完成2个项目投资，取得浮盈2亿元的资本收益，推动公司由实体经济向金融投资的跨越发展、蝶变转型。

3. 以多元发展为抓手，构建循环经济新格局

抢抓进军新领域的关键期，坚持延链补链强链，努力开辟新领域新赛道，破解煤炭企业"资源枯竭=企业关闭"的死扣，推动产业高端化、智能化、绿色化。

1）延长补强循环产业，实现绿色发展

认真践行绿水青山就是金山银山的理念，大力发展循环经济，形成三条循环经济产业链。一是"煤炭开采洗选—煤泥煤矸石煤矿疏干水发电—粉煤灰制砖制水泥"的产业链。煤矸石电厂每年消化煤矸石、煤泥等260万吨，利用井下疏干水200万立方米。发电产生的粉煤灰和灰渣，形成1亿块免烧砖和100万吨水泥。二是"煤炭开采洗选-精煤炼焦-焦炉煤气制甲醇-甲醇驰放气制合成氨"的产业链。年产260万吨焦炭、30万吨甲醇、10万吨合成氨和10万吨化产，每年可消化洗精煤120万吨。三是"煤炭开采-燃煤发电-电力外送"的产业链。主动融入"西电东送""陕电外送"战略，2×66 MW电厂作为陕北至湖北特高压输电线路重要电源支撑点，2×1000 MW电厂作为延安综合能源基地建设重要电源，配套发展光伏、风电发电和储能项目，通过发展新基建、实施源网荷储一体化，助力零碳转型。

2）培育壮大新兴产业，发展高端制造

充分发挥矿区公路铁路交通便捷、煤电联产电价等优势，规划建设10万吨工业硅、10万吨多晶硅、20 GW单晶方棒+10 GW单晶硅片和20 GW电池片+20 GW光伏组件以及配套辅助工程的硅基新材料项目，争取2028年前光伏产业链建成投运。项目建成后实现首尾相连、互为源头，通过直供电方式将电厂发电用于硅基新材料制造。即便是电网限电，机组也可以根据硅基新材料需求开机满发多发，实现效益最大化。同时，未来围绕工业硅还可以再延伸两条高端产业链，一条由工业硅—电子级多晶硅、单晶硅—半导体—电子芯片的半导体产业链，另一条由工业硅—有机硅—硅油硅橡胶硅树脂氯硅烷有机硅产业链,用于航天军工、医疗建筑汽车等高端领域,提高资源附加值,推动由低端向高端产品蜕变转型。

四、取得的成效与经验

1. 经济效益屡创新高

通过构建"煤电联产、技融双驱、多元发展"现代化产业体系,企业迈入高质量发展快车道。2016—2022年,公司主要经营指标屡创历史新高,产值由51.5亿元提升至225亿元,利润由12亿元提升至103亿元,净资产收益率由9.2%提升至22.06%,总资产报酬率由6.17%提升至21.3%,销售(营业)利润率由14.93%提升至42.39%,成本费用利润率由18.52%提高至73.26%,资产负债率由52.97%降低至26.97%,各项指标均处于行业优秀水平。

2. 产业结构更加优化

煤炭产业"两千万吨、全智能化"的目标全部实现,全员工效由17.88吨/工提升到23.76吨/工,回采工效由每工78吨提升到112吨,掘进工效由每工0.24米提升到0.35米。新建电厂项目取得重大突破,电力产业实现扭亏为盈,多元产业销售收入比例大幅提升,提高了产业产品附加值,有效对冲煤炭价格周期性波动风险,助推公司实现由传统能源向新能源产业、由低端向高端产品、由实体经济向金融投资的跨越转型。即便将来煤炭资源枯竭,还可通过外购煤发电,新能源、硅基新材料等多元产业以及金融投资来支撑企业发展,彻底解开煤矿"资源枯竭=企业关闭"的死扣。

3. 职工素质稳步提升

通过产业吸引、项目带动,实施职工业务技能和职业素养"双提升工程",培养了一支知识型、技能型、创新型员工队伍,涌现出全国劳模、大国工匠、首批煤矿智能化专家等一批先进典型。5年来取得国家专利470项(发明专利48项),技师、高级技师、高级职称人员分别增加42%、130%、59%,大专以上学历由50%提高至59%,中级以上职称人数由4.38%提升至7.81%。

4. 矿区面貌焕然一新

公司大力发展循环经济,延长产业链,提高附加值,走出一条科技含量高、经济效益好、资源消耗低、环境污染少、资源优势得到充分发挥的现代化产业路子,将一座"煤城"建设成了"山水乡恋与城市文明融为一体"的宜居小镇,人心齐、干劲足、产业优、效益好,一个天更蓝、水更清、地更绿的黄陵矿区成为全国煤炭行业一道靓丽的风景线。

五、结语

建设现代化产业体系是一项系统工程,黄陵矿业以构建"煤电联产、技融双驱、多元发展"新格局为重点,全力打造千亿级企业目标,实现了黑色资源、绿色发展,高碳产业、低碳运行,为煤炭行业高质量发展作出了有益探索。

煤炭营销企业数字化转型发展创新研究

杨科生，陈 岳，曹延鹏

（陕西省煤炭运销集团有限责任公司）

摘要：随着新技术与传统行业的深度融合，煤炭营销企业围绕内部数据资源整合、产销业务协同、运输资源匹配、客户精准服务、下游产业拓展等重点环节，主动适应煤炭市场新形势和新一轮技术革命潮流，进行数字化转型已是大势所趋。在数字化作用日益凸显的背景下，煤炭营销企业必须正视销售管理工作中存在的问题，充分挖掘现有数据资源，利用互联网所带来的众多技术，对销售管理过程进行创新和完善。本文以某煤炭运销集团有限责任公司（以下简称"运销公司"）为例，通过实例分析阐述了煤炭营销企业在数字化转型过程中面临的诸多问题，提出了相关的转型创新思路。旨在以数字化助力煤炭营销企业营销模式、管理机制和经营模式创新，推动企业在碳达峰、碳中和上主动作为，促进煤炭行业高质量发展。

关键词：煤炭营销企业；数字化；智能化；大数据

一、引言

近年来，煤炭行业在国家供给侧结构性改革的深入推进和政府宏观调控下，煤炭营销企业面临着区域性阶段性供需失衡、经营模式雷同度高、行业内竞争加剧、环保约束增强等新问题和新难点。借助大数据、信息系统等新一代信息化技术，寻找销售方式、管控模式的突破口，实现煤炭营销数字化和转型升级，成为煤炭行业的共识。

那么对于企业而言首先需要明确到底何谓数字化，何谓数字化转型。数字化的本质是利用大批量、多分类的数字化信息，针对亟须解决的任务需求加以高效的处理，解决人为处理尚无法解决的问题，产生前所未有的效益。数字化转型是建立在对数据进行有效采集、存储、处理、分析，挖掘数据价值、释放数据红利，触及公司核心业务，创新商业模式的高层次转型。数字化转型是开发数字化技术及支持能力以新建一个富有活力的数字化商业模式。企业数字化转型之路是对其业务进行多角度、全方位、系统性、彻底的（或重大和完全的）重新定义，从组织活动、业务流程、商业模式和人员能力等重新梳理定义的过程。数字化技术在企业需求的内驱动力作用下，基于以前技术的基础不断组合、迭代、应用，满足与时俱进的需求；企业数字化转型需进行发展方向、运营模式及其组织方式、资源配置方式的系统转变，不断优化、重构、创新，以满足企业自身发展的需要，重新塑造竞争优势。

单纯的信息数字化往往达不到企业的需求，也并非企业的目的本意。转型才是煤炭营销企业谋求发展并到达一定程度的必然进程。一是随着煤炭生产智能化、自动化程度不断提升，井下无人开采工作面成为现实，各矿业公司无人值守装车系统也已提上议程，煤炭生产企业供给质量、信息应用及数据整合的进步，对煤炭营销企业的数字化转型提出了进一步的要求。二是数字化时代，消费者的需求发生了显著变化，个性化成为消费者需求的重要特征。消费者对产品和服务的需求由被动接受向主动要求转变，这就倒逼企业要具备较强的信息挖掘、整理和使用能力。通过数字化即可实现煤炭销售各环节的信息数据归集、挖掘与共享，精确分析用户需求和价格趋势，可快速形成销售报表，为决策者提供高质量决策依据，满足企业经营决策的需求，同时还可实现煤炭运输、销售环节资金的高效利用，拓展现有销售业务模式。根据煤炭市场的行情，对产品进行分类，对有个性化需求的客户，分析制定个性化的服务。三是现有的运销模式，缺乏运输环节，以及终端客户和其需求信息的及时反馈，无法利用大数据分析等手段，且难以挖掘业务潜在的价值点，导致精细化经营和业务改进困难。运用数字化的手段可实现各个环节的实时定位，发掘下游用户的使用特点和需求情况，将运输车司机转化为陕煤的前沿销售员，提升精准服务能力，推动煤炭销售模式变革创新。

二、煤炭营销企业数字化转型存在的问题

目前，我国很多的煤炭营销企业在数字化建设发展水平上，程度不同、参差不齐，主要问题有以下几点。

1. 数据互联互通存在壁垒，数据流转程度低

煤炭营销企业各业务模块差异较大，各个业务模块都有各自的信息系统。业务系统众多，数据资产分散，系统集成互联和资源共享水平低，各类资源无法有效整合，数据流转程度低，存在"信息孤岛"现象，信息的未有效利用及滞后造成了上下游信息反应周期的延长和资源的内耗，市场适应能力不强。

2. 业务仍停留在线下流转，数据沉淀规模小

受多种因素影响，煤炭营销企业数据加工与流转过程中还存在相当多的手工环节，纸质版单据及数据进行线下传递，数据的时效性和真实性无法保证。业务数据统计主要以Excel表格等形式存储，同时结算、合同等相关凭证多以纸质文档保存，数据的沉淀规模较小，调用难度大。业务部门、分公司及办事处自裁权较大，业务操作痕迹管理不强。

3. 业务术语缺乏规范标准，无法实现数据统一

在煤炭营销企业的发展过程中，由于不同区域间公司及办事处的设立，营销业务数据分散，未规范业务术语和建立统一的编码规则，各类数据间的格式不统一，且各自产品的定义标准和管理规则不同，不利于数据的统计和分析，系统开发需要进行二次翻译，数据价值不高，在信息交流方面带来了极大的不便，必然导致了信息的共享难度增大。以运销公司为例，集团下属的7家专业化分公司对同一煤种，有公司叫"沫煤"，有的叫"混煤"；有的公司叫"三八块"，有的叫"籽煤"。

4. 大数据分析能力不足，难以辅助公司决策

由于煤炭营销企业大多数产销存日/月报、公路和铁路装车信息等汇总统计与行业销售数据的"活化"利用、大数据挖掘、价格等科学灵活构建的程度还不够，导致了现行的销售模式和手段无法实现数据归集分析，难以达到各岗位、全局性数据的精准化、智能化报表产出，对企业市场策略调整、科学布局的智慧分析决策支持能力不足。

5. 销售仍以大客户为主，零售市场相对滞后

煤炭营销企业目前仍以大客户为主，按企业性质基本可以分为直供客户及贸易户，其中大型火电、化工等用煤企业属于直供大户，而那些占有一定比例的小客户，确是煤炭销售未来的潜在利益增长点。目前由于交易量门槛限制，导致这部分用户需求难以挖掘。同时，对现在的一些化工冶金等高端细分市场的敏感度不高，发现价格能力不强，对客户金融、物流等方面的支持不够。

6. 移动办公能力弱，业务流转约束性强

由于销售工作的灵活性，煤炭营销企业的工作人员需要定期开展大量的市场走访、调研等工作，在此期间，传统的纸质文件流转和业务流程审批受到严重制约，由于业务人员和相关负责人不能摆脱时间和空间的限制进行随时随地处理工作，导致不能及时对营销过程中的业务审核及相关工作做出应答，工作效率相对低下。

三、煤炭营销企业数字化转型发展创新思路

大量的煤炭营销企业数字化转型实践表明，数字化转型之路是一条差异化之路，受企业性质、企业规模、企业所处生命周期阶段、企业人力资源保障、企业技术开发模式和资金支持等各种因素制约。煤炭营销企业的数字化转型也是一个系统工程，既涉及转型的实施步骤、商业模式创新，也包括思维方式转变。具体而言，煤炭营销企业数字化转型的思路包括以下几个方面。

1. 转变思想观念，变被动为主动

对于煤炭营销的传统企业来说，数字化转型持续推进往往知易行难，要想实现从数字技术的单点应用，转向业务的全方位、多角度、全链条数字化改造提升新阶段。就必须改变"实业至上、业务至上"理念，数字化也是实业，也是业务，更是业务升级，由原来的被动响应变革为主动为客户提供服务，主要领导特别是一把手要亲自部署和推进信息化、数字化建设。同时，全员转变观念，数据是资产，积极推行"大平台支撑精兵作战"，强调个人对数字化平台的正向反馈，并对原来的考核模式进行优化，从评价个人创造多少价值，转向为他人提供服务及利用他人服务创造价值。同时，传统行业的数字化转型，技术落地和业务应用之间往往存在巨大的鸿沟。要跨越这一鸿沟，一方面要求技术实施方深入企业一线，深入了解企业业务需求；另一方面也要求企业业务人员，必须加强知识储备、拓宽知识结构，通过学习和实践相结合，提高自身的洞察能力、管理能力和执行能力。

2. 规划发展蓝图，分阶段实现数字化转型

数字化转型涉及企业的方方面面，但切忌追求一次性完成所有业务和所有管理维度的数字化转型。应对企业的业务类型和管理维度及其对应的数据基础进行全面的研究分析，选择最为关键并且最有可能成功的几部分来分阶段完成。运销公司的数字化改造，通过对4个业务部门、7家专业化销售公司和4个区域办事处进行了细致的需求调研和反馈确认，着力对公路地销、铁路直销、港口分销的业务流程和功能需求进行了写实。从适用性、拓展性等方面，系统谋划了数字运销顶层设计，实施了业务场景多应用的数字运销发展思路，构建了对内赋能提效的智慧运销+对外创新营销模式的公路智慧零售平台，形成了双平台驱动的"数智运销"转型蓝图。先期首先确保从合同签订到煤款结算全过程线上办理；进而实现运销"一张网"稳定运行，提升精益管理和数字化决策能力；最终通过智慧

运销+智慧零售方式有效实现煤炭运销价值链延伸，整合物流服务并打包销售有效降低购买量门槛，充分满足中小型客户零散用煤的需求。

3. 夯实业务逻辑需求，强化用户体验

在企业数字化转型过程中，要坚决破除固有的功能化需求，将公司内部用户的体验友好度作为唯一标准，变"建成什么是什么"为"大家需要什么建成什么"。一是夯实用户需求。围绕前期的流程优化、智能报表、数据分析、多系统互联等痛点，强化数据整合分析能力，建立价格、产销存及质量走势和区域市场分布等可视化的图表分析平台，兼顾用户个性化需求。二是在消费升级的背景下，操作和使用体验变得尤为重要，就必须在数字化转型的过程中，输出从单一的智能硬件变成能够和用户进行交互的互联网产品。后期还可通过云计算将账户服务、支付服务、多媒体等业务间的数据实现联通，使用户体验更加流畅。未来还可考虑通过大数据、AI进一步提升用户交互体验。

4. 统一数据标准，构建起高效数据体系

为保证煤炭企业信息资源共享效果，煤炭企业应当制定相关信息技术标准体系，结合当前市场发展和企业实际需求，建立和完善信息技术应用平台，并使用标准的语言和符号进行信息交流，为解决信息系统数据统一标识问题，运销公司与行业内具有影响力的专业协会合作，编制完成了行业首个《煤炭运销业务术语标准化及编码规则》手册，建立了规范的数据标准体系。在此过程中，充分考虑了各业务部门、销售公司、区域办事处的业务情况，从满足数字化建设的需求出发，确定信息分类与编码原则，构建起相对稳定又能有序扩展的结构体系，最终实现内部业务数据的标准化定义和管理，为数据共享和系统互联互通服务。

5. 强化人才保障，培养出复合型人才

在煤炭营销企业的数字化转型发展过程中，不管执行什么样的标准，都需要高素质的人才作为支撑，大多数煤炭企业既熟知互联网原理，又熟悉煤炭营销工作流程与运行管理模式的复合型专业人才极其匮乏。因此，企业需要探索建立创新型人才引入机制，设立项目特聘职务及岗位，采用谈判工资、协议薪酬的方式引进行业高端人才，建立相应考核评价机制，完善该类人才引进及退出流程。同时加强内部创新人才和复合型人才培养。建立与数字化项目建设单位人才双向交流、双向培养机制，探索双方人员互派轮岗，所属单位骨干人才带薪深造。选拔专业基础深厚、扎根一线、素质全面的新员工，培养兼备互联网知识和煤炭营销能力的复合型人才；开设相关数字化项目课题研讨组，支持员工内部创新成果，充分发现和使用创新人才。

6. 链接企业内外，规模化推进数字化

要实现煤炭营销的全流程数字化转变，必须通过内外部多个业务系统的数据互联，才能提高多维度数据分析能力和智慧运销决策水平，为销售策略和计划安排等提供科学决策依据。运销公司通过管理平台实现内外部多公司多业务数据多系统的互联互通、融合迭代，打破现有的"信息孤岛"和"信息壁垒"。让每一个终端当作数字化转型的"神经末梢"，直接"感知"，搜集终端用户的行为。对内连通生产安全系统和矿井公路、铁路装车系统、财务系统，匹配销售策略，推动产销实时无缝对接，实时掌握客户资金收录状况。对外连通第三方质检机构、行业协会网站及国内大型煤炭交易中心，实时传输商品煤质量检测数据，推动自身销售数据与全国煤炭价格、库存等数据实时融合，服务公司区域营销策略制定。

7. 构建数据平台，提高数据分析能力

基于数字化转型过程中的数据沉淀，运用 BI（商业智能）技术，探索通过数据交换平台的处理，可建立公司价格走势、重点客户兑现完成、产销存实时及累计数量、质量走势、区域市场分布等可视化的图表（饼状图、柱状图、曲线图、地图等）分析平台。整合现有的销售数据，运用先进的数据治理体系，可有效挖掘公司沉淀数据的附加价值，实现公司内部销售数据智能分析、智慧决策，并借助 PC 端、手机端、大屏等手段，以可视化图表"一屏感知"，为公司市场策略调整、科学布局提供决策依据，大幅提升数据分析决策的广度和深度。

8. 强化研发投入，稳步推进数字化发展

在数字化时代，技术创新与升级加快，特别是对于传统企业或转型初期企业，要最大限度发挥企业创新能力，不仅需要充裕的资本投入用于购买软硬件产品和系统运维等服务，也需要大量懂技术、懂管理的人才供给作支撑。可以说，在企业数字化转型中，资本和人才要素是决定企业能否顺利将数字化资源转变为自身优势的重要保障。一是资金投入。据了解华为在科技创新方面，坚持每年将 10% 以上的销售收入用于研究与开发，是全球最大的专利持有企业之一。二是人员投入。华为通过与 228 家世界 500 强企业合作，推动各类业务场景的数字化转型，锻造了一批懂 IT 懂业务的技术人员，可有效支撑华为公司各业务类型、系统、平台的数字化发展。可以说，推动资金与人才两个"齿轮"密切咬合，可大力助推公司数字化转型。

9. 持续调研迭代，不断提高平台适应性

数字化转型不是一蹴而就的，涉及技术驾驭、业务创新、组织变革、数字化能力建设、人才培养等诸多方面，是一个系统工程。煤炭营销企业的数字化转型亦如此，从最初的不适应，到逐步耦合适应，再到完全适应有一个过程。系统迭代不是对以往的颠覆重来，而是基于业务的优化完善。一是业务功能的短周期"快迭代"。随着信息技术发展和销售业务流程的优化调整，需要及时迭代结算、视窗、质价等功能模块，以更好的贴近业务价值的实现，提高数字化应用的满意度，降低数字化转型风险。二是平台能力的长周期"慢迭代"。数字化的平台支撑业务模块的敏捷开发、快速迭代，系统平台和架构需要相对稳定而非快速的颠覆，并积极将短周期的迭代成果沉淀到平台中，推动转型能力的持续提升。为了适应新的需求，同时也要考虑矿方系统、外部承运商系统和外部物流平台等在不断更新升级，系统的更新必须有及时跟进的技术支持和维护。持续开展调研工作，牢记调研没有完成时，只有进行时，根据情况适时调整，不断更新迭代以适应外部变化。

四、结论

综合以上分析，煤炭营销企业数字化转型，必须加快数据在企业的快速流动。将沉淀在企业各个业务环节中的数据充分盘活，打破阻碍数据自由流动的体制机制障碍，以信息流为统领，高效整合企业的人、财、物。不断提升数据的治理能力，去伪存真、去粗取精，掌握富有价值的信息并分阶段实施，这些是企业数字化转型成功与否的关键。同时，深入分析数据背后的逻辑，充分挖掘用户数据背后隐藏的有用商业信息，才能更好地促进企业向创新发展方式转变。

参 考 文 献

[1] 石秀芳，柳明军，刘妤，等.企业数字化转型中关于可持续竞争能力的思考［J］.山东工业技术，2020，(3) 3：21-22.

[2] 李辉，梁丹丹.企业数字化转型的机制、路径与对策［J］.贵州社会科学，2020，10（10）：121-122.

[3] 王书琦.对企业销售管理工作的创新思路分析——以煤炭企业为例［J］.商展经济，2020（8）：65-66.

[4] 王竹青，孙丽华.大数据背景下企业集团数字化转型的建设与实践［J］.商业会计，2020（3）：106-107.

[5] 赵丽雁.煤炭信息技术标准化在企业存在的问题与解决方法［J］.内蒙古煤炭经济，2019（11）：66-67.

脚踏实地走好高质量发展之路

李昊锦，武耀文，石喆轩

（中煤集团上海大屯能源股份有限公司）

摘要： 大屯公司结合近期学习习近平新时代中国特色社会主义思想专题摘编的情况，从对高质量发展重要性的认识、公司高质量发展的优劣势以及公司高质量发展的主要路径3个方面，谈一下对"推动高质量发展"的感悟和体会。

关键词： 主题教育；高质量发展

一、对高质量发展重要性的认识

党的二十大报告指出，高质量发展是全面建设社会主义现代化国家的首要任务，没有坚实的物质技术基础，就不可能全面建成社会主义现代化强国。我国经济已由高速增长阶段转向高质量发展阶段，这是一个重大判断，必须深刻认识其重大现实意义和深远历史意义。

（一）从国家层面来看

党的二十大报告明确了未来五年我国发展的主要目标任务，"经济高质量发展取得新突破"排在首位。习近平总书记在参加十四届全国人大一次会议江苏代表团审议时强调要"牢牢把握高质量发展这个首要任务"，提出"必须完整、准确、全面贯彻新发展理念""必须更好统筹质的有效提升和量的合理增长""必须坚定不移深化改革开放、深入转变发展方式""必须以满足人民日益增长的美好生活需要为出发点和落脚点""四个必须"的重要要求。大屯公司深入学习领会习近平总书记关于高质量发展的重要论述和党的二十大精神，深刻认识和准确把握其历史逻辑、科学内涵、重大意义、实践要求。一是推动高质量发展就是要实现经济转型升级。以提高经济增长质量和效益为立足点，把实施扩大内需战略同深化供给侧结构性改革有机结合起来，加快质量变革、效率变革、动力变革，促进经济结构优化调整，推动经济实现质的有效提升和量的合理增长。二是推动高质量发展就是要更好满足人民日益增长的美好生活需要。着力改善民生福祉，通过提高就业水平、收入水平和社会保障水平，提供更好的教育、医疗、文化等公共服务，让人民享受到更多的实惠和福利。三是推动高质量发展就是要实现国家治理现代化。着力推动社会主义民主法治、国家行政体系、社会治理现代化，促进政治、经济、文化、社会等各个领域的协调发展，提高国家治理水平和效能。四是推动高质量发展就是要实现中华民族伟大复兴。全面推进社会主义现代化强国建设，提升科学技术、人力资源、生产资本等要素水平，增强国家综合国力和核心竞争力，为中华民族伟大复兴奠定更为雄厚的物质基础。

（二）从能源行业来看

能源安全是关系国家经济社会发展的全局性、战略性问题，对国家繁荣发展、人民生活改善、社会长治久安至关重要。如何有效保障国家能源安全，始终是我国能源发展的首要问题。党的十八大以来，习近平总书记提出"四个革命、一个合作"能源安全新战略，为我国能源高质量发展指明了方向。一是推动能源高质量发展就必须把能源的饭碗牢牢端在自己手里。深入学习贯彻习近平总书记关于能源安全工作的要求，坚定不移落实能源安全新战略，建立完善能源产供储销体系，保持国内能源供需动态平衡，增强能源对经济社会发展的系统性保障能力。二是推动能源高质量发展就必须加快构建新型能源体系。坚持走生态优先、绿色低碳的高质量发展道路，利用技术创新和科技进步，加快推进能源产业结构转型升级，建设清洁低碳、安全高效的能源体系，实现能源可持续发展。三是推动能源高质量发展就必须积极稳妥推进碳达峰碳中和。党的二十大提出，"立足我国能源资源禀赋，坚持先立后破，有计划分步骤实施碳达峰行动"。传统能源退出是建立在新能源安全可靠替代的基础上，必须抓好煤炭清洁高效利用，增加新能源消纳能力，推动煤炭和新能源优化组合。

（三）从中煤集团来看

中煤集团董事长王树东强调，"未来五年，中煤集团要抢抓能源变革机遇、全面实现高质量发展，聚焦"两个联营"，加快建设成为世界一流能源企业"。对大屯公司来说，必须坚决贯彻中煤集团的要求，主动融入中煤集团发展战略规划，找准高质量发展的方向。一是必须贯彻"存量提效、增量转型"发展思路。利用公司产业链、技术、管理、人才等存量资源，提高企业经济效益，夯实可持续发展基础。大力获取增量项目资源，推动公司产业结构调整和转型升级。二是必须聚焦稳住煤炭主业。煤炭是大屯公司发展的根，也是主要优势所在，必须抓住煤炭发展有利的窗口期，围绕煤炭安全绿色开采和清洁高效利用，推动煤炭产业高质量发展。三是必须推进"两个联营"发展模式。立足煤电、煤电+新能源"两个联营"示范基地建设，稳住煤炭产业、做优电力产业、大力发展新能源和综合能源服务产业，延伸煤电产业链、价值链，充分发挥一体化优势。

二、大屯公司高质量发展的劣势和优势

企业中存在的沉疴顽疾极大影响着高质量发展效果，只有细致查摆自身存在的问题，分析深层次原因，找出问题的解决办法，才能赢得高质量发展的先机和主动。从当前形势分析，制约大屯公司高质量发展的瓶颈问题主要有：一是安全管理难度越来越大。大屯公司本部矿井已进入深部开采，地质条件越来越复杂，安全管理难度加大。个别干部职工存在松懈麻痹思想，零打碎敲事故时有发生，"三违"现象依然屡禁不止，还没有达到本质安全水平。二是各板块盈利能力不平衡。当前大屯公司的利润过度依赖于煤炭板块，而煤炭板块的利润又依托于高煤价。电力板块规模偏小，产业链互补优势不明显，受煤价影响较大。铝加工板块长期亏损，品牌服务单位依赖内部业务，外部盈利能力不足。新能源产业刚刚起步，对利润的支撑能力不足。因此，一旦煤价大幅度回落，公司完成经营指标的难度将增大。三是转型发展任重道远。转型必须有资源和项目支撑，否则一切就是空谈。大屯公司本部煤炭资源逐步枯竭，亟须项目资源接续。但是，目前存量项目建设进度滞后，优质煤炭资源少、获取代价大，新能源资源获取面临较大的竞争压力和地方政策制约。四是深化改革任务繁重。大屯公司经营体制机制还不够灵活，市场化改革还需深化；个别干部职工改革意识不强，存在不想改、不思改、不愿改、不会改、不真改的问题。五

是科技创新能力不强。部分干部职工创新意识不强，不愿接受新事物，特别是推广应用新技术、新装备、新工艺积极性不高，习惯用老思想应对新情况、新问题。六是人员结构不合理。目前大屯公司用工总量大，但生产一线人员非常紧张，管理服务人员偏多。职工平均年龄偏大，优秀管理人才、技术骨干大量退休和流失，高素质干部、高技能技术人才严重缺失，人才梯队断档明显。

分析问题的同时，也要看到大屯公司当前的优势。一是国家经济增长离不开能源的支撑，这两年能源保供中煤炭作为主体能源的作用得到了充分体现，煤炭依然是我国能源安全的"稳定器"和"压舱石"。二是大屯公司形成了煤炭、电力、能源综合服务和新能源一体化综合循环经营产业链，拥有较强抵御风险的能力。三是大屯公司有丰富的井工煤矿开发建设、技术管理经验，有大批井工矿井煤炭开采优秀技术、管理人才，为大屯公司获取新的煤矿项目创造了条件。四是大屯公司本部有丰富的采煤塌陷区资源，有独立增量配电网优势，为加快向新能源和综合能源服务产业转型创造了有利条件。五是大屯公司有优秀文化、融资平台以及管理和人才队伍优势，在行业内具有良好口碑和形象。以上这些优势，为大屯公司实现高质量发展奠定了坚实基础。

三、公司高质量发展的主要路径

（一）统筹好安全和发展

安全是企业最大的效益、职工最大的幸福、干部最大的政治，也是企业的生命线。习近平总书记强调，要"坚持统筹发展和安全，坚持发展和安全并重，实现高质量发展和高水平安全的良性互动"。大屯公司要树立底线思维，增强忧患意识，提升防控能力，把困难估计得更充分一些，把风险思考得更深入一些，超前化解重大事故隐患，防止各类"黑天鹅""灰犀牛"事件发生，推动安全发展高质量发展。要有效防范安全生产风险。安全生产风险是大屯公司目前最大的风险。坚持把安全工作放在一切工作的首位，保持从严管理主基调，杜绝松懈麻痹思想，坚决杜绝死亡事故，努力消除重伤事故，坚决守住安全生产的底线红线。要有效防范投资风险。投资的风险对大屯公司经营管理质量的影响是深远的。要本着对中煤集团高度负责、对大屯公司高度负责、对历史高度负责的态度，在充分调研、分析、评估的基础上，做好项目前期工作，科学客观、实事求是地进行投资评估和决策。要有效防范经营风险。充分认清外部环境变化带来的市场风险、合规风险、"两金"风险。要牢固树立依法经营意识，强化重大风险专项评估和风险防范，不断提高依法治理、规范管理、依法治企的能力和水平。要持续降低负债风险，资产负债率高的单位要逐步将负债率控制在中煤集团规定以内，制定降负债、降杠杆方案，优化负债结构。要有效防范稳定风险。落实维稳工作机制，加强矿地联防管理，紧盯重要时段、重大事项和重点群体、重点人员，确保矿区和谐稳定。

（二）全面深化企业改革

深化改革是推进高质量发展的金钥匙，高质量发展是检验改革成效的试金石。习近平总书记强调，"必须坚持以改革为动能推动高质量发展"。今年以来，大屯公司开展了改革转型攻坚，将改革作为事关企业生存发展的大事来抓，下大力气建立市场化的机制，推动干部能上能下、员工能进能出、收入能增能减，激发企业发展的活力。要大力推进人力资源优化、薪酬分配制度改革、专业化整合、机关改革、市场化改革5项重点改革任务，确保实现实质性突破和标志性成果目标。要坚持"周协调、月调度"机制，方案完成一项推进一项，不犹豫、不停顿，加快落实，确保推广实施人员分流安置和薪酬分配制度改革，全面完成机关改革、市场化经营机制改革和电力板块专业化整合。要以纳入"双百企业"充实扩围名单为契机，制定"双百行动"三年改革方案，进一步推动大屯公司深化改革工作。

（三）加快转型发展步伐

推动高质量发展，聚焦主业主责，实现做强做优做大目标。要坚持"存量提效、增量转型"发展思路，紧跟集团公司"两个联营"战略部署，加快实施"12345"转型发展战略，牢牢抓住"稳住煤业、做优电业、大力发展新能源和综合能源服务业"发展方向，以大屯本部、新疆、陕甘为重点区域寻求发展机遇，聚焦"项目建设和资源获取"2个重点，确保转型发展取得突破。要加大资源获取力度。2023年力争固定沛县及周边地区500兆瓦项目资源，河北、新疆等外部区域500兆瓦项目资源。要加快推进李家河项目前期工作。要以新疆两矿为基础，在昌吉州及周边地区寻找和获取"安全风险小、煤炭储量大、煤质好"的煤炭资源。要加快项目建设进度。要按照"力争2024年底试运转，确保2025年上半年投产"的目标，倒排苇子沟煤矿工期节点，加快建设进度。新能源一期剩余61兆瓦光伏项目、电网改造、物料仓储干化项目要完成年度节点目标。唐家河项目要尽快取得项目核准。

（四）全面推行精细化管理

高质量发展必须有一流的管理，没有一流的管理就不会有高质量发展。大屯公司要围绕"一利五率"目标，向管理要效益，严抓各项措施落实兑现，坚决完成中煤集团下达的年度生产经营指标，为高质量发展提供经济支撑。要稳产增效，抓住当前煤炭市场好的有利时机，加强生产组织，在确保安全的前提下，多出煤，出好煤，多创效。要加强复杂地质条件与生产技术工艺的匹配，加大科技攻关力度，解决深部开采、大倾角开采条件下顶板管理等影响安全生产的突出问题。要提质增效，强化煤质源头管控，实行煤质与产量同比例考核，实现提质增收。加大亏损企业治理力度，开展"无亏损企业"创建活动，一企一策针对性制定工作方案，力争消灭亏损企业，实现"零亏损"目标。要降本增效，加快推进标准成本建设，坚持成本刚性预算和精细化管理，确保生产成本、非生产性支出同口径不增长。要加强对标管理，确保每个单位2~3项关键性指标取得明显提升，推动管理更加精细化。

（五）坚持创新驱动战略

科技创新是高质量发展的核心要义和根本支撑。大屯公司要坚定"创新驱动发展战略不动摇"，加快推进国家级企业技术中心"两院十所一中心"平台建设，确保通过国家年度考核评价。要深化"产学研"合作，解决大屯公司安全生产、转型发展等面临的关键技术难题。大力推进基层创新，调动职工通过小改小革、小创造解决现场问题的积极性。要加强创新人才队伍建设，为提升自主创新能力提供人才保障。要完善科技创新体系，形成科技项目管理、创新激励机制、创新成果转化等制度体系，调动公司上下科技创新的积极性。要着力解决智能化采掘作业各环节与地质条件适应性问题，加快实现智能化建设由"建好"向"用好"转变，逐步实现"保障安全生产、减轻一线职工作业强度、减少二线辅助人员人数、固定岗位无人值守"的目标。

（六）推动绿色低碳发展

推动经济社会发展绿色化、低碳化是实现高质量发展的关键环节。大屯公司要牢固树立"绿水青山就是金山银山"的理念，站在人与自然和谐共生的高度谋划发展。要做好煤炭安全高效绿色开采和清洁高效低碳利用这篇大文章，实现煤炭产业绿色可持续发展。要加快煤电绿色转型，燃煤发电机组必须达到超低排放标准，为碳履约碳交易奠定基础。要发展循环经济，把清洁生产、环境污染治理、矿井水综合利用等应用于循环经济产业链中，实现经济效益和环境效益协调发展。要建设国家级的绿色矿区，加大生态环保投入力度，推进采煤塌陷区生态修复，严抓环保问题隐患整改，确保水、气、声等实现达标排放。要强化生态环境舆情监测预警，确保不发生重大生态环保事件、不发生大额罚款、不发生环保舆情事件。

（七）全面加强党的领导和党的建设

坚持党的领导、加强党的建设是推动国有企业高质量发展的重要法宝。大屯公司要始终坚持党的领导、加强党的建设，全面贯彻习近平新时代中国特色社会主义思想，以党的二十大精神为统领，扎实开展主题教育，持续推动高质量发展，提升公司核心竞争力。要深入推进党风廉政建设和反腐败工作，从严从实抓好违规违法获取工程项目问题和"招投标、物资采购"领域突出问题等专项整治行动，持续巩固发展良好政治生态。要加强干部作风建设，深入开展干部作风大提升行动，强化工作督查督办，促使干部形成"马上就办、真抓实干、敢为善为"的工作作风。要坚持在发展中保障和改善民生，在企业的发展中实现人的发展，坚持发展红利与职工共享，增强职工工作和生活的幸福感和满足感。

以上是大屯公司对推动经济高质量发展的一些思考，以期能为其他煤炭企业实现经济高质量发展提供参考。

新时代国有煤炭企业青年队伍建设"四航工程"的探索与实践

鲁根，申雨，杨微路

（淮北矿业集团团委）

摘要：随着市场经济的快速发展和人才竞争的日益激烈，青年人才在推动国有企业竞争力提升、企业创新发展等方面扮演着重要角色，成为企业高质量发展的生力军和突击队。因此，如何加强青年队伍建设，推动青年成长成才、建功立业，助力企业高质量发展，成为当前国有煤炭企业面临的一个重要问题。本文在分析国有煤炭企业青年队伍建设现状的基础上，结合一些客观存在的共性问题，探索国有煤炭企业加强青年队伍建设的新思路、新方法。

关键词：国有煤炭企业；青年队伍建设；四航工程；创新探索与实践

党的二十大报告指出，必须坚持人才是第一资源，不断塑造发展新动能新优势。企业的竞争归根到底是人才的竞争，人才质量的高低决定着企业未来发展的好坏。在当前国际国内新形势下，国有煤炭企业面临着新的重大发展机遇与严峻挑战，要想在企业改革和发展的潮流中立于不败之地，必须创新建设青年队伍培养模式与机制，精心打造一支有理想、敢担当、能吃苦、肯奋斗的青年人才队伍。目前，一些国有煤炭企业由于多方面因素的影响，在青年队伍建设方面仍存在一些问题和不足，如何发现问题、弥补不足、促进发展，对国有煤炭企业做强做优做大、实现高质量发展至关重要。

一、国有煤炭企业加强青年队伍建设的重要意义

（一）坚持党管青年的实践要求

习近平总书记在党的二十大报告中强调"全党都要做青年朋友的知心人、青年工作的热心人、青年群众的引路人"，明确要求"全党要把青年工作作为战略性工作来抓"，从理论和实践上明确了党管青年原则。党的事业离不开青年，青年的成长也离不开党。党的十八大以来，习近平总书记始终把青年工作放在党治国理政战略全局的重要位置，亲切关心、亲自指导、亲身推动，为青年一代的成长成才指明了前行的方向。新时代新征程上，各级团组织在党的正确领导下，始终坚持"党管青年"原则不动摇，自觉从政治上、意识上、执行上明确党的青年工作主旨，深入研究、认真谋划、大力推进青年队伍建设，引领广大青年立志肩负使命担当，勇敢磨砺坚毅品格，接续奋斗努力拼搏，让青春在全面建设社会主义现代化国家的火热实践中绽放绚丽之花。

（二）深化人才工作的客观需求

青年作为最富有活力、最具创造性的群体，始终是推动经济社会发展的重要力量，决

定着人才队伍建设的前景。随着企业改革发展的不断深入，人才发展战略的不断推进，青年占比的不断增加，青年人才的数量和质量已逐渐成为制约企业高质量发展的关键因素，企业对高技能、高技术、精专业的复合型人才需求缺口也日益增大。因此，要充分认识到加强青年队伍建设重要性和紧迫性，坚持用事业凝聚人才、用实践造就人才、用机制激励人才、用制度保障人才，持续深化青年人才发展体制机制改革，创建平台、创新政策、创优环境，以更高的站位、更实的举措，推动青年人才队伍全面发展，努力打造一支有理想、守信念、懂技术、会创新、敢担当、讲奉献的青年人才队伍。

（三）推进改革发展的根本要求

功以才成，业由才广。青年人才是企业改革发展、转型升级的生力军和中坚力量，是保证企业基业长青的源头活水。百年变局之下，面对市场环境的错综复杂，面对企业更为高远的高质量发展目标，需要大批优秀青年的接续奋斗、不懈奋斗、永远奋斗。发展是第一要务，人才是第一资源，只有坚定不移加快推进青年高素质人才队伍建设，发现培养使用经得起风浪考验，充满活力的高素质专业化青年队伍，把青年人才作为兴企之基、竞争之本、发展之源。同时，加强舆论引导，大力宣传各类青年先进的典型事迹，形成青年人人争先成才的生动局面，企业薪火相传的事业才会更加生机盎然。

二、国有煤炭企业加强青年队伍建设面临的主要问题

（一）党管人才工作思想认识不够到位

有些国有煤炭企业领导干部对党管人才原则理解不够深入，对"管什么""怎么管"认识不够到位，落实党管人才缺乏明确的思路，不能自觉承担起相应的人才专项工作，难以发挥各职能部门的作用。同时，还存在党管人才体制机制不够健全、党管人才方式方法不够适应、党管人才保障不够有力等问题，制约了人才效能的增强。

（二）人才队伍建设的工作体制机制不够健全

近年来，国有煤炭企业对人才队伍建设日益重视，每年都会引进大量高校毕业生和社会成熟人才，但是后续的跟进管理措施不完善，在人才的培育和服务等方面一定程度上存在脱节现象。落实人才工作的方式方法还不够科学，有时片面追求"管住"人才而不是"管活"用好人才，导致人才的引领优势得不到发挥，人才队伍可持续发展问题日益凸显。

（三）国有煤炭企业青年人才队伍活力不足

有的青年存在"佛系"和"躺平"心态，不想干事，工作上不作为、慢作为，不愿意做新的尝试。有的青年不会干事，综合素质较低，动手能力较差，缺乏解决和处理实际问题的经验和方法。有的青年不敢干事，存有"多干多错，不敢不错"的思想顾虑，抱有"不求有功，但求无过"的消极心态。这些问题的存在，在一定程度上损害了青年队伍的战斗力、执行力，影响了企业各项措施的有效落地，制约了企业的发展。

（四）服务广大青年成长成才意识有待加强

目前有些国有煤炭企业青年工作的方式方法仍显单一，基本上均为按照上级有关青年工作的政策、文件要求进行落实，在深入基层一线，面对面听取青年声音、面对面解答青年问题、面对面规划青年职业道路，结合自身企业实际及企业青年各自特点、开创性的、系统性的培养、教育、激励措施仍显单薄，青年群体对组织的归属感、荣誉感、向心力仍有待提升。

三、国有煤炭企业加强青年队伍建设的创新路径与探索

（一）实施"青帆领航"工程，筑牢青年理想信念根基

聚焦青年思想政治建设，增进青年对党的信赖、信念、信心，引导青年学思践悟、知行合一、笃行致远，不断淬炼自我，带动青年理想信念和综合素质"双提升"，增强担当作为的真本领，在思想引领中把牢青春航向。

1. 加强青年理想信念教育

坚持用习近平新时代中国特色社会主义思想武装青年，深入学习宣传贯彻党的二十大精神，抓好"大学习、大宣传、大贯彻"，切实把广大青年思想和行动统一到党的二十大精神上来，把智慧和力量凝聚到完成党的二十大确定的各项任务上来。针对团员青年政治理论学习热情不高，团组织"青年大学习"参学率偏低等问题，实施青年大学习"十百千万"行动，每季评选表彰十家优秀组织单位、百名学习标兵、千名学习能手，辐射带动万名青年主动参与网上主题团课学习，提升广大团员青年学理论、悟思想的积极性。深入实施青年马克思主义者培养工程，采用集中学习实践和日常培养训练相结合的方式，切实为企业培养锻造一批有忠诚的政治品格、浓厚的爱企情怀、扎实的理论功底、突出的能力素质，忠恕任事、人品服众的青年骨干。加强青年网上思想引领，严格落实意识形态工作责任制，充分发挥"报、台、网、微、抖"宣传阵地作用，持续传播青春正能量。

2. 加强青年爱国爱企教育

高扬不忘初心跟党走的青春主旋律，引导青年传承弘扬中华优秀传统文化，增强文化自信和价值观自信。牢牢把握"五四""七一""十一"等重要时间节点，集中开展党史团史知识竞赛、"传承五四精神 建功高质量发展"优秀青年座谈会、"我与党旗团旗合个影"等"沉浸式"主题党日、团日活动，激发青年爱国奋斗精神。加强企业文化教育，大力弘扬艰苦奋斗、创新争优、敬业奉献等企业精神，持续增强青年对企业文化认同感。常态化组织青年讲师团走进青年开展形势政策宣讲，引导青年正确认识形势，凝聚发展共识，围绕党的理论、党史国史、形势政策、青春榜样等主题开展面对面、互动式宣讲交流。同时，注重发挥新媒体平台辐射作用，以"网言网语"和青年喜闻乐见的"云宣讲"等形式，实现线上互动与线下宣讲同频共振，持续推动理论宣讲走"青年路"、说"青年话"、有"青年味"。

3. 强化青年典型示范引领

深入开展"十大杰出青年""十佳毕业生""青年岗位能手"等典型评选活动，坚持每年召开五四表彰大会，定期召开人才科技大会，真正把好政治标准、能力标准、业绩标准，真正把各类青年先进典型选出来、立起来，激励引导青年学习先进、争当先进、赶超先进。大张旗鼓地宣传各类青年典型事迹，组织开展青年成长论坛、优秀青年先进事迹报告会等，用身边的人讲身边的事，用"青言青语"讲好青年故事，充分发挥青年榜样示范引领作用，形成"一个带动一群、一群带动一片"的良好局面。同时，激励青年模范带头组建技能工作室，当好新生导师，领办攻坚任务，示范做好"传帮带"，形成"向先进看齐、向榜样学习"的浓厚氛围。

（二）实施"青力起航"工程，增强青年干事创业本领

聚焦青年成长成才，深挖各类优秀青年人才资源禀赋，健全青年人才培养、使用、评

价、激励制度，构建多层次、多领域的青年人才体系，引导广大青年勇挑重担创新路、开新局、立新功，在岗位建功中提升青年素质。

1. 培养可堪大用的青年管理人才

加强教育培训，选拔推荐优秀青年参加基层管理人员进修班、中青年干部培训班和上级举办的各类高层次培训。强化实践锻炼，有计划采取轮岗交流、基层锻炼、承担急难险重任务等方式，提高其驾驭复杂局面和解决实际问题能力。实行导师制培养模式，选择优秀中层管理人员作为年轻干部导师，进行一对一指导和帮助，快速提高管理实战经验。建设"优秀年轻干部人才池"，支持年轻人才挑大梁、当主角，对表现优秀的逐步选拔到中层管理及以上岗位。加大优秀年轻干部选拔任用力度，实施优秀年轻干部选用计划，明确体系化统筹推进优秀年轻干部发现、培养、选拔、管理工作的各项措施。持续实施"大学生队官"建设工程，坚持"培养在基层、锻炼在基层"的思路，采取组织选聘、个人申报、科区推荐、公开选拔等方式择优选聘毕业生到队官岗位墩苗历练，培养一批具有扎实实践能力的复合型毕业生。开设青年管理论坛，为青年管理人员搭建经验交流平台。

2. 培养攻关创新的青年技术人才

建立健全专业技术人才送学进修路径，每年有针对性地培训各类青年骨干人才，让青年技术人才在视野拓展和知识迭代中提升思维层次、淬炼思维模式。充分发挥专业技术人才实训基地孵化带动作用，每年脱产培训青年技术人才。加大实用型专业技术人才培养力度，赋予优秀青年技术人才更多技术自主权和决策权，鼓励专业技术人才参与主持各类科研项目、创新团队和攻关小组，在生产一线中积累经验，不断提升实践水平和解决问题能力，努力实现"早压担子早当家"。积极搭建青年技术人员经验交流平台，定期举办经验交流会、论坛等活动，促进青年技术人员相互学习、共同提升。

3. 培养技艺精湛的青年技能人才

深入实施精准培训、实操培训，充分发挥工匠大师工作室、技能培训基地作用，依托"青年大讲堂""青年夜校"等平台，不断提升青工技能水平。实施"工匠建设行动计划"，发挥劳模工匠"头雁"效应，培育更多青年工匠、"工匠大师"，带动青年技能人才队伍素质大幅度提高。坚持举办职工技术比武运动会、"名师高徒"大赛，优化完善考核练兵、竞技比赛、表彰奖励工作机制，为青年职工提供传技术的"讲台"、亮技术的"舞台"、比技术的"擂台"，以赛促训、以赛促学，发现培养高水平青年技能人才，择优推荐参加省级及以上职业技能大赛。推行"招工即招生、入企即入校、企校双师联合培养"，实行自主招聘、订单式培养等方式补充高素质青年技能员工。积极组织全国党代表、全国劳模、全国人大代表、青年工匠等走进"订单班"，坚定青工扎根企业发展的信心和决心，为企业实现人才育留。按照产业和专业分类别、分层次建立新时代青年高技能"菁英人才"库，畅通青年高技能人才发现、培养、推荐、使用、退出渠道，实现精准掌握、精准培养、精准选用。

（三）实施"青智远航"工程，激发青年创新创效活力

聚焦企业攻坚克难和青年成长"双重需求"，打造青年创新创效阵地，引导青年开展创新创效活动，培养选拔一批能够在岗位上挖潜增效、在企业改革发展中可堪大任的"青创能手"，让创新成为青春远航的动力，在攻坚克难中激发青春动能。

1. 提升青年创新创效能力

积极引导广大青年坚持"抓创新就是抓发展,谋创新就是谋未来"理念,加强青年创新意识教育,按照"以人为本、按需施教、学用结合"的青年创新创效培训理念,邀请知名专家学者开展科技创新讲座,广泛开展青年创新创意大赛、金点子、合理化建议等创新创效活动,增强青年职工创新意识、培养创新能力、提升创新素养。依托"青年大讲堂"、青年创新论坛、青年创新创效主题活动等载体,紧紧围绕机电故障诊断、瓦斯综合治理、电子信息技术、智能化开采、化学工艺、新设备新工艺应用等方面,组织开展创新思维培训,在安全生产、改革创新、提质提效上注重"专家、专题",突出"实物、实训",做到"真学、真练",在青年职工中形成讲创新、爱创新、争创新、比创新的风尚。建立以总工程师、领军人才、拔尖人才、工匠大师为主要成员的青年创新导师队伍,按照"一对一"或"一对多"、双向选择和组织安排相结合的方式,优先为创新热情高、创新潜力大的青工配备导师,指导帮助其开展创新创效工作。紧跟智能化、数字化建设新要求,动员青年积极参与"五小"、管理创新及上级各类创新创效大赛,以赛促学,促进青年创新技能提升。

2. 搭建青年创新创效平台

坚持"建管用"并重,持续深入开展青年创新工作室创建活动,切实搭建青年创新创效、人才培养和经验交流的空间和平台,凝聚青年人才积极投身企业改革创新实践。实行"揭榜挂帅""课题长制"等制度,围绕煤矿"323"短板、治灾技术创新、新设备新工艺应用、煤盐化工产业链延伸、新型建筑工艺、新型节能环保材料、全程物流等"卡脖子"技术和关键环节,组织青年广泛开展科技攻关、"金点子""五小"等各种形式的创新创效活动,营造青年参与科技创新的浓厚氛围。打造青年创新"一站式"服务平台,集中矿区技术专家、工匠大师等优势资源,帮助青年解决创新创效过程中的瓶颈难题。

3. 促进青年创新成果转化

定期组织开展各类青年创新成果评选活动,激发广大职工的积极性、主动性和创造性,鼓励多出成果、多用成果,推动科技成果向现实生产力转化,不断强化政策激励,择优给予一定物质激励和资金支持。举办各级"青年创新成果展",最大限度地吸引青年职工申报创新创效成果,展示创新项目。对贡献突出的创新创效集体和个人进行"送奖到基层,激励进一线",激发青年创新创效活力。建立青年创新创效人才库、成果库,进行信息化、规范化管理,制定管理办法,做好跟踪服务,帮助青年解决创新中遇到的困难。适时召开青年科技创新成果发布会,坚持"紧贴现场、大胆创新、服务生产"的原则,从课题创新性、效益性、实施效果等维度进行专家评审,大力宣传推广先进经验和创新成果,努力打通成果转化应用"最后一公里"。

(四)实施"青风护航"工程,锻造青年时代文明新风

聚焦青年作风转变,加强青年自身修养,教育引导广大青年明德、守纪、担当、实干,着力转作风、提效能、树形象,在服务大局中淬炼青春担当。

1. 培育"严细实精"硬作风

加强思想教育,把关于作风建设规定要求作为基层党团组织、青年理论学习的重要内容,强化青年关于作风建设经常性教育和集中培训,推动"严细实精"理念入脑入心。强化青年"执行力"建设,坚持"一分部署,九分落实",做到"一声令下,全面执行到位"，引导青年争做工作落实的表率。强化青年"竞争力"建设，树牢"勇争一流，唯旗是夺"的争先进位意识，敢与强的比、敢跟快的赛、敢同勇的争，主动对标最高、聚焦最好、锚定最优，坚持干就干得最好、做就做到极致，既为一域争光、更为全局添彩，引导青年争做创先争优的先锋。始终保持严的态势不放松，始终做到严字当头，严格管理，严肃问责，强化"四不两直"监督检查，让青年在状态成为常态、守纪律成为习惯。

2. 弘扬社会文明新风尚

围绕企业改革发展和生产经营重点任务，持续开展"青年文明号""最美家庭"等形式多样的青年群众性精神文明创建活动，引导青年积极践行社会公德、职业道德、家庭美德，引领社会文明新风尚。丰富青年文体活动，大力倡导全民阅读、全民健身理念，定期组织"青悦读"读书交流会、青年健身徒步比赛、青年志愿服务等活动，促进青年综合素质提升。大力开展"厉行节约，青年先行"主题党日、团日活动，在青年中树牢"过紧日子"思想，培养青年勤俭节约良好习惯，持续打造国有煤炭企业新时代文明新风。

3. 涵养风清气正新生态

充分利用主题党课、党日、团日、专题学习会等多种方式，经常性组织青年学习习近平总书记关于党风廉政建设、廉洁文化建设的重要论述，夯实青年廉洁从业思想根基，扣好廉洁从业的"第一粒扣子"。开展"青廉"主题系列活动，开展廉洁教育专题学习会、观看廉政教育警示片、开展"青年话青廉"大讨论、举办"青年廉洁教育大讲堂"、组织"我的清廉观"主题征文等"五个一"活动，灵活运用漫画、微视频、征文、摄影、书法、演讲比赛等多种方式，线上线下打造青年廉洁文化产品，使"清廉是幸福的基石"等廉洁理念入脑入心。组织青年观看警示教育片、参观廉政警示教育基地，让广大青年受警醒、明底线、知敬畏，始终保持良好的品行操守，坚持高尚的精神追求，做到手不伸、嘴不馋、眼不花、心不动。大力选树和宣传身边廉洁从业先进典型，发挥典型示范带动作用，引领广大青年学习先进、廉洁从业。

四、结语

在推进国有煤炭企业青年队伍建设工作过程中，思想引领是关键，建章立制是基础，平台搭建是保证，典型选树是重点。通过实施"青帆领航""青力起航""青智远航""青风护航"工程，有利于持续筑牢青年理想信念根基、增强青年干事创业本领、激发青年创新创效活力、锻造青年严细实精作风，推进青年队伍建设不断走深走实，着力打造一支有理想、敢担当、能吃苦、肯奋斗的青年队伍，为企业高质量发展培养一批合格建设者和可靠接班人。

参 考 文 献

[1] 乔顺林. 加强煤矿人才队伍建设 实现煤矿持续健康发展［J］. 煤炭生产与管理，2011.

[2] 毛利红. 国有煤企青年人才队伍建设机制之探讨［J］. 山西煤炭，2013.

[3] 文凯军. 国有煤炭企业青年人才培养路径探析［J］. 文化研究，2017.

创新实施"琢玉工程"十年规划 加速优秀年轻干部培养选拔

刘国昌,郝培松,种法亮

(山东能源枣庄矿业(集团)有限责任公司党委组织部)

摘要：古人云："玉不琢，不成器。"美玉，都是经过选、切、磨、雕、抛等工序流程制作而成的，和"育人"的过程有殊途同归、异曲同工之处。枣庄矿业(集团)有限责任公司(以下简称"枣矿集团")前身是1878年成立的山东峄县中兴矿局，后改制为中兴公司，新中国成立后改为国有企业。140多年来，枣矿集团一直以煤炭开采为主业，形成了以劳动密集型用工为主导的传统用工形式，对人才的吸引力相对较弱。特别是近年来，由于受传统思维的影响，干部人才队伍老龄化问题突出，大学生人才引进难、成长难、发现难、流失率偏高。在中央人才工作会议精神的指引下，枣矿集团牢固树立人才引领发展的战略定位，变压力为动力、化难题为课题，按照"琢玉成器"的方法和路径，积极探索青年人才培养新路径、新模式，创新推行大学生员工培养"琢玉工程"十年规划，分为"磨玉期-开玉期-成玉期"三个阶段，明确培养阶段目标，清晰个人晋升坐标，双向加速、上下联动，加速推进干部队伍新老交替，打造青年人才成长成才"梦工厂"，为青年人茁壮成长拓展绿色通道。

关键词：琢玉；年轻干部；选拔；培养

一、实施背景

(一)创新实施"琢玉工程"十年规划，是适应新时代新发展的必然要求

坚持和发展中国特色社会主义，关键在党，关键在人，归根到底在于培养造就一代又一代可靠的接班人。近年来，从中央到山东省委先后出台《中共中央办公厅印发〈关于适应新时代要求大力发现培养选拔优秀年轻干部的意见〉的通知》《中共山东省委办公厅印发〈关于适应新时代要求大力发现培养选拔优秀年轻干部的意见〉的通知》等文件，对适应新时代要求大力发现和培养选拔优秀年轻干部提出明确要求。面对新形势新任务新要求，必须提高政治站位，着眼长远发展，加大优秀年轻干部培养选拔的力度，为党的事业和企业改革发展提供充足干部储备和人才保证。近年来，枣矿集团在大学生员工培养机制创新方面进行了大胆探索和实践创新，但从现有人才队伍现状来分析，无论是人才的层次和数量，还是人的能力和素养，与现代企业管理制度的要求仍存在较大差距，这需要枣矿集团从自身实际和长远发展的大局出发，把实施人才强企战略作为第一要务去抓，尽快完成大学生员工培养机制上的改革与创新，适应新时代新发展的要求。

（二）创新实施"琢玉工程"十年规划，是枣矿集团转型突破高质量发展的重要举措

我国经济进入高质量发展阶段，新形势下推动高质量发展关键在干部队伍的高质量建设。省委、省政府全面展开新旧动能转换重大工程，吹响山东向高质量发展的进军号，提出要牢固树立人才"第一资源"的理念。省国资委也专门出台《关于对省管企业实施新旧动能转换重大工程考核的意见》，把实施高端人才引进工作作为七项重点考核项目之一。140多年来，枣矿集团一直以煤炭开采为主业，形成了以劳动密集型用工为主导的传统用工形式，对人才的吸引力相对较弱。近年来，枣矿集团转型发展取得了一定成绩、积累了一定经验，但与上级要求相比，还有一定的差距。特别是在能源集团联合重组深化"六大协同"的大背景下，与渐行渐远的标兵单位相比，还存在很大差距。大学生员工群体作为后备人才队伍，是企业发展的未来希望，是枣矿集团转型突破的重要力量。必须以长远的眼光、坚定的决心、有效的举措，积极做好优秀青年人才培养和储备工作，大力发现培养德才兼备、经验丰富、能力突出、年轻有为的年轻干部，精心打造一支具有战略眼光、驾驭全局能力、勇于大胆创新的人才队伍，为企业长远发展输入源源不断的动力。

（三）创新实施"琢玉工程"十年规划，是加速优秀年轻干部培养选拔的有效途径

煤炭企业实施人才发展战略，其目的是发现、培养、使用一大批适合新时期企业发展需要的高素质人才，这些高素质人才是推动企业发展的攻坚力量，也是推动我国煤炭经济发展的重要力量。作为以煤炭开采为主业的国有企业，以劳动密集型用工为主导的传统用工模式难以打破。特别是近年来，由于受传统思维的影响，在年轻人才的培养选拔上机制不活、方式不多、通道不畅的问题比较突出，造成大学生员工引进难、成长难、易流失的问题比较集中，特别是随着一大批吃苦耐劳的老技术人才退休离岗，新老技术人才培养存在断层等问题越发突出，特别是随着煤炭行业从业人员的地位逐年下降，严重制约着煤炭企业乃至整个煤炭行业的发展未来。打破机制体制障碍，加速优秀年轻干部培养选拔工作迫在眉睫。必须以更大的改革勇气、更大的创新力度，正视问题，瞄准症结，科学谋划、统筹推进，优化大学生员工培养选用机制，有重点、有计划地培养出一批与企业改革发展相适应的优秀人才。

二、主要措施

（一）明确培养目标和原则

1. 明确培养目标

对枣矿集团近年来招聘的全日制大学生员工，全部纳入"琢玉工程"培养范围，进行台阶式培养，利用10年左右时间，择优培养出具备煤矿副职（副矿长、总工程师、安监处长、党群副职）、正职（矿长、党委书记）能力的后备干部，为枣矿集团未来可持续发展提供人才储备。在此目标下，加大培养基数，拓宽培养路径。

2. 把握培养原则

一是坚持党管人才原则。抓好大学生员工培养工作，坚持党管人才原则的前提。枣矿集团党委坚持对人才工作的统一领导，注重发挥党的思想政治优势、组织优势、协调优势，严格执行上级干部选拔、人才管理等相关规定，遵循成长成才规律。明确党委组织部（人力资源部）牵头负责、组织实施，各相关业务部门各负其责、密切配合，各权属单位具体落实、具体实施，为更好地吸纳人才、团结人才、凝聚人才，促进人才健康成长、干事创业指引方向、提供保障。

二是坚持实事求是原则。实事求是做好人才工作的基础条件。在大学生员工培养培训方面，枣矿集团党委注重结合实际、组织调查研究，将企业实际需要、岗位实际需要与人才实际期盼统一起来、结合起来，把握准不同专业、不同岗位、不同类别、不同层次人才的特点，按照"干什么、缺什么、学什么、补什么"的要求，有针对性地设置培训内容，实事求是地优化方式方法，全面提升人才培养培训工作的实际效果。

三是坚持因地制宜原则。人才成长需要过程，因地制宜也是坚持实事求是原则的具体体现。枣矿集团党委深入了解工作实际和人才成长所需，合理有效地规划好培训工作，有的放矢地做好大学生培养培训工作，促进人才培养与企业发展互促互进、同频共振、相得益彰。结合各权属单位实际，根据不同专业、不同层次，分批次、有层次、有重点的明确培训方向、确定培训目标、细化培训措施，不搞"一锅煮"，真正接地气。

（二）细化培养方式和措施

"琢玉工程"由枣矿集团党委组织部（人力资源部）牵头，各用人单位组织实施，具体分为"磨玉期-开玉期-成玉期"三个阶段，开辟大学生员工成长成才的"绿色通道"，加速优秀年轻干部培养选拔，推进干部队伍新老交替。

1. "磨玉期"——精打细磨、去芜存菁

"磨玉期"重点是针对那些初出校门、踏入企门、性格特点相对比较鲜明的新入职大学生，培养选拔时间为入职后的1~3年，主要通过见习轮岗制、导师带徒制、岗位实践制"递进式"培养选拔的方式进行，新入职大学生全部安排到工作一线进行轮岗锻炼。见习结束经综合考核后，任命为区队（车间）副技术员，指定区队（车间）负责人"一带一"定向带培。从事副技术员满1年后经考核优秀的，担任到主管技术员的岗位上去实践实战、锤打磨炼。

一是入职第1年，任职见习技术员。采取见习轮岗培养制。大学生入职后，根据专业类别安排到基层单位、工作一线任职见习技术员进行实践锻炼，熟悉相关岗位的具体内容、流程和标准。见习期内，坚持采取科室、区队的岗位轮换方式进行培养锻炼，至少有1次不少于3个月的生产科室锻炼，使其上下结合，熟悉生产环节、相关业务管理，提高看待问题、分析问题和解决问题的能力。见习期结束后，由单位组织人事部门和相关专业科室对见习期和轮岗工作表现进行客观评价。

二是入职第2年，任职副技术员。采取导师带徒培养制。见习期综合评价为合格的，根据工作需要，转岗任职工区（车间）副技术员，指定区（队）长或党支部书记为培养导师，实行"一带一"定向带培，制订导师带徒实施办法，推广"带培清单""带培日志""带培考绩"等工作制度，并对培养对象和区（队）长或党支部书记进行量化指标考核，要求"带培出师率"应不低于80%。带培结束后，由单位组织人事部门和相关专业科室进行综合考评。

三是入职第3年，任职主管技术员（副区长、副主任）。采取岗位实践培养制。导师带培综合考评过关的，根据工作需要，转岗任职区队车间副职或主管技术员等相当职务岗位，实行业务锤炼培养，有侧重、有计划地安排工作任务，让大学生员工在生产一线、吃劲岗位、重点工程中实践实战、摔打锤炼，进一步砥砺品质、提高本领、增强业务，培养扎根基层、吃苦耐劳的精神。

2. "开玉期"——精雕细琢、台阶历练

"开玉期"重点是针对那些在主管技术员岗位上表现优秀、业绩突出、具备一定管理能力的大学生员工,培养选拔时间约为入职后的4~7年。主要通过区队(车间)正职岗位锤炼制、科室正职岗位锤炼制、专业副总师岗位锤炼制"台阶式"历练选拔的方式进行,让他们在管理实践中增长才干、增强素质,提高独当一面的能力。

一是入职第4~5年,任职区队车间正职(党支部书记)。采取区队车间正职岗位锤炼制。对在区队车间副职或主管技术员等岗位上表现优秀、业绩突出且具备一定管理能力的大学生员工,根据工作需要,由单位组织人事部门,按照组织程序,任职为区队(车间)正职或党支部书记,负责区队(车间)的日常管理、考核分配,在管理实践中增长才干、增强素质,提高独当一面的能力。

二是入职第6年,任职科室正职。采取机关科室正职岗位锤炼制。对在区队车间正职或党支部书记等岗位上表现优秀、业绩突出且综合管理能力强的大学生员工,根据工作需要,由单位组织人事部门,按照组织程序,任职为机关科室负责人,统筹负责科室的日常管理、业务指导、业务考核等,强化区队与科室之间的协同配合,提高综合协调能力。

三是入职第7年,任职副总师。采取专业线负责人岗位锤炼制。对在科室负责人岗位上表现优秀、业绩突出,综合协调管理能力强、应变能力强的大学生员工,根据工作需要,由单位组织人事部门,按照组织程序,任职为专业副总师,负责本专业线的日常管理、上下级的协同配合,提高大局思维、宏观管理的能力。

3. "成玉期"——精准细严、育人成才

"成玉期"重点是针对在专业副总师岗位上表现突出,具有一定的领导、组织、沟通、协调能力的优秀年轻干部,根据工作需要,按照干部选拔任用程序,提拔为矿处单位中层副职,再经2年"严管+厚爱",提拔为矿处单位中层正职。培养选拔时间为大学生入职后的8~10年。

一是入职第8~9年,任命集团中层副职。对在专业副总师岗位上表现突出,具有一定的领导、组织、沟通、协调能力的大学生干部,根据工作需要,按照干部选拔任用工作程序,任命为集团公司中层副职(副矿长、总工、安监处长、党群副职)等相当职务,持续强化政治素质、业务管理能力、岗位胜任力和领导力的培养锻炼。

二是入职第10年,任命集团中层正职。对在集团中层副职岗位上表现突出,具有较强的领导能力、战略思维,敢担当、善作为,综合素质优秀的大学生干部,根据工作需要,按照干部选拔任用工作程序,任命为集团公司中层正职(矿长、经理、党委书记)等相当职务,持续强化全面领导、全面驾驭、全面协调的素能培养,作为集团公司班子副职后备人选,向能源集团党委进行推荐。

(三)准确把握培养的规律和尺度

实施"琢玉工程"十年规划,大力发现培养选拔优秀年轻干部,不是一蹴而就、一朝一夕就能完成的,而是一项长期的、艰巨的任务。具体工作中,始终坚持以"度"的把握,统筹好快与慢、进与退、质与量的关系。

一是既加快适时使用的速度,更要注重长期跟踪培养的跨度。统一协调近期培养需要和长远发展需求的关系,每年、每阶段培养历练后,对每一位培养对象进行综合评价,并出具评价结果,为下一阶段培养提供科学依据。兼顾选、育、管、用,统筹抓好超龄晋升受限和非主体专业大学生员工的培养使用。对部分年龄偏大晋升受限的大学生员工进行排查分析,实施分类管理,列入技术和技能通道的重点对象,开通"绿色通道",拓宽进步渠道,让他们在晋升上看到希望、待遇上得到实惠,有效解决各类人才增量不足、存量不活的问题。统筹党群政工、经营管理等专业人才队伍建设,按照"琢玉工程"培养模式,通过公开竞聘上岗、无任用推荐、建立人才库、加强专项管理等方式储备和培养,消除工作情绪,激发工作动力。

二是既夯实素质能力的厚度,更要注重立好政治标准的高度。把培养政治素质放在首位,把年轻干部培养与高素质要求结合起来,突出政治标准,突出对党忠诚,把政治训练贯穿年轻干部成长各阶段,重点学习党的理论特别是习近平新时代中国特色社会主义思想,学习党的革命历史和优良传统,引导年轻干部坚定理想信念,把当老实人、讲老实话、做老实事作为人生信条。对有发展潜力的大学生员工要一律按照向下生根再向上成才的培养路线,在安全生产一线和项目建设前沿强素质、促提升,允许试错、宽容失败,但始终把牢他们的政治关、品行关、廉洁关,确保健康成长、"根正苗红"。

三是既强化工作推进的力度,更要注重把握客观规律的尺度。"琢玉工程"所设定的晋升时间和职务只作为培养选拔的"导航表""计划图",不作为实际职务晋升的"时间表""路线图",具体工作中要本着实事求是、宁缺毋滥的原则,成熟一级提拔一级,成熟一个提拔一个,涉及提拔的严格程序,涉及淘汰的严格比例,防止拔苗助长、通道拥挤。坚持把对年轻干部培养与严管厚爱结合起来,做到严格要求与关心爱护相结合,从严管理与正向激励相结合,容错与纠错相结合。强化日常跟踪了解和经常性考察,在年度考核、重大事项跟踪考察和巡察等工作中,了解分析年轻干部的思想状况和现实表现,引导立足本职、踏实工作,对搞自我设计和晋升路线图、不敢担当、"坐等提拔"的坚决不用。

(四) 建设"琢玉工程"服务站

为抓好"琢玉工程"十年规划落实,配套建设"琢玉工程"服务站,通过打造"一站式、一体化、一网通"成长助力平台,不断优化大学生员工培养选用机制,有重点、有计划地培养出一批与企业改革发展相适应的优秀人才。服务站围绕做好大学生员工档案管理、成长预警提示、服务热线、心理疏导、交友活动、入学生论坛、学习资源库等工作,坚持一季度一主题,常态化组织座谈会、集中培训、论坛沙龙、成果展示等活动不断线,打造"1236"全流程培养体系,打通年轻干部培育"最后一百米"。

"1"即突出一个主体。以青年大学生为主体,每年以200人左右的数量招聘全日制本科及以上高校毕业生,加大研究生和"双一流"大学生的招聘力度,做大源头培养基数,提高人才培养质量。紧跟能源集团招聘工作步伐,在高质量抓好2021年231名高校毕业生招聘、培训、入职的基础上,将新入职的大学生全部纳入"琢玉工程",量身定制未来10年职业发展"规划书",明晰每一阶段的成长目标和培养任务,设计《培养考察考察纪实》,"一人一策一档"精准施策、全程纪实。对近10年招聘的1155名全日制大学生进行多维度筛查、综合性研判,根据他们现任职级别,同步纳入"琢玉工程"对应阶段进行跟踪培养。按照量才使用、多向培养的原则,对172名未上岗的大学生进行了深度分析,为其中76名专业技术能力较强、但管理偏弱的未上岗大学生开设了技术通道,不断做大培养基数,提供发展空间。

"2"即实行双轮培训。通过入职集中培训、分配岗前培训,让青年大学生了解企业文化、理清职业规划,强化岗位意识,快速进入工作状态。按照"干什么学什么、缺什么补什么"的原则,结合不同领域、不同岗位干部的专业化需求,开展精准化、个性化培训,增强专业化培训的频次和深度，着力弥补干部的知识空白、能力短板，增强适应新形势新任务的能力。组织开展高质量发展、新旧动能转换以及各类专业相关知识等方面专业化培训。分类别选派年轻干部到经济发达地区、知名院校和行业龙头企业学习培训，开阔眼界思路，加快知识更新，促进能力提升。

"3"即联合三方培养。区队（科室）、组织人事部门、群团工作部门三个责任主体统筹联动、同向发力、联合培养，建立领导干部联系服务大学生员工常态化机制，通过走访、慰问、座谈等方式，心贴心交朋友、听建议，及时了解掌握大学生员工的思想、工作、学习、生活状况，帮助协调解决实际困难和问题，营造求贤若渴的环境，激发大学生员工的积极性、主动性、创造性，营造重才爱才惜才的良好环境。

"6"即强化六炼培育。加强新时代思想政治教育，思想动态分析排查，交流座谈引导，强化思想淬炼；举办青年专技人员素质竞赛，导师带徒"一对一""点对点"培养帮带，强化专业训练；加强顶岗实操锻炼，深化智能装备工程师队伍建设，举办青工技能竞赛，强化实践锻炼；"急难险重"任务揭榜挂帅，强化基层磨炼；设立"专编专岗"，落实"N+1"职数管理，常态化竞聘上岗，强化岗位锤炼；实施"机关+基层"双向挂职，技术、区队、科室三层级转岗，选派青年干部赴外开发，强化台阶历练。同时，探索推进实施"336"青年蹲苗计划，每年选派30名党群综合、30名经营管理、60名安全生产专业优秀年轻干部参加点名调训、轮岗交流、双向挂职、定岗锻炼。借鉴地方选调生培养模式，积极开展集团公司机关和基层单位双向挂职，今后3年拟选派100名左右35岁及以下优秀年轻管理技术人员，打破单位、系统、区域界限，有计划有步骤地推进轮岗交流锻炼。对副科级、正科级及以上大学生员工分别以薪酬激励和轮岗交流的方式，鼓励"走出去"参与赴外开发，加强岗位交流锻炼，提高处理复杂问题、化解突出矛盾的综合能力。真正让广大青年人才在"艰难困苦"的基层实践中锻造"宽肩膀"、锤炼"真本领"。

（五）能力胜任素质模型

在招聘阶段，通过交流、笔试、面试等初步了解新入职大学生员工性格、能力等信息，并在入职培训阶段，组织"人格测试"等相关测试，进一步掌握大学生员工性格特点。建立初次能力胜任模型，为用人单位迅速了解新招聘情况、制定轮岗见习规划等工作提供便利，如图1所示。

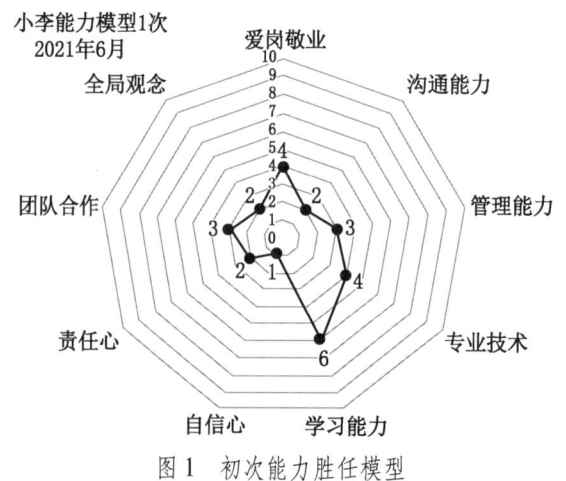

图1 初次能力胜任模型

在大学生员工轮岗见习阶段，通过定期组织大学生座谈会、收集见习单位360评估表、收集组织人事科综合评定意见等形式进行考核评价。形成能力胜任素质模型，为下一步培养及转正定岗等情况进行综合分析，如图2所示。

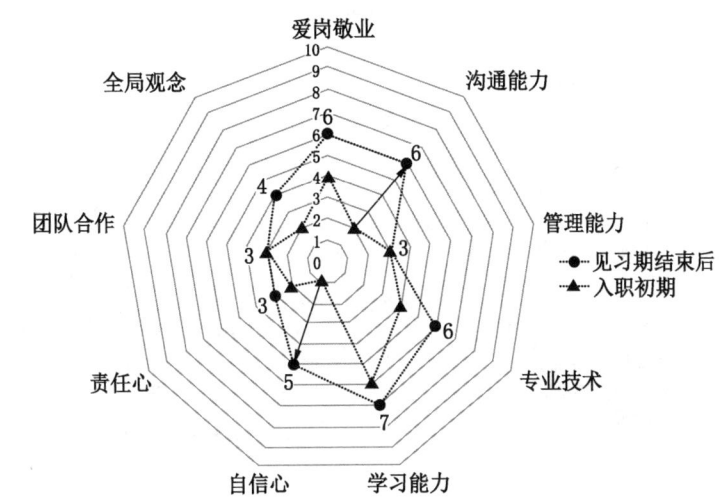

图2 能力胜任素质模型

通过两个阶段的能力胜任素质模型对比，反映出来一位员工在这一时间段内的成长状况，以及相对存在的优点缺点，按重要时间节点形成能力模型图并进行情况总结及分析，同时针对能力素质薄弱点提出解决方案。比如：自信心不强问题——向上挂职锻炼，心理素质差——鼓励其多参加演讲比赛、会议发言、文艺汇演等，责任心不强、组织协调能力弱——安排其独立组织某些活动任务，如图3所示。

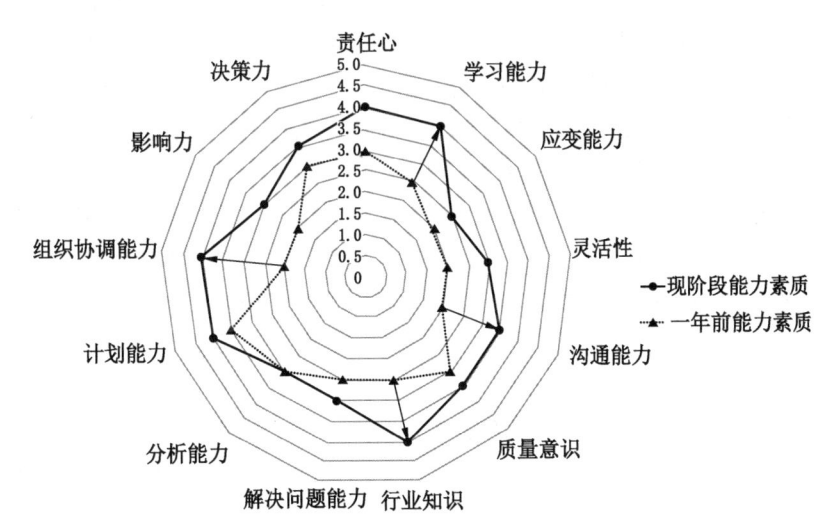

图3 两阶段能力胜任素质模型对比图

435

最后,与"琢玉工程"的能力胜任模型对比,如图4所示。已经基本符合下一阶段岗位能力需要的年轻干部,予以考核通过并进行提拔任用。

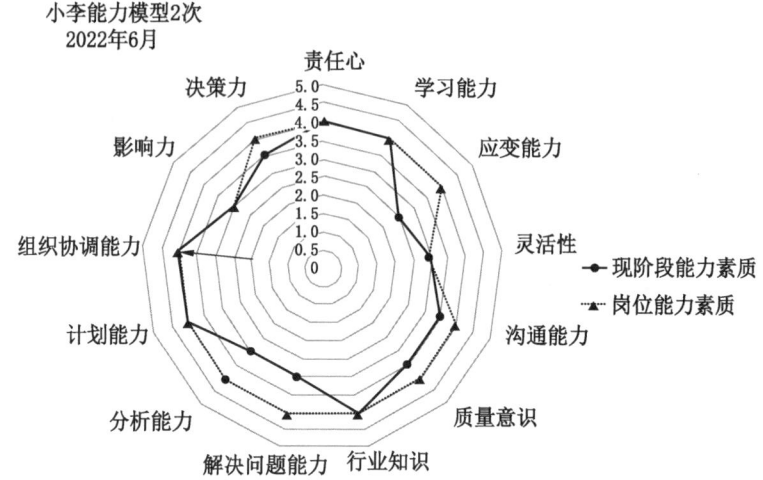

图 4　能力胜任模型对比

三、主要成效

(一)树立了鲜明的选人用人导向

习近平总书记指出,用一贤人则群贤毕至,见贤思齐就蔚然成风。"琢玉工程"十年规划的实施,在枣矿集团有效树立了重实干、重实绩、重公认的鲜明导向,有力冲击了论资排辈、求全责备、平衡照顾的惯性思维,打造了积极健康向上的选人用人文化,为权属单位干部选拔和管理明确了方向、树立了导向,也为年轻干部成长成才开辟新的路径,在大学生员工队伍中引起强烈反响。2022年新入职大学生离职率创历年新低。

(二)形成了科学的选人用人机制

习近平总书记强调,把好干部选用起来,需要科学有效的选人用人机制。"琢玉工程"十年规划,紧密结合枣矿集团年轻干部选拔实际,为权属企业加大年轻干部培养选拔形成了制度依据和根本遵循。2022年全年培养选拔"90后"科级干部113名,新入职的62名主体专业大学生中52人担任副技术员。琢玉工程的实施使枣矿集团干部队伍整体年龄同比下降2.5岁,中层干部平均年龄下降2.03岁。18名"85后"经过历练,均已担任矿井和机关部室中层正副职重要岗位,实现了对年轻人才的早发现、早培养、早扶持、早使用。

(三)选出了优秀的企业发展人才

"琢玉工程"十年规划,着力于企业所需优秀年轻干部的培养选拔,旗帜鲜明选用政治素质过硬、综合能力突出、工作实绩明显的干部。31名"80后"大学生走向集团中层正副职管理岗位,同比增长52%。其中,5名"85后"经过"省外+省内"跨单位、多岗位历练,均已担任矿井和机关部室安全生产正副职重要岗位。1986年出生的李昌虎,2010

年8月参加工作,2020年7月担任外部矿井正职,成为"琢玉工程"可复制、可推广的典型案例和成功模板,为企业改革发展注入了生机和活力。

(四)激发了企业发展的内生动力

习近平总书记指出,对那些看得准、有潜力、有发展前途的年轻干部,要敢于给他们压担子,有计划安排他们去经受锻炼。"琢玉工程"十年规划,蓄力于优秀年轻干部的优势作用发挥,在实践锻炼中磨炼了他们干事的宽肩膀、创业的真本领,在年轻干部中先后涌现出了一批先进典型,为企业改革发展注入了生机和活力。在三项制度改革暨人才工作会议上,枣矿集团被评为"2021年度招才引智工作先进单位"。

煤矿生产系统"避峰填谷"分时用电管控机制研究及实践

赵联振，陈海龙，刘 强

（山东能源枣庄矿业（集团）有限责任公司机电管理部）

摘要： 当前，国家强力推进电力市场化改革，以差异化电价引导用户调整用电行为。分时用电避峰填谷是一种带有创新性和未来性的电能管理方式，它充分利用市场手段进行电力供需管理，优化能源资源配置和使用效率，实现低碳经济高效发展。在深度分析矿井的运输、排水、通风、压风、洗选等生产环节的基础上，对矿井水处理、供暖制冷等系统负荷运行特点进行分析，全矿井范围内开展分时用电，建立避峰填谷工作管控机制，调整生产工序，合理安排矿井检修时间，有助于降低生产成本、提升企业盈利能力，实现源头上降本增效，有利于全面提升企业价值创造能力和精益管控水平，推动企业高质量发展。

关键词： 分时用电；避峰填谷；节电管理

一、实施背景

（一）电力需求侧管理是解决电力供需矛盾的关键举措

随着人们对电能的需求量与日俱增，电力供需的矛盾也逐渐增大，主要表现为：用电高峰时段电力供不应求，部分地区出现用电紧张甚至拉闸限电的情况，给人们的生产和生活带来很大困扰，限制了经济的发展；用电低谷时段电力过剩，造成了资源的大量浪费。传统应对电力系统供电不足的解决方法是增加发电机组的容量，提高电力输出功率，但这种方法会导致峰谷差进一步拉大，电力系统的稳定性降低，机组负荷率降低及社会资源和能源浪费等一系列问题。针对当前的电力供需矛盾，科学合理化用电迫在眉睫，目前国内普遍采用电力需求侧管理这一技术手段。电力需求侧管理是在原有的电力系统基础上，电网企业及政府相关部门采取措施或运作方案引导电力用户改变原有的用电方式和用电习惯，提高用户侧用电效率，实现最低能源成本服务所进行的管理活动。它改变了传统仅依靠增加电力供应来解决电力短缺问题的模式，将用户侧的资源也纳入电力可供调度资源的范畴内，以提高机组负荷率及用电效率为目标，优化电力用户的用电方式，缓解电力紧张问题，实现电力、经济与自然环境的科学协调发展。

（二）分时用电是电力需求侧管理方法的有效途径

分时用电作为电力需求侧管理方法中最直接也是最有效的一种，通过赋予电能这个特殊的商品不同时段不同的价格，引导用户将部分高峰时段的电量转移到低谷时段。对于电网公司而言，有利于降低高峰时段的用电量，增加低谷时段的用电量，平滑用户负荷曲线，实现"削峰填谷"，减轻电力系统的压力，提高发电机组负荷率及减少发电设备投资等；对电力用户而言，有利于帮助用户调整产业结构，优化用电方式，降低用电成本，实现利润最大化；对社会而言，有利于减少电力需求，实现资源优化配置，一定程度上节能减排，有助于我国可持续发展战略的实现。

（三）分时用电是煤矿企业降本增效和精益管理的重要内容

随着社会的发展和煤炭形势的起伏，成本压力对于企业呈几何式增长，粗放式管理已不再适合煤矿发展的现状。如何转变管理模式，加强成本管理成为每一个企业发展必须面临的问题。想要更好、更快地紧跟社会发展步伐，走精细化管理，降本增效，成为企业提高竞争力的法宝。近年来，随着分时用电、避峰填谷的大力推行，峰、平、谷时段的电价相差巨大，若煤矿依照沿用以往的工作方法不加以调整，成本管理的费用大幅提升，不利于企业发展。

鉴于此，枣矿集团在深度分析矿井的运输、排水、通风、压风、洗选等生产环节的基础上，对矿井水处理、供暖制冷等系统负荷运行特点进行分析，全矿井范围内开展分时用电，建立避峰填谷工作管控机制，调整生产工序，合理安排矿井检修时间，有助于降低生产成本、提升企业盈利能力，实现源头上降本增效，有利于全面提升企业价值创造能力和精益管控水平，推动企业高质量发展。

二、煤矿生产系统"避峰填谷"分时用电管控机制研究

（一）概念内涵

分时用电避峰填谷是指根据电力市场的供需变化波动，将电价划分为不同时间段，推动用户在较低电价时段集中用电，从而避免高峰期用电压力，减轻电力系统的负担、降低用电成本，达到经济和环保双重目的的一种电能管理方式，是新一代电力市场制度的重要组成部分，拥有广阔的市场前景和推广应用价值。

其内涵主要包括三个方面：首先，它是针对电力供需市场的无序波动而设计的，通过分时段设定电价鼓励用户在低负荷时段使用电力，达到调节负荷、平滑电网负荷曲线的目的。其次，属于一种市场调控手段，可以促进电力市场的竞争，增强供需双方的市场敏感性，同时也能够促进新能源的消纳、和谐电力市场竞争。第三，分时用电还是一种社会责任，可以激发用户的节能意识和能源管理意识，鼓励绿色、低碳的能源消费。

其特征表现在多个方面：一是对用户而言，可以减少用电成本，降低负担，让用户更加自主选择用电时间，适应个人、家庭与行业能源管理需求。二是对电力市场而言，能够在平衡供需关系的同时优化载波负荷曲线，提高电网的可靠性。三是能够鼓励动态负荷管理，控制市场需求变化，跨越电能价值链，形成电力市场自我调节的积极作用。

（二）目的意义

分时用电避峰填谷是一种带有创新性和未来性的电能管理方式，它充分利用市场手段进行电力供需管理，优化能源资源配置和使用效率，实现低碳经济高效发展。一是能够为社会节能减排作出重要贡献。通过分时段设定不同的电价进行管理，可以激励用户进行合理用电，从而降低能源浪费和环境污染。二是可以促进新能源消纳和发展，使得产能得到充分利用，是实现能源转型的重要手段。三是可以提高大型用户和能源管理部门运营效率，降低能耗成本，提高市场活力。四是鼓励开展绿色用电形式，助推低碳、绿色、可持续经济发展。

总之，推进分时用电、避峰填谷是落实国家能源"双控"政策和山东能源集团"两增三降三提升"活动的重要举措。当前，国家强力推进电力市场化改革，以差异化电价引导用户调整用电行为，枣矿集团用电量大，电费支出高，且用电行为与电力现货价格错配问题较为突出，避峰填谷增效方面有较大潜力。枣矿集团权属各矿井以峰谷时段划分为基础，参考电力价格走势，按照避峰填谷原则，科学合理安排生产组织，调整用电负荷分布，降低用电成本，有利于助推企业高质量发展。

三、实施路径

1. 细化分解指标，确保节电任务落实到位

在确保安全生产和完成年度经营指标的前提下，组织用电单位逐项分析用电现状，及时发现节电情况，分析原因、采取措施，做到节约用电动态控制。将指标量化、细化，分解到区队、车间班组，责任到人，利用内部市场化手段将用电指标与工资挂钩层层考核，实现节奖超罚。

2. 优化生产系统，确保安全经济高效运行

深入研究机电系统及装备配置的合理性和科学性，制定节电措施并严格落实，降低电能损耗（包括电网网损），提高用电效率。按规定开展主要机电系统和大型固定设备性能测试工作，定期分析系统及设备能耗，针对存在问题与不足，开展技术改造或设备更新。逐步提升矿井主运、通风、排水、压风、提升等大型固定设备运行效率，减少设备空载率，避免功率严重不匹配现象。

（1）胶带运输系统。优化胶带运输系统，减少空运和低效运行时间，加强经济运行管控。推广应用永磁变频技术，逐步解决"大马拉小车"问题。推广使用高分子长寿命托辊，减少胶带运输机运行阻力，同时降低因托辊损坏造成胶带撕裂的风险。探索实施无储煤环节的胶带系统，根据煤量变化实现智能化运行；有储煤环节的胶带系统，采取集中大煤量快速运行、无煤及时停运的管控模式。严格执行采掘顺槽皮带机集控及煤流管理的有关规定，减少煤仓卡堵等因素造成的意外停机。

（2）压风系统。加强设备维护保养，提高机组运行效率。推广使用高效离心式空压机，采用集中供风、集中控制、根据风压智能启停、变频调速等技术，减少排空，促进压风系统高效运转。各矿井单位要分析用风装备、设施的压力要求，适时增加减压阀、风包，选煤厂、电厂用风要降低风压。条件允许的矿井要逐步建立压风管网检测系统，杜绝压风管网泄漏和无效排空。

（3）提升系统。副井采用集中上下物料、集中排矸，减少不平衡提升和频繁启动现象，加强对提升容器和矿车的清扫，使每次提升的装载量保持最大，减少无效提升。采取固定时间段集中上下人，制定副井提升管理规定，用制度优化提升运行，杜绝无序提升。

（4）排水系统。采用合理的水泵运行方式，定期清理管壁内污垢，减少水泵排水阻力，提升水泵效率，降低电耗。科学调控各矿井主排水泵的运行时段，尽量将矿井排水控制在用电谷期，条件允许的矿井，推行全谷段排水，实现"避峰填谷"节约电费。加强日常维护及监管，使水泵运行在高效工况点，对于低效的老旧排水设备和水泵配置不合理的实施更新改造，提高排水效率，降低吨水百米电耗。积极探索矿井水在井下处理后用于防尘水的研究，提高矿井水复用率。

（5）通风系统。合理选择风机类型，采用高效风机；合理调节风机运行参数，使之运行在高效工况点。加强现有主通风机电控技术改造，提高性能，通过改变风机叶片角度或采用变频调速等方式，在满足通风要求的前提下，实现节电。

（6）供配电系统。结合用电装备电压升级规划，抓好设备的更新改造工作，通过日常设备管理逐步实现各生产系统的电压升级工作。分析优化用电负荷，调减运行变压器数量，力争在用变压器的负荷率不低于65%，减少空载损耗。推广应用动态无功补偿及谐波治理装置，主要生产系统运行功率因数不得低于0.8，主降压站运行功率因数不低于0.9。

（7）采掘工作面。加大对采掘生产区队的用电考核，在生产头面安装智能电表，电量实时上传，实现对采掘用电的精准管理。综采工作面乳化液泵要实现变频保压运行，降低噪声，减少电耗。综采工作面采用远距离供电，采煤机、运输机等大功率设备推广应用变频一体机。推广局部通风机变频运行，实现风量按需供给。

3. 推广应用"四新"成果，推进节电技术改造

一是推广应用变频驱动和变频控制技术，实施负荷变化较大的用电设备的节电技术改造；二是加强各级变电所SVG、电容器无功补偿装置优化运行研究，提高功率因数，消除高次谐波，提升供电质量；三是研究实施煤矸石井下充填技术，减少矿井提升系统的矸石提升量；四是推进压风机余热利用项目建设，充分利用压风机余热，实现电能节约。

4. 严格落实峰谷分时用电制度，降低用电成本

认真研究电价政策，调整供电系统运行方式，严控峰期用电，鼓励谷期用电，减少电费支出。优化调整系统检修时间，将日常检修时间调整到用电峰期进行。非24小时组织生产的环节，要杜绝在用电尖峰期启用用电负荷。制定大型设备谷期运行时间表和具体规定，定期分析运行情况，加强督导考核，确保取得实效。

5. 严控外转供电，规范供用电管理

严格控制新增外转供电，压缩已有外转供电规模和数量。要加强对外转供电用户的供用电管理，不安全、不经济的不供电，违反国家政策的不供电，转供运营成本倒挂的不供电。根据国家规定制定合理电价，合理收取用电基金、基本容量费、线变损、代维费，加强电费征收和用电监管，做到转有所得，并逐步减少转供用户和电量。

6. 创新管理，实施供电系统智能化升级

（1）搭建供电智能分析平台。根据智能化矿井建设需求，建立供电智能分析平台，实现井上下变电所高（低）压电气设备的数据采集、运行监视、智能告警、故障录波分析、能耗统计、在线电能质量分析、自动故障定位等功能，实现主变电所智能化运行。

（2）应用自动化控制系统。为进一步提高供电系统自动化程度，安装应用供电防越级故障分析自动化控制系统，实现井下变电所供电系统远程控制、防越级跳闸、远方漏电试验、故障信息诊断分析、自动计量抄表、系统报表输出、局部地点远程控制等功能。

7. 加强用电分析和节电管理

每月汇总本单位原煤电耗、总电量、避峰填谷等指标完成和工作开展情况，形成月度报表，根据日常统计用电数据及节电活动开展情况，认真分析用电增减因素，分系统梳理各环节用电变化，根据负荷变动情况适当调整考核指标，确保公平公正。各单位通过开展节电对标工作，评选节电管理效果好的单位、地点，树立标杆，促进节电工作持续推进。

四、实践应用（以高煤公司为例）

（一）优化前矿井用电情况

高煤公司 2022 年 1 月份总用电量 564.64 万 kWh，原煤生产用电 331.1 万 kWh，洗煤用电 168.88 万 kWh（其中洗煤生产用电 145.24 万 kWh）。

矿井总用电量中峰期电量为 208.72 万 kWh，占总电量 36.96%；谷期电量为 224.94 万 kWh，占总电量 39.84%；平期电量为 130.98 万 kWh，占总电量 23.2%。

目前各生产系统主要是中班、夜班生产，中班属于用电高峰时段，夜班属于用电低谷时段。检修以早班为主，属于用电高峰时段和平时段。各专业原生产班次安排情况见表 1。

表 1 高煤公司各专业原生产班次安排表

单位 （用电环节）	生产班次（时间段）	检修班次 （时间段）	是否实现峰期检修	峰期占比
采煤	14：00—22：00；22：00—6：00	6：00—14：00	部分时段峰期检修	40.6%
掘进	14：00—22：00；22：00—6：00	6：00—14：00	部分时段峰期检修	40.6%
副井	11：00—20：00；20：00—9：30	9：30—11：00	是	33.30%
主井	12：00—20：00；20：00—10：00	10：00—12：00	部分时段峰期检修	36.30%
主运	12：00—20：00；20：00—8：30	8：30—12：00	部分时段峰期检修	34.10%
主排水	①-530 泵房：12：00—16：30； ②-600 泵房：3：00—5：00，11：00—13：00，18：00—20：00，22：00—23：30； ③-740 泵房和-430 泵房：5：30—7：30，20：00—22：30	9：00—14：00	是	18%
洗煤	16：00—24：00；24：00—8：00	8：00—16：00	部分时段峰期检修	37.50%

（二）优化方案

根据电力市场价格走势，按照"避峰填谷"用电原则，科学合理安排生产任务，降低用电成本。

将主井提升时间调整至夜班 22：00—9：00，进行集中提升。其余时间段进行检修和质量标准化检查、整改工作。根据生产情况及各泵房涌水量，并综合考虑地面水处理能力，合理调整主排水泵开泵时间，杜绝峰期开泵，逐步实现全谷期排水。各泵房开泵时间调整如下：

（1）-530 泵房为 11：00—14：30；

（2）-600 泵房为 12：00—13：00，23：00—4：00；

（3）-740 泵房和-430 泵房为 4：00—7：00。

洗煤生产系统根据主井提升时间，全部调整至夜班 22：00—9：00 进行生产，早班和中班进行检修和质量标准化检查、整改工作。见表 2。

表2 各专业生产班次调整情况对比表

单位（用电环节）	生产班次（时间段）	检修班次（时间段）	是否实现峰期检修	峰期占比	备注
采煤	14:00—22:00；22:00—6:00	6:00—14:00	部分时段峰期检修	40.6%	维持不变
掘进	14:00—22:00；22:00—6:00	6:00—14:00	部分时段峰期检修	40.6%	维持不变
副井	11:00—20:00；20:00—9:30	9:30—11:00	是	33.30%	维持不变
主井	12:00—20:00；20:00—10:00	10:00—12:00	部分时段峰期检修	36.30%	调整前
主井	22:00—9:00	9:00—11:00	是	4.5%	调整后
主运	12:00—20:00；20:00—8:30	8:30—12:00	部分时段峰期检修	34.10%	维持不变
主排水	①-530泵房：12:00—16:30；②-600泵房：3:00—5:00，11:00—13:00，18:00—20:00，22:00—23:30；③-740泵房和-430泵房：5:30—7:30，20:00—22:30	9:00—14:00	是	18%	调整前
主排水	①-530泵房：11:00—14:30；②-600泵房：12:00—13:00，23:00—4:00；③-740泵房和-430泵房：4:00—7:00	9:00—14:00	是	0	调整后
洗煤生产	16:00—24:00；24:00—8:00	8:00—16:00	部分时段峰期检修	37.50%	调整前
洗煤生产	22:00—9:00	9:00—22:00	是	4.5%	调整后

降低主变装机容量减少基本电费消耗。目前电力费用是执行两部制电价，执行大工业电价标准。其中基本电费是按主变压器装机总容量计算。目前我公司两台主变装机容量分别为20000千伏安和16000千伏安，因此基本电费计算容量为36000千伏安。变压器容量电价为28元/千伏安·月，故基本电费为每月100.8万元。

目前高煤公司供电系统运行方式已由并列运行调整为分列运行，供电负荷也进行了均分调整，这样主变容量使用两台16000千伏安即可满足生产需要。因此将20000千伏安变压器更换为16000千伏安变压器，即可满足生产需要也能减少基本电费。

（三）优化后效益测算

1. 节约电费情况

以2022年1月份实际发生电量为例，电力单价以集团公司2022年1月电费结算清单为依据（谷段0.3274元/度、平段0.6548元/度、峰段0.9822元/度），各系统调整后节约电费情况见表3。

通过表3可以看出，将主井提升系统、洗煤生产系统及矿井排水系统调整至谷期用电为主后，共可节约电费43.43万元。

表3 各系统调整后节约电费情况表

序号	系统	1月用电量（万度）	项目	峰谷平占比			电力单价（元/度）			电费（万元）	节约金额（万元）
				峰期	谷期	平期	峰期	谷期	平期		
1	主提	21.43	实际	36.3%	40.9%	22.8%	0.9822	0.3274	0.6548	13.71	4.46
			调整后	4.5%	72.7%	22.8%				9.25	
2	排水	56.37	实际	18%	48.6%	33.4%	0.9822	0.3274	0.6548	31.26	9.49
			调整后	0	82%	18%				21.78	
3	洗煤生产	145.24	实际	37.5%	43.7%	18.8%	0.9822	0.3274	0.6548	92.15	29.48
			调整后	4.5%	72.7%	22.8%				62.67	
4	合计										43.43

2. 降低主变装机容量减少基本电费情况

将20000千伏安变压器更换为16000千伏安变压器后，主变压器装机总容量可减少4000千伏安，每月可节省基本电费11.2万元，每年可节省基本电费134.4万元。

（四）保障措施

调度室全面负责全矿生产协调工作，调度好采煤生产、主运皮带运行、洗煤厂的洗煤生产及井下排水等大负荷用电时间，严格按照"避峰填谷"时间统一协调调度，具体如下。

（1）采掘生产系统：①优化采掘工作面设计，选用高效节能设备，合理选择装机容量，提高电机负荷率。②简化采掘运输系统，皮带、转载机实行集中控制，严禁长时间空运转，减少空载运行时间。③加强冲尘管理，控制冲尘用水。

（2）通风系统：①矿井停产检修日、节假日放假期间降低主通风机运行频率，减少风机电耗。②对于废弃不用巷道，掘进专业应及时向通防专业提出密闭申请，及时打密闭，减少无效用风。③通防科要根据采区生产地点的变化情况，及时对通风系统进行优化，减少不必要的系统用风，加强对通风设施的检查维修，减少漏风、跑风。

（3）排水系统：①调整主排水系统开泵时间，实现谷期排水。②充分利用各大水仓的缓冲优势，实现集中排水，减少水泵启动次数。③及时清挖水仓淤泥，保持水仓不低于2/3有效容积，充分发挥水仓的缓冲优势。④本采区的涌水要在本采区排，不得涌向下一水平。

（4）提升系统：①主井箕斗要按照额定载荷提升，坚持全自动方式运行，提高效率，节约用电。②副井提矸、下料负荷要匹配合理，严格执行副井提升管理规定，做到对人员、物料等集中升降，杜绝零星提升，减少副井绞车运行次数，提高运行效率，降低电力消耗。

（5）压风系统：①优化空气压缩机运行参数，实现压风机全自动化运行，根据管网压力，自动开停压风机，最大限度使用高效机，减少低效机运行。②加强压风管网、阀门维护，治理跑冒滴漏，降低压风损失。

（6）主运输系统：①井下主运输皮带实行地面集中控制，减少空载、轻载运行时间。②顺槽皮带输送机推广应用永磁驱动装置，提高机械传动效率，实现降本节电。

（7）主供电系统：①地面变电所 6 kV 供电系统采用 SVG 无功补偿自动投切装置，确保功率因数在 0.9 以上。②统筹调度用电负荷，做到避峰填谷、降低高荷，经济运行。

五、实施效果

（一）优化矿井生产系统作业时间

通过分析矿井各生产系统及生产环节，制定详细可行的避峰填谷实施方案，对生产班次、排水时间、洗煤时间等主要生产系统进行了调整，各矿井根据每日峰谷平时段划分，除岱庄受充填开采影响外，矿井所有采煤生产工作面转为中班检修，84%的掘进工作面中班检修，洗煤谷期综合用电占比由 40% 提升至 60%，实现了避峰生产。

（二）优化矿井排水时间

各矿井充分利用各水平、采区水仓储水作用，合理调整井下排水与地面水处理系统作业工序，将排水集中在谷期进行，谷期排水占比由 45% 提高到 63%，峰期排水占比由 20% 降为 8%。

（三）充分发挥电力调度作用

枣矿集团电力公司合理调整用电结构，对轮胎、焦化等非煤企业，在保证正常生产的前提下，科学安排生产时间和工艺流程，减少尖峰用电负荷，利用新建的电力调度自动化系统，对集团电网负荷严格监控，利用转供电用户，按照电力价格趋势，对全集团公司用电结构进行调整，有效控制尖峰用电。

（四）经济效益

自开展避峰填谷工作以来，枣矿集团对井下生产、排水、地面洗煤等主要生产环节用电时间进行合理调整，取得了显著成效。2022 年全年，集团公司共计实现避峰填谷创效 7771.1 万元，其中矿井累计创效 2013.72 万元，电力公司累计创效 5757.38 万元。矿井峰期用电占比由年初的 39.93% 降低至 30.41%、矿井年平均电价由年初的 0.6654 元/千瓦时降低至年末的 0.6270 元/千瓦时，电力公司购电均价由年初的 0.8338 元/千瓦时降低至年末的 0.7518 元/千瓦时，详细指标完成情况见表 4。

表 4 指标完成情况

指标	创效额（万元）			峰期用电占比	平均电价（元/千瓦时）
	矿井	电力公司	合计		
2 月份	81.48	−24.35	57.13	—	—
3 月份	239.38	121.18	360.56	29.90%	0.6060
4 月份	152.48	207.94	360.42	31.75%	0.6386
5 月份	165.67	340.85	506.52	30.63%	0.6171
6 月份	170.09	474.19	644.28	31.48%	0.6356
7 月份	203.85	630.19	834.04	30.84%	0.6335
8 月份	204.40	1185.78	1390.18	29.32%	0.6275
9 月份	200.79	589.99	790.78	29.93%	0.6279
10 月份	201.63	691.37	893.00	29.62%	0.6249

表4（续）

指标	创效额（万元）			峰期用电占比	平均电价（元/千瓦时）
	矿井	电力公司	合计		
11月份	194.88	666.03	860.91	30.45%	0.6297
12月份	199.07	874.21	1073.28	30.33%	0.6295
合计（平均）	2013.72	5757.38	7771.10	30.41%	0.6270

六、结束语

分时用电作为电力需求侧管理方法中最直接也是最有效的一种，通过赋予电能这个特殊的商品不同时段不同的价格，引导用户将部分高峰时段的电量转移到低谷时段。煤矿作为高耗能行业，用电量大，电费支出高，且用电行为与电力现货价格错配问题较为突出，避峰填谷增效方面有较大潜力。在这样的背景下，煤矿企业需要提高自身的管理水平，从自身进行优化升级以提高竞争力。利用好相关政策，既是企业自身的责任又是企业发展的需要。合理利用电力资源，优化生产环节，降低生产用电费用，从运营方案和经济效益方面对比原初步设计都有很大优势，对煤矿生产节能降本有着重大的意义。

以党建"三基"+安全"三基"赋能矿井高质量发展的探索与实践

石 强，雷其玉，杨红全

（山东能源枣庄矿业（集团）有限责任公司蒋庄煤矿）

摘要：习近平总书记强调，全面从严治党要在国有企业落实落地，必须从最基本的东西抓起，从基本组织、基本队伍、基本制度严起，为新形势下加强基层党建指明了方向。在矿井的安全发展过程中，蒋庄煤矿"三基"建设始终是矿井对外展示的一张靓丽名片，得到了社会各界的认可，被中国煤炭工业协会命名为"三基之源"。近年来，蒋庄煤矿党委紧跟全面从严治党的步伐，科学把握国企党建新要求，以山东能源集团"双入双创"党建工作模式和枣矿集团"336"党建工程为统领，始终坚持"融入中心抓党建，抓好党建促发展"，形成了与党建"三基本"要求相一致、与安全"三基"相结合的党建"三基"模式。新时代下，持续巩固提升"三基"建设内涵，深入开展党建"三基"+安全"三基"双轮驱动，是大力加强矿井党建工作、深化拓展"融党建"品牌的有力支撑，更是进一步加强矿井安全生产管理，提升安全综合保障能力的现实需要。

关键词：党建；三基；融党建

蒋庄煤矿是山东能源枣矿集团的骨干矿井之一，于1989年6月建成投产，核定生产能力275万吨/年。矿井在山东能源集团、枣矿集团的正确领导下，以"打造全球清洁能源供应商和世界一流能源企业"目标愿景为引领，以助力百年枣矿高质量发展为己任，坚持高起点谋划、精准定位、远谋近施，倾力创建"六实蒋庄·幸福家园"，积极构建产业新体系、大经营新格局、智能化新矿山、融合型新蒋庄，企业管理内涵不断丰富，产业结构不断优化，发展质量稳健提升。在长期的发展过程中，逐渐形成了以基层、基础、基本功为主要内容的"三基"建设管理品牌，被煤炭工业协会誉为"三基之源"。矿井先后荣获全国依法生产先进煤矿、国家一级安全生产标准化矿井、全国煤炭工业特级安全高效矿井、全国煤炭系统文明煤矿、省级文明单位、山东省国资委先进基层党组织等国家级、省部级荣誉100多项。

一、党建"三基"+安全"三基"的实施背景

"三基"建设是蒋庄煤矿自建矿以来产生效应最强、知名度最高、叫响时间最长的品牌之一，被中国煤炭工业协会命名为"三基之源"，蒋庄煤矿为此曾承办了全省"三基"建设现场会。在矿井的安全发展过程中，"三基"建设始终是矿井对外展示的一张靓丽名片，得到了社会各界的认可。近年来，蒋庄煤矿党委紧跟全面从严治党的步伐，科学把握国企党建新要求，以山东能源集团"双入双创"党建工作模式和枣矿集团"336"党建工

程为统领，始终坚持"融入中心抓党建，抓好党建促发展"，形成了与党建"三基本"要求相一致、与安全"三基"相结合的党建"三基"模式。新时代下，持续巩固提升"三基"建设内涵，深入开展党建"三基"+安全"三基"双轮驱动，是大力加强矿井党建工作、深化拓展"融党建"品牌的有力支撑，更是进一步加强矿井安全生产管理，提升安全综合保障能力的现实需要。对于激活矿井发展创新潜能，助推矿井变革转型、高质量发展，具有十分重要的意义。

二、党建"三基"+安全"三基"的主要内容与做法

（一）建强管理链，深抓基层建设

做大管理加法，以"关键少数"带动"绝大多数"，织密织牢基层安全"防护"网。

1. 区队+支部，党政同责"实"起来

围绕加强区队建设，以创建"六好区队"为着力点，安全生产、经济效益、班子建设、队伍作风、思想政治工作、民主管理达到较高水准。持续健全文明生产管理制度、安全教育培训制度等制度，完善各层级、各岗位安全生产责任清单，对照清单自主抓履职，抓实安全质量标准化建设，推动"六严管理"精准发力、"三十二项从严措施"落实落地。围绕打造过硬党支部建设，全面实施"双评定三强化"工程，以强化党支部"结对共建"和"结对帮扶"为抓手，优化运行"三联三挂三强"机制，并与党支部评星定级工作相结合，推进过硬党支部建设水平再提升。通过"区队+支部"的双向驱动，切实深化管区队必须管安全、管党务必须管安全、党员干部带头抓安全的深度共识，持续巩固一岗双责、党政同责、齐抓共管的良好局面。

2. 班组+党小组，细胞功能"强"起来

强化班组和党小组"细胞"功能，实现强身健体。在加强班组建设方面，重点突出"五型班组"创建，即打造学习技能型、安全质量型、创新创效型、管理节约型、文明和谐型班组。定期评选优秀班组长，适时召开"工班长""区队长"论坛。强化专业之间、区队之间、班组之间对标评比，不断激励基层管理人员抓安全生产，特别是强化"班组自治、个人自律"抓手功能，推动"四自"管理落实落地。在加强党小组建设方面，以党小组为主体，坚持月度动态考核积分、季度考核兑现的方式，对党员进行量化积分考核和评先树优。深化先锋"1+1"创建，由组向点延伸，突出中心工作的融合化，深化党员责任区+党员先锋岗创建，把中心工作与党群工作延伸拓展到"田间地头"，引导和激励全体党员立足岗位、攻坚克难、争先创优。

3. 专职+兼职，群防群治"管"起来

发挥好安监员专职抓安全和群团组织协助抓安全的应有作用，筑牢安全管控的屏障。安监员专职抓安全，努力打造"服务型、知识型、技术型"安监队伍，与开展全层级自主管理相结合，构建科室、区队、班组、个人为内容的"全层级安全诚信评价体系"，健全容错纠错机制，对现场存有隐患、安全标准低下的，赋予安监员果断"叫停"、作业人员敢于"说不"的权利，倡树"不安全坚决不生产"的鲜明导向。在此基础上，严格落实"区域图点数"+井上下网格化管理，每周组织一次安全大检查，强化暗点曝光视频管理。推动群防群治抓安全，进一步发挥群监、协管、青安岗等群团组织作用，创新抓好群众安全工作，全方位打造实施群众安全"630"综合管理体系品牌，即从6个"3"的维度抓

好群众安全监督检查，力争实现事故为"0"目标；实施"双五行动"安全帮教工作法，即"五式"+"五步"，"五式"即开展直观视频式、现身说法式、情景体验式、家属联保式、班前寄语式安全宣传教育活动，"五步"即通过协调配合、宣教跟进、亲情感化、回访闭合、正面激励五个步骤，做好对安全薄弱人员的帮教工作；大力推行班组"四自"管理，深入开展以"创新、创效、创品牌"为内容的班组劳动竞赛，以"工人先锋号""巾帼建功立业"活动为载体，针对各单位、班组岗位实际，有的放矢地开展不同主题、不同类型的竞赛活动；倡树"青年当先，强企有我"理念，持续擦亮"青字号"品牌，抓好"号、岗、手"联动，纵深推进青年文明号、青年安全监督岗及青年岗位能手的创建，定期组织开展"青年工匠擂台赛""青年实操大讲堂""聚能登高五课堂"等活动，让"青年讲师团"到基层、进班组，在安全生产的各个岗位，处处可见优秀青工奋斗的身姿。

（二）固化支撑链，完善基础建设

把基础建设抓在日常、强化经常，突出"三到位"，让基础支撑更加有力有效。

1. 安全投入到位

严格安全生产费用提取和使用管理，健全完善安全生产费用提取和使用监督机制，优先保障安全科研、教育培训、智能化建设、"两优三减"等软硬件投入，重点是优先保证智能化建设方面的投入：采煤专业积极推广使用超前支架、单元支架等装备，减少端头、超前支护人员，并提高跟机移架、记忆截割、一键启停的使用率。掘进专业全面推广胶带输送机自移式机尾、新型风动锚杆钻机，积极调研掘锚护一体机并推广使用，进一步发挥高效快掘效能，改造或升级单轨吊施工钻车，取消利用脚手架平台施工单轨吊工艺。机电运输专业继续推广单轨吊网络化运输模式，完善南一辅助采区单轨吊运输网络监控系统，实现无线移动通信、机车精准定位、远程监控等功能；升级应用矿车精确定位系统，通过物料位置实时在线监测，随时掌握物料运输状态，建设智能物料配送平台，实现安全高效运输。通防专业进一步拓展监测区域，对采煤工作面及重点密闭时时检测分析，超前预警。推进单轨吊过风门实现自动化，推广应用自动隔爆装置，减少人员投入和工时利用。信息监测中心构建"固定为主+移动为辅"的视频网格，推广使用信息化矿灯；积极推进"电子封条"建设，实现远程监测监管全天候、全覆盖。完成矿井工控安全防护系统建设和数据中心基础建设的优化，实现专网与外网的有效隔离和机房环境的实时动态监测。洗煤专业建立设备运行工况智能在线检测系统，通过对主要运行设备温度、振动的在线检测和后台数据智能分析，实现设备故障的提前预警，提高设备故障的可控性。通过实施精煤自动配仓技术改造，实现仓上无人值守。通过以上工作，全面实现"智能化、少人化、无人化"。

2. 隐患治理到位

一是开展安全风险评估，做到检查评估、专业评估、矿井评估、分析评估、思想评估等相结合，强化风险预警处置。二是持续推进双重预防机制建设，依托枣矿集团双重预防体系管理平台的信息化管理作用，对现场主要风险和隐患悬挂标识，严格落实作业场所风险隐患公示公告制度。三是严格落实"黄红牌"挂牌管理，统一检查考核尺度，准确认定和及时消除安全生产重大事故隐患，力争杜绝被能源集团挂"红黄牌"情况发生。四是强化应急保障能力，由应急管理办公室负责，抓好矿井《生产安全事故应急预案》的修订，严格按照山东省政府的规定落实应急演练，并认真做好演练总结和持续提升。由各单位负责,抓好新开工或更换施工地点后的动态演练,凡不按规定进行应急演练的,一律不得通过安全准入评定、不得开工生产。严格落实"汛期停产撤人制度"和"调度员10项应急处置权"等规定,确保矿井安全;结合灾害事故预警继续完善"智能救援调度指挥系统",实现对矿井各类灾害预测预警、分析决策,并根据事故地点、类型和级别自动生成应急指挥流程,"一键触发"智能生成救灾方案、调度各种资源,自动生成各种指挥命令并自动发送,确保应急救援工作科学合理。五是抓实重大灾害治理,全方位加强自然发火防治、粉尘综合治理,将各类事故隐患消灭在萌芽状态。

3. 对标提升到位

用好"三个载体",一是"走出去"的学习载体,适时组织各专业人员到外部单位对标学习,开阔视野,走好对标—学标—树标—超标的自我提升之路。二是"排名制"的评优找差载体,安全质量标准化建设方面,坚持好调度会的"周排名"形式,找出最优最差单位进行评比,并与经济考核相挂钩;党群工作方面,对党支部采取百分制"532"考核方式,即季度集中检查考核得分占比50%,日常动态工作考核得分占比30%,支部书记季度测试成绩得分占比20%,对支部书记每季度进行一次集中闭卷考试。通过周评、季考的形式,实现以评促提、以考促提,倒逼强化过程管控。三是"视频问政"载体,坚持"出彩蒋庄·暗点曝光"形式,定期在调度会上展现亮点曝光暗点,让各级管理人员现场学有标杆、改有标准,让先进者"有面子、有票子",让懒政者"丢面子、挨鞭子",进一步完善和巩固你追我赶、争先进位的激励机制。

(三)优化保障链,提升基本功建设

在优化中强保障、强素能,把功夫下在平时,实现"人"这个关键要素的全面提升。

1. 优化队伍保障,在加强人才建设上下功夫

通过示范引领抓带动,打造各类专业性人才工作室,能够起到集聚人才、集聚资源、集聚攻关的引领带动作用,能够起到技术促安的示范效应,该矿选拔各专业技术尖子、创新能手,培育命名"蒋庄工匠",以高技能人员工作室、劳模创新工作室、巾帼创新工作室创建为带动,放大规模效应,激发全员创新创效热情。其中,韩套轮劳模创新工作室被省总工会命名为"山东省示范性劳模和工匠人才创新工作室",李勇、韩套轮分别被聘为中国煤炭行业大师教学平台"首席讲师",在他们的指导带动下,专业同事的技术水平不断提升,达到技能保安的目的。通过见贤思齐抓激励,正气足,人心齐,才能激发干成事的自信、解难事的担当。大力弘扬先模精神,充分发挥好先模人物的典型示范作用,定期利用每季度的创新评选、五一五四大会、年度的家文化表彰等各种时机,对评选"创新创效创业先锋""蒋庄榜样"等系列先模人物,大力宣传他们的典型事迹,牌板上有影、广播里有音、微信里有介绍,树立见贤思齐的价值导向,持续引导干部员工"争当最美蒋庄人",汇聚为企业发展献计出力的正能量。

2. 优化素质保障,在实现能力过硬上下功夫

一是强化思想敬安,良好的宣传氛围能够影响人、引领人甚至改变人,注重多举措、广渠道的打造矩阵宣传模式,是提升思想境界、增强敬畏意识的基本手段。利用固定载体让安全之言看得见,在基层各单位会议室、"三基"广场、安全宣传一条街、井口安全文化长廊、井下安全生态大巷等人员密集区域,将各类安全理念、愿景进牌板、上灯箱,形成良好的宣传氛围,在潜移默化中引领员工的思想;利用新兴媒体让安全提醒在眼前,通

过钉钉、QQ、微信等推送上级精神要求、事故案例、预测预警信息等，让安全提示提醒随时看见、近在眼前。

二是抓实学习培训，开展"订单式""菜单式"培训，建立"学+练+考"模式，变单一的固定教学为多渠道、多形式培训。深入开展"智在必得"安全知识有奖竞赛活动，提高岗位人员现场操作的实战技能。落实企业安全生产"大学习、大培训、大考试"专项行动，制定《"山能 e 学"网络培训学习平台运行办法》，推行全员学习。

三是加强警示教育，利用能源集团、集团公司、矿三个层级警示教育日和"每月一专题""每周一案例""一岗三案例"等日常动态教育相结合的方式，开展案例警示教育。将习近平总书记关于安全生产重要论述和《生命重于泰山》两部视频，作为职工每月学习的规定动作，定期在井口、"三基"广场等地点举办典型事故案例展板宣传活动。各支部牵头，及时组织学习上级下发的各类事故案例，开展事故案例警示教育，让事故警示高悬、安全警钟长鸣，增强全员安全意识。

3. 优化要素保障，在提升党建赋能上下功夫

以"双入双创"党建模式和"336"党建工程为引领，聚焦"团结奋斗、凝心聚力、风清气正、融入发展"的定位，着力推进"三基六能"创建，全方位助推中心工作。

一是增强"头雁"效能。持续浓厚学习宣传贯彻党的二十大精神的氛围，充分利用"三会一课"、主题党日等载体，采取多种交流互动方式，提振党员群众的"精气神"。加强政治建设和意识形态工作，丰富党委理论中心组学习形式，以上率下、以上示下。推进党支部书记"双培养"工程，促进党务干部与业务干部轮岗交流。

二是增强固本效能。优化"三联三挂三强"机制，坚持"以强带弱"补短板和"强强联合"同提升，重点培育5家五星级样板党支部。实施"融党建"提质增值行动，推进"一支部一品牌"创建，提高党组织书记抓基层党建的实效性，放大"红色印记""民情日记"成效。

三是增强联动效能。发挥"三中心"（"党建三基"服务中心、新时代文明实践中心、乒羽中心）"三基地"（高技能人才孵化基地、洗煤创新创效基地、廉洁教育基地）的辐射带动作用，实现矿井层面、专业层面、区队层面的"三联动"，打造100米"教育圈""服务圈"，推动宣教工作更接地气。

四是增强廉洁效能。全方位打造清廉蒋庄，文化"育"廉，赋予"十指廉心"廉洁文化品牌新内涵，完善"1+5+1"特色教育模式。监督"强"廉，强化政治监督，加大党委会对研究"三重一大"事项前置把关力度；强化日常监督，紧盯重要时间节点开展专项检查；强化"关键少数"监督，永远吹冲锋号，把严的基调、严的措施、严的氛围长期坚持下去。机制"护"廉，不断完善各类制度，堵塞管理漏洞，以制度管权管事管人。狠抓执纪问责，运用"全周期管理"一体推进"三不"机制建设。

五是增强保障效能。加强作风建设，完善"N+1"履职考核机制，年度内管理人员的比例不低于2%。开发"智慧信访"大数据平台，推动网上受理与网下办理深度融合，线上接访、线下走访，确保信访稳定。动态优化疫情防控举措，落实"自己是健康第一责任人"要求，抓好个人卫生和个体防护，避免大规模集中感染。

六是增强和谐效能。创新深化家文化建设，聚力打造"五个之家"，提升"蒋心连心"志愿服务质量，推进电动汽车位扩建、更衣箱更换等民心工程建设；守住环保底线，推进绿色矿山建设，创建健康环保环境；实施精准帮扶"365+"举措，千方百计为困难职工纾困解难。

三、党建"三基"+安全"三基"的实施成效

通过实施党建"三基"+安全"三基"双轮驱动，与中心工作互融互促，取得了实效，放大了成效，助推了矿井安全发展。

（一）全面过硬，稳固基层

1. 规定动作落地有力

按照"整体推进、全面过硬"的思路，重点实施支部班子、党员队伍、党内生活、基础保障、功能发挥"五个过硬"标准，纵深推进过硬党支部建设。坚持"建、管、用"相结合的原则，升级改造了基层党支部党员活动阵地，达到党建阵地建设有制度、有场所、有设施、有标志、有党旗、有书报"六有"标准。充分发挥党支部的政治功能、服务功能、示范功能作用，实现了"一支部一阵地"的创建目标。

2. 作用发挥引领有力

重点突出支部书记、党小组和党员三个作用发挥。着力发挥支部书记"领头雁"的作用，通过举办党支部书记素质提升培训班、开办党支部书记论坛、组织党支部书记业务知识考试等形式，打造了"三精三会"的支部书记队伍，即精确掌握党支部工作业务知识、精准领会落实上级部署的工作任务、精细了解干群思想动态、会做思想工作、会培养典型、会总结经验。着力实施"双细胞"工程，将党小组建设与班组建设深度融合，把党小组建在班组上，"把班组长培养成党员，把党员培养成班组长"成为常态。着力展现党员风采，以党员安全先锋岗、质量先锋岗、创新先锋岗、创效先锋岗、服务先锋岗"五岗争创"为载体，深入开展"党旗在一线高高飘扬"活动，通过定期评选挂牌、表彰奖励，有效调动党员争先创优的积极性，切实让党员动起来、让党徽亮起来、让党旗飘起来，使先锋岗成为攻坚岗、示范岗。

3. 党建品牌激发活力

把打造党建品牌作为展现支部形象、提高工作效能的有效抓手。通过"项目申报+审核把关""典型带动+成果推广""严格考核+正负激励"，聚焦难点求突破，体现特色促管理，深化了"一支部一品牌"创建。相继打造出综采二区"三金一创"、机运工区"五星耀机运"、弘大公司"支部摆擂台、党员展风采"等30余个党建品牌。弘兴公司实施的"五小工作法"，被山东省国资委评为优秀案例，并在"灯塔党建在线"推介；选煤厂党支部围绕智能选煤厂创建，建立"党员创客空间站"，充分发挥其在集智聚力、技能传承、技术创新等方面的优势，先后攻克技术难关130余项，创效近千万元，贡献了党员智慧和力量，该支部被命名为省属企业过硬党支部示范点。

（二）智慧赋能，夯实基础

1. 以信息化促进基础工作规范化

以信息化的无形之手，规范基础工作的"四梁八柱"，实现了数据多跑腿、线上比学干。倾力打造了党建三基服务中心。设立坚守初心、党性体检、党建调度服务三个功能区。通过开展党的光辉历程教育、革命传统教育等，让每名党员接受思想洗礼、牢记初心使命；精准实施网上智能化党性体检，为党员提供差异化"体检套餐"和提升方案；突出

"围绕中心、服务大局"的职能定位,设立了党建调度室,建立了"五表两会"工作规范化运行机制,形成了"大政工""大党建""大落实"格局,构成了服务基层的长效平台,已累计为基层办实事、解难题59件,有效激发了基层党组织活力。开发了党员"红色印记"信息系统。将党员个人的有关情况,分初心本色、理想信念、使命担当、创新攻坚、红色荣耀五个板块进行记录和展示,达到了保存党员入党流程,记载党员组织生活,收集党员先进事迹,储存党员爱心奉献,展示党员业绩荣誉的目的。借鉴"智慧交通天眼工程"的做法,研发了AI安控系统,让"电子安监员"代替安监员上岗,24小时全天候"站岗",自动辨识违规行为,促进员工"安全习惯+个人自律"的养成。

2. 以机制化推动机关基层互动

传承"从群众中来,到群众中去"的作风。通过上下联动,创新实施了"三联三挂三强"机制,三联即"纵向联通",加强党支部、党群政工部门之间的双向联系沟通;"横向联动",加强支部之间的交流互动,促进经验分享、资源共享;"内部联培",加强对非党员、党员业务骨干的联系培养,培育岗位人才,建强党员队伍。三挂即"部门负责人挂帅",助力支部攻坚克难;"业务骨干挂教",提升党务政工人员实操水平;"支部委员挂点",形成分工抓落实的格局。三强即强基固本,通过建立党建工作清单和党务工作流程图,实现支部工作有序运转、自主高效;强效增值,打造"融党建"品牌,实现党建品牌服务中心更加精准、更有质效;强标筑垒,推动党员素质提升,形成示范带动,实现凝心聚力。通过纵深推进"三联三挂三强",促进党建工作提档升级、提质增值。"三联三挂三强"推进党支部全面过硬的做法在《国企党建》杂志刊发,并获得省煤炭行业协会2020年经济研究优秀论文二等奖。通过机制促动。把党建工作抓在日常、管在经常,制定蒋庄煤矿党建考核办法,把党建工作责任制考核指标细分为6个一级指标、21个二级指标,采用"双评定·532"方法,分赛区对全矿各党支部进行百分制检查考核,一季一评,选优找差,并利用正反现场会等形式,倒逼各支部取长补短、互促互进。

3. 以融合化实现与中心工作同频

牢固树立"融入中心抓党建,抓好党建促发展"的理念,积极履行"把方向、管大局、促落实"的职责,紧紧围绕矿井中心任务,创新实施以六项融入、六个路径、五有保障为主要内容的"665"融党建创建,找准了党建"第一责任"和推动发展"第一要务"的融合路径,推动党建工作与中心工作同频共振,同向发力。坚持融入安全生产,通过开展"我是党员我先行",以党员"先锋效应"带领攻坚,助推了安全发展。坚持融入重点工作,通过"党员+项目",让党员的身份亮出来,充分发挥党员骨干在压煤村庄搬迁、充填开采、薄煤层开采等重点工作中的示范作用。过去两年完成了4个村庄搬迁,充填开采效率不断提升,薄煤层智能化开采正在加速推进,为保接续、稳效益打下坚实基础。坚持融入创新创效,针对生产经营中的难点、重点,坚持"党员+人才",充分发挥党员在创新驱动中的帮带作用,面对矿美源热电厂政策性关停,尾煤泥将陷入长期堆放造成环境污染而单独销售利润微薄的尴尬境地,选煤厂党员高文宇带领技术小组主动出击,通过实施提灰减量技术改造,每月多回收洗混煤3000吨,创效约60万元。

(三)强化服务能力,锤炼基本功

1. 多措并举建强人才队伍

始终坚持"人才资源是第一资源",认真落实能源集团"31789"人才培养要求和集团公司"青蓝相继"工程、"琢玉"工程，关心关爱凝聚人，实施"青巢"计划，通过开展大学生员工成长分享会、为远在外地的家人送喜报等多种方式，让他们感受到"家"的温暖。多种途径培养人，加速年轻干部和高技能人才培养步伐，创新开办"专业技术公开课"，采用"轮流讲、集中学"的方式，加速各级专业技术人员素质提升。组建"技能大师"团队，打造"高技能人才孵化基地"，矿井打造了四个创新工作室，达到了连点成线、聚沙成塔的目的，先后涌现出了全国煤炭行业技能大师韩套轮、全国煤炭行业优秀技术能手李勇、煤炭行业建功立业优秀毕业生李进等一批拔尖人才。不拘一格使用人才，实施了"五个一批"人才培养使用工程，加速干部年轻化、知识化、专业化步伐，矿井90后正副科级人员占全矿90后管理技术人员的28.75%，采煤区队区队长也全部配备为80后，为矿井长远发展增添了新动力、注入了新活力。

2. 管好管紧"四管"人员队伍

坚持力度、硬度、温度并重，深化运用"四种形态"，扎实推进"三不"机制建设，打造了"十指廉心"廉洁文化品牌建设，即优化十个路径、量化十个指数、培育十种心态，形成了"齐抓共管、握指成拳、聚力发展"的局面，为浓厚矿井风清气正、干事创业的氛围提供了保障。《"十指廉心"廉洁文化品牌建设的创建与实践》被中煤政研会评为管理创新一等奖。

3. 用心用情服务职工队伍

与推进家文化建设相结合，每年开展一次家文化建设表彰大会，"和美家庭""最美员工"评选不断推陈出新，先后涌现出了献血达人杜升启、勇救落水儿童和老人的李欣、张波等。专门成立了"蒋心连心"服务队，进一步弘扬向善向上的正能量，"一心为家、爱矿如家、同心建家"成为家文化建设的生动写照。与"我为职工办实事"长效机制相结合，定期梳理汇总职工反映的热点焦点问题，主动回应"难点"、纾解"痛点"、打通"堵点"，把实事办到基层和职工的心坎上，针对职工反映的早班点名时间早的问题，将井下职工三班点名时间统一向后推迟1.5小时，"微调整"托起了职工休息的"大幸福"；完善基础设施建设，先后投资170余万元对餐饮中心进行改造；配备胶靴烘干橱柜1500余个、公管服自动发放箱柜500余个；相继实施了停车位改造、充电桩投入使用、幼儿园修缮、井口沙场扬尘治理等民生工程，"小工程"得到了职工的"大点赞"；顺应职工所盼，常态化开展"365+"精准帮扶，扎实开展"六个一"活动，为井下职工配发清凉衫，建成职业健康体检馆。针对调适职工身心健康的现实需要，专门打造了兵羽中心，"常服务"让职工的心情"长舒适"；高标准建成占地面积395平方米的新时代文明实践中心，以服务驿站、书香驿站、家园驿站、国风驿站、信仰驿站、健康驿站、心灵驿站七大板块，打造形成了宣传习近平新时代中国特色社会主义思想的重要载体，成为广大职工群众学习提升的"加能站"。

基于 5M1E 在煤矿洗煤精益生产管理的应用研究

沈祥龙,董红建,梁庆昌

(山东能源枣庄矿业(集团)有限责任公司田陈煤矿)

摘要:长期以来,煤矿企业对煤层赋存条件依赖严重,同时受国家能源市场和供给侧改革的影响很大,迫切需要调整煤矿企业的生产经营管理方式以扭转被动的局面。田陈煤矿建矿已经 30 多年,经过多年的开采,高质量块段煤层已经基本采完,剩余块段优质存量少,给生产经营带来较大的困难和挑战,高质量发展遭遇瓶颈,亟须新的管理方式来持续提升矿井内在经济运行质量效益。引入先进的精益生产管理理念,利用精益生产模式,以 5M1E(人、机、料、环、法、测)因素分析法和"鱼骨刺图法"进行各项因素分析,针对分析的各项影响因素,利用 PDCA 改善工具进行改善提升,解决人、机、料、环、法、测等各方面影响因素,进行生产全过程的精益化管控,实现入洗原煤的"吃干榨净",达到经济效益最大化的目的,提高矿井经济效益。

关键词:5M1E;煤矿洗煤;精益管理;应用研究

一、研究的背景

(一)经济全球化发展的需求

近年来,受国际形势及全球新冠疫情暴发影响,世界发展低迷、经济增长乏力,而中国正处于刚完成脱贫攻坚战,经济发展方式亟待转型期,新兴产业和主要尖端科技还相对落后,传统的经济增长方式已经不可持续,GDP 增速放缓,煤炭企业受国家能源市场和供给侧改革的影响很大,枣矿集团田陈煤矿要实现经济效益的持续稳定和提升,迫切需要新的管理方式来促进经营质效和经济效益的提升。

经济全球化给煤炭企业的发展带来了更多的机遇与挑战,企业进行创新与改革是适应时代潮流,精益生产管理是提高企业竞争力的重要方法和路径,是作为企业提高生产效率、降低企业风险的切实有效的方法。

(二)企业自身发展的迫切需要

1. 矿井生产面临诸多困难

煤矿企业属于井下作业,时刻面临着地压、水灾、瓦斯、煤尘、煤层自燃等自然灾害的防治压力,作业环境差、条件艰苦,在生产过程中会遇到断层等各方面的客观因素,与地面标准化生产车间有着显著的差别,精益化和标准化生产存在较大困难和巨大挑战,从源头控制煤质的难度较大。

2. 矿井天赋地质条件差

田陈煤矿煤层赋存条件差,大储量工作面少、优质块段少,低产低效工作面多,接续频繁、运输战线长、生产系统复杂,给集约高效布局带来很大挑战,给原煤煤质管控带来较大挑战,给原煤洗选及产品质量控制带来较大挑战。

3. 高质量发展的需要

通过成本压减提高经济效益已基本没有空间,为提高经济效益,实现矿井高质量发展,开展精益生产管理,既是能源集团统一安排部署,更是田陈煤矿自身的迫切需求。

二、基于 5M1E 在煤矿洗煤精益生产管理应用的内涵

精益生产管理是一种管理方法,其强调建立合理的生产管理模式,以顾客需求为导向,在生产中有效利用资源,减少一切不增加价值的过程,最大限度地消除浪费、创造价值,从而提高企业经济效益。煤矿企业开展精益洗煤生产是以精益生产管理工具为抓手,利用 5M1E(人、机、料、法、环、测)因素分析法,精准利用"鱼刺图"(特性要因图)分析工具,对各项影响因素进行分析,查找影响环节、制约因素,针对排查出的影响因素,利用 PDCA 循环法、SPC 法等进行整改和完善,实现各环节的最优配置,从而实现高效生产,达到提升企业经济效益的目的。

三、基于 5M1E 在煤矿洗煤精益生产管理应用的主要做法

利用 5M1E(人、机、料、法、环、测)"鱼骨刺图法"对生产全流程因素进行分析,查找制约因素,如图 1 所示。将入洗原料煤管控作为出发点,以持续优化洗煤生产工艺流程为主线和抓手,对影响工序质量和效率的人员、机器、材料、方法、环境等因素进行精确地统筹控制,从而理顺生产全过程,做到生产流程科学、规范、顺畅,生产环节紧凑、精干、合理,最终实现高产高效,做到对入洗原煤的"吃干榨净",提高经济效益。

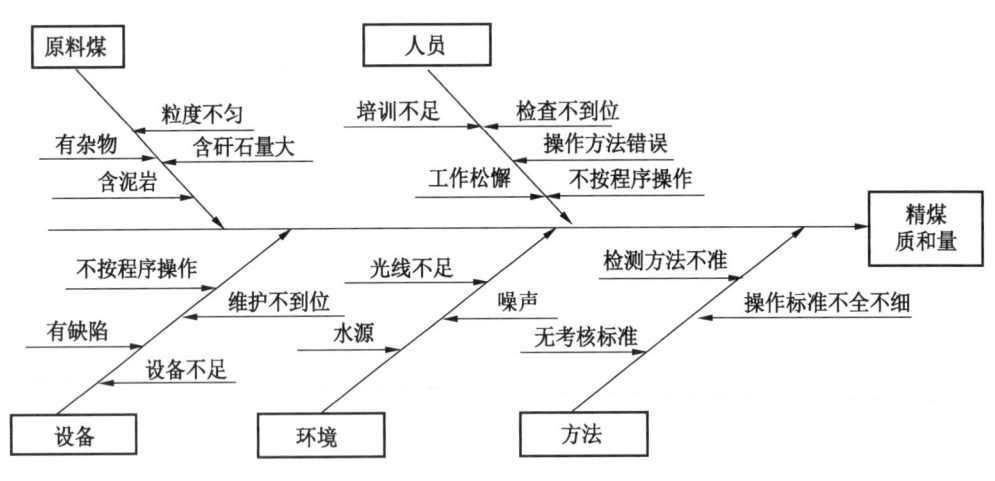

图 1 "鱼骨刺图法"进行"5M1E"因素分析

(一)分析入洗原料煤对洗煤生产的影响,制定方案进行改善

1. 对入洗原料煤现状分析

入洗原料煤是在洗选过程中客观存在的主要因素,入洗原料煤粒度越均匀、入量越稳

定,越有利于洗选和提高精煤回收率;反之,越不容易质量把控。根据统计数据和检测分析,主要存在以下影响问题:

(1) 入洗原料煤含矸量大。矿井生产现采用综采和综放两种工艺,由于矿井地质条件复杂,工作面均有断层和煤层夹矸存在,同时煤层不稳定,采煤生产过程中矸石量较大;另外,为了提高掘进效率、提高机械化水平,综掘机代替耙装机、皮带运输代替矿车运输,掘进矸石随皮带进入煤流,增加了煤中含矸量,经近年来统计,矿井毛煤中+50 mm以上矸石占比13%左右。

(2) 原料煤粒度不匀。由于煤层经过压覆,硬度强,在采煤生产过程中(特别是在放顶煤开采中),大块垮落,虽然经过工作面破碎机的破碎,运输途中进入煤仓的碰撞分裂,仍有超洗选要求粒度的存在,+50 mm以上块煤率平均为20%,块率范围在10%~27%,给洗煤工艺控制造成较大影响。

(3) 入洗原料煤中带有杂物。在生产过程中,临时支护使用木料、棉纱,由于回收不及时,或因煤机截割形成的碎片进入煤流的现象普遍存在,同时伴有铁丝、截齿等铁质杂物,容易造成旋流器卡堵,或对设备造成破坏,影响生产连续性和质量稳定。

(4) 泥岩现象时有发生。因地质构造影响,煤层发育不足,工作面内的煤层中常夹带泥岩,呈泥化状态,在洗选过程中浮选精煤和重介精煤相互背灰,或回收不充分,常造成精煤损失。

2. 利用 PDCA 循环法进行改善

通过分析以上存在的问题,认为一是井下采场地质条件复杂,很难从生产源头解决以上问题,二是在原煤入洗前缺少一套破碎、筛分设备。分析原因后,制定了安装一套筛分排矸设备的方案,以解决入洗原料煤中大粒度、矸石含量多的问题。

1) 制定计划

经过多轮方案讨论,制定了在井下建设 TDS 智能干选选矸系统的方案,可以实现以下目标:

(1) 在井下实现 50 mm 以上块原煤的预排,升井的原煤满足入洗粒度要求。

(2) 提高升井原煤煤质,通过对矸石的提前排出,有效提升升井原煤的质量,实现升井即标准煤的目标。

(3) 优化生产环节,降低成本,TDS 智能干选系统建设后,可优化减少井下和地面手选两套系统,减少工作员工 7 人;同时能够代替现有地面浅槽排矸系统,节约电费、设备维护等费用。

(4) 提前将原煤中的矸石排出,使矸石不进入矿井洗煤厂洗选环节,利于减少洗选环节的煤炭消费压减、降低洗耗。

(5) 为下一步开展采—选—充"一体化"打好基础,矸石不上井,直接在井下用于充填开采,减少地表矸石大量堆积而引起的环境污染。

2) 计划实施

根据矿井现有开拓情况以及运输系统情况,秉着集中分选、集中处理的原则,综合考虑皮带煤量稳定,矸石运输等情况,安装一台破碎机,将块煤矸破碎至 50~350 mm 以内,安装 TDS 分选系统,将 50 mm 的大颗粒物料筛分出来,进入 TDS 智能干选机进行选矸,将矸石排出,设计选矸效果矸石排出率≥90%,矸石带煤率≤3%。

3）实现的效果

系统建设完成后，进行了效果验证检测，通过检测试验，运行效果良好。

（二）对现有洗煤系统进行分析，进行优化提升

洗煤系统是影响洗煤生产的重要环节，设备配置齐全、运行状态良好是高效洗煤生产、增加回收率、稳定产品质量的基本保障。

1. 利用检测数据分析法，研究需要改善提升的环节

（1）洗煤工艺现状。田陈煤矿现采用重介浮选工艺系统，采用"50~0 mm 入选原煤无压三产品重介旋流器分选+部分粗煤泥重介旋流器分选+细粒煤泥两段浮选机浮选"选煤工艺。

（2）对洗选指标进行分析。委托中国矿业大学对整个生产工艺系统进行了定量技术诊断研究工作。

2. 制定改进方案，对现洗煤系统进行优化升级改造

1）制定方案

依据上述定量检测评价结果，在上级部门的领导下，经与中国矿业大学、枣庄信诚设计院等单位部门充分研讨论证后，制定了煤泥深加工技术改造可行性技术改造方案，分为两个阶段逐步实施。

2）计划执行

第一阶段是 2021 年底完成对中煤磁尾进行处理的工艺系统改造，增加一台水力旋流器对中矸磁尾进行浓缩分级，溢流进入浮选系统分选回收，进一步提高浮选精煤产率；第二阶段是 2022 年进行的浮选工艺系统的优化改造，采用"浮选机+浮选柱"两次浮选工艺，提高-0.045 mm 粒度级煤泥的浮选效果，进一步提高精煤抽出率并优化精煤质量。

（1）中、矸磁尾处理系统。针对中磁尾与矸磁尾中的-0.25 mm 粒级中均含有部分低灰煤泥（灰分相对较高的矸磁尾中-0.25 mm 粒级灰分只有 66% 左右），为提高矿井综合经济效益，对原中、矸磁尾粗煤泥回收系统进行优化调整，中、矸磁尾经分级旋流器浓缩后，溢流全部进入浮选工艺系统分选回收。

（2）粗精煤泥处理系统。为确保角锥池沉降分级的效果，利用变频电机+可调节钢板溢流堰的方式，调节角锥池内的液位，精煤磁选机尾矿进入角锥池沉降分级，角锥池底流利用叠筛进行脱泥回收，叠筛的筛下水、角锥池的溢流和中、矸磁尾旋流器溢流进入一次浮选机进行浮选。叠筛筛上物料通过煤泥离心机脱水后直接进入精煤皮带，保证角锥池分级效果。

（3）细粒度煤泥浮选系统。角锥池溢流、叠筛筛下水和中矸磁尾旋流器溢流进入一次浮选机进行浮选，一次浮选机前两室精矿进入二次浮选精矿桶，一次浮选机三至六室精矿进入二次浮选入料桶，通过二次浮选柱进行二次浮选，浮选柱精矿进入二次精矿桶，利用压滤机进行脱水作为最终精煤产品，二次浮选尾矿进入浓缩机进行浓缩沉降。

一次浮选主要是保尾矿，使尾矿的灰分达到 75% 以上，二次浮选是对一次浮选的精矿进行再浮，降低精煤泥的灰分，减少"背灰"现象。

3）生产工艺改造前后对比

（1）原粗煤泥回收、浮选系统（图 2）。精煤磁选机尾矿经过 370 水力旋流器浓缩分级后，底流进入 371 复振筛脱泥，其筛下水、370 溢流进入一次浮选机，一次浮精和 371

筛上物料进入465卧脱进行脱水,卧脱产品进入精煤运输系统,离心液进入二次浮选机,二次浮精通过精煤压滤机脱水后,进入精煤运输系统。

（2）改造后粗煤泥回收、浮选系统。精煤磁选机尾矿进入主厂房北角锥池,经浓缩分级后,底流通过312叠筛脱泥,筛上物料进入313煤泥离心机脱水后,离心产品进入精煤运输系统。北角锥池溢流、312叠筛筛下水和中矸磁尾旋流器溢流进入浮选机,后四室或五室精矿进入浮选柱,前一室或二室精矿和浮选柱精矿通过精煤压滤机脱水后,进入精煤运输系统。

4) 完善升级自动加药系统

优化升级浮选加药自动化控制系统。研究提出了"前馈+双反馈闭环控制"的智能浮选设计方案,主要包括：浮选智能加药站、精煤矿浆灰分仪、尾矿浆灰分仪、智能浮选系统平台、流量计、浓度计等。以"浮选入料量检测""浮选精煤矿浆灰分检测""尾矿浆灰度检测""系统算法"为研究关键点,根据浮选入料浓度和流量检测技术、X荧光检测技术、AI尾矿矿浆检测技术、系统计算技术,在入浮煤泥量的前馈控制的基础上,利用实时检测的浮精灰分和尾矿浆产品灰度分别对起泡剂和捕收剂的添加进行双反馈控制,真正实现了浮选系统的智能化。

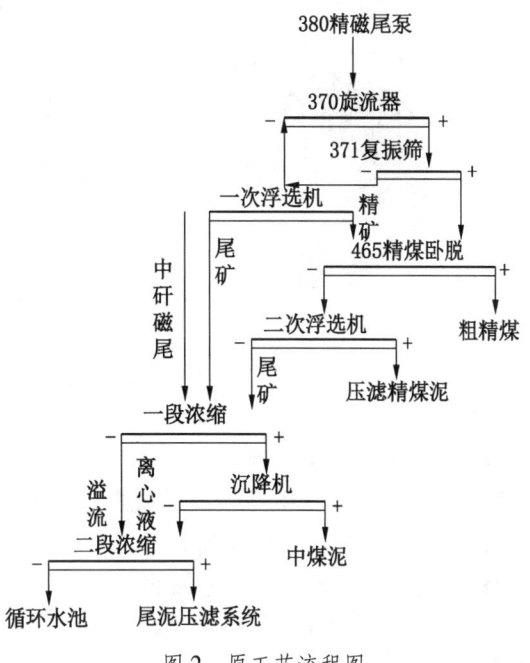

图2 原工艺流程图

3. 效果验证分析

系统完善以来,整体运行平稳,为了解水力分级旋流器的运行效果,对水力分级旋流器进行了效果评定试验。

1) 中矸磁尾系统运行情况

从试验数据上看,溢流中+0.125 mm粒级产率仅为2.55%,底流中-0.045 mm粒级的产率为5.27%,溢流无跑粗物料,底流加细的产率也较低,经计算,水力旋流器的分级效率可达到72.68%,分级效果比较理想,达到了预期的目的。

2) 尾煤泥发热量直线降低

改造前,煤质较差时,尾煤泥发热量在1000大卡以上,在系统优化技改完善后,尾煤泥发热量控制在了500大卡左右及以下的水平,达到两级集团要求指标以内,在能源内部处于排头位置,实现了吃干榨净的目的。

（三）人的影响因素分析与改善提升

1. 人员素质现状分析

（1）结构层次分析。分析年龄结构、学历层次、职业技能水平等,如图3所示。

（2）工作状态分析。在日常管理中,依然有工作松懈、麻痹大意等情况的发生,造成智能化仪器和常态化标定、药剂添加短时间时空状态,影响精煤产率和质量；依然存在设备检查、巡检不到位的现象,一定程度上影响连续生产。

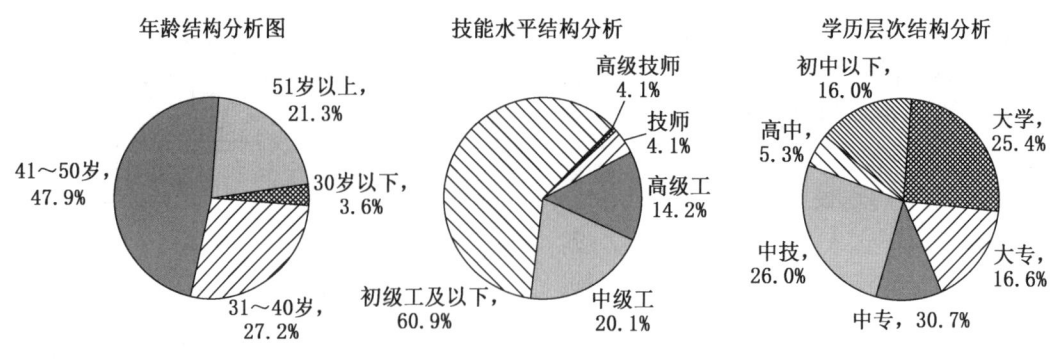

图 3 人员素质结构分析图

2. 制定方案改善提升

（1）加强"质量第一"的质量意识教育，建立质量管理责任制。建立质量过程管控办法，根据生产工艺实行分级负责，规范生产全过程的管理，针对每个层级、岗位制定质量管控标准、保障措施以及考核奖惩办法，与个人收入挂钩。

（2）编写明确详细的操作流程，加强工序专业培训，加强重介密控、煤泥浮选两个重点岗位管控。

①分别制定了浮选司机岗位操作流程、操作标准，密控司机岗位操作流程、操作标准，压滤机司机岗位操作流程、操作标准，浓缩泵房岗位操作流程、操作标准，以及皮带机、检修工岗位流程及操作标准等。

②建立岗位责任制，分别对密控司机、浮选司机、压滤司机、浓缩泵房等重点岗位的岗位责任制，以及其他岗位的责任制，明确工作内容和标准。

（3）加强检测工作，为生产提供指导。制定采制化考核办法，从采样造作标准、采样个数、采样的重量标准化、采样取点的规范性等关键指标进行明确规定，并配有考核细则，规范岗位员工行为，同时开展班组对标竞赛，落实评比奖优，激发主动性。

（4）制定各类工作制度，以及对应的考核制度，规范行为。制定编制了《选煤厂管理制度汇编》，将安全管理、质量标准化、例会制度、薄弱人员排查制度、调度值班制度、管理人员巡查制度、作业规程及操作制度、质量过程管控制度、机电设备管理及巡检制度、材料管理制度、清洁文明生产制度、教育与培训制度等共计 30 余项，对各项工作明确工作流程与标准。

（5）规范检测人员的管理。检测人员是选煤生产的"眼睛"，能通过数据分析生产过程的好坏，因此，强化检测人员的管理尤为重要。制定《采制化快速检查一览表》，制定合理的采样、抽查制度，加强对采、制、化工作的管控，保证采制化工数据的及时、准确和代表性。要建立日常检查和采制化抽查台账，对各值班人员及各级管理人员安排抽查的项目要记录在案，并及时指导现场作业。

（6）制定培训计划，提高职工职业素质和技能水平。建立健全《选煤厂教育培训制度》，坚持"管理、装备、培训并重"和"强制培训、分级管理、统一标准、教考分离、考核发证"的原则，对职工进行有计划的培训和经常性的安全教育。

利用"晨会""山能 e 学"、安全教育平台等抓好全员动态学习培训工作，定期召开专业会，利用"师带徒"、"一点课（OPL）"等形式，相互交流学习，缩小个体差异，不断提升密控、浮选岗位人员的专业技术素质。

（四）工作环境影响因素分析与改善提升。

1. 影响环境因素

选煤厂所有生产环节均在厂房内，存在光线不足情况，存在粉尘漂浮的现象，存在噪声大的现象，但不是必要条件。

2. 改善措施

主要是在光线不足的地点增加照明灯，安装自动洒水装置进行降尘，在转载点安装喷雾洒水装置，与设备运转同步运行，降低扬尘；同时每天利用废水进行冲洗，保持清洁；配齐劳动保护用品，降低噪声对人的工作行为和状态的影响。

（五）开展设备运行现状分析，制定精益操作维护标准

1. 通过对洗煤工艺全流程的分析

对设备不全、存在缺陷的问题已经得到解决，在第一部分入洗原料改善和第二部分洗煤工艺优化中，已经做了具体阐述，在此不再做过多的赘述，现对在现有设备的维护、巡检、保养等具体工作保障方面的强化与改善进行说明。

2. 问题现状分析

众所周知，配齐各类设备是产品质量、数量的必要条件，对各类设备的维护与巡检，保障设备的正常高效运行则是产品数量和质量的重要条件。在日常工作中仍存在旋流器的卡堵，质量不稳、指标偏离的现象，偶尔发生机械事故等问题，要着手加以解决，主要是解决标准流程方面、操作流程方面以及人员操作标准方面。

3. 制定精益设备维护规范，提高设备运行效率

（1）制定各项设备操作标准流程图。结合各项重点设备和工种职责，制定了各种设备岗位操作和设备巡检工作流程。

（2）对每台设备制定巡检标准完好标准。对固定部分、单机部分设备都进行了明确，举例重点设备说明如下：

①分级筛。要求激振器装配牢固，振幅符合技术要求，运转正常，无异响，按各筛子的不同分别制订出加油频次，温升不超过75℃。停机振幅不大于50 mm（双振幅）。筛板工作面平整、光滑、无破洞、无松动、开裂现象，筛板固定牢固等。

②离心机。运转无震动、异响，转动灵活；刮刀与筛篮间隙最大不超过3 mm，筛缝最大磨损不超过原规格的80%，筛面磨损量不大于总面积的20%；润滑系统完整齐全，仪表完整齐备，指示准确，保护灵敏可靠。

（六）规范采制化，为生产提供指导

采制化工作在洗煤生产中发挥着重要的作用，是洗煤生产的"眼睛"，各项数据的分析为生产提供指导，通过对入洗原料煤的数据检测，根据检测结果指导洗煤生产工艺及时调整，通过对洗选产品质量的数据检测，指导洗煤工艺、浮选液等的及时修正，对产品质量和产率起着至关重要的作用。为实现洗煤"采制化"的标准操作，制定如下操作规范：

（1）采样规范。煤质正常平稳期间，每班标准个数为12个，按左、中、右三点循环采样，每次采样视频录制、上传；每个样子控制在2~2.4 kg之间。

（2）制样规范。前期准备规范齐全，按照规程掺和、缩分操作，缩分不能有明显的误差，误差100 g以内；制样过程中不得出现煤样撒落、砸飞或装瓶时撒落；清扫煤样瓶；

留取的分析煤样,重量控制在 40~60 g 之间,时间控制在 8 min 以内。

利用开展班组对标竞赛的模式,调动"采制化"岗位提高操作标准流程,对操作流程按步骤和各环节的关键点制定操作考核标准,并进行分值量化,每月为一个竞赛周期,一个月内随机抽查每个班的同一个岗位代表本班组参与竞赛,得分高者获胜,获胜者给予奖励,调动工作标准化的积极性。

(七)建立"大联动、大协同"全过程的监督监管保障体系

1. 制定协同联动保障

(1)井下新建 TDS 智能选矸系统由机电运输科负责,负责整个 TDS 系统的运行与维护,确保入洗原煤粒度在 50 mm 以下,排矸率达到 95% 以上,矸石带煤率控制在 2% 以内,对运行效果提出更高的要求。

(2)从原煤生产到精煤产品全过程质量的采、制、化由煤质管理中心负责,定期到工作面、主运输系统取煤样,为洗煤生产稳定提供合理的配采方案和数据指导,同时对洗选产品进行质量检验,落实监督与考核。煤质管理中心属于矿长直管,充分发挥煤质的监督检查及考核职能作用,确保对各环节的监管、考核到位。

(3)选煤厂负责洗煤生产工艺全过程控制,对精煤产率负责、对尾煤泥灰分控制负责、对精煤产品质量负责,为便于掌握入洗原料煤的煤质变化,及时调整生产工艺,相应配置了煤质化验组,每天对入洗原料煤和洗选过程浮选过程、产品质量进行检测化验,协同根据煤质变化及时调整工艺。

2. 健全考核制度

(1)强化各环节的职能考核。为强化井下 TDS 智能选矸系统的正常运行,充分发挥提质作用,下发了《田陈煤矿井下 TDS 智能选矸系统运行考核办法(试行)》《田陈煤矿井下 TDS 智能选矸系统运行管理特别激励办法》,通过考核管理、激励政策保证系统运行效果。

(2)强化煤炭生产加工的全过程管理。制定下发了《关于加强煤炭产品质量管理的实施意见》管理文件,对工作面设计、掘进作业、采煤生产、运输提升、洗煤加工、装运销售等全流程环节进行质量管控,确保产品质量和经济效益最大化。

(3)融入市场化结算。对选煤厂将精煤产量、产率和质量与工资收入挂钩,对煤质管理中心将质量管控结果与工资收入挂钩,对机电运输科将选矸效果、排矸车数、排矸率与工资收入挂钩,执行量价结算、奖优罚劣,充分调动工作积极性。

四、基于 5M1E 在煤矿洗煤精益生产管理应用的实施效果

(一)升井原煤质量显著提升

TDS 智能选矸系统运行效果显著,提质作用明显,经检测,矸石排出率达到 98% 以上,高于设计核定 90% 的水平,矸中带煤率达到 1% 以下,优于核定参数 3% 的水平,升井原煤粒度控制在 50 mm 以下,升井原煤中含矸率大幅减少,实现了升井原煤即标准煤的目标。

(二)实现入洗原煤"吃干榨净"目的,增加矿井效益

自系统完善以来,整体运行平稳,提高了对矿井煤质的适应能力及煤泥水系统处理能力,经试验检测,溢流中 +0.125 mm 粒级产率仅为 2.55%,底流中 -0.045 mm 粒级的产率

为5.27%，溢流无跑粗物料，水力旋流器的分级效率可达到72.68%，尾煤泥发热量由原来的1000大卡左右降至500大卡左右，提升了精煤产率，达到了对入洗原煤"吃干榨净"的目的，年可增加收入1200余万元。

（三）降低洗耗，为下一步"采-选-充"打下基础

将50 mm以上矸石在井下预排，能够达到"矸石不出井、少出井"的生产目标，提前将原煤中矸石排出，使矸石不进入矿井洗煤厂洗选环节，有利于矿井洗煤厂的煤炭消费压减，降低地面选煤厂的洗耗，减少环境污染；同时，为下一步的"采—选—充"一体化打下基础，可推动矿井高效、绿色、可持续发展。

（四）经验具备推广价值

煤矿企业生产环境恶劣，现场条件变化大，效益最大化的精煤质量和产率难以得到保证，通过实施精益生产管理，实现了入洗原煤的"吃干榨净"和经济效益最大化，特别是在能源集团大力实施市场化精益化融合管理，大力推进"六精六提"工作中，破解了煤矿企业实施精益生产管理难以落地、工作推动缓慢的难题，田陈煤矿在洗煤生产精益化利用5M1E因素分析进行改善提升的做法，对煤矿企业选煤生产具有借鉴和推广价值。

做实深度融合 彰显品牌活力
以"源动力"党建引领企业高质量发展

薛 波

(山东能源枣矿集团付村煤业有限公司)

摘要： 山东能源枣矿集团付村煤业公司党委始终坚持以高质量党建引领企业高质量发展，在矿井打造"五型"新付煤变革转型发展的浪潮中，将党建工作与安全生产、绿色开采等核心业务深度融合，创建形成了"源动力"特色党建品牌，为推动企业实现高质量发展提供坚强政治保障。

关键词： 源动力；融党建

一、创建背景

付村煤业公司作为枣庄煤矿的接续矿井，是枣矿集团骨干矿井，红色文化底蕴深厚，百年中兴的文化内涵在这里传承发扬，铁道游击队的红色基因在这里代代相传，煤矿企业艰苦创业的光荣传统在这里薪火相继。付村煤业公司党委坚持以党建聚合力、促融合、谋发展，旗帜鲜明地坚守好"国企姓党"政治本色，确保了上级各项决策部署贯彻落实到位。但从实际看，党建工作仍然存在不少问题，一是缺少顶层设计和系统谋划，"党建大动力"发挥不足；二是不能较好地处理党建工作与企业中心工作的关系，不能很好地将党组织的政治优势转化为企业的发展优势；三是理想信念有所弱化，有的党员对党的理论、路线、方针、政策系统学习不够，对上级的重大决策、重要部署认识不深、理解不透，理想信念有所弱化、政治敏锐性不够强。

针对上述问题，付村煤业公司党委牢牢把握全面从严治党这一主线，坚持把党的领导融入企业治理各环节，启动党建登高"三年规划"，通过构建以"655"运行体系为支撑的"源动力"党建品牌，提升党建工作科学化、规范化、有形化、系统化水平，推进党建工作全面深化、提档升级，不断释放"红色基因"源动力，奏响党建引领发展、服务发展的最强音，为推动矿井"转型突破、赶超跨越"高质量发展提供坚强有力的政治保证。

二、品牌内涵和要义

打造"源动力"党建品牌，就是践行"红基因传承""源动力赋能"两个基本内涵，突出"红根基""融党建""实文化""'付'先锋"四个核心理念。

(一) 基本内涵

"红基因"传承。付村煤业公司作为具有140多年历史的中兴煤矿公司和枣庄煤矿的接续矿井，有着深深的"老枣庄"情感记忆，传承和吸纳中兴公司和枣庄煤矿实业报国、艰苦奋斗、务实求新的红色基因和文化精髓，"初心"光照着付煤人新的使命。

"源动力"赋能。党建引领赓续前行，先锋旗帜奋楫竞进。在急难险重任务面前，全体党员必须强化"冲在前、做表率、向我看"的责任担当，勇当先锋、敢打头阵、亮风亮绩、积极作为，让先锋的旗帜在煤海飘扬，为付煤高质量发展奋勇拼搏、添力赋能。

（二）核心理念

"红根基"，就是要传承红色基因，激发红色血脉，砥砺红色品格，筑牢红色堡垒，把党的理想信念作为企业干事创业的不竭动力，把党的方针政策作为企业最大的发展机遇，把党的组织建设作为企业最大的人才库，进而把党建的政治优势转化为企业的发展优势。

"融党建"，就是通过发挥好党的建设的引领作用，把人心和精气神凝聚起来，党建与中心工作融合起来。扎实推进党建"三年登高"计划，把党建做强增强科创力，把党建做优增强驱动力，把党建做细增强凝聚力，把党建做实增强生产力。

"实文化"，就是文化实，注重文化体系建设，深挖"付煤精神"内涵，重塑"求实、务实、踏实"的付煤价值观；作风实，扛起"严管理、强履职、抓落实"大旗，专注干部队伍建设，强化责任担当，促进履职尽责；工作实，紧紧围绕能源集团、集团公司重点工作，坚持"干在实处，走在前列"，确保高质量推进，高标准完成。

"'付'先锋"，就是要树立"一切工作到支部，一切工作到党员"的核心理念，发动全体党员、干部、职工"冲在前、做表率、向我看"，勇当先锋、甘于奉献、乐于付出，为企业高质量发展奋勇拼搏、添力赋能，激发企业发展的内生动力，推动企业良性发展。

（三）工作目标

"源动力"党建品牌创建，必须坚持统筹规划和逐步实施、分类达标和整体提升、软措施管控和硬措施推进"三个结合"，抓实推进党建工作动态提升、持续发展。锚定党建"基础夯实、规范提升、巩固登高"三年规划，着眼于党建工作的系统流程和整体保障，通过基础管控、考核评价、实践总结等方式，切实保障基层党支部建设基础全面夯实、党支部书记素质能力全面提升、党员队伍服务功能更加突出。

通过对党建品牌体系进行深化完善，用心打造"源动力"党建品牌，以融入生产经营为基础，做实"引领之源"；以企业发展历史为基础，做实"文化之源"；以矿井智能开采新模式为基础，做实"智慧之源"；以民生情怀为基础，做实"幸福之源"。

坚持和谐发展，以人为本，保持矿井平安稳定。一是落实民生工程，在力所能及的情况下，积极改善职工生产、生活环境。二是维护职工权益，推动民主管理和厂务公开，让职工正当权益得到保护。三是保障职工福利，稳步提升职工收入水平。四是解决职工困难，建设民生通道，畅通职工利益协调、诉求表达和矛盾调解渠道，职工反映问题及时妥善解决。五是建设平安矿区，严格落实信访责任。

坚持创新发展，改革推动，通过"源动力"示范效应，充分激发发展活力，让管理模式更加优化。一是体制机制创新增强发展活力。二是经营管控创新拓展盈利路径。三是运营模式创新提升运行质量。四是科技创新引领转型升级。

三、突出实践特色，彰显工作活力，全面构建"655"源动力党建运行体系

付村煤业公司党委全面落实能源集团党委"双入双创"工作部署，系统推进"融党建"品牌，深化党建模式创新，系统构建以"六力型党委、五基型支部、五有型党员"

为支撑的"655"源动力党建运行体系。

（一）高点定位、系统筹划，创建"六力型"党委

把党委嵌入"把方向"、党建融入"管大局"、机制导入"促落实"融入公司治理的各个环节，实施党建工作定量、定性、定责管理，释放党组织活力和创造力，构建了政治引领力强、改革攻坚力强、管控协调力强、文化聚合力强、学习创新力强、监督执行力强的"六力型"党委。

1. 树牢政治"引领力"

付村煤业公司党委始终注重突出政治引领作用，持续通过政治引领焕发强大战斗力、凝聚力和号召力。党委抓好思想统一，坚持和落实"第一议题"制度，公司党委委员率先垂范，结合分管领域在"第一议题"学习中轮流领学，坚持紧跟形势、学以致用、理论与实践相结合，从中汲取破解改革发展难题的智慧和方法；基层党支部第一议题传达、第一时间部署、第一标准推动，突出紧抓"关键少数"，带动"绝大多数"，做到认真学、深入悟、扎实用，确保公司上下思想统一、步调一致，并通过党建调度会议机制，及时研究贯彻上级党委决策部署和公司党委部署安排，从政治上找准工作定位，从业务上落细任务要求，立足全局、科学谋划党建工作。通过党委强有力政治引领作用的有效发挥，确保了党建重点工作取得预期成效，推动解决了企业发展中的各类痛点、难点和堵点问题，切实推动和保障上级党委和公司党委重大决策部署落地见效。

2. 抓实改革"攻坚力"

党委不断创新工作方式，深化"党员突击队""党员示范区"等系列活动，把优秀党员"洒下去"，让党员冲在一线。充分发挥党建引领作用，在疫情防控、安保维稳等重大攻坚任务中第一时间设立临时党支部，迅速有力调动和释放党员先进性、凝聚力和战斗力，同步压实党组织主体责任，促进重大任务优质高效落实；在重点工作任务上设立党员突击队，党员干部带头认领任务，各条专业线党员干部身先士卒，主动投身改革攻坚各项重点任务，形成了采掘专业"敢打敢拼"奋斗精神、压煤搬迁"敢啃硬骨头"拼搏精神、煤炭营销"担当作为"务实精神、公司上下"一家人一盘棋一条心"团结协作精神，为企业优质高效推进改革攻坚各项任务提供了坚强组织保障。

3. 增强管控"协调力"

充分发挥党委"把方向、管大局、促落实"的领导作用，坚持"三重一大"制度，发挥党委前置把关作用，把公司党建和生产经营作为有机整体进行谋划和推进，强化对决策用权的程序监督，从健全组织领导、完善决策程序等方面入手，修订完善《"三重一大"事项集体决策制度》《党委会议事规则》，明确党委前置研究后续决策形式和决策层级，保证党委对重大决策事项既前置把关，又避免"大包大揽"，推进党委前置把关常态化，切实把党的领导融入公司治理、企业发展全过程。进一步完善党委统筹基层党建的工作机制，明确党群部门及各党支部的岗位职责，同时加大督促检查和跟踪落实力度，实行"清单式"考核、"流程化"推进，形成责任明确、领导有力、运转有序、考核到位的运行体系，促进党建工作实现一体化、高效化管理，切实增强了党的管控协调力。

4. 凝聚文化"聚合力"

公司党委以持续提升文化聚合力为落脚点，自觉传承老一辈枣庄煤矿人的使命担当，以中兴精神为指引，形成了"实"文化、"家"文化等特色文化，以及以"积极进取、以

人为本、向上向善"为主题的特色基层文化，营造了"企业有生气、职工有士气"的发展环境和精神面貌，有效发挥了文化引领作用，为企业高质量发展提供了有力支撑。坚持守正创新、党建引领，把形势任务教育、企业文化教育、安全生产教育等作为基础工作和规定动作，引领安全文化入脑入心。扎实推进以党建阵地为代表的载体建设，充分发挥主题党日活动中心等阵地作用，通过打造党员阵地，将特色文化融入其中，助推文化引领与基层管理实践的有效融合、相互促进，不断增强党的文化聚合力。

5. 培育学习"创新力"

扎实推进党的先进理论知识学习，把学习教育、调查研究、检视问题、整改落实贯穿中心组学习始终，领导班子成员以身作则，按照党中央部署主题教育等学习要求，采取个人自学和集中学习研讨的方式，先学一步、深学一层。制定年度党建工作要点，严格落实"第一议题"等制度，加强对各支部理论学习的检查指导，认真抓好"三会一课"、民主生活会、组织生活会和主题党日活动，广大党员在中心组"龙头作用"和"头雁效应"下，不断增强"四个意识"、坚定"四个自信"、做到"两个维护"。实施"党建项目突破"，坚持以推动党的建设与生产经营深度融合、互融互促为长久课题，继往开来、借智借脑、集智聚力，扎实引领基层党组织开展党建项目突破，不断强化党组织学习创新力，推动党建工作水平提升。

6. 从严监督"执行力"

立足推动企业改革发展高质量发展，聚集上级党委和公司党政重大决策部署、发展战略、重点工作要求，紧盯任务执行、制度落实、作风纪律等，做细做实政治监督。依托纪检数字化监督平台，构建作风纪律督察常态化机制。常态化开展"三严三反"专项活动，成立纪律整顿工作督察组和纪律作风小分队，建立"三级督导"保障机制，常态化督导在重点工作落实、劳动纪律、会风会纪、疫情防控、安全管理、重大事项报告等方面存在的问题，抓住督办重点，力戒形式主义、官僚主义。把精准运用"四种形态"作为全面从严治党和落实"增减"目标的重要手段，强化"全周期"政治生态考核，涵养风清气正从严氛围。

（二）筑牢堡垒，建塑形象，打造"五基型"党支部

付村煤业公司党委秉承"党政同向、职工同心"的理念，提出"凭韧劲真抓实干，凭智慧开拓创新"，全面创建基本组织强、基本制度严、基本队伍优、基本活动实、基本保障好的"五基型"党支部，切实把党建"软实力"转化为推动企业发展的"硬措施"。

1. 基本组织"强"，夯实党建根基

建立党委领导核心、支部班子健全、委员分工明确，职责清晰的"121"管控体系。

"1级管理"：实施党支部评星定级管理。以"党的一切工作到支部，一切工作到党员"为宗旨，按照能源集团过硬党支部质效评估具体要求，结合"星级党支部"评定要求，每个季度末月最后一周，分专业对公司所有基层党支部进行系统考评，发现问题、查找不足、明确措施、整改提升，切实通过季度硬性考核，激励基层党支部发挥政治功能和服务功能。

"2项设置"：健全优化党组织设置，结合机构改革工作需要，健全完善基层党支部架构，常态化开展基层党支部情况调研摸底，梳理汇总存在的问题，提出党支部设置规范化的思路和方法，确保基层党组织覆盖率达到100%；规范党群机构编制设置，增强党群部

门职能和力量，构建"大党建、大政工"工作格局，每季度对党务人员进行业务、实操等专业知识和技能的考核，以此不断压实专业主体责任，推进党组织资源一体化配置，实现党建资源互补共享、有机融合、统筹利用，发挥党群机构工作合力。

"1种模式"：基层党支部联建模式。组织开展联建活动，重点推进党支部之间的联建工作，抓两头带中间，并选派有丰富经验的党务工作者担任联建党支部书记；建立联建工作运行机制，严格落实"民情日记"服务机制，建立党员"一对一"互助机制，先进带后进，提升队伍整体合力。

2. 基本制度"严"，强化党建支撑

建立制度管控"4级标准体系"，让基层党建依规推进，按章落实。第一级：落实第一议题，把学习习近平总书记重要讲话、重要指示批示精神作为党支部会议"第一议题"，及时传达上级部署和会议精神，推动各项重点任务落实到实处。第二级：抓实意识形态，开展系列形势任务教育，关注职工思想动态，及时掌控舆情动向，定期组织分析研判，做到早提醒、早预警、早预防。第三级：严肃政治生活，制定"三会一课"、民主评议党员、组织生活会、党务公开、谈心谈话、党费收缴、领导干部双重组织生活等制度标准化汇编，有效提升基层支部堡垒作用，让基层党建工作真正活起来。第四级：压实主体责任，层层建立完善党建工作清单，层层签订党建目标责任书，加大对抓党建工作的考核权重和问责力度，强化年度考核结果运用，着力构建责任明确、领导有力、运转有序、考核到位的党建工作新机制，形成一级抓一级、层层抓落实的党建工作格局。

3. 基本队伍"优"，压实党建责任

坚持"述职述党建、考核考党建、用人看党建"工作导向，做好"4个严抓"体系。严抓党支部书记队伍，严把政治关、品行关、廉洁关，选优配强支部书记，落实党支部书记持证上岗制度，发挥支部书记"头雁"作用，带头落实双重组织生活制度，提高"三会一课"、组织生活会和民主评议党员等基本政治生活的质量。严抓党支部书记选聘，把党支部书记岗位作为人才培养的另一条路径和平台，通过每个季度的积分管理、组织考察、专业推荐、业绩考核等，把优秀的管理干部和骨干选配到支部书记的岗位，同时，对履职不力、能力弱化的党支部书记适时进行组织调整。严抓党务人员能力提升，抓好党务人员队伍建设，配齐配强党务工作人员，确保专职党务干部总数不低于在岗职工人数的1%；从2022年开始，公司党委定期开展党支部书记常态化轮训，定期开展党务人员专项培训，常态化进行党务人员"一堂好课"评选活动，持续提升党务人员素质。严抓党员典型示范引领，以党员先锋岗、党员责任区、评优选先等活动为载体，选拔一批党性观念强、政治素质高、岗位业绩好、群众评价高的先进党员典型，掀起树立一个典型、示范引领一片的良好氛围。

4. 基本活动"实"，建强党建保障

以"源动力"党建品牌为引领，把党建融入生产经营，形成"5个1"活动体系，即"打通1个渠道、拓宽1个平台、整合1项资源、创新1项机制、发挥1个作用"。打通融入中心双向渠道，把基层党建内嵌到生产经营的全过程，进一步提升融入中心能力，实现党建由"虚"到"实"的根本性转变。同时，把党建重点工作运用项目管理方式推进，强调立题准、破题实、应用强，提升党建工作的目的性、创新性、系统性，实现党建与中心工作双向驱动、相互促进、有机融合。拓宽网络党建共享平台，深化"互联网+党建"

内涵，推进党务办公网络化、党员教育信息化、党建资源共享化，在公司公众号开辟党建专栏，在手机"e课堂"开发"党务知识我来学"模块，利用"灯塔在线"完善党员信息管理系统，推进党建优势与信息技术有机结合。整合党建研究资源智库，设立"源动力"党建智库专班，优化专班管理职能，明确工作职责和人员定位，拓宽机关科室人员参与度，围绕企业发展战略、重点任务和热点难点问题，提出研究的重点课题、一般性课题，建立立项申报机制、评审机制、成果推介机制，切实让优秀党务工作者发挥余热、培养人才。创新主题党日推广机制，在明确"党员活动日"+组织生活、党务培训、志愿者服务、党费日、政治生日、红色观影等6种方式的基础上，创新开展形式，丰富特色内容，进一步拓展"主题党日+"的政治功能。发挥党建创新机制作用，公司党委按季度举办党组织书记论坛，突出"一个季度一个主题"，以基础资料展评、党建成果展示、"党建调度""双向直通"、党建"1+1+N"联谊考核等党建工作机制，推行党建调度清单化过程管理，确保党建工作与安全生产、经营管理、重点工程等深度融合、一体推进、同步落实。

5. 基本保障"好"，激发党建活力

压实基层党组织和党支部书记责任，着力解决党建工作中的重点难点问题，推进"1+6"品牌保障管理体系。"1"，即一个"突破项目"，党支部书记每人确定1项抓党建突破项目，年初立项上报、逐季督促落实、年终验收考评，推动党建工作创新，形成基础项目与重点项目相结合、重点项目与创新项目相结合、党建项目与单位实际相结合的生动局面，每季度选取3到5名支部书记进行项目推进情况述职。"6"，即党建品牌"六项支撑"，强化分类指导，严格品牌考核评估，各党支部要结合实际和党建工作要求，形成可操作的党建品牌，突出品牌名称、品牌标识、理念内涵、服务标准、创建措施、成效影响"六项支撑"。缺乏党建元素、与业务结合不紧密、创建目标不明确的，一律不得过关，确保党建品牌"立得住、叫得响、推得开"。

（三）围绕中心，积极作为，培育"五有型"党员队伍

付村煤业公司党委从打造政治坚定有信念、规矩严明有纪律、道德高尚有品行、甘于奉献有作为、双向成长有动力"五有型"党员队伍着手，把党建当作一个专业去推动，在党员队伍中逐步形成"知企恩、提能力"的正能量。

1. 政治坚定"有信念"，在党性上做表率

公司党委通过理想信念、党纪党规学习，让党员时刻牢记初心，结合到实际工作中，就是要树立"忠诚报企"理念，牢记自己为党工作，为企业和职工工作。看待问题的高度提升了，共同的目标就明确了。与此同时，把党建责任压实下去，推行"党建调度"机制，拉出了党建调度管理77项清单、基层党支部委员会13项议事清单，打造支部书记"训练营"、下发支部书记"明白卡"，各层级班子成员除了有自己的业务工作，更有了党建责任，一项一项抓落实、抓落地。扎扎实实的党建工作，在付煤抓出了团结、抓出了正气，更抓出了推进集团公司高质量发展的强大合力。

2. 规矩严明"有纪律"，在操守上作表率

抓住"关键少数"，广大党员干部自觉加强党性修养，不断增强党纪意识，严格遵守党的纪律，争作严守党的纪律的表率。通过深入学习《中国共产党章程》《党员领导干部廉洁从政若干准则》《中国共产党纪律处分条例》等党内法规，进一步增强了党纪意识，

努力把党的纪律内化于心,从思想上预防各种违纪行为发生。坚持把抓纪律贯穿始终,做到在小节上不大意、在小处上不随意,始终把党的纪律视为"高压线",自觉地、无条件地接受党的纪律约束,做到有令则行、有禁则止。

3. 道德高尚"有品行",在行为上作表率

实行党员先学一步、学深一步,着力提升综合素质,每周三定为专业集中学习日,自行拟定主题,党员轮流登台授课,拓展培训视野和内容。以增强党性素养为重点,开展党员轮训和网络学习;每季度组织一次后备干部业务知识考试,开启自觉"充电"模式,消除本领恐慌。先后举办8期党支部书记"训练营"轮训班、8期素质提升"大讲堂",700余名党员分批集中培训,230余名干部现场交流授课,提升了党员队伍的整体素质。通过持续开展"学、讲、赛"形式,实现各抒己见、百家争鸣,营造"实文化、德付煤"的浓厚氛围。

4. 甘于奉献"有作为",在引领上作表率

坚持"党的一切工作到支部,一切工作到党员"的核心理念,持续开展安全、技术、创新、实干、管理"五型先锋"选树,实现争创活动的常抓常新,切实让基层党组织和广大党员从思想上认识到创先争优是永无止境,不是一劳永逸,时刻在思想上、行动上保持戒骄戒躁的作风、时刻保持积极向上、勇攀高峰的动力。大力宣传"管理先锋"孙井彬、"技术先锋"张硕、"创新先锋"冯飞先进事迹,哪里有需要,他们就去哪里;哪里有问题,哪里就有他们的身影,切实把那些理想信念坚定、工作成绩突出、有强烈事业心和责任感的优秀同志选树成为标兵、模范,通过他们的先进事迹来感染人、激发人和鼓舞人。

5. 双向成长"有动力",在履职上作表率

组织实施党员质量提升工程,依托"理论+技能""线上+线下""沉浸+体验"等三个工作法,全面推行党员党性教育和技能培训"双向培养",有效实现党员培训全覆盖。同时,公司党委高度重视青年人才培养计划,依托"琢玉工程"十年规划,启动智能装备工程师考察培养机制,把品质高、能力强、技术硬的骨干培养成支部委员或党支部书记,把党员培养成技术能手或管理能手,成立中青年超越班、组建大学生联合会、开展管理人员现场答辩会等活动,80后科室、区队党政负责人占比达到71%,一批90后走上科长、区长的重要岗位。以党员为主题的党群专业"智+训练营"、经营专业"青春党建"、采煤专业"先锋党建"、机电专业"创新支部在行动"等活动如火如荼地开展起来。

四、明晰发展路径,建强保障措施,全面推进"源动力"党建走深做实

付村煤业公司党委通过建强"组织、运行、考核、服务"四大保障措施,切实为"源动力"党建融入企业发展各个环节保驾护航,形成了"矩阵"式一体推进的综合保障架构。

(一)组织管理做实"五个维度"

围绕中心、服务大局。充分发挥党组织、党员在矿井安全生产中的战斗堡垒作用和先锋模范作用,围绕中心工作和重点工作,全面夯实基层党组织建设工作,用基层创新力来推动党建"源动力",以高质量党建推动矿井高质量发展。

载体创新,增强功能。深入研究基层党支部的工作特点,找准着力点,选准突破口,搭建党组织、党员参与党建活动和发挥作用的有效平台,创新形式多样、务实管用的活动

载体。

系统思考、破除壁垒。摒弃党支部建设封闭运行的传统思维,对一些不适应、不符合公司党建工作统筹发展的思路、模式和做法进行调整,以创新的思维和举措研究探索党组织体系建设的发展方向。大力推进"支部联建""党群共建",增强党组织的整合和带动能力。

资源整合、增强活力。遵循"专业相近、区域相邻、班次相同"的原则,以党支部为依托,以实现服务资源、党建资源开放共享为目标,以发挥党群部门服务职能为重点,采取派驻组建、联合组建、挂靠组建等方式,构建区域化、全覆盖、开放式的基层服务型党组织体系。

空间拓展、构建格局。立足"源动力"品牌创建和民生工程建设,联合信访、工会、纪检等党群服务部门,深入开展"跟踪式、保姆式"服务,推广"民生日记"工作机制,帮助党员群众解决遇到的突出问题,构建"大政工"党建工作格局。

(二)品牌运行做实"三个创新"

创新党员教育体系。最大程度实现党员学习教育"支部全覆盖、党员全参与"目标,建立"党员初心学堂、党员骨干大讲堂",创新教育形式、拓展教育平台、用活教育资源,创建刊发"微党课"期刊。

创新党建品牌培育体系。通过党建"三年规划",构建起品牌建设的长效机制,推动工作创新发展,增强品牌竞争力和影响力,坚持"安全生产突破+突出问题破解+党建品牌创建",以打造党员先锋之家、党员先锋论坛、党员先锋工作室、党员先锋岗、党员志愿者服务队为载体,打造付煤基层党建"星品牌"。

创新阵地管理体系。将党建阵地建设作为提升党建工作水平的有力抓手,作为增强党组织创造力、战斗力的有力途径,注重将支部建立在生产一线,充分发挥党员骨干领衔的"党建+智创基地"和"源动力"党建实践基地作用,带动全公司党员群众队伍共同成长进步。

(三)督查考核做实"三个突出"

突出党建考评依据。将各党支部品牌建设情况、双向直通包保组包保作用发挥情况和阶段性重点工作推进情况纳入基层党支部"评星定级"考核内容,根据完成时间、实施质量、创新动作、取得成效进行考核,作为公司党委及上级党组织评选先进基层党组织、"过硬党支部"等荣誉中优先推荐的依据。

突出党建配套制度。进一步完善民主生活会制度、组织生活会制度、党员领导干部党建联系点工作制度、民主评议党员制度、党员领导干部带头讲党课制度、"三会一课"制度、谈心谈话等党建制度,推进党建"模块化"管理,促使基层党支部深入落实全面从严治党责任。

突出查漏补缺意识。立足公司基层党建工作重点内容和常见问题,用"清单"督"责",拟定《责任清单》《党建调度清单》,实行党建工作"全纪实"管理、"全过程"考核,定期晒出成绩单、晴雨表,明确责任时限,强化整改落实,推动基层党建督出责任压力、实绩实效和特色亮点。

(四)服务民生做实"三个建设"

通过党建引领,促进文化发展,落实惠民举措,建设共有家园,让服务民生实现"有形化"，推动企业和谐稳定健康发展，让干部职工在幸福付煤建设中得到更多实惠。

建设文化家园。吸收和借鉴优秀企业的文化精髓，以"实文化、德付煤"发展理念为引导，科学规划实施企业文化建设，扎实开展企业文化深化年、文明新风系列倡塑、共有精神家园等系列主题活动，全面发展付煤特色企业文化，推动矿井软实力显著增强。

建设幸福家园。从职工"衣食住行"入手，说实话、干实事，不搞形式主义，不搞花架子，不干没效益的事，真正把时间和精力放到解决群众关心关注的紧迫问题上，打造了企业与职工命运共同体。

建设和谐家园。全面深化"我为职工办实事"活动，推行"五个零"工作机制，即信访接待"零距离"、隐患排查"零空档"、矛盾化解"零失误"、信访信息"零漏报"、干群关系"零间隙"。建立高标准厂务公开栏，开通涵盖物资采购、合同招标、工资奖金分配等16个方面的矿务公开电子查询系统，避免"暗箱操作"，营造企业和谐发展氛围。

山东能源枣矿（集团）付村煤业公司"源动力"党建品牌效应，形成了以党建的高质量发展引领企业的高质量建设，公司先后被评为全国煤炭行业安全高效矿井、全国煤炭工业"双十佳"煤矿、全国煤炭工业"五精"管理样板矿、全国煤炭工业企业文化示范矿井，荣获煤炭工业先进煤矿、全国煤炭工业先进集体等200余项荣誉称号，2021年通过了山东省"省级健康企业"和"全员创新企业"验收。付村煤业公司党委将按照集团公司"融党建"工作思路要求，持续践行"双入双创"党建模式，在全力服务好生产经营的基础上，充分发挥党建"软实力"优势，为能源集团和集团公司的高质量发展作出应有的贡献。

"多维度"党建模式推动国企高质量发展的应用研究

蒋金磊,饶得中,冯 磊

(河南龙宇能源股份有限公司车集煤矿)

摘要：坚持党建工作融入中心工作、服务生产经营不偏离是国有企业坚持党的领导、加强党的建设的必然要求，也是国有企业以高质量党建推动企业高质量发展的迫切需要。车集煤矿党委基于对加强和改进新形势下党建工作极端重要性的认识，对"多维度"党建模式推动矿井高质量发展进行了应用研究。"多维度"党建模式聚焦"思想同心、目标同向、行动同步"三大任务，大力实施"融心至正工程""融力至坚工程""融才至强工程""融创致远工程""融情至暖工程"五大工程，构建"党建全覆盖、融合无缝隙、考核无死角、作用大彰显、职工有获得"一个党建总体目标，实现党建与中心工作全领域融合、全领域建强、全领域提升，助推矿井高质量发展。

关键词：多维度；三大任务；五项工程

一、实施背景

(一) 国有企业创建"多维度"党建模式的重要性

新的形势下，我国经济已由高速增长阶段向高质量发展阶段转变，国有企业作为中国特色社会主义经济的重要力量，国企都是关系国家安全、国计民生的命脉行业，所以实现经济的高质量发展必须以实现国有企业的高质量发展为重要保证。国有企业高质量发展是新形势下重大的理论和实践课题，坚持党的领导、加强党的建设是国有企业实现高质量发展的独有优势。积极发挥国有企业党建的作用，对国有企业良性发展进行正确的引导，同时在党的领导下，依靠制度发力和思想培育，充分激发党员干部、职工群众的创造力和担当精神，是提升国有煤炭企业发展质量的关键因素。国有企业在党的领导、企业属性、文化资源方面具有独特优势，将党的领导深度融入矿井安全生产、经营管理各方面，才能真正实现矿井高质量发展。

(二) 国有企业实施"多维度"党建模式的重要意义

坚持党建工作融入中心工作、服务生产经营不偏离是国有企业坚持党的领导、加强党的建设的必然要求，创新党建工作载体也是国有企业以党建的建设高质量推动企业发展高质量的现实需要。在国企改革三年行动的大背景下，以高质量党建为引领，为国有企业高质量发展提供坚强政治保障；必须毫不动摇地坚持党建引领，坚定不移地把党的领导贯穿到矿井安全生产、经营管理各个领域和矿井升级转型全过程，持续厚植国有企业党建优势，为高质量发展提供主轴支撑力和核心凝聚力。探索应用"多维度"党建工作模式是为了适应当前高质量党建要求、推动国有煤炭企业高质量发展的大背景，围绕中心、重点及重大工程，做到党建与中心工作全领域融合、全领域建强、全领域提升的大党建格局。

二、内涵和主要做法

河南能源永煤集团车集煤矿党委探索实践的"多维度"党建工作模式是以党建工作高质量推动矿井发展高质量为目标，聚焦"思想同心、目标同向、行动同步"三大任务，大力实施"融心至正工程"、"融力至坚工程"、"融才至强工程"、"融创致远工程"、"融情至暖工程"等五大工程，明确了构建"党建全覆盖、融合无缝隙、考核无死角、作用大彰显、职工有获得"的全矿上下一盘棋的党建总体目标，实现党建与中心工作全领域融合、全领域建强、全领域提升，助推矿井高质量发展。

（一）以"五字"模式实施"融心至正工程"

1. "学"出政治定力

完善落实党委会议"第一议题"制度，扎实开展党委中心组学习，及时跟进学习习近平总书记重要讲话文章和指示批示精神。运用周末党校、支部书记例会、党支部书记第一党课、百名党员进课堂、智慧党建与"走出去、请进来"等多种方式，常态化开展学习教育活动，持续提升党员干部政治素质。

2. "讲"出前进动力

针对党的建设、安全生产、经营管理等不同领域以及各阶段重点工作，建立"干部、党员、先进"为主体的"先锋宣讲团"，以"干部带头讲、党员用心讲、先进示范讲"形式，常态化开展形势任务教育进基层、进一线、进现场，激发推动矿井高质量发展前进动力。

3. "论"出共识合力

针对不同时期，事关矿井全局、事关矿井长远发展的重点事项、重点工作，适时开展不同主题大讨论活动。各级领导干部把大讨论的过程，作为厘清思路、确定路径、制定措施、务求实效的过程，在大讨论中做表率、扛红旗、争第一，引导了广大职工群众见贤思齐、热情参与，为推动矿井高效发展凝聚共识、汇成合力。

4. "赛"出干劲活力

常态化组织全体党员结合日常工作和生活实践，用手机录制"微党课"，以"见人见事见精神"的作品感染人、鼓舞人、教育人，实现党员自我教育和教育他人的良性互动。常态化开展主题鲜明的征文、书法等大赛，不断提高党员干部职工学习宣传教育实际效果，丰富党员干部职工学习教育形式，提高学习交流主动性，推动知行合一、以学促行。

5. "树"出导向引力

强化品牌创新和典型引领，运用"星级工程""十大党员楷模""红旗支部""六好区队"等载体，选树涵盖安全、创新、经营等领域的先进典型，引导各支部、各单位创建一批叫得响的党建、区队、班组建设品牌，激发了职工在安全上对标认星、创先争星、赶先晋星的热情，推动党建活动直接深入到安全生产的主战场。

（二）以"五化"抓手实施"融力至坚工程"

1. 标准化建设

通过季度定期召开矿井党支部标准化推进会，对总体工作总结、分析、研判、部署，制定下发时间表、路线图和任务书，明确了"党委、党支部、党小组、党员"四级责任体系，压实了党建工作责任，保证了目标一致、行动紧跟、整体推进。常态化开展月度党支部考核，以"五抓五比"党建目标管理为抓手，以"定标准、重保障、抓创新、促提升"为主线，以"定基建标、定向对标、定制树标、定期验标、交流提标"为导向，持续推进党支部标准化建设提质扩面。

2. 规范化运作

持续推进党支部规范化运作，建立完善规范化的制度体系、运作机制，规范开展"三会一课"、主题党日、民主生活会、民主评议党员等工作。依托"周末党校"开展党员理论学习、党性教育、业务提升；在微信公众号上开设"学习进行时"栏目，强化学习强国"龙虎榜"周排名，定期通报参与率和积分排名，发放流动红旗，构建了"立体式"党员教育培训体系。围绕坚定政治信仰、坚持党的政治领导、提高政治能力、净化政治生态4个方面制定了10项具体考核目标，着力推动党员干部自我净化、自我完善、自我革新、自我提高。

3. 智慧化管理

本着"简约高效、信息共享"的原则，将网络信息技术嵌入党建工作中，精心打造了"车集煤矿智慧党建平台"，突出管理、监督、教育、服务、互动等七大功能，打造了集党务管理、组织生活、实时感知、互动交流、资源共享为一体的"智慧党建平台"；建立党建工程、支部标准化、党员教育、品牌建设、党员微心愿、党建考核等10个板块的网上平台，实现党建工作清单化、标准化、电子化、公开化、集中化、共享化，确保了日常党建管理工作界面清晰、直观便捷、高效务实，使党建工作融入智慧矿山建设"快车道"。

4. 品牌化示范

以机电一队党支部成功入选省政府国资委省管企业党支部标准化百家示范点为契机，在实现党支部标准化、规范化达标以及一支部一品牌的基础上，推进提质扩面，提升党支部品牌建设的成色与亮色，并与"六好区队"、"六型班组""十大党员楷模"等品牌建设相融相进，叫响了"车集党建品牌"。

5. 价值化创造

以提升矿井发展质量和效益为中心，持续推动党建工作与中心工作深度融合，让党支部、党员把矿井发展难点、重点、痛点作为党建工作的主攻点，把抓好重大任务落实、重大项目攻关作为检验党建工作成效的根本标尺。在党员中广泛开展"三亮、三比、三创"活动，即："亮身份、亮承诺、亮服务，比技能、比作风、比业绩，创建标准岗、先锋岗、示范岗"，进一步提升党员立足岗位做贡献的素质能力，进一步凸显党建政治价值、管理价值、效益价值。

（三）以"五大"路径实施"融创至远工程"

1. 党建+安全管理

坚持党对安全环保工作的全面领导，将安全环保工作列入党委会、支委会重要议事日程，定期听取、分析、研判、部署安全环保工作。创新推出了党委防范不安全行为三级保障机制。建立《跟踪帮扶表》，详细分析不安全行为类别、原因，要求当事人制定自我纠正措施、包保党员制定帮扶措施、党支部制定防范措施，向党委书记递交安全承诺书，接受全员监督，次月进行效果评价和考核。充分发挥党员、群监员、协管员、青安岗在安全生产中的监督监管和示范带头作用。开展好"事故案例警示教育""五清楚五必谈""三违人员现身说教"等活动,强化全员安全意识。坚持看安全用干部不动摇,把服务安全生产的效果作为衡量各支部党建工作的重要指标,并把落实党管安全责任与党员干部考核、提升、聘任结合起来,做到奖优罚劣、奖罚分明。

2. 党建+管理提升

建立健全党的领导融入矿井治理各项制度、完善落实党的全面领导制度、党委议事规则、党委前置研究、民主集中制等制度,充分发挥党组织"把方向、管大局、促落实"的领导作用,确保矿井改革发展正确方向。以降本增效、减员增效、提质增效为重点,深入开展对标一流管理提升行动,提升精细化管理水平。全面完善企业管理组织体系、制度体系、责任体系、执行体系、评价体系和风险防控体系,系统提升决策、资金、经营、生产、合规等水平。缩短管理链条、优化工作流程,深化全员、全过程、全要素的精益管理,优化成本、资金投入导向,注重投资回报。与先进矿井对标,全面建设管理制度化、制度流程化、流程信息化的基础管理体系,加强标准化建设,全面增强矿井竞争力。

3. 党建+服务保障

以服务型党组织建设引领基层党建工作,推进基层党组织强化服务功能、改进服务作风、提高服务能力、完善服务保障,不断增强创造力凝聚力战斗力。找准开展服务、发挥作用的着力点,坚持服务改革发展、服务安全生产、服务创新提效、服务素质提升、服务民生和谐,形成积极争创"优秀基层服务型党组织"的生动局面。

4. 党建+创新驱动

实施创新驱动发展战略,着力把思维创新、科技创新、管理创新等融入经营管理、改革发展全过程。充分发挥"党员技术服务队"作用,围绕"破难题、促转型"大力实施科技攻关,推动创新成果更好转化应用,以破解采掘接替紧张、一线人员短缺等问题。依托游弋"国家级创新工作室"为平台,大力培育党员创新"尖兵",发挥智能化装备的作业优势和效率,以高智能建设刷新出经营发展"高颜值",实现矿井质量更高、效益更好、结构更优、底色更绿。

5. 党建+风险防控

深化"五个三"大监督工作机制成效,进一步完善纪律监督、审计监督等衔接机制,充分发挥各类监督主体的优势,形成监督合力,发挥监督保障执行、促进完善发展作用,防范经营风险和廉洁风险。以畅通信访渠道为主线,严格落实依法逐级走访机制,有效推进法治信访和阳光信访,重点关注工资社保拖欠、深化改革等可能产生的不稳定问题,依托"双岗网格化管理"等平台,及时排查化解不稳定因素,为矿井健康发展提供和谐稳定的条件。优化督查机制,以督查提效能、转作风,推动"13710"工作机制全覆盖,促进各项工作更好更快落实。

(四)以"五种"机制实施"融才至盛工程"

1. 识才机制

完善"三推一考"办法与市场化选人用人相结合的干部选拔任用机制,优化多渠道、多元化干部选拔方式。坚持专业化导向、基层导向和业绩导向,用好各年龄段的干部,注重发现、选拔有过区队、班组经历、有攻坚克难和斗争精神特质的干部。认真落实《关于适应新时代要求大力发现培养选拔优秀年轻干部的意见》，结合实际，坚持把发现优秀年轻干部贯穿于培养选拔管理全过程，注重持续性发现关注、常态化调整补充。

2. 育才机制

突出政治训练，注重基层一线、重要岗位历练，加大"双向交流"力度，着力培养复合型领导干部。对具有发展潜力的青年人才，由所在单位针对个人和单位实际情况，协助其制定个人职业规划、选配专业培养导师等。着眼长远需要，从区队、班组、科室抓起，分类分层建立优秀年轻干部队伍档案，实行组织掌握、动态管理。结合矿井实际，制定党员干部培训计划，充分利用矿长大讲堂、红色教育培训基地、高等院校等培训资源，不断提升干部培训工作质量。有计划、有针对性地灵活采取专题培训、党支部书记轮训、党委中心组理论学习、网络培训、在职自学、岗位轮换（机关与基层，不同专业和岗位之间）和挂职锻炼等方式进行培训。大力实施"工匠培育工程"，取得的成绩较为显著。2020年以来，纪亚柯、王晓统等多人荣获国家、省市级荣誉；首届永煤大工匠评选，车集煤矿总量在永煤公司位列第一；坚持"把党员培养成技术骨干、把技术骨干发展成党员"的目标，充分发挥"游弋工作室"的辐射带动作用，大力开展"党员综合素质提升工程"，并挂牌成立了党员技能素质提升基地。

3. 用才机制

坚持正确用人导向，既看资历、经历，更重能力、潜力，破除论资排辈、平衡照顾等思想，不拘一格，大胆使用。用好各年龄阶段的干部，构建有层次的人才衔接有序、梯次配备的合理结构。建立和完善工作机制，统筹优秀年轻干部的选拔、培育、管理、使用。进一步加强和规范管理、技术、技能"W"型三通道建设，规范做好三通道横向流动管理，畅通人才成长路径，让每名青年职工施展才华有舞台、成长进步有平台，形成有利于人尽其才的使用机制。大力营造员工在一线培养成长、干部在一线选拔重用的氛围，注重从业务技术骨干、技师、大学生中选任班组长，注重从优秀的班组长中选拔区队长。

4. 留才机制

全面完善能够充分体现人才价值的分配激励机制和人才成长机制，通过有竞争力的待遇留人，通过良好的工作氛围留人，通过事业上的成长留人。待遇留人。在薪酬待遇、职级晋升、评优评先等方面，面向大学生、业务技术骨干、班组长、区队长倾斜。事业留人。进一步拓宽大学生、业务技术骨干、班组长、区队长成长渠道，优先选拔使用。关爱留人。日常做到关心关爱业务技术骨干，探索建立拟离职人员"三必谈、三跟踪"工作机制（谈想法、谈建议、谈规划，动态跟踪掌握拟离职原因、去向、拟离职人员周边同事思想状态），及时采取精准措施，防范人才流失。

5. 评才机制

坚持把全面从严治党、从严管理干部的要求贯穿发现培养选拔全过程，建立管思想、管工作、管作风、管纪律的从严管理体系。围绕加强班子政治建设、精准评判干部政治素质，建立政治素质正向标准和负面清单。在班子建设调研、年度考核、任职考察等工作中，注重了解掌握领导干部政治表现。分行业、分专业、分领域对矿属各单位领导班子重要岗位领导干部建立政治素质档案。完善干部人才考核机制和竞争机制，注重日常考核与年度考核综合运用，以工作实效检验工作能力，让各类优才在考核机制中脱颖而出，构建起能上能下的竞争氛围。

（五）以"五项行动"机制实施"融情至暖工程"

1. 察民情

车集煤矿党委500余名党员（劳模、职工代表）包保联系2300余名职工，并建立了500余个"双岗网格化管理工作微信群"，实行党员包保联系人姓名、职责、服务承诺、联系方式"四公开"，推行一网多用，重点开展日常安全包保、职工思想隐患排查、困难帮扶、技术服务、谈心谈话等工作。在实现机关、区队党员"线下"交叉补充包保全覆盖的同时，"线上"又达到了"职工遇难事随时说，党员'接招'随时办"高效便捷的目的，保证了职工愁、难、急、盼等诸多事宜一张"红网"全覆盖、速解决，不断释放"指尖上的正能量"。一张"红网"运行以来，排查发现存在思想隐患、生活困难的职工20余名，包保党员及党支部自发筹集帮扶资金10万余元。如今，"红网"成为党组织密切联系职工群众新的桥梁和纽带，有困难找支部、要帮忙找党员在我矿成为了一种新风尚，此做法在人民日报客户端、央广网刊发，在社会上树立了良好的企业形象。

2. 解民忧

把职工群众安危冷暖放在第一位、把职工群众呼声作为第一信号，将职工群众满意不满意、高兴不高兴、答应不答应作为检验一切工作的根本出发点和落脚点。利用好"矿长接待日""双心服务站"等载体，定期通过面对面交流，将职工反映出的问题列出清单，制定解决措施，实行清单式销号管理。开展好党支部联系点工作以及大调研活动，了解民情民意，及时排查化解存在的突出问题。持续推进"我为职工办实事"实践活动常态化，切实解决一批群众身边的操心事、烦心事，不断改善职工工作和生活条件，加强劳动保护，保障职工安全健康权益。

3. 聚民智

党员干部坚持带着问题进行走访，坚持解决问题的方案从职工群众中来、办法到职工群众中找，从职工群众的具体建议中发现破解难题的"金点子"，在职工群众创造的新鲜经验中寻找推动发展的思路对策。完善矿务公开、职工代表大会、合理化建议收集反馈等民主管理机制，畅通民意表达渠道、广泛征询意见建议等形式，开发民智、集中民智、运用民智，使决策真正建立在科学、民主的基础之上。

4. 纾民困

为职工群众做好事、办实事、解难事，及时帮扶在子女就学、治病就医等方面有困难的职工，积极促成有帮扶能力的党员与困难群众结成帮扶对子，既立足于解决职工群众的实际困难，又帮助他们树立信心、自强自立。扎实做好困难党员慰问工作。对新入职职工特别是大学生给予特别关心和帮助，做到矿井与职工同心同向，促进矿井和谐稳定发展。

5. 惠民心

坚持发展依靠职工，发展为了职工，发展成果与职工共享，推动职工收入稳步增长、工作生活条件持续改善。持续开展冬送温暖、夏送清凉、金秋助学、劳动模范慰问等活动，关心各类先进人物的工作生活。关注和保障职工心理健康，结合实际逐步改善劳动条件，促进体面劳动。持续改善职工宿舍、澡堂、食堂环境质量等，提升职工幸福指数。广泛开展内容丰富、形式多样、职工群众喜闻乐见的文体活动，不断扩大覆盖面、提高参与度，塑造职工队伍团结拼搏、积极向上的精神风貌。

三、实施效果

车集煤矿"多维度"新模式的构建与实施，体现了创新性、科学性和独特性，在引领矿井改革发展中彰显了党建的政治引领优势和组织保障优势。

党建工作全面融入。五项子工程协调联动，推动"党建+"工作机制更加细化，深入推进党建融入中心工作，通过全面推行"双岗网格化管理""党委防范不安全行为三级保障机制"，发挥党员、劳动模范、职工代表的"主心骨"和辐射带动作用，把全体职工纳入组织视野，累计开展帮扶谈心4136人次，解决职工关切问题952项，切实维护了职工队伍及改革发展大局稳定。

引领矿井高质量发展。2022年矿井主要经营指标创造近十年来最好水平，商品煤产量同比32万吨；完成营业收入13.24亿元，利润完成6.01亿元，矿井顺利通过国家一级安全生产标准化矿井验收、国家级绿色矿山验收。

创新创效成果显著。2022全年累计完成创新成果收购397项，获得专利授予36项，获得省部级创新奖13项，发表核心期刊论21篇；科研项目抵扣税金903万元，推广应用创新成果57项，累计产生价值约1.93亿元。

人才培养成效突出。坚持"人才强企"理念，积极探索创新，全力推进"工匠"培养工程，在全矿形成"大工匠带中工匠，中工匠培养小工匠"的梯队培养模式，让更多的能工巧匠脱颖而出。2022年闫志强获全国技术能手，游弋获河南省十大师带徒标兵，王晓统获河南省煤炭系统大工匠和职工职业道德建设标兵，5人获市级以上五一劳动奖章等殊荣，17名职工晋级"车集工匠"，33人在永煤公司技能竞赛中进入前十，培育了一支结构合理、优势互补、梯次分明的工匠队伍。

职工幸福指数提高。职工群众所急、所盼的40项实事全部办成，爱心背包和暖心水壶成为下井职工的"标配"，爱心雨伞成为各党支部的暖心标签。澡堂成功完成改造升级，关系民生的"两堂一舍"服务持续提升。利用各种载体，接待来访职工100余人次，实现答复率100%、解决率100%，累计投入310余万元用于困难帮扶、发放人才津贴，一线职工人均薪酬同比提升13个百分点，努力让职工更高水平共享改革发展成果。

参 考 文 献

[1] 刘胜清.开创基层党建工作新局面的对策研究［J］.理论观察，2005（1）.

[2] 巨世卓.新时期加强和改进基层党建工作的思考［J］.渭南师范学院学报，2003（SI）.

[3] 建设党建新体系全面推动基层党建工作创新［J］.北京教育（高教版），2007（1）.

弘扬新时代特别能战斗精神 推动矿井高质量发展

李 庚

（焦作煤业（集团）有限责任公司赵固二矿）

摘要：焦煤集团是"特别能战斗"精神的发源地之一，始建于1898年，被称为中国近现代煤炭工业的"活化石"。1925年12月毛泽东同志盛赞焦作煤矿工人"特别能战斗"。在当前的矿井高质量发展中，新时代赋予了这种精神新的内涵和生机，发扬新时代特别能战斗精神，具有重要的现实意义和深远的历史意义。本文通过对新时代特别能战斗精神的内涵和外延的深入剖析，记录焦煤集团赵固二矿的高质量发展过程，分析新时代特别能战斗精神对推动矿井高质量发展的积极意义和具体路径，旨在为推动矿井高质量发展提供理论支持和实践借鉴。

关键词：新时代特别能战斗精神；矿井；高质量发展

一、绪论

（一）研究背景和意义

煤炭是我国的主要能源，是国家能源安全的重要保障。当前，随着经济发展和人民生活水平的提高，煤炭需求量越来越大。当前，煤炭行业正面临诸多问题和挑战，其中包括资源枯竭、环境污染、安全事故等多方面问题。如何推动绿色、可持续的矿山高质量发展，成为当前煤炭行业所面临的重大课题。

煤矿工人"特别能战斗"这一论断，已成为全国人民的共识。煤炭行业一直把"特别能战斗"作为煤矿工人精神风貌的概括与定位，作为煤矿队伍建设的目标。特别能战斗队伍的7条标准是：有一个坚强的领导核心；有坚定正确的政治方向；有为革命挖煤的劳动态度；有吃大苦，耐大劳的革命精神；有从严从细的工作作风；有敢闯敢创讲究科学的态度；有多快好省的经济成果。特别能战斗队伍建设的10条措施是：搞好党支部的革命化建设；认真学习马列主义、毛泽东思想；把经常性的思想政治工作抓紧抓好；培养一个革命的队风；严格执行规章制度；搞好班组工作；讲科学，学技术，苦练基本功；抓典型，树标兵；关心职工生活；要有个规划。

新时代，特别能战斗精神被赋予了新的生机与活力，指引着新煤炭人接续奋斗，勇毅前行，积极发扬新时代特别能战斗精神，对于推动矿山行业健康、可持续、高质量发展，具有重要的理论意义和精神价值。

（二）研究内容与方法

本文通过记录赵固二矿的高质量发展过程，分析新时代特别能战斗精神对推动矿井高质量发展的积极意义和具体路径，旨在为推动矿井高质量发展提供理论支持和实践借鉴。

本文首先对新时代特别能战斗精神的内涵进行了简单概述，进而结合赵固二矿的实际情况，探讨了新时代特别能战斗精神对矿山高质量发展的积极作用。最后，讲述了赵固二矿高质量发展的历程与措施，旨在为推动矿山行业的高质量发展提供新的理论和实践支持。

二、新时代特别能战斗精神"前世今生"

（一）特别能战斗精神的来历

焦作煤矿从1898年开始大工业开采煤炭，已经走过120余年的光荣历程。早在1925年12月1日，焦作煤矿工人为声援上海五卅运动举行大罢工，尚未结束之时，毛泽东同志就在《中国社会各阶级的分析》一文中，高度赞扬焦作煤矿工人"他们特别能战斗"。特别能战斗精神从此成为焦作煤矿工人宝贵的精神财富。

长期以来，依靠特别能战斗精神，焦作煤矿在抗战期间，举行了辗转数千公里的敌后大转移。冒着敌人的炮火，把7500吨煤矿设备和1100余名管理人员、工程技术人员运送到长江以南，办起了谭家山煤矿，合资兴办了重庆天府煤矿，以及石燕、威远、东林、全济、嘉阳等煤矿。解放战争期间，又一次将焦作煤矿的设备物资、工程技术、管理人员转移到晋东南太行革命根据地。新中国成立以后，为国家社会主义建设提供了近2亿吨的优质无烟煤炭。

薪火相传，历久弥新。百年后的今天，"特别能战斗"精神，成为引领和激励焦作矿工肩负民族责任、履行历史使命、战胜各种困难的不竭动力。这种精神也沉淀在赵固二矿人的骨子里，指引着赵固二矿从筹备、到基建、再到发展的各个时期，涵盖着党的建设、安全生产、人才培养、科技创新等各个方面，成为助推赵固二矿高质量发展的强大精神动力，并在赵固二矿绽放出了新的生命。

（二）新时代特别能战斗精神的内涵

新时代特别能战斗精神是指在新时代背景下，焦煤集团坚持心怀"国之大者"，锚定"省之要者"，准确把握国有能源企业的发展方位，聚焦高质量发展目标，坚持稳中求进工作总基调，秉承"特别能战斗"精神，肩负时代责任，勇毅前行、团结奋斗，汇聚起一张张成色十足的焦煤样本、一幅幅"胸怀责任敢作为善作为"的生动画卷，走出了一条富有焦煤特色的高质量发展新路，也在赵固二矿的发展历程中，发挥着极其重要的作用，指引着赵二人创造一个又一个的奇迹。其内涵主要包括强烈的爱国情怀、顽强的拼搏精神、创新的开拓精神、团结协作的合作精神等。外延则表现包括党的建设和制度建设的新成果、文化建设等领域的新发展。

三、新时代特别能战斗精神推动矿山高质量发展

（一）秉承新时代特别能战斗精神，建设时期争一流

2007年，在焦作煤矿110岁生日即将到来之际，一群怀揣百年焦煤复兴使命的开拓者，远离家园、进驻矿山，开始了艰苦卓绝的创业之旅，在人杰地灵的牧野大地唱响了铿锵豪迈的建设之歌。

那是一段豪情满怀的记忆，那是一段激情燃烧的岁月，那是一段荡气回肠的历史。广大建设者胼手胝足、风餐露宿，用智慧与心血淬炼出一颗璀璨的煤海明珠，在广袤的牧野大地竖起了一座新地标！

2007年1月9日,赵固二矿正式开工建设,拉开了矿井建设的序幕。2009年8月,赵固二矿主井井架顺利安装完成,工期较计划提前15天,打破了国内同类矿井的安装纪录。2010年2月,11011工作面回风顺槽单头掘进达471米,创焦煤单头掘进进尺新纪录。2011年1月,赵固二矿顺利通过原国家煤矿安全监察局组织的安全设施及条件竣工验收,当月完成钻探进尺702米,再创焦煤历史新高。同年3月18日,赵固二矿专用铁路宣告全线贯通。2011年4月23日,赵固二矿正式竣工投产,实现当年投产、当年达产、当年盈利、当年成功创建"五优"矿井的目标。

一项项工程完工的背后,是建设者们辛勤工作的汗水;一个个数字刷新的背后,是建设者们无怨无悔地付出。无论是靠前指挥的各级领导,还是投身一线的普通工人;无论是刚出校园的年轻学生,还是白发皑皑的返聘专家,都坚持吃住在工地、奋战在现场,呕心沥血、忘我奉献,留下了一段段感人至深的故事。忘不了为矿井建设鞠躬尽瘁、燃烧生命的老党员毕世正,76岁的他在离矿井投产只有两个月的时候永远离开了我们,临终前,还在叮嘱赵固二矿年轻的建设者们:"要好好工作,咱们焦煤大有希望。"

无悔的付出换来骄人的成绩,忘我的奉献铸就了历史的丰碑。主井套架提前11天吊装成功,主井提升系统仅用1个月调试成功;首采工作面提前11天顺利贯通,综采设备提前15天实现整机空载联合试运转;万吨原煤仓提前9天圆满封顶;选煤厂仅用9个月就实现联合试运转,建设速度创全国同类矿井最新纪录。

矿山高质量发展是指在奉行可持续发展道路的基础上,以绿色、创新、智能、共享的方式,促进资源节约、环境保护、经济繁荣、社会和谐的企业发展方式。矿山高质量发展不仅仅是企业自身健康发展的需要,也是绿色、可持续、安全、高效、智能的发展模式与路径。

矿山资源是国家经济发展的重要基石,也是支撑国家经济增长的关键要素。但是,由于种种因素,矿山行业发展还面临着很多的困难和挑战。因此,推动矿山高质量发展,成为当前矿山行业所面临的重大课题之一。

(二)发扬新时代特别能战斗精神,发展时期创佳绩

在矿井发展时期,赵固二矿人发扬特别能战斗精神,将赵固二矿从一片葱郁的庄稼地建设成为一座现代化矿井,见证了赵固二矿人牢记使命、勇攀高峰的铿锵脚步。

1. 矿井安全生产佳绩频传

2011年,赵固二矿"高应力大断面破碎围岩巷道复合支护技术研究与应用"项目,经鉴定达到了国际领先水平。同年,在1102工作面下顺槽,克服巷道埋藏深、压力大、水压高、顶板破碎、巷道断面大等困难,创造了当时河南煤化集团煤巷综掘单月单头进尺818.8米新纪录。2012年,河南省首个6.5米大采高1105工作面正式投产。2013年,赵固二矿一线大学生采煤工群体叫响全国。2015年,赵固二矿职工申麦成被授予"全国劳动模范"称号。2016年,在河南省首家实施"以孔代巷"区域瓦斯抽采技术。2018年,运输系统单轨吊投入使用,大大提高了矿井设备物料运输效率。2019年,完成14030一次采全高综采工作面整套综采设备智能化升级改造,河南省首个掘进机远程可视化控制系统在11012工作面投入使用。2020年,实施大断面一次掘进成巷工艺,单进水平由50米提升至150米。2021年,推进智能化选煤厂建设,向着自动化、信息化、智能化的目标不断迈进。

2. 以人才队伍建设为引擎

赵固二矿党委充分发挥党的政治优势,实行"双培养"机制,坚持"德才兼备、以德为先"的用人理念,构建青年职工"六子"育才机制,培养出一大批高技能人才。例如:行走在创新路上的"煤黑子"——全国劳动模范申麦成,竞技场上的"金牌选手"——河南省劳动模范田江林,矿山上的巾帼红颜——河南省五一劳动奖章获得者秦红玲等。特别是叫响全国的大学生群体,2011年22名来自全国7所高等院校、8个矿山主体专业的大学生来到了赵固二矿。在众人眼中,他们是"天之骄子",可以选择一份轻松光鲜的岗位。可他们却自愿投身于最苦最累的井下采煤一线,组成了一支"大学生采煤班"。经过多年的磨炼,这批"大学生采煤工"除个别调离外,已全部成长为矿井中层以上骨干,曾经稚嫩的莘莘学子,在历练中悄然蜕变。他们是特别能战斗精神忠实的践行者,争做各领域的排头兵,为赵固二矿人才队伍建设做出突出贡献。

3. 以创新激发矿井新活力

创新是引领发展的第一动力,是推动高质量发展的重要支撑。赵固二矿坚持创新驱动战略,强化保障激励机制,着重推进关键技术创新。积极发挥"申麦成技能大师创新工作室""大学生创新工作室"引领示范作用,激发职工创新创效积极性。积极开展二盘区瓦斯风化带范围指标及临界值界定研究、14022工作面底层工作面与煤柱联合开采研究,减少大量底板岩巷、抽采钻孔、治理时间等投入,释放产能361.8万吨,保障了矿井生产接替。深入开展"一面一策"瓦斯精准治理研究,在14040工作面创新实施"普通穿层钻孔+小定向穿层钻孔+1条底抽巷"瓦斯治理模式,节约投入1.65亿元。矿井先后获得中国煤炭工业协会科学技术奖一等奖6项,河南省工业和信息化科技成果奖一等奖7项,河南省煤矿安全生产科技进步奖一等奖8项,河南省科学技术厅科学技术成果奖5项,申请并获得国家发明专利13项,实用新型专利68项。

4. 健全完善管理制度体系

管理制度是企业发展的重要保证。建矿初期,面对矿井制度建立不完善,拿来主义又易导致"水土不服"等诸多困难,2011年时任赵固二矿矿长魏世义及时启动了管理研讨会。让干部职工学习先进管理理念,交流管理心得,分享管理经验,主动制定和改进管理方案。为更好地推广应用效果,矿井及时制定了《创新及合理化建议管理制度》,对好的管理建议和创新成果进行奖励。赵固二矿的各项措施得到了落实,各项工作更加规范有序。经过12年的发展,赵固二矿已建立了以安全质量标准化、安全质量"三位一体"为基础的制度体系。回首过去,一路艰辛;展望未来,一片光明。2023年,管理研讨会已走过12个春秋。赵固二矿以质量建设提升年为契机,继续以管理提质效,以制度促发展,为赵固二矿的高质量发展夯实管理基础。

(三)谱写新时代特别能战斗精神,新征程上树榜样

新时代,新征程。赵固二矿在高质量发展的赛道上,以昂扬斗志和百倍干劲谱写奋斗者之歌,为特别能战斗精神增添新的时代价值。

1. 党建引领矿井高效发展

赵固二矿党委坚持全面贯彻从严治党新要求,以习近平新时代中国特色社会主义思想为指导,以习近平总书记对国有企业党建工作的重要指示批示精神为遵循,认真学习贯彻河南能源党委的工作部署,大力推进"六型"党支部创建和党员量化积分考核活动,坚持党建带工建、促团建，实施"党建+"工程，打造"四融六向"党管安全特色党建品牌，充分发挥党委的政治核心与领导核心作用、党支部的战斗堡垒作用和党员的先锋模范作用。通过品牌创建，不断创新党建工作方法和载体，着力以高质量党建工作推动矿井高质量发展。综掘一队党支部获评焦煤首批河南省国资委标准化党支部示范点，连续三年荣膺河南能源标杆区队。

2. 加强环保构建绿色矿山

全面贯彻国家"十四五"生态环境保护规划，践行"绿水青山就是金山银山"理念，持续保持国家级"绿色矿山"标准，实现精准治污、科学治污、依法治污。健全环境安全管理体系，建立完善环保设施管理及运行台账，制定综合措施，形成长效机制，及时有效地控制污染、保护环境；设置环保管理机构，充实环保管理队伍，建立全员环保责任制，严格落实环保责任。同时，加强环境安全宣传培训，强化岗位操作工实操培训和环境保护宣传教育，普及环保知识，增强员工环境保护意识和应急处置能力。积极收集和掌握最新政策要求，开展节能降耗、能效水效对标管理、实施生产过程清洁化改造等工作；重点推进原煤车间除尘改造、微雾抑尘二期除尘设施、矿井水处理系统运营服务、强制性清洁生产审核等环保治理项目，经过不懈的努力，赵固二矿荣获中国最美矿山、国家级绿色矿山试点单位、中国最美十大煤矿矿区等荣誉称号。

3. 智能化建设按下加速键

赵固二矿认真贯彻河南省政府的决策部署，在焦煤集团的正确领导下，以"机械化为基础、自动化为主导、信息化为支撑、智能化为方向"的思路，践行新发展理念，全面加快智能化建设。累计投资 2 亿元，推进矿井高端化、智能化、绿色化转型升级，顺利通过河南省煤矿智能化建设项目首批终期验收，成功入选国家首批智能化示范建设煤矿，实现由机械化、自动化、信息化向智能化的转变，在智能化建设的道路上，赵固二矿创造了诸多个"奇迹"。

1）智能化建设起步早

2019 年，完成 14030 一次采全高综采工作面整套综采设备智能化升级改造，河南省首个掘进机远程可视化控制系统在 11012 工作面投入使用。

2）智能化建设标准高

围绕矿井智慧管控平台建设，高标准开展数据中心、万兆工业环网、智慧管控平台、网络边界安全防护平台等 19 个项目建设。以 GIS 协同一张图地理信息系统为纽带高度集成各类安全生产监测监控和业务信息模块数据，以管理流程信息自动运行为主线实现所有业务流程的线上无纸化办公，2023 年顺利通过国家首批智能化示范煤矿验收。

4. 重大灾害治理取得突破

重点依托先进装备工艺、关键成熟技术，持续完善瓦斯、水害等防治路线，重大灾害的防治效率、效果明显提升，为采掘安全快速接替提供了坚强有力的可靠保障。

1）瓦斯治理方面

一是科学制定技术路线，强化重大灾害防治效果。依托定向钻孔施工，创新优化钻孔、巷道布置，积极实施"普通穿层钻孔+小定向钻机穿层钻孔+1 条底抽巷"瓦斯治理新模式，缩短了瓦斯治理工期，提高了工作面瓦斯治理效率。二是开展复杂岩层定向穿层钻孔快速施工工艺与技术研究，探索创新定向钻孔施工工艺、提升钻孔施工效率。三是持续补充新型钻机，降低施工人员劳动强度，提高施工人员操作水平，不断增强矿井重大灾害防治能力。

2）水害防治方面

一是坚持以地面治理为主、井下治理为辅转变，构建实施"太原组灰岩含水层地面同步立体加固治理+异常区井下检验"超前探查、治理新模式，缓解井下水害治理与采掘生产的时空矛盾。二是加强精细地质保障，采取地面"两探"、井下"会诊分析"方式，预判采掘地区前方各种隐蔽致灾因素。三是严抓水害防治过程管控，采取制度保障、突击检查等手段，确保水害防治效果达标可靠。四是严格执行《关于印发防范遏制煤矿水害事故若干措施》《关于做好煤矿灾害情况发生重大变化及时报告和出现事故征兆等紧急情况及时撤人工作的通知》等文件要求，强化责任落实、开展监测预警、正确划分"三区"、出现事故征兆及时汇报、撤人等工作，确保安全生产。

3）防灭火管理方面

一是矿井建立完善的防灭火供水系统，矿井井筒、井底车场、井下巷道均采用不燃性材料支护。机电硐室设置有防火铁门，各硐室及输送机头配备有干粉灭火器、沙箱、消防锹。主要带式输送机滚筒下风侧10~15米范围内安装有烟雾传感器。采空区密闭设有观测孔、措施孔，每周对密闭内有害气体进行检测一次。二是矿井建立井、上下消防材料库，每季度检查一次；建立人员入井检查制度，防止火源入井；建立严格的机电设备入井防爆检查制度，杜绝失爆机电设备入井；胶带输送机安装有跑偏、撕裂、烟雾等各种保护，防止胶带摩擦起火；对转动部位加强管理，及时润滑和维修，防止摩擦产生火花。

5. 推进民生工程落实落地

赵固二矿把维护职工权益、实现民生和谐作为奋斗目标，让"娘家人"始终陪在身边。炎炎夏日，"有事您说话"微信群里的问候声不断。这是赵固二矿党委深入开展"冬送温暖""夏送清凉""金秋助学"等关爱帮扶活动的生动实践。疫情防控期间，矿工会及时向全矿职工发送慰问信，发放口罩、消毒液等防护用品；为井下一线职工送去方便面、矿泉水、白糖等慰问品；"七一""春节"前后为困难党员、老党员送去节日的慰问；为生病住院职工送去慰问金；为充分调动广大干部职工参与矿井发展的积极性、主动性，为广大职工发放理发券；把企业的温暖和关爱送到了职工的心坎上，把工会的服务延伸到了一线，让广大职工尽享矿井福利，进一步提升职工幸福感和归属感。

6. 实干奉献彰显社会担当

在疫情防控常态化下，赵固二矿牢固树立"我为群众办实事"理念，主动承担社会责任，以"社会有需要、我就有行动"的担当作为，努力构建和谐企业。疫情期间，通过多方渠道采购防疫物资，为赵固镇、北云门镇、占城镇捐赠950公斤消毒液、300条毛巾、方便面等防疫物资；与卫辉市太公镇西陈召村结对帮扶，在疫情防控的同时，对西陈召村贫困户进行走访慰问，帮助贫困户解决生产生活困难；到附近乡村开展义务植树和环境治理活动，打造绿色乡村；"7.20"特大暴雨，在矿区内抗洪抢险的同时，赵固二矿全体党员干部职工积极响应上级号召，迅速行动、勇于担当，全员投入抗洪抢险。截至2021年8月16日，累计出动抢险人员492人次，车辆113台次，清理淤泥1930立方米。连续两次企地携手战洪魔，保护了周边村民生命财产安全，谱写了新时代的和谐共建新篇章。以赵固二矿十七勇士为代表的"赵固矿区抗洪抢险先进集体"，荣耀当选2010年度"感动中原十大人物先进集体"。

（四）新时代特别能战斗精神在赵固二矿的延伸与发展

新时代特别能战斗精神是一种政治品格、一种政治文化、一种精神追求。在今后的工作中，赵固二矿将继续传承弘扬特别能战斗精神，坚定理想信念，牢记初心使命；不断提高政治站位、强化责任担当；加强队伍建设、锤炼过硬本领；立足岗位实际、履职尽责实干；注重发挥作用、助推安全生产；坚持深化改革、激发发展活力。

伟大时代需要伟大精神。站在"两个一百年"奋斗目标历史交汇点上，我们必须以更高标准、更严要求弘扬特别能战斗精神。在新征程上要继续发扬新时代特别能战斗精神，在焦煤集团的正确领导下，更加紧密地团结起来，赓续新时代特别能战斗精神，不畏征途之难、不惧奋进之苦，只争朝夕加油干、不负韶华勇向前，为开创赵固二矿高质量发展新局面而接续奋斗！

四、结论

特别能战斗精神作为中国煤炭行业的精神象征，发扬新时代特别能战斗精神，可以有效推动矿山高质量发展。这需要广大党员干部坚定理想信念，承担责任担当，探索开拓创新，促进安全意识，推动矿山绿色、可持续、安全、高效的发展模式。同时，也需要同行业之间建立协同合作，加大科技投入，推进人才培养，实现矿山行业共同的健康发展。

五、结语

新时代特别能战斗精神是当代煤矿工人在社会生产与生活中克服困难、勇创辉煌的重要精神力量，也是推动矿井高质量发展的关键精神支持。发扬新时代特别能战斗精神，加强矿山管理，推进节能减排和环保建设，建立完善的安全管理体系等，可以有效地推动矿井高质量发展，实现矿井可持续发展和经济、社会效益的最大化。希望本文的探讨对于矿井高质量发展具有一定的参考价值，同时也提醒我们应当时刻弘扬新时代特别能战斗精神，不断推动中国特色社会主义事业取得更加辉煌的成就。